Frank Föckler

Entwicklung und Evaluation eines fachdidaktischen Erklärvideoformats am Beispiel selbstdifferenzierender Mathematikaufgaben

disserta
Verlag

Föckler, Frank: Entwicklung und Evaluation eines fachdidaktischen Erklärvideoformats am Beispiel selbstdifferenzierender Mathematikaufgaben, Hamburg, disserta Verlag, 2024

Buch-ISBN: 978-3-95935-616-9
PDF-eBook-ISBN: 978-3-95935-617-6
Druck/Herstellung: disserta Verlag, Hamburg, 2024
Covermotiv: © Frank Föckler

Von der Pädagogischen Hochschule zur Erlangung des Grades eines Doktors der Philosophie (Dr. phil.) genehmigte Dissertation.
Gutachter*innen: Prof. Dr. Timo Leuders (Pädagogische Hochschule Freiburg), Prof. Dr. Lars Holzäpfel (Pädagogische Hochschule Freiburg), Prof. Dr. Marita Friesen (Pädagogische Hochschule Heidelberg).
Tag der mündlichen Prüfung: 03.05.2023

Bibliografische Information der Deutschen Nationalbibliothek:
Die Deutsche Nationalbibliothek verzeichnet diese Publikation in der Deutschen Nationalbibliografie; detaillierte bibliografische Daten sind im Internet über http://dnb.d-nb.de abrufbar.

Hermannstal 119k, 22119 Hamburg
http://www.disserta-verlag.de, Hamburg 2024
Printed in Germany

Inhaltsverzeichnis

Zusammenfassung

Das Unterrichten heterogener Lerngruppen wird heute als eine der zentralsten Herausforderungen angesehen, für die Lehrpersonen praxistaugliche Anregungen suchen. Für die Professionalisierung von Lehrpersonen werden daher flexible Fortbildungsformate benötigt, die individuelle Bedarfe der Teilnehmenden berücksichtigen. Das Medium „Video" stellt ein solches Format dar und weist in all seinen Formen (z. B. Erklärvideo, Unterrichtsvideo, Lehrfilm) Eigenschaften auf, die sich für eine anschauliche Aufbereitung von Informationen in Fortbildungen für Lehrpersonen nutzen lassen. Ihnen wird als Medium für die Professionalisierung eine Reihe von Potenzialen zugesprochen. So können sie praxisnah und theoriebezogen etwa adaptive Vorgehensweisen in der Rolle als Lehrperson, differenzierende Materialien und die Vielfalt an Bearbeitungsstrategien und Denkweisen der Schülerinnen und Schüler veranschaulichen.

Ein zentrales Qualitätskriterium für wirksame Fortbildungen von Lehrpersonen ist die enge *Verknüpfung von Theorie mit der Praxis* der Teilnehmenden (z. B. Biehler et al., 2018; Lipowsky, 2010). Das Integrieren von Praxis in die Fortbildung über *Unterrichtsvideos* wird als eine geeignete fortbildungsdidaktische Methode angesehen. Hier gibt es einige Ansätze, wie Inhalte von Videos lernwirksam verarbeitet und mit übergreifenden theoriebezogenen Wissenselementen *instruktional* verknüpft werden können, beispielsweise nach dem example-rule oder rule-example-Prinzip (vgl. Krammer & Reusser, 2005).

Die vorliegende Arbeit stellt die Entwicklung und Evaluation eines *fachdidaktischen Erklärvideoformats* für die Fortbildung von Lehrpersonen unter folgenden Schwerpunkten vor:

(1) Der thematische Fokus liegt auf dem fachspezifischen Thema Differenzierung im Mathematikunterricht und hier wiederum konkret auf Aspekten *selbstdifferenzierender Aufgaben* (z. B. Leuders & Prediger, 2016, S. 139 - 143).
(2) Der fortbildungsdidaktische Fokus liegt auf der *Verknüpfung* von Theorie und Praxis innerhalb den entwickelten Videos selbst, d. h. auf der systematischen *Verbindung der Praxis der Teilnehmenden mit den hierfür relevanten übergreifenden Theorien* aus dem didaktischen Bereich der Differenzierung unter Einbezug verschiedener Blickwinkel auf den Unterricht.

Das Design orientierte sich am fortbildungsdidaktischen Konzept des *„knowledge-of-practice"* als Möglichkeit der Konstruktion und Aneignung von berufsbezogenem Wissen (Cochran-Smyth & Lytle, 1999). Die entwickelten instruktiven Fortbildungsvideos knüpfen an dieses Konzept an, indem sie *praktische und theoretische Perspektiven* integrieren und miteinander verbinden. Dies geschieht nach dem *example-rule-Prinzip* (Krammer & Reusser, 2005; Santagata et al., 2007). Dieser Methode zufolge wird zunächst die *Praxis* von Lehrpersonen anhand Unterrichtsituationen repräsentiert. Diese Repräsentation erfolgen beispielsweise durch ein konkretes Aufgabenbeispiel, durch didaktische Hinweise und Erfahrungsberichte der in den Videos agierenden Lehrkräfte zum Umgang mit dem konkreten Beispiel und durch die dazugehörenden unterstützenden Materialien. In einem zweiten Schritt erfolgt die Verbindung von Theorie und Praxis. Dies geschieht auf gestalterischer Ebene durch die Gegenüberstellung der

praktischen Beispiele als Standbilder aus den Videoszenen mit schrittweisen Einblendungen von Begriffen als theoretische Wissenselemente. Sie erscheinen parallel zu den Standbildern aus der Praxis auf der Bildschirmoberfläche und werden Schritt für Schritt eingeblendet und durch handlungsleitende Kommentare eine Sprechers erläutert. Alle theoretischen Wissenselemente werden abschließend in einer Zusammenfassung nochmals aufgelistet.
Zu den sich aus der Praxis erschließenden, übergreifenden didaktischen *Theorien* gehören z. B. die Offenheit der Problemstellung (vgl. Hengartner et. al, 2006) und gestufte, minimale Hilfen als adaptive Interventionen seitens der Lehrperson (vgl. Leiss & Tropper, 2014; Zech, 1996).

Für die didaktische Konzeption der Fortbildungsgegenstände, die in den fachdidaktischen Erklärvideos gezeigt werden, bildet die *Fortbildungs-* und *Unterrichtsebene* des sog. Drei-Tetraeder-Modells der Professionalisierungsforschung (Prediger/Leuders & Rösken-Winter, 2017) die Grundlage.

Es wurde untersucht, in welcher Weise die Teilnehmenden einerseits die *Praxisbeispiele* und andererseits deren *theoretischen Impulse* wahrnahmen. Dazu wurden Wirkungen auf den Ebenen „*Reaktion und Einschätzungen*" und „*Erweiterung der Lehrerkognitionen* (Lipowsky, 2010) erfasst. Innerhalb dieser Ebenen wurden folgende Wirkungsbereiche evaluiert: auf der gestalterischen Ebene die „Akzeptanz des Videoformats ", auf der inhaltsbezogenen Ebene die Einschätzungsfelder „Subjektiver Lernzuwachs", „Relevanz", „Übertragbarkeit" und „Nützlichkeit".

Die Ergebnisse sollen der Weiterentwicklung von Medienprodukten und Designprozessen in der fachdidaktischen Entwicklungsforschung dienen und künftig als grundlegende Bausteine bei der Gestaltung videobasierter Fortbildungsformate für Lehrpersonen eingesetzt werden.

Insgesamt kann festgehalten werden, dass das hier entwickelte Erklärvideoformat bei den Befragten insgesamt auf eine hohe Akzeptanz stößt und einen Wissenszuwachs für die Nutzer gewährleistet und somit ein effektives Medium für den Einsatz in Fortbildungen für Lehrpersonen darstellt. Die Studie ergab positive Ergebnisse hinsichtlich der Wirksamkeit des Potenzials der Inhalte und Gestaltung. Durch die getroffenen Entscheidungen bei der Videogestaltung und den Videoinhalten, wie zum Beispiel das Visualisierungsdesign, die Erklärmethode und die didaktische Strukturierung der Inhalte, konnten auf verschiedenen Gestaltungsebenen des Videodesigns (z. B. didaktische und filmisch-visuelle Gestaltungsebene) sowohl Grenzen als auch Potenziale des Videoformats beleuchtet werden.

Tabellenverzeichnis

Abbildungsverzeichnis

Vorwort und Danksagung

Als erfahrener Lehrer mit mehr als zwei Jahrzehnten im Schuldienst, vor allem an Realschulen, Gymnasien und Gemeinschaftsschulen, habe ich einen reichen Schatz an Erfahrungen im Unterrichten von Kindern und Jugendlichen gesammelt. Während meiner langjährigen Tätigkeit als Pädagoge habe ich mich tagtäglich den komplexen und ständig wandelnden Herausforderungen des Bildungswesens gestellt. Aus dieser Situation heraus wurde in mir der Gedanke geboren, ein Fortbildungskonzept zu entwickeln, das es ermöglicht, theoretisches Wissen mit konkreter Unterrichtspraxis zu verknüpfen. Mein Ziel war es, ein Medium zu schaffen, das diese Verbindung für Lehrpersonen auf ansprechende Weise darstellt. Vielen Schulen fehlen nach wie vor jedoch passende Ansätze für differenzierende Unterrichtsangebote. Wie kann man erfolgreich auf die unterschiedlichen Bedürfnisse in heterogenen Lerngruppen eingehen? Diese Frage bleibt oft unbeantwortet, und es klafft eine beträchtliche Lücke zwischen den fachdidaktischen Theorien und ihrer praktischen Anwendung.

Die Durchführung des komplexen Vorhabens, in einem Videoformat Theorie und Praxis sinnvoll miteinander zu verbinden, konnte nur durch die Unterstützung zahlreicher Personen realisiert werden. Fachlich und persönlich gilt mein großer Dank in erster Linie meinen beiden Betreuern **Prof. Dr. Timo Leuders** und **Prof. Dr. Lars Holzäpfel** von der Pädagogischen Hochschule Freiburg. Sie haben mir die Möglichkeit und die Zeit gegeben, mich gründlich in mein Thema einzuarbeiten und mich fortzubilden. Meinem Erstbetreuer, Timo Leuders, möchte ich an dieser Stelle vor allem dafür danken, dass er mir ermöglichte, meine theoriebezogenen Sichtweisen auf unterrichts- und fortbildungsrelevante Aspekte zu erweitern. Seine Professionalität, Spontaneität und Flexibilität sowie sein vernetztes Wissen trugen maßgebend für die Qualität dieses Projektes bei. Lars Holzäpfel, mein Zweitbetreuer, konnte mich durch seine fortbildungsdidaktischen Erfahrungen und sein praxisbezogenes, didaktisches Wissen stets treffsicher auf Möglichkeiten und Hürden („Stellschrauben") bei der Konzeption und Durchführung meiner Vorhaben hinweisen. Er war der erste, der mir 2016 die Tür zu seinem Büro öffnete und mir den ersten Schritt in ein neues übergreifendes Professionalisierungsfeld ermöglichte.

In den letzten sechs Jahren habe ich bei der Erstellung dieser Arbeit wertvolle Erfahrungen gesammelt, insbesondere bei der Produktion von Videos. Dieser spannende Weg begann mit intensiver Recherche nach geeigneten Materialien und Inhalten für Fortbildungen.

Die eigentliche Herausforderung bestand darin, diese sorgfältig ausgewählten Inhalte auf eine Art und Weise zu präsentieren, die nicht nur pädagogisch und visuell ansprechend ist, sondern auch die Gruppe der Lehrerinnen und Lehrer in ihren

Bann zieht. Mein erster Ansatz mit aufwendigen Comic- und Textanimationen erreichte dieses Ziel zunächst nicht in vollem Umfang.

Auf *verarbeitungstechnischer Ebene* stellte das Bearbeiten der Videos meine Geduld erheblich auf die Probe. Ich denke an die unzähligen Stunden beim Einarbeiten in die Software, beim Bearbeiten der teilweise über 10 verschiedenen Video- und Audiospuren, das Abstürzen des Programms ohne die Daten zuvor gespeichert zu haben - dies alles beanspruchte sehr viel Zeit und Durchhaltevermögen. An dieser Stelle möchte ich mich ausdrücklich bei **Kilian Häbig**, der während der Entstehung der Videos 2017/18 an der Pädagogischen Hochschule engagierter Lehramtsstudent war, ganz herzlich bedanken. Er leistete mit seinem filmtechnischen Knowhow bei den Film- und Tonaufnahmen sowie der Nachbearbeitung wertvolle Unterstützung. Darüber hinaus konnte er durch seine angenehme und klare Stimme in den Videokommentaren überzeugen.

Während der mehrjährigen Mitpflege meines Vater, der an mehreren Schlaganfällen litt und schließlich im Juni 2017 verstarb, schenkte mir mein familiäres Umfeld, vor allem meine **Mutter**, den notwendigen Freiraum zur Fortführung des Projekts.

Die flexiblen und tatkräftigen Einsätze praxiserfahrener **Lehrerinnen und Lehrer** lieferte wichtige Beiträge für die Praxisteile der Videos. Ohne den Realschullehrer und Fortbildner **Michael Schulke**, der in den Videos die Hauptrolle übernahm und seine Praxis auf authentische Weise zeigen konnte, wäre die Qualität der Videos nie so gut ausgefallen. An dieser Stelle gilt mein Dank auch an die anderen professionellen Lehrpersonen **Petra Hokamp**, **Sylvia Haberer**, **Benjamin Fritsch**, **Matthias Schreiber** und **Kathrin Fürstos**, die über ihre Unterrichtserfahrungen hervorragend reflektieren konnten und einen Einblick in ihre Unterrichtspraxis gewährten. Nicht zuletzt möchte ich mich bei den **Schülerinnen und Schüler** bedanken, die durch ihre aktive Teilnahme in den Videoszenen stets im Mittelpunkt des Geschehens standen. Die **Schulleitungen** waren stets offen für die Zusammenarbeit an ihren Schulen. An dieser Stelle möchte ich auch meinen Dank aussprechen an **Moritz Sanke**, der mich äußerst gewissenhaft bei der Abschlusskodierung des Datenmaterials unterstützen konnte.

Die dankenswerte finanzielle Unterstützung des **Deutschen Zentrums für Lehrerbildung** (kurz: DZLM) für die dreijährige Laufzeit lieferte die Grundlage für die Realisierung des Forschungsvorhabens.

Das Erstellen dieser Doktorarbeit dauerte bis zur Fertigstellung über sechs Jahre. Ursachen waren mehrere Faktoren: die hohe Komplexität des Themas, die Corona-Pandemie, mein Einsatz im Schuldienst, der fehlende Rückgriff auf bestehende Forschungsdesigns und die fehlende Bereitschaft von Lehrpersonen, sich an der Umfrage zu beteiligen. Ein Hackerangriff auf die PH Freiburg im

Frühjahr 2022 ließ schließlich auch noch den Evaluationsprozess weiter verzögern.

Als größte Schwierigkeit stellte sich das *Gewinnen von Teilnehmerinnen und Teilnehmer* für die Umfrage zur Hauptuntersuchung heraus. Eine Ursache lag darin, dass der *Fragebogen* sehr umfangreich war. Für das Finden von Lehrpersonen wurden verschiedene Strategien eingesetzt: Flyer, Telefongespräche und Einladungsschreiben. Der persönliche Kontakt (z. B.im eigenen Kollegium) und die Durchführung an den Schulen direkt vor Ort haben sich letztendlich als bestes Strategie herausgestellt.

In meiner Forschungsarbeit habe ich stets die Herausforderungen der Lesbarkeit im Blick behalten. Um diesem Anspruch gerecht zu werden, habe ich die Arbeit kontinuierlich auf inhaltliche Kohärenz, sprachliche Präzision und Verständlichkeit hin überprüft. Dies erforderte eine gründliche Überarbeitung und Umstrukturierung der Kapitel in mehreren Durchgängen. Die Kapitelbeiträge wurden erweitert, gekürzt und geschickt miteinander verknüpft, um Schritt für Schritt nachvollziehbare Zusammenhänge zu schaffen. Jedes Kapitel wurde durch eine Leitfrage strukturiert, Zwischenüberschriften ergänzt und mit einer abschließenden Zusammenfassung abgerundet. Diese sorgfältige und systematische Darstellung der Sachverhalte führte zu einer umfangreichen Sammlung von aussagekräftigen Tabellen.

Der Wunsch war stets, dass diese Arbeit nicht nur ein wissenschaftliches Dokument ist, sondern auch auf Fortbildungs-, Unterrichts- und Qualifizierungsebenen nachhaltige Anwendungen und Diskussionsgrundlagen schafft. Mein Ziel ist es, zahlreiche sinnstiftende Impulse für videobasierte Fortbildungen zu bieten.

Es ist meine feste Überzeugung, dass diese Arbeit nicht nur den aktuellen Wissensstand erweitert, sondern auch einen wertvollen Beitrag zur Weiterentwicklung von Lehr- und Lernmethoden in der modernen Bildung leistet. Sie enthält das Potenzial, die Art und Weise zu verändern, wie wir Wissen vermitteln und aufnehmen. Das Ergebnis dieser Bemühungen ist eine Ressource, die die Bildungslandschaft nachhaltig bereichern kann.

1. Einleitung

Wie lässt sich die Wirksamkeit der Professionalisierung von Lehrpersonen durch Lernvideoformate erhöhen und wie lässt sich die Entwicklung und Evaluation von Lernvideoformaten wissenschaftlich verorten und übersichtlich strukturieren?

Im Schulalltag stehen Lehrkräfte tagtäglich vor vielfältigen Herausforderungen, für die sie praxistaugliche Lösungen suchen. In der Lehrkräftefortbildung sind daher flexible Medienformate von entscheidender Bedeutung. Diese Formate sollten einerseits nahtlos an die individuelle Praxis der Teilnehmenden anknüpfen und andererseits wissenschaftlich fundierte Theorien in die Lehrpraxis integrieren. Eine solche Medienform, die diese Anforderungen erfüllt, sind Erklärvideos. Sie gewinnen sowohl im privaten Umfeld als auch im schulischen, hochschulischen und beruflichen Kontext als äußerst flexibles Lernformat zunehmend an Bedeutung. Die empirischen Befunde bestätigen die positiven Auswirkungen von Erklärvideos auf verschiedenen Ebenen. Dazu gehören kognitive Vorteile wie ein nachgewiesener Wissenszuwachs sowie nicht-kognitive Effekte, wie eine gesteigerte Akzeptanz dieser Lehrmethode.

Diese Erkenntnisse weisen auf die transformative Kraft von Erklärvideos in der Lehrerfortbildung hin. Sie bieten nicht nur eine praktische Lösung für den Schulalltag, sondern integrieren auch fundierte Bildungstheorien in eine leicht verständliche und zugängliche Form. Erklärvideos sind ein Instrument, das das Lehren und Lernen für Lehrkräfte bereichert und neue Horizonte in der Bildung eröffnet.

Neuere Studien (z. B. Kulgemeyer, 2018; Wolf, 2015; Dorgerloh & Wolf, 2020) befassen sich zunehmend mit der Analyse der Wirkung verschiedener Gestaltungselemente von Erklärvideos (z. B. Erklärmethode, Animationsstile oder Eigenschaften der Erklärenden). Während Erklärvideos als schulische Lehr-Lernmittel häufig im Fokus (medien-)pädagogischer, fachwissenschaftlicher und fachdidaktischer Forschung stehen, sind *fachdidaktische Erklärvideoformate* für den Einsatz von Fortbildungen von Lehrpersonen jedoch noch weitgehend unerforscht. Darüber hinaus liegen nur wenige Ergebnisse vor, wie fachdidaktische Erklärvideos, die systematisch Theorie und Praxis verbinden, Lernerfolge im Bereich der Lehrerfortbildung steigern können und wie deren gestaltungs- und inhaltsbezogenen Elemente auf Lehrpersonen wirken.

Ein Qualitätsmerkmal von Mathematikunterricht ist neben der *kognitiven Aktivierung*, der *Kommunikations-* und *Verstehensförderung* sowie der *Durchgängigkeit* (Nachhaltiges Lernen mit durchgängigen Verknüpfungen von Inhalten) die *Lernenden-Orientierung und Adaptivität* (DZLM, 2022; quamath.dzlm.de). Beim Planen und Durchführen von Unterricht muss daher die Heterogenität der Lernenden berücksichtigt werden. Eine Herausforderung im Bereich des Differenzierens mit heterogenen Lerngruppen besteht darin, praxistaugliche Differenzierungsstrategien zu entwickeln und deren Wirkung empirisch zu untersuchen. Im Rahmen dieser Studie wurde daher ein fachdidaktisches Erklärvideoformat entwickelt, das spezifische Aspekte beim Differenzieren mit selbstdifferenzierenden Aufgaben im Mathematikunterricht durch die systematische *Verbindung von Theorie und Praxis* zeigen soll. Anschließend wurden die Wirkungen der Videos in einer explorativen Studie evaluiert.

1.1. Leitfragen

Um all den Ansprüchen bei der Entwicklung und Erforschung der Wirksamkeit eines fachdidaktischen Erklärvideoformats gerecht zu werden, müssen vielfältige und umfangreiche Entscheidungen auf unterschiedlichen Ebenen getroffen werden. Daraus ergeben sich zu den einzelnen Kapiteln der Arbeit jeweils inhaltsbezogene Leitfragen (siehe Tabelle 1). Solche Fragen findet man in allgemeindidaktischen Modellen (z. B. Heimann, Otto & Schulz, 1970; Zierer & Seel, 2012) und in den letzten Jahren vermehrt auch im Feld der Professionalisierung von Lehrpersonen (z. B. Siegel & Hensch, 2021; Biehler et al., 2018; Prediger et al., 2015).

Die 13 kursiv aufgeführten Leitfragen aus Tabelle 1 erscheinen jeweils zu Beginn der einzelnen Kapitel dieser Arbeit.

Tabelle 1

Überblick über die Kapitel, Inhalte und deren Leitfragen

Kapitel	Inhalt	Leitfrage
1	Einleitung	*Wie lässt sich die Wirksamkeit der Professionalisierung von Lehrpersonen durch Lernvideoformate erhöhen und wie lässt sich die Entwicklung und Evaluation von Lernvideoformaten wissenschaftlich verorten und übersichtlich strukturieren?*
2	Lernvideoformate	*Welches Lernvideoformat ist für die Umsetzung eines Fortbildungsgegenstands geeignet?*
3	Gestaltungskriterien für Erklärvideos	*Nach welchen Gestaltungskriterien sollen fachdidaktische Erklärvideos gestaltet werden?*
4	Strukturierung und Spezifizierung des Fortbildungsgegenstands	*Welcher Fortbildungsgegenstand mit welchen theorie- und praxisbezogenen Inhalten soll ausgewählt werden und wie soll er spezifiziert und strukturiert werden?*
5	Modelle und Vorstellungen über die Theorie-Praxis-Verbindung	*Welche Modelle und Vorstellungen liegen der Verbindung von Theorie und Praxis zugrunde?*
6	Theorie- und Praxis-Verbindung im Kontext der Professionalisierung von Lehrpersonen	*Wie kann eine systematische Verbindung von Theorie und Praxis in Fortbildungen ermöglicht werden und wie kann dies mit Hilfe von Fortbildungsvideos gelingen?*
7	Wirksamkeit von Fortbildungen	*Wie müssen (videobasierte) Fortbildungen gestaltet sein, um die Professionalisierung von Lehrpersonen wirksam zu fördern?*
8	Produktions- und Entwicklungsphasen des Videoformats	*Welche Modelle sind dafür geeignet, den fachdidaktischen Entwicklungs- und Evaluationsprozess des Videoformats abzubilden?*

9	Gestaltungskriterien für die Entwicklung des Videoformats	*Welche konkreten Entscheidungen im Design eines fachdidaktischen Erklärvideoformats für die Fortbildung von Lehrpersonen sind zu treffen und wie helfen sie dabei, die Verbindung von Theorie und Praxis herzustellen?*
10	Designphasen	*Welche gestalterischen Entscheidungen können in den Phasen des Videodesigns modifiziert und optimiert werden?*
11	Evaluationsdesign	*Welche theoretischen und empirischen Schritte und Methoden werden zur Erhebung und Auswertung der Daten bei der Erfassung der Wirkungen des Videoformats verfolgt?*
12	Ergebnisse der Evaluationen	*Welche Wirkungen zeigen die Entscheidungen im gestalterischen Design des Videoformats anhand der subjektiven Einschätzungen durch Lehrpersonen?*
13	*Fazit*	*Wie können die vorliegenden Ergebnisse interpretiert werden und welche Konsequenzen ergeben sich aus den Ergebnissen der Untersuchungen?*

1.2. Untersuchungstypen

Verschiedene Untersuchungstypen kommen bei der Evaluation der entwickelten fachdidaktischen Erklärvideos zum Einsatz:

(1) Explorative Untersuchung

Bisher gibt es nur begrenzt Forschungsergebnisse zur Wirkung von fachdidaktischen Erklärvideos, die Theorie und Praxis in der Lehrerfortbildung verknüpfen. Zudem fehlen geeignete Evaluationsinstrumente für dieses spezielle Medienformat. Daher zielt diese explorative Untersuchung darauf ab, erste Erkenntnisse über verschiedene Evaluationsaspekte sowie die Effektivität unterschiedlicher Gestaltungselemente von Erklärvideos zu gewinnen.

(2) Deskriptive Untersuchung

Um die Wirksamkeit bestimmter Gestaltungselemente für die entwickelten fachdidaktischen Erklärvideos zu verstehen, wird auf Erkenntnisse aus früheren Studien zurückgegriffen, wie beispielsweise die von Kulgemeyer (2018). Um speziell für das entwickelte Videoformat Informationen über die Wirkung dieser Gestaltungselemente zu sammeln, wurden Befragungen durchgeführt. Dabei ging es darum, wie häufig bestimmte gestalterische Merkmale auftraten und wie sie von Lehrpersonen wahrgenommen wurden. Diese subjektiven Bewertungen halfen, detaillierte Einblicke in die Wirkungsweise dieses Medienformats zu gewinnen.

1.3. Wissenschaftliche Verortung der vorliegenden Untersuchung

Eine Herausforderung bei der Entwicklung eines flexiblen, instruktionalen Videoformats besteht darin, die vielfältigen Entscheidungen innerhalb der einzelnen Entwicklungsschritte (theoretische Fundierung, inhaltliche Spezifizierung, theoriebasiertes Design, empirische Evaluation) zu systematisieren. Das vorliegende Projekt lässt sich daher auf mehreren Forschungsebenen verorten: in der *fachdidaktischen Entwicklungsforschung*, in der *Professionalisierungsforschung* sowie in der *Evaluationsforschung*. Im Folgenden werden diese einzelnen Forschungsbereiche näher erläutert, um die Entwicklung und Bewertung des fachdidaktischen Erklärvideoformats besser zu spezifizieren.

1.3.1 Verortung in der fachdidaktischen Entwicklungsforschung

Durch die enge Verknüpfung von Grundlagenforschung und praktischer Entwicklungsarbeit wird das entstandene Medienprodukt, nämlich die "fachdidaktischen Erklärvideos", systematisch erforscht und sowohl empirisch als auch theoretisch fundiert. Diese Untersuchung ist daher im Bereich der fachdidaktischen Entwicklungsforschung angesiedelt. Diese Forschungsrichtung, wie von Prediger, Schnell und Rösike (2016) beschrieben, konzentriert sich hier auf die Präzisierung und Weiterentwicklung des Professionalisierungsgegenstands "Selbstdifferenzierende Mathematikaufgaben". Dies geschieht durch zyklische Entwicklungsprozesse, die die Gestaltung von Videos und Evaluationsdesigns, die Durchführung sowie die Auswertung von Designexperimenten und die Entwicklung lokaler Theorien umfassen. Die in dieser Arbeit vorgestellte Entwicklung von fachdidaktischen Inhalten sowie die Gestaltung eines Erklärvideoformats beruhen auf theoretischer und empirischer Basis (übergreifende fachdidaktische Konzepte zum differenzierenden Mathematikunterricht, empirische Befunde und lokale Theorien über das Lehren und Lernen, curriculare und stoffdidaktische Aspekte, Gestaltungsprinzipien von Erklärvideoformaten).

Die einzelnen Phasen der Produktion und Entwicklung werden in Kapitel 8 vorgestellt.

1.3.2 Verortung in der Professionalisierungsforschung

Das Drei-Tetraeder-Modell der Professionalisierungsforschung (Prediger, Leuders & Rösken-Winter, 2017, S .3, vgl. Abbildung 1) bildet die Grundlage für die Verortung des fachdidaktischen Erklärvideoformats. Es erweitert das Konzept des „Didaktischen Dreiecks“ (Heimann, Otto & Schultz; 1969) und zeigt drei dynamische ineinander verschachtelte Tetraeder auf verschiedenen Ebenen mit jeweils vier Blickwinkeln.
Bei der Entwicklung und Evaluation fachdidaktischer Erklärvideos rücken zwei Ebenen zugleich ins Blickfeld: Die Ebene des Unterrichts und die Ebene der Fortbildung. Die *Unterrichtsebene* bildet die Grundlage für die inhaltliche Spezifizierung und Strukturierung des Fortbildungsgegenstands „Selbstdifferenzierende Aufgaben im Mathematikunterricht“ (z. B. Leuders & Prediger, 2017; Hengartner et al., 2006, siehe Abbildung 1, unterer Tetraeder).
Auf der *Fortbildungs-* und *Qualifizierungsebene* (Abbildung 1, oberer und mittlerer Tetraeder, jeweils Ecke „Materialien & Medien“) ist das hier entwickelte Fortbildungsmedium „Fachdidaktisches Erklärvideo“ verortet, das von

Expertinnen und Experten der Fachdidaktik entwickelt und von Multiplikatorinnen und Multiplikatoren als Videobaustein in ihre Qualifizierungskonzepte für Lehrkräfte integriert wird.

Die detaillierte Beschreibung der einzelnen Dimensionen bei der Verortung des vorliegenden Projektes auf Unterrichts- und Fortbildungsebene erfolgt in Kapitel 9.1.1, da die Tetraederecken Entscheidungskriterien bei der didaktischen Gestaltung der Videos darstellen.

Abbildung 1

Verortung der Entwicklung und Evaluation der fachdidaktischen Erklärvideos im Drei-Tetraeder-Modell der Professionalisierungsforschung

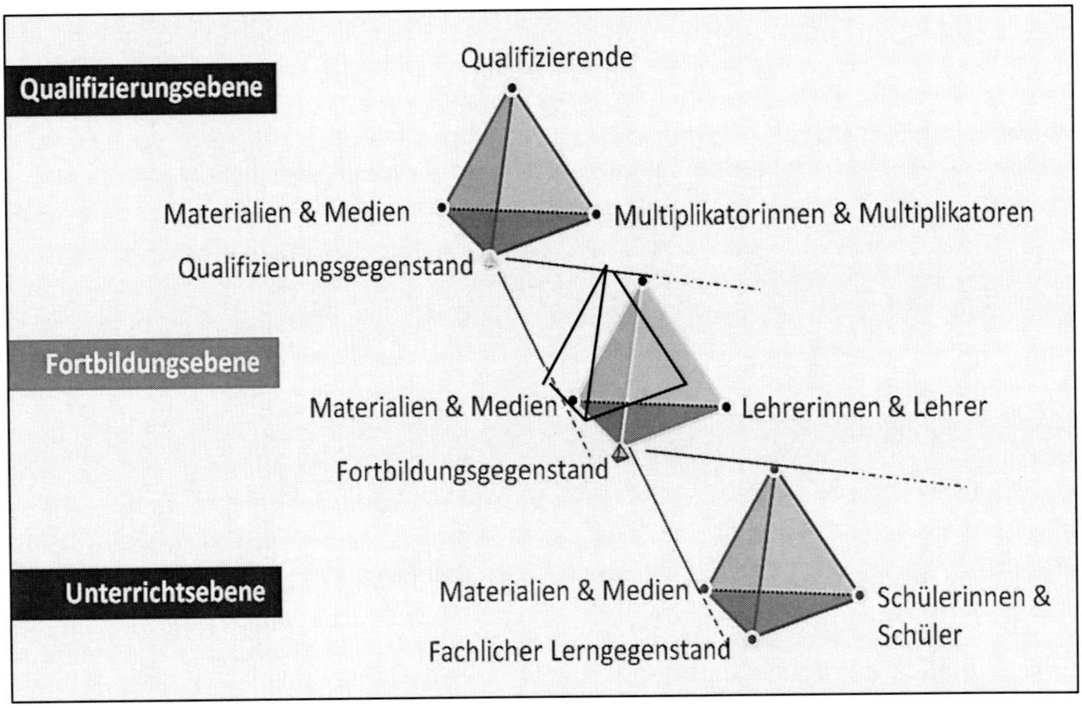

Quelle: Drei-Tetraeder-Modell der Professionalisierungsforschung nach Prediger/Leuders/Rösken-Winter, 2017, S. 3.

1.3.3 Verortung in der Evaluationsforschung

Die Analyse der Wirkung von fachdidaktischen Erklärvideos lassen sich in der *ergebnisbezogenen Evaluation* verorten. Diese Art der Evaluation untersucht wie effektiv Interventionen sind. Werden die Aspekte der Evaluation der Wirkung eines Videoformats betrachtet, wird die Komplexität des strukturierten Vorgehens sichtbar. In der Evaluationsforschung zu berufsbezogenen Trainingsmaßnahmen erweisen sich dabei Modelle über spezifische *Wirk- bzw. Wirkungsebenen* als nützlich (z. B. Wirkungsebenenmodelle von Kirkpatrick, 1994; Lipowsky, 2010). Die Wirksamkeit des entwickelten Videoformats kann im Rahmen des Wirkungsebenenmodells von Lipowsky (2010) auf zwei Ebenen verortet werden:

1. Die erste Ebene bezieht sich auf die "Akzeptanz und Zufriedenheit der teilnehmenden Lehrpersonen". Hierbei wurde die Relevanz, Nützlichkeit und Übertragbarkeit der Videoinhalte sowie die Akzeptanz der Videogestaltung bewertet.

2. Die zweite Ebene umfasst die "Erweiterung des Wissens und die Weiterentwicklung von Überzeugungen". Auf dieser Ebene wurde gemessen, wie sich das Wissen der Lehrpersonen erweitert und ob sich ihre Überzeugungen und Kompetenzen verbessern.

Diesen Ebenen lassen sich die Evaluationsbereiche *Relevanz, Nützlichkeit und Übertragbarkeit der Videoinhalte* sowie die *Akzeptanz der Videogestaltung* und der *subjektive Kompetenzzwachs* zuordnen. Lipowsky betont allerdings, dass diese Wirkungsebenen und die damit verbundenen Prozesse im Zusammenhang mit der Fortbildung von Lehrpersonen ein komplexes Terrain darstellen, da viele Faktoren und Variablen sowie deren Interaktionen eine Rolle spielen können. (Lipowsky, 2010, S. 51).

Die Verortung des vorliegenden Projektes in der Wirkungsebenenforschung wird in Kapitel 7 (Wirksamkeit von Fortbildungen) spezifiziert.

1.4. Zielsetzungen

Das vorliegende Projekt fachdidaktischer Entwicklungsforschung setzt sich mit der Entwicklung und Erforschung der Wirksamkeit eines gegenstandsspezifischen, fachdidaktischen Erklärvideoformats für den Einsatz in der Lehrerbildung der Sekundarstufe auseinander. Das Videoformat verbindet Theorie und Praxis am Beispiel des Differenzierens mit sog. selbstdifferenzierenden Mathematikaufgaben.

Der Fokus liegt auf der Analyse der Wirkung gestaltungs- und inhaltsbezogener Videoelemente, die in der vorliegenden Studie vollständig aus der subjektiven Perspektive der Lehrpersonen betrachtet wird. Untersucht werden vier Evaluationsgegenstände (A, B, C, D) mit spezifischen Evaluationsbereichen (A1 bis A2, B1 bis B3):

A. Akzeptanz der Videogestaltung

A1 Akzeptanz didaktischer Gestaltungsmittel
A2 Akzeptanz lernpsychologischer Gestaltungsmittel
A3 Akzeptanz filmisch-visueller Gestaltungsmittel

B. Akzeptanz der Videoinhalte

B1 Relevanz
B2 Nützlichkeit
B3 Übertragbarkeit

C. Subjektiver Kompetenzzuwachs

D. Weiterentwicklung videobasierter Fortbildungen

In den Evaluationsbereichen A1 bis A3 und B1 bis B3 werden Inhalte jeweils aus praktischer und theoretischer Perspektive analysiert.

Folgt man diesem Vorhaben, werden Ziele auf Ebene der fachdidaktischen Entwicklungsforschung, der Professionalisierungsforschung sowie der Evaluationsforschung offensichtlich.

1.4.1 Zielsetzungen auf Ebene der fachdidaktischen Entwicklungsforschung

Trotz einigen Kriterien für Qualitätsmerkmale bei der Gestaltungsweise von Erklärvideos, gibt es bisher wenige, die sich explizit auf *fachdidaktische* Erklärvideos, die für die Fortbildung von Lehrpersonen spezifiziert sind, beziehen. Daher wurde ein solches Kriterienraster im Rekurs auf bisherige Qualitätskriterien (vor allem aus Erklärvideos für den Unterricht, z. B. Kulgemeyer, 2018) entwickelt. Ziel der hier vorgestellten Entwicklungsstudie ist daher

(1) auf Ebene der fachdidaktischen Entwicklungsforschung das gestalterische *Design eines wirksamen fachdidaktischen Erklärvideoformats* mit ausgewählten Gestaltungselementen, vor allem aus den didaktischen, filmisch-visuellen sowie lernpsychologischen Gestaltungsbereichen.

(2) Ein weiteres, praxisrelevantes Entwicklungsziel auf dieser Ebene ist die Entwicklung eines *Unterrichtsdesigns* durch eine *theorie- und empiriegestützte Spezifizierung und Strukturierung des Lerngegenstands "Selbstdifferenzierende Mathematikaufgaben"* für die Fortbildung von Lehrpersonen zum differenzierenden Mathematikunterricht.

Durch eine von fachdidaktischen Theorien geleitete Konzeption werden gegenstandsspezifische Theorieelemente des Lernens zum Thema „Selbstdifferenzierende Aufgaben“ abgeleitet, welche die Tragfähigkeit des Unterrichtsdesigns forschungsbasiert stützen. Damit entsteht sowohl ein direkter Nutzen für die Unterrichtspraxis, als auch für die Weiterentwicklung zukünftiger gegenstandsspezifischer Theorieelemente.

1.4.2 Zielsetzungen auf Ebene der Professionalisierungsforschung

Ziel auf dieser Ebene ist die *Kompetenzentwicklung von Lehrpersonen* hin zu einem reichhaltigeren theoretischen und praktischen Wissen über flexible Möglichkeiten des Differenzierens mit selbstdifferenzierenden Aufgaben im Mathematikunterricht. Dabei sollen durch die Verbindung von Theorie und Praxis sowohl theoriebezogene als auch praxisbezogene Inhalte vermittelt werden.

1.4.3 Zielsetzungen auf Ebene der Evaluationsforschung

In der Evaluationsforschung wird darauf Wert gelegt, bessere Tools zu entwickeln, um die Effektivität von fachdidaktischen Erklärvideos zu messen. Die hier entwickelten Videos sollen vielseitig einsetzbare Bausteine in Fortbildungen darstellen. Ziel ist es, präzisere Instrumente zur Verfügung zu stellen, damit das hier entwickelte Medienformat in Professionalisierungskontexten besser genutzt werden, deren Inhalte eine breitere Akzeptanz finden und besser verstanden werden können.

1.5. Forschungsfrage und Evaluationsfragen

Bei der Entwicklung und Evaluation eines fachdidaktischen Erklärvideoformats ergeben sich Fragstellungen auf unterschiedlichen Wirkungsebenen. Zur Erfassung der Wirksamkeit dieses spezifischen Mediums liegt dieser Studie folgende **Forschungsfrage** zugrunde:

> *Welche Wirkungen haben auf Lehrpersonen der Sekundarstufe die inhalts- und gestaltungsbezogenen Elemente eines fachdidaktischen Erklärvideoformats, das die Verbindung von Theorie und Praxis integriert, hinsichtlich Akzeptanz, Relevanz, Nützlichkeit, Übertragbarkeit sowie subjektivem Kompetenzzuwachs?*

Die Teilnehmenden reagieren auf mehreren *Wirkungsebenen* in spezifischen *Einschätzungsfeldern* innerhalb den *Evaluationsgegenständen* – jeweils aus subjektiver Perspektive. Bei ihren Einschätzungen können sie auf unterschiedliche *gestaltungs- und inhaltsbezogene Videoelemente* zurückgreifen (siehe Tabelle 2). Die beiden Wirkungsebenen sind die „Akzeptanz und Zufriedenheit der teilnehmenden Lehrpersonen" und die „Erweiterung des Wissens" (siehe Tabelle 2, linke Spalte).
Die *inhaltbezogenen Elemente* in den vier entwickelten Videos gliedern sich in praktische und theoretische Inhalte. Diese werden hier als *Wissenselemente* bezeichnet. *Praxisbezogene Wissenselemente* umfassen Dokumente der Lernenden und beispielhafte, in den Unterrichtsszenen eingesetzte Materialien sowie Handlungen der Lehrperson und Schülerinnen und Schüler – alles bezogen auf eine konkrete Mathematikaufgabe, die im ersten Video vorgestellt wird.
Die *theoriebezogenen Wissenselemente* in den Videos beinhalten verallgemeinernde Begriffe sowie theoriegeleitete, handlungsleitende Kommentare des Sprechers.
Den *gestaltungsbezogenen Elementen* des fachdidaktischen Erklärvideoformats liegen ausgewählte Gestaltungskriterien auf didaktischer, lernpsychologischer, filmisch-visuellen und verarbeitungstechnischer Ebene zugrunde.

Tabelle 2 liefert eine Übersicht über die verschiedenen Aspekte bei der Evaluation der fachdidaktischen Erklärvideos.

Tabelle 2

Übersicht über Aspekte der Evaluation in der Hauptstudie

Wirkungsebenen	Evaluations-fragen	Evaluationsgegenstände und -bereiche
I. Akzeptanz und Zufriedenheit der teilnehmenden Lehrpersonen	**1.1**	A Akzeptanz gestaltungsbezogener Elemente A1 Gesamteindruck A2 Verständlichkeit A3 Authentizität A4 Dauer A5 Geschwindigkeit A6 Sonstiges
	1.2	A7 Theorie-Praxis-Verbindung
	1.3	B. Adaptivität inhaltsbezogener Elemente (theorie- und praxisbezogene Wissenselemente) B1 Relevanz B2 Nützlichkeit B3 Übertragbarkeit
II. Erweiterung des Wissens Weiterentwicklung der Überzeugungen	**2**	C. Subjektiver Kompetenzzuwachs
	3	D. Adaptivität inhaltsbezogener Elemente: D1 Aussagen über die Relevanz D2 Aussagen über die Übertragbarkeit D3 Aussagen über die Nützlichkeit

I. und II. **Akzeptanz und Zufriedenheit der teilnehmenden Lehrpersonen**	**4**	E. Akzeptanz videobasierter ortbildungen allgemein

Evaluationsfragen

Folgende Fragen zur Evaluation der entwickelten Videos (Verortung siehe Tabelle 2, Spalte 2) wurden zur Beantwortung der Forschungsfrage entwickelt:

Wirkungsebene I: „Akzeptanz und Zufriedenheit der teilnehmenden Lehrpersonen"

Evaluationsfrage 1.1:
In welchem Ausmaß und inwiefern wird die ***gestalterische Struktur*** *des Videoformats von Lehrpersonen* ***akzeptiert****?*

Vermutung:
Zwischen der gestalterischen Struktur des Videoformats und der Akzeptanz besteht ein positiver Zusammenhang. Es wird von der Annahme ausgegangen, dass vor allem die in das Videodesign integrierten didaktischen und lernpsychologischen Elemente diese Wirkung erzielen.

Evaluationsfrage 1.2:
In welchem Ausmaß und inwiefern wird von Lehrpersonen das im Videoformat eingesetzte fortbildungsdidaktische ***Prinzip der Verbindung von Theorie und Praxis*** *als sinnvoll angesehen?*

Vermutung:
Das im Videoformat eingesetzte fortbildungsdidaktische Prinzip der Verbindung von Theorie und Praxis wird von den Lehrpersonen überwiegend als sinnvoll angesehen. Es wird von der Annahme ausgegangen, dass vor allem aufgrund von *fortbildungsdidaktischen und lernpsychologischen Designentscheidungen* diese Wirkung erzielt wird.

Evaluationsfrage 1.3:
In welchem Ausmaß werden von Lehrpersonen aus ihrer subjektiven Perspektive die theorie- und praxisbezogenen Inhalte des Videoformats als ***relevant, nützlich*** *und* ***übertragbar*** *angesehen?*

Vermutung:
Die *theorie- und praxisbezogenen Inhalte des Videoformats* wirken sich überwiegend positiv auf die Relevanz, Nützlichkeit und Übertragbarkeit aus.

Wirkungsebene II: „Erweiterung des Wissens“

Evaluationsfrage 2:
In welchem Ausmaß tragen die inhalts- und gestaltungsbezogenen Elemente im Videodesign zu einer ***Erweiterung des subjektiven Wissens*** *über Differenzierung bei?*

Vermutung:
Die inhalts- und gestaltungsbezogenen Elemente im Videodesign bewirken bei den Lehrpersonen mehrheitlich subjektive Kompetenzzuwächse im Bereich des Differenzierens mit Aufgaben.

Wirkungsebene II: „Weiterentwicklung der Überzeugungen“

Evaluationsfrage 3:
Inwiefern findet eine ***Akzeptanz*** *der in den Videos gezeigten theorie- und praxisbezogenen Inhalte mit der eigenen Unterrichtspraxis statt?*

Vermutung:
Die theorie- und praxisbezogenen Inhalte der Videos werden von Lehrpersonen überwiegend als *subjektiv* relevant, nützlich und übertragbar eingeschätzt, vor allem aufgrund von Aussagen über das Unterrichten und Aussagen über Lernende.

Wirkungsebene I: „Akzeptanz und Zufriedenheit der teilnehmenden Lehrpersonen“

Evaluationsfrage 4:
Welche Aspekte bei der ***Weiterentwicklung videobasierter Fortbildungen*** *werden als motivierend und lernförderlich wahrgenommen?*

Vermutung:

Das Prinzip der Verbindung von Theorie aufgrund verschiedener Designentscheidungen bei der Entwicklung eines instruktionalen Videoformats sind für die Weiterentwicklung videobasierter Fortbildungen motivierend und lernförderlich.

1.6. Strukturierung der Ausarbeitung

In diesem Unterkapitel werden Hinweise gegeben über die Strukturierung dieser Arbeit. Dabei werden die einzelnen Kapitel kurz vorgestellt. Zu Beginn eines Hauptkapitel werden oft *Schaubilder* oder *Tabellen* eingesetzt, die einen groben Überblick über die Unterkapitel geben. Am Anfang jedes Teilkapitels erfolgt eine *Leitfrage (siehe Kapitel 1.1)*. Jedes Kapitel endet jeweils mit einer *Zusammenfassung*. Am Ende der Zusammenfassung findet eine Überleitung ins nächste Kapitel statt. Schaubilder und Tabellen sollen inhaltlicher Aspekte und deren Zusammenhänge in den einzelnen Kapiteln in einem kurzen Überblick veranschaulichen. Unterstrichene Wörter bzw. Satzteile beziehen sich auf Inhalte von Abbildungen, Tabellen oder Kapitel (z.. B. Kategorien in der Evaluation oder Elemente der gestaltungsebenen). In *kursiver* Schrift werden wichtige Begriffe und Stichworte hervorgehoben.

All diese Vorgehensweisen sollen helfen, die Komplexität des Themas zu verringern, die Inhalte besser zu verstehen und Zusammenhänge nachvollziehen zu können.

Kapitel 1 bis 7 fokussiert die theoretische Ebene, Kapitel 8 bis 10 konzentriert sich auf die Entwicklung des fachdidaktischen Videoformats, Kapitel 11 bis 13 beinhaltet die Evaluation des Videoformats.

Die Definition *von* Lernvideoformaten sowie Gestaltungskriterien für fachdidaktische Erklärvideos beinhaltet das zweite und dritte Kapitel.

In dieser Studie wird innerhalb des breiten Themenfeldes des differenzierenden Mathematikunterrichts als Fortbildungsgegenstand der Schwerpunkt auf den Einsatz *selbstdifferenzierender Aufgaben* gelegt. Die Begründung der Relevanz dieses Fortbildungsinhalts sowie Konzepte und Modelle, die Entscheidungsprozesse des Differenzierens systematisieren, werden in Kapitel 4 thematisiert.

Verschiedene Modelle und Vorstellungen zur Theorie-Praxis-Verbindung beschreibt Kapitel 5.

Ein zentrales Qualitätskriterium für die Professionalisierung von Lehrpersonen ist die enge Verbindung von Theorie mit der Praxis der Teilnehmenden. Mit welchen Fortbildungskonzepten und auf welchen Professionalisierungsebenen dies geschehen kann, wird in Kapitel 6 ausgeführt.

Kapitel 7 befasst sich mit Kriterien zur Wirksamkeit von (videobasierten) Fortbildungen. Für die Erfassung der Wirksamkeit des hier entwickelten Medienformats werden die Ebenen der *Reaktion und Einschätzungen* und der *Kognitionen* von Lehrpersonen (vgl. Lipowsky, 2010) näher betrachtet.

Für die Entwicklung und Evaluation des Videoformats werden die einzelnen Produktions- und Entwicklungsphasen in Kapitel 8 vorgestellt.

Kapitel 9 beschreibt Gestaltungskriterien, die für die Entwicklung des didaktischen Erklärvideoformats Anwendung fanden.

Kapitel 10 erläutert die Modifizierungen im Videodesign anhand den Entwicklungsphasen, ausgehend vom Grunddesign über das erste Redesign bis zum Enddesign.

Es bestehen keine standardisierten Instrumente, die für die Erfassung der Wirkungen des spezifischen Videotyps angewendet werden können. Diese Situation stellt den Ausgangspunkt für die Entwicklung verschiedener Verfahren zur Erhebung der Wirksamkeit dar. Die verschiedenen Methoden der Erhebung und Auswertung werden mit dem in Kapitel 11 ausgeführten Evaluationsdesign verfolgt.

In Kapitel 12 werden die Ergebnisse der einzelnen Teilstudien vorgestellt.

In Kapitel 13 erfolgt in einem „Fazit" die Interpretation der Ergebnisse und die Reflexion der Vorgehensweisen bei der Entwicklung und Evaluation der Videos.

Die Arbeit endet mit abschließenden Bemerkungen (Kapitel 14).

2. Lernvideoformate

Welches Lernvideoformat ist für die Umsetzung eines Fortbildungsgegenstands geeignet?

Sowohl im privaten Umfeld als auch im schulischen und beruflichen Bereich gewinnen verschiedene Lernvideoformate wie Erklärvideos oder Tutorials zunehmend an Bedeutung. Wikipedia definiert ein Lernvideo als einen „Videofilm, der Lerninhalte an den Zuschauer vermitteln soll. Für den Unterricht oder für die Lehre produzierte Filme werden auch als Unterrichtsfilm oder Lehrfilm bezeichnet" (Wikipedia, https://de.wikipedia.org/wiki/Lernvideo [01.12.2022]).

Der zunehmende Einsatz von Videos in Fortbildungen leitet sich aus Erkenntnissen der Medien- und Kognitionspsychologie (z. B. Trepke, 2004), durch Ergebnisse der Professionalisierungsforschung (z.B. Blomberg et al., 2014; Borko et al., 2008; Van Es & Sherin 2002) und durch die rasante technische Entwicklung und Digitalisierung (z.B. Halverson & Smith, 2009) ab. Zudem werden auch zahlreiche Vorteile der Mediums Video gegenüber der Textform in der Literatur genannt. Durch Videos kann die Komplexität unterrichtlichen Handelns besser dargestellt werden (Krammer, 2014).

In diesem Kapitel erfolgt zunächst eine Definition und Abgrenzung von Erklärvideos von anderen Lernvideoformaten (2.1), im zweiten Unterkapitel werden Typen von Lernvideos beschrieben (2.2). Das Kapitel endet in einer Zusammenfassung (2.3).

2.1. Verortung von Erklärvideos

In verschiedenen Bereichen des Alltags und Berufs finden sich Lernvideoformate. Diese Videos sind darauf ausgerichtet, bestimmte Konzepte oder Verfahren auf verständliche Weise zu vermitteln. Sie nutzen sowohl visuelle Elemente (Bilder oder Videos) als auch gesprochene oder geschriebene Erklärungen, wodurch sie eine multimediale Lernumgebung schaffen (Fiorella & Mayer, 2018).

Es gibt verschiedene Arten von Lernvideos, darunter Dokumentarfilme, Performanzvideos, Erklärvideos, Videotutorials und Lehrfilme. Diese können in einem Schema nach Wolf (2015) nach dem Grad der Erzählung, der Absicht, der didaktischen Gestaltung und der Professionalität unterschieden werden (siehe Abbildung 2). Es ist wichtig zu beachten, dass die verschiedenen Lernvideoformate oft nicht klar voneinander abgegrenzt sind. Diese Vielfalt bietet Raum für kreative Ansätze und eröffnet Möglichkeiten, um Lerninhalte auf ansprechende Weisen zu vermitteln.

Abbildung 2

Verortung der Erklärvideos im Schema von Lernvideoformaten

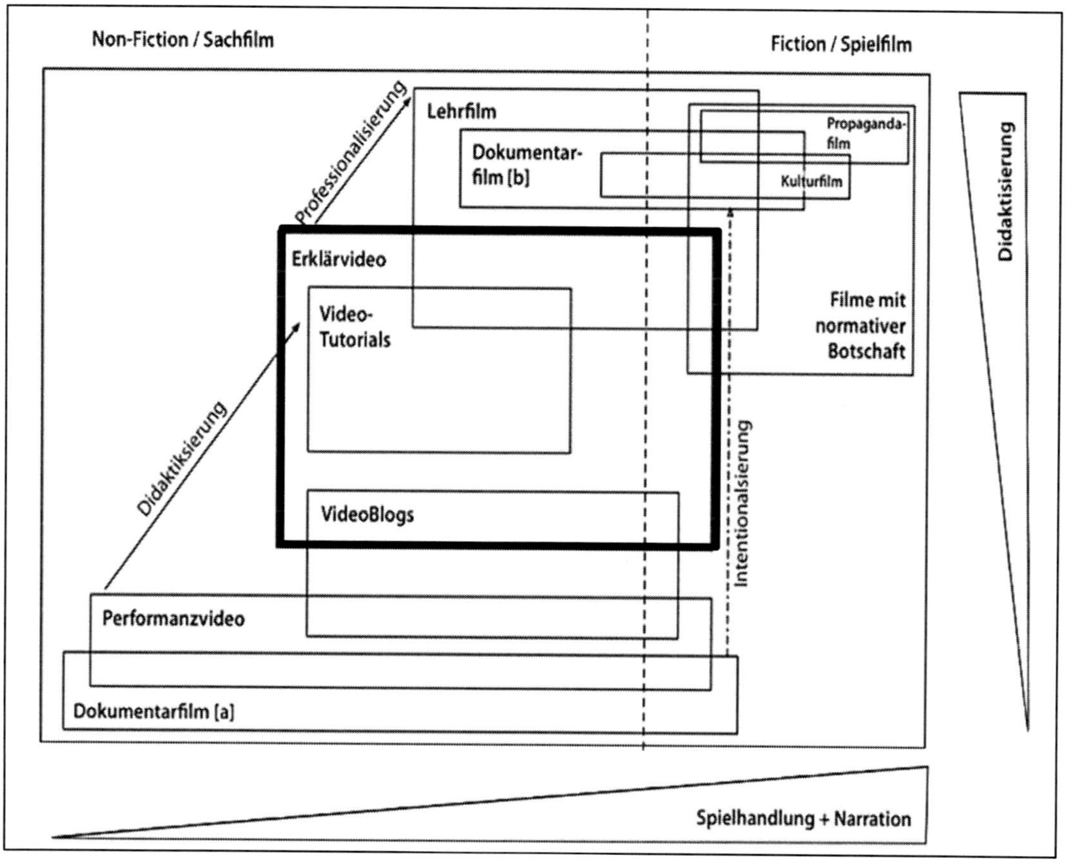

Quelle: Darstellung nach Wolf (2015, S. 123) mit Hervorhebung des Erklärvideobereichs.

2.2. Typen von Lernvideoformaten

Im Folgenden werden die gängigen Lernvideoformate *Lecture-Style, Tutorial-Style, Unterrichtsvideos* und *Erklärvideos* beschrieben und Unterschiede dieser Formate herausgearbeitet.

2.2.1 Lecture-Style

Guo et al. (2014) unterscheiden zwei Haupttypen von Lernvideos: den "Lecture-Style" und den "Tutorial-Style". Im "Lecture-Style" sind die Sprecher sichtbar, und diese Art von Lernvideos zielt darauf ab, konzeptionelles bzw. deklaratives Wissen zu vermitteln. Diese Art von Lernvideos gehört zur Kategorie der "Erklärvideos", wie in Abbildung 2 dargestellt. Vorlesungsvideos, die dem "Lecture-Style" entsprechen, sind ein wichtiger Bestandteil des Fernunterrichts.

2.2.2 Tutorial-Style (auch Video-Tutorials oder Videoanleitungen)

Video-Tutorials sind weitverbreitete Formate zur Erklärung von Prozessen und Schritt-für-Schritt-Anleitungen. Sie gehören zur Kategorie der Erklärvideos und enthalten oft Elemente von Lehrfilmen (siehe Abbildung 2). In ihnen wird „eine beobachtbare Fertigkeit oder Fähigkeit im Sinne einer vollständigen Handlung explizit zum Nachmachen vorgemacht“ (Wolf, 2015a, S. 30). Man findet sie häufig in sozialen Netzwerken und Plattformen wie Instagram, YouTube, Sofatutor, Scoyo, Frustfrei-Lernen oder Facebook .

Video-Tutorials verfolgen die Absicht der Nachahmbarkeit, weshalb sie sich durch die kurze Spieldauer, durch die Klarheit der Anleitung und durch einen instruktionalen Kommunikationsstil auszeichnen (vgl. Knaus & Valentin, 2016). Ihr Schwerpunkt liegt auf der Veranschaulichung von Tätigkeiten und Prozessen. Besonders Tutorial-Lernvideos konzentrieren sich auf Screencasts und vermitteln in erster Linie prozedurales "how-to"-Wissen (Guo et al., 2014).

2.2.3 Unterrichtsvideos

Im Bereich der Aus- und Weiterbildung von Lehrpersonen sind Unterrichtsvideos ein weit verbreitetes Medium. Sie geben unmittelbare Einblicke in die pädagogische Praxis. Dieser Videotyp vermittelt in der Regel rein praxisbezogenes Wissen. Der Einsatz von Unterrichtsvideos stellt ein geeignetes Bindeglied zwischen Theorie und Praxis dar (Krammer & Reusser, 2005). Deren Einsatz erlaubt „komplementär zur vom Unterrichtsvideo ausgehenden Theoretisierung beobachtbarer Phänomene auch die Rückbindung der Theorievermittlung an die Praxis des Unterrichtens“ (Petko & Reusser, 2005, S. 37). Dieser Typus von Videos erfordert eine didaktische Einbindung innerhalb von Fortbildungen, beispielsweise als Fallstudie oder zur Einführung in ein Fortbildungsthema. Sie können vor oder nach der Theorie verwendet werden. Geeignet sind Videoformate, die Modellsituationen aus dem Schulalltag oder kritische Unterrichtssituationen darstellen. Diese Videos bieten vielfältige und flexible Einsatzmöglichkeiten in Professionalisierungsprogrammen, die Theorie und Praxis miteinander verknüpfen (Prediger, Schnell & Rösike, 2016).

Unterrichtsvideos sind besonders hilfreich für kollaborative Reflexionen und reflektieren oft Praktiken, die von Fortbildungsteilnehmenden in ihrem eigenen Unterricht aufgenommen wurden. Dieser Lernvideotyp findet mit seiner hohen Nähe zum pädagogischen Berufsfeld und der praxisnahen Vermittlung von Lerninhalten eine hohe Akzeptanz in Fortbildungen (z. B. Krammer, 2014). Unterrichtvideos werden seit Ende der 70er Jahre in der deutschsprachigen Lehrerausbildung als didaktisches Medium genutzt. Sie werden zur Erforschung und Erfassung eines repräsentativen Querschnitts der Praxis im Unterricht genutzt (z. B. TIMSS Video Study, 1995, 1999). Durch die Wahrnehmung von Unterrichtsvideos sollen erworbene „Selbstreflexions- und Diagnosekompetenzen und unterrichtliche Fertigkeiten eine Verbesserung der Unterrichtsqualität bewirken (vgl. Nowak, 2011).

Der Einsatz von Unterrichtsvideos bietet aus fortbildungsmethodischer und -didaktischer Sicht viele Vorteile. Diese Videos ermöglichen eine mehrperspektivische Betrachtung des Unterrichtsgeschehens, einschließlich Lehrerverhalten, Interaktionen, verwendeter Materialien, Schüleraktivitäten und des behandelten Lernstoffes. Dieses Medienformat zeigt in der Regel eine am Stück gefilmte gesamte Unterrichtsstunde oder einen Ausschnitt. Dieses 'nackte' Video als solches bildet unkommentiert, d. h. ohne Theoriebezug, Lehr-Lernprozesse als Ganzes ab. Sie sind in der Regel nicht weiter didaktisch aufbereitet. Oft wird aus einer Kameraperspektive gefilmt. Nach Abbildung 2 sind Unterrichtsvideo daher am ehesten im Bereich der Performanzvideos angesiedelt.

2.2.4 Erklärvideos

Erklärvideos lassen sich nicht eindeutig definieren und sind durch spezifische Gestaltungsmerkmale gekennzeichnet.

Terminologische Verortung

Der Begriff "Erklärvideo" wird vielfältig verwendet und variiert je nach Kontext und Sichtweise. Es existiert kein einheitliches Verständnis dieses Terminus, da er stark von seinem Anwendungsbereich und der Art der Gestaltung abhängt. Erklärvideos sind eine Art von Lernvideos und können je nach Didaktik, Länge und Design Merkmale von Video-Blogs, Lehrfilmen und Video-Tutorials aufweisen (vgl. Abbildung 2, eingerahmter Bereich). Daher ist eine präzise Definition schwierig. Erklärvideos findet man wie Video-Tutorials häufig in sozialen Netzwerken und Plattformen. Mit geeigneten Erklärvideos im Unterricht kann sowohl prozedurales als auch konzeptuelles Wissen lernwirksam erworben werden

(Höffler & Leutner, 2007; Kant et al., 2017). Hierbei ist der Lernerfolg für konzeptuelles Wissen allerdings von der fachdidaktischen Angebotsqualität der Videos abhängig (Kulgemeyer, 2018). Vor diesem Hintergrund stellt sich die Frage, mit welchen angebotenen Qualitätskriterien fachdidaktische Erklärvideos lernwirksam sein können.

Merkmale von Erklärvideos

Wolf definiert Erklärvideos als audio-visuelle Kurzformate, mit häufig eigenproduzierten Beiträgen, in denen „erläutert wird, wie man etwas macht oder wie etwas funktioniert bzw. in denen abstrakte Konzepte erklärt werden" (Wolf, 2015b, S. 123). Kennzeichnend für Erklärvideos sind nach ihm die thematische und die gestalterische Vielfalt. Nach Findeisen et al. (2019) sind Erklärvideos „eigenproduzierte, kurze Filme, in denen Inhalte, Konzepte und Zusammenhänge erklärt werden (Erklärvideos im engeren Sinne) oder Tätigkeiten und Prozesse demonstriert und kommentiert (Tutorial), jeweils mit der Intention, beim Betrachter ein Verständnis zu erreichen bzw. einen Lernprozess auszulösen" (vgl. Findeisen, Horn & Seifried, 2019, S. 18).
Die hohe Didaktisierung von Erklärvideos zeigt sich in der klaren und einfachen Sprache, einfachen Animationsstilen und informeller Kommunikation. Erklärvideos lassen sich darüber hinaus durch die *multimediale Aufbereitung* von Informationen charakterisieren. So lassen sich Inhalte in Form von Texten, Zeichnungen, Fotos, Grafiken, Animationen, Sounds, Musik und Sprache in einem Video darstellen und durch deren systematische Kombination vermitteln. Die geschickte Integration und Verknüpfung dieser multimedialen Elemente kann kognitive Verarbeitungsprozesse unterstützen und zu einem besseren Verständnis und einer vertieften Verarbeitung führen (siehe Kapitel 3.2 für weitere Informationen). Ein weiteres Kriterium ist die Länge der Darbietung der Inhalte. Erklärvideos sind in der Regel von *sehr kurzer Dauer* und zeigen bedeutsame Aspekte effizient auf (Schaarschmidt, Albrecht und Börner, 2016; Lee LeFever, 2012).

Merkmale fachdidaktischer Erklärvideos

Fachdidaktische Erklärvideos sind spezielle Videos, die Wissen über die Lehr- und Lernprozesse in bestimmten Unterrichtsfächern vermitteln. Was sie besonders auszeichnet, ist ihr hoher Grad an Didaktisierung. Das bedeutet, dass die Inhalte vor allem nach klaren pädagogischen und lernpsychologischen Prinzipien gestaltet und produziert werden. Hierzu gehören die sorgfältige Auswahl des Lernmaterials, die gezielte Reduktion des Lehrstoffs auf das Wesentliche, die Festlegung und Erklärung der Lernziele sowie die Strukturierung des Videos, um den Lernprozess zu optimieren.

Fachdidaktische Erklärvideos sind in erster Linie für erwachsene Zuschauer konzipiert, insbesondere für Lehrpersonen. Ihr Hauptziel ist die Verbesserung der Lehrkompetenz. Diese Videos sollen Lehrkräften dabei helfen, effektiver zu unterrichten und die Qualität ihres Unterrichts zu steigern. Sie bieten daher eine wertvolle Ressource für die berufliche Weiterentwicklung von Pädagogen.
Fachdidaktische Erklärvideos enthalten Gestaltungsmerkmale von herkömmlichen Erklärvideos, die man beispielsweise auf sozialen Plattformen wie YouTube findet oder die im Unterricht eingesetzt werden. Welche spezifischen Gestaltungskriterien auf welchen Gestaltungsebenen insbesondere für *fachdidaktische* Formate relevant sind und wie sie wirken, wird in Kapitel 3 beschrieben.

2.3. Zusammenfassung

Im Bereich des digitalen Lernens nehmen Lernvideos eine wichtig Position ein. Sie manifestieren sich in verschiedenen Ausprägungen, sei es der erzählerische Tutorial-Stil, der dozierende Lecture-Stil, rein praxisbezogenen Unterrichtsvideos oder spezifischen Erklärvideos. Ihr Einsatzgebiet ist mannigfaltig, reicht von der Verwendung in Bildungsinstitutionen bis hin zur beruflichen Weiterbildung. Deren Produktion ist darauf ausgerichtet, Bildungsthemen in didaktisch geeigneter Weise aufzubereiten. Sie differenzieren in Bezug auf die Dauer, den Didaktisierungsgrad, die angewandte Lehrmethode, das Verhältnis zwischen Theorie und Praxis sowie die Art des vermittelten Wissens.

Fachdidaktische Erklärvideos sind dazu geeignet, fachspezifisches Wissen präzise aufzubereiten. Ihre Authentizität, das ausgewogene Verhältnis zwischen Theorie und Praxis sowie ihre klare Struktur können sie effektive Instrumente in der Bildung bedeuten.

Tabelle 3 zeigt eine Zusammenfassung der verschiedenen primären Merkmale der in diesem Kapitel vorgestellten Lernvideoformate.

Tabelle 3
Verschiedene Lernvideoformate im Vergleich

Format	*Dauer im Durchschnitt*	*Primäre Erklärmethode*	*Funktion*	*Theorie-Praxis-Verhältnis*
Lecture-Style	drei und mehr Minuten	induktiv oder deduktiv, Sprecher sichtbar, Vorlesungsvideo, Einsatz von Präsentations- folien	Vermittlung konzeptuellen Wissens	überwiegend Theorie
Video-Tutorial (Tutorial-Style)	zwischen zwei und 10 Minuten	demonstrativ, überwiegend Improvisation, anleitend, Schritt-für-Schritt, Screencast	Anleitung zur Durchführung von praktischen Abläufen, Diensten oder Computerprogrammen	überwiegend Praxis
Unterrichtsvideo	variabel, zwischen drei und 45 Minuten	demonstrativ Realdreh	Wahrnehmung (selektiv, kollaborativ, individuell) und Reflexion von Lehr-Lernprozessen aus dem Unterrichtsalltag	überwiegend Praxis
(Fachdidaktisches) Erklärvideo	zwei und mehr Minuten	induktiv oder deduktiv, prägnant, kurz, fokussiert, Animation und Realdreh	Vereinfachung komplexer Sachverhalte, konzeptuelles und prozedurales Wissen, allgemeindidaktisches und fachdidaktisches Wissen	ausgewogen oder fokussiert auf Theorie oder Praxis

3. Gestaltungskriterien für Erklärvideos und deren Wirkungen

Nach welchen Gestaltungskriterien sollen fachdidaktische Erklärvideos gestaltet werden?

Die Qualität fachdidaktischer Erklärvideos zu bewerten, ist eine anspruchsvolle Aufgabe. Um zu klären, welche methodisch-didaktischen Ansätze als "qualitativ hochwertig" gelten können, sind spezifische Theorien und Gestaltungskriterien von entscheidender Bedeutung. Sie helfen dabei, anhand klarer Maßstäbe, die Qualität dieser Videoformate zu bestimmen und zu beurteilen.

Der aktuelle Forschungsstand umfasst erste theoretische Befunde zu Qualitätsmerkmalen von Erklärvideos (z. B. Kulgemeyer, 2018; Wolf, 2015; Dorgerloh & Wolf, 2020) und zu Qualitätskriterien für Lehrvideos (z. B. Siegel/Hensch, 2021). Sie gehen vor allem aus Beurteilungskriterien für Schulstoff-Erklärvideos hervor. Bisherige Analysen zur Gestaltung von Erklärvideos richten sich daher überwiegend auf unterrichtsbezogene Inhalte und deren fachdidaktisch-inhaltliche Qualität (z. B. Kulgemeyer, 2018; Anders, 2019).

Empirische Befunde deuten darauf hin, dass Erklärvideos, die spezifische Gestaltungsprinzipien (auch Gütekriterien, Qualitätskriterien oder Gestaltungsmerkmale genannt) berücksichtigen, verschiedene positive Effekte, sowohl auf kognitive (z. B. Lernerfolg) als auch auf nicht-kognitiver Ebene (z. B. Lernmotivation, Zufriedenheit), bewirken. Da eine hohe Wirksamkeit durch Berücksichtigung der Kriterien von Wolf (2015b, S. 127-129) und Dorgerloh & Wolf (2020) auch für die Entwicklung fachdidaktischer Erklärvideos zur Professionalisierung von Lehrpersonen angenommen werden kann, wurden von den genannten Gestaltungsprinzipien diejenigen ausgewählt, die für diese Zielgruppe als wirksam erscheinen.

Die Beurteilung der Qualität von Erklärvideos beruht auf einer Vielzahl von Unterscheidungskriterien. Es hat sich bisher jedoch noch keine verbindliche Hierarchie etabliert. Die Kriterien sind oft auch nicht eindeutig einer spezifischen Gestaltungsebene zuzuordnen. Aus diesem Grund wurden Kataloge von Kriterien erstellt, die auf fünf unterschiedlichen Gestaltungsebenen basieren (siehe Abbildung 3). Designentscheidungen können somit anhand der folgenden fünf Gestaltungsebenen getroffen werden: (1) didaktische, (2) lernpsychologische, (3) filmisch-visuelle, (4) film- und verarbeitungstechnische und (5) rechtliche

Gestaltungskriterien. Innerhalb dieser Ebenen werden die relevanten Gestaltungsmittel und Beispiele in den entsprechenden Unterkapiteln näher erläutert.

Abbildung 3

Verschiedene Gestaltungsebenen in fachdidaktischen Erklärvideos

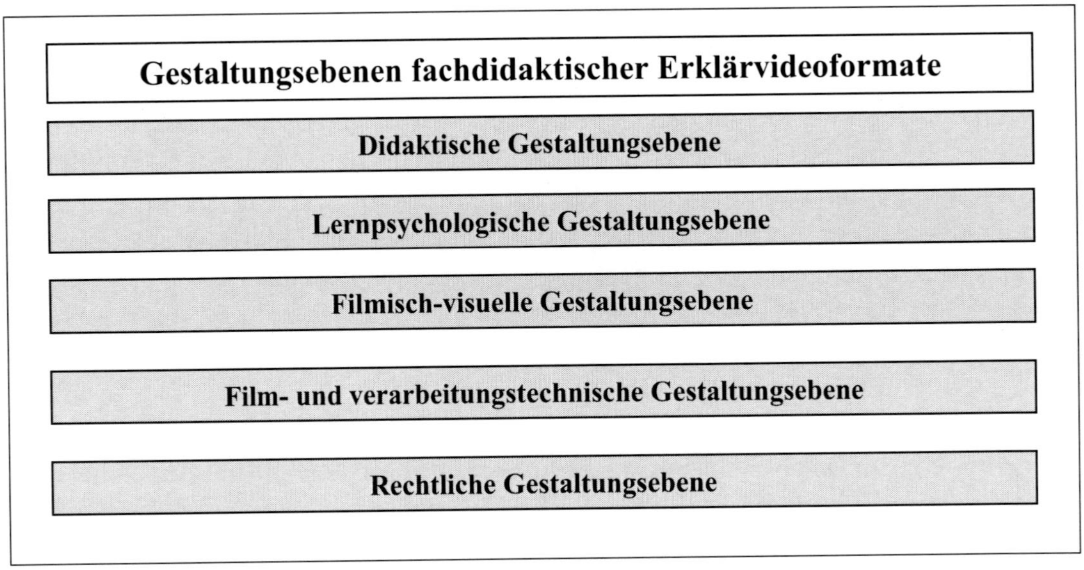

Quelle: eigene Darstellung.

Will man Erklärvideos entwickeln bedarf es vielfältiger Entscheidungen auf unterschiedlichen Ebenen. Entscheidungen auf *didaktischer Gestaltungsebene* sind auf den Vermittlungsaspekt und die Auswahl und Strukturierung von Inhalten ausgerichtet:

- Welche spezifischen Lerninhalte und -ziele und welche Blickwinkel auf Unterricht sollen ausgewählt und vermittelt werden?
- Wie sollen die Inhalte didaktisch strukturiert und formuliert werden?
- Welche Erklärweise passt zu den jeweiligen Lehr-Lern-Zielen?
- Wie sollen theorie- und praxisbezogene Aspekte zugänglich gemacht und miteinander verbunden werden?
- Sollen Beispiele guter oder typischer Praxis gezeigt werden?

Entscheidungen auf *lernpsychologischer Gestaltungsebene* beziehen sich zentral auf die Darstellungsweise für Lerninhalte:

- Welche kognitionspsychologischen Aspekte sind bei der Aufnahme und Verarbeitung der präsentierten Informationen zu berücksichtigen?
- Wie können Inhalte effektiv dargestellt und vermittelt werden?
- Wie können auditive, visuelle und typografische Elemente systematisch und wirksam miteinander gekoppelt werden?

Entscheidungen auf *filmisch-visueller Gestaltungsebene* fokussieren auf die Darstellungsweise durch Film- und Visualisierungseffekte während der Produktion:

- Welche Kamera- und Toneinstellungen eignen sich für ein instruktionales Medienformat?
- Welches Layout soll für die Bildschirmoberfläche verwendet werden?
- Welche Rolle spielen die Akteure und Erklärenden im Video?

Entscheidungen auf *film-* und *verarbeitungstechnischer Gestaltungsebene* richten ihren Fokus auf die Pre- und Postproduktion und berücksichtigen gestalterische Mittel durch die Kamerafunktionen:

- Welche Geräte stehen für die Filmaufnahmen zur Verfügung?
- Welche Vorbereitungen sind vor der Durchführung der Filmaufnahmen zu treffen?
- Mit welcher Software und wie sollen die Video-, Audio- und Textdateien bearbeitet, strukturiert und gespeichert werden ?
- Wo sollen die Videos gezeigt werden?

Alle hier vorgestellten Kriterien, Beispiele und Erläuterungen erheben keinen Anspruch auf Vollständigkeit. Für das in dieser Arbeit vorgestellte Videodesign dienen ausgewählten Kriterien dieser Ebenen als Grundlage der experimentellen Studie zur (Weiter-)Entwicklung fachdidaktischen Erklärvideoformate (siehe dazu Kapitel 9).
Die verschiedenen Gestaltungsebenen werden im Folgenden jeweils in Form einer Übersicht vorab vorgestellt und anschließend die für die Entwicklung des Videoformats relevanten Gestaltungsmittel dieser Ebenen näher beschrieben.

3.1 Kriterien auf didaktischer Gestaltungsebene

Will man *fachdidaktische* Erklärvideos nach Designmerkmalen kategorisieren, werden vor allem Entscheidungsfragen im Bereich der didaktischen Gestaltung relevant:

- An welche Adressaten richtet sich das Videoformat?
- Auf welche Weise soll das Videoformat genutzt werden?
- Wie kann das Informationsmaterial aufbereitet und strukturiert werden, so dass die inhaltlichen Aspekte (z. B. aus Theorie und/oder Praxis) verständlich das Wesentliche fokussieren?
- Mit welchen Methoden sollen die Inhalte erklärt werden?
- In welchem Verhältnis können theorie- und praxisbezogene Wissenselemente im Videoformat integriert werden?
- Wie kann ein möglichst hoher Grad an Authentizität erreicht werden?

Aus all diesen Fragestellungen leiten sich verschiedene didaktische Gestaltungskriterien ab, die in Abbildung 4 zusammengefasst werden. Sie orientieren sich am Kodierleitfaden „Gestaltungsqualität von Erklärvideos (GQEV)“, der zur Analyse von Erklärvideos und Tutorials von der Arbeitsgruppe Medienpädagogik an der Universität Bremen erarbeitet wurde (Honkomp-Wilkens et al., 2022, Wolf & Kratzer, 2015). Weitere Grundlage auf dieser Ebene bilden die didaktischen Kriterien für die Erklärqualität von Erklärvideos für den Einsatz im Unterricht nach Kulgemeyer (2018; 2020a). Kulgemeyer (2018) identifizierte fachdidaktische und instruktionspsychologische Qualitätsmerkmale mit Auswirkung auf die Lernwirksamkeit. Dies waren insbesondere Adaptivität bzgl. Vorwissen und Sprache sowie die Fokussierung auf relevante Inhalte.
Im Hinblick auf die Adressatengruppe (Lehrpersonen einer Fortbildung) wurden weitere Kriterien ergänzt, von denen die für die Professionalisierung von Lehrpersonen relevanten gestalterischen Mittel näher erläutert werden.

Abbildung 4

Übersicht über didaktische Gestaltungskriterien für fachdidaktische Erklärvideos

Kriterien auf didaktischer Gestaltungsebene

Adaptivität der Inhalte

- Inhaltliche Repräsentativität: Anknüpfen an Wissensstand und Bedarfe der Zielgruppe (z. B. Kulgemeyer, 2020)
- Verdeutlichung von Relevanz/Nützlichkeit/Übertragbarkeit der Inhalte

Theorie-Praxis-Verhältnis

- Fokus auf Theorie
- Fokus auf Praxis
- ausgewogene Aufteilung

Grad der Authentizität

- hoch authentisch
- semiauthentisch
- Laborsituation

Organisation

- Materialbeschaffung
- Literaturrecherche
- Drehbuch/Videoskript
- Drehorte
- Wahl der Akteure
- Aufnahmeraum
- Checklisten
- Genehmigungen
- Erprobung

Videostruktur

- Anfang (Intro/ Begrüßung/Zielformulierung/Überblick/ Einstiegsimpuls)
- Hauptteil (z. B. theorie- und praxisbezogene Inhalte)
- Schluss (z. B. Zusammenfassung/Fazit/Links/ Outro)

Erklärmethode

- induktiv/deduktiv
- fragengestützt
- beschreibend-erläuternd
- problemorientiert
- unterweisend/instruktiv
- demonstrativ
- negatives Wissen

Nutzungsweise und Einbettung

- Selbstlernmedium
- Baustein innerhalb einer Veranstaltung
- Aus- und Fortbildung
- Zugang: offen/geschlossen
- Arbeitsaufträge/Erschließungsfragen

Didaktische Strukturierung der Inhalte

- Didaktische Reduktion
- Strukturierung und Spezifizierung von Lerninhalten
- Integration theoretischer und praktischer Perspektiven
- Erklärweise: einfache, verständliche Formulierungen
- Festlegung von Lernzielen
- Präzision und Kohärenz (Kulgemeyer, 2020)
- Spezifische Begrifflichkeiten und Kategoriensysteme (Brower, 2014; Star & Strickland, 2008)
- Aufteilung in didaktische Bereiche (Prediger/Leuders/ Rösken-Winter, 2017)
- Neuigkeitsgehalt
- Anwendungstransparenz (Siegel/Hensch, 2021)
- Diskursive Positionierung (Siegel/Hensch, 2021)
- Korrektheit der Lerninhalte

Qualität der praktischen Perspektive

- Good/Best Practice
- Average Practice
- Bad practice

Anmerkung. Die Kriterien stellen eine Auswahl möglicher didaktischer Gestaltungsempfehlungen für fachdidaktische Erklärvideos dar unter Verwendung von Gestaltungsprinzipien für unterrichtsbezogene Erklärvideos, v. a. in Anlehnung an Kulgemeyer (2018), Wolf & Kratzer (2015) sowie in Anlehnung an Qualitätskriterien für Lehr-/Lernvideos nach Siegel & Hensch (2021).

Quelle: Eigene Darstellung.

3.1.1 Didaktische Strukturierung der Inhalte

Bei der Inhaltsaufbereitung für bestimmte Zielgruppen ergeben sich zahlreiche Fragestellungen bezüglich der Strukturierung. Im Folgenden werden ausgewählten Strukturierungsmethoden zur Entwicklung fachdidaktischer Erklärvideos genauer erläutert:

1. Didaktische Reduktion: Wie kann die Komplexität der Inhalte reduziert und vereinfacht werden?

2. Erklärungsweise: Wie sollen die Inhalte formuliert werden?

3. Präzision und Kohärenz: Wie kann die Vermittlung von Inhalten *klar* und *nachvollziehbar* erfolgen? Wie können die ausgewählten (theorie- und praxisverbindenden) Inhalte sinnvoll miteinander *verknüpft* werden?

4. Spezifische Begrifflichkeiten und Kategoriensysteme: Welche Begrifflichkeiten sollen für die Erklärungen verwendet werden und wie sollen Fachbegriffe strukturiert werden?

5. Anwendungstransparenz: Wie kann der Nutzen für die Unterrichtspraxis wirksam gefördert werden?

6. Diskursive Positionierung: Welche Vorteile, Nachteile und Grenzen haben die in fachdidaktischen Erklärvideos gezeigten Unterrichtsmethoden, Aufgaben und Unterrichtsmaterialien und welche Lernhürden und Schwierigkeiten können aus Sicht von Lehrpersonen antizipiert und berücksichtigt werden?

Diese Methoden gewährleisten, dass fachdidaktische Erklärvideos leicht verständlich und zugänglich sind, was die effektive Wissensvermittlung an die Zielgruppe unterstützt.

1. Didaktische Reduktion

   Die Inhalte werden präzise spezifiziert und auf das Wesentliche reduziert, um die Klarheit und Relevanz zu erhöhen. Komplexe Inhalte sollen mit Blick auf die anvisierte Zielgruppe quantitativ reduziert werden. Erklärvideos sollten daher Exkurse und weniger bedeutsame Inhalte vermeiden, komplexe Sachverhalte in vereinfachter Form dargeboten werden. (vgl. Lehner, 2020, S. 11-14). Auf zu viele Beispiele, Analogien, Modelle oder Zusammenfassungen sollte verzichten werden (vgl. Kulgemeyer, 2020b, S. 423). Hutter (2015) plädiert für *stichwortartige Formulierungen*, um das kognitive System des Rezipienten nicht zu überlasten.

2. Erklärweise

Bei der Formulierung der Erklärungen für den Lernstoff ist es entscheidend, klare und verständliche Sprache zu verwenden. Fremdwörter sollten vermieden oder sorgfältig erläutert werden, und komplexe Satzstrukturen sollten vereinfacht werden, beispielsweise durch die Vermeidung von Schachtelsätzen. Die Formulierungen sollen auf das Sprachniveau der Zielgruppe abgestimmt sein. Wenn es notwendig ist, Fachbegriffe einzuführen, sollten diese in verständlicher Alltagssprache erklärt werden, um die Zugänglichkeit für die Zuschauer sicherzustellen (vgl. Kulgemeyer, 2018). In fachdidaktischen Erklärvideos ist es besonders wichtig, dass die Formulierungen das sprachliche Niveau der Lehrpersonen berücksichtigen.

3. Präzision und Kohärenz

Die Informationen werden präzise und kohärent präsentiert, um Missverständnisse zu minimieren und den Zusammenhang der Konzepte zu verdeutlichen (vgl. dazu Kulgemeyer, 2020a). Um eine kohärente Darstellung zu erreichen, werden z. B. Sätze mit Konnektoren verbunden (insbesondere "weil"). Darüber hinaus werden Pronomen und Synonyme in der Regel vermieden.

4. Spezifische Begrifflichkeiten und Kategoriensysteme

Fachspezifische Begriffe und Kategoriensysteme werden verwendet, um ein tiefes Verständnis für das Thema zu fördern. Das professionelle Denken von Lehrpersonen wird begünstigt, wenn die Beschreibung, die Analyse und Deutung des Bildmaterials durch *spezifische Begrifflichkeiten und Kategoriensysteme* explizit eingeführt werden (Brower, 2014; Star & Strickland, 2008; Star, Lynch & Perova, 2011). Die Einteilung in Ober- und Unterbegriffe dienen dabei der Beschreibung des Gesehenen. Ein sinnvoller Aufbau und strukturierende Elemente gelten als lernförderlich (vgl. Findeisen/Horn/Seifried 2019, S. 24–25).

5. Anwendungstransparenz

Das Video enthält Informationen zum didaktischen Einsatz, z. B. Verwendungszweck, Lernziele, Kompetenzen (vgl. Siegel/Hensch, 2021). Durch bewusstmachende Impulse kann die Sensibilität auf die Wichtigkeit thematischer Aspekte gelenkt werden.

6. Diskursive Positionierung

In einer diskursiven Positionierung sollten verschiedene Sichtweisen beachtet und einseitige, durch spezifische Interessen geleitete Darstellungen vermieden werden (vgl. Siegel/Hensch, 2021). Dies bedeutet, dass innerhalb einem Erklärvideo verschiedene Perspektiven, einschließlich unterschiedlicher Geschlechter, berücksichtigt werden sollten. Dies schafft eine ausgewogenere und neutrale Darstellung des behandelten Themas.

3.1.2 Adaptivität

Die Videogestaltung sollte sich an den Teilnehmenden ausrichten, indem sie am potenziellen Vorwissen, den Interessen und Sprachgewohnheiten sowie subjektiven Lernbedürfnissen der anvisierten Zielgruppe anknüpfen (vgl. Kulgemeyer, 2018; Brückner et al, 2017). Dieses Kriterium wird hier auf die Entwicklung von Erklärvideos fachdidaktischer Art übertragen. Dazu werden die gestalterischen Kriterien „Relevanz", „Nützlichkeit" und „Übertragbarkeit" für das hier entwickelten Medienformat berücksichtigt und zunächst (1) näher beschrieben und (2) anschließend gezeigt, wie diese Kriterien in Erklärvideos verdeutlicht werden können.

(1) Beschreibung der Relevanz, Nützlichkeit und Übertragbarkeit

1. Relevanz

Ein zentraler Indikator für die Wirksamkeit von Fortbildungen ist die Relevanz des Fortbildungsgegenstands (vgl. Kulgemeyer, 2018; Lipowsky, 2010). Abshagen (2016) betont den hohen Stellenwert der Relevanz und Nützlichkeit wie folgt:

„Das Wahrnehmen von Relevanz bzw. von Nützlichkeit der Fortbildungsinhalte ist insbesondere für erwachsene Lerner, die in der Regel mit einem bestimmten Nutzungsinteresse an einer Fortbildung teilnehmen, [...] von hoher Bedeutung für die weitere Motivation zur Nutzung der Fortbildung.“

Abshagen et al. 2016, S. 26

Die wahrgenommene Relevanz von Inhalten beeinflusst den *Wissenszuwachs* bzw. *Verhaltensänderungen* von Lehrpersonen (vgl. Alliger et al., 1997). Dabei koppeln Personen ihre Motivation zur Fort- und Weiterbildung eng an ihren subjektiv wahrgenommenen Wert, den sie den Angeboten beimessen und an den erwarteten persönlichen Nutzen für den alltäglichen Unterricht (z. B. Lipowsky & Rzejak, 2021; Knowles et al., 2007). Die Trainingsforschung zeigt engere Zusammenhänge zwischen den Einschätzungen der Nützlichkeit und Relevanz eines Trainings einerseits und dem Wissenszuwachs bzw. einem veränderten Verhalten im Beruf andererseits (Colquitt et al., 2000; Salas & Cannon-Bowers, 2001; Hochholdinger & Schaper, 2007).
Durch folgende Strategien im Rahmen der Konzeption von Fortbildungen erleben Lehrpersonen nach Lipowsky und Rzejak (2021) Inhalte als relevant: *explizite Hervorhebung und Begründung der Relevanz* der Inhalte durch den Fortbildner, *Auswahl passender Beispiele von Lernenden*, Integration moderater *Neuigkeitseffekte*, *Anknüpfen an drängende Fragen* und Probleme der Teilnehmerinnen und Teilnehmer, *Transferierbarkeit der Inhalte*. Um die Relevanz der Inhalte zu verdeutlichen, sollten Rezipienten in den Videos *unmittelbar angesprochen* und zum handelnden Lernen motiviert werden (vgl. Tenberg, 2021, S. 39). Dies kann durch *Prompts* gelingen, die besonders wichtige inhaltliche Aspekte als solche hervorheben (vgl. Kulgemeyer, 2020a, S. 72 f.) Es sollte auch betont werden, warum das Erklärte für die Adressatengruppe wichtig ist (vgl. Kulgemeyer, 2018, S. 286). Eine hohe *Kohärenz* des Gesagten oder Geschriebenen kann durch Konnektoren, insbesondere „weil“, erreicht werden (vgl. Kulgemeyer 2020b, S. 423). Zusätzlich kann eine *direkte Ansprache* der Adressaten verwendet werden, um die Relevanz der Inhalte zu betonen (vgl. Kulgemeyer 2020a, S. 72 f.).

2. Nützlichkeit

Ein zentraler Indikator für die Akzeptanz einer Fortbildungsmaßnahme ist die Einschätzung des Nutzens der Inhalte der Veranstaltung durch die Lehrpersonen für ihre eigene Tätigkeit im schulischen Kontext (vgl. zum Beispiel Lipowsky, 2010, S. 52; Knowles et al., 2007). Die von Teilnehmerinnen und Teilnehmern eingeschätzte Nützlichkeit des Fortbildungsgegenstands hat einen Einfluss auf den Wissenszuwachs bzw. auf die Verhaltensänderungen der Lehrpersonen (vgl. Alliger et al., 1997). Demnach bemessen Teilnehmer den Nutzen einer Fortbildung primär daran, inwiefern sie neue Impulse und Anregungen für ihren alltäglichen Unterricht erhalten.

3. Übertragbarkeit

Damit Lehrpersonen ihre eigenen Erfahrungen und Routinen verändern bzw. weiterentwickeln können, benötigen sie Anregungen für Möglichkeiten, wie die in der Fortbildung behandelten Themen in ihre eigene konkrete Praxis übersetzt werden können (Lipowsky & Rzejak, 2012). Diese Anregungen werden im Folgenden mit dem Ausdruck „Übertragbarkeit“ definiert.
In Verbindung mit dem Begriff „Übertragbarkeit“ werden häufig die Ausdrücke „Transfer“, „Lerntransfer“, „Vernetzung“ und „Resonanz“ verwendet. In der Transferforschung wird allgemein unter Transfer die Übertragung von etwas in einem bestimmten Kontext neu Gelerntem auf einen anderen Kontext verstanden (vgl. Mandl/Prenzel/Gläsel 1992, S. 127). In der pädagogisch-psychologischen Literatur wird mit dem Ausdruck „Transfer“ das Präfix „Lern“ in Verbindung gebracht. Im Online Lexikon Wikipedia findet man für den Begriff des Lerntransfers folgende Definition:

> Lerntransfer beschreibt nach Wikipedia die Fähigkeit, „eine gelernte Problemlösung auf eine andere, vergleichbare Situation zu übertragen (...). Dieses Übertragen von Wissen auf ähnliche Situationen wird in der Psychologie und Pädagogik als Transfer bezeichnet.“
>
> [Wikipedia; letzter Zugriff: 13.01.2021]

Autoren des Gabler Wirtschaftslexikons spezifizieren den Begriff für die berufliche Bildung und verstehen unter Lerntransfer:

> Übertragung und Anwendung des in einer Aus-, Fort- oder Weiterbildung (Training) erworbenen Wissens auf die berufliche Situation.
>
> [letzter Zugriff: 13.01.2021]

Unterschiedliche Lerntheorien, wie Behaviorismus, Kognitivismus und Konstruktivismus, bieten verschiedene Perspektiven auf die Anwendung von Gelerntem. Im kognitiven Ansatz von Judd steht die Annahme im Mittelpunkt, dass der Lerntransfer auf allgemeinen Denk- und Problemlösungsstrategien beruht. Diese Strategien werden entwickelt, indem während des Lernens Einblicke in Muster und Prinzipien gewonnen werden (vgl. Judd, 1939, S. 513). Konstruktivistische Lerntheorien legen hingegen großen Wert auf authentische Lernumgebungen, die in realen Situationen eingebettet sind. Diese Betonung von Praxisbezug und Kontext in Lernprozessen gilt als entscheidend (vgl. Bergmann & Sonntag, 2006, S. 364f.).

(2) Verdeutlichung der Nützlichkeit, Relevanz und Übertragbarkeit

Die wachsende Vielfalt spiegelt sich auch in den persönlichen Ansichten und Vorstellungen von Lehrkräften hinsichtlich differenzierter Unterrichtsmethoden wider. In Interviews konnte Reh (2005) zeigen, dass mit der Einführung differenzierter Maßnahmen die Diskrepanzen im Handeln der Lehrkräfte zunehmen. Selbst bei Lehrpersonen, die sich aktiv mit dem Thema Vielfalt auseinandersetzen, wird diese oft als große Herausforderung und gelegentlich sogar als Belastung wahrgenommen (Reh, 2005, S. 81).

Ein Blick auf die Überzeugungen von Lehrern der Sekundarstufe I, wie in der Untersuchung von Kunze und Solzbacher (2008) gezeigt, ist aufschlussreich: Fast alle Lehrkräfte (98%) befürworten individuelle Förderung. Allerdings halten sie die Umsetzung dieser Idee für praktisch unmöglich (Solzbacher, 2008, S. 36).

In der Evaluation der Mathematikfortbildung „Differenziert differenzieren“ zeigte sich, dass vor allem das Potenzial von Aufgaben für die Offenheit an möglichen Lösungswegen von den Teilnehmenden häufig thematisiert wurde (Schäferling/Scherrmann/Kuntze, 2017, S. 194).

Die verbalen und schriftlichen Impulse in den für diese Arbeit entwickelten Videos beziehen sich auf fachdidaktische, allgemeindidaktische und didaktisch-methodisches Wissen. Sie leiten sich aus verschiedenen wissenschaftlich fundierten Theorien ab. Helmke et al. heben die Bedeutung des Erwerbs fachdidaktischen und didaktisch-methodischen Wissens folgendermaßen hervor:

> „Erst wenn (…) fachdidaktisches Wissen über typische Vorgehensweisen und Fehler von Schülern (…) sowie didaktisch-methodisches Wissen über Handlungsmöglichkeiten vorliegen, kommt es zu höheren Schülerleistungen.“
>
> (Helmke et al., 2004, S. 7)

3.1.3 Erklärmethode

In fachdidaktischen Erklärvideos stehen verschiedene Strategien zur Verfügung, um Inhalte zu vermitteln. Tenberg (2021) nennt acht Erklärmethoden, darunter "beschreibend-erklärend," "problemorientiert" und "episodenhaft." Beliebte Ansätze sind das "Beispiel-Regel"-Prinzip (vom Beispiel zur allgemeinen Regel) und das "Regel-Beispiel"-Prinzip (von der allgemeinen Regel zum Beispiel). Neuere Ansätze im GQEV (2022, S. 510) beinhalten den Bezug zur Lebenswelt der Lernenden, praktisches Vorzeigen, Übungen zum aktiven Mitmachen, schrittweises Erarbeiten von Theorien und die Erklärung abstrakter Konzepte. Diese Vielfalt an Erklärmethoden ermöglicht die Gestaltung kreativer und wirkungsvoller fachdidaktischer Erklärvideos.

3.1.4 Grad der Authentizität

Videografierter Unterrichtsstoff ist oft wegen seiner hohen Authentizität beliebt (Hatch & Grossman, 2009), was zu hoher Motivation und Wertzuschreibung führt (Syring, Bohl, Kleinknecht, Kuntze, Rehm, & Schneider, 2015; Krammer, 2014; Spiro, Collins & Ramchandran, 2007).

3.1.5 Anwendungstransparenz

Um Fortbildungsinhalte besser verständlich und anwendbar zu machen, können Didaktische Kommentierungen verwendet werden. Diese Kommentierungen bieten Informationen über die praktische Verwendung im Unterricht, wie beispielsweise als Einstieg oder zur Anregung von Diskussionen. Außerdem können sie Lernziele und Kompetenzen verdeutlichen. Der Begriff "Anwendungstransparenz", wie von Siegel, Streitberger und Heiland (2021) verwendet, fasst diese

Aspekte zusammen. Diese Kommentierungen sollen Fortbildungsteilnehmern helfen, sich besser auf das Lernthema einzustellen und sensibilisieren.

3.1.6 Videostruktur

Um Erklärvideos ansprechend zu gestalten und den Lernprozess zu unterstützen, ist eine klare Struktur unerlässlich. Im Folgenden werden einige strukturierende Videoelemente aufgelistet, die sich aus den Gestaltungskriterien des GQEV ableiten lassen und für fachdidaktische Erklärvideos relevant sind:

1. *Intro*: Einführung und Aufmerksamkeitserregung.
2. *Begrüßung*: Persönliche Ansprache der Zuschauer.
3. *Zielformulierung*: Klare Darlegung des Lernziels.
4. *Themeneinführung*: Einleitung in das Thema.
5. *Durchführung*: Vermittlung des Hauptinhalts.
6. *Ergebnisvorstellung*: Präsentation der Ergebnisse oder Lösungen.
7. *Fazit*: Zusammenfassung und Schlussfolgerungen.
8. *Zusammenfassung*: Kompakte Wiederholung der wichtigsten Punkte.
9. *Abschied*: Verabschiedung der Zuschauer.
10. *Outro*: Abschlussbemerkungen, Hinweise auf Quellen und weiterführende Links, Danksagungen.

Eine besonders wertvolle Strukturkomponente in Erklärvideos kann die regelmäßige Zusammenfassung oder Wiederholung sein (vgl. Kulgemeyer, 2018). Außerdem ist es ratsam, den Zuschauern klare Informationen zur Funktionsweise und Nutzung der Videos zu geben, idealerweise bereits vor Beginn einer Fortbildung oder eines Selbststudiums. So können Lernziele sensibilisiert und die Effektivität des Videomaterials maximiert werden.

3.2 Kriterien auf lernpsychologischer Gestaltungsebene

Hier geht es um die Bewertung von Erklärvideos aus einer lernpsychologischen Perspektive, was kognitive, motivationale und emotionale Aspekte einschließt. Entscheidungen in diesem Bereich orientieren sich daher an Prinzipien des instruktionalen Mediendesigns. Sie basieren auf Erkenntnissen wie der Cognitive Load Theory (CLT) und der kognitiven Theorie multimedialen Lernens (CTML; Chandler & Sweller, 1991). Diese Forschung hat Prinzipien entwickelt, um multimediale Lernumgebungen effektiv zu gestalten (Mayer, 2017; Clark & Mayer, 2011; Stiller, 2007). Diese Prinzipien können auf fachdidaktische Erklärvideos angewendet werden. Abbildung 5 zeigt in einer Übersicht, welche lernpsychologischen Gestaltungskriterien für die Entwicklung fachdidaktischer Erklärvideos berücksichtigt werden können.

Wie verarbeitet das menschliche Gehirn Informationen? Nach der kognitiven Theorie des multimedialen Lernens durchlaufen sprachliche und bildliche Informationen unterschiedliche Verarbeitungsschritte. Sie werden im Sinne der doppelten Enkodierung zunächst getrennt voneinander bearbeitet und für jeden angesprochenen Sinneskanal stehen gesonderte Kapazitäten bereit (Dorgerloh & Wolf, 2020). Um sicherzustellen, dass die Lernenden nicht überfordert werden, sollten wir die Menge an visuellen und auditiven Informationen in Videos begrenzen. Eine übermäßige Informationsdichte könnte sich negativ auf die kognitive Verarbeitung auswirken (vgl. Betrancourt, 2005).

Abbildung 5 zeigt eine Übersicht über die wichtigsten lernpsychologischen Gestaltungskriterien für fachdidaktische Erklärvideos.

Abbildung 5

Übersicht über lernpsychologische Gestaltungskriterien für fachdidaktische Erklärvideos

Kriterien auf lernpsychologischer Gestaltungsebene

Spieldauer

- eine Minute (z. B. Minilectures), ca. drei Minuten (z. B. Tutorials), bis zu 20 Minuten (z. B. E-Lectures), über 20 Minuten (z. B. Documentaries)

Präsentationssequenz-Prinzip

- Reihenfolge der Darbietung visueller, typografischer und auditiver Elemente

Multimedia-Prinzip

- Kombination geeigneter Text- und Bildelemente

Motivationale und emotionale Ansprache

- Aktivierung individueller Erwartungen und Anreizwerte

Modalitätsprinzip

- Gemeinsame Verwendung visueller und auditiver Informationen
- Zur Erläuterung von Grafiken und Animationen eignet sich gesprochener Text besser als geschriebener

Kohärenzprinzip

Verzicht auf überflüssige Informationen und Materialien

Hervorhebung

- Betonung zentraler Videoinhalte durch Hinweiszeichen (z. B. Farbe, Symbole, Umrahmung, Vergrößerung, Unterstreichung)

Prinzip der Segmentierung

- Aufteilung von Texten in lernendengerechte Abschnitte

Sprache (Wolf & Kratzer, 2015)

- formeller Stil/informeller Stil (Personalisierungsprinzip)
- Humor / Sachlichkeit

Kontiguitätsprinzip

- Anordnung korrespondierender Wörter und Bilder in räumlicher und zeitlicher Nähe

Darbietungsgeschwindigkeit

- Angemessenes Tempo der Darbietung von Inhalten

Redundanzprinzip

Vermeidung der gleichzeitigen Darbietung multipler, identischer Informationsquellen (z. B. gesprochener Text und geschriebener Text)

Anmerkung. Die Kriterien stellen eine mögliche Auswahl relevanter lernpsychologischer Gestaltungsempfehlungen für fachdidaktische Erklärvideos dar und berücksichtigen v. a. kognitiven Grundlagen multimedialen Lernens (Kognitive Theorie Multimedialen Lernens, CTML, Meyer, 2017).
Quelle: Eigene Darstellung.

3.2.1 Spieldauer

Um das Engagement der Lernenden zu fördern, ist es entscheidend, die Länge von Videos im Blick zu behalten. Guo, Kim und Rubin (2014) identifizierten die Videodauer als einen bedeutenden Indikator für das Engagement der Lernenden. In einer deutsch-amerikanischen Studie von Krämer und Böhrs (2017) wurde die Kürze von Erklärvideos als eines der wichtigsten Merkmale hervorgehoben. Längere Videos führen oft dazu, dass das Interesse abnimmt und die anschließende Bearbeitung von Aufgaben seltener erfolgt. Es ist also ratsam, Videos kompakt und prägnant zu gestalten, um die Aufmerksamkeit und das Engagement der Lernenden aufrechtzuerhalten. Empirische Befunde legen eine maximale Länge von sechs Minuten nahe, um die Aufmerksamkeit des Publikums auf hohem Niveau zu halten (z. B. Guo et al., 2014), andere Studien geben drei oder zwei Minuten an (z. B. Krämer & Böhrs, 2017).

3.2.2 Präsentationssequenz-Prinzip (Prinzip der Reihenfolge von Text und Bild)

In Erklärvideos ist neben einer kurzen Spieldauer auch die Reihenfolge der Präsentation von Text und Bild von großer Bedeutung. Hier gilt das Prinzip: Erst das Bild, dann der Text. Studien zeigen, dass diese Reihenfolge die Informationsverarbeitung fördert (vgl. Kulhavy, Stock & Caterino, 1994, zitiert nach Schnotz, 2005). Dieses Prinzip wird von Niegemann wie folgt beschrieben::

> „Wenn Text und Bild nicht gleichzeitig präsentiert werden können, so sollte zuerst das Bild präsentiert werden und dann der Text, damit das mentale Modell des Bildes durch die Textinformation angereichert werden kann und nicht anders herum. Denn es ist aufwändiger, geschriebene Textinformation zu verstehen als Bildinformation“
>
> (Niegemann et al., 2008, S. 60)

3.2.3 Darbietungsgeschwindigkeit

Als Gestaltungsmittel für Erklärvideoformate ist auch eine geeignete *Geschwindigkeit* zu berücksichtigen (vgl. Miller, 1956; Sweller, van Merriënboer & Paas, 1998). Sie sollte jedoch nicht übermäßig hoch sein (vgl. Dorgerloh & Wolf, 2020). Bild- und Textelemente sollten nicht zu schnell erscheinen und wieder verschwinden, damit die Zuschauer sie leichter erfassen und sich daran erinnern können. Es ist entscheidend, genug Zeit für die Zuschauer zu lassen, um visuelle, auditive und textliche Informationen aufzunehmen und zu verarbeiten (Wember, 1976, S. 149). Dies trägt zur besseren Verständlichkeit und Erinnerungsfähigkeit bei.

3.2.4 Prinzip der räumlichen Nähe (räumliches Kontiguitätsprinzip)

Informationen, welche sich aufeinander beziehen, sollten örtlich und zeitlich nahe beieinander präsentiert werden. Die Präsentation von Texten und Bildern in unmittelbarer Nähe zueinander ist wirksamer als ihre getrennte Darstellung, da dies die geistige Anstrengung reduziert und das Verstehen fördert.

3.2.5 Prinzip der Aufteilung (Segmentierung)

Videos sollten nicht mit Bildern, gesprochenen Worten und großen Textabschnitten überladen werden, sondern kurz gehalten werden. Informationen sollten daher kleinschrittig, d. h. in Teilen/kleinen Textpassagen und mit Pausen präsentiert werden.

3.2.6 Hervorhebung (Signaling)

Forschungsergebnisse belegen: Der Lernerfolg steigt, wenn Lernmaterialien relevante Informationen hervorheben oder die organisatorische Struktur der Lerninhalte klar hervorheben. Dies reduziert die kognitive Belastung der Lernenden, wie es die kognitive Belastungstheorie beschreibt.

3.2.7 Multimediaprinzip

Das Multimediaprinzip besagt, dass Menschen besser lernen können, wenn Wörter und Grafiken miteinander kombiniert werden, statt nur Wörter zu verwenden (Clark & Mayer, 2011). Ähnliches findet sich im Instruktionsdesign (ISD) nach Reinmann (2012) unter dem Stichwort „Text-Bild-Kombination“:

> Eine Kombination von Text und Bild ist grundsätzlich zu empfehlen und prinzipiell lernt man nie allein mit Bildern, da sie in der Regel immer in einem Kontext in Form von Text (z. B. Unterschriften und Legenden) oder Audio (bei multimedialen Inhalten) eingebettet sind. Bilder eignen sich gut als Unterstützung beim Lesen. Sie haben einen belegbaren Effekt auf das Verständnis und den Lernerfolg, da sie emotionale und kognitive Prozesse gleichzeitig anregen. Bilder dienen als Gedankenstütze, entlasten kognitiv und erhöhen die Transferleistung.
>
> [Wikipedia, 28.11.2022]

3.2.8 Modalitätsprinzip (auch Multimodalitätsprinzip)

Nach dem Modalitätsprinzip ist es besser, wenn die Erläuterungen zu einer Grafik in gesprochener Form präsentiert werden, statt zusätzlich, zu einer Grafik einen geschriebenen Text zu verwenden (Clark & Mayer, 2011). Nach der Theorie der doppelten Enkodierung nach Paivio (1971) werden die sprachlichen und bildlichen Informationen in unabhängigen, aber auf vielfältige Weise miteinander verbundenen Systemen verarbeitet und gespeichert. Nach der Theorie der doppelten Kodierung können Informationen besser gespeichert und erinnert werden, wenn sie gleichzeitig über mehrere Sinneskanäle wahrgenommen werden. Erklärvideos wirken sich durch das Ansprechen und Aktivieren mehrerer Lernkanäle positiv auf die Aufmerksamkeit, Bedeutsamkeitsempfinden und Engagement von Schülerinnen und Schülern aus (Hartsell & Yuen, 2006).

Der kognitiven Theorie multimedialen Lernens nach Mayer (2001) und der Cognitive-Load-Theorie nach Sweller (1994) zufolge, stellt die Kombination von Text und (bewegtem) Bild einen Vorteil gegenüber einem einfachen Text dar (vgl. Rey, 2009). In Wikipedia wird dieses Postulat unter dem Stichwort „Kognitive Theorie des Multimedialen Lernens“ wie folgt erklärt:

> „Das Multimodalitätsprinzip besagt, dass die audiovisuelle Darstellung bildlicher und textueller sprachlicher Informationen den Wissenserwerb mehr fördert als die nur visuelle Darstellung der gleichen Information. Die lernförderliche Wirkung tritt dann ein, wenn die verschiedenen Zeichensysteme nicht unverbunden nebeneinander stehen, sondern unterstützend aufeinander wirken. Demnach ist der Einsatz eines gesprochenen Textes zur Erläuterung eines Bildes besser, als ein geschriebener Text zu einem Bild.“
>
> [Wikipedia, 28.11.2022]

Erklärvideos nutzen die Vorteile der kognitiven Theorie des multimedialen Lernens und der Theorie der doppelten Enkodierung. Dies geschieht, indem sie Informationen auf audiovisuelle Weise präsentieren, was es ermöglicht, eine größere Menge an Informationen zu verarbeiten, da mehrere Sinneskanäle gleichzeitig genutzt werden.

3.2.9 Redundanzprinzip

Eine bewährte Praxis ist es, Grafiken in Erklärvideos entweder durch Texte oder Audiokommentare zu erläutern, aber nicht durch die gleichzeitige Verwendung beider Multimedia-Elemente. Dieser Ansatz basiert auf den Erkenntnissen von Clark und Mayer (2011). Wenn Erklärungen als Text und als Audio gleichzeitig präsentiert werden, müssen die Lernenden ihre Aufmerksamkeit auf zwei Informationsquellen gleichzeitig richten, was die Verarbeitung erschweren kann. Daher ist es ratsam, entweder einen erklärenden Text oder einen Audiokommentar zu verwenden, um Grafiken in Erklärvideos verständlich zu machen.

3.2.10 Kohärenzprinzip

Nach dem Kohärenzprinzip, wie von Clark und Mayer (2011) beschrieben, sollte in Erklärvideos auf unnötige und für die Lernenden irrelevante Informationen, Grafiken und Hintergrundgeräusche verzichtet werden. Der Grund dafür ist, dass diese Elemente die Aufmerksamkeit der Lernenden von den wesentlichen Inhalten ablenken können. Das Ziel besteht darin, die Aufmerksamkeit gezielt auf das Wesentliche zu lenken, um eine effektive Wissensvermittlung zu gewährleisten.

3.2.11 Sprache

In Erklärvideos können *formelle* oder *informelle Sprachstile* zum Einsatz kommen. Für fachdidaktische Erklärvideos ist der formelle Stil empfehlenswert, zum Beispiel "*Dadurch können Sie...*". In Videos für Schülerinnen und Schüler hingegen sind direkte Fragen und Kommentare effektiver, wie "*Schau dir mal an, wie...*". Dies schafft eine persönlichere Verbindung zur Zielgruppe (Clark & Mayer, 2011).

3.2.12 Prinzip der Aufteilung (Segmentierung)

Clark und Mayer (2011) empfehlen bei komplexen, umfangreichen Lerninhalten die Einteilung des Materials in *mehrere kleinerer Einheiten*, die dann jeweils einzeln präsentiert werden.

3.2.13 Kontiguitätsprinzip (Prinzip der räumlichen und zeitlichen Nähe)

Das Kontiguitätsprinzip besagt, dass Bilder und dazugehörende Texte jeweils gemeinsam – in räumlicher und zeitlicher Nähe – präsentiert werden sollen.

3.3 Kriterien auf filmisch-visueller Gestaltungsebene

Videos bieten eine Vielzahl filmisch-visueller Möglichkeiten der Gestaltung, die sich unter didaktischen und lernpsychologischen Aspekten einsetzen lassen, um die Wahrnehmung zu lenken und das Verständnis und die Akzeptanz von Inhalten zu erleichtern.

Diese Ebene umfasst alle Kriterien, welche die Beurteilung der Güte von fachdidaktischen Erklärvideos aus filmanalytischer und visueller Perspektive erlauben. Gestalterische Entscheidungen nach Grundlagen der filmischen-visuellen Gestaltung (siehe Abbildung 6) gehen der Frage nach, mit welchen Mitteln der Video- und Fototechnik etwas gezeigt werden soll. Die Gestaltungskriterien dieser Ebene orientieren sich an Prinzipien von Katz (1999), Edward Tufte (2006) und Wäger (2010) sowie an allgemeinen Prinzipien der Filmgestaltung und Visualisierung. Diese wurden speziell für das fachdidaktische Erklärvideoformat angepasst.

Zentrale *filmische Gestaltungsmittel* sind Kameraeffekte, Bildschirmlayout oder Kameraperspektiven. Weniger Fokus wird auf dramaturgische Organisationsmuster und narrative Strategien des filmischen Erzählens gelegt.

Zu den *visuellen Gestaltungsmitteln* gehört das Visualisierungsdesign, einschließlich Bildqualität und Layout der Bildschirmoberfläche. In den meisten Fällen müssen Bilder im Text erklärt und verankert werden.

Es ist wichtig zu beachten, dass die filmische und visuelle Gestaltung an die Bedürfnisse und das Verständnisniveau der Zielgruppe angepasst sein sollte.

Im Folgenden werden einige der relevanten Merkmale für fachdidaktische Erklärvideos vorgestellt, zusammen mit Erklärungen zu ihrer Wirkung.

Abbildung 6

Übersicht über filmisch-visuelle Gestaltungskriterien für fachdidaktische Erklärvideos

Kriterien auf filmisch-visueller Gestaltungsebene

Erklärvideoformate

- VideoBlog/Tutorial/Lehrfilm
- Realdreh/Animation/Hybrid
- Explainity-Clip

Toneffekte

- Tonqualität (z. B. Tonhöhe, Lautstärke, Klarheit)
- O-Ton/Synchron-Ton/Off-Ton
- Hintergrundtöne/-musik

Ansicht der Akteure

- Halbprofil/Dreiviertelprofil/Vordersicht

Visualisierungsdesign

- Bildschirmlayout (Screendesign)
- Farbdesign
- Typografie
- Bild: Optik/Funktion/Größe

Lichteffekte

- Kunstlicht/Tageslicht
- kalt/warm
- weich/hart

Kameraperspektive

- Normalsicht/Untersicht/Aufsicht
- Vogel-/Froschperspektive

Leserichtung

- von links nach rechts
- von oben nach unten

Montage

- Ordnen der Videosequenzen

Animationsstil

- Legetechnikstil
- Piktogramm-Stil
- Comic- oder Cartoonstil
- Flat-Design/2D-Animation
- 3D-Animation
- Stop-Motion
- Screen Capture/Screen Cast
- Wortanimation (z. B. Einfliegen, Einblen-

Einstellungsgröße

- Panorama (Weit, Supertotale)
- Totale (long shot)
- Halbtotale (figure shot)
- Halbnah(e) (waist shot)
- Amerikanische Einstellung
- Nahe (medium close shut)
- Großaufnahme (close-up)
- Detail (extreme close-up) / Italienisch

Kameraeffekte

- Kameraführung: (z. B. Fahrt/ Schwenk/Zoom/feststehend
- Übergänge (z. B. Auf-/Abblenden)
- Schnitttechnik: Überblendung, Schwarzblende, weicher/harter Schnitt, Wischblende
- Blende: Abblende, Aufblende
- Bild-in-Bild (Videooverlay)
- Freezing
- Schärfe
- Belichtung Farbcharakter

Eigenschaften der/des Erklärenden

- sichtbar/nicht sichtbar
- Rolle: als Off-Sprecher/Trickfigur/ Avatar/Lehrperson/Kommentator)
- Geschlecht/Alter/Erscheinungsbild
- Stimmqualität (Lautqualität, Klangfarbe, Sprechtempo)
- Blickrichtung (z.B. direkter Kamerablick)

Anm.: Die Kriterien sind eine Auswahl gängiger filmisch-visueller Gestaltungskriterien für Erklärvideos. Quelle: eigene Darstellung.

3.3.1 Erklärvideoformate

Bei fachdidaktischen Erklärvideos sind gängige Formate Realdrehs, Animationen oder eine Kombination aus beiden. Interessanterweise ergab eine Untersuchung von Chen & Wu (2015), dass verschiedene Arten von Erklärvideoformaten - wie Vorlesungsaufzeichnungen, Screencasts und Bild-in-Bild-Varianten - signifikante Unterschiede in Bezug auf Aufmerksamkeit, kognitive Belastung und Lernerfolg aufweisen. Während Screencast-Videos eine höhere Aufmerksamkeit der Lernenden erreichen – gleichzeitig allerdings einen höheren Cognitive Load erfordern – schneiden die Vorlesungsaufzeichnung sowie die Bild-in-Bild-Variante hinsichtlich des Lernerfolgs besser ab.

Darüber hinaus zeigen einschlägige Studien, dass Lernende, die Erklärvideos verwenden, ein höheres prozedurales Wissen entwickeln, insbesondere wenn es um die Anwendung von Software geht, im Vergleich zu denen, die sich auf papierbasierte Materialien stützen (H. van der Meij & J. van der Meij, 2014; Lloyd & Robertson, 2012). Diese Ergebnisse unterstreichen die Effektivität von Erklärvideos als effektives Medium.

3.3.2 Animationsstile

Der Animationsstil ist ein wichtiger Bestandteil der filmisch-visuellen Gestaltung eines Erklärvideos (vgl. Abbildung 5). Verschiedene Animationsstile können im Rahmen des Kodierleitfadens für die Gestaltungsqualität von Erklärvideos (GQEV) berücksichtigt werden. Die Wahl des Animationsstils hängt von verschiedenen Faktoren ab, darunter die Zielgruppe, der Inhalt, die Länge und die Komplexität des Videos. Bei der Entscheidung für einen bestimmten Animationsstil sollten folgende Fragen berücksichtigt werden:

- Spricht der gewählte Stil die Zielgruppe des Videos an?
- Passt der Stil zum Thema des Videos?
- Kann der gewählte Stil die Botschaft des Videos optimal vermitteln?

Es ist wichtig zu beachten, dass die verschiedenen Animationsstile nicht immer klar voneinander abgegrenzt werden können. Im Folgenden werden einige der häufig verwendeten Animationsstile in Erklärvideos vorgestellt, die vor allem auf Plattformen wie YouTube zu finden sind.

Legetechnikstil/Whiteboard-Animation/Handwriting

Der Legetechnikstil zeichnet sich durch sein einfaches und minimalistisches Design aus, hauptsächlich in Schwarz und Weiß gehalten. Er verwendet handgefertigte Elemente, wie Texte, Bilder oder Symbole, die schrittweise verschoben werden, um eine Entwicklung darzustellen. Diese Elemente werden in der Regel am Computer erstellt oder auf Papier gezeichnet, ausgeschnitten und dann von einer realen Person auf einer weißen Fläche bewegt, wobei die Bewegung mit einer Kamera aufgezeichnet wird. Alternativ können auch reale Objekte schrittweise bewegt und fotografiert werden. Es ist wichtig zu beachten, dass dieser Animationsstil in der Regel zeitaufwändig ist.

Piktogramm-Stil

Beim Piktogramm-Stil werden einfache grafische Symbole und kleine Icons verwendet, um den Eindruck einer sich bewegenden Infografik zu vermitteln. Text- und Bildelemente werden kurz eingeblendet und gelegentlich animiert. Zusätzlich wird ein Sprecher im Hintergrund (Voice-Over) eingesetzt, der die Informationen erklärt und ergänzende Texte einbindet. Dieser Stil ist leicht verständlich und visuell ansprechend, da er komplexe Sachverhalte auf eine klare und unterhaltsame Weise vermittelt.

Comic- oder Cartoonstil

Der Comic- oder Cartoonstil ist eine gestalterische Methode, die lebendige Animationen durch animierte Zeichnungen ermöglicht. Das Besondere daran ist, dass diese Animationen oft sehr detailliert und lebhaft sind. Dieser Stil zeichnet sich nicht nur durch seine visuelle Anziehungskraft aus, sondern erweist sich auch als äußerst wirksam bei der Vermittlung von Informationen. Es ermöglicht den Zuschauern, komplexe Konzepte und Inhalte auf eine ansprechende und leicht verständliche Weise zu erfassen.

Flat-Design (2D-Animation)

Im Flat-Design oder in 2D-Animation werden Charaktere und Hintergrundelemente in einer zweidimensionalen Umgebung dargestellt. Dies bedeutet, dass die Grafiken einfach und flach gehalten sind, ohne aufwendige Schattierungen oder Texturen. Stattdessen wird eine reduzierte Farbpalette verwendet. In dieser Art von Animation können Schaubilder, Texte und Bilder ganz oder teilweise in Bewegung gesetzt werden. Diese Gestaltungsmethode ist bekannt für ihre schlichte Eleganz und wird oft in animierten Präsentationen oder Erklärvideos eingesetzt.

3D-Animation

In 3D-Animationen erfolgt die Bewegung in einem dreidimensionalen Raum. Dieser Stil zeichnet sich durch eine beeindruckende Realitätsnähe aus und nutzt Lichteffekte sowie die Darstellung von Objektdetails, um Informationen eindrucksvoll zu vermitteln. Diese Technik eröffnet vielfältige Möglichkeiten, um komplexe Konzepte anschaulich und verständlich darzustellen. Mit ihrer Fähigkeit, realitätsnahe Szenarien zu schaffen, können 3D-Animationen in verschiedenen Bereichen, von Bildung bis hin zu Industrie und Unterhaltung, äußerst nützlich sein.

Stop-Motion Animation (Trickfilm-Technik)

Beim Stop-Motion-Verfahren wird ein reales Setting gebastelt. Durch die Aufnahme einer Vielzahl von Einzelbildern eines unbeweglichen Objektes wird die Illusion einer Bewegung erzeugt (z. B. durch Knetfiguren, die Bild für Bild animiert werden). Später werden die Fotos am Computer schnell hintereinander abgespielt und werden so zu einem bewegten Film. Insbesondere für Smartphones und Tablet-Computer gibt es mittlerweile Apps, die die Erstellung von solchen Trickfilmen enorm erleichtern. Diese Technik bietet vielfältige Anwendungsmöglichkeiten und ist äußerst nützlich für die Erstellung von lehrreichen und unterhaltsamen Inhalten. Sie ermöglicht es, komplexe Ideen auf eine anschauliche und spannende Weise zu vermitteln und ist eine Bereicherung vor allem für den Unterricht.

Realdrehstil/Live-Action-Realvideo/Erklär-Vlog

Der Realdrehstil oder Live-Action-Realvideo ist eine Methode, bei der echte Personen, wie professionelle Schauspieler oder Experten, im Fokus stehen. In diesem Stil wird eine reale Person gefilmt, wie sie Erklärungen liefert und möglicherweise auch praktische Demonstrationen durchführt. Wichtig ist dabei, dass die Person authentisch und sprachlich kompetent auftritt und die Informationen verständlich vermittelt.

Um die Realszenen zu unterstützen, können Animationen, wie beispielsweise Schnitte oder das Einblenden von Grafiken, effektiv eingesetzt werden. Dieser Ansatz eignet sich besonders gut, um eine emotionale Verbindung zum Publikum herzustellen und die Zuschauer in den Lernprozess einzubeziehen.

Die Verwendung des Realdrehstils in fachdidaktischen Erklärvideos ist relevant, da er eine lebendige und lebensnahe Möglichkeit der Darstellung bietet, um komplexe Konzepte zu vermitteln.

Screen Capture (Screencast/Slidecast)

Bei diesem Stil wird die Bildschirmoberfläche abgefilmt und von einem Sprecher bzw. Moderator erläutert. Screencasts werden häufig eingesetzt, wenn die Handhabung von Software erklärt werden soll. Bei Tablet-Computern kann mit der Aufnahmefunktion der Bildschirm und die darauf durchgeführten Anwendungen von Apps auf einfache Weise aufgezeichnet werden. „Explain Everything“ ist eine Bearbeitungssoftware, mit der Texte, Zeichnungen und Ton aufgenommen und nachbearbeitet werden können. Screen Captures sind einfach zu produzieren und wirken technisch „perfekt“.

3.3.3 Kameraperspektiven

Die Kameraperspektive in Videos spielt eine entscheidende Rolle, da sie den Blickwinkel auf Personen oder Objekte bestimmt. Dabei ist die Höhe, auf der die Kamera platziert ist, ein wichtiger Faktor für die Perspektive. In der Regel werden drei Hauptkameraperspektiven/Einstellungen unterschieden: die Normalperspektive, die Aufsicht und die Untersicht.
Die Wirkung der Kameraperspektive auf den Zuschauer ist ein bedeutender Aspekt. In Bezug darauf betonen Honkomp-Wilkens et al. (2022) folgendes:

> Zum Beispiel ist die Perspektive, bestimmt über die vertikale Ausrichtung des Kamerabildes auf die handelnde Person im Video, ein klassisches Gestaltungselement des Filmes. Definiert als Augenhöhe, Untersicht oder Obersicht suggeriert sie ein Machtverhältnis zwischen Zuschauenden sowie Videoprotagonistinnen und -protagonisten. Im Kontext der Erklärvideos auf YouTube lautet die Hypothese zu dieser Variable, dass Tutorials und Erklärvideos auf eine Variation von Perspektiven verzichten und überwiegend auf Augenhöhe zu sehen sind, um keine Gewichtung im erklärenden Prozess zwischen erklärender Person und Zuschauenden zu erzeugen.
> (Honkomp-Wilkens et al., 2022, S. 511)

In fachdidaktischen Erklärvideos sind zwei Hauptkameraperspektiven von besonderer Bedeutung:

1. *Aufsicht oder Top-Shot*: Diese Perspektive eignet sich hervorragend für die Darstellung von Schülerdokumenten oder die Visualisierung von Bearbeitungsstrategien (siehe Abbildung 7, zweites Bild, untere Reihe).
2. *Normalsicht (Eye Level)*: Diese Perspektive ist ideal für die Darstellung der erläuternden Person im Video. Eine charakteristische Technik, die in der audiovisuellen Gestaltung von Erklärvideos und Tutorials auf Plattformen wie YouTube häufig verwendet wird, ist die Augenhöhe-Perspektive. Laut Honkomp-Wilkens et al. (2022, S. 523) wird diese Perspektive in 68% aller Videos genutzt, da sie einen direkten, nicht hierarchischen Kontakt mit dem Zuschauer suggeriert.

3.3.4 Einstellungsgrößen

Die Einstellungsgröße bezeichnet den Abstand der Kamera zu einem Gegenstand oder zu einem Menschen. Unterschiedliche Einstellungsgrößen ermöglichen es, den Fokus auf spezifische Aspekte zu lenken. Es gibt in der Regel acht verschiedene Einstellungsgrößen: Panorama (Weit), Totale, Halbtotale, Halbnahe, Amerikanische, Nahe, Groß und Detail.

Im Kontext fachdidaktischer Erklärvideos bieten sich bestimmte Einstellungsgrößen für bestimmte Zwecke an:

1. *Panorama und Totale*: Diese Größen eignen sich gut, um den Gesamtüberblick über den Ort des Geschehens zu zeigen, zum Beispiel Klassenzimmer oder Fachräume (siehe Abbildung 7: Bild obere Reihe).
2. *Halbnahe:* Halbnahe Einstellungen sind ideal, um Interaktionen zwischen Lernenden oder zwischen Lernenden und Lehrpersonen darzustellen (siehe Abbildung 7: Bilder zweite Reihe).
3. *Nahe:* Nahe Einstellungen zeigen Personen vom Kopf bis zur Mitte des Oberkörpers und eignen sich daher gut, um Lehrpersonen zu zeigen, die Unterrichtsprozesse reflektieren, oder um Lernende zu präsentieren, die über ihre Denkweisen und Strategien bei der Bearbeitung von Aufgaben sprechen (siehe Abbildung 7: erstes Bild unterste Reihe).
4. *Detailaufnahmen:* Detailaufnahmen fokussieren auf einen bestimmten Ausschnitt der Szene, wie zum Beispiel das Gesicht einer Person oder wichtige Details auf Schülerdokumenten oder Teile der Tafel (siehe Abbildung 7: zweites Bild unterste Reihe).

Die gezielte Auswahl der Einstellungsgröße in fachdidaktischen Erklärvideos trägt dazu bei, die Aufmerksamkeit auf relevante Aspekte zu lenken und die Wirksamkeit der Videos in der Wissensvermittlung zu optimieren.

Abbildung 7

Beispiele von Einstellungsgrößen für fachdidaktische Erklärvideoformate

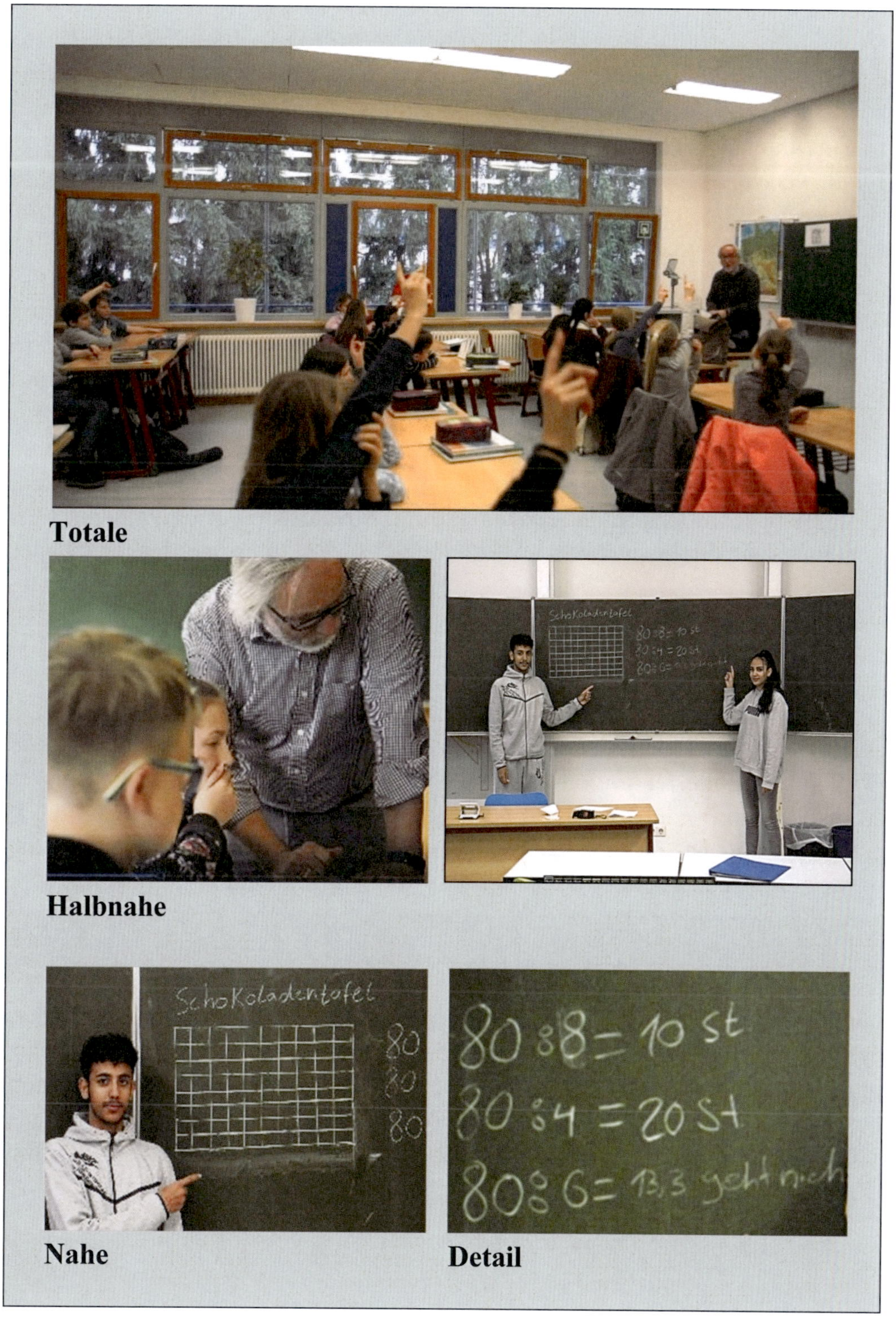

Quelle: Eigene Aufnahmen. Totale: 2018, Halbnahe linkes Bild: 2018, Halbnahe rechtes Bild: 2022, Bilder untere Reihe: 2022

3.3.5 Kameraeffekte

Die Verwendung von Kameraeffekten in Erklärvideos spielt eine entscheidende Rolle bei der Aufrechterhaltung der Aufmerksamkeit und Motivation der Zuschauer. Wenn es darum geht, Informationen zu vermitteln, sollten Kameraeffekte wie schnelle Kameraschwenks, Zooms oder häufige Schnitte jedoch gezielt eingesetzt werden. Bernward Wember, ein renommierter Medienkritiker, betonte, dass in Dokumentar- und Informationsfilmen oft Bewegungsreize ohne Bezug zum Inhalt verwendet werden (Wember, 1976, S. 33). Diese visuellen Effekte dienen hauptsächlich der visuellen Anziehungskraft, tragen jedoch wenig zur Informationsvermittlung bei.

Verschiedene Kameratechniken werden eingesetzt, um den Übergang zwischen verschiedenen Aufnahmen zu gestalten. Hierzu gehören Methoden wie der harte Schnitt, das Abblenden, das Aufblenden, die Schwarzblende, die Unschärfe und der Reißschwenk. Der harte Schnitt ist besonders nützlich, um klare Unterscheidungen zwischen verschiedenen Szenen oder Lehr-Lernprozessen zu markieren, beispielsweise zwischen bewährten Praktiken und weniger effektiven Ansätzen. Diese visuellen Techniken tragen dazu bei, die Informationen effektiv zu strukturieren und zu vermitteln, während sie gleichzeitig das Interesse der Zuschauer aufrechterhalten.

3.3.6 Toneffekte

Die Vertonung eines Videos hat einen entscheidenden Einfluss auf seine Aussage und Wirkung. Soundeffekte dienen dazu, Aufmerksamkeit und Spannung zu erzeugen (vgl. didaktischer Gestaltungsvariablen nach Wolf und Kratzer, 2015; Weiterentwicklung des GQEV, 2022). Diese Effekte umfassen Aspekte wie die Lautstärke der Sprecherin oder des Sprechers, die Auswahl der Hintergrundmusik sowie die Klangqualität.

Hintergrundmusik ist ein häufig verwendetes gestalterisches Element in Erklärvideos, und dabei sind verschiedene Faktoren zu berücksichtigen. Die Lautstärke, der Rhythmus, die Tonart, das Tempo und die Instrumentierung können die Wahrnehmung beeinflussen. Hintergrundmusik erfüllt oft zwei Funktionen: Sie kann eine bestimmte Stimmung erzeugen (vgl. Nölke, 2009, S. 54) und gleichzeitig als unterstützendes Element für die Vermittlung von Inhalten dienen (vgl. Tauchnitz, 1990, S. 6).

Die richtige Auswahl und Anwendung von Soundeffekten und Hintergrundmusik ist entscheidend, um die Aufmerksamkeit der Zuschauer zu halten und die Botschaft des Videos effektiv zu vermitteln. Dies unterstreicht die Bedeutung einer sorgfältigen gestalterischen Planung bei der Erstellung von fachdidaktischen Erklärvideos.

Ein gängiges akustisches Kommunikationselement in Erklärvideos ist ein *Voiceover* (VO), das in den meisten Videos der wichtigste Träger von Informationen ist. Voiceover ist die Tonaufnahme einer Stimme, die über einen Text, eine andere Tonaufnahme oder über eine Filmszene gelegt wird.

3.3.7 Visualisierungsdesign

Erklärvideos zeichnen sich visuell durch verschiedene gestalterische Elemente aus, darunter die Bildeigenschaften, das Layout der Bildschirmoberfläche, die Aufteilung des Bildschirms und die Typografie. Diese visuellen Aspekte beeinflussen die subjektiv wahrgenommene Ästhetik der Erklärvideos und die Benutzerfreundlichkeit. Dies wiederum hat Auswirkungen auf das emotionale Befinden der Zuschauer, wie Interesse und Enthusiasmus, sowie auf ihren Lernerfolg und ihre Fähigkeit, die vermittelten Inhalte anzuwenden. Diese Faktoren können die intrinsische Motivation der Lernenden beeinflussen und sogar ihre Bereitschaft erhöhen, sich langfristig mit dem Material zu beschäftigen (Heidig, Müller und Reichelt, 2015; Plass et al., 2014).

Bildeigenschaften

Die Verwendung geeigneter Bilder beim Lernen mit Instruktionstexten kann das Verständnis und die Erinnerungsfähigkeit verbessern (Levie & Lentz, 1982; Levin et al., 1987). Bilder erzeugen Aufmerksamkeit und Spannung, und Bildanimationen, wie sie in der Weiterentwicklung des GQEV von 2022 vorgestellt werden, sind ein Mittel dazu (Wolf und Kratzer, 2015). Dabei ist es wichtig, sicherzustellen, dass die Bilder in hoher Qualität und mit ausreichender Auflösung dargestellt werden. Bilder erfüllen in Erklärvideos verschiedene wichtige Funktionen. Wie Rada (2015, S. 29f.) betont, können sie dazu dienen, Dinge zu zeigen, zu beschreiben, zu erklären sowie Emotionen oder Handlungen hervorzurufen. Insgesamt spielen Bilder in Erklärvideos eine wesentliche Rolle als Kommunikationsmittel und tragen dazu bei, Informationen verständlicher und einprägsamer zu vermitteln.

Layout der Bildschirmoberfläche (Screendesign)

Screendesign ist die Kunst, Informationen auf einem Bildschirm visuell ansprechend und verständlich zu gestalten. Es geht darum, komplexe Zusammenhänge und Strukturen so zu präsentieren, dass sie leicht verständlich sind. Wäger definiert den Begriff "Layout" in diesem Kontext wie folgt:

> Im Grafikdesign versteht man darunter die Aufteilung und Verteilung der Elemente eines Designs (Überschriften, Textblöcke, Bilder, Bildlegenden usw.) im Rahmen eines Gestaltungsentwurfs.
>
> Wäger (2010, S. 36)

Um Wissen effektiv zu vermitteln, ist ein schlichtes Layout oft die beste Wahl, da es die Information in den Vordergrund stellt. Wie Wäger (2010, S. 25) betont, sollte Design einem Zweck dienen und häufig unauffällig im Hintergrund stehen. Bei der Gestaltung von Bildschirmmedien stehen uns verschiedene gestalterische Mittel zur Verfügung, um die Lesbarkeit zu verbessern, darunter Schrift, Flächen und Bilder. Dies ermöglicht eine klarere und leicht verständliche Präsentation von Informationen.

Bildschirmaufteilung

Ausgangspunkt des Layouts in Videoportalen ist die Bildschirmaufteilung. Abbildung 8 zeigt in einer vereinfachten Darstellung die Aufteilung der Benutzeroberfläche des Videoportals der Schulentwicklung NRW in drei horizontale Felder und einem vertikalen Feld mit unterschiedlichen Dimensionen in Länge und Breite. Das Praxis- und das Theoriefeld sind untereinander angeordnet.

Abbildung 9 liefert eine schematische Darstellung der Benutzeroberfläche des LessonLab-Videoportals, das in vier Felder unterteilt ist. Das Praxis- und das Theoriefeld sind nebeneinander angeordnet.

Abbildung 8

Bildaufteilung der Benutzeroberfläche des Videoportals der Schulentwicklung NRW

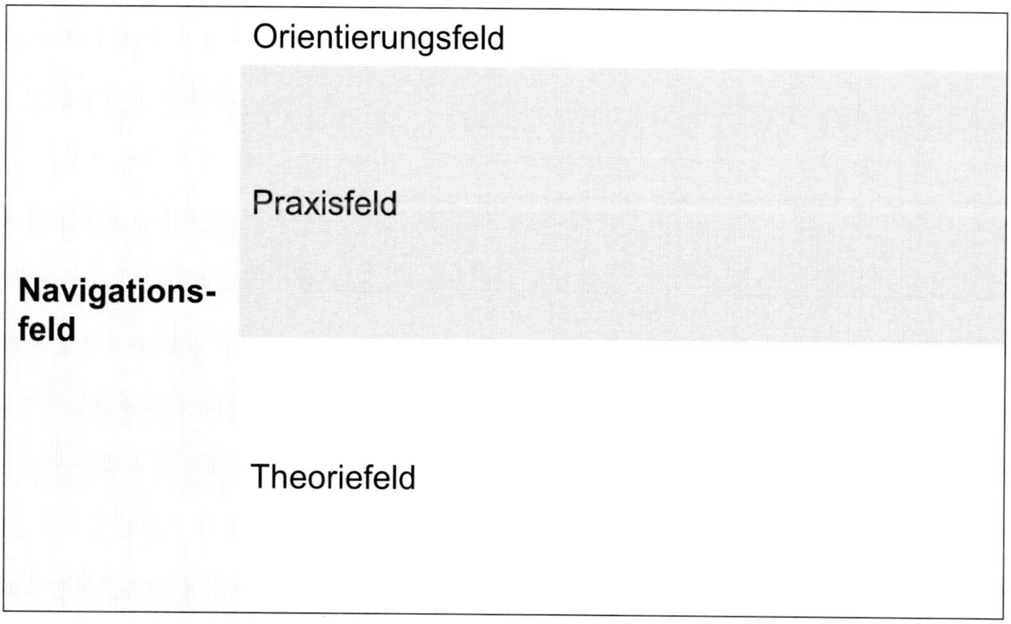

Quelle: eigene Darstellung

Abbildung 9

Bildaufteilung der Benutzeroberfläche des LessonLab-Videoportals

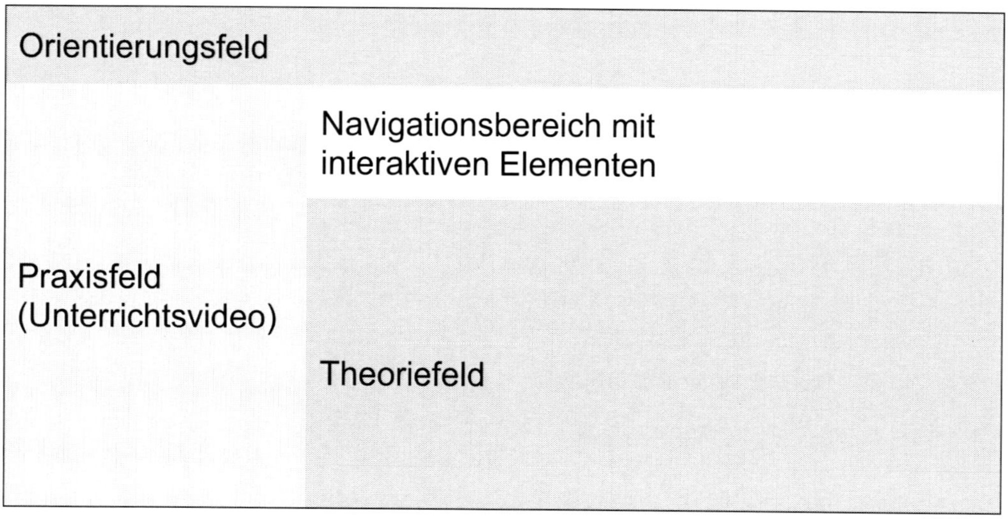

Quelle: eigene Darstellung

Typografie

In der visuellen Gestaltung von Erklärvideos spielt die Typografie eine wesentliche Rolle. Die Wahl der Schriftart ist entscheidend für die Lesbarkeit, und die Schriftgröße sollte an das genutzte Gerät angepasst werden, sei es ein Smartphone oder ein Tablet. Wie Rada (2015, S. 14) betont, sollte man Text sparsam einsetzen, wenn Informationen ebenso effektiv durch Videoclips, Audioclips, Bilder, Grafiken oder Animationen vermittelt werden können. Um die Lesbarkeit zu verbessern, insbesondere auf Bildschirmen mit hohem Kontrast, wird empfohlen, dem Hintergrund eine leichte Tönung zu verleihen. Dies kann die Verwendung weißer Schrift auf dunklem Hintergrund beinhalten.

Ebenfalls sollte eine serifenlose Schrift bei digitalen Medien eingesetzt werden, um den sogenannten ‚Pixeleffekt' zu vermeiden.

Für digitale Medien empfiehlt sich die Verwendung serifenloser Schriftarten, um den sogenannten "Pixeleffekt" zu vermeiden. In Bezug auf die typografische Konsistenz sollte man nicht mehr als zwei verschiedene Schriftarten verwenden (vgl. Rada, 2015, S. 14ff.).

3.3.8 Eigenschaften der/des Erklärenden

Die Art und Weise, wie Inhalte in Lehrvideos vermittelt werden, ist entscheidend für ihren Erfolg. Dies betrifft nicht nur den Inhalt selbst, sondern auch das Verhalten des Erklärenden vor der Kamera. Faktoren wie Mimik, Blickrichtung, Körperausdruck, Intonation und Sprechweise spielen eine wichtige Rolle.

In Lehrvideos gibt es verschiedene Möglichkeiten, wie die Erklärenden auftreten können. Sie können als reale Personen oder animierte Figuren, sichtbar oder unsichtbar, jung oder alt erscheinen. Es ist interessant festzustellen, dass Lernende älteren Erklärenden oft eine höhere Expertise zuschreiben und ihren Erklärungen mehr Aufmerksamkeit schenken. Dies hat Auswirkungen auf die Wirkung von Lehrvideos und kann in der Entwicklung von fachdidaktischen Erklärvideos berücksichtigt werden. Videos mit älteren Erklärenden führen im Vergleich zu Erklärungen von Gleichaltrigen zu einem besseren Lernerfolg, höherem Aufwand beim Lernen und einer positiveren Bewertung der Erklärungsqualität (Hoogerheide et al., 2016b). Die Sichtbarkeit der erklärenden Person und deren Gesten hingegen haben keinen signifikanten Einfluss auf den Lernerfolg (z. B. van Wermeskerken, Grimmius und van Gog, 2018).

Die *Stimmqualität* des Sprechers oder der Sprecherin ist ein weiterer entscheidender Faktor in Erklärvideos. Hierbei geht es um die Art und Weise, wie Informationen präsentiert werden, einschließlich der akustischen Qualität, der Klangfarbe, der Deutlichkeit und des Sprechtempos. Dynamisches und engagiertes Sprechen hat sich als äußerst effektiv erwiesen, um das Publikum zu aktivieren (Guo et al. 2014, S. 7f).

Forschungen von Linek, Gerjet und Scheeiter (2006) haben gezeigt, dass Lernende tendenziell eine weibliche Sprecherin bevorzugen.

Ein häufig verwendetes Stilmittel in Erklärvideos ist der direkte Blick in die Kamera (direkter Kamerablick).

3.3.9 Leserichtung

Die Leserichtung spielt eine entscheidende Rolle bei der Wahrnehmung von Inhalten. In den meisten Fällen verläuft sie von links nach rechts. Bei der Gestaltung von Text und Bildern können verschiedene Anordnungsprinzipien verwendet werden, wie zum Beispiel horizontale oder vertikale Ausrichtung, diagonale Platzierung oder geneigte Linien. Jede dieser Anordnungen erzeugt Richtungen und Bewegungen, die den Blick lenken. Besonders die Platzierung von Elementen entlang einer Diagonalen oder auf geneigten Linien kann eine gewisse Dynamik und Bewegung vermitteln, die die Aufmerksamkeit des Betrachters auf sich zieht. Diese Gestaltungsprinzipien sind nicht nur ästhetisch ansprechend, sondern haben auch einen praktischen Nutzen. Sie helfen dabei, die Leser oder Betrachter gezielt durch den Inhalt zu führen und wichtige Informationen hervorzuheben. Dies kann insbesondere in fachdidaktischen Erklärvideos von großer Bedeutung sein, um komplexe Konzepte verständlich und ansprechend zu vermitteln.

3.4 Kriterien auf film- und verarbeitungstechnischer Ebene

In der Vorbereitung und Nachbearbeitung von fachdidaktischen Erklärvideos sind entscheidende Gestaltungsaspekte auf filmtechnischer und verarbeitungstechnischer Ebene zu berücksichtigen (siehe Abbildung 10). Hierbei spielen die Auswahl und Anwendung von filmtechnischen Verfahren sowie die digitale Aufbereitung der Videos eine entscheidende Rolle.

Abbildung 10

Übersicht über film- und verarbeitungstechnische Kriterien für fachdidaktische Erklärvideos

Kriterien auf film- und verarbeitungstechnischer Gestaltungsebene

Hardware

- Handkamera/Camcorder (3D/2D)
- Mikrofone (z. B. Richtmikrofon, Lavelier-mikrofon)
- Audiorecorder
- Stativ
- Beleuchtung/Licht-Setup: z. B. Softbox, LEDs
- Computer
- SD-Karten, Card Reader

Systematisierung der Spuren

- Strukturierung der Spuren: Video-, Audio-, Text- und Bildelemente

Endformatierung für Streaming

- Containerformat
- Videocodec
- Audiocodec
- Auflösung
- Framerate

Software

Videobearbeitung von Realfilmszenen:
- DaVinci Resolve (free version)
- Kdenlive (free version)
- Adobe Spark (free version)
- Video Pro X
- Adobe Premiere Pro
- LumaFusion

Bildbearbeitung und Animation:
- PowerPoint
- Gimp (free version)
- z. B. spezielle Erklärvideosoftware:
- mysimpleshow
- ExplainEverything

Cloud zur Veröffentlichung der Videos

Interaktivität

- Einfache Interaktionsform (z. B. Stoppen) / komplexe Interaktionsform (z. B. Steuerung der Reihenfolge)
- Nutzung auf verschiedenen Endgeräten
- interaktive Elemente (z. B. Hyperlinks, Kommentarfunktionen)
- 360°-Videos

Anmerkung. Diese Kriterien bilden eine Auswahl film- und verarbeitungstechnischer Gestaltungselemente für fachdidaktische Erklärvideos und basieren auf bewährten Empfehlungen aus der Film- und Videoproduktion, wie sie in sozialen Medien und Praxisbüchern zu finden sind.
Quelle: Eigene Darstellung

3.4.1 Kamerapositionen

Bei der Videoproduktion unterscheidet man zwei grundlegende Arten von Kamerapositionen: statische und flexible.

Statische Kameraposition

Die Verwendung einer feststehenden Kamera, auch bekannt als Überblickskamera, ist eine äußerst nützliche Methode, um das Unterrichtsgeschehen ganzheitlich zu erfassen. Je nach Zielsetzung kann diese Kamera auf die Lehrkraft oder die Schülerinnen und Schüler gerichtet werden. Für beste Ergebnisse sollte die Kamera idealerweise an einem erhöhten Ort im Raum positioniert werden, wie beispielsweise auf der Fensterbank oder der Decke nahe dem Fenster. Es ist wichtig, Gegenlicht zu vermeiden. Um sicherzustellen, dass alle potenziellen Interakteure im Bild sind, kann eine zweite statische Kameraperspektive hilfreich sein. Die Positionierung der statischen Kamera, leicht von oben, erzeugt einen "distanzierenden Effekt", der dem Unterricht eine gewisse räumliche Übersichtlichkeit verleiht (vgl. Wagner-Willi, 2021). Dies trägt dazu bei, dass die Schülerinnen und Schüler sowie die Lehrperson klar im Blickfeld sind und das Geschehen im Raum gut verfolgt werden kann.

Flexible Kameraposition

Eine flexible Kamera erfasst Interaktionen, Handlungen und Lernprozesse auf besonders anschauliche Weise. Sie kann entweder am Körper der Akteure, beispielsweise auf Brusthöhe (als Körperkamera) oder am Kopf (als Kopfkamera) angebracht werden.

Die Verwendung einer flexiblen Körperkamera erzeugt einen beeindruckenden Nähe-Effekt, der den Zuschauer buchstäblich ins Geschehen hineinversetzt (vgl. Wagner-Willi, 2021). Dies bedeutet, dass die Aufnahmen aus der Perspektive des Akteurs erfolgen, was ein intensives und mittendrin-Erlebnis ermöglicht.

3.4.2 Hardware

Bei der Durchführung von Filmaufnahmen sind verschiedene Kameras und Mikrofone verfügbar. Für Videoaufzeichnungen in empirischer Unterrichtsforschung wird empfohlen, mindestens zwei Kameras und zwei Mikrofone zu verwenden (Seidel, Dalehefte & Meier, 2003). Für Einzelinterviews eignen sich Lavalier- oder „Lav“-Mikrofone, während Richtmikrofone empfehlenswert sind, um Gruppendiskussionen vor Ort aufzuzeichnen. Zur Aufzeichnung der Gespräche werden Audiorecorder verwendet, und Stative kommen zum Einsatz, um unerwünschte Bewegungen zu minimieren. Ein Gimbal kann Kamerabewegungen stabilisieren und flüssige Aufnahmen ermöglichen. Es handelt sich um eine Art mechanisches Aufhängungssystem, das die Kamera in alle Richtungen bewegen kann, während sie stabil bleibt. Um störende Nebengeräusche zu vermeiden, sollte besonders auf Geräusche wie das Bedienen von Kameraknöpfen geachtet werden. Darüber hinaus ist es hilfreich, wenn die Lerngruppe bereits im Voraus mit dem Einsatz von Videos vertraut ist, um Ablenkungen während der Aufnahmen zu minimieren. Dies trägt dazu bei, dass die Aufnahmen qualitativ hochwertig und aussagekräftig sind.

3.4.3 Software

Für die Erstellung eigener fachdidaktischer Erklärvideos stehen eine Vielzahl von technischen Möglichkeiten und Apps zur Verfügung. Diese Tools können je nach den individuellen Anforderungen und Präferenzen ausgewählt werden:

1. *Screencast* und *PowerPoint*-Präsentation: Eine bewährte Methode ist die Verwendung von Screencasting-Software in Verbindung mit einer PowerPoint-Präsentation. Dies ermöglicht die Aufzeichnung von Bildschirminhalten und die Integration von Präsentationsfolien.

2. E*xplainEverything* und *mysimpleshow*: Diese Apps bieten benutzerfreundliche Möglichkeiten zur Erstellung von Erklärvideos. Sie erleichtern die Animation von Inhalten und den Einsatz von Grafiken.

3. *Camtasia*: Eine weitere leistungsstarke Software für die Erstellung von Erklärvideos, insbesondere für Realfilmszenen. Camtasia bietet umfangreiche Videobearbeitungsfunktionen.

4. *Adobe Premiere Pro CS4 und Video Pro X*: Diese professionellen Videobearbeitungsprogramme eignen sich für fortgeschrittene Anwender und bieten erweiterte Funktionen für Videobearbeitung und Farbkorrektur.

5. *Kdenlive und DaVinci Resolve*: Diese kostenlosen Programme bieten professionelle Videoschnitt- und Farbkorrekturfunktionen.

6. *LumaFusion*: Eine leistungsstarke Schnittsoftware für iPads, die speziell für mobile Anwender entwickelt wurde.

Für Animationen können einfache Darstellungen mit PowerPoint erstellt werden. Bei komplexeren Anforderungen bieten sich spezialisierte Programme wie Powtoon, Toonly oder Animaker an. Diese webbasierten Tools bieten vielfältige Möglichkeiten zur Animation und werden durch Abonnements finanziert oder sind als Open-Source-Software verfügbar.

Eine besonders benutzerfreundliche Möglichkeit zur Erstellung von Erklärvideos bietet das kostenlose Programm *Adobe Spark*. Es ermöglicht die einfache und schnelle Gestaltung von Videos. Besonders interessant ist die Funktion, den Bildschirm in zwei Hälften aufzuteilen, um Elemente aus Theorie und Praxis gegenüberzustellen. Dies ist nützlich, um beispielsweise praxisbezogene Bilder und theoretische Begriffe auf einer Oberfläche zu präsentieren.

Die Vielfalt dieser Tools eröffnet die Möglichkeit, Erklärvideos entsprechend den individuellen Anforderungen und Lehrinhalten effektiv zu gestalten.

3.4.4 Interaktivität

Interaktionsmöglichkeiten in Erklärvideos ermöglichen den Nutzern, die Informationsaufnahme an ihre persönlichen Lernziele, -strategien und -geschwindigkeiten anzupassen. Dies umfasst die Auswahl relevanter Informationen sowie die Kontrolle über die Abspielgeschwindigkeit, den Anzeigemodus und die Verarbeitung des Lernmaterials.

Erklärvideos können von den Rezipienten in einfachen und komplexen Interaktionsformen gesteuert werden. Einfache Interaktionen umfassen die Möglichkeit, die Abspielgeschwindigkeit zu kontrollieren, wie das Starten, Stoppen oder Vor- und Zurückspulen eines Videos. Eine komplexere Form der Interaktion könnte die Auswahl eines Kapitels aus einem Inhaltsverzeichnis sein. Verschiedene Studien haben gezeigt, dass Erklärvideos mit interaktiven Elementen den Lernerfolg positiv beeinflussen können (Noetel et al., 2021; Delen/Liew/Willson, 2014; Merkt & Schwan, 2014). Diese subjektive Wiedergabekontrolle ermöglicht den Lernenden eine aktive Auseinandersetzung mit den Videoinhalten, da sie das Tempo an ihre individuellen Bedürfnisse und Vorkenntnisse anpassen können. Sie können die Wiedergabe anhalten, zurück- oder vorspulen sowie bestimmte Abschnitte wiederholt betrachten. Mehrere empirische Studien haben gezeigt, dass interaktive Videos im Vergleich zu nicht-interaktiven Videos das Lernen effektiver unterstützen (z. B. Schwan/Riempp, 2004; Zhang et al., 2006). Die Möglichkeit zur Anpassung des Lerntempos wirkt sich positiv auf die kognitive Belastung und den Lernerfolg aus (Abeysekera & Dawson, 2015, 9).

Diese Interaktionsmöglichkeiten sind nicht nur theoretisch interessant, sondern haben auch direkte praktische Auswirkungen auf die Wirksamkeit von fachdidaktischen Erklärvideos. Sie bieten den Lernenden die Flexibilität, die für ihren individuellen Lernprozess erforderlich ist und können somit dazu beitragen, das Lernen individueller zu gestalten.

Für den Hochschuleinsatz sind Videodateien äußerst nützlich und sollten folgende Funktionen bieten, wie von Niegemann et al. (2008, S. 268) empfohlen:

1. *Reibungsloses Abspielen*: Die Videos sollten einfach gestartet und gestoppt werden können, damit die Lernenden die Wiedergabe nach ihren Bedürfnissen steuern können.
2. *Downloadfunktion*: Die Möglichkeit, Videos herunterzuladen, ermöglicht es den Nutzern, sie unabhängig von der Internetverbindung oder ihrem Standort anzusehen.
3. *Unterstützung für verschiedene Geräte*: Da die Art und Weise, wie Menschen elektronische Geräte nutzen, variiert, sollten die Videos auf Laptops, Tablets und Smartphones gleichermaßen abrufbar sein.

3.4.5 Systematisierung der Spuren

Bei der Entwicklung eines instruktionalen Videoformats ist es ratsam, zunächst alle Bild- und Tonspuren zu systematisieren und zu synchronisieren. Beim Umgang mit den umfangreichen Daten ist es vorteilhaft, die Dateien in einer geeigneten Reihenfolge auf den Spuren anzuordnen. Um eine klare und effiziente Strukturierung von Videos sicherzustellen, werden bei der Nachbearbeitung mehrere Videospuren verwendet. Diese Ebenen dienen dazu, alle Elemente, wie beispielsweise Videospuren, Textspuren und Audiospuren, übersichtlich darzustellen und Überlappungen zu verhindern. Dieses strukturierte Vorgehen erleichtert die Bearbeitung eines Erklärvideos enorm.

3.5 Kriterien auf rechtlicher Gestaltungsebene

In diesem Teilkapitel werden die rechtlichen Aspekte, die die Bewertung von fachdidaktischen Erklärvideos ermöglichen, betrachtet. Im Kontext des fachdidaktischen Erklärvideoformats sind insbesondere das Urheberrecht, der Datenschutz und die Lizenzierung der Videos von Bedeutung (vgl. Siegel & Hensch, 2021). Diese rechtlichen Faktoren sind von großer Wichtigkeit, um sicherzustellen, dass die Erklärvideos in Übereinstimmung mit den geltenden Gesetzen und Vorschriften erstellt und genutzt werden können.

3.5.1 Urheberrecht

Das Video muss sowohl inhaltlich als auch in Bezug auf die Bereitstellung und den Einsatz in Lehr- und Lernumgebungen die geltenden Urheberrechtsbestimmungen erfüllen. Dies schließt die ordnungsgemäße Kennzeichnung und Lizenzierung von Quellen ein, zum Beispiel in Schulbüchern, Arbeitsmaterialien, Bildern oder Texten.

Die Urheberrechtsvorschriften im deutschsprachigen Europa beschränken die Verwendung fremder Materialien wie Texte, Bilder oder Musikstücke erheblich. Ohne die ausdrückliche Zustimmung der Urheber ist es beispielsweise nicht gestattet, Abbildungen aus Lehrbüchern oder Schulmaterialien in einem Online-Lernvideo zu verwenden. Dies gilt auch für Bilder aus dem Internet oder Texte, die einem gefallen haben.

Die Einhaltung dieser Urheberrechtsbestimmungen ist von großer Bedeutung, um rechtliche Konsequenzen zu vermeiden und ethische Standards in der Bildung aufrechtzuerhalten.

3.5.2 Datenschutz

Das Video muss alle Anforderungen der Europäischen Datenschutz-Grundverordnung (DSGVO) sowohl inhaltlich als auch in Bezug auf seine Bereitstellung erfüllen. Es ist wichtig zu beachten, dass die Personen, die im Video auftreten, ihre Zustimmung zur Veröffentlichung und Vorführung des Videos in Lehr- und Lernkontexten gemäß den Bestimmungen der DSGVO geben müssen.

Des Weiteren sollte daran gedacht werden, dass Plattformen, auf denen Videos gehostet werden, Nutzerdaten sammeln. Es ist von großer Bedeutung, dass alle beteiligten Parteien ausreichend darüber informiert werden, wie diese Daten erfasst und genutzt werden. Eine transparente Aufklärung ist hier von hoher Relevanz. Dies gewährleistet nicht nur die Einhaltung der Datenschutzvorschriften, sondern trägt auch zur Sicherheit und zum Vertrauen der Beteiligten bei.

3.5.3 Lizenzierung des Videos

Eine entsprechende Lizenzierung ist wichtig, damit potentielle Nutzer/innen genau wissen, was sie tun dürfen, ohne persönlich um Erlaubnis fragen zu müssen. Bekannt und verbreitet sind dabei die verschiedenen Lizenzvarianten von *Creative Commons*. Die "by"-Lizenz ermöglicht Nutzern eine maximale Freiheit bei der Verwendung von Videos, einschließlich Modifikation, erneuter Veröffentlichung und sogar für kommerzielle Zwecke. Dies fördert die Verbreitung und Nutzung von Videos auf vielfältige Weisen.

3.6 Zusammenfassung

Die Abgrenzung der verschiedenen Lernvideoformate ist unscharf. Zusammenfassend lässt sich sagen, dass mit Hilfe von fachdidaktischen Erklärvideoformaten komplexe Lerninhalte anschaulich, verständliche und motivierend aufbereitet werden können. Mithilfe verschiedener Gestaltungselemente werden solche Inhalte so aufbereitet, dass sie von den Nutzern, selbst wenn sie wenig Vorwissen haben, leicht verstanden werden können. Gestaltungsempfehlungen für Erklärvideos basieren auf Erkenntnissen aus Studien (z. B. Kulgemeyer, 2018; Guo et al. 2014; Meyer, 2017; Hoogerheide et al., 2018) und betreffen die didaktische, lernpsychologische, filmisch-visuelle und technische Gestaltungsebene.

Interaktive Elemente beeinflussen den Lernerfolg maßgeblich, ebenso die Merkmale der Erklärenden und das Design des Videos. Das Alter der erklärten Person hat signifikanten Einfluss auf den Lernerfolg, nicht jedoch das Geschlecht oder die Sichtbarkeit im Video. Das Design eines fachdidaktischen Erklärvideoformats kann die Verbindung von Theorie und Praxis in Lehrerfortbildungen gezielt unterstützen (vgl. Kapitel 6.3). Die Produktion von Erklärvideos sollte je nach Zielgruppe unterschiedlich erfolgen, wobei Kinder und Jugendliche anders angesprochen werden sollten als Erwachsene.

Die Gestaltung von fachdidaktischen Erklärvideos beeinflusst maßgeblich die Wissensvermittlung und die Lernmotivation. Hierbei spielen spezifische Kriterien auf der filmisch-visuellen Ebene eine Schlüsselrolle, wie die Rolle des Erklärenden, der Einsatz von Animationen und das Design der Visualisierungen. Allerdings ist es wichtig, eine Überlastung mit Reizen zu vermeiden und sorgfältig auszuwählen, da nicht jede multimediale Darstellung automatisch zur Verbesserung des Lernerfolgs beiträgt.

Die Kriterien für Erklärvideos in schulischen Kontexten können sich von denen für fachdidaktische Erklärvideos für Lehrerfortbildungen in Bezug auf die lernpsychologische Gestaltungsebene unterscheiden. Dies hängt stark von den spezifischen Anforderungen der Fortbildungsdidaktik ab, einschließlich Aspekten wie der Darbietungsgeschwindigkeit und der Sprache des Erklärenden. Auf der didaktischen Ebene ist es entscheidend, die Bedürfnisse, Interessen und Voraussetzungen der erwachsenen Zielgruppe, die die Videos nutzen wird, zu berücksichtigen. Die Übertragbarkeit und wahrgenommene Relevanz der Inhalte sind wichtige Prinzipien der didaktischen Gestaltung für Fortbildungen. Zudem spielt die klare Strukturierung und Spezifizierung des Fortbildungsinhalts eine zentrale Rolle, wie im nächsten Kapitel näher erläutert wird.

4. Strukturierung und Spezifizierung des Fortbildungsgegenstands

Welcher Fortbildungsgegenstand mit welchen theorie- und praxisbezogenen Inhalten soll ausgewählt werden und wie soll er spezifiziert und strukturiert werden?

Die Strukturierung und Spezifizierung des Fortbildungsgegenstands spielt eine entscheidende Rolle für den Lernerfolg und die Akzeptanz von Fortbildungen. Wie dies für Inhalte des „Differenzierenden Mathematikunterrichts“ realisiert werden kann, zeigt die Übersicht in Abbildung 11. Kapitel 4.1 beschreibt die verschiedenen Strukturierungsaspekte beim Differenzieren (siehe Abbildung 11, linke Spalte), Kapitel 4.2 bis 4.5 erläutert die Spezifizierungsaspekte des Fortbildungsgegenstands „Selbstdifferenzierende Aufgaben“ (siehe Abbildung 11, rechte Spalte), die die Grundlagen für die Inhalte des entwickelten fachdidaktischen Erklärvideoformats darstellen.

Abbildung 11

Übersicht über die Strukturierung und Spezifizierung des Fortbildungsgegenstands „Differenzierender Mathematikunterricht“

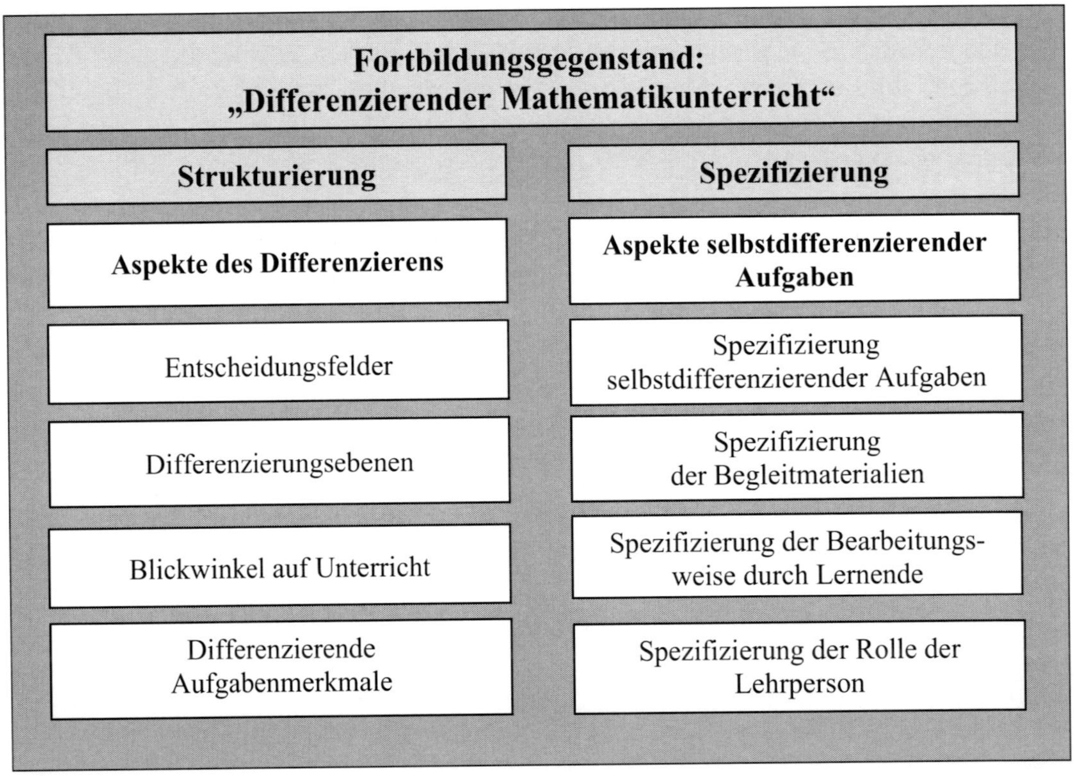

Quelle: eigene Darstellung

4.1 Strukturierung des Fortbildungsgegenstands

Laut Mikrozensus (Statistischen Bundesamt, 2022) hatte 2021 über ein Drittel (rund 39 Prozent) der Schülerinnen und Schüler an allgemeinbildenden und beruflichen Schulen in Deutschland einen Migrationshintergrund. Die migrationsbedingte Vielfalt durch geflüchtete Kinder und Jugendliche stellt Bildungseinrichtungen vor große Herausforderungen. Der Umgang mit Heterogenität im Unterricht wird als „Schlüsselproblem der beruflichen Tätigkeit von Lehrkräften" bezeichnet (Trautmann & Wischer, 2011, S. 105). Der dadurch notwendige Bedarf an Differenzierung als Gegenstand von Fortbildungen von Lehrpersonen rückt zunehmend in den bildungspolitischen Fokus. Die wachsende Heterogenität (vgl. VERA, PISA) führt zu einer starken Leistungsstreuung innerhalb von Klassen (z. B. Helmke et al., 2003). Maßnahmen für eine stärkere Individualisierung des Lernens und individuelle Förderung in heterogenen Lerngruppen gelten als zentrales Ziel der Bildungspolitik (Rahmenkonzepte, z. B. BSB 2009, Schulgesetzen, z. B. MSW 2006, Standards für die Lehrerbildung, KMK 2008).

Anhand der IQB-Ländervergleichsstudie (2012) konnte ein subjektiver Fortbildungsbedarf von über 60% der Lehrpersonen u. a. zu Fragen Binnendifferenzierung und der individuellen Förderung festgestellt werden (IQB 2012, S. 246). Scherrmann und Schäferling (2016) konnten im Rahmen einer Ludwigsburger Fortbildungsmaßnahme beispielsweise beobachten, dass sich das fachdidaktische Wissen bezüglich des Potenzials offener Aufgaben für heterogene Lerngruppen tendenziell erweitert hat.

Für den konstruktiven Umgang mit den heterogenen Voraussetzungen der Lernenden werden unterschiedliche Formen eines differenzierenden Unterrichts sowohl von Lehrkräften in der Praxis (Trautmann & Wischer, 2009), als auch von der Wissenschaft (z. B. Helmke, 2010, S. 257) als zentraler Aspekt im Rahmen der Professionalisierung angesehen. Die Relevanz des Themas Differenzierung zeigt sich u. a. in der IQB-Ländervergleichsstudie 2011: „Ein hoher oder sehr hoher subjektiver Fortbildungsbedarf wurde von über 60% der Lehrkräfte auch zu Fragen der Binnendifferenzierung und der individuellen Förderung geäußert." (IQB 2012, S. 246).

Die Komplexität des Differenzierens in heterogenen Lerngruppen erfordert bei der Planung differenzierenden Unterrichts die Berücksichtigung verschiedener *Aspekte* (vgl. Leuders/Prediger, 2016; Prediger, Leuders & Rösken-Winter, 2017). Differenzierung findet innerhalb verschiedener *Entscheidungsfelder* (Kapitel 4.1.1), auf verschiedenen *Differenzierungsebenen* (Kapitel 4.1.2) unter Berücksichtigung verschiedener *Blickwinkel auf Unterricht* (Kapitel 4.1.3) und unter Berücksichtigung *differenzierender Aufgabenmerkmale* (Kapitel 4.1.4) statt. Diese fachdidaktischen Kategorien helfen, passende Maßnahmen und Strategien auszuwählen. Sie werden nun im Folgenden näher erläutert.

4.1.1 Entscheidungsfelder

Bei der Planung differenzierenden Unterrichts müssen vielfältige Entscheidungen für bzw. gegen bestimmte Aufgaben, Materialien oder Methoden getroffen werden. Dabei müssen *Differenzierungsziele, -aspekte, -formate und -ebenen* (siehe Abbildung 12) berücksichtigt werden. Die Entscheidungen in diesen Bereichen beeinflussen sich gegenseitig und haben Auswirkungen auf andere Entscheidungsbereiche.

Abbildung 12

Entscheidungsfelder bei der Planung differenzierenden Unterrichts

Differenzierungsstrategie am Beispiel „Selbstdifferenzierende Aufgaben“

Differenzierungs – Ziele • ***Förderung und Nutzung von Vielfalt*** • ***Vielfalt zulassen und wertschätzen*** • ***Unterschieden gerecht werden*** • ***Unterscheide ausgleichen***	**Differenzierungs - Aspekte** • ***Vorerfahrungen*** • ***Zugangsweisen/Strategien*** • ***Tiefe und Breite der Bearbeitung*** • ***Sprachkompetenz***
Differenzierungs - Format • ***offen*** • ***halboffen*** • ***geschlossen***	**Differenzierungs - Ebene** • ***Aufgaben und Materialien*** • ***Methoden*** • ***Unterrichtsstrukturen*** • ***Schulsystemstrukturen***

Anmerkung: ZAFE – Schema nach Leuders & Prediger (2016), S. 24.

Für die Planung differenzierter Unterrichtsaktivitäten, insbesondere solcher, die sich auf selbstdifferenzierende Aufgaben konzentrieren, ist es ratsam, gezielt einzelne Kategorien oder Schwerpunkte auszuwählen. Wenn das Ziel beispielsweise darin besteht, den individuellen Bedürfnissen gerecht zu werden, können folgende Fragestellungen bei den didaktischen Entscheidungen helfen:

1. *Zugangsweisen und Strategien für die Bearbeitung*: Welche Strategien sind besonders effektiv bei der Bearbeitung von selbstdifferenzierenden Aufgaben? (Differenzierungsaspekte)?
2. *Tiefe und Breite der Bearbeitung*: Wie ausführlich und in welchem Umfang sollen die Aufgaben gelöst werden? (Differenzierungsaspekte)?
3. *Sprachkompetenz*: Welche sprachlichen Anforderungen sind für die Aufgabenbewältigung erforderlich (Differenzierungsaspekte)?
4. *Grad der Offenheit*: Wie offen sollte das Format der Aufgaben gestaltet sein, um differenzierte Ansätze zu ermöglichen (Differenzierungsformat)?
5. *Verwendete Materialien und Methoden*: Welche Materialien und Unterrichtsmethoden sollen in der Lernumgebung berücksichtigt werden, um eine effektive Differenzierung zu ermöglichen (Differenzierungsebene)?

4.1.2 Differenzierungsebenen

Differenzierungsstrategien können auf verschiedenen Ebenen ansetzen (Klieme & Warwas, 2011; Leuders & Prediger, 2016). Abbildung 13 zeigt vier ineinander übergreifende Ebenen bei der Planung differenzierenden Unterrichts (Leuders & Prediger, 2016). Von der obersten Ebene bis hinunter zur innersten Ebene der Aufgaben werden die Differenzierungsstrategien und -methoden zunehmend flexibler durch die einzelne Lehrperson gestaltet und zugleich fachspezifischer. Bei der fachdidaktischen Planung spielen alle diese Ebenen eine Rolle (Hußmann/Prediger, 2007, S. 10). Die Differenzierungsebenen sind ein Element der Entscheidungsfelder bei der Planung differenzierenden Unterrichts (siehe Kapitel 4.1.2).

Abbildung 13

Differenzierungsebenen der Unterrichtsplanung

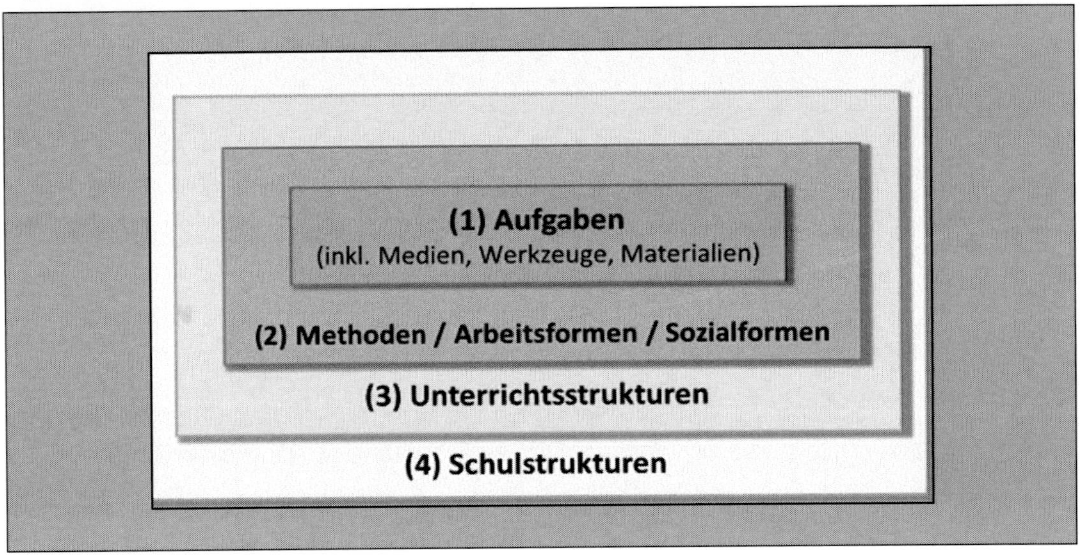

Anmerkung: Darstellung nach Leuders & Prediger (2016), S. 28.

Ebene 4: Schulstrukturen

Differenzierung in der Bildung kann auf verschiedenen Ebenen erfolgen, einschließlich äußerer Strukturen im Schulsystem wie Schulformen, Kursysteme und differenzierte Abschlüsse. Dieser Ansatz berücksichtigt die Vielfalt der Schülerinnen und Schüler und ermöglicht es, auf ihre individuellen Bedürfnisse einzugehen.

Ebene 3: Unterrichtstrukturen

Die dritte Ebene beinhaltet differenzierende Maßnahmen durch übergreifende Organisationsformen von Unterricht (z. B. *Unterstützung der Schulleitung bei der Entwicklung eins Schulkonzepts, Zusammenarbeit mit Kolleginnen und Kollegen, Kursaufteilung nach verschiedenen Niveaus*).

Ebene 2: Methoden, Arbeits- und Sozialformen

Die zweite Ebene knüpft an flexible, unterrichtsmethodische Differenzierungsstrategien an. Hier kann Differenzierung beispielsweise durch die Wahl der Sozialform (z. B. *Gruppenarbeit, Differenzierung in einer separaten Teilgruppe, völlige Individualisierung*) oder durch methodische Überlegungen (z. B.

Festlegung der *Differenzierungszeit*, Einsatz von *Lernplänen, Coaching*) organisiert werden. Innerhalb einer gewählten Sozialform sind verschiedene Arbeitsformen denkbar (z. B. *Team-Teaching, entdeckendes Lernen, spielerische Form der Erarbeitung*).

Ebene 1: Aufgaben

Während ein Fortbildungsbaustein auf unterschiedlichste kurz- oder langfristige Organisationsformen oder Unterrichtsstile auf der zweiten und dritten Ebene treffen kann, sind Aufgaben aus der konkreten Unterrichtspraxis auf der ersten Ebene in unterschiedlichste Rahmenbedingungen integrierbar und von Stunde zu Stunde variierbar. Die innerste Ebene der *Aufgaben* ist das grundlegendste pädagogische Entscheidungsfeld für die Planung differenzierenden Unterrichts. Sie bildet im Vergleich zu den anderen übergreifenden Ebenen das höchste Maß an didaktischem Spielraum und flexiblem Adaptieren und ist Ausgangspunkt für die weitere Planung, Durchführung und Reflexion von Unterricht auf den umfassenderen Ebenen. Hier finden Differenzierungsangebote durch die *Auswahl des Aufgabentyps* und durch unterstützende *Hilfsmaterialien* statt (z. B. selbstdifferenzierende Aufgaben, Aufgaben auf verschiedenen Niveaus).

Bisherige Erfahrungen in Fortbildungen, die sich mit differenzierenden Aufgaben beschäftigen (Leuders/Schmaltz/Erens, 2018; Schmaltz, 2019, Bardy, Leuders & Holzäpfel, 2018), zeigen, dass Lehrkräfte nicht nur das Aufgabenformat und die Analyse der Lernenden auf Bearbeitungsebene, sondern auch deren methodische Integration im Unterricht diskutieren. Daher können auch Ebene 2 und möglicherweise Ebene 3 für die Weiterbildung von Lehrern relevant sein.

In der jüngsten schulischen Praxis des Differenzierens hat sich die vorherrschende Anwendung organisatorischer Ansätze, wie die methodische Individualisierung, gezeigt (Helmke, 2013; Bohl & Wacker, 2016).

Die Planung differenzierenden Unterrichts auf allen vier Differenzierungsebenen berücksichtigt die Zeitspanne, sei es in Minuten, Stunden, Wochen oder im gesamten Schuljahr.

4.1.3 Blickwinkel auf Unterricht

Verschiedenen Sichtweisen zeigen ein umfassenderes Bild von Lehr-Lernprozessen und unterstützen bei der Planung und Reflexion von Unterricht. Der aus verschiedenen Perspektiven betrachtete Unterricht findet sich bereits in den 60er Jahren bei Heimann, Otto & Schultz (1969). Das *Didaktische Dreieck* veranschaulicht beispielsweise das Unterrichtsgeschehen anhand den drei Unterrichtskomponenten „Lehrer–Schüler–Lerngegenstand“. In der Lehrerbildung hilft dieses triadische Schema, unterschiedliche didaktische Lehr- und Lernformen sowie deren Auswirkungen auf die praktischen Unterrichtsprozesse aufgrund gegenseitiger Abhängigkeiten im zugrundeliegenden Beziehungsgefüge zu beschreiben.

Das *Drei-Tetraeder-Modell* der gegenstandsspezifischen Professionalisierungsforschung (Prediger/Leuders/Rösken-Winter, 2017) knüpft an das didaktische Dreieck an und erweitert das klassische Schema um die Unterrichtskomponente „Materialien & Medien". Der unterste Tetraeder bezieht sich auf die Unterrichtsebene und zeigt theorie- und praxisbezogene Inhalte bei der Planung von differenzierendem Mathematikunterricht am Beispiel von selbstdifferenzierenden Aufgaben (Abbildung 14). Die vier Eckpunkte des Tetraeders bilden die Grundlage für die inhaltliche Strukturierung des hier entwickelten instruktionalen Videoformats.

Abbildung 14

Blickwinkel bei der Planung von differenzierendem Unterricht

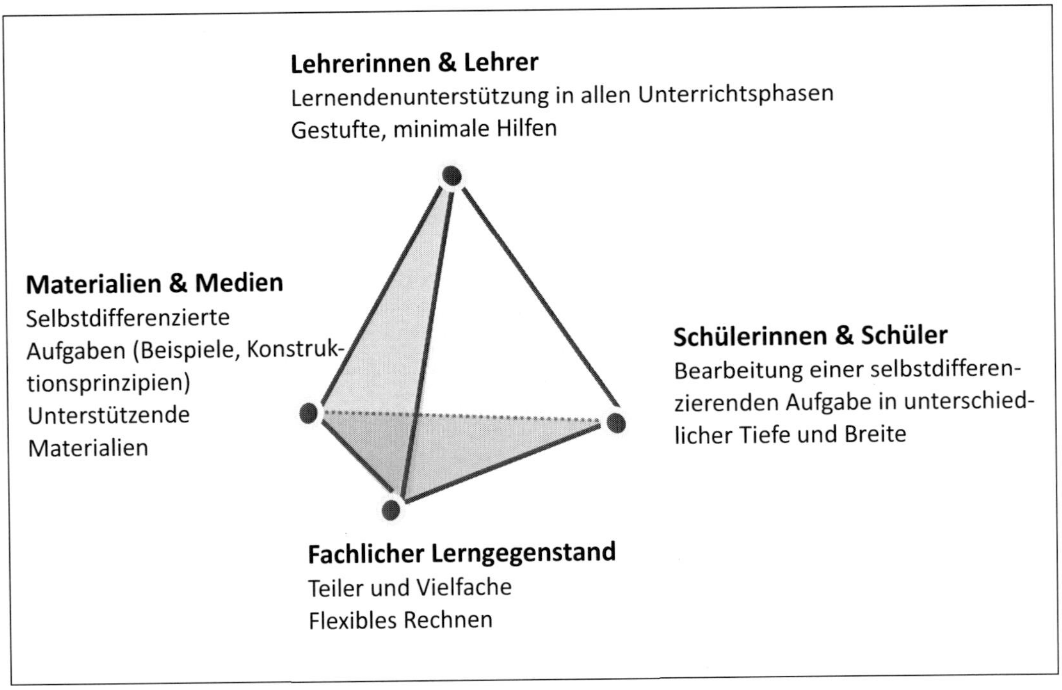

Anmerkung: Ausschnitt aus dem Drei-Tetraeder-Modell der gegenstandsspezifischen Professionalisierungsforschung (Prediger, Leuders, Rösken-Winter, 2017)

4.1.4 Differenzierende Aufgabenmerkmale

Untersuchungen zur Qualität differenzierender Aufgaben zeigen Defizite: Aufgaben werden nicht effektiv genug eingesetzt, ein Teil des Potenzials der Aufgaben bleibt oft ungenutzt (z. B. Leuders & Föckler, 2016). Darüber hinaus weisen Mathematikaufgaben häufig ein sehr niedriges kognitives Aktivierungspotenzial auf (z.B. Neubrand et al., 2011). Das Potenzial sog. *selbstdifferenzierender Aufgaben* soll dazu beitragen, möglichst viele Lernende auf ihrem individuellen Niveau kognitiv zu aktivieren. Im Bereich differenzierender Aufgaben können Parallelaufgaben, Stufenaufgaben, offen differenzierende Aufgaben (z. B. selbstdifferenzierende Aufgaben) und diagnostische Aufgabentypen unterschieden werden (Leuders & Prediger, 2016, S. 144).

Differenzierung auf der Aufgabenebene bietet zahlreiche Möglichkeiten (Leuders, 2013, S.191). Das Differenzierungspotenzial einer Aufgabe hängt hauptsächlich von ihrer äußeren und inneren Struktur sowie ihrem Inhalt ab (vgl. Abbildung 15).

Abbildung 15

Aufgabenmerkmale zur Planung differenzierenden Unterrichts

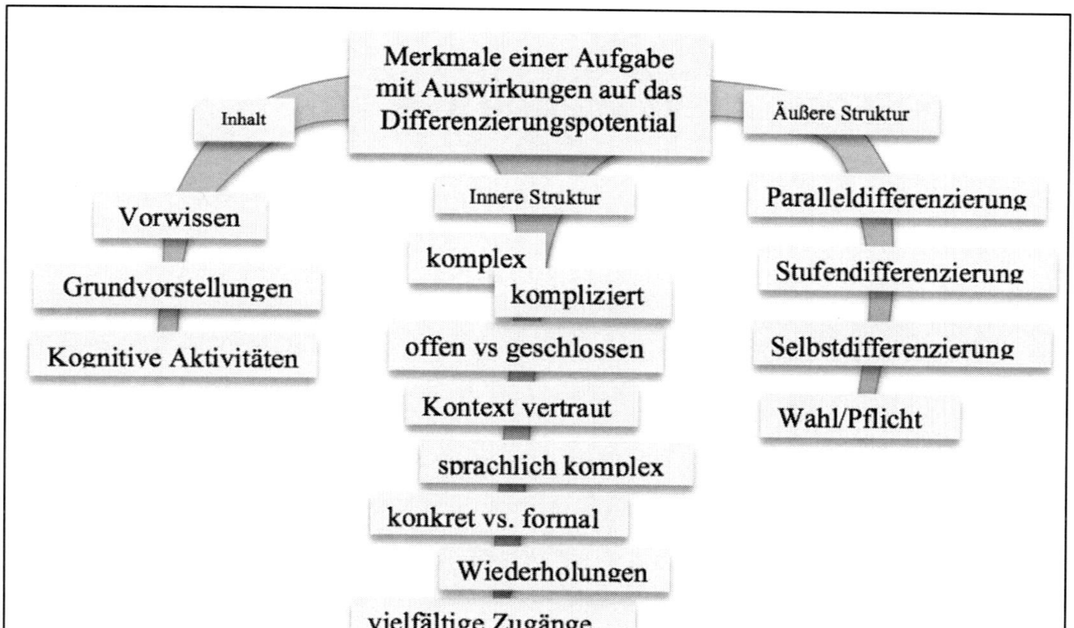

Anmerkung. Schema von Aufgabenmerkmalen mit Auswirkungen auf das Differenzierungspotenzial nach Leuders & Prediger (2016), S. 144.

Bei der *äußeren Struktur* können folgende vier Aufgabentypen hinsichtlich der Zusammenstellung der einzelnen Aufgaben unterschieden werden: *Gestuft differenzierende Aufgaben (Stufendifferenzierung), Aufgabengruppen mit Wahl und Pflicht, selbstdifferenzierende Aufgaben (Selbstdifferenzierung)* sowie *paralleldifferenzierende Aufgaben.*(vgl. Leuders & Prediger, 2016, S. 132 f.).

Weniger berücksichtigt wird das Potenzial offener Differenzierungsformen, die ein gemeinsames Lernen in der Gruppe mit flexiblen Bearbeitungsmöglichkeiten erlaubt. Die *selbstdifferenzierende Aufgabe* als zentrales Format ist bereits seit vielen Jahrzehnten in der Fachdidaktik und Praxis des Grundschulunterrichts bekannt (z. B. Sundermann & Selter 2005, S. 127).

Lehrpersonen benötigen verständliche theoretische Grundlagen für die Konzeption und Umsetzung selbstdifferenzierenden Aufgaben im Unterricht, für geeigneten unterstützenden Materialien und Hilfsmöglichkeiten in der Rolle als Lehrende. Nachfolgend werden daher die zentralen Theorien und Befunde, die im Rahmen der inhaltlichen Konzeption des differenzierenden Mathematikunterrichts mit selbstdifferenzierenden Aufgaben berücksichtigt wurden, erläutert. In den entwickelten Videos werden diese theoriebezogenen Elemente dieses Aufgabenformats jeweils durch Praxisbeispiele unterstützt. All diese Merkmale dienen im Video als allgemeine Konstruktionsprinzipien für selbstdifferenzierende Aufgaben und sollen handlungsleitend sein für die Planung und Reflexion von differenzierendem Unterricht.

4.2 Spezifizierung selbstdifferenzierender Aufgaben

Inhaltlicher Schwerpunkt der Fortbildungsvideos ist das Differenzieren auf Ebene der *Aufgaben*. Sie bilden den zentralen Bestandteil und Ausgangspunkt für die Planung, Durchführung und Reflexion von Unterricht. Die Qualität der Aufgaben spielt eine entscheidende Rolle bei der Etablierung eines differenzierenden Unterrichts (Brändström, 2005). Ein großer Teil des Potenzials für Differenzierung bei der *Aufgabenauswahl* und *Umsetzung* bleibt allerdings oft ungenutzt (z. B. Hiebert et al., 2003, S. 98 f; Leuders & Föckler, 2016, S. 152-153). Zahlreiche Studien, Umfragen, Gutachten und Expertisen berichten von Personalmangel an Schulen und Ungleichheiten in den Kompetenzen von Lernenden, bedingt durch soziale und zuwanderungsbedingte Hintergründe. Aus diesem Grund werden Aufgabentypen notwendig, die Schülerinnen und Schüler anregen, auf ihrem eigenen Niveau möglichst selbstständig zu arbeiten.

Einer dieser Aufgabentypen sind „selbstdifferenzierende Aufgaben“, bei der Lernende durchgehend an denselben Fragen arbeiten, aber selbst Umfang und Tiefe der Bearbeitung wählen (vgl. Wittmann/Müller, 2004; Leuders, 2009). Im spezifischen Bereich der Aufgabenkultur sind selbstdifferenzierende Formate eine Möglichkeit der natürlichen Differenzierung (Müller/Wittmann, 1998; Hirt/Wälti,

2008; Krauthausen/Scherer, 2010) bzw. der offenen Differenzierung (z. B. Heymann, 1991). Dieser Aufgabentyp zeichnet sich allgemein durch folgende Eigenschaften aus: hohe Offenheit, unterschiedliche Anspruchsniveaus, Zugangsweisen und Bearbeitungswege (z. B. Hengartner et al., 2006; Hußmann & Prediger, 2007). Das Arbeiten mit selbstdifferenzierenden Aufgabenformaten verlangt Strukturhilfen auf verschiedenen Ebenen. Auf der innersten Ebene sind dies differenzierende Elemente der Aufgabe selbst, sowie Materialien und auch Möglichkeiten der Unterstützung durch die Lehrperson. Strukturübergreifende Aspekte wären beispielsweise die Berücksichtigung verschiedener Methoden und Sozialformen und auf höherer Ebene Organisationsformen des differenzierenden Unterrichts.

Es ist zu erkennen, dass sich Lehrpersonen vor allem mit eher organisatorisch-strukturellen Ansätzen befassen. Aspekte wie das Konstruieren und Erkennen von Merkmalen selbstdifferenzierender Aufgaben rücken nicht ins Blickfeld (vgl. Leuders, Schmaltz, Erens, 2018), wie folgende Aussage einer Lehrperson hinsichtlich der Erwartungen an eine Fortbildung im Bereich des differenzierenden Mathematikunterrichts beleuchtet:

> *„(...) Ich hätte gern noch mehr verstanden was hinter diesen Aufgaben steckt, wie man die machen kann. (...) Wie ich die selber auch kreieren kann. (...) Und da gab es jetzt wenige Antworten darauf."* (Schmaltz, 2019, S. 166)

Derartige Aussagen verdeutlichen die Notwendigkeit, Merkmale offener Aufgabenformaten für die flexible Übertragbarkeit auf ähnliche Unterrichtssituationen in Fortbildungen anzubieten.

Das Potenzial selbstdifferenzierender Aufgaben spiegelt sich anhand spezifischer Erkennungszeichen wie der Ergiebigkeit der Problemstellung, der niedrigen Eingangsschwelle, den ausdifferenzierten Problemerweiterungen, Visualisierungen, Selbsterklärungen und dem Angebot von Bearbeitungsstrategien. Diese einzelnen Aufgabenelemente werden im nächsten Teilkapitel ausführlich erläutert.

4.2.1 Ergiebigkeit der Problemstellung

Die Motivierung der Schülerinnen und Schüler, Aufgaben zu bearbeiten, hängt nach Leutnant (2012) „stark davon ab, inwieweit es gelingt, ein echtes Problemlösungsinteresse zu wecken und eine Bedeutsamkeit für das Individuum aufzuzeigen“ (Leutnant, 2012, S. 69). Lernmotivation erfolgt vermutlich dann, wenn Thematik, Problemstellung und Aufgaben unmittelbar an die Erfahrungen der Jugendlichen anknüpfen (vgl. Warmbold, 2010, S. 135). Hirt und Wälti (2008, S. 17) betonen die Reichhaltigkeit und Offenheit der Aufgabenstellungen, so dass diese verschiedene Zugangsmöglichkeiten für individuelle Vorgehensweisen erlauben.

Im gezeigten Beispiel des ersten hier entwickelten Videos von insgesamt vier Videobeiträgen handelt es sich um ein alltagsnahes mathematisches Problem; die gerechte Aufteilung von Schokoladetafeln:

> Eine Schokoladenfirma möchte eine neue Schokoladentafel entwerfen. Die Tafel soll bei möglichst verschieden großen Familien gerecht aufgeteilt wer den. Die Firma überlegt, welche Anzahl von Stückchen sie dafür wählen soll.

4.2.2 Niedrige Eingangsschwelle

Bardy et al. (2019) untersuchten im Kontext einer Fortbildung in einem pre-post-Vergleich, inwiefern Lehrkräfte das Differenzierungspotenzial von Aufgaben ebenso einschätzen wie Expertinnen und Experten. Dabei bezog sich das Differenzierungspotenzial auf Merkmale der Aufgabe hinsichtlich ihrer Eignung, unterschiedliche Fähigkeiten und Vorkenntnisse der Schülerinnen und Schüler anzusprechen (ebd., S. 77). Hinsichtlich der korrekten Einschätzung einer Aufgabe mit vorhandenem Differenzierungspotenzial wird als Begründung für das Differenzierungspotenzial vor der Fortbildung oftmals das Kriterium der Offenheit, nach der Fortbildung werden zusätzlich die Kriterien „Schwierigkeitsgrad“ und „einfacher Einstieg“ von den Befragten herangezogen (ebd., S. 79).

Schülerinnen und Schüler befassen sich selten länger als fünf Minuten mit einer (Teil-) Aufgabe (v. Aufschnaiter & v. Aufschnaiter, 2001). Erreichen sie keine für sie zufriedenstellende Lösung, brechen sie in der Regel dann den Bearbeitungsprozess ab. *Eine niedrige Eingangsschwelle* (Hengartner, 2004, S. 12) ermöglicht *Einstiegschancen* für alle. Eine einfache Zugangsstruktur stellt ein Element einer „guten“ Problemlöseaufgabe dar, die nach Wälti (2001) durch eine einfache und verständliche Formulierung bzw. Darstellung des Inhaltes charakterisiert ist. Ein ausgearbeitetes Lösungsbeispiel ist für leistungsschwache Schülerinnen und Schüler förderlich.

In der vorliegenden selbstdifferenzierenden Erkundungsaufgabe „Schokolade gerecht teilen" wird ein einfacher Einstieg für alle in Form eines *konkreten Beispiels* zunächst mit zwei bestimmten Schokoladengrößen (eine Tafel mit 15 und eine andere mit 16 Schokoladestückchen) zum Aufteilen vorgegeben:

Wie geeignet sind die Anzahlen von Stücken in den beiden Bildern?

Schwache Lernende können beispielsweise durch Abzählen einzelner Schokoladestückchen schnell zu einer Lösung kommen, Lernstärkere erkennen beispielsweise Aufteilungsstrukturen.

4.2.3 Ausdifferenzierte Problemerweiterungen

Ein weiteres Merkmal selbstdifferenzierender Aufgaben sind ausdifferenzierte Problemerweiterungen (Gerdsmeier & Köller, 2006, S. 15). Selbstdifferenzierende Aufgaben ermöglichen beispielsweise durch solche gestuften Impulse die Bearbeitung auf unterschiedlichen Niveaus (Heymann 1991, Wittmann 1995, Hengartner et al. 2006). Aufgabenteile mit geschlossenen Arbeitsaufträgen helfen Schülerinnen und Schülern mit geringeren Fähigkeiten. Offene Problemlösefragen wirken sich auf leistungsstarke Schülerinnen und Schüler lernförderlich aus, wenn sie bereits früh im Lernprozess zu offenem Problemlösen aufgefordert werden (z. B. Kalyuga & Sweller, 2004).

Im vorliegenden Beispiel finden alle Lernende mehrere Aufteilungsmöglichkeiten und können ihr Ziel selbst festlegen.

Im vorliegenden Aufgabenbeispiel werden gestufte Impulse verwendet, um die Aufgabe schrittweise zu eröffnen und Lernende auf verschiedenen Niveaus anzusprechen. Die Einstiegsfrage fordert dazu auf, zwei konkrete Beispiele zu analysieren:

Findest du eine Tafel, die für 4 und für 5 Personen gerecht aufgeteilt werden kann?

Die zweite Frage regt dazu an, die Thematik weiter zu vertiefen:

Findest du auch mehrere Lösungen?

4.2.4 Visualisierungen

Visualisierungen unterstützen die Strukturierung von Lerninhalten (McCrudden und Rapp, 2017) und sind eine Form hilfreicher visueller Lern- und Problemlösestrategien (Schnotz, 2010). In der Beispielaufgabe, die in den Videos thematisiert wird, werden vier Personen und zwei verschiedene Schokoladentafelgrößen (4x4 und 3x5 Stücke) veranschaulicht (siehe Abbildung 7).

4.2.5 Selbsterklärungen

Selbsterklärungen (Fonseca & Chi, 2011; Chi 2000) ermöglichen Schülern, Wissenslücken und Fehler selbstständig zu erkennen. Anhand dieser offenen Impulse werden Lernende mit unterschiedlichen Voraussetzungen kognitiv aktiviert. In der Beispielaufgabe wird eine Selbsterklärung durch folgenden Impuls initiiert:

Erkläre möglichst ausführlich deine Überlegungen!

4.2.6 Angebot von Bearbeitungsstrategien

Die Integration von Bearbeitungsstrategien in selbstdifferenzierende Aufgabenformate (vgl. Hengartner et al., 2006; Hußmann & Prediger, 2007) unterstützt den Lösungsprozess. Sie ermutigen Lernende zu Überlegungen und Handlungen, die zur Bewältigung der Aufgabenstellung benötigt werden. Diese Bearbeitungsstrategien können in Form gestufter Lernhilfen präsentiert werden (vgl. Franke-Braun et al., 2008). In der für die Videos entwickelten Beispielaufgabe werden *verschiedene Hilfsangebote* zur Unterstützung aufgeführt:

Du kannst eine Zeichnung, eine Rechnung oder die ausliegenden Materialien verwenden.

Als Ausgangspunkt für Selbstdifferenzierung wurde für den ersten Videobeitrag exemplarisch eine offene Problemlöseaufgabe aus der Lebensumwelt der Schülerinnen und Schüler ausgewählt und optisch aufbereitet (siehe Abbildung 16).

Die oben aufgeführten Charakterisierungselemente versuchen Niveauangemessenheit für alle Lernende zu gewährleisten. Entscheidend ist in diesem Zusammenhang, inwiefern die Aufgabe in ihrer Selbstdifferenzierung sowohl auf Leistungsschwäche als auch auf Leistungsstärke eingeht, d. h. in welchem Differenzierungspotenzial sie Lernende fordert und fördert. Die aufgeführten Merkmale „Ergiebigkeit der Problemstellung", „ausdifferenzierte Problemerweiterungen" und „Selbsterklärungen" beziehen sich beispielsweise auf alle Lernende. Das Merkmal „Ergiebigkeit der Problemstellung" öffnet sich für alle, indem ergiebige Problemlösetätigkeiten erwartet werden. Verallgemeinerungen werden beim Finden von eigenen Beispielen, beim Argumentieren und Begründen verlangt. Sie finden sich bei Merkmal „Ausdifferenzierte Problemerweiterungen" und fordern vor allem Leistungsstärkere heraus. Niedrige Eingangsschwelle, Visualisierungen und Angebote von Bearbeitungsstrategien fördern Lernprozesse, indem sie Strukturhilfen für die Bearbeitung der Aufgabe anbieten. Darüber hinaus wird der gesamte Aufgabentext in einfacher Sprache formuliert.

Abbildung 16

Die selbstdifferenzierende Aufgabe „Schokolade gerecht aufteilen"

Anmerkung. Screenshot aus dem Video „Aufgabenbeispiel". Entnommen aus dem Lehrwerk „mathewerkstatt 6"; Prediger et al., (2013b), S. 26, Cornelsen. Die Originalaufgabe wurde verändert, um den Zielen der Selbstdifferenzierung gerecht zu werden.

Quelle: eigene Darstellung.

4.3 Spezifizierung der Begleitmaterialien

Das selbstständige Arbeiten mit selbstdifferenzierenden Aufgaben auf dem jeweils geeigneten Niveau funktioniert nicht immer von selbst (Prediger & Scherres, 2012), sondern bedarf neben flexiblen Unterstützungsmöglichkeiten durch die Lehrperson auch verschiedenen Arten von unterstützenden Materialien bei der Bearbeitung. Der Einsatz dieser Begleitmaterialien knüpft an folgende Fragestellungen:

- Wie kann *Verstehensunterstützung* beim Bearbeiten offener Aufgaben erfolgen? (Kapitel 2.2.3.1)
- Wie können Lernende bei der Bearbeitung offener Aufgaben *sprachlich unterstützt* werden? (Kapitel 2.2.3.2)
- Wie können Lernende zum planvollen Vorgehen beim Bearbeiten offener Aufgaben *metakognitiv unterstützt* werden? (Kapitel 2.2.3.3)

4.3.1 Verstehensunterstützung durch konkrete, visualisierende Materialien

Verstehensunterstützung kann durch *konkrete, visualisierende Materialien* ermöglicht werden (vgl. Weidenmann, 1994; Schnotz, 2010, S. 927). Visualisierungen treten im Mathematikunterricht der Sekundarstufe meist in Form bildhafter Darstellungen auf (z. B. Skizzen, Konstruktionszeichnungen, Diagramme). Visualisierungen werden dabei häufig als Lernhilfen betrachtet, die es den Schüler/innen ermöglichen oder erleichtern sollen, mathematische Konzepte zu verstehen, Probleme zu lösen, Strukturen in Daten zu erkennen oder Zusammenhänge zu begründen (Arcavi, 2003).

Am Beispiel der selbstdifferenzierenden Aufgabe „Schokolade gerecht teilen“ unterstützen beispielsweise Legeplättchen das Verständnis des Auf- und Verteilens (Abbildung 17, linkes Bild). Mit folierten Fotos können verschiedene Schokoladengrößen gruppiert oder mit Folienstiften markiert und aufgeteilt werden (Abbildung 17, rechtes Bild).

Als weitere Materialien können vorgerastertes Papier zum Markieren von Schokoladestückchen und echte Schokoladentafeln zum Einsatz kommen. Am Beispiel der selbstdifferenzierenden Aufgabe „Schokolade gerecht teilen“ unterstützen beispielsweise Legeplättchen das Verständnis des Auf- und Verteilens (Abbildung 17, linkes Bild). Auf folierten Fotos können verschiedene Schokoladengrößen durch Aufschneiden einzelner Stückchen gruppiert oder mit Folienstiften markiert und aufgeteilt werden (Abbildung 17, rechtes Bild).

Zusätzlich können vorgerasterte Papiere und echte Schokoladentafeln verwendet werden.

Diese konkreten Materialien sind hilfreiche visuelle Werkzeuge, um Schülern das Konzept des Teilens näherzubringen.

Abbildung 17

Legeplättchen als konkrete Materialien zur Verstehensunterstützung

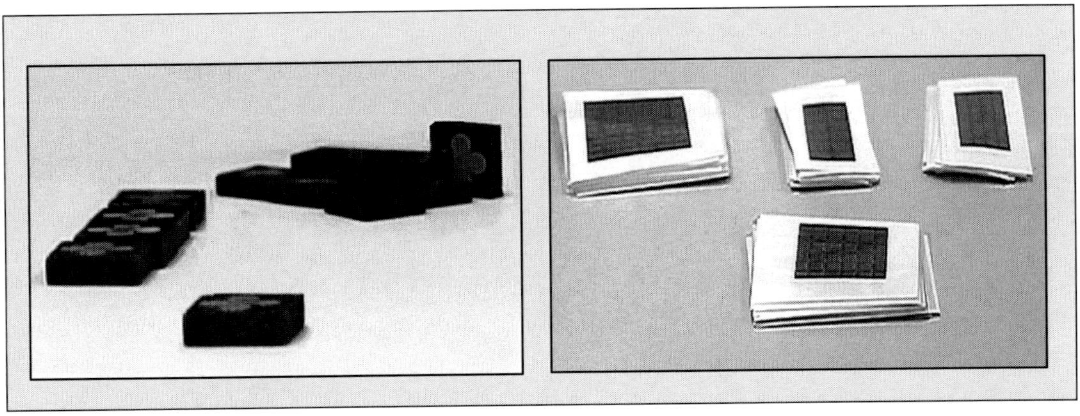

Quelle: eigene Darstellung.

4.3.2 Sprachliche Unterstützung durch Formulierungshilfen

Kinder und Jugendliche entwickeln aufgrund ihrer soziokulturellen oder sozioökonomischen Herkunft unterschiedliche Sprachkompetenzen in ihren Familien. Daher müssen die Unterschiede in den sprachlichen Voraussetzungen der Lernenden beim Einsatz differenzierender Lernangebote berücksichtigt werden. Um Schülern zu helfen, fehlende Begriffe und Ausdrücke zu verwenden, können adaptive Hilfsmittel wie fachsprachliche Satzbausteine, beispielsweise in Form von Formulierungshilfen, verwendet werden (Wessel, 2015; Prediger, 2017).

Ein häufiges Problem besteht darin, dass viele Schüler Schwierigkeiten haben, ihre Lösungen in freier Form zu erklären oder zu argumentieren, obwohl sie das Verständnis besitzen. In solchen Fällen können Formulierungshilfen wie Wortspeicher (siehe Abbildung 18), Wortfeldscheiben oder Textbausteine Lernenden dabei helfen, innerhalb eines klaren strukturierten Rahmens Formulierungen und Erklärungen zu erstellen.

Abbildung 18

Formulierungshilfen zum Thema „Teilen"

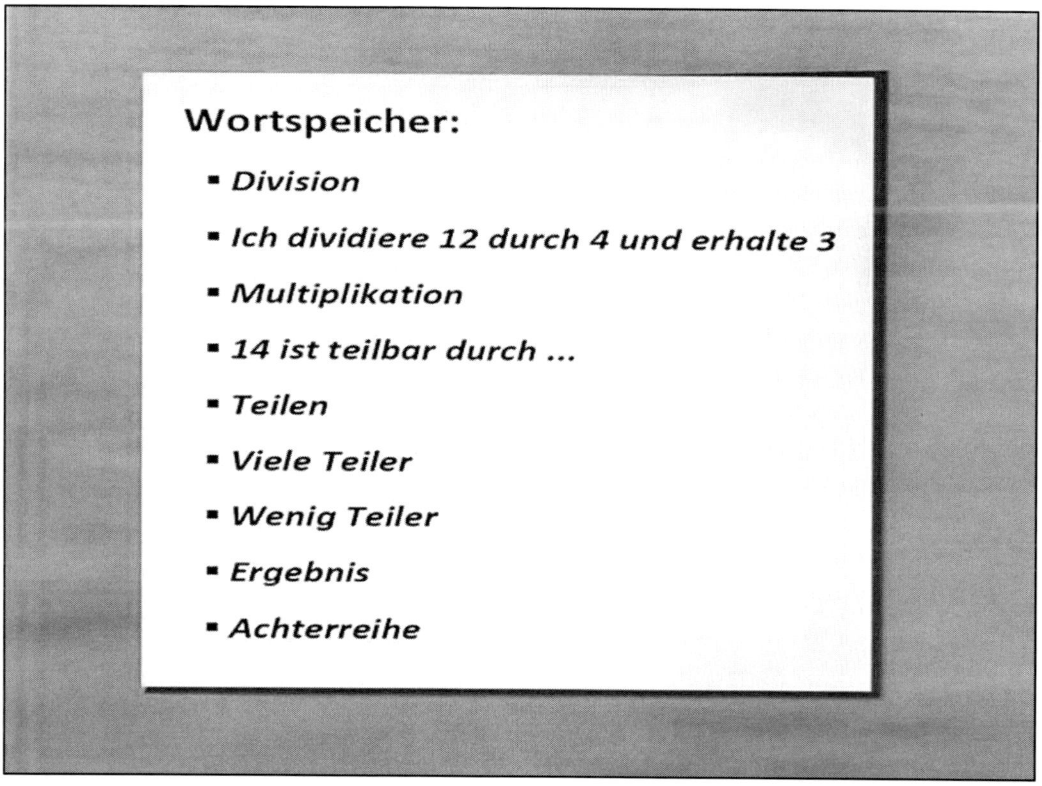

Quelle: eigene Darstellung.

4.3.3 Metakognitive Unterstützung durch Problemlösepläne

Da vielen Lernenden das selbständige Suchen nach einem noch unbekannten Lösungsweg schwerfällt und sie in vielen Fällen unstrukturiert an eine Problemlöseaufgabe herangehen (Schoenfeld, 1992), erscheint es sinnvoll, Lernenden eine Art groben Leitfaden für die Lösung komplexer Probleme an die Hand zu geben. Solche metakognitive Unterstützung kann durch *Problemlösepläne* erfolgen (vgl. Leuders, 2012; Pólya, 1949). Ziel derartiger Pläne ist es, Schülerinnen und Schülern eine systematische Vorgehensweise bei der Bearbeitung offener Aufgaben zu ermöglichen.

Problemlösepläne variieren in ihrer Struktur und Offenheit. Ein gängiger dreischrittiger Plan, "Frage – Rechnung – Antwort" (FRA), ist eng geführt und erfordert kein tiefes Nachdenken (Franke, 1998, S. 113). Er eignet sich für Routineprozesse, in denen bekannte Verfahren angewendet werden.

Ein bekannter Problemlöseplan stammt von Pólya (1949) und besteht aus vier offenen, heuristischen Fragen:

Verstehen der Aufgabe:	*Was ist gegeben/gesucht? Zeichne eine Figur!*
Ausdenken eines Plans:	*Kennst du eine verwandte/analoge Aufgabe? Stelle einen Plan auf!*
Ausführen eines Plans:	*Führe deinen Plan aus. Kontrolliere jeden Schritt!*
Rückschau:	*Prüfe dein Ergebnis! Findest du andere Wege? Kannst du das Resultat für andere Aufgaben brauchen?*

Für die selbstdifferenzierende Aufgabe „Schokolade gerecht aufteilen“ wird im Video der sog. PADEK-Schema (Leuders, 2012) als vorgegebene allgemeine Strukturierungshilfe zum Erstellen eines Lösungsplans eingesetzt. Dieser Plan, entnommen aus dem Schulbuch "Mathewerkstatt", umfasst fünf Schritte. Diese Aufgaben regen zur Reflexion an und fördern somit die kognitive Aktivierung der Lernenden. Die Buchstaben in PADEK repräsentieren die verschiedenen Phasen:

***P**roblem verstehen*:	in eigenen Worten formulieren
***A**nsatz suchen*:	Annahmen beschreiben und Rechenweg planen
***D**urchführen*:	Rechnung durchführen
***E**rgebnis*	Ergebnis erklären
***K**ontrollieren*	Ergebnis, Rechnung und Ansatz prüfen

Phase 1 des PADEK-Schemas ist dem Problemverständnis gewidmet. In Phase zwei wird nach einem Plan gesucht, der in Phase 3 schließlich ausgeführt wird. In der letzten Phase wird das Ergebnis in einer Rückschau verifiziert. Dieses Schema berücksichtigt neben dem Problemlösen auch das mathematisches Modellieren, Arbeitsschritte können daher in mehreren Zyklen tiefer durchdrungen werden.

Bezogen auf die Aufgabe „Schokolade gerecht aufteilen“ kann der Lösungsplan wie folgt spezifiziert werden:

Problem verstehen:	Lies die Aufgabe ganz sorgfältig durch. Formuliere dann das Problem in eigenen Worten.
Ansatz suchen:	Überlege, wie du das Problem lösen möchtest (z. B. mit einem Beispiel, mit einer Zeichnung, mit einer Tabelle, ...).
Durchführen:	Schreibe deine Vorgehensweise auf.
Ergebnis	Formuliere dein Ergebnis in eigenen Worten. Erkläre, was du herausgefunden hast!
Kontrollieren	Kontrolliere an mindestens einem weiteren Beispiel, ob dein Ergebnis stimmen kann.

4.4 Spezifizierung der Bearbeitungsweise durch Lernende

Im Folgenden werden die Bearbeitungsstrategien der Lernenden bei der Nutzung selbstdifferenzierender Aufgaben charakterisiert.

Die Unterrichtung heterogener Lerngruppen ist eine zentrale Herausforderung in verschiedenen schulischen Lehr- und Lernkontexten. In den letzten Jahren hat die Heterogenität in Klassenzusammensetzungen stark zugenommen, insbesondere durch Schülerinnen und Schüler mit Migrationshintergrund. Diese Vielfalt an Schülermerkmalen, sei es sozial, sprachlich, motivational, verhaltensbezogen oder kognitiv, stellt Lehrkräfte vor große Anforderungen bei der Gestaltung von Lernumgebungen. Daher ist es entscheidend, dass Lehrkräfte angemessene Differenzierungsstrategien anwenden und dabei eine hohe Flexibilität zeigen. Lernende unterscheiden sich hinsichtlich ihres Leistungsniveaus und hinsichtlich ihrer Vorgehensweise (Spiegel & Walter, 2005). Die dadurch entstandene Vielfalt in Tiefe und Breite bei der Bearbeitung von selbstdifferenzierenden Aufgaben wird als Chance für die Weiterentwicklung und Verbesserung von Unterricht aufgefasst (vgl. Abels & Markic, 2013).

Abbildung 14 zeigt verschiedene Herangehensweisen in unterschiedlicher Tiefe und Breite am Beispiel der selbstdifferenzierenden Aufgabe „Schokolade gerecht teilen“.

- Die Lehrperson erkennt und berücksichtigt *unterschiedliche Darstellungsweisen* bei der Bearbeitung von Aufgaben (horizontale Heterogenität, vgl. Spiegel & Walter, 2005, S. 220; siehe Abbildung 19, untere Screenshots),
- die Lehrperson erkennt *unterschiedliche Bearbeitungsniveaus* bei der Bearbeitung von Aufgaben (vertikale Heterogenität, vgl. Spiegel & Walter, 2005, S. 2019, siehe Abbildung 19, oberen beiden Abbildungen).

Abbildung 19

Verschiedene Herangehensweisen in unterschiedlicher Tiefe und Breite

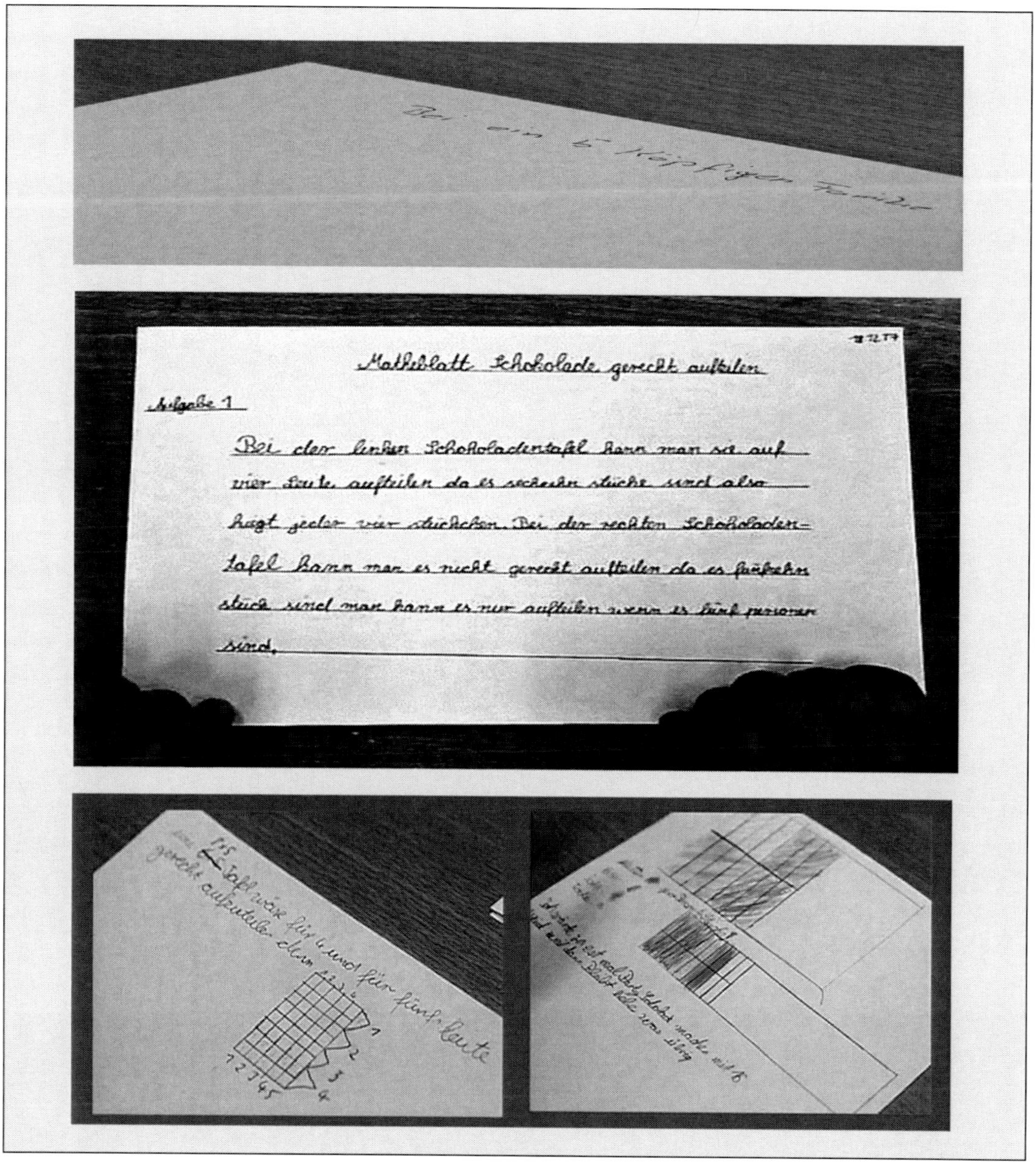

Quelle: Screenshots des Videos „Lernende bei der Bearbeitung (1. Redesign, 2018). F. Föckler.

4.5 Spezifizierung der Rolle der Lehrperson

Selbstdifferenzierende Aufgaben erlauben ein Lernen am gemeinsamen Gegenstand, das aber je nach Lernsituation auch eine geeignete Begleitung durch die Lehrperson notwendig macht (Häsel-Weide & Nührenbörger, 2021). Die Unterstützung vor, während und nach den Phasen des aufgabenbezogenen Differenzierens verlangt von der Lehrperson ein hohes Maß an *Flexibilität.* Aufgabe ist es, den *Unterschiedlichkeiten* der Lernenden ganz bewusst Raum zu *geben* und diese zu berücksichtigen (vgl. Bönsch, 2000; Klafki & Stöcker, 1985).

4.5.1 Nutzungshinweise zur Verständnissicherung

Es ist wichtig, beim Einsatz von offenen Aufgaben als Lehrperson eine Einführung in die Thematik zu geben, um sicherzustellen, dass die Schüler effektiv und zielgerichtet an der Aufgabe arbeiten können und ein tieferes Verständnis für das zugrunde liegende Thema entwickeln. Eine gut gestaltete Einführung kann das Interesse und die Motivation der Schüler auf das Thema wecken und vorhandene Unklarheiten beseitigen.

Abbildung 20

Einführung in die Thematik vor dem Einsatz einer selbstdifferenzierenden Aufgabe

Quelle: Screenhots aus dem Video „Rolle der Lehrkraft" (2. Redesign, 2018). Frank Föckler.

4.5.2 Gestufte, minimale Hilfen

Um Schülerinnen und Schüler bei offenen Aufgaben zur selbstständigen Arbeit zu befähigen, wird in der Fachdidaktik das Prinzip der gestuften minimalen Hilfen als adaptive Intervention für Lehrpersonen angewendet.

Zurückhaltung

Gestufte, minimale Hilfen ermöglichen eigenverantwortliches und selbstständiges Lernen (vgl. Leiss & Tropper, 2014; Zech, 1996; vgl. Aebli, 1994, S. 300). Zech befürwortet es, Lernenden so wenig Hilfestellung wie möglich und so viel wie nötig zu geben. Das Prinzip minimaler Hilfe, d. h. einer größtmöglichen *Zurückhaltung,* ist in der Fachdidaktikforschung umstritten. Untersuchungen konnten bestätigen, dass die Methode des reinen Entdeckenlassens, vor allem bei höheren Schwierigkeitsgraden, uneffektiv ist, weil zu viele Lernende das Lernziel ohne Hilfen nicht erreichen (Carmesin, 2013).

Hole empfiehlt Hilfestellungen basierend auf einer „Stufenfolge von Impulsen", die "immer direkter auf den Kern der Sache hinführen" (Hole, 1973, S. 122). Eigene Ideen und Lernwege der Schülerinnen und Schüler werden durch diese adaptiven Lernhilfen nicht blockiert. Nach Aebli wäre es ein Fehler, wenn eine Lehrperson die Führung sogleich mittels eng gefasster Fragen und Aufforderungen übernähme. Dadurch würde er Lösungselemente liefern, die die Schülerinnen und Schüler durchaus selbst finden können (Aebli, 1983, S. 300). Die Wirksamkeit des Prinzips der minimalen Hilfe auf den Lernerfolg von Schülerinnen und Schülern wird durch empirische Erkenntnisse gestützt (z. B. Weinert und Helmke, 1996; Beck et al., 2008).

Als Weiterentwicklung des Prinzips der minimalen Hilfe (Aebli, 1983) können die gestuften Hilfen von Zech (2002, S. 315) angesehen werden. Er unterscheidet folgende Formen: *Motivationshilfen*, *Rückmeldung*, *strategische* und *inhaltliche Hilfen*. Die Hilfen innerhalb den Stufen können direkt oder indirekt erfolgen.

Motivationshilfen

Motivationshilfen auf der untersten Stufe sind entscheidend, um Lernende zu ermutigen, nicht aufzugeben. Die Motivationsunterstützung gilt neben der Kognitiven Aktivierung, Strukturierung, Adaptivität und Klassenführung als eine

Qualitätsdimension von Unterricht (z. B. Helmke, 2009; Fischer et al., 2010). Sie können direkt oder indirekt angeboten werden:

Direkte Motivationshilfe:	*"Du schaffst das!"*
Indirekte Motivationshilfe:	*Lehrperson zeigt einem Lernenden den erhobenen Daumen.*

Rückmeldung

Die Hilfe in Form einer *Rückmeldung* bestärken Schülerinnen und Schüler darin, einen Ansatz zur Lösung weiterzuverfolgen oder zu überdenken. Eine Rückmeldung sollte *zügig* erfolgen, damit Lernende Fehlvorstellungen überdenken bzw. vorhandene Lücken schließen können (Marzano, 2010). Darüber hinaus wird auf die Bedeutung einer *klaren*, *strukturierten* und *verständlichen* Rückmeldung hingewiesen (u. a. Hattie, 2009; Helmke, 2007).

Direkte Rückmeldung:	*"Hier hast du einen Fehler gemacht!"*
Indirekte Rückmeldung:	*Lehrperson tippt auf eine Zeile, in der ein Fehler in der Bearbeitung sichtbar ist.*
	„An einer Stelle deiner Rechnung ist ein Fehler!"

Strategische Hilfen

Bei den *strategischen Hilfen* werden zwei Formen unterschieden: allgemein-strategische und inhaltsorientiert-strategische Hilfen.

Allgemein-strategische Hilfen, wie von Zech (1996) beschrieben, sind heuristische Regeln nach Pólya (Pólya, 2004) oder fachübergreifende Problemlösemethoden, die dazu dienen, dass Lernende ihre Lösungsprozesse eigenständig gestalten können. Diese Hilfen beinhalten generelle Anweisungen zu den Schritten des Lösungsprozesses, wie zum Beispiel "Erstelle eine Skizze!" oder "Kläre, was gesucht wird." Solche Hilfen können den Lernenden in Form von Strategieschlüsseln vermittelt werden (Philipp & Herold-Blasius, 2016). Diese Strategieschlüssel umfassen Aktionen wie das Zeichnen von Bildern, das Finden von Beispielen, die

Verwendung unterschiedlicher Farben, das Rechnen mit kleineren Zahlen oder das Erstellen von Tabellen.

Inhaltsorientiert-strategische Hilfen beziehen sich auf fachbezogene Problemlösemethoden im Zusammenhang mit der konkreten Aufgabe („Betrachte mal den speziellen Fall mit der Zahl 48 …“).

Direkte strategische Hilfe: *„Hol dir die Legeplättchen!“*
Indirekte strategische Hilfe: *„Ist das Ergebnis sinnvoll?“*

Inhaltliche Hilfen

Inhaltliche Hilfen sind die stärkste Unterstützung, indem sie konkrete Lösungsschritte und Teillösungen vorgeben. Sie verweisen auf Begrifflichkeiten und fachbezogene Regeln im Zusammenhang mit der konkreten Aufgabe und geben direkte Unterstützung bei der Vorgehensweise. Es werden direkte und indirekte inhaltliche Hilfen unterschieden:

Direkte inhaltliche Hilfe: *Nimm die Formel* $p\,\% = \frac{W}{G}$
Indirekte inhaltliche Hilfe: *Versuche aus zwei der Größen p%, W und G die dritte zu berechnen!*

4.5.3 Vielfalt nutzen

Die entstandene Vielfalt an Ergebnissen und Lösungswegen nach Bearbeitung einer selbstdifferenzierenden Aufgabe kann im Unterricht in der Phase des Systematisierens und Sicherns genutzt werden (vgl. Leuders & Prediger, 2016; vgl. Abels & Markic, 2013).

Abbildung 21 zeigt anhand dreier Tafelbilder nach der Bearbeitung der selbstdifferenzierenden Aufgabe „Schokolade gerecht teilen“ erste Möglichkeiten, eine Tafel Schokolade an verschiedene Familiengrößen/Personen aufzuteilen und darzustellen. Die Ergebnisse wurden gemeinsam gesammelt, verglichen und reflektiert. Grundlage für eine strukturierte Systematisierung der Vielfalt bildet eine theoretische Strukturierung der Lerninhalte über verschiedene *Arten und Facetten von Wissen* (vgl. Prediger et al, 2011).

Wissensarten

Zu den Wissensarten zählen das konzeptuelle, das prozedurale und das metakognitive Wissen. In der Aufgabe „Schokolade gerecht teilen“ beinhaltet das *konzeptuelle Wissen* Konzepte und Zusammenhänge über die Vorstellung des „Teilens“, das *prozedurale Wissen* bezieht sich beispielsweise auf Wissen über mathematische Verfahren (z. B. Wissen über die Vorgänge des Dividierens oder der Primfaktorzerlegung). M*etakognitives Wissen* berücksichtigt das Wissen über verschiedene Lernstrategien sowie deren Anwendung und Hinterfragung (z. B. Bearbeitung und Überprüfung einer Strategie mit Hilfe einer Tabelle).

Wissensfacetten

Die Sicherung der Ergebnisse der Aufgabe „Schokolade gerecht teilen“ erfolgt durch verschiedene *Wissensfacetten.* Dazu gehören explizite Formulierungen, wie Definitionen (z.B. von Teiler und Primzahlen) und Anleitungen zur Ermittlung von Teilern. Es gibt auch Konkretisierungen, die Hinweise zum Verteilen geben. Beispiele, wie die Zahl "48" im Vergleich zur Zahl "49," dienen der Abgrenzung und Verdeutlichung. Darüber hinaus spielen Bedeutungen und Verknüpfungen eine Rolle, die durch Darstellungen wie den "Teilerstern" oder Pfeile veranschaulicht werden. Auch Konventionen, wie Vereinbarungen und Bezeichnungen, tragen zur Ergebnissicherung bei. Diese vielfältigen Wissensfacetten ermöglichen eine umfassende Erfassung des Themas in größerer Breite und Tiefe und fördern das Verständnis.

Abbildung 21
Nutzung von Vielfalt am Beispiel der Aufgabe „Schokolade gerecht teilen"

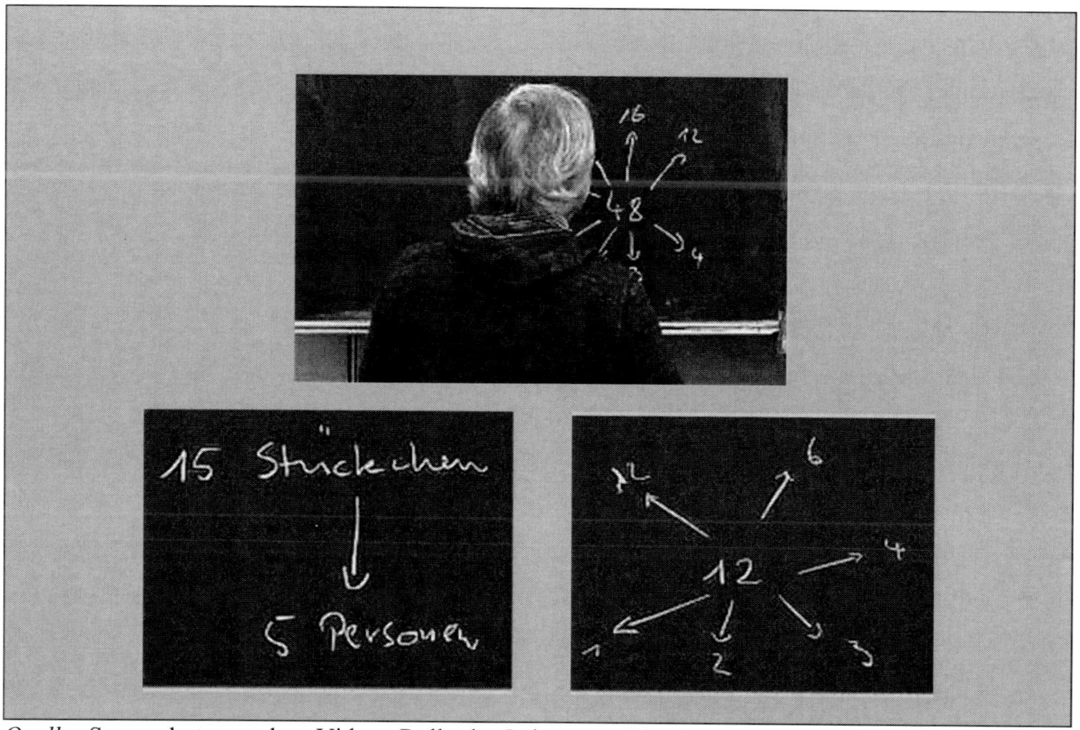

Quelle: Screenshots aus dem Video „Rolle der Lehrperson" im Zusammenhang mit selbstdifferenzierenden Aufgaben, 2. Redesign (2019).

4.5.4 Erstellen von Diagnosen

Um Lernende adaptiv in ihrem individuellen Lernen unterstützen zu können, benötigen Lehrpersonen Diagnosekompetenzen (Leiss, 2007). Sie zählen zu den grundlegenden Qualifikationen von Lehrpersonen und gelten als ein wichtiger Schlüssel, um erfolgreich zu unterrichten (Lorenz & Artelt, 2009; Moser Opitz & Nührenbörger, 2015; Selter et al., 2019; Spinath, 2005). Schrader (2011) definiert Diagnosekompetenzen bzw. diagnostische Kompetenzen als die Fähigkeiten, die zur Bewältigung der Diagnoseaufgaben benötigt werden.

Bezogen auf die Heterogenität der Lernenden gehört nach Trautmann & Wischer (2011) zu diagnostischen Fähigkeiten,

> *(...) dass Lehrende die Vielfalt in ihren Gruppen sensibel wahrnehmen und – bezogen auf die Unterrichtsgestaltung – möglichst genau über die jeweiligen Lernervoraussetzungen informiert sein müssen. Hierzu benötigen sie hohe diagnostische Fähigkeiten, um*

die individuellen Kompetenz- und Bedürfnisprofile als Voraussetzung für Förderentscheidungen einschätzen zu können.

(Trautmann & Wischer, 2011, S. 107)

Das Erstellen von Diagnosen nach der Bearbeitung offener Aufgaben durch Lernende unterstützt die Planung adressatenspezifischer und unterrichtsdidaktischer Maßnahmen (vgl. Aufschnaiter et al., 2015). Erfolgreiche Diagnose erfordert professionelle Kompetenzen, einschließlich fachlichem Wissen, um Lernprobleme zu identifizieren, sowie fachdidaktischem Wissen, um die Voraussetzungen und Vorstellungen der Schüler in Bezug auf den Lernstoff zu verstehen (Beck et al., 2008).

Abbildung 22 zeigt ein Beispiel einer Diagnose zu einer detaillierten Schülerlösung zur Aufgabe „Schokolade gerecht aufteilen" aus dem ersten Videodesign der hier entwickelten und evaluierten Videos (Kommentare der Lehrperson in der Sprechblase). Die im Unterricht gegebene Intervention in Form minimaler und strategischer Hilfen (mittlere Sprechblase) zeigen, dass dem Schüler ein hohes Maß an Selbstständigkeit zugesprochen werden kann. Der erste, konkrete Teil der Aufgabe (*Wie geeignet sind die Anzahl von Stücken in den beiden Bildern?* Anm.: 16er-Tafel und 15er-Tafel. *Findest du eine Tafel, die für 4 und 5 Personen gerecht aufgeteilt werden kann?*) wurde vom Schüler relativ schnell bearbeitet. Der letzte Impuls (Abbildung 22, dritte Sprechblase) ermunterte den Lernenden, noch weiter in die Tiefe zu gehen, um auch den offenen Teil der Aufgabe zu bearbeiten (*Welche Anzahl von Schokoladestückchen wäre deiner Meinung nach für möglichst viele verschiedene Personenanzahlen am besten?*).

Abbildung 22

Diagnosen erstellen am Beispiel von Schülerlösungen

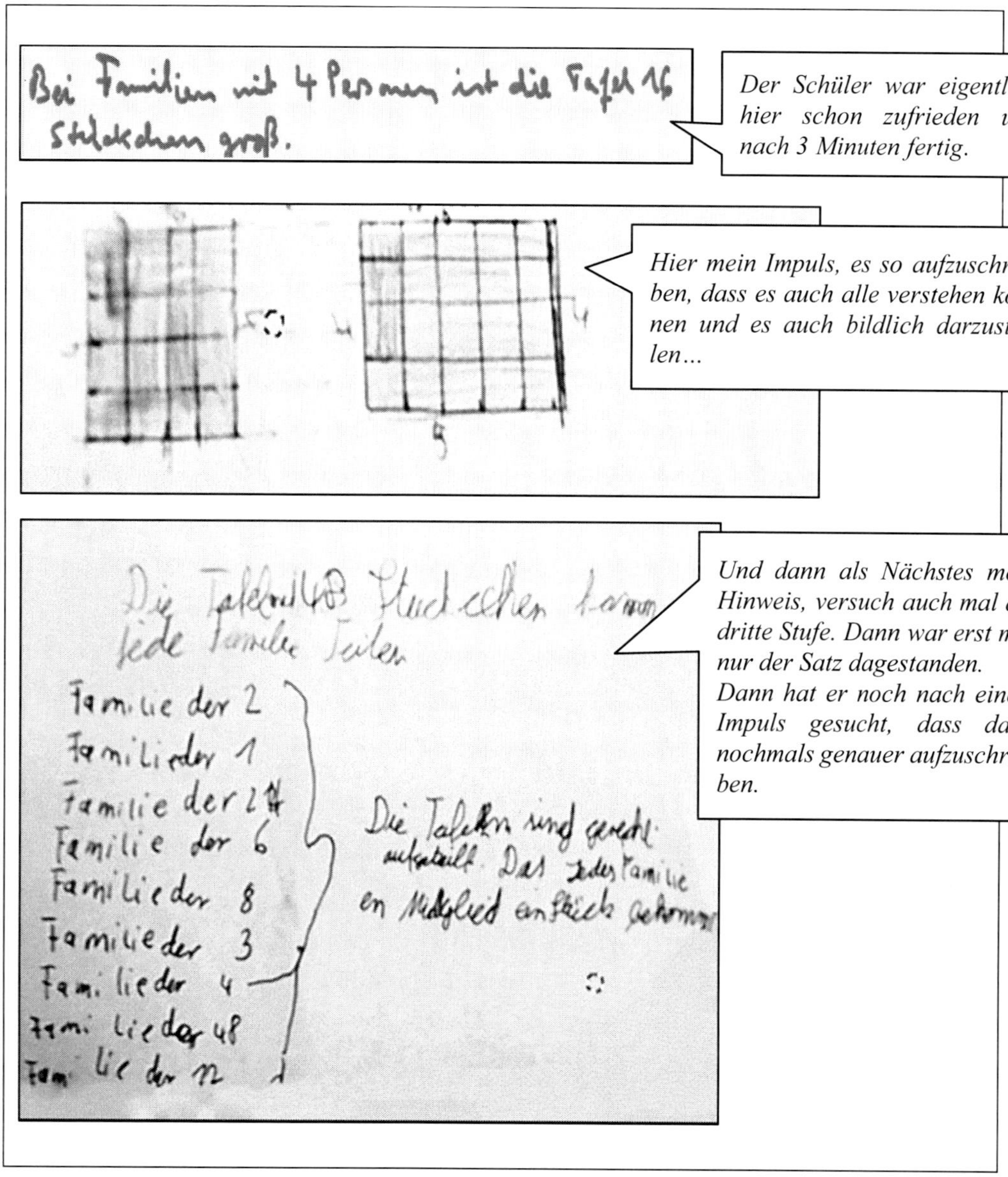

Anmerkung. Screenshot von Schülerdokumenten und Äußerungen einer Lehrperson zur Bearbeitung einer selbstdifferenzierenden Aufgabe (Ausschnitte aus dem Video 4, „Rolle der Lehrperson“.

Quelle: erstes Redesign (2017). Frank Föckler.

Im Folgenden werden verschiedene Möglichkeiten für die Einholung von Rückmeldungen vorgestellt.

Klassenarbeiten

Empirische Analysen verdeutlichen, dass in den Sekundarstufen die Diagnose hauptsächlich durch Klassenarbeiten erfolgt. Jedoch sind viele dieser Tests stark auf technische Fertigkeiten ausgerichtet (Selter & Prediger, 2008). Eine Alternative bieten offene Aufgaben oder Eigenproduktionen, die Einblicke in die individuellen Denkweisen und Strategien der Schülerinnen und Schüler erlauben (vgl. Selter & Spiegel, 1997).

Musterlösungen mit Leitfragen

Beim Einsatz von Arbeitsblättern lassen sich die Prinzipien effektiven Feedbacks realisieren. Hierzu können Lehrkräfte als Ergänzung zu den Arbeitsblättern Musterlösungen erstellen, die den Schülerinnen und Schülern nach dem Lernen zum Vergleich mit der eigenen Lösung zu Verfügung gestellt werden. Für Rückmeldungen können Leitfragen eingesetzt werden, die Lernende bei Verwendung der Musterlösung unterstützen.

Digitale Diagnosewerkzeuge

Auch mit digitalen Diagnosewerkzeugen können Verstehensprozesse der Lernenden diagnostiziert werden. Diese Art des formativen Assessment wird in Deutschland bisher selten eingesetzt, obwohl empirische Studien ihre Wirksamkeit belegen (z. B. Souvignier, 2018). In Form eines Kriterienrasters können Lernende beispielsweise ihre Kompetenzen selbsteinschätzen.

4.6 Umsetzungshinweise im Kontext selbstdifferenzierender Aufgaben

Um die Konstruktion eigener selbstdifferenzierender Aufgaben zu gewährleisten, gibt es eine Reihe von Aspekten, die bei der Planung von differenzierendem Unterricht mit diesem Aufgabentyp zu berücksichtigen sind. Der Einsatz offener Aufgabentypen birgt Chancen, aber auch Risiken. Der sorgfältig geplante Unterricht kann oft an der Realität scheitern. Dies zeigt sich (1) in den unterschiedlichen motivationalen und kognitiven Voraussetzungen der Schülerinnen und Schüler,

(2) an den Einstellungen und Kompetenzen der Lehrperson und (3) an den strukturellen Voraussetzungen am Lernort.

Wie die mehrmalige Erprobung des Einsatzes der selbstdifferenzierenden Beispielaufgabe „Schokolade gerecht aufteilen“ in der sechsten Klassenstufe zeigte, sind (begleitende) Umsetzungshinweise für die Planung und Nutzung einer selbstdifferenzierenden Aufgabe im Rahmen einer Fortbildung/innerhalb der Videos äußerst sinnvoll. Sie dienen als Grundlage für den reflexiven Austausch und regen an zu fruchtbaren Diskussionen über die Machbarkeit und Möglichkeiten der Maßnahmen im Rahmen einer Fortbildung.

Folgende Leitfragen und Aspekte, die für die Übertragung auf den eigenen Unterricht der Lehrpersonen relevant sind, haben sich nach der ersten Erprobung und Pilotierung der Aufgabe „Schokolade gerecht teilen“ auf verschiedenen Ebenen als günstig für das Differenzieren erwiesen:

Ebene „Aufgaben“

Die Lehrperson sollte bei der Auswahl einer Aufgabe deren Differenzierungspotenzial und deren verschiedenen Bearbeitungsmöglichkeiten erkennen können. Vor dem Einsatz einer offenen Aufgabe müssen daher verschiedene didaktische Entscheidungen getroffen werden:

- Für welche *Unterrichtsphase* eignet sich meine Aufgabe? (Kernprozess Erkundung: Entdecken und Erarbeiten, Kernprozess Ordnen: Systematisieren und Sichern, Kernprozess Vertiefen: produktives und kognitiv aktivierendes Üben). Das Differenzen mit offenen Aufgaben versteht sich als Angebot auf der Meso- oder Mikroebene des Adaptierens. Differenzierte Lernangebote können in einer Unterrichtsstunde mit allen Lernenden oder als Aufteilung in (eingeteilte) flexible Lerngruppen zu einem bestimmten Zeitfenster im Verlauf einer Unterrichtsstunde eingeplant werden.
- In welcher *Klassenstufe* soll die Aufgabe zum Einsatz kommen?
- *Zugänglichkeit*: Wie kann ich meine Aufgabe *verständlich* formulieren, *visualisieren* und durch ein *konkretes Beispiel* gestalten? Welche *Begriffe* müssen zuvor geklärt werden?
- *Individuelles Erklären*: Wie kann ich Lernende dazu motivieren, schlüssige Erklärungen zu Papier zu bringen? Schülerinnen und Schüler schreiben in der Regel keine langen Sätze. Diskursive Sprachhandlungen (z. B. Erklären, Beschreiben oder Argumentieren) bedeuten für viele Schülerinnen und Schüler eine große Herausforderung (vgl. z. B. Leuders & Prediger, 2016).

- *Gestufte Impulse*: Wie viele Vorgaben soll ich in der Aufgabe verwenden? Zu viele Vorgaben in der Aufgabenstellung verhindern eine vollständige Offenheit.
- *Dauer* des Einsatzes: Wieviel Zeit nimmt die Bearbeitung der Aufgabe für mich in Anspruch?

Ebene „Unterstützende Materialien"

Schülerinnen und Schüler sollen dazu angeregt werden, begleitende Hilfsmaterialien zur Bearbeitung offener Aufgabenformate nach individuellem Bedarf freiwillig auswählen zu können. Um eine selbstdifferenzierende Aufgabe adäquat bearbeiten zu können, ist es von Vorteil, wenn die Schülerinnen und Schüler bereits mit einigen Strategien und Rechenverfahren vertraut sind. Geeignete unterstützende Materialien helfen bei der Bearbeitung offener Aufgabenformen. Dennoch bedeutet das Bereitstellen von Hilfsmitteln für viele Lehrpersonen eine Herausforderung. Die Organisation von Lernumgebungen, die selbstständiges Lernen initiieren, kann vor allem am Anfang mit einem hohen zeitlichen und materiellen Aufwand verbunden sein. Folgende Fragen helfen, derartige Hürden zu überwinden:

- Welche unterstützenden *Materialien* eignen sich für meine Aufgabe?
- Welcher materielle/zeitliche/organisatorische *Aufwand* durch den Einsatz von unterstützenden Materialien ist mit der Aufgabe verbunden und wie kann ich diesen reduzieren? Sind in meiner Schule Materialien bereits vorhanden?
- Inwiefern wird das Begleitmaterial durch Lernende auch tatsächlich *genutzt*? Welche Hinweise können gegeben werden, so dass die Materialien auch genutzt werden?
- Das Arbeiten mit einem *Problemlöseplan* fällt vielen Schülerinnen und Schülern schwer. In Phase 1 sollte die Aufgabe von den Schülerinnen und Schülern ausführlich analysiert werden, bevor sie Lösungsansätze entwickeln. Das Finden eines Ansatzes (Phase 2) kann relativ lange dauern. Folgende didaktische Fragen können für die Übertragung auf den eigenen Unterricht helfen: Welcher Problemlöseplan passt auf möglichst viele Situationen meiner Schülerinnen und Schüler? Welches sind geeignete problemlösebezogene Fragen in welchem Schritt des Plans? Ein Plan sollte mit identischen Bezeichnungen von Klasse 5 bis 10 angewandt werden (Holzäpfel et al., 2018, S. 125).

Ebene „Schülerinnen und Schüler“

Häufig werden in Bezug auf die Verwendung offener Aufgaben Bedenken geäußert. Dazu zählen die geringe Motivation der Lernenden zur selbstständigen Arbeit und die Unvertrautheit der Schülerinnen und Schüler mit dieser Art der Aufgabenstellung:

> Schülerinnen und Schüler müssen – gerade zu Beginn eines Problemlöseprozesses – oftmals zur Weiterarbeit motiviert werden. Es dürfen also nicht zu früh konkrete Anweisungen zur Problemlösung erfolgen; vielmehr geht es darum, den Arbeitsprozess am Problem immer wieder aufrechtzuerhalten. Gestaltungselemente, die zur Motivation beitragen sind u. a. Strategie-Schlüssel, minimale Hilfen, Kreativitätstechniken.
>
> Holzäpfel et al, 2018, S. 180

Es empfiehlt sich daher, den Umgang mit offenen Aufgaben zuvor zu trainieren. Folgende didaktische Überlegungen sollten deswegen berücksichtigt werden:

- Wie selbstständig und eigenverantwortlich arbeiten meine Schülerinnen und Schüler? Wieweit geht das Engagement für Lernende, die sehr zurückhaltend oder gar verhaltensauffällig sind? Wie gehen inklusive Schülerinnen und Schüler mit selbstdifferenzierenden Aufgaben um? (Gefahr der Überforderung)
- Welches individuelle Bearbeitungstempo weisen meine Lernenden auf und was machen Lernende, die früher fertig sind? (Gefahr von Unterrichtstörungen)
- Wählen meine Schülerinnen und Schüler tatsächlich das für sie günstige Bearbeitungsniveau aus? (Gefahr der Fehleinschätzung)
- Wie hoch ist das Konzentrationsvermögen und die Motivation meiner Schülerinnen und Schüler? (Gefahr der geringe Anstrengungsbereitschaft der Lernenden)
- Welche Kompetenzen bringen meine Schülerinnen und Schüler mit? (Gefahr der fehlenden Strategien zum Problemlösen, Gefahr der Dominanz verfahrensorientierter Arbeitsweisen)
- Welche sprachlichen Voraussetzungen bringen meine Schülerinnen und Schüler mit? (Gefahr der fehlenden Sprachkompetenz, um den Aufgabentext zu verstehen und Lösungswege zu erklären/zu begründen)

Ebene „Lehrperson“

Lernen findet in der Regel in größeren, heterogenen Lerngemeinschaften statt, was Grenzen im Hinblick auf individuelle Zuwendung und Förderung setzt. Aus meiner eigenen Praxiserfahrung heraus zeigte sich, dass es in meiner Rolle als Lehrperson im Umgang mit selbstdifferenzierenden Aufgaben hoher Flexibilität und Klarheit in der Anleitung bedarf. Folgende Leitfragen erweisen sich vor, nach und während des Einsatzes offener, insbesondere selbstdifferenzierender Aufgaben als hilfreich:

- Welche kompetenzorientierte *Lernziele* sollen durch die Aufgabe für (a) alle, für (b) leistungsstarke, für (c) leistungsschwächere Schülerinnen und Schüler erreicht werden? Welche prozessbezogenen und überfachlichen Kompetenzen sollen dadurch angestrebt werden?
- *Hinweise zur Nutzung*: Wie könnte der *Einstieg* ins Thema durchgeführt werden?
- *Zurückhaltung:* Wurde den Lernenden genügend Zeit zur eigenen Auseinandersetzung mit der Aufgabe gegeben? Lehrpersonen fällt es oft schwer, sich zurückzuhalten.
- *Gestufte, minimale Hilfen*: Lehrpersonen neigen leicht dazu, gleich inhaltliche Hilfen zu geben. Diese sollten jedoch möglichst vermieden werden. Der Schülerin oder dem Schüler sollte die Gelegenheit gegeben werden, selbst etwas zu entdecken. Strategische Hilfen und Rückmeldehilfen zum Lösen einer selbstdifferenzierenden Aufgabe sollten stets Vorrang haben. Lernende sollten dazu ermutigt werden, auch alternative Strategien und Zugänge zu probieren (Z. B. „Gibt es noch eine andere Möglichkeit“?). Sie sollten zum Erklären ihrer Vorgehensweisen und Überlegungen aufgefordert werden.
- *Vielfalt nutzen*: Wie kann ich als Lehrperson mit der vorhandenen Vielfalt an Bearbeitungswegen und Lösungen konkret umgehen? Wie können die unterschiedlichen Ergebnisse am besten zusammengefasst und dokumentiert werden?

  Die Lehrperson sollte Strategien und Vorgehensweisen nicht zu früh demonstrieren, sonst könnten eigene Problemlöseprozesse der Schülerinnen und Schüler verhindert werden.

  Folgende Aneignungshandlungen helfen in Anlehnung an Prediger et al. (2011) in Sicherungsphasen, das Gelernte systematisch zu strukturieren und zu festigen:

  - Explizite Formulierungen (Definitionen, Anleitungen): *Wie könnte man das allgemein aufschreiben? Ergänzt die Formulierung von Pia so, dass sie stimmt!*

- Konkretisierungen und Abgrenzungen (Beispiele und Gegenbeispiele, Spezialfälle) *Was meinst ihr zur Vorgehensweise von Thomas?*
- Vernetzungen (Vorstellungen und Darstellungsweisen, Begründungen): *Welches der Strategien, die ihr gesehen habt, ist für euch am Verständlichsten? Warum?*
  Was bedeutet das Ergebnis konkret?
  Stimmt das so? Wie hängt das alles miteinander zusammen?

- *Diagnosen erstellen*: Welche *Voraussetzungen* bringen meine Lernenden mit? Wie kann man die Ergebnisse auswerten bzw. bewerten?

  Es ist entscheidend, die Vorkenntnisse der Schüler zu ermitteln und deren Ergebnisse einzuschätzen, um sicherzustellen, dass die richtigen Lehrmethoden angewendet werden und die individuellen Bedürfnisse der Schüler berücksichtigt werden. Die Gefahr einer fehlenden oder ungenauen Diagnose der vorhandenen Kompetenzen des Lernenden besteht.

4.7 Zusammenfassung

Für die didaktische Planung von Fortbildungsgegenständen ist eine klare Strukturierung und Spezifizierung der Inhalte von hoher Relevanz. Das Thema der Differenzierung als Gegenstand von Fortbildungen ist aufgrund der großen Heterogenität der Schülerschaft notwendig und erwünscht. Diese Fortbildungsinhalt kann in verschiedene Bereiche unterteilt werden, darunter *Entscheidungsfelder, Differenzierungsebenen, Blickwinkel auf den Unterricht und differenzierende Aufgabenmerkmale.*
Eine Differenzierungsstrategie, die die Heterogenität der Lernenden berücksichtigt, stellt der Einsatz selbstdifferenzierender Aufgaben dar. Dabei werden die Schülerinnen und Schüler auf verschiedenen Niveaus unterstützt. Dies kann kleinschrittig auf Lehrer- , Material- und Aufgabenebene geschehen. Der Erwerb von (1) Kenntnissen bezüglich Merkmalen und Konstruktionsprinzipien selbstdifferenzierender Aufgaben, (2) von geeigneten unterstützenden Hilfsmaterialien sowie (3) das Wissen über Interventionen in Form gestufter, minimaler Impulse in der Rolle als Lehrperson sind wichtige Grundlagen bei der Planung differenzierenden Mathematikunterrichts.

Differenzierungsstrategien bieten sowohl Chancen als auch Herausforderungen. Die Wirksamkeit hängt von schulischen Strukturen, individuellen Faktoren und organisatorischen Gegebenheiten ab. Daher ist es entscheidend, in Fortbildungen realistische Impulse zu vermitteln und auf die vielfältigen Herausforderungen hinzuweisen.

Bei der Spezifizierung und Strukturierung von Inhalten für eine Fortbildung sollten Theorie und Praxis durch eine systematische Verbindung sinnvoll aufeinander abgestimmt werden. Wie dies geschehen kann, wird im nächsten Kapitel erläutert.

5. Modelle und Vorstellungen über die Theorie-Praxis-Verbindung

Welche Modelle und Vorstellungen liegen der Verbindung von Theorie und Praxis zugrunde?

Eine der Voraussetzungen für den Aufbau und die Veränderung des praxisbezogenen Wissens ist die Vernetzung von Theorie und Praxis (z. B. Landert, 1999). Im Mittelpunkt der Forschung steht dabei das Ziel, "Lehrpersonen zu befähigen, ihr Theoriewissen für die Analyse und Gestaltung des Berufsfeldes nutzbar zu machen" (Wissenschaftsrat, 2001). Gerade für die Fortbildung im Lehrberuf erscheint daher die Forderung nach einer effektiven Verbindung von Theorie und Praxis äußerst notwendig und plausibel.

In diesem Kapital geht es zunächst darum, wie Theorie und Praxis definiert werden (Kapitel 5.1 und 5.2), wie sie im Verhältnis zueinander stehen (Kapitel 5.3) und welche Theorie-Praxis-Problematiken existieren (Kapitel 5.4).
Ein von Cochran-Smith & Lytle entwickeltes Konzept, das sich beim Erwerb berufsspezifischen Wissens an Theorie- und Praxisbezügen orientiert, wird in Kapitel 5.5 beschrieben.

5.1 Der Begriff der Theorie

Der Versuch einer Begriffs- und Verhältnisbestimmung von Theorie und Praxis findet sich bereits in der antiken Philosophie (Cramer, 2014, S. 345).
In der Lehrkräftebildung wird "Theorie" oft als wissenschaftliches Wissen verstanden (vgl. Cramer, 2014; Patry, 2014). Theorien liefern grundlegendes Wissen in Form von Reflexion- und Gestaltungswissen zur Planun, Durchführung, Analyse und Bewertung von Erziehungs- und Bildungsprozessen genutzt werden kann (Herzig & Wiethoff, 2019, S. 8). Professionswissen ist ein Teilbereich der professionellen Kompetenz von Lehrpersonen. Basierend auf Shulman (1986) lassen sich drei Hauptbereiche des Professionswissens im Kontext der fachdidaktischen Forschung identifizieren:

(1) Allgemein pädagogisches Wissen (general pedagogical knowledge),
(2) Fachwissen (subject matter content knowledge),
(3) Fachdidaktisches Wissen (pedagogical content knowledge).

Diese Arten von Professionswissen werden in Kapitel 7.3.2 ausführlicher erläutert.

5.2 Der Begriff der Praxis

Praxis bezieht sich auf das Handeln und die Erfahrungen in konkreten Situationen (Cramer, 2014; Herzig & Wiethoff, 2019). Praxiswissen und Theoriewissens beeinflussen sich gegenseitig. So finden sich vielfach Hinweise darauf, dass Wahrnehmungs- und Denkgewohnheiten, Überzeugungen und Einstellungen, d. h. sogenannte *teacher beliefs* (Baumert & Kunter, 2006; 2011), Wissen und dadurch Handeln beeinflussen können (Neuweg, 2013).
Während die Theorie in der Regel generalisierende Annahmen über die Realität abbildet, ist die Unterrichtspraxis aufgrund ihrer Situationsabhängigkeit und Unvorhersehbarkeit der Handlungen aller Beteiligten weitaus komplexer (vgl. Niggli, 2005).

5.3 Modelle und Thesen zur Theorie-Praxis-Relation

In der Literatur existieren verschiedene Vorstellungen und Modelle zur Beziehung zwischen Theorie und Praxis (Heid, 2015; Neuweg, 2004; Villiger, 2015). Begriffe wie "Verknüpfung", "Vernetzung", "Verzahnung", "Verbindung", "Integration" oder "Relationierung" werden verwendet, um die Beziehung zwischen diesen Dimensionen zu beschreiben und eine Verbindung herzustellen.
Uneinigkeit besteht darüber, *wie* Theorie und Praxis in berufsspezifischen Professionalisierungskontexten zueinander im Verhältnis stehen oder *inwiefern* eine Kluft besteht und überwunden werden muss. Häufig wird dieses Verhältnis als dual oder spannungsreich betrachtet. Diese Sichtweise impliziert die Annahme, dass Theorie und Praxis getrennt sind und es einer Vermittlung bedarf, um die fehlende systematischen Vernetzung, oft als Kluft, Differenz, Dichotomie oder Lücke beschrieben, zu überbrücken. Unklar ist für Stadelmann (2006), ob das Verhältnis der beiden Begriffe als *Differenz* zu verstehen ist oder ob *Integration* bzw. Vermittlung der beiden möglich sei. In der Literatur werden integrative Modelle und Differenzmodelle zur Erklärung dieser Beziehungen zwischen Theorie und Praxis unterschieden (vgl. Neuweg, 2011a).

Integrationsthese

Die *Integrationsthese* nimmt an, dass es grundsätzlich möglich ist, Theorie und Praxis in Einklang zu bringen. Vertreter dieser Auffassung postulieren daher Professionalität als Kongruenz von Wissen und Können. Dieser These zufolge handelt eine Lehrperson entsprechend ihres Wissens und kann ihr Tun auch begründen. Das bedeutet, dass praktische Fähigkeiten auf vorhandenem Wissen aufbauen.

Differenzthese

Die Differenzthese betont kategoriale Unterschiede zwischen Theorie und Praxis. Sie argumentiert, dass Können nicht allein auf Wissen beruht, sondern von vielen Faktoren wie Erfahrungen, Persönlichkeit und institutionellen Rahmenbedingungen abhängt. Die Differenzthese geht daher von der Annahme aus, dass Theorie und Praxis zwei unterschiedlichen Kategorien angehören, die nicht unmittelbar aufeinander bezogen werden können, deren Wissensformen jedoch eigene Daseinsberechtigungen aufweisen (Neuweg, 2004).
Schneider und Cramer beschreiben den Zusammenhang dieser beiden Kategorien wie folgt:

> Die Wissensformen werden also nicht ‚aufgeweicht' oder partialisiert. Sie bleiben in ihrer spezifischen Rationalität erhalten und konstituieren zwei Blickwinkel auf denselben Gegenstand. Theorie und Praxis (z.B. durch Lehramtsstudierende) in Austausch zu bringen, wird so zu einem eigenständigen Ereignis, in dem sich die jeweiligen Rekonstruktionen des Gegenstands paritätisch austauschen. Auf dieser dritten Ebene können Relationen durch Kontrastierung und gegenseitige Auszeichnung (z. B. Beschreibung des Gegenstands aus der jeweiligen Perspektive) zwischen den beiden Wissensformen hergestellt werden, ohne dabei die Rationalitäten (z.B. Begrifflichkeiten, Geltungsansprüche) der jeweiligen Wissensformen zu brechen.
>
> Schneider und Cramer, 2020, S. 24-25

Bezüglich der Relation von Theorie und Praxis lassen sich drei zentrale Konzepte unterscheiden: Transfer-, Transformations- und Relationierungskonzepte (Schneider, 2016; Dewe et al., 1992), die entweder der Integrations- oder die Differenzthese (Neuweg, 2011) zugeordnet werden können (vgl. Tabelle 2).

Transferkonzepte

In *Transferkonzepten* bleibt die Unterschiedlichkeit von wissenschaftlich generiertem Wissen und praktischem Handeln unbeachtet, infolgedessen ist eine direkte Anwendung von Theorie in der Praxis im Prinzip möglich (Schön, 1983). Partielles wissenschaftliches Wissen wird dementsprechend auf Praxissituationen übertragen, um die Praxis dem höheren Rationalitätsniveau des wissenschaftlichen Wissens anzunähern.

Transformationskonzepte

Transformationskonzepte akzeptieren die differentielle Struktur von Wissenschafts- und Handlungswissen, sind aber dennoch den Integrationsthesen zuzuordnen. In diesen Konzepten wird davon ausgegangen, dass wissenschaftliches Wissen oder praktisches Handlungswissen beispielsweise durch Prozeduralisierung (Bromme, 1992) oder Anreicherung (Groeben et al., 1988) ineinander überführt oder integriert werden kann.

Relationierungskonzepte

Relationierungskonzepte stellen wissenschaftliches Wissen und Handlungswissen nebeneinander (Neuweg, 2011). Wegen der Kontrastierung von Theorie und Praxis in zwei unterschiedliche Kategorien werden sie der Differenzthese zugeordnet (Einordnung siehe Tabelle 4: dritte Spalte, letzte Zeile). Die beiden Kategorien können in ihrer Relation zueinander aus unterschiedlicher Perspektive beschrieben werden und lassen daher zwei Blickwinkel auf denselben Gegenstand zu.

Tabelle 4

Zusammenhänge von Thesen und Konzepten bei Theorie-Praxis-Relationen

Konzepte	**Integrationsthese**	**Differenzthese**
Transferkonzepte	x	-
Transformationskonzepte	x	-
Relationierungskonzepte	-	x

Quelle: eigene Darstellung

5.4 Die Theorie-Praxis-Problematiken

Die Frage nach dem Verhältnis von Theorie und Praxis stellt die Professionsforschung und die Lehrkräftebildung seit ihrer Existenz vor scheinbar unauflösbare Herausforderungen (Broekkamp & van Hout-Wolters, 2007). Die Vorstellungen zum Theorie-Praxis-Verhältnis sind vielfältig, höchst unterschiedlich und ungeklärt. In öffentlichen Debatten und bildungspolitischen Diskursen wird die Verbindung von Theorie und Praxis oft als problematisch angesehen (z. B. Gehlen et al., 2019; Leonhard et al., 2016). Diese Problematik wird besonders in der Lehrerfortbildung deutlich, und sie manifestiert sich in drei Hauptbereichen:

1. **Unausgewogenes Verhältnis:** Es besteht ein Ungleichgewicht zwischen Theorie und Praxis (siehe Abbildung 23, Illustration 1).
2. **Fehlende Verbindung:** Die Verbindung zwischen Theorie und Praxis fehlt oft (siehe Abbildung 23, Illustration 2).
3. **Unsystematische Verzahnung:** Die Integration von Theorie und Praxis ist unsystematisch (siehe Abbildung 23, Illustration 3).

Diese drei Problembereiche werden im Folgenden genauer erläutert.

Abbildung 23

Illustration der verschiedenen Facetten der Theorie-Praxis-Problematik

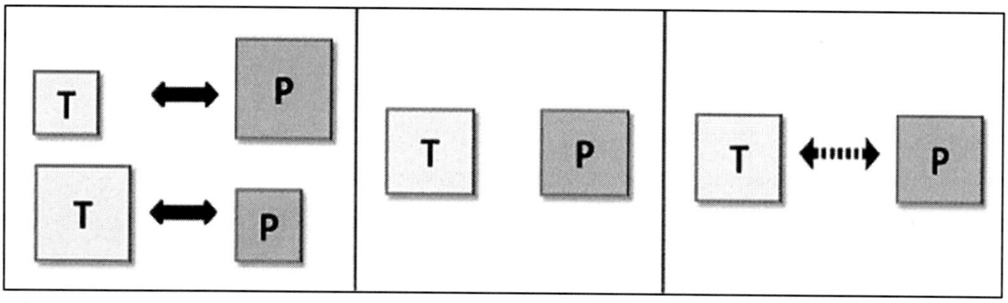

Anmerkung. T = Theorie, P = Praxis.
Quelle: eigene Darstellung

5.4.1 Unausgewogenes Verhältnis der Theorie-Praxis-Verbindung

In der Gestaltung von Fortbildungen und der Entwicklung fachdidaktischer Erklärvideos spielt die Verbindung von Theorie und Praxis eine zentrale Rolle. Eine Theorie-Praxis-Verbindung kann zwar bestehen, allerdings wird oft bemängelt, dass innerhalb dieser Verknüpfung Bezüge zwischen Theorie und Praxis in einem unausgewogenen Verhältnis zueinander stehen (siehe Abbildung 23, erstes Grafik).
Die Ausgewogenheit von Theorie und Praxis wird von verschiedenen Faktoren beeinflusst, einschließlich der Abstimmung zwischen Bildungseinrichtungen und der Art und Weise, wie die Theorie in Fortbildungen didaktisch-methodisch integriert wird.

5.4.2 Fehlende Verbindung von Theorie und Praxis

Nach wie vor gibt es in der Lehrerbildung eine häufig bekundete, fehlende Theorie-Praxis-Verbindung, oft als *Theorie-Praxis-Lücke* bezeichnet (vgl. Mandl & Gerstenmaier; 2000, Wahl 1991; Mutzeck, 1988, siehe Abbildung 23, zweite Grafik). Hierbei stehen theoretisches Wissen und praktische Anwendungsaspekte oft konträr zueinander. Dieses Dilemma zeigt sich darin, dass erworbenes Wissen häufig nicht in die Praxis umgesetzt wird (vgl. Wahl, 1991; Mutzeck, 1988; Mandl & Gerstenmaier, 2000).
Forschungsergebnissen zur Lehrkräftefortbildung zeigen, dass vorwiegend unterrichtspraktische Angebote gefragt sind (z.B. Fried, 1998). Viele Lehrpersonen sind der Meinung, dass theoretisches pädagogisches Wissen weniger relevant ist und praktisches Wissen ausreicht (Dubs, 2008, S. 12). Eine wissenschaftlich fundierte Basis ist aber Voraussetzung, um die selbst erworbenen praktischen Fähigkeiten zu reflektieren (vgl. Shulman, 1986). Es besteht ein positiver Zusammenhang zwischen pädagogischem Wissen und Unterrichtserfolg (Ashton & Crocker, 1986; Guyton & Farokhi, 1987). Gleichzeitig kann eine erfolgreiche Praxis nicht allein auf Wissen gestützt werden (vgl. Tenorth, 2006).

5.4.3 Unsystematische Verzahnung der Theorie-Praxis-Verbindung

Die Verbindung von Theorie und Praxis kann in einem ausgewogenen Verhältnis zueinander stehen, allerdings kann sie unsystematischen verzahnt sein (siehe Abbildung 23, dritte Grafik). Beispielsweise können vielfach divergierende Interessen unterschiedlicher Institutionen und Personengruppen aufeinander stoßen (Terhart 2000, S.11). Dies kann sich in ineffektiven strukturellen, kooperativen und inhaltlichen Maßnahmen durch die verschiedenen Akteure aus den Theorie- und Praxisbereichen des Bildungssystems zeigen. Zum Beispiel fällt es Lehrenden nicht immer leicht, Theorie und Praxis miteinander zu verknüpfen. Dies kann dazu führen, dass Auszubildende die Bedeutung der Theorie nicht verstehen und sie nicht in der realen Unterrichtssituation anwenden können (vgl. Tarone & Allwright, 2005; Bohl/Dörr/Müller, 2009). Ein Transfer von Wissen in die Praxis ist daher schwierig (vgl. Dewe/Ferchhoff/Radtke, 1992; Kolbe, 2004).

Der Einsatz von regelmäßigen, gut strukturierten *Videokonferenzsystemen* (wie Skype, Zoom oder Big Blue Button) kann eine systematische Verzahnung von Theorie und Praxis durch Beteiligte unterschiedlicher Institutionen ermöglichen. In Fortbildungsvideos kann dies durch die Integration praxisbezogener Elemente und die Ableitung theoretischen Wissens aus diesen Elementen erreicht werden.

5.5 Theorie-Praxis-Verbindung nach Cochran-Smith & Lytle

Ein didaktisches Modell, das verschiedene Sichtweisen auf das professionelle Wissen und auf das Verhältnis von Theorie und Praxis im Zusammenhang mit dem Erwerb von Wissen beschreibt, findet sich bei Cochran-Smith & Lytle (1999). Dieses Modell unterscheidet zwischen "knowledge-for-practice", "knowledge-in-practice" und "knowledge-of-practice". In der Wissenschaft werden diese Sichtweisen verschieden interpretiert. Messner & Reusser (2000) verwenden beispielsweise die Bezeichnungen "Wissen ÜBER die Praxis", "Wissen IN bzw. AUS der Praxis" und "Wissen FÜR die Praxis".
Die Gestaltung der Videos orientiert sich besonders an der Sichtweise des "knowledge-of-practice", was sich in der Aufteilung der Videos in theoretische und praktische Wissensperspektiven widerspiegelt. Diese Perspektiven werden in den folgenden Abschnitten näher erläutert und durch Interpretationen von Messner & Reusser (2000) sowie Leuders et al. (2018) ergänzt.

5.5.1 Knowledge-for-practice

Cochran-Smith & Lytle verstehen unter *knowledge-for-practice* "the knowledge teachers need to teach well is produced primarily by university-based researchers and scholars in various disciplines. This includes subject matter knowledge, educational theories, and conceptual frameworks, as well as state-of-the-art strategies and effective practices for teaching a variety of content areas." (Cochran-Smith & Lytle, 1999, S. 254) .
Diese Form des Wissens kann demnach als *theoriegeleitetes* Handlungswissen für die Unterrichtspraxis aufgefasst werden: „Here, knowledge for teaching consists primarily of what is commonly called „formal knowledge", or the general theories and research-based findings (…)." (Cochran-Smith & Lytle, 1999, S. 254).
Messner & Reusser ordnen diese Sichtweise dem *„Wissen ÜBER die Praxis"* zu und verstehen darunter „ explizit erworbenes (wissenschaftliches) Wissen aus externen Quellen als Basis für professionelles Handeln bzw. „berufliches Handeln (...) als Anwendung von Wissen" (Messner & Reusser 2000, S. 283). Die beiden Autoren verweisen auf Grenzen dieser Form des Wissens:

> „Dort, wo akademisch vermitteltes theoretisches Wissen, welches meist die Form allgemeinen und situationsunabhängigen Regelwissens aufweist, sich sehr häufig als 'träges Wissen' erweist, welches in der Praxis bzw. beim Handeln unter Druck (vgl. Wahl, 1991) nur selten spontan umgesetzt wird."
>
> Messner & Reusser, 2000, S. 282

Darling-Hammond und Bransford beschreiben diese Form des berufsspezifischen Wissens als "Theory in practice, or the kind of knowledge teachers may need to rely upon in developing their practice." (Darling-Hammond & Bransford, 2005).

Radtke (1996) betont die Bedeutung eines fundierten praktischen Erfahrungswissens, um theoretisches Wissen mehrperspektivisch in die Unterrichtspraxis einzubinden und regt an die Lehrerfortbildung als den entscheidenden Ort für die Auseinandersetzung mit wissenschaftlichen Erkenntnissen zu betrachten. Hier könne das spezifische Wesen wissenschaftlichen Wissens als Reflexions- und Deutungswissen besonders zur Geltung kommen.

In Fortbildungskontexten treffen Fachleute aufeinander, und im Gegensatz zur Grundausbildung besteht hier nicht die Gefahr, dass Wissenschaftler Probleme stellvertretend lösen. Stattdessen bietet sich die Möglichkeit, Probleme aus verschiedenen Perspektiven zu betrachten und alternative Lösungsansätze zu entwickeln:

> „Die Differenz zwischen wissenschaftlicher Theorie und der Theorie der Praxis wird fruchtbar gemacht. Der Wissenschaftler stellt in diesem Prozess eine aus der Malerei bekannte ‚kubistische Verfremdung' der Wirklichkeit her, d.h. er versucht, einen Gegenstand gleichzeitig aus mehreren Perspektiven zu beschreiben, also eine analytische Realität sui generis zu konstruieren."
>
> Radtke, 1996, S.250

Der in diesem Buch vorgestellte Fortbildungsbaustein nutzt wissenschaftliches Wissen, um Lehrpersonen Differenzierungsmaßnahmen im Unterricht näherzubringen und anwendbare Kenntnisse zu vermitteln. Dieser Baustein basiert auf der Annahme, dass Forschungsergebnisse aus dem wissenschaftlichen Diskurs zur Entwicklung und Umsetzung von Differenzierungsstrategien im Unterricht genutzt werden können. Lehrer sollen dieses Wissen erwerben und in ihrer Unterrichtspraxis anwenden.

5.5.2 Knowledge-in-practice

Messner & Reusser (2000) interpretieren *knowledge-in-practice* als „Wis*sen IN bzw. AUS der Praxis"*. Dieses Wissen wird durch Erfahrungen in der Praxis und durch überlegtes und abwägendes Nachdenken über Erfahrung erworben. Lehrpersonen lernen, wenn sie die Gelegenheit bekommen, das Wissen, das in einer guten Praxis implizit enthalten ist, zu untersuchen und zu reflektieren (Cochran-Smith & Lytle, 1999, S. 263).

Messer und Reusser sprechen von „praktisch gewordenem pädagogischem Handlungswissen“ (Messner & Reusser, 2000, S. 282):

> „Aus einer zweiten Perspektive, dem Modell des "Wissens IN der Praxis" spiegelt sich das professionelle Wissen kompetenter Lehrpersonen in ihren Entscheidungen und Urteilen, in ihren Überlegungen und Begründungen des unterrichtlichen Handeln, in ihren Fragestellungen und Wahrnehmungen zum Unterrichtsverlauf, kurz: in ihrem praktisch gewordenen pädagogischen Handlungswissen.”
>
> Messner & Reusser, 2000, S. 282

Berufswissen kann entsprechend dieser Vorstellung zufolge durch Nachahmung der Handlungsweisen erfahrener Lehrpersonen und die eigenen Praxiserfahrung entwickelt werden.
Knowledge-in-practice, wie von Holzäpfel et al. beschrieben, umfasst die konkreten Handlungsoptionen für Unterricht/Fortbildung, z. B. konkrete Aufgaben oder Aktivitäten, sowie Erfahrungswissen zu ihrem Einsatz („gute Beispiele“) (Holzäpfel et al., 2018, S. 257). In diesem Zusammenhang erfolgt die Professionalisierung hauptsächlich durch die gezielte Optimierung von Lehr-Lernsituationen seitens der Lehrenden und Lernenden. Die knowledge-in-practice-Form liefert den Teilnehmern von Fortbildungsmaßnahmen neue Impulse für ihre eigene Praxis und ermöglicht es ihnen, diese anhand ihrer eigenen Erfahrungen zu reflektieren.

5.5.3 Knowledge-of-practice

Cochran-Smith & Lytle verbinden mit dem Ausdruck knowledge-of-practice folgende Vorstellung von Wissen:

> *“(...)* the knowledge teachers need to teach well emanates from systematic inquiries about teaching, learners and learning, curriculum, schools and schooling. This knowledge is constructed collectively within local and broader communities.”
>
> Cochran-Smith & Lytle, 1999, S. 279

Ihnen zufolge wird im *gemeinsamen Diskurs* zwischen Experten und Praktizierenden im Beruf (*Inquiry of Knowledge*) Wissen kooperativ konstruiert (vgl. Cochran-Smith & Lytle, 1999).

Diese Form des Wissens wird nach Leuders et al. (2018) als Schnittmenge aus zwei Perspektiven gleichermaßen (re-)konstruiert - einerseits unter Einbezug von Theoriewissen durch wissenschaftliche Expertise und andererseits anhand des Erfahrungswissens aus der Praxis, das durch Erfahrungsberichte und Dokumente sichtbar wird (vgl. Leuders/Schmaltz/Erens, 2018, S. 291).

Messner und Reusser (2000) übersetzen „knowledge-of-practice" mit „Wissen FÜR die Praxis". Diese Wissensform schafft ihnen zufolge einen „Rahmen zum Verständnis des eigenen beruflichen Handelns und seiner Einordnung in größere Zusammenhänge" (Messner und Reusser 2000, S. 283). Sie beschreiben diese Form des Wissens bzw. des Wissenserwerbs wie folgt:

> „Die dritte Konzeption des beruflichen Wissens, die hier als *Wissen FÜR die Praxis" bzw. FÜR beruflich Handelnde und Problemlöserinnen und Problemlöser* bezeichnet wird, zielt auf eine Integration der beiden ersten Formen. (...) Ein Theorie- und Praxiselemente, Regel- und Situationsbezüge, allgemeine Form und spezifische Kontextbedingungen gleichermaßen integrierendes professionelles Wissen bildet nicht nur die Basis für ein situativ flexibles berufliches Handeln, sondern auch den Rahmen zum Verständnis des eigenen beruflichen Handelns und seiner Einordnung in größere Zusammenhänge. Lehrpersonen erweitern und verändern ihr praxiswirksames Wissen im Verlaufe der Berufstätigkeit durch eigenes Nachdenken, durch reflexive Praxis. Dazu gehört die permanente Korrektur und Evaluation des eigenen Handelns in konkreten Situationen ebenso wie der Austausch mit Berufspartnern (Fremderfahrungen) und die Auseinandersetzung mit Forschungsergebnissen und theoretischen Positionen. Mit Bezug auf die theoretische Bildung von Lehrpersonen geht es dabei weniger um den Erwerb von Theorien als um den Habitus der Reflexion, der durch die Auseinandersetzung mit Begriffen und theoretischen Standpunkten erworben und gefestigt werden soll."
>
> Messner & Reusser, ebda

Altrichter (2011) betont die Notwendigkeit einer umfassenden Auseinandersetzung mit innovativem Wissen in der Lehrerfortbildung. Dies sollte zu einem Ort für bildungspolitische und pädagogische Diskussionen sowie zum Treffpunkt für alle am Schulleben Interessierten werden (Altrichter, 2011, S.,21).

Nach Leuders et al. geht dieses Grundmodell davon aus, „dass wissenschaftliches Wissen für die Praxis durchaus relevant ist, aber dass es, um handlungsrelevant zu werden, von Lehrkräften erst rekonstruiert werden muss, indem eigene Praktiken reflektiert und abstrahiert werden“ (Leuders/Schmaltz/Erens, 2018, S. 291). Der knowledge-of-practice-Ansatz verknüpft praktisches Handlungswissen mit theoretischem Wissen. In einer Fortbildung fungieren die Inhalte als Grundlage für Diskussionen zwischen Lehrpersonen und Experten. Dabei geht es um die Analyse und Reflexion von zwei Schlüsselaspekten:

1. Das praxisorientierte Erfahrungswissen der Lehrpersonen, das während der Fortbildung thematisiert wird.
2. Das fachbezogene, theoriegeleitete Wissen, das ebenfalls zur Diskussion steht.

Dieser Ansatz fördert den Austausch zwischen praktischem und theoretischem Wissen und ermöglicht eine vertiefte Reflexion der Lehrpraxis.

Für Holzäpfel et al. umfasst knowledge-of-practice „Kategorien, die das didaktische Handeln strukturieren können, die aus der gemeinschaftlichen Reflektion des eigenen Handelns erwachsen (Holzäpfel et al., 2018, S. 257).
Messner & Reusser bezeichnen die Entwicklung von Berufswissen nach diesem Modell als lebenslangen Prozess:

> „Das Berufswissen muss sich nach diesem Modell des Lernens immer wieder einerseits der Bewährung in praktischen Situationen umerziehen, andererseits erfährt es durch die an Begriffen und Theorien orientierte Reflektion über die Ziele und ablaufende Prozesse des Lehrens und Lernens die Impulse zu einer lebenslange Weiterentwicklung.“
>
> Messner & Reusser, 2000, S. 284

Diese Form des Wissens entwickelt sich durch die Kooperation verschiedener Institutionen, realisiert in professionellen Lerngemeinschaften, lokalen Schulentwicklungsprojekten oder sozialen Netzwerken (z. B. Austausch zwischen Lehrkräften einer Schule, Zusammenarbeit verschiedener Schulen oder von Schulen mit Hochschulen). Experten der Fachdidaktik bieten strukturierte Anleitungen für die systematische Wahrnehmung, Analyse und kritische Reflexion von Fortbildungsgegenständen. Dies umfasst die Einschätzung von theoretischen und praktischen Aspekten, unterstützt durch Selbstberichte der Teilnehmer aus ihrer eigenen Unterrichtspraxis. Im diskursiven Austausch über erwartete Wirkungen, Annahmen, Chancen und Hürden der Aufgaben, Methoden und Lernformen wird so der tatsächlich gelebte, authentische Praxisalltag der Teilnehmenden gespiegelt. Lehrmethoden und -materialien werden kritisch beleuchtet und weiterentwickelt.

Im fachdidaktischen Entwicklungs- und Forschungsprojekt KOSIMA werden die Schritte zur Entwicklung, Forschung von Lernarrangements, Fortbildung und Auswertung eng miteinander verknüpft. Dies erfordert eine enge Zusammenarbeit zwischen Hochschulen, Schulen, Schulbuchverlagen, Lehrpersonen und Multiplikatoren.

5.6 Zusammenfassung

Die Verbindung von Theorie und Praxis ist problematisch. Oftmals fehlt eine ausgewogene Verbindung oder sie wird nicht systematisch hergestellt. Zahlreiche Autoren haben versucht, dieses Problem näher zu untersuchen und Ansätze zur Konstruktion und Weiterentwicklung von theorie- und praxisbezogenem Wissen entwickelt.

Ein konstruktiver Ansatz wurde von Cochran-Smith und Lytle (1999) vorgeschlagen. Sie differenzieren zwischen verschiedenen Formen des Wissens: "knowledge-in-practice" (praktisches Wissen über Lehren und Lernen), "knowledge-for-practice" (theoretisches Wissen über Lehren und Lernen) und "knowledge-of-practice" (praktisches und theoretisches Wissen über lehren und Lernen).

Die Anwendung dieser Wissensformen auf die Fortbildung von Lehrern kann in verschiedenen Bereichen erfolgen. Tabelle 5 bietet einen Überblick über die Wissensarten nach Cochran-Smith und Lytle (1999) und deren potenzielle Anwendung in Lehrerfortbildungen. Dies ermöglicht eine gezieltere und effektivere Verknüpfung von Theorie und Praxis in der Fortbildung von Lehrkräften.

Tabelle 5

Überblick über Merkmale der verschiedenen Wissensformen und Möglichkeiten der Übertragung auf Fortbildungen

	Knowledge-for-practice	Knowledge-in-practice	Knowledge-of-practice
Wissensform	Theoretisches Wissen über Lehren und Lernen	Praktisches Wissen über Lehren und Lernen	Theoretisches und praktisches Wissen über Lehren und Lernen
Wissens-konstruktion	Einbezug wissenschaftlich fundierter Theorien	Einbezug von Wissen aus reflektierter Praxiserfahrung	Einbezug von wissenschaftlich fundierten Theorien und Wissen aus reflektierter Praxiserfahrung
Akteure der Wissens-konstruktion	Externe Experten	Personen aus dem (eigenen) Praxisfeld	Externe Experten, und Personen aus dem (eigenen) Praxisfeld
Realisierung in Fortbildungen	Hochschulvorlesungen, Wissenschaftliche Vorträge	Lerngemeinschaften von Lehrpersonen, Mentoring, reflective practitioner (Schön, 1987), Selbstberichte aus der eigenen Praxis	Fortbildungsangebote durch Multiplikatoren und externe Experten (z. B. KOSIMA) Analyse und Reflexion der Passung von theorie- und praxisbezogenen Wissensaspekten zur eigenen Praxis

Quelle: Eigene Darstellung

Wie Konzepte der Theorie-Praxis-Verbindung auf verschiedenen Professionalisierungsebenen realisiert werden, wird im nächsten Kapitel beschrieben.

6 Theorie-Praxis-Verbindung im Kontext der Professionalisierung von Lehrpersonen

Wie kann eine systematische Verbindung von Theorie und Praxis in Fortbildungen ermöglicht werden und wie kann dies mit Hilfe von Lernvideoformaten gelingen?

Ein wichtiges Kriterium für die Gestaltung innovativer Fortbildungsformate ist die Verknüpfung zwischen der Praxis der Teilnehmenden und die dem Fortbildungsgegenstand zugrunde liegenden Theorien (z. B. zu finden im Fortbildungskonzept des Deutschen Zentrums für Lehrerbildung Mathematik, DZLM, oder bei Timperley, 2008). Diese Theorie-Praxis-Verknüpfung kann auf verschiedenen Professionalisierungsebenen realisiert werden (siehe Abbildung 24).

Diese Verknüpfung von Theorie und Praxis kann auf verschiedenen Ebenen der Professionalisierung umgesetzt werden (siehe Abbildung 24). Auf der umfassendsten Ebene der Fortbildung (Ebene 3) erfolgt dies beispielsweise durch die Zusammenarbeit verschiedener Bildungseinrichtungen wie Schulen, Hochschulen, Schulverwaltungen und Seminare. In diesem Kontext spielen die unterschiedlichen Akteure mit ihren individuellen Fähigkeiten und Voraussetzungen eine zentrale Rolle bei der Schaffung einer qualitativen Verbindung zwischen Theorie und Praxis.
Auf zweiter Ebene, der videobasierten Fortbildungsebene, können Theorie und Praxis durch die Art der Einbettung von Lernvideos in Fortbildungen miteinander verzahnt werden. Die Qualität der Verbindung hängt hier entscheidend von der Moderatorin/dem Moderator ab. Bildungsinstitutionen setzen inhaltliche Maßnahmen ein, um theoretisches Wissen praxisnah zu vermitteln. Dies fördert nicht nur die Wissensaneignung, sondern auch die Fähigkeiten zur Analyse, Interpretation und Reflexion von schulischen Situationen.
Auf oberster Ebene, den Selbstlernaktivitäten, dienen Lernvideoformate als Selbstlernmedium. Hier können Theorie und Praxis durch spezifische gestalterische Entscheidungen auf verschiedenen Gestaltungsebenen (siehe dazu Kapitel 3) direkt in ein Lernvideo integriert und verbunden werden. Die Rolle eines Moderators ist allenfalls untergeordnet.

Abbildung 24

Arten der Theorie-Praxis-Verbindung auf verschiedenen Professionalisierungsebenen

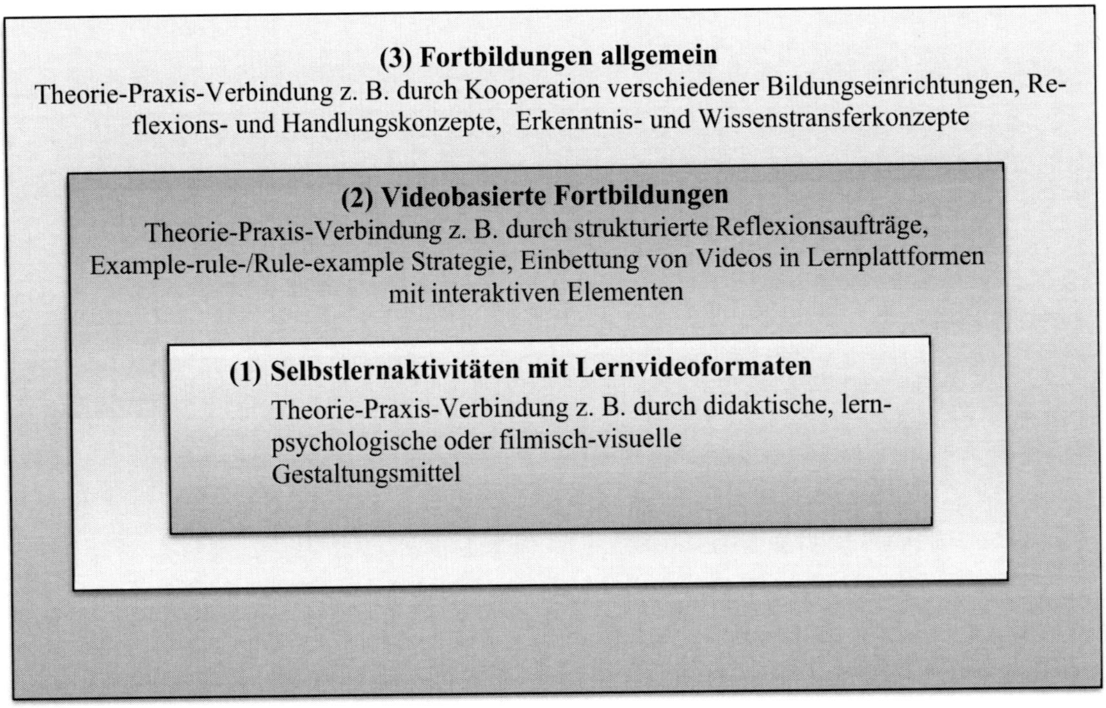

Quelle: eigene Darstellung.

In den nächsten Teilkapiteln werden Wege der Theorie-Praxis-Verbindungen auf den in Abbildung 24 genannten drei Professionalisierungsebenen vorgestellt.

6.1 Theorie-Praxis-Verbindung in Fortbildungen allgemein

Im weiteren Verlauf werden Fortbildungskonzepte vorgestellt, die die Verbindung von Theorie und Praxis in der Lehrkräftefortbildung realisieren. Diese Konzepte werden anhand von Beispielen näher erläutert.

6.1.1 Reflexions- und Handlungskonzepte

Unterrichtsbesprechungen bieten eine Möglichkeit, Theorie und Praxis zu verknüpfen. Es gibt verschiedene Fortbildungskonzepte, wie kooperative Beratung (Mutzeck, 2002), Mentoring-Modelle (z. B. Niggli, 2005) und fachspezifisches Coaching (Staub, 2004), die auf Unterrichtsbesprechungen basieren. Diese Konzepte setzen auf Erfahrungen aus der Praxis und Videoaufzeichnungen als Grundlage.
Die Theorie-Praxis-Verbindung wird hier systematisiert durch strukturiertes Feedback externer Experten anhand von Leitfragen, wie z. B.: Welche Materialien werden eingesetzt? Welche Vertreterinnen und Vertreter aus Wissenschaft und Praxis sind involviert? Welches sind Qualitätskriterien einer Unterrichtsbesprechung?

Praxiserfahrene Lehrkräfte und Hochschullehrende begleiten, beraten und coachen andere Lehrkräfte und Lehramtsstudierende. In diesen Besprechungen werden theoretisches Wissen und praktische Erfahrungen kombiniert. Effektive Fortbildungen erfordern die Zusammenarbeit zwischen Vertretern aus Wissenschaft und Praxis, um theoriebasierte Einstellungen und praktische Werkzeuge zur Förderung innovativer Praxis zu entwickeln (vgl. Staub 2004).

Beispiel: Fachspezifisch-Pädagogischen Coaching (Staub, 2004)

Im *Fachspezifisch-Pädagogischen Coaching* (Staub, 2004) erarbeiten Akteure aus Wissenschaft- und Praxisfeldern in mehreren intensiven Austauschprozessen theoriebasierte Settings und Werkzeuge, die zur Weiterentwicklung der Praxis genutzt werden können (Staub, 2004, S. 114). Der Coach orientiert sich dabei an allgemeinen theoretischen Aspekten der Didaktik. Diesem Konzept zufolge besteht die Hauptaufgabe der Wissenschaft darin „für die anstehenden Gestaltungsprobleme geeignetes Wissen auszuwählen und dieses im Dialog mit Praktikerinnen und Praktikern in kohärente theoretische Werkzeuge und Orientierungsrahmen zu transformieren, welche sich in der Praxis zur Deutung und Strukturierung von Gestaltungsproblemen nutzen lassen“ (Staub, 2004, S. 123).

6.1.2 Erkenntnis- und Wissenstransferkonzepte

Mit Erkenntnis- oder Wissenstransfer wird die Verbreitung wissenschaftlichen Wissens in praktischen Anwendungsbereichen bezeichnet. Für die Entwicklung und Umsetzung wirksamer Fortbildungskonzepte und Unterrichtsmaterialien werden Methoden und Perspektiven der Wissenschaft sowie Erfahrungen, Perspektiven und das Wissens über Anwendungskontexte aus der Praxis eng miteinander verknüpft. Dabei werden Unterrichtskonzeptionen für Fortbildungen auf wissenschaftlicher Basis entwickelt. Das Deutsche Zentrum für Lehrerbildung (DZLM) setzt dieses Prinzip um und unterstützt Projekte wie KOSIMA, die auf dieses Prinzip aufbauen.

Beispiel: KOSIMA-Projekt

Das KOSIMA-Netzwerk (Kontexte für sinnstiftendes Mathematiklernen) hat das Ziel, Lehrerinnen und Lehrer sowie Multiplikatoren auf der Grundlage eines theoretisch fundierten, praktisch erprobten und empirisch erforschten Unterrichtskonzepts zu professionalisieren. Hierbei wird Wert auf eine ausgewogene Integration von Theorie und Praxis gelegt (Holzäpfel et al., 2018, S. 249ff).

Ein KOSIMA-Professionalisierungsbaustein ist theoriegeleitet. Innerhalb dieses Bausteins werden wesentliche Theorien und Konzepte im Kontext des jeweiligen Schwerpunkts erarbeitet. Auf der Unterrichts- und Fortbildungsebene geht es darum, verschiedene Wissensarten miteinander zu verknüpfen (Cochran-Smith & Lytle, 1999; Kapitel 4.2).

6.2 Theorie -Praxis-Verbindung in videobasierten Fortbildungen

Im Folgenden soll anhand verschiedener Strategien und Methoden gezeigt werden, wie in videobasierten Fortbildungen Theorie-Praxis-Verbindungen hergestellt werden können.

6.2.1 Strukturierte Reflexionsaufträge

Für eine effektive Verknüpfung von Theorie und Praxis beim Betrachten von Unterrichtsvideos sind gut strukturierte Reflexionsaufträge unerlässlich (Farrell, 2015; Krammer & Reusser, 2005; Santagata & Angelici, 2010).
Ergebnisse einer Interventionsstudie mit Unterrichtsvideos konnten zeigen, dass angehende Lehrpersonen erst mit entsprechender (theoriegebundener) Unterstützung lernrelevante Aspekte in Unterrichtsvideos erkennen (Star & Strickland, 2008).

Bsp.: Video-Analyse-Raster

Eine Möglichkeit für ein strukturiertes Vorgehen beim Einsatz dieses Videoformats bildet das folgende von Santagata (2014) entwickelte Video-Analyse-Raster mit folgenden Reflexionsfragen:

1. Was ist das Lernziel in der gezeigten Unterrichtssequenz?
2. Machen die Schülerinnen und Schüler im Hinblick auf das Lernziel Fortschritte? Woran können wir dies sehen? Woran können wir sehen, dass die Lerngruppe keine Fortschritte macht? Welche Hinweise fehlen uns für die Interpretation der Videosequenz?
3. Welches Handeln der Lehrperson hat den Lernerfolg unterstützt und welches Handeln nicht?

Das Prinzip des knowledge-of-practice wird hier durch die Reflexion von Wissen und eigener Praxis realisiert. Reflexionsaufträge können z. B. durch bedeutsame fachliche Fragestellungen erteilt werden (Krammer et al., 2012), z. B. Lesson Analysis Framework (Santagata & Guarino, 2011).

Oonk et al. (2015) formulierten konkrete Fragen zur Verbindung der den Teilnehmenden gezeigte Praxis mit theoretischen Konzepten:

1. Können Sie eine Unterrichtsgeschichte erzählen, in der dieses Konzept für Sie von Bedeutung war?
2. Inwiefern sind diese Konzepte Ihrer Meinung nach miteinander verbunden?

In den für die Evaluation entwickelten Erklärvideos werden Reflexionsimpulse durch einleitende Impulse gegeben (z. B. „Wie nutzen Lernende selbstdifferenzierende Aufgaben?“).

6.2.2 Example-rule-Strategie und rule-example-Strategie

In Lernvideoformaten kann der Theoriebezug *extern*, d. h. außerhalb des eigentlichen Videos, hergestellt werden. Entscheidend für eine erfolgsversprechende Nutzung dieses Medienformats ist die methodisch-didaktische Rahmung. Dazu gehört die sorgfältige *Einbettung* der Unterrichtsvideos in die Fortbildung (Seago, 2003, S. 263). Dies kann durch geeignete Anleitungen und eine theoretische Fundierung der Inhalte erreicht werden (Krammer & Reusser, 2005).

Die theoretische Einbettung kann in einer Veranstaltung erfolgen, die an die individuellen Praxiserfahrungen der Teilnehmenden knüpft. Dies kann vor oder nach dem Video geschehen. Die Theorie dient als Bezugspunkte für Diskussionen über verschiedene dargestellte Praktiken. Die Qualität der Verknüpfung von Theorie und Praxis hängt von den Kompetenzen der Fortbildnerinnen und Fortbildner ab.

Seit den 1960er-Jahren werden in der Lehrerbildung vermehrt praxisorientierte Lehrmethoden verwendet, die Videos einbeziehen. Dazu gehören das Microteaching (vgl. Allen & Ryan, 1969; Klinzing, 2002) und die Selbstkonfrontation (Fuller, 1969; Fuller & Manning, 1973).

Die Einbettung theoretischer Elemente in Videos kann mithilfe von zwei Strategien erfolgen: der "example-rule"-Strategie und der "rule-example"-Strategie.

- **Example-rule-Strategie**: Hierbei werden Videobeispiele verwendet, um anschließend theoretische Konzepte in einer Diskussion zu erarbeiten. Die example-rule-Strategie verfolgt das Ziel, anhand von Beispielen komplexe kognitive Prozesse hervorzurufen (Krammer & Reusser, 2005; Santagata et al., 2007). Sie führt zu einem intensiveren Zuwachs an prozeduralen Fähigkeiten (Champagne, Klopfer, & Gunstone, 1982; Schwartz & Martin, 2004) und nicht-kognitiven Indikatoren (Schmidt, van der Molen, te Winkel, & Wijnen, 2009).

- Bei der Methode der sog. *rule-example-Strategie* (Blomberg, 2011) wird ein theoretischer Inhalt zunächst von einer moderierenden Lehrperson präsentiert und anschließend auf Inhalte eines Video angewandt. Diese Instruktionsstrategie fördert schnelleren und besseren Erwerb von Fakten (deklaratives Wissen) und Konzepten (Anderson, 1967; Tomlinson & Hunt, 1971).

6.2.3 Einbettung von Videos in Lernplattformen mit interaktiven Elementen

Eine weitere Möglichkeit, Theorie und Praxis zu verbinden, besteht in der Einbettung von Erklärvideos in Lernplattformen mit interaktiven Elementen (z. B. Inhaltsverzeichnis, Suchfunktion, Kommentarbutton, Verlinkung zu Begleittexten mit didaktischen Hinweisen). Befunde von Merkt und Schwan (2014) konnten zeigen, dass Studierende, welche die Suchfunktionen nutzen konnten, eine größere Anzahl relevanter Fakten identifizierten als jene, denen Videos ohne Inhaltsverzeichnisse und Register zur Verfügung standen.

In den letzten Jahren entstanden softwarebasierte Videoplattformen, die *Reflexionsmöglichkeiten* für Lehrpersonen anbieten.
Diese Plattformen bieten Kommentarfunktionen und Verlinkungen direkt auf der Benutzeroberfläche. Programme wie Visibility (LessonLab Institute, 2006) oder

Video-Cases for Mathematics Professional Development (VCMPD; Seago, 2003) ermöglichen Nutzern die Vernetzung, so dass in Online-Foren theorie- und praxisbezogene Aspekte gemeinsam ausgetauscht und diskutiert werden können.

Beispiel: Visibility des LessonLab Research Institute

Ein Beispiel für den internetgestützten Einsatz von Videos ist die Lernplattform *Visibility* des *LessonLab Research Institute* (LLRI, 2006; Abbildung 25). Hier werden Theorieimpulse direkt in Videos eingebettet und parallel dazu digitale Dokumente verknüpft. Diese Dokumente reichen von fachdidaktischen bis hin zu fachwissenschaftlichen Materialien und bieten wertvolle Unterstützung. Darüber hinaus können theoretische Elemente in der Praxis verankert werden, indem sie mit der Zeitmarkierungsfunktion (Video-Marker) verknüpft werden. Dies ermöglicht es, Zusatzmaterialien und Diskussionsbeiträge gezielt einzubinden.
Zusätzlich steht die "Commentary"-Funktion im oberen Navigationsbereich zur Verfügung. Dieser Button verweist auf die Möglichkeit der Reflexion und subjektiven Einschätzung bezüglich der dargebotenen Inhalte und Methoden.

Abbildung 25

Benutzeroberfläche der Lernplattform Visibility von LessonLab

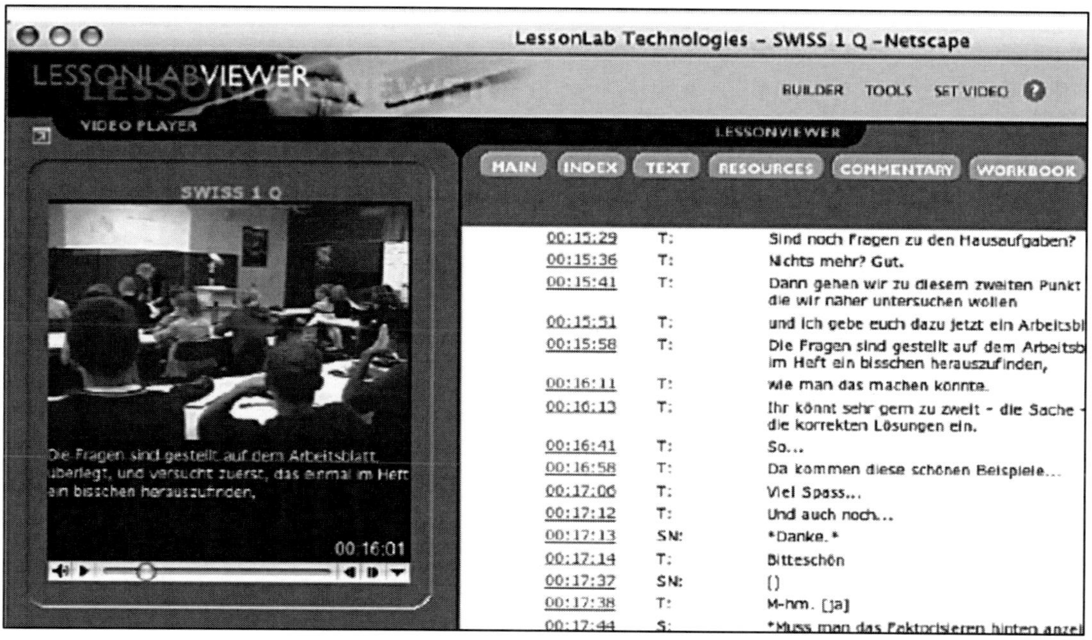

Anmerkung. LessonLab Software Visibility PlatformTM. Die Zeitangaben sind Hyperlinks und verweisen direkt auf die entsprechenden Stellen im Video. *Quelle.* Krammer & Hugener (2005), S. 52

In einer Untersuchung von Zahn, Barquero und Schwan (2004) wurde die Wirkung von Hyperlinks, die zusätzliche Informationen zu Videomaterial bereitstellen, analysiert. Hinsichtlich der Lerneffekte von Untersuchungsgruppen, die Videos mit Hyperlinks nutzten und jenen, die keine Hyperlinks zur Verfügung hatten, zeigen sich keine signifikanten Unterschiede. Der Wissenszuwachs zwischen Pre- und Posttest fällt für die verschiedenen Gruppen ähnlich hoch aus. Interessanterweise zeigte sich jedoch bei den Teilnehmern, die auf Hyperlinks zugreifen konnten, dass eine intensivere Nutzung der Links und eine längere Beschäftigung mit dem Zusatzmaterial sich positiv auf die Lernleistung auswirkten.

Der Erwerb von berufsspezifischem Wissen erfordert die reflektierte Betrachtung von theoretischen und praktischen Lehrinhalten (Cochran-Smith & Lytle, 1999). Das knowledge-of-practice-Prinzip wird hier vor allem durch den Habitus der Reflexion verwirklicht, der durch die Auseinandersetzung mit den gezeigten Inhalten erworben und durch den gemeinsamen Austausch gefestigt werden kann.

In den hier entwickelten fachidaktischen Erklärvideos kann die Möglichkeit der aktiven reflexiven Auseinandersetzung mit fachdidaktischen Inhalten durch ein internetbasiertes Feedback-Tool, wie etwa Moodle, nützlich sein.

6.3 Theorie -Praxis-Verbindung in Lernvideoformaten

Im Kontext der Entwicklung und Evaluation von fachdidaktischen Erklärvideos ist die Verbindung von Theorie und Praxis auf der Ebene der Lernvideoformate von großer Bedeutung. Diese Verbindung kann durch spezifische gestalterische Mittel auf verschiedenen Ebenen umgesetzt werden, wie in Abbildung 26 dargestellt und im Kapitel 3 näher erläutert.

Die in Abbildung 26 angegebenen Möglichkeiten der Realisierung bildeten die Grundlage der Theorie-Praxis-Verbindung bei der Entwicklung des evaluierten fachdidaktischen Erklärvideoformats. Einige dieser Wege werden im Folgenen exemplarisch dargestellt und erläutert.

Abbildung 26

Wege der Realisierung der Theorie-Praxis-Verbindung in Lernvideoformaten

Verbindung von Theorie und Praxis in Lernvideoformaten

Didaktische Gestaltungsebene

- Didaktische Strukturierung: theoretische und praktische Perspektive
- Erklärmethode: induktiv/deduktiv (von Theorie zur Praxis/von Praxis zur Theorie)
- Videostruktur: Praxisteil (Unterrichtsszenen), Theorie-Praxis-Teil (Verbindung der Unterrichtsszenen mit fachdidaktischen Wissenselementen), Theorieteil (Zusammenfassung aller fachdidaktischer Wissenselemente)
- Theorie-Praxis-Verhältnis

Lernpsychologische Gestaltungsebene

- Multimedia-Prinzip: Kombination von Bildelementen (Praxis) und Textelementen (Theorie)
- Kontiguitätsprinzip: Anordnung von Bildelementen (Praxis) und Textelementen (Theorie) in räumlicher und zeitlicher Nähe
- Modalitätsprinzip: gemeinsame Verwendung von Bildelementen (Praxis) und gesprochenem Text (Theorie) zur Überleitung in die Theorie

Filmisch-visuelle Gestaltungsebene

- Visualisierungsdesign: Einteilung des Bildschirms in Theorie- und Praxisfeld
- Optische Filmeffekte: Verankerung des Videostills (Praxis) im Theoriefeld durch Bild-in-Bild-Effekt
- Animationsstil: Kombination von Bildanimation (Praxis) und Wortanimation (Theorie)
- Rolle der Erklärenden: Lehrpersonen (Praxis), Sprecher (Theorie)

Quelle: eigene Darstellung

6.3.1 Theorie-Praxis-Verbindung auf didaktischer Gestaltungsebene

In der didaktischen Gestaltung von fachdidaktischen Erklärvideos spielt die Wahl der Erklärmethoden eine zentrale Rolle. Hierbei kann die Verankerung theorie- und praxisgeleiteter Inhalte durch die induktive und deduktive Erklärmethode erfolgen.

- Beim **induktiven Erkläransatz** geht man vom Besonderen (konkrete Beispiele) aus und schließt auf das Allgemeine.

- Beim **deduktiven Erkläransatz** wird umgekehrt vom Allgemeinen auf das Besondere geschlossen (vgl. Kulgemeyer, 2018, S. 286).

Die Auswahl zwischen diesen Ansätzen hängt oft vom gewünschten Lernziel ab. Nach Tenberg (2021) sollen Erklärvideos, die verständnisorientiert konzipiert sind, induktiv strukturiert sein, wenn sie bezüglich des Lerngegenstands eine Verallgemeinerung anstreben.

Lernvideoformate können theoretische und praktische Perspektiven von Lehr-Lernprozessen integrieren. Für die Darstellung der *theoretischen Perspektiven* eignen sich Fachbegriffe, Stichworte und Hinweise des Sprechers. Screenshots, Hinweise der im Video agierenden Lehrpersonen sowie Unterrichtsszenen zum Praxiskontext gewähren einen Blick auf die praktische Perspektive.

Das Verhältnis zwischen diesen beiden Perspektiven kann variieren und sich entweder auf eine *ausgewogene* Darstellung beider Aspekte oder eine *stärkere Betonung von Theorie oder Praxis* konzentrieren.

6.3.2 Theorie-Praxis-Verbindung auf lernpsychologischer Gestaltungsebene

Die Verbindung von Theorie und Praxis auf lernpsychologischer Ebene ist von zentraler Bedeutung. Hierbei stehen drei Prinzipien zur Darstellung von theoretischem und praxisbezogenem Wissen im Fokus:

1. **Multimedia-Prinzip:** Die Kombination von Text- und Bildelementen aus Theorie und Praxis.

2. **Kontiguitätsprinzip:** Die zeitliche und räumliche Nähe von Theorie- und Praxiselementen.

3. **Modalitätsprinzip:** Die Nutzung von Bildelementen aus der Praxis in Verbindung mit gesprochenem Text (Theorie)

Beispiel: Netzwerk Erfurter Schulen (NES)

Eine Möglichkeit für die Realisierung enger und nachhaltiger Kooperationen sind die sog. *Kollegialen Beratungen* durch Experten. Das „*Netzwerk Erfurter Schulen*“ (NES), ein Qualifizierungs- und Unterstützungsangebot verschiedener Bildungseinrichtungen für pädagogische Führungskräfte eigenverantwortlicher Schulen in der Region Erfurt, folgt diesem Fortbildungskonzept. Auf der Homepage wird dieses Projekt wie folgt vorgestellt:

> „In Zusammenarbeit mit dem Staatlichen Schulamt Erfurt, der Universität Erfurt und Stephan Gerhard Huber, Leiter des Instituts für Bildungsmanagement und Bildungsökonomie (IBB) der Pädagogischen Hochschule Zentralschweiz PHZ Zug, wurde das kooperationsfördernde Schulnetzwerk bereits im Jahr 2006 initiiert. Ziel ist es, die Kompetenzen der Führungskräfte im Sinne eines Qualitätsmanagements zu entwickeln sowie die Kooperation in und zwischen Schulen und, sofern möglich, die Kooperation von Schulen mit anderen Partnern nachhaltig zu unterstützen und zu begleiten (…) Die Veranstalter sehen sich in der Rolle der Kooperationsvermittler, Kooperationsförderer und Kooperationsunterstützer. Ein Schwerpunkt sind die Kollegialen Beratungen, die die Mitarbeiter der Forschungsgruppe durch Moderationen unterstützen.“
>
> http://www.bildungsmanagement.net/nes/nes.htm

6.3.3 Theorie-Praxis-Verbindung auf filmisch-visueller Gestaltungsebene

Die Verbindung von Theorie und Praxis in fachdidaktischen Erklärvideos kann durch geschicktes Visualisierungsdesign des Bildschirmlayouts erreicht werden. Zum Beispiel können vertikale Aufteilungen in Theorie- und Praxisbereiche eingesetzt werden.

<u>Kameraeffekte</u> und Animationen können durch sich *bewegende und verändernde Bild- und Videoelemente* eine Verzahnung von Theorie und Praxis erzeugen. So kann sich beispielsweise durch die Kombination von Bild-in-Bild-Technik, Verkleinerung und Freezing ein Videostill aus einem Praxiskontext auf einem Theoriefeld auf der Bildschirmoberfläche verankern (siehe Kapitel 9.3.4: Abbildung 42).

Beispiel 1: Institut für Entwicklung und Erforschung des Mathematikunterrichts (IEEM)
Theorie-Praxis-Verbindung durch didaktische Gestaltungsprinzipien

Didaktische Strukturierung der Inhalte: Das IEEM beschäftigt sich mit der Entwicklung und Erforschung von inhaltsbezogenen theoretischen Konzeptionen und praktischen Unterrichtsvorschlägen für den Mathematikunterricht aller Schulstufen.
Der Videobeitrag zeigt *theoretische und praktische Perspektiven*, wie Lernenden der Primarstufe rechnen.

Theorie-Praxis-Verhältnis: Die theoretischen und die praktischen Perspektiven stehen in einem *ausgewogenen Verhältnis* zueinander.

Erklärmethode: Example-rule-Prinzip

Theorie-Praxis-Verbindung durch filmisch-visuelle Gestaltungsprinzipien

Visualisierungsdesign: Die Theorie-Praxis-Verbindung wird durch die vertikale *Aufteilung des Bildschirms in etwa zwei gleich große Theorie- und Praxisfelder* erzeugt, bei dem im rechten Bildbereich der Experte vor der Praxisebene eingeblendet wird und im linken Bildteil agierende Schülerinnen und Schüler bzw. Lehrpersonen gezeigt werden (vgl. Abbildung 27).

Rolle der Erklärenden: Subjektives Wissen aus der Praxis wird durch *Lehrpersonen* berichtet und *anhand der Denk- und Arbeitsweisen von Schülerinnen und Schüler* gezeigt, wie in Abbildung 27 bei KIRA in der linken Bildhälfte zu sehen ist.

Begleitend zu den Praxisszenen werden theoretische Wissenselemente durch eine *Off-Stimme* im Hintergrund erklärt und durch Kommentare eines im Video sichtbaren *Experten* der Fachdidaktik vermittelt , wie in Abbildung 27 bei KIRA durch die Person am rechten Bildrand dargestellt wird.

Abbildung 27

Theoretische und praktische Perspektiven in einem Lernvideo (Beispiel KIRA)

Anmerkung: Da Abbildungen von Kinderbildern hier nur in geschlossenen Räumen, d. h. nicht in öffentlichen Publikationen, gezeigt werden dürfen, wurde die Szene entsprechend anonymisiert.
Quelle: Eigene Darstellung eines Screenshots aus dem Video „Kinder rechnen anders" (KIRA). https://kira.dzlm.de/node/626.

Knowledge-of-practice wird hier mittels Verknüpfung praktischer und theoretischer Perspektiven gezeigt. Dies geschieht durch die Integration von Experten der Fachdidaktik, die theoretisches Wissen einbringen, sowie durch Praxisberichte erfahrener Lehrpersonen und agierenden Schülerinnen und Schüler.

Theorie-Praxis-Verbindung durch lernpsychologische Gestaltungsprinzipien

Kontiguitätsprinzip: Der Erklärende (Theorie) ist in unmittelbarer Nähe zu den Praxisszenen im Video platziert.

Modalitätsprinzip: Die Videoszenen (Praxis) werden durch gesprochenen Text (Theorie) kommentiert. Texteinblendungen erfolgen in minimaler Weise.

Beispiel 2: Internetportal der Schulentwicklung NRW

Auf dem Internetportal der Qualitäts- und Unterstützungsagentur (QUA-LiS) werden in Filmsequenzen vielfältige Aspekte des Englischunterrichts in der Grundschule und der Weiterarbeit in der Sekundastufe I veranschaulicht. Die Unterrichtsvideos sind im regulären Unterricht entstanden und zeigen ausgewählte Lehr- und Lernsituationen jedoch ohne normativen Anspruch von best-practice-Beispielen.

Theorie-Praxis-Verbindung durch didaktische Gestaltungsprinzipien

Didaktische Strukturierung der Inhalte: Die Videoinhalte konzentrieren sich auf die *praktische Perspektive.* Unterhalb des Videofensters erfolgen allgemein didaktische Hinweise (Medien, Materialien, Rituale) und konkrete Informationen zur gezeigten Szene (siehe Abbildung 28).

Erklärmethode: *interaktiv.* Jede gezeigte Filmsequenz wird parallel durch didaktische Hinweise unterhalb des Filmfensters präsentiert. Je nach Interesse kann entweder theoriebezogenes oder praxisbezogenen Wissen im Wechsel durch Bewegung mit der Maus (Scrollen) wahrgenommen werden.

Theorie-Praxis-Verhältnis: Die theoretischen und die praktischen Perspektiven stehen in einem *ausgewogenen Verhältnis* zueinander.

Theorie-Praxis-Verbindung durch filmich-visuelle Gestaltungsprinzipien

Visualisierungsdesign: Theorie- und Praxisbereiche werden auf der Benutzeroberfläche *horizontal aufgeteilt.* Der Theoriebereich nimmt eine dominantere Fläche ein.

Theorie-Praxis-Verbindung durch lernpsychologische Gestaltungsprinzipien

Kontiguitätsprinzip: Theoretische Inhalte sind in unmittelbarer Nähe unterhalb des Videofensters platziert.

Modalitätsprinzip: Die Videoszenen (Praxis) werden durch gesprochenen Text (Theorie) kommentiert.

Abbildung 28

Benutzeroberfläche des Videoportals der Schulentwicklung NRW

EGS

- Startseite
- Aktuelles
- Lehrplan
- Forschung
- Aus- und Fortbildung
- Didaktik und Methodik im EGS
- Leistung erkennen, fördern u. bewerten
- Englisch als Kontinuum
- Lernaufgaben
- **Unterrichtsvideos**
  - **Filmsequenzen-Film 1**
  - Filmsequenzen-Film 2
  - Filmsequenzen-Film 3
  - Filmsequenzen-Film 4
  - Filmsequenzen-Film 5
  - Filmsequenzen-Film 8
  - Filmsequenzen-Film 9
- Inklusion
- Weiterführende Informationen
- Kontakt

Angebote ▸ EGS ▸ Unterrichtsvideos ▸ Filmsequenzen-Film 1

Sequenz 1: *Warming up*

Anknüpfen an Bekanntes
Das Anknüpfen an Bekanntes zu Beginn der Stunde ermöglicht eine intensive Wiederholung und Unterstützung auf kindgemäßem Niveau.
Dieses fest installierte Ritual bietet den Kindern bereits zum Einstieg viele Gelegenheiten zum sinnstiftenden Kommunizieren (Begrüßung/Fragen nach Wetter/Lieblingsessen/Dialoge mit Hilfe der finger puppets „birdies".

Aktivitätswechsel
Regelmäßige Aktivitätswechsel fördern die Motivation und Aufmerksamkeit der Kinder, Das gelingt besonders effektiv, wenn dies in ritualisierter Form geschieht, d. h. den Kindern vertraut ist.
Innerhalb dieser Sequenz werden die Aktivitätswechsel folgendermaßen initiiert:
- Der Einsatz von Medien und Materialien (Song, finger puppets) dient als Signal für eine neue Aktivität. Die Glocke oder die Aufforderung „freeze" sind den Kindern als Signal bekannt, die momentane Aktivität abzubrechen. Den Satz „Hands on your head" und die damit verbundene Bewegung (vgl. Szene 8) oder die Geste „Finger auf den Mund legen" erkennen die Kinder als Zeichen, still zu werden und die Aufmerksamkeit auf die Lehrerin zu richten.
- Die Lehrerin gibt gezielte Impulse für die nachfolgende Aktivitäten

Quelle: https://www.schulentwicklung.nrw.de/cms/angebote/egs/unterrichtsvideos/filmsequenzen-film-1/film-1-sequenz-1-warming-up-mp4.html . Letzter Zugriff: 30.08.2022.

Die Unterrichtsvideos werden durch didaktische Anmerkungen begleitend ergänzt. Auf der Homepage wird der Theorie-Praxis-Bezug wie folgt beschrieben:

> „Der Einsatz der Unterrichtsvideos soll zur Reflexion und Diskussion anregen. Damit ermöglicht der Einsatz der Unterrichtsvideos eine Verbindung von Theorie und Praxis, indem Praxissituationen im Hinblick auf ihr Gelingen beurteilt und relevante Merkmale erkannt, theoretisch begründet und in Bezug auf ihre Wirkung interpretiert werden, um daraus Optimierungsvorschläge zu entwickeln und schließlich Schlussfolgerungen für das eigene Handeln zu ziehen.“

6.4 Zusammenfassung

Die Verbindung von Theorie und Praxis kann auf verschiedenen Professionalisierungsebenen auf unterschiedliche Weise erfolgen:

1. **Austausch zwischen verschiedenen Bildungsinstitutionen:** Der Austausch von Vertretern aus Schulen und Hochschulen ermöglicht die Verbindung von Theorie und Praxis auf einer grundlegenden Ebene.

2. **Strukturierte Reflexionsaufträge in Fortbildungen:** Auf zweiter Ebene, in (videobasierten) Fortbildungen, können strukturierte Reflexionsaufträge eingesetzt werden, um Theorie und Praxis zu verknüpfen. Dies kann auch durch die Anwendung der Example-rule- oder Rule-example-Strategie erreicht werden.

3. **Video als Selbstlernmedium mit integrierter Theorie und Praxis:** Auf der höchsten Ebene können Videos als Selbstlernmedien genutzt werden, um theoretische und praktische Perspektiven zu integrieren.

In Tabelle 6 werden die verschiedenen Möglichkeiten zur Verbindung von Theorie und Praxis bei Lernvideos auf den ersten beiden Professionalisierungsebenen zusammengefasst, wobei die Umsetzung von knowledge-of-practice berücksichtigt wird.

Tabelle 6

Realisierung der Theorie-Praxis-Verbindung bei Lernvideoformaten

Realisierung der Theorie-Praxis-Verbindung	Lernvideoformat/ *Beispiel*	Realisierung von knowledge-of-practice
Strukturierte Reflexionsaufträge	Unterrichtsvideo *Lesson Analysis Framework (Santagata & Guarino, 2011)*	Vermittlung von Theorie durch bedeutsame fachliche Fragestellungen (Krammer et al., 2012)
Example-rule- und rule-example-Strategie	Unterrichtsvideo *Video Clubs (Van Es & Sherin, 2008)*	Vermittlung von Theorie *vor* oder *nach* Wahrnehmung von Unterrichtsvideos durch einen Experten
Integration praktischer und theoretischer Perspektiven	Fachdidaktisches Erklärvideo *Videos des Instituts für Entwicklung und Erforschung des Mathematikunterrichts, IEEM)*	Vermittlung von Theorie und Praxis durch externe Experten und Lehrpersonen
Einbettung in Lernplattformen mit interaktiven Elementen	Unterrichtsvideo *Lernplattform Visibility des LessonLab Research Institute*	Vermittlung von Theorie durch interaktive Elemente (z. B. Kommentarbutton, Hyperlinks)
Induktive und deduktive Erklärmethode	Fachdidaktisches Erklärvideo	Integration von Theorie und Praxis durch Verallgemeinerung des Besonderen oder Konkretisierung des Allgemeinen (z. B. Tenberg, 2021)

Quelle: eigene Darstellung

Die Gestaltung der Theorie- und Praxis-Verbindung stellt ein entscheidender Faktor für die Wirksamkeit von Fortbildungen dar. Im nächsten Kapitel werden weitere Methoden zur Gestaltung wirksamer Fortbildungsformate erläutert.

7 Wirksamkeit von Fortbildungen

Wie müssen (videobasierte) Fortbildungen gestaltet sein, um die Professionalisierung von Lehrpersonen wirksam zu fördern?

Die Beantwortung dieser Frage ist ein zentrales Anliegen der Fortbildungsforschung. Verschiedene (Meta-)Studien befassen sich mit der Gestaltung effektiver Fortbildungen (z. B. Borko, 2004; Garet et al. 2001; Gräsel et al., 2006a; Lipowsky, 2004, 2010, 2011; Timperley et al., 2007; Wilson und Berne, 1999). Die systematische Erforschung von Wirkungsprozessen im Rahmen der Professionalisierung von Lehrpersonen ist jedoch ein komplexes Unterfangen, da Fortbildungen auf unterschiedlichen Ebenen Wirkungen entfalten und von verschiedenen äußeren Variablen beeinflusst werden können. Hinzu kommt, dass Ergebnisse auf Fallanalysen und Studien mit meist kleinen Stichprobengrößen zurückgehen.

Um den Forschungsstand bezogen auf die in diesem Teilkapitel genannte Leitfrage abzubilden, werden in diesem Beitrag zunächst *Fortbildungsziele und Wirksamkeitskriterien* (Kapitel 7.1) und *Wirkungsmodelle* (auch *Wirkmodelle* genannt) der Lehrkräftefortbildung in den Blick genommen (Kapitel 7.2). Im nächsten Abschnitt wird der Schwerpunkt auf das *Wirkungsebenenmodell* nach Lipowsky gelegt (Kapitel 7.3). Daran anknüpfend werden die ersten beiden Wirkungsebenen nach Lipowsky auf die Studie bezogen, um die *Wirksamkeit des fachdidaktischen Erklärvideoformats zu erfassen* (Kapitel 7.4). Das Kapitel endet mit einer *Zusammenfassung* (Kapitel 7.5).

7.1 Fortbildungsziele und Wirksamkeitskriterien

Ziel von Lehrkräftefortbildungen ist die Erweiterung der Professionskompetenzen, dazu gehören die Förderung des Kompetenzzuwachses, die Motivationsförderung, die Förderung der Selbstwirksamkeitserwartung sowie die Transferförderung (vgl. Schoßau et al. , 2022).

Die empirische Forschung zur Wirksamkeit von Lehrerbildung steht vor der zentralen Herausforderung zu klären, welche unterschiedlichen Variablen auf welchen Wirkungsebenen als relevant angesehen werden. Als generell wirksam haben sich folgende Faktoren erwiesen: *Domänenspezifität* (Yoon et al., 2007, Seidel und Shavelson, 2007), *professionelle Lerngemeinschaften* (z. B. Bonsen, 2009; Lipowsky, 2010), *Feedback* und *Coaching* (Landry et al., 2009; Wood & Sellers, 1996), *Content Focus* als Fokussierung auf ein spezifisches

Unterrichtsthema oder spezifische Maßnahmen (z. B. Timberley et al. 2007, Desimone & Pak, 2011, Yoon et al., 2007).

Als *fortbildungsabhängige Kriterien* für die Gestaltung erfolgsversprechender Fortbildungen gelten der *zeitliche Umfang* der Veranstaltung (z. B. Garet et al., 2001, S. 933f), *aktives Lernen* und *Reflektion* durch Erprobung in Praxisphasen (z. B. Altrichter, 2011) und *Offenheit* und *Selbstbestimmung* durch flexibles Anknüpfen an vorhandene Erfahrungen und Wissen (Garet et al., 2001; Wilson & Cooney, 2002; Tillema, 1995).

Auf Ebene des fortbildungsmethodischen Designs von Veranstaltungen formuliert das Deutsche Zentrum für Lehrerbildung Mathematik (DZLM) auf Basis relevanter Forschungsliteratur (Timperley et al., 2007; Desimone, 2011; Lipowsky & Rzejak, 2012) sechs Prinzipien für die Gestaltung von Fortbildungsangeboten: *Kompetenzorientierung*, *Teilnehmerorientierung*, *Kooperationsanregung*, *Methodenvielfalt*, *Fallbezogenheit* und *Reflexionsförderung* (Barzel und Selter, 2015).

7.2 Wirkungsmodelle

Internationale Studien, so beispielsweise die Vergleichsstudie TAILS (2008), konnten zeigen, dass das didaktisch-methodische Potenzial von Fortbildungen nur unzureichend genutzt wird (OECD, 2009). Verschiedene Wirkungsmodelle liefern Erklärungsansätze für die theoriegeleitete, empirische Forschung und Evaluation der Wirkung von Fortbildungen auf die Wahrnehmung und Anwendung von Lehrerfortbildungen.

Mehrebenenmodelle und Wirkungsketten versuchen, die Faktoren vor allem in der dritten Phase der Lehrerbildung, die die Wirkung beeinflussen, zu erklären. Dabei werden verschiedene Ebenen, Variablen und Zusammenhänge systematisch analysiert. Beispiele für solche Ansätze stammen von Huber & Radisch (2010), Lipowsky (2010), Helmke (2009) und Kirkpatrick (1979).

7.2.1 Angebots-Nutzungs-Modelle

Um die Wirksamkeit von Fortbildungen zu untersuchen, werden in der Literatur häufig Mehr-Ebenen-Modelle zitiert. Sie sind in der Regel *Angebots-Nutzungs-Modelle* als Instrumente zur Qualitätsbestimmung und –entwicklung von Unterricht.

Huber & Radisch entwickeln ein Modell zur Differenzierung von Lehrvideos, das Angebotsmerkmale, -wahrnehmung, -nutzung und -wirkungen berücksichtigt. Sie weisen auf der Ebene der Angebotswahrnehmung auf das Zusammenspiel der (erwarteten) Relevanz, der (erwarteten) Zufriedenheit und des (erwarteten) Nutzens hin. Angebotswirkungen zeichnen sich ihnen zufolge u. a. durch Teilnehmer-Merkmale, Transferverhalten im Anwendungsfeld, Schulentwicklung, Organisationsmerkmale und Unterricht aus.

Dem Angebots-Nutzungs-Modell nach Helmke (2015, Abbildung 29) zufolge hängt die Wirksamkeit von mehreren komplexen Faktoren ab, darunter Kontexte, Lehrpersonen, familiäre Einflüsse, das Lernpotenzial der Schülerinnen und Schüler und die Qualität des Unterrichtsprozesses. Den Unterricht als Angebot können die Schülerinnen und Schüler in Form unterschiedlicher Lernaktivitäten nutzen. Diese Nutzung wiederum hat Auswirkungen auf den Lernertrag, d. h. auf bestimmte Lernergebnisse, die sich in fachlichen oder fachübergreifenden Kompetenzen der Lernenden zeigen können (siehe Abbildung 29: mittlerer Teil rechts).

Abbildung 29

Angebots-Nutzungs-Modell der Wirkungsweise des Unterrichts nach Helmke

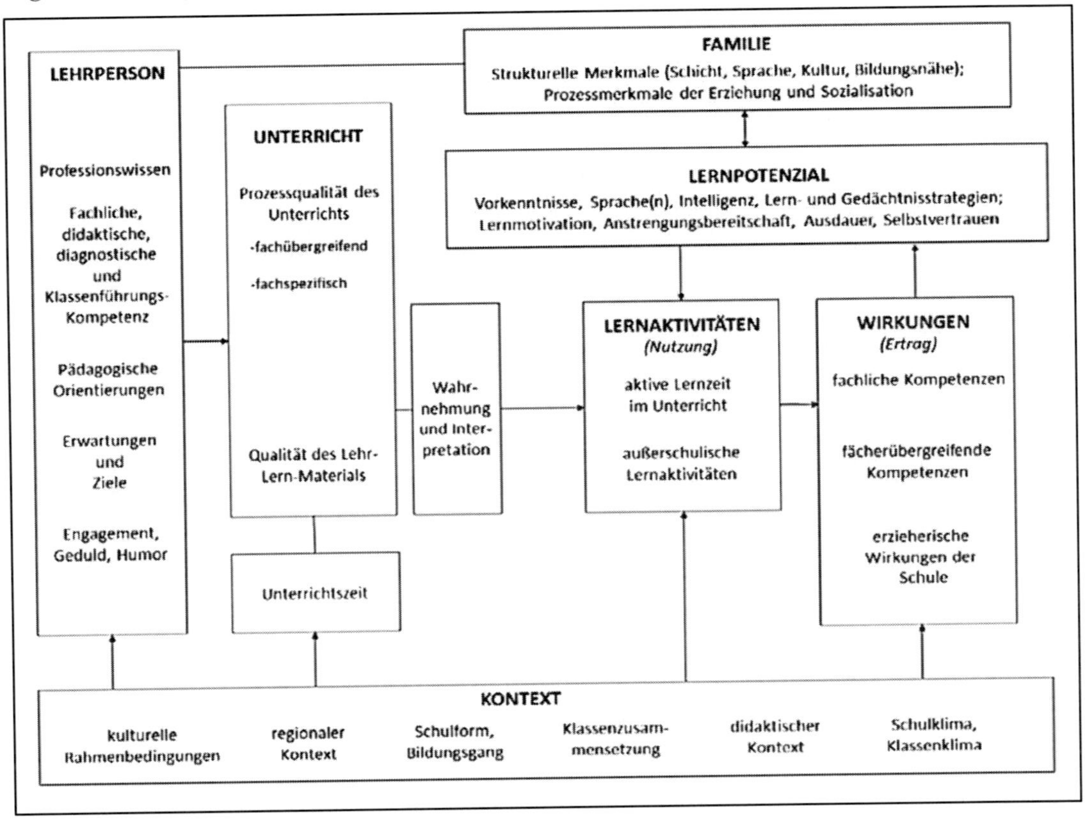

Quelle: Helmke, 2015, S. 71.

Kirkpatrick (1979, 1998) entwickelte den Vier-Ebenen-Ansatz zur Evaluation von Trainingsinitiativen. Dieser Ansatz umfasst die Ebenen der Reaktion, des Lernerfolgs, des Verhaltens und der Ergebnisse. Beim Erstellen des Evaluierungsplanes wird mit Ebene 4, den Resultaten, begonnen. Die typischen Fragen auf dieser Ebene sind: Was sind die übergeordneten Ziele und Erwartungen der Trainingsinitiative?

Auf Ebene 3 wird der Lerntransfer evaluiert, also die Anwendung des Gelernten in der Praxis. Ebene 2 untersucht den Wissenszuwachs, während auf der unterster Ebene die Zufriedenheit analysiert wird. Sein Ansatz erfreut sich großer Beliebtheit in Forschung und Praxis aufgrund seiner Anwendungsorientierung und Schlichtheit.

Obwohl der Ansatz ursprünglich für berufliches Training entwickelt wurde, wird er oft auch im Bildungssektor angewendet.

7.2.2 Wirkkette schulischer Bildung

Ein Modell zur Beschreibung von Zusammenhängen zwischen Lehrerbildungsprogrammen und deren Einfluss auf den Schülererfolg ist die "Wirkkette der schulischen Bildung" (Terhart, 2012). Dieses Modell, das in vier Teile unterteilt ist (siehe Abbildung 30), beschreibt, wie Lehrpersonen innere Ressourcen (Vogelsang, 2013) nutzen, um gewünschte Wirkungen auf die Schülerseite zu erzielen (Oser, 2013).

Abbildung 30

Wirkkette schulischer Bildung nach Terhart (2012).

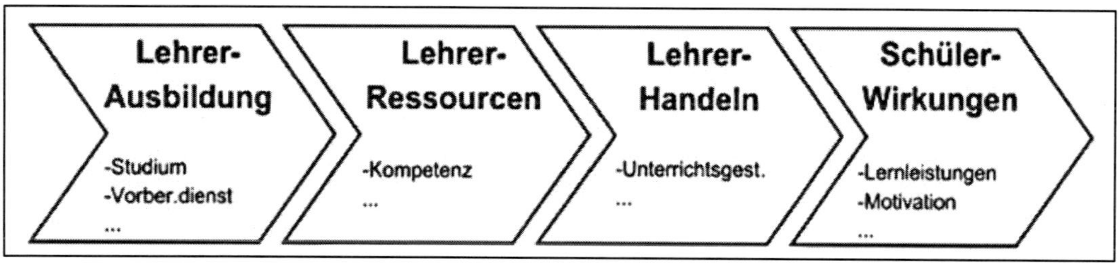

Quelle: Vogelsang (2013), S. 20

7.3 Wirkungsebenenmodell von Lipowsky

Lipowsky verortet in seinem Mehrebenen-Evaluationsmodell die Wirkung von Fortbildungen auf den vier Ebenen *Reaktionen und Einschätzungen* der teilnehmenden Lehrkräfte, *Erweiterung der Lehrerkognitionen*, *Veränderungen im unterrichtspraktischen Handeln* und *Veränderungen auf Seiten der Schülerinnen und Schüler*.

Alle Autoren verweisen in ihren Modellen auf verschiedene Einflussfaktoren auf den Fortbildungserfolg: Diese umfassen Kontextbedingungen, individuelle Merkmale, Eigenschaften der Fortbildungsangebote sowie das fachdidaktisch-methodische Konzept.

In Anlehnung an das aus der Schul- und Unterrichtsforschung bekannte Wirkmodell von Helmke (2010) entwickelt Lipowsky ein „erweitertes Angebots- und Nutzungsmodell zur Erklärung des beruflichen Lernens von Lehrpersonen im Rahmen von Fort- und Weiterbildungsmaßnahmen“ (Lipowsky, 2011, S. 401). Die beabsichtigten Wirkungen von Fortbildungen ergeben sich aus einem komplexen Zusammenspiel verschiedener Ebenen (siehe Abbildung 31).

Lipowsky unterscheidet vier Wirkungsebenen in der Evaluation von Fortbildungsmaßnahmen aus der Perspektive der Unterrichtsforschung (Lipowsky, 2010):

1. Die Akzeptanz der Lehrpersonen und ihre selbstberichteten Wirkungen.
2. Veränderungen in den Lehrerkognitionen.
3. Veränderungen im unterrichtspraktischen Handeln der Lehrkräfte.
4. Auswirkungen auf die Schülerinnen und Schüler (siehe Abbildung 31, Ebenen 1 bis 4).

Dieses Modell bietet einen Rahmen, um die Effektivität von Fortbildungsmaßnahmen zu analysieren und zu bewerten.

Die Wirkung einer Fortbildung kann von verschiedenen schulkontextbezogenen und subjektbezogene Einflussgrößen abhängen. Begünstigende *subjektbezogene Faktoren* sind nach Lipowsky (2010) beispielsweise persönliche Vorlieben (Themen, Unterrichtsmethoden), Einstellungen, positive aktuelle Befindlichkeiten und ein genügend großes Zeitbudget.

Als Faktoren des *Schulkontextes* dürften vor allem die Unterstützung vor Ort durch die Schulleitung und das Kollegium, die Strukturen für Zusammenarbeit an der Schule sowie Kenntnisse der Schulleitung über wirksamen Unterricht einen Einfluss auf den Lehrerfolg von Lehrpersonen und Lernenden haben (Robinson & Timberley, 2007).

Abbildung 31

Angebot-Nutzungs-Modell zur Untersuchung der Wirksamkeit von Lehrkräftefortbildungen

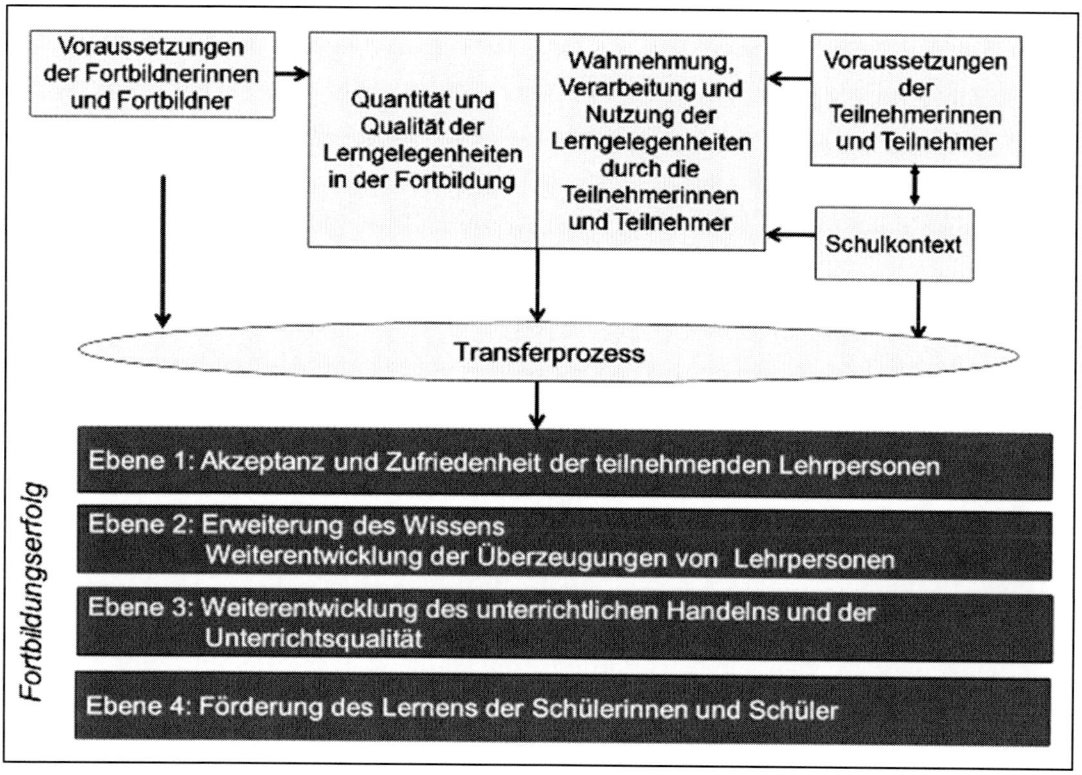

Anmerkung. Modell nach Lipowsky und Rzejak (2019)
Quelle: Lipowsky und Rzejak (2019), S. 20; vereinfachte, eigene Darstellung.

7.3.1 Ebene „Akzeptanz und Zufriedenheit der teilnehmenden Lehrpersonen"

Die Akzeptanz einer Fortbildung durch Lehrpersonen ist ein entscheidender Faktor für deren Wirksamkeit. Auf dieser Ebene reagieren die Teilnehmenden auf das Fortbildungsangebot und dem dahinterliegenden Konzept unmittelbar innerhalb der Veranstaltung. Die Akzeptanz hängt vor allem davon ab, wie gut die Fortbildung in den schulischen Kontext und den individuellen Lehreralltag passt. Lehrkräfte bewerten die Fortbildung anhand verschiedener Kriterien wie Arbeitsaufwand, erwarteter Lernerfolg, praktischer Nutzen und Relevanz des Themas (vgl.

Lipowsky, 2010, S. 52). Weitere Einflussgrößen auf die Zustimmung sind die inhaltliche und methodische Gestaltung der Fortbildung, als auch deren Moderation und Atmosphäre während der Durchführung (vgl. z. B. Jäger & Bodensohn, 2007, S. 37).

Ausschlaggebend für die Reaktion ist die *Haltung* gegenüber der Fortbildung, die von der subjektiven Bedeutsamkeit und Erfolgserwartung abhängt. Es stellt sich somit die Frage, welche Maßnahmen und Methoden die Teilnahmemotivation anregen bzw. erhalten und welche handlungsleitenden und kontextbezogenen Variablen „Fortbildungserfolge“ bewirken.

Forschungsergebnisse zeigen, dass kein nennenswerter linearer Befund zwischen der Zufriedenheit der Teilnehmer und dem Erwerb von Wissen bzw. einem veränderten beruflichen Handeln besteht (Alliger/Tannenbaum/Bennett/Traver/Shotland, 1997; Colquitt/ LePine/ Noe, 2000). Dies bedeutet, dass die Bewertungen und Reaktionen der Teilnehmer zwar wertvolles Feedback für die Fortbildner sind, jedoch nicht zwingend einen aussagekräftigen Indikator für den Lernerfolg darstellen.

7.3.2 Ebene „Erweiterung des Wissens, Weiterentwicklung von Überzeugungen“

Die zweite Ebene umfasst professionelle Kompetenzen von Lehrpersonen. Der Erfolg von Fort- und Weiterbildungsmaßnahmen kann in zwei Hauptbereichen gemessen werden: den Überzeugungen und dem professionellen Wissen (Lipowsky, 2010). Beide Bereiche beziehen sich auf *kognitive Merkmale*, das heißt, sie betreffen das Denken und Empfinden von Lehrpersonen. Diese zweite Ebene umfasst neben kognitiven Prozessen auch die *affektiv-motivationale Merkmale*, wie zum Beispiel die Selbstwirksamkeit oder das Kompetenzerleben.

Die Untersuchung der Lehrerkognitionen ist eng mit den folgenden Fragen verknüpft:

1. Welchen Einfluss hat das Lernangebot auf die Kompetenzentwicklung der Lehrpersonen?
2. Wie reagieren die Teilnehmenden auf das Fortbildungsprogramm?
3. Inwiefern stimmen die Bedarfe der Fortbildungsteilnehmer mit dem Angebot überein?

Sowohl nationale als auch internationale Forschungsarbeiten verdeutlichen, dass Fort- und Weiterbildungsmaßnahmen das Potenzial haben, Wissen und

Überzeugungen von Lehrpersonen zu verändern. Dies wird durch zahlreiche empirische Studien in verschiedenen Unterrichtsfächern belegt (z. B. Carpenter et al., 1989; Kleickmann et al., 2006; Garet et al., 2008; Lipowsky, 2011).

Lehrpersonen benötigen ein breites Spektrum an Professionswissen, um erfolgreich und flexibel unterrichten zu können. Was das professionelle Wissen von Lehrpersonen betrifft, sind die theoretischen Arbeiten von Shulman (1986) wegweisend. Er identifizierte verschiedene Formen von Wissen, die im Folgenden kurz beschreiben werden.

Die für das entwickelte Videoformat verwendeten theorie- und praxisbezogenen Wissenselemente werden den einzelnen Wissensarten zugeordnet.

Fachwissen

Grundlage für die Vorbereitung, Durchführung und Reflexion von Unterricht ist das von Lehrpersonen elaborierte *Fachwissen*. Es wird oft als "content knowledge" (CK) bezeichnet. Lehrpersonen, die über ein solides Fachwissen verfügen, können ein breites Spektrum fachdidaktischer Ansätze anwenden (Baumert & Kunter, 2006). Dieses Fachwissen bildet wiederum die Grundlage für das fachdidaktische Wissen.

Fachdidaktisches Wissen

Fachdidaktisches Wissen (pedagogical content knowledge, PCK) ist das Wissen, das speziell über *Lehrmethoden* des Faches und *fachgebundenes Wissen* über das Lernen und das Verständnis von Schülerinnen und Schüler relevant ist (u.a. Van Driel et al., 1998; Park und Oliver, 2008). Dies beinhaltet Kenntnisse zur Lehrplanstruktur, der *didaktischen Sequenzierung der Lerninhalte*, das Aufgabenpotenzial, die Schwierigkeiten der Schüler und deren Fehlvorstellungen (Van Driel et al., 1998; Park und Oliver, 2008; Baumert & Kunter, 2006; Lui & Bonner, 2016).

Allgemein-pädagogisches Wissen

Gemäß Shulman (1986) umfasst das fachübergreifende Wissen das allgemein-pädagogische Wissen (general pedagogical knowledge, PK). Dieses beinhaltet:

1. Fächerübergreifende Lernprozesse: Hierzu zählt das Wissen über lernpsychologische Aspekte wie Motivation und Emotionen, insbesondere im Kontext von Heterogenität.

2. Kommunikative und instruktionale Prozesse: Dazu gehört die Fähigkeit zur effektiven Klassenführung.

3. Lehr-Lern-Methoden: Hierbei geht es um die Kenntnis verschiedener Lehr- und Lernmethoden (Voss et al., 2015, S. 194; König, 2014, S. 49).

Die empirische Forschung konnte zeigen, dass eine generelle Erweiterung professionellen Wissens allein durch den häufigen Besuch von Fortbildungsveranstaltungen nicht gegeben ist. Laut Brunner et al. (2006a) verfügen Lehrpersonen, die öfters Fortbildungen besuchen tendenziell über größeres professionelles Wissen als andere Lehrpersonen. Diese Unterschiede sind jedoch nicht statistisch signifikant (vgl. Brunner et al., 2006a, S. 538).

Voraussetzungen für Aufbau und Veränderung des praxisbezogenen Wissens sind längerfristige Teilnahmen an Weiterbildungen sowie die Vernetzung von Theorie und Praxis (z. B. Landert, 1999).

Professionelle Überzeugungen im Kontext der Fortbildungswirkung

Für die Entwicklung professioneller Planungs-, Handlungs- und Reflexionskompetenzen von Lehrpersonen spielen neben dem professionellen Wissen auch verschiedene Arten von Überzeugungen eine entscheidende Rolle. Der Begriff "Lehrerüberzeugungen" wird oft synonym mit "beliefs" verwendet (Reusser et al., 2011, S. 479).

Berufsbezogene Überzeugungen (Beliefs) als Komponente der Lehrerkognitionen werden durch langfristige, subjektiv bedeutsame Erfahrungen geprägt. Sie beziehen sich auf bestimmte Aspekte wie fachspezifische Inhalte, Personen oder Kontextmerkmale (vgl. Reusser & Pauli, 2014, S. 644). Nicht abschließend diskutiert ist, ob Überzeugungen bewusst sind und stabil bleiben (Borg 2001; Trautwein, 2013). Immer mehr Studien gehen allerdings davon aus, dass gezielter Einfluss von Wissen zu einer Änderung von Überzeugungen führen kann (u. a. Hachfeld et al., 2012; Hartwig et al., 2017). Eine Veränderung bereits ausgebildeter Überzeugungen kann nur durch Reflexion der Lehrperson geschehen (vgl. Pajares, 1992; Reusser et al., 2011).

Die Frage, wie Überzeugungen verändert werden können, ist von großer Bedeutung für die Bewertung von Fortbildungsmaßnahmen. Stabile berufsbezogene Überzeugungen haben einen handlungsleitenden Charakter auf das Lehrverhalten und einen signifikanten Einfluss auf die Bereitschaft zur Umsetzung externer Anregungen im eigenen Unterricht (vgl. Reusser/Pauli/Elmer, 2011, S. 488).

Oser & Blömeke definieren den Begriff „Überzeugung" wie folgt:

> Von Überzeugungen (beliefs) spricht man, wenn (meist) nichtwissenschaftliche Vorstellungen darüber, wie etwas beschaffen ist oder wie etwas funktioniert, mit dem Anspruch der Geltung für das Handeln auftreten. Bei Lehrpersonen beziehen sich beliefs beispielsweise auf die Art, wie Kinder lernen, welche Unterrichtsmethoden wirksam sind, was Mathematik (oder ein anderer Fachinhalt) ist, welche Rolle die Aktivität der Schüler und Schülerinnen spielt etc. Beliefs haben einen zentralen Einfluss auf den Bewertungsmaßstab im Zusammenhang mit professionellem Handeln. Das entscheidende Merkmal ist, dass sie, wie ‚Glaubensbestände' einer Person, zwar nicht vollständig fassbar sind und deshalb auch keine allgemeingültige Definition besteht, dass sie aber geradezu einen kräftigen Einfluss auf die Steuerung des beruflichen Handelns haben (vgl. Reusser, Pauli & Elmer, 2011; Alexander & Winne, 2006; Bråten, 2010).
>
> Oser & Blömeke, 2012, S. 415, 416

Lehrerüberzeugungen weisen stets einen Gegenstandsbezug auf, der sich auf verschiedene Aspekte ihres Berufs bezieht, wie beispielsweise den Fachinhalt, die Schülerinnen und Schüler oder bildungspolitische Themen (Reusser & Pauli, 2014, S. 644). Dieser wird in wissenschaftlichen Beiträgen oft als Klassifikationskriterium der vielseitigen Forschung zu Lehrerüberzeugungen herangezogen. Fischer (2018) hat die professionelle Überzeugungen von Lehrpersonen in sieben Bereiche unterteilt:

(1) Epistemologische Überzeugungen

(2) Überzeugungen zum Unterrichten (oder auch zum „Lehren und Lernen")

(3) Überzeugungen zur Lehrerrolle („Selbst")

(4) Überzeugungen über die Lernenden

(5) Überzeugungen zur Schule im Allgemeinen, v. a. kontextbezogene Über zeugungen

(6) Überzeugungen zur Lehrerausbildung

(7) Überzeugungen aus gesellschaftlicher Perspektive (Woolfolk Hoy et al., 2006; Kunter und Pohlmann, 2009; Reusser et al., 2011)

Überzeugungen können sich vor allem nach dem Gegenstandsbereich unterscheiden. In den letzten Jahren hat sich die Klassifikation in *epistemologische*, *personenbezogene* und *kontextbezogene* Überzeugungen durchgesetzt (vgl. Reusser & Pauli, 2014, S. 650).

Blömeke et al. kategorisieren in der MT21-Studie (Mathematics Teaching in the 21st Century), die sich auf die erste Phase der Lehrerausbildung bezieht, Überzeugungen in epistemologische, *unterrichtsbezogene, professionsbezogene und selbstbezogene Überzeugungen* (2008, S. 221).

Im Folgenden werden diejenigen Überzeugungsarten näher beschrieben, die Grundlagen für die Kategorisierung von Aussagen der befragten Lehrpersonen bezüglich der *Nützlichkeit*, der *Relevanz* und der *Übertragbarkeit* der wahrgenommenen Inhalte in den hier entwickelten fachdidaktischen Erklärvideos bilden.

(1) Epistemologische Überzeugungen

Individuen besitzen persönliche Überzeugungen und Vorstellungen darüber, wie Wissen strukturiert und aufgebaut ist und wie es erworben wird (Zinn, 2013). Im Bereich der Pädagogik handelt es sich um Überzeugungen, die Lehrpersonen allgemein oder in spezifischen Bereichen zu Wissen (Inhalte eines speziellen Fachgebiets) und Lernen (Prozesse) entwickeln. Diese betreffen das Wesen und die Struktur von Fächern oder Fachgebieten: Was beinhaltet das Fach? Wie wird es betrachtet? Wie wird das Fachwissen generiert? (z. B. Blömeke et al., 2008; Woolfolk et al., 2006; Hofer & Pintrich, 1997).

Baumert und Kunter (2011) beziehen epistemologische Überzeugungen auf die Strukturen, Genese und Validierung von Wissendbeständen (Baumert & Kunter, 2011, S. 41).

Diese Form der pädagogischen Überzeugungen kann nach Oser & Bloemeke (2012) nochmals in weitere Unterkategorien unterteilt werden, so vor allem bezüglich der *Struktur der Inhalte*, der *didaktischen Regeln* oder, wie es Bråten, Britt, Strømsø und Rouet (2011) für das Textverständnis tun, in *beliefs zur a) simplicity of knowledge, b) certainty of knowledge, c) source of knowledge und d) justification for knowing.*

Epistemologischen Überzeugungen werden als handlungsleitend betrachtet (Dann, 1994; Wahl 1979; Zinn, 2013). Sie haben einen bedeutenden Einfluss auf

Lehr-Lernprozesse, insbesondere auf das leistungsthematische Handeln (vgl. z. B. Hofer, 2000; Köller/Baumert/Neubrand, 2000; Trautwein & Lüdtke, 2004).

(2) Überzeugungen über das Unterrichten

Überzeugungen über das Unterrichten bzw. zum „Lehren und Lernen" stellen eine Grundhaltung zum Unterrichten dar und drücken verschiedene Sichtweisen aus, die Lehrkräfte auf ihre Tätigkeit haben können. Darin enthalten sind auch Überzeugungen zu *Unterrichtszielen*, *Methoden* und *Unterrichtsorganisation* (vgl. Blömeke et al., 2008; Reusser et al., 2011; Voss et al., 2011; Calderhead, 1996; Müller et al., 2008).

(3) Überzeugungen zur Lehrerrolle oder selbstbezogene Überzeugungen

Die Überzeugungen von Lehrpersonen hängen eng mit ihrer Lehreridentität und Selbstwahrnehmung zusammen, ebenso wie mit ihrem Vertrauen in ihre eigenen Fähigkeiten. Die Lehrerrolle wird hierbei auch über die Aufgaben und Zuständigkeiten definiert, die die Lehrperson sich und anderen zuschreibt (vgl. Kunter und Pohlmann, 2009; Calderhead, 1996; Reusser et al., 2011; Hoy et al., 2006; Müller et al., 2008).

Baumert und Kunter definieren selbstbezogene Überzeugungen hinsichtlich des Lernens und Lehrens im Gegenstandsbereich (Selbstbezogene Fähigkeitskognitionen; Baumert & Kunter, 2011, S. 41). Sie betreffen Vorstellungen zur *eigenen Identität* und zu *eigenen Fähigkeiten*. Untersucht wurden etwa die Wahrnehmung der Lehrerrolle (z.B. Müller, Felbrich & Blömeke, 2008) sowie die Selbstwirksamkeitsüberzeugungen der Lehrpersonen (z.B. Tschannen-Moran & Hoy, 2001).

(4) Überzeugungen über die Lernenden

Überzeugungen über die Lernenden sind personenbezogen und betreffen unter anderem Überzeugungen über *Fähigkeiten* und *Leistungserwartungen* von Schülerinnen und Schülern sowie *Erwartungen an die Charaktereigenschaften* bestimmter Lernender. (Woolfolk Hoy et al., 2006; Kunter und Pohlmann, 2009; Reusser et al., 2011).

(5) Überzeugungen zur Schule im Allgemeinen

Überzeugungen zur Schule im Allgemeinen beziehen sich in der Regel auf das Bildungssystem und somit auf curriculare Standards, auf rechtliche Vorgaben und politische Bildungsreformen. Sie sind daher vor allem kontextbezogen. Zudem sind ihnen auch Ziele, Aufgaben und Funktionen von Schule zugehörig (vgl. Kunter und Pohlmann, 2009; Woolfolk Hoy et al., 2006; Müller et al., 2008; Reusser et al., 2011). Reusser & Pauli (2014) schreiben dazu:

> „Kontextbezogene Überzeugungen beziehen sich auf die Merkmale des engeren (einzelschulischen) und weiteren (gesellschaftlichen) Kontextes ihrer Tätigkeit.“
>
> Reusser & Pauli, 2014, S. 651

An die in diesem Teilkapitel aufgeführten Überzeugungsarten wird in vorliegender Studie angelehnt. Sie helfen bei der Kategorisierung der Begründungen der befragten Lehrpersonen hinsichtlich der Relevanz, der Nützlichkeit und Übertragbarkeit der Videoinhalte (z. B. „Aussagen über Lernende“ oder „Epistemologische Aussagen“).

7.3.3 Ebene „Weiterentwicklung des unterrichtlichen Handelns und der Unterrichtqualität“

Auf Ebene 3 wird der Erfolg von Lehrerfortbildungen durch die Erfassung unterrichtlichen Handelns der Fortbildungsteilnehmenden bestimmt. Lipowsky (2012, S. 4) äußert sich dazu wie folgt:

> Aktuellere Studien, die die Ebene unterrichtlichen Handelns untersuchen, fokussieren weniger auf Veränderungen einzelner Lehrerverhaltensweisen, sondern stärker auf Veränderungen komplexerer Unterrichtsmerkmale, wie z.B. auf eine Intensivierung kognitiv herausfordernden und aktivierenden Unterrichts. Veränderungen auf der Prozessebene des Unterrichts werden dabei entweder über Videographie, über die Befragung der Lernenden oder über Unterrichtstagebücher erfasst. In diesen Studien können Wirkungen von Fort- und Weiterbildungsmaßnahmen auf das unterrichtliche Handeln teilnehmender Lehrpersonen nachgewiesen werden (z.B.

Desimone/Porter/Garet/Suk Yoon/Birman, 2002; Correnti, 2007; Wackermann 2008; Collet, 2009)

Lipowsky, ebda., S. 4

7.3.4 Ebene „Förderung des Lernens der Schülerinnen und Schüler"

Lehrerfortbildungen wirken sich vor allem auf Schülerinnen und Schüler aus. Dies zeigt sich in messbarem Lernerfolg, gesteigerter Motivation und verändertem Lernverhalten (Dreher/Holzäpfel/Leuders/Stahnke, 2018). Eine Vielzahl von Studien konnte zeigen, dass sich die Teilnahme an Lehrerfortbildungen positiv auf den Lernerfolg im Unterricht auswirken kann (vgl. z.B. Timperley et al. 2007; Lipowsky 2010, 2011). Bei den Schülerinnen und Schülern führten Veränderungen im Lehrhandeln zu mehr inhaltsbezogenem und aktiverem Verhalten im Unterricht (Damhuis et al., 2009; Goldman & Barron, 1990).

7.4 Erfassung der Wirksamkeit des entwickelten Videoformats

Zur Erfassung der Wirksamkeit des vorliegenden Erklärvideoformats wurden videobezogene Wissenselemente, Wirkungsebenen, Evaluationsgegenstände und -felder sowie Aussagenkategorien spezifiziert. Diese werden im Folgenden beschrieben.

Videobezogene Wissenselemente

Die fachdidaktischen Erklärvideos sollen dazu dienen, den Zuwachs an allgemein-pädagogischem und fachdidaktischem Wissen anhand der subjektiven Kompetenzeinschätzungen zu messen. Dies ermöglicht eine Bewertung der Effektivität dieser Videos in Bezug auf die Wissensvermittlung

Inhalte und Begriffe zum allgemein-pädagogischen Wissen werden in den Videos als übergreifende *theoriebezogene Wissenselemente* angeboten (z. B. das theoriebezogene Wissenselement „Rückmeldung“ als Form einer gestuften Hilfe, vgl. Leiss & Tropper, 2014; Zech, 1996).

Das fachdidaktische Wissen spiegelt sich in den hier entwickelten Videos in Form von fachdidaktischen Hinweisen und Erfahrungsberichte der Lehrpersonen sowie Merkmalen der Beispielaufgabe, der aufgabenspezifischen Begleitmaterialien und Schülerdokumente. Dieses Wissen wird in *praxisbezogene Wissenselemente unterteilt,* wie zum Beispiel das Wissenselement "Beispiel einer Rückmeldung".

Videobezogene Wirkungsebenen, Evaluationsgegenstände und -felder

Die Erwartungen an fachdidaktische Erklärvideos, die Theorie und Praxis verknüpfen, umfassen Veränderungen in der Akzeptanz, Zufriedenheit und die Weiterentwicklung von Wissen und Überzeugungen von Lehrpersonen. Diese Effekte auf den ersten beiden Wirkungsebenen gelten als notwendige Bedingungen für die Wirkungen auf den weiteren Ebenen (vgl. Bonsen, 2009, S. 4) Sie spielen eine zentrale Rolle bei der Beurteilung der Effektivität von Fortbildungen und sind für diese Arbeit daher von besonderem Interesse.

Die Erforschung der Wirksamkeit des fachdidaktischen Videoformats auf allen Wirkungsebenen wäre ein sehr umfangreiches Unterfangen und würde den Rahmen dieser Arbeit bei Weitem übersteigen. Zur Überprüfung der Wirkungen wurde daher für die *ersten beiden* Wirkungsebenen des Modells von Lipowsky (2010) Evaluationsgegenstände und Evaluationsfelder definiert (siehe Tabelle 7).

Auf der ersten Wirkungsebene wurden gestaltungs- und inhaltsbezogene Elemente definiert. Auf der zweiten Wirkungsebene wurden die Evaluationsgegenstände *subjektiver Kompetenzzuwachs* sowie *Aussagen zur Relevanz, Nützlichkeit und Übertragbarkeit* auf Grundlage inhaltsbezogener Wissenselemente generiert (Tabelle 7, Spalten 2 und 3).

Tabelle 7
Aspekte zur Erfassung der Wirksamkeit des entwickelten fachdidaktischen Erklärvideoformats

Wirkungsebene	Evaluationsgegenstand	Evaluationsfeld
Akzeptanz und Zufriedenheit	Akzeptanz der Videogestaltung	**Gestaltungsbezogene Videoelemente:** - Gesamteindruck - Authentizität - Dauer - Verständlichkeit - Geschwindigkeit - Theorie – Praxis - Verbindung - Sonstiges
	Akzeptanz der Videoinhalte	**Inhalte aus Theorie und Praxis (theorie- und praxisbezogene Wissenselemente):** - Nützlichkeit - Übertragbarkeit - Relevanz
Erweiterung des Wissens	Subjektiver Kompetenzzuwachs der Lehrpersonen	**Inhalte aus Theorie und Praxis (theorie- und praxisbezogene Wissenselemente)**
Weiterentwicklung von Überzeugungen	Adaptivität der Videoinhalte	Aussagen zur: - Relevanz - Nützlichkeit - Übertragbarkeit

Anmerkung. Die Erfassung der Wirksamkeit des hier entwickelten Videoformats bezieht sich auf die Wirkungsebenen im Mehrebenenmodell von Lipowsky (2010).

Quelle: eigene Darstellung.

Videobezogene Aussagenkategorien

Der Fokus bei der Erfassung der Wirksamkeit der hier entwickelten Videos liegt auf deren ausgelösten Wirkungen – in vorliegender Studie vollständig aus der subjektiven Perspektive der Lehrpersonen betrachtet. Die Aussagen zur Relevanz, Nützlichkeit und Übertragbarkeit der in den Videos gezeigten Inhalten beziehen sich auf verschiedene Überzeugungsarten, wie von Fischer (2018) beschrieben. Sie werden für die Evaluation in folgende Kategorien unterteilt: *subjektive, epistemologische Aussagen, subjektive Aussagen über das Unterrichten, selbstbezogene Aussagen, subjektive Aussagen über Lernende, Aussagen über den subjektiven Kompetenzzuwachs, Aussagen zur intendierten Nutzungsweise* sowie *subjektive, gestaltungsbezogene Aussagen.*

7.5 Zusammenfassung

Die Wirksamkeit von Fort- und Weiterbildungsangeboten ist vielschichtig und wird von verschiedenen Faktoren beeinflusst (Desimone, 2011; Lipowsky & Rzejak, 2012). Sie können fortbildungsabhängig, personenbezogen und/oder kontextbezogen sein. *Fortbildungsabhängigen Größen* definieren sich durch organisatorische, methodische und/oder inhaltliche Merkmale.

Die Akzeptanz und Wirksamkeit von Fortbildungen hängen nicht nur von der gestalterischen Konzeption der Fortbildung selbst ab, sondern auch von professionellem Wissen und den Überzeugungen der Lehrpersonen. Ein entscheidender Faktor ist das Anknüpfen an das bisherige Wissen der Teilnehmenden in den Veranstaltungen (Lipowsky, 2010, S. 56).

Die kausale Abfolge dieser Wirkungsebenen, bei der jede Ebene die nächste beeinflusst, wird kontrovers diskutiert. Mehrere Studien konnten nachweisen, dass zwischen der Akzeptanz am Ende eines Kurses und dem Kompetenzzuwachs kein Zusammenhang bestehen muss (vgl. Alliger & Janak, 1989; Gessler & Sebe-Opfermann, 2011). Die Teilnehmerinnen und Teilnehmer einer Fortbildung konnten auch erfolgreich lernen und dabei unzufrieden sein, oder umgekehrt, zufriedene Teilnehmende konnten nicht notwendigerweise viel gelernt haben.

Generell wird die Relevanz des professionellen Wissens für die Unterrichtsplanung und die Leistungen der Schülerinnen und Schüler immer wieder betont (vgl. z. B. Shulman, 1986). So konnte in verschiedenen Studien gezeigt werden, dass vor allem das fachliches und fachdidaktische Wissen von Lehrpersonen entscheidenden Einfluss auf die Leistungen der Schülerinnen und Schüler hat (vgl. Baumert & Kunter, 2006), dies gilt insbesondere für das Fach Mathematik (Lipowsky, 2006, S. 64).

Die Evaluierung der Wirksamkeit einer Fortbildung, insbesondere einer videobasierten, ist ein komplexes Unterfangen. Mehrebenenmodelle wie das von Lipowsky (2012) ermöglichen die Lokalisierung verschiedener Evaluationsgegenstände auf unterschiedlichen Wirkungsebenen (siehe Tabelle 8). Die einzelnen Wirkungsebenen und Einschätzungsfelder sind nicht klar voneinander abgegrenzt, sondern beeinflussen sich gegenseitig. Kausale Zusammenhänge zwischen den Ebenen und den Veränderungen wurden bisher nur selten untersucht.

Tabelle 8

Wirkungsebenen und Evaluationsgegenstände zur Untersuchung der Wirksamkeit von (videobasierten) Fortbildungen

Wirkungsebenen	Evaluationsgegenstände
Ebene 1: Reaktionen von Lehrpersonen	• Akzeptanz der Fortbildungsmethode / des Videoformats und dessen Einbettungsweise • Passung der Fortbildungsinhalte (der Videos) bezüglich der Nützlichkeit, Relevanz und Übertragbarkeit des Fortbildungsangebots
Ebene2: Kognitionen von Lehrpersonen	• Subjektiver/objektiver Kompetenzzuwachs von Lehrpersonen (z. B. gezeigt durch theorie- und praxisbezogene Videoinhalte) • Überzeugungen und Vorstellungen zur Nützlichkeit, Relevanz und Übertragbarkeit der Fortbildungs(video)inhalte
Ebene 3: Verhalten und Handeln von Lehrpersonen	• Unterrichtspraktisches Verhalten • Unterrichtspraktisches Handeln
Ebene 4: Schulstrukturen	• Subjektiver/objektiver Lernzuwachs bei Schülerinnen und Schülern

Anmerkung. Erfassung der Wirksamkeit (videobasierter) Fortbildungen von Lehrpersonen in Anlehnung an Lipowsky (2010) und Kirkpatrick (1979).
Quelle: eigene Darstellung.

Fortbildungen haben das Potenzial, die Unterrichtsqualität zu steigern, indem sie Lehrpersonen dazu bringen, ihr Wissen zu erweitern oder ihre Einstellungen zu ändern (Ebene 2). Diese neuen Erkenntnisse können sich positiv auf das unterrichtlichen Handeln (Ebene 3) und letztlich auf besseren Lernerfolgen der Schülerinnen und Schüler (Ebene 4) auswirken.

Die Steigerung der subjektiven Kompetenzen kann durch Selbstbewertungen der Teilnehmenden erfasst werden, während objektive Lernzuwächse beispielsweise durch Tests gemessen werden können.

Aus den vorangegangenen Ausführungen wird deutlich, dass der Blick auf die Wirkungen von Lehrerfortbildungen sehr komplex ist. Eine differenzierte Sichtweise ist daher erforderlich, um den Fortbildungserfolg zu definieren. Für die Erfassung der Wirkung müssen viele verschiedene Ebenen und Einflussgrößen, nicht zuletzt deren Wechselwirkungen, berücksichtigt werden.

Auf Grundlage der Wirkungsmodelle können unter Einbeziehung mathematikdidaktischer und kognitionspsychologischer Ansätze, verschiedene Methoden, Medien und Materialien für wirksame Lehrerfortbildungen entwickelt werden. So kann für die Wirksamkeit einer Fortbildung auch das Medium „Video" als fortbildungsdidaktischer Baustein eine Einflussgröße darstellen.

Die Gestaltung von fachdidaktischen Erklärvideos durchläuft verschiedene Produktions- und Entwicklungsphasen. Diese werden im nächsten Kapitel vorgestellt.

8 Produktions- und Entwicklungsphasen des Videoformats

Welche Modelle sind dafür geeignet, den fachdidaktischen Entwicklungs- und Evaluationsprozess des Videoformats abzubilden?

In diesem Kapitel werden die Phasen zur Entwicklung und Evaluation des entwickelten Medienformats für die Lehrerfortbildung beschrieben. Die vorliegenden Arbeit richtet ihren Fokus auf Prozesse der Produktion und Evaluation, weil es sich größtenteils um die Planung, Bewertung und Optimierung eines entwickelten Fortbildungsmediums zur Verbesserung konkreter Praxis handelt. Vor diesem skizzierten Hintergrund erscheint es daher zunächst sinnvoll, den Begriff „Evaluation" zu spezifizieren. Wikipedia definiert diesen wie folgt:

> Unter Evaluation wird meist die Bewertung bzw. Begutachtung von Projekten, Prozessen und Funktionseinheiten (z. B. von Geräten, Objekten) sowie Organisationseinheiten verstanden. Im Allgemeinen lässt sich als Evaluation auch die grundsätzliche Untersuchung begreifen, ob und inwieweit etwas geeignet erscheint, einen angestrebten Zweck zu erfüllen (…).
>
> Für eine Evaluation werden Daten methodisch erhoben und systematisch dokumentiert, um die Untersuchung, das Vorgehen und die Ergebnisse nachvollziehbar und überprüfbar zu machen.
>
> https://de.wikipedia.org/wiki/Evaluation [04.12.2022]

Im Folgenden werden die einzelnen Produktions- und Entwicklungsphasen beschrieben.

8.1 Produktionsphasen

Die Erstellung eines Erklärvideos gliedert sich in verschiedene Produktionsphasen, sowohl im Grunddesign als auch in den späteren Überarbeitungen, den Redesigns. Diese Phasen umfassen die Vorproduktion, die Produktion und die Postproduktion.

Als Grundlage für die in diesem Projekt vorgestellte gestalterische Entwicklung der vier fachdidaktischen Erklärvideos diente der von Petko & Reusser (2005) entwickelte 10-stufige Plan zur Realisierung videogestützter Lerneinheiten (Abbildung 32). Im nächsten Abschnitt werden die verschiedenen Phasen eines Entwicklungszyklus anhand dieses Plans näher erläutert.

Abbildung 32

Produktionsphasen zur Realisierung einer Lerneinheit mit fachdidaktischen Erklärvideos

1. Zielsetzung und Lernkonzept (Idee, Exposee, Recherche, Treatment, Checklisten)
↓
2. Organisatorische Vorbereitung (Budget, Drehbuch, Kameraskript, Team, Darsteller, Drehorte, ...)
↓
3. Technische Vorbereitung (Kamera, Ton, Licht, Software für Schnitt und Komprimierung)
↓
4. Durchführung der Videoaufzeichnung
↓
5. Sammlung ergänzender Materialien (Kontextinformationen, Interviews, etc.)
↓
6. Aufbereitung und Schnitt
↓
7. Kompression und Wahl der Abspieltechnologie (für Internet, DVD, Smartphone, etc.)
↓
8. Entwicklung von videobezogenen Arbeits- und Lernaufträgen
↓
9. Erstellung, Durchführung und Begleitung der Lerneinheit
↓
10. Evaluation

Anmerkung. Phase 7 wurde um die Abspieltechnologie „Smartphone" ergänzt. Für Phase 1 in der Vorproduktion (Zielsetzung und Lernkonzept) siehe auch: *https://www.schulentwicklung.nrw.de/materialdatenbank/material/view/5315* [26.08.2022].

Quelle: Das Schema stützt sich auf die Produktionsphasen zur Realisierung einer videogestützten Lerneinheit nach Reusser & Petko (2005), S. 7.

8.1.1 Vorproduktion (Phasen 1 bis 3)

Die Phasen 1 bis 3 beziehen sich auf die *Vorproduktion* (siehe oberer Teil in Abbildung 32) und bestanden aus den Vorproduktionsphasen *Ideenentwicklung, Recherche, Treatment, Videoskript* und *Checklisten*. Diese werden im Folgenden vorgestellt.

Entwicklung einer Idee

In Phase 1 wurde zunächst die Grundidee für die Videoproduktion festgelegt. Dies geschah mithilfe eines Exposés, in dem Ideen für die didaktische Planung skizziert wurden. Dazu gehörten Zielsetzungen, Lernkonzepte, Gliederung der Inhalte, curriculare Entscheidungen, Auswahl der Zielgruppe, Videoformate und die grobe Sichtung relevanter Literatur für die Entwicklung des Videoformats und des Fortbildungsinhalts.

Zunächst wurden didaktische und lernpsychologische Konzepte zu den Themen „Verschiedene Formen der Differenzierung im Mathematikunterricht" und „Unterrichtsvideos" erkundet. Später richtete sich der Fokus auf die Schwerpunkte „Selbstdifferenzierende Aufgaben" und „Fachdidaktische Erklärvideos".

Recherche

Im nächsten Schritt erfolgte eine umfassende Recherche. Hierbei wurden umfangreiche Informationen aus wissenschaftlicher Literatur, Tagungsbeiträgen und Produktionsmaterialien gesammelt. Es wurde dabei zwischen einer inhaltlichen, organisatorischen und aufnahmetechnischen Recherche unterschieden.

Treatment

Im nächsten Arbeitsschritt, dem *Treatment*, wurden der Inhalt und die Form der Produktion als Vorstufe für das endgültige Drehbuch konkretisiert. Hier wurde der Filmaufbau festgelegt und die Handlung in Sequenzen gegliedert. Kommentar- oder Dialogtexte wurden grob skizziert. Für wichtige oder schwierige Teile wurden bereits aufnahmetechnische Überlegungen eingearbeitet.

Phase 1 orientierte sich primär an Gestaltungskriterien auf didaktischer Ebene (siehe Kapitel 9.1).

Videoskript

In Phase 2 erfolgte die organisatorische Vorbereitung. Hier wurden einzelne Elemente und Szenen in einem Videoskript dargestellt und überlegt, wie die ausgewählten Inhalte multimedial erklärt werden sollen (Abbildung 33). Das Drehbuch wurde einfach gehalten und in drei Spalten gegliedert: Szenen und Animationsstile, Kommentare des Sprechers und Aussagen der Lehrpersonen. Für die Darstellung der Szenen wurden Screenshots des Rohmaterials oder PowerPoint-Bilder eingesetzt (siehe Abbildung 33, erste Spalte).

Ein Videoskript für die Produktion von Erklärvideos kann folgende Komponenten enthalten: was von wem wo gesprochen wird, welche Szenen in der Videostruktur vorhanden sein sollen und die Beschreibung der technischen Umsetzung (z. B. Animationsstil, Übergänge).

Checklisten

Checklisten halfen bei den organisatorischen Entscheidungen und Vorbereitungen der Aufnahmen. Diese unterstützten bei der Planung der Dreharbeiten, inklusive Terminfestlegung, Einholung von Einverständniserklärungen, Auswahl des erforderlichen Kameraequipments sowie der Darsteller und Kameraleute. Diese Phase berücksichtigte vor allem lernpsychologische und filmisch-visuelle Gestaltungskriterien (siehe Kapitel 9.2 und 9.3).

In Phase 3 erfolgte die technische Vorbereitung für die Aufnahmen. Hier wurden vor allem Entscheidungen auf film- und verarbeitungstechnischer Ebene getroffen.

Abbildung 33

Videoskript für die Produktion des fachdidaktischen Erklärvideoformats

Szenen und Animationen	Kommentare Sprecher	Aussagen Lehrkraft/SuS
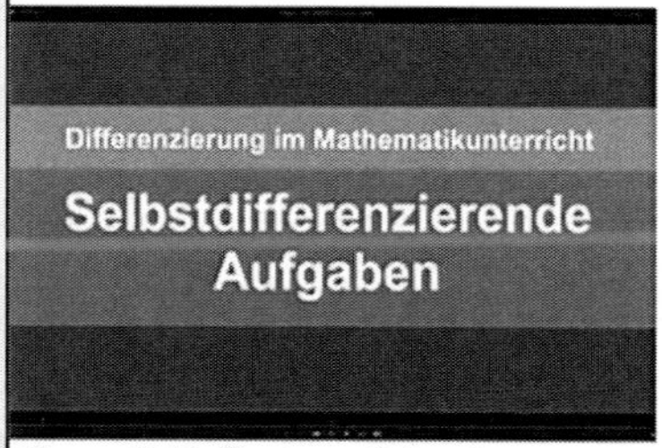 Blaues Feld fliegt von links ein Pop-up-Text 1 Hellgraues Feld fliegt von rechts ein Pop-up-Text 2 Simultane Ausblendung aller Elemente	*Im Rahmen der Differenzierung im Mathematikunterricht sehen Sie Fortbildungsvideos zum Thema „Selbstdifferenzierende Aufgaben"*	
 Video I als Bewegtbild, Video II – IV als Standbilder Kapitel I wird rot unterstrichen	*Die Videos zeigen verschiedene Sichtweisen auf die Gestaltung von Mathematikunterricht mit selbstdifferenzierenden Aufgaben.* *Der folgende Teil zeigt eine solche selbstdifferenzierende Aufgabe und ihre Merkmale.*	
		*Mein Name ist Michael Schulke. Ich unterrichte an der Realschule die Fächer Mathematik, Religion und Musik und ich werde heute zeigen, wie eine selbstdifferenzierende Aufgabe funktioniert...*

Anmerkung. Ausschnitt aus dem Drehbuch für das dritte fachdidaktische Erklärvideo über Merkmale von selbstdifferenzierenden Aufgaben im zweiten Redesign (Enddesign).
Quelle. Bilder aus den Screenshots der Rohvideodaten (2019).

8.1.2 Produktion (Phasen 4 und 5)

In den Phasen 4 und 5 (siehe Abbildung 32) erfolgte die Produktion der Videos. Die Dreharbeiten stellten den wichtigsten Arbeitsschritt für die Praxisteile der Videos dar. Hier wurden reale Videoaufnahmen für vier Videos gedreht und ergänzende Materialien entwickelt.

Während der Produktion wurden insbesondere Gestaltungskriterien auf filmisch-visueller Ebene berücksichtigt, wie z.B. Filmszenen, Schnitttechniken und Kameraperspektiven (siehe Kapitel 9.3).

8.1.3 Postproduktion (Phasen 6 bis 10)

In dieser Phase wurden Entscheidungen auf film- und verarbeitungstechnischer Ebene getroffen (siehe auch Kapitel 9.4). Dies beinhaltete den Schnitt der Video- und Audiodateien sowie die Integration von Rohaufnahmen und deren akustische und visuelle Verbesserung (Abbildung 32, Schritte 6 und 7).

Die Phasen 8 und 9 wurden der Vorbereitung für die Durchführung der Evaluation mit Lehrpersonen der Sekundarstufe zugeordnet. Hier wurde ihnen die Ziele und die Vorgehensweise bei der Wahrnehmung der Videos nahegelegt.

Im letzten Schritt (Phase 10) erfolgte für den jeweiligen Design-Zyklus eine Evaluation des Videoformats.

Diese Produktionsphasen sind Teil der Entwicklungsphasen, die im nächsten Abschnitt näher erläutert werden.

8.2 Entwicklungsphasen

Die Evaluation in der Lehrerfortbildung wirft grundlegende Fragen auf: Warum erfolgt die Professionalisierung (Professionalisierungszweck), welches Thema steht im Fokus (Professionalisierungsgegenstand), welche Schwerpunkte werden gesetzt (Fragestellungen, Evaluationsbereiche), und wie wird die Evaluation durchgeführt (Evaluationsdesign)?

Zur Beantwortung dieser Fragestellungen kann das *Modell der Fachdidaktischen Entwicklungsforschung* zugrunde gelegt werden (Cobb et al., 2003; Gravemeijer & Cobb, 2006; Prediger et al., 2012). Dieses Modell verbindet die beiden Pole „Forschung“ (Research) und „Entwicklung“ (Design) und folgt daher dem

Forschungsansatz des Design-Based Research. Es eignete sich zur Evaluation der entwickelten fachdidaktischen Erklärvideos, weil *mehrere* abhängige Variablen betrachtete wurden und das Evaluations- und Videodesign flexibel angepasst werden konnte, beispielsweise durch die Erweiterung der Evaluationsgegenstände und die Verkürzung der Videodauer.

Diese designbasierte Forschungsmethode verfolgt zwei Hauptziele:

Erstens, die Entwicklung eines instruktionalen Videoformats zur Verbesserung der fachdidaktischen Kompetenzen von Lehrpersonen im Sekundarschulbereich, speziell im Bereich der Differenzierung im Mathematikunterricht. Dies geschieht auf der Grundlage von Theorie und empirischen Erkenntnissen (Design).

Zweitens, die Analyse der Bewertungen der erstellten Videos, um eine empirisch gestützte lokale Theorie über die Auswirkungen der Theorie-Praxis-Verbindung in fachdidaktischen Erklärvideos zu entwickeln (Research).

Die Entwicklung erfolgte in vier aufeinander folgenden Designexperimentzyklen. Im Bereich der Entwicklung (oberer Bereich in Abbildung 34) lagen als *Entwicklungsprodukte* am Ende der Zyklen ein Prototyp eines fachdidaktischen Erklärvideoformats, Fortbildungsmaterialien sowie ein forschungsbasierter spezifizierter und strukturierter Professionalisierungsgegenstand vor (Prediger & Rösike, 2019, S. 156).

Abbildung 34

Modell für die Entwicklung und Evaluation eines fachdidaktischen Erklärvideoformats

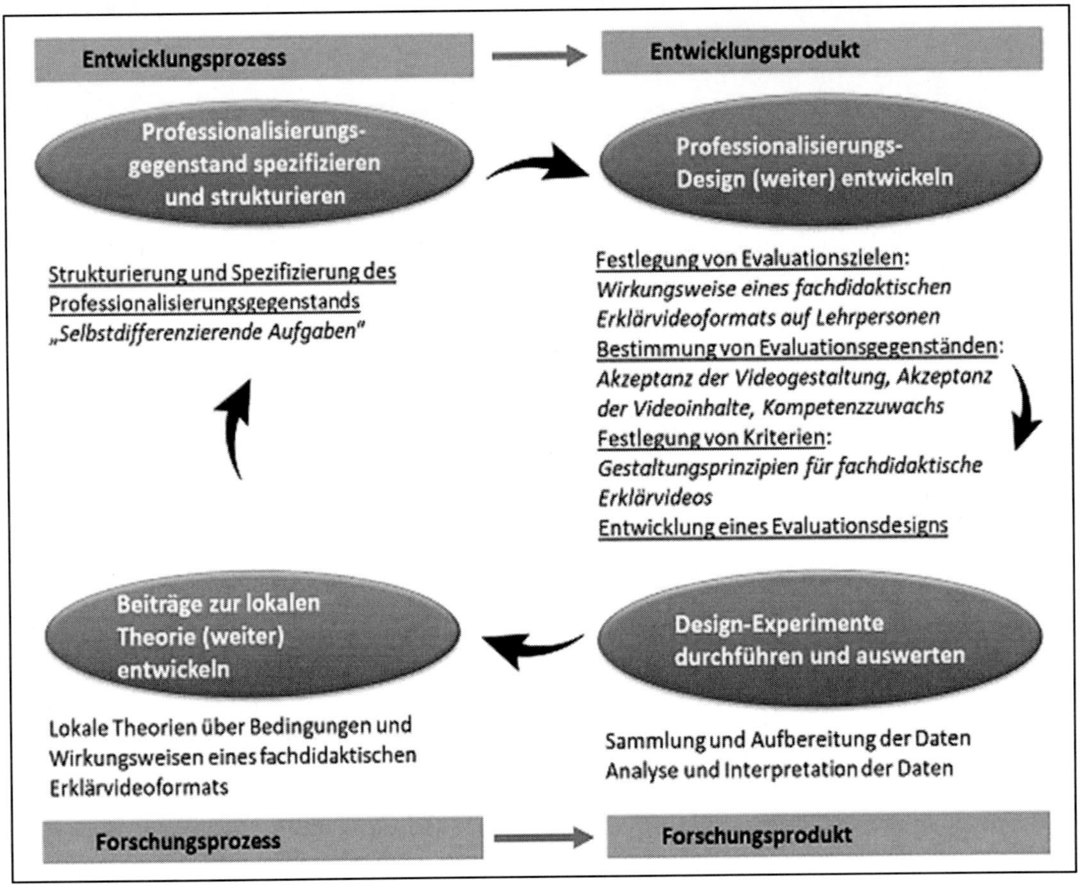

Anmerkung. Verortung der Evaluationsschritte im Modell der fachdidaktischen Entwicklungsforschung. *Quelle*: Prediger/Schnell/Rösike (2016) mit eigenen Ergänzungen.

Im Kontext der Entwicklung und Evaluation fachdidaktischer Erklärvideos wurden Forschungsprodukte generiert (unterer Bereich rechts in Abbildung 34). Diese umfassten Beiträge zur lokalen Theoriebildung über Wirkweisen und Gelingensbedingungen von Designprinzipien und Designelementen bei der Evaluation und der Videogestaltung (Prediger & Rösike, 2019, S. 157).

Für die Untersuchung der Wirksamkeit der Videos wurden insgesamt drei Designexperiment-Zyklen durchgeführt (Grunddesign, erstes und zweites Redesign des Videoformats).

Übergreifendes Ziel war es, die *Akzeptanz* eines instruktionalen Videoformats durch Lehrpersonen der Sekundarstufe zu erreichen, um dieses als didaktischen Baustein in Lehrkräftefortbildungen zu implementieren. Professionalisierungsziel der Fortbildungsmaßnahmen war (1) die Passung fachdidaktischer Inhalte zum eigenen Unterricht der Lehrpersonen, evaluiert durch Einschätzungen der Befragten bezüglich der *Relevanz*, der *Übertragbarkeit* und *Nützlichkeit* der gezeigten Inhalte. Weiteres Ziel auf Professionalisierungsebene war es, (2) das *subjektiv* wahrgenommene *Kompetenzerleben* bezüglich des Professionalisierungsgegenstands durch das entwickelte Videoformat zu steigern.

Das konkrete Vorgehen in diesem Projekt wird anhand der einzelnen Entwicklungsphasen im Folgenden nun erläutert.

8.2.1 Phase „Professionalisierungsgegenstand spezifizieren und strukturieren"

In dieser Phase stellt sich zunächst die Frage, *was* Lehrpersonen in einem bestimmten Bereich der beruflichen Weiterbildung lernen sollen und welcher Schwerpunkt spezifiziert werden soll (Vgl. Prediger et al., 2012).

Der erste Zyklus hatte zwei Hauptziele. Er diente vorrangig der Spezifizierung und Strukturierung des Fortbildungsgegenstands des differenzierenden Mathematikunterrichts und der Erstellung eines Videoprototyps (Grunddesign). Zur Präzisierung der Lerninhalte wurden zunächst Theorien und empirische Befunde zum Fortbildungsgegenstand „Differenzierender Mathematikunterricht" und zu videobasierten Fortbildungen recherchiert und daraus theorie- und praxisbezogene Wissenselemente für das Videodesign entwickelt. Für die einzelnen Fortbildungsgegenstände wurden im Grunddesign und ersten Redesign Materialien und Inhalte für vier Bereiche des Differenzierens entwickelt und ausdifferenziert: „Selbstdifferenzierende Aufgaben", „Strategiekonferenzen", "Coachinggespräche" und „Individualisiertes Lernen".

Im letzten Zyklus erfolgte eine weitere Spezifizierung. Der Schwerpunkt wurde letztendlich auf den Differenzierungsbereich „Selbstdifferenzierende Aufgaben" gelegt.

8.2.2 Phase „Design (weiter)entwickeln“

In dieser Phase wird das Video- und Evaluationsdesign beschrieben.

Videodesign

Für die Lehrkräftefortbildung wurde der Medientyp *Video* ausgewählt und Designentscheidungen unter Berücksichtigung von Prinzipien aus verschiedenen Gestaltungsbereichen (siehe dazu auch Kapitel 9) getroffen:

- Bereich der Didaktik
- Bereich der Lernpsychologie/des instruktionalen Mediendesigns
- Bereich der filmisch-visuellen Gestaltung
- Bereich der Film- und Verarbeitungstechnik

Evaluationsdesign

Ausgangspunkt war eine übergreifende Forschungsfrage zu den Wirkungen eines fachdidaktischen Erklärvideoformats. Im Rahmen der Evaluation wurden Wirkungsebenenmodelle analysiert und schließlich auf das Modell von Lipowsky (2010) zurückgegriffen. Auf Grundlage dieses Modells wurden *Wirkungsebenen, Evaluationsfragen* und *Evaluationsgegenstände mit Evaluationsbereichen* für die Videobefragung definiert und mit fortlaufendem Zyklus spezifiziert.

Für die Auswertung wurden *verschiedene Frageformate* gewählt (*offene und geschlossene/skalierte Fragen*) und *qualitative und quantitative Auswertungsmethoden* eingesetzt.

8.2.3 Phase „Design-Experimente durchführen und auswerten“

In diese Phase fanden die Evaluationen der Videos über einen Fragebogen zu den erstellten Einschätzungsfeldern statt. Die Durchführung erfolgte in mehreren Zyklen:

- Zyklus 1: Validierung durch Experten der Fachdidaktik
- Zyklus 2: Pilotierung in einer Präsenzveranstaltung
- Zyklus 3: Hauptuntersuchung über Onlinevideos und Präsenzveranstaltungen

Die Daten wurden mit qualitativen und quantitativen Methoden analysiert.

8.2.4 Phase „Lokale Theorien (weiter)entwickeln“

Die Studie bezieht sich auf die Frage nach der Wirkung eines spezifischen Medienformats (*fachdidaktisches Erklärvideo*) im Zusammenhang mit einem spezifischen Fortbildungsgegenstand (*selbstdifferenzierende Aufgaben*). Im Design-Research-Prozess wurden *lokale Theorien* zu gegenstandsspezifischen Lernprozessen und Bedingungen und Wirkungsweisen von gestaltungsbezogenen Elementen (und deren Verbindung) im Videodesign entwickelt.

8.3 Zusammenfassung

Bei der Entwicklung eines fachdidaktischen Erklärvideoformats müssen mehrere Produktions- und Entwicklungsphasen berücksichtig werden, nämlich Vorproduktion, Produktion und Postproduktion, jede mit eigenen spezifischen Produktionsentscheidungen.

Während die Vorproduktion aus der inhaltlichen und organisatorischen Planung des entstehenden Videos besteht, werden die darin entwickelten Aspekte in der Produktion umgesetzt. In der Postproduktion entsteht dann aus dem gesammelten Material das finale Video. Jede dieser Phasen bedarf spezifischen Produktionsentscheidungen.

Das Modell der fachdidaktischen Entwicklungsforschung integriert die Produktionsphasen und ist dafür geeignet, den Entwicklungs- und Evaluationsprozess bei der Gestaltung eines Videoformats systematisch abzubilden.

Die bisherigen Kapitel haben wichtige Einblicke in die Entwicklung fachdidaktischer Erklärvideos gegeben. Im nächsten Kapitel werden die spezifischen gestalterischen Entscheidungen für dieses Videoformat im Detail erläutert.

9 Gestaltungskriterien für die Entwicklung des Videoformats

Welche Entscheidungen im Design eines fachdidaktischen Erklärvideoformats für die Fortbildung von Lehrpersonen sind zu treffen und wie helfen sie dabei, die Verbindung von Theorie und Praxis herzustellen?

Die Gestaltung eines fachdidaktischen Erklärvideoformats, mit dem Ziel, theoretisches und praktisches Wissen zu verbinden und zu vermitteln, erfordert neben der Auswahl gegenstandsspezifischer Inhalte und Lernziele eine Vielzahl gestalterischer Überlegungen auf verschiedenen Gestaltungsebenen. In den nachfolgenden Unterkapiteln werden einzelne ausgewählte Gestaltungskriterien für fachdidaktische Erklärvideos auf *didaktischer, lernpsychologischer, filmisch-visueller und film- und verarbeitungstechnischer Ebene* (siehe Kapitel 3) genauer beschrieben. Der Hauptfokus liegt dabei auf der *systematischen Verbindung von Theorie und Praxis*.

9.1 Entscheidungen auf didaktischer Ebene

Zur Realisierung eines fachdidaktischen Erklärvideoformats wurden zunächst Entscheidungen auf didaktischer Gestaltungsebene getroffen. Alle didaktischen Gestaltungskriterien, die für die Entwicklung des Videoformats berücksichtigt wurden, werden in den folgenden Unterkapiteln detailliert erläutert.

9.1.1 Fortbildungsgegenstand aufgeteilt in verschiedene didaktische Bereiche

Die in die Videos präsentierten Inhalte sind Bestandteile des Tetraeders auf Unterrichts- und Fortbildungsebene im Drei-Tetraeder-Modell der gegenstandsspezifischen Professionalisierungsforschung (nach Prediger/Leuders/Rösken-Winter, 2017, S. 3).

Im Rahmen der vorliegenden Arbeit werden verschiedene didaktische Blickwinkel auf den Unterricht im Zusammenhang mit selbstdifferenzierenden Aufgaben im Mathematikunterricht gezeigt. Die innerste und unterste Ebene ist die des *Unterrichts*, die die Lehrperson bei der Planung, Durchführung und Reflexion der eigenen Praxis unterstützt (vgl. Abbildung 35, unterer Tetraeder). Die Lehrperson wird hier zum Lehrenden. Die Inhalte der entwickelten Videos beziehen sich auf diese Tetraederecken.

Der fokussierte Unterricht, der zugleich als Ganzes Fortbildungsgegenstand ist (Ecken des Fortbildungstetraeders) umfasst Materialien wie „selbstdifferenzierende Aufgaben“, sowie die damit verbundenen Lernprozesse und das Handeln der Lehrpersonen.

Die einzelnen Videobeiträge nehmen darauf Bezug, indem sie verschiedene Materialien (hier: selbstdifferenzierende Aufgaben und unterstützende Materialien) zu einem Lerngegenstand (Ecke „Mathematischer Lerngegenstand“, z. B. Teiler und Vielfache). Sie bieten auch Einblicke in die relevanten Hinweise für Lernprozesse (Ecke „Schülerinnen und Schüler“) und das Handeln der Lehrpersonen bei der Planung differenzierter Unterrichtsmethoden (Ecke „Lehrerinnen und Lehrer“).

Abbildung 35
Verschiedene Dimensionen auf den Ebenen „Fortbildung“ und „Unterricht“

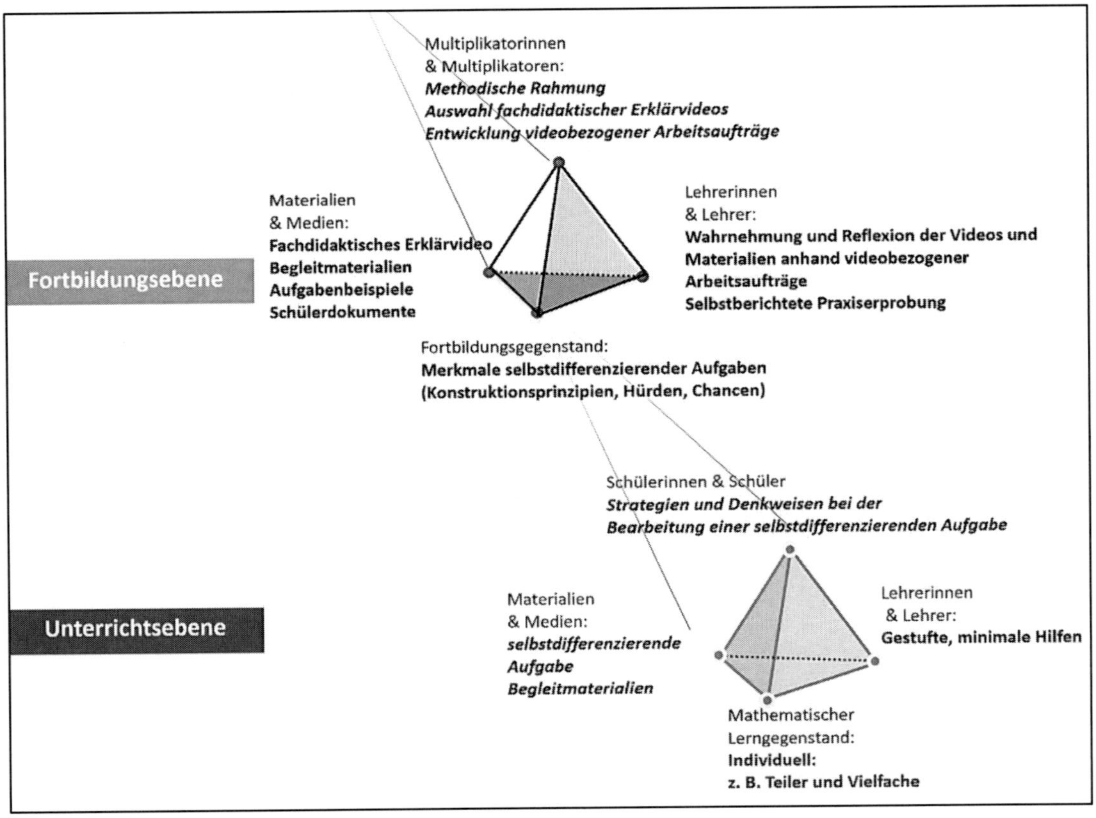

Anmerkung. Ausschnitt des Drei-Tetraeder-Modells der gegenstandsspezifischen Professionalisierungsforschung.
Quelle: Prediger, Leuders & Rösken-Winter, 2017, S. 3, mit eigenen Ergänzungen in fettgedruckter Schrift.

Blick auf didaktische Bereiche der Fortbildungsebene

Die einzelnen Dimensionen auf Fortbildungsebene („Ecken“ des unteren Tetraeders, Ab-bildung 35) werden im Folgenden genauer erläutert.

(a) Blick auf Lehrerinnen und Lehrer

Die Planung der Fortbildung im Bereich "Differenzieren mit Aufgaben" für Lehrpersonen beinhaltet einige Schlüsselfragen:

- **Vorwissen und Vorstellungen der Teilnehmerinnen und Teilnehmer**: Welches Vorwissen und welche subjektiven Vorstellungen zum Fortbildungsgegenstand „Differenzieren mit Aufgaben“ bringen Lehrpersonen zu Beginn einer Fortbildungsmaßnahme mit?
- **Erwartete Hürden**: Welche Schwierigkeiten sind bei der Auseinandersetzung mit dem Fortbildungsgegenstand „Selbstdifferenzierende Aufgaben“ zu erwarten?
- **Wahrnehmung der Fortbildungsinhalte:** Wie nehmen die Teilnehmer die Relevanz, Nützlichkeit und Übertragbarkeit der Fortbildungsinhalte wahr?

(b) Blick auf Materialien und Medien

Die linke Ecke des Fortbildungstetraeders („Materialien und Medien“) untersucht, welche Materialien (z. B. Schülerdokumente, Aufgabenbeispiele und fachdidaktische Erklärvideos) und welche Aktivitäten (z. B. Reflexionsaufträge zur Vertiefung des Fortbildungsziels) geeignet sind, um den Fortbildungsgegenstand zu erarbeiten. Sie ist zugleich fachlicher Lerngegenstand auf Unterrichtsebene.

(c) Blick auf den Fortbildungsgegenstand

Zusammen mit der Ausarbeitung des Fortbildungsgegenstands „Selbstdifferenzierende Aufgaben“ (vordere Ecke) und dem Wissen darüber, wie Lehrkräfte mit dem Material umgehen (rechte Ecke), sind dies die unterstützenden und informierenden Elemente für Multiplikatorinnen und Multiplikatoren, bei der Planung einer Fortbildung unter Nutzung von fachdidaktischen Erklärvideos mit theorie- und praxisbezogenen Elementen.

(d) Blick auf Multiplikatorinnen und Multiplikatoren

Die Multiplikatorinnen und Multiplikatoren gestalten die methodische Rahmung und entwickeln Arbeitsaufträge, um das fachdidaktische Erklärvideo effektiv in die Veranstaltung einzubetten.

Blick auf didaktische Bereiche der Unterrichtsebene

Die einzelnen Dimensionen auf Unterrichtsebene („Ecken" des unteren Tetraeders, Abbildung 35) werden im Folgenden detailliert beschrieben.

(a) Blick auf den *fachlichen Lerngegenstand* (in allen Videobeiträgen vorhanden):

Das mathematische Konzept des *Teilens* und *flexiblen Rechnens* (Aufteilen, Verteilen, Vielfache und Teiler bilden, dividieren, Primzahlen einsetzen, Faktorisieren) wird durch ein Beispiel einer selbstdifferenzierenden Aufgabe und ausgewählten unterstützenden Materialien erläutert. Der *fachliche Lerngegenstand* spielt in allen Videoteilen eine Rolle.

(b) Blick auf *Material & Medien* (Videobeitrag 1 und 2):
Eine konkrete Aufgabe („Schokolade gerecht aufteilen") und konkrete unterstützende Materialien werden jeweils in einem Video separat präsentiert sowie deren Merkmale hervorgehoben. Dabei wird erläutert, welche Merkmale welche differenzierende Funktion haben.

(c) Blick auf *Schülerinnen & Schüler* (Videobeitrag 3):

Die heterogenen Herangehensweise (Bearbeitungsstile, Arbeitsweisen und Erklärungen) der Lernenden werden dargeboten. Die verschiedenen *Prozesse* zur Findung von Lösungen stehen dabei im Vordergrund. Horizontale Heterogenität (verschiedene Wege der Bearbeitung) und vertikale Heterogenität (unterschiedliche Tiefe der Bearbeitung, etwa bei konkreten oder allgemeinen Aufgabenteilen) werden sichtbar.

(d) Blick auf *Lehrerinnen & Lehrer* (Videobeitrag 4):

Im Video werden mögliche gegenstandsspezifische Handlungsweisen der Lehrpersonen, die differenzierende Funktion haben, kategorisiert. Unterstützungsangebote für die selbstständige Auseinandersetzung mit selbstdifferenzierenden Aufgaben durch die Lernenden vor, während und nach der Bearbeitung werden exemplarisch gezeigt.

Durch das Ausloten von Grenzen und Möglichkeiten im Zusammenhang mit selbstdifferenzierenden Aufgaben werden realistische Impulse aufgezeigt und konkretes situationsspezifisches Verhalten der Lehrperson demonstriert.

Die Wechselwirkung der einzelnen Dimensionen wird im Prozess sichtbar, wenn beispielweise vom Ausgangspunkt *Schülerinnen und Schüler* deren Vorgehensweise mit Aufgaben, Methoden, Lernformen, unterstützenden Materialien oder mit Impulsen der Lehrperson beleuchtet werden.

9.1.2 Theorie-Praxis-Verhältnis

Ein weiteres wichtiges didaktisches Element betrifft die Betrachtung des Fortbildungsinhalts aus sowohl praktischer als auch theoretischer Sicht. Hierbei wurde darauf geachtet, dass beide Perspektiven in einem ausgewogenen Verhältnis zueinander stehen und sie gleichermaßen in die Videos integriert werden. Die theoriebezogenen Teile des Videos haben ungefähr den gleichen zeitlichen Umfang wie die Praxisteile.

9.1.3 Integration theoretischer und praktischer Perspektiven

Für die Darstellung der theoretischen und praktischen Perspektiven im Hauptteil der Videos wurden alle Videoinhalte in theoriebezogene und praxisbezogene Wissenselemente aufgeteilt. In der theoretischen Perspektive finden sich Fachbegriffe, Stichwörter und Sprecherhinweise. Die praktische Perspektive zeigt Screenshots, Hinweise der Lehrpersonen und Unterrichtsszenen. Tabellen 9.1 bis 9.4 zeigen eine direkte Gegenüberstellung aller theoriebezogenen und praxisbezogenen Wissenselementen der entwickelten Videos.

Tabelle 9.1

Theorie- und praxisbezogene Wissenselemente in Video 1

Wissenselemente aus theoretischer Perspektive	Wissenselemente aus praktischer Perspektive
Zugänglichkeit: - Verständlicher Einstieg	*Eine Schokoladenfirma möchte eine neue Schokoladentafel entwerfen.* *Die Tafel soll bei möglichst verschieden großen Familien gerecht aufgeteilt werden.* *Die Firma überlegt, welche Anzahl von Stückchen sie dafür wählen soll.*
- Einfache Einstiegsfrage	*Wie geeignet sind die Anzahlen von Stücken in den beiden Bildern?*
- Visualisierung	Fotos von Schokoladentafeln
- Konkretes Beispiel	*Du kannst zunächst probieren, wie man die beiden Tafeln bei 4 oder 5 Personen gerecht aufteilen kann!*
Unterschiedliche Art und Tiefe der Bearbeitung: - Gestufte Impulse	*Findest du eine Tafel, die für 4 und auch für 5 Personen gerecht aufgeteilt werden kann?* *Findest du auch mehrere Lösungen?* *Welche Anzahl von Schokoladestückchen wäre deiner Meinung nach für möglichst viele verschiedene Personenanzahlen am besten?* *Findest du auch mehrere Lösungen?*
- Individuelles Erklären	*Erkläre möglichst ausführlich deine Überlegungen.*
- Verschiedene Hilfsangebote	*Du kannst eine Zeichnung, eine Rechnung oder die ausliegenden Materialien verwenden.*

Tabelle 9.2

Theorie- und praxisbezogene Wissenselemente in Video 2

Wissenselemente aus theoretischer Perspektive	Wissenselemente aus praktischer Perspektive
Verstehensunterstützung: - Konkrete Materialien	• Legeplättchen/Karopapier/folierte Schokotafeln • Hinweise Lehrperson 1
Sprachliche Unterstützung: - Formulierungshilfen	• Wortspeicher „Teilen“ • Hinweise Lehrperson 1
Metakognitive Unterstützung: - Anleitung zum Problemlösen	• Beispiel eines Problemlöseplans („PADEK“) • Hinweise Lehrperson 1

Tabelle 9.3

Theorie- und praxisbezogene Wissenselemente in Video 3

Wissenselemente aus theoretischer Perspektive	Wissenselemente aus praktischer Perspektive
Unterschiedliche Bearbeitungsweisen: - Zeichnerisch - Erklärungen	• Schülerdokumente • Hinweise Lehrperson 1
Unterschiedliche Bearbeitungsniveaus: - Bearbeitung des konkreten Teils - Bearbeitung des offenen Teils	• Schülerdokumente • Hinweise Schülerin

Tabelle 9.4

Theorie- und praxisbezogene Wissenselemente in Video 4

Wissenselemente aus theoretischer Perspektive	**Wissenselemente aus theoretischer Perspektive**
Vor der Bearbeitung: **Sicherung des Verständnisses**	• Klassengespräch über den Umgang mit dem Arbeitsblatt und den Regeln während der Bearbeitung • Unterrichtsszene Lehrer S. (Thematisierung des Verteilens und des Aufteilens) • Hinweise Lehrperson 1/Lehrperson 2/Lehrperson 3
Während der Bearbeitungsphase: **Verwendung gestufter, minimaler Hilfen**	• Beispiele gestufter Hilfen durch die Lehrperson (Unterrichtsszenen mit Lehrer S.) • Hinweise Lehrperson 1
Nach der Bearbeitung: **Umgang mit entstandener Vielfalt**	• Hinweise Lehrperson 1 • Beispiele von Schülerlösungen

Mit den in diesem Teilkapitel aufgeführten Prinzipien sollen (1) die fehlende Verbindung von Theorie und Praxis aufgehoben werden, (2) das unausgewogene Verhältnis der beiden Teile zueinander korrigiert werden und (3) die unsystematische Verzahnung von Theorie und Praxis in eine aufeinander abgestimmte Form gebracht werden.

Tabelle 10 führt nochmals in einer Übersicht alle theorie- und praxisbezogenen Wissenselemente in einem Gesamtkatalog auf.

Tabelle 10

Übersicht alle theorie- und praxisbezogenen Wissenselemente

Wissenselemente in Video 1	
T	Aufgabenmerkmale allgemein
	Zugänglichkeit
	Verständlicher Einstieg
	Einfache Einstiegsfrage
	Visualisierungen
	Konkretes Beispiel
	Unterschiedliche Art + Tiefe der Bearbeitung
	Gestufte Impulse
	Individuelles Erklären
	Verschiedene Hilfsangebote
	Zusammenfassung
P	Beispielaufgabe insgesamt
	Beispiel für Zugänglichkeit
	Beispiel für verständlichen Einstieg
	Beispiel für einfache Einstiegsfrage
	Beispiel für Visualisierung
	Beispiel für unterschiedliche Art + Tiefe der Bearbeitung
	Beispiel für gestufte Impulse
	Beispiel für Individuelles Erklären
	Beispiel für verschiedene Hilfsangebote
Wissenselemente in Video 2	
T	Unterstützende Materialien allgemein
	Verstehensunterstützung: Konkrete Materialien
	Metakognitive Unterstützung: Anleitung zum Problemlösen
	Sprachliche Unterstützung: Formulierungshilfen
	Zusammenfassung
P	Schülerarbeiten
	Beispiele für konkrete Materialien (Legeplättchen, Karopapier, Fotos)
	Beispiel für eine Anleitung zum Problemlösen
	Beispiel für Formulierungshilfen
Wissenselemente in Video 3	
T	Unterschiedliche Bearbeitungsweisen
	Zeichnerisch
	Erklärungen
	Unterschiedliches Bearbeitungsniveau
	Bearbeitung des konkreten Teils

	Bearbeitung des offenen Teils
	Zusammenfassung
P	Beispiele für Bearbeitung des konkreten Teils (Dokumente von Lernenden)
	Beispiele für Bearbeitung des offenen Teils (Dokumente von Lernenden)
Wissenselemente in Video 4	
T	Hinweise zur Nutzung / Verständnis sichern
P	Beispiel Hinweise zur Nutzung Herr Schulke
P	Beispiel Hinweise zur Nutzung LK 2: Gemeinsam lesen
P	Beispiel Hinweise Nutzung LK 3: Begriffe thematisieren
T	Gestufte, minimale Hilfen allgemein
T	Zurückhaltung
T	Motivationshilfe
P	Beispiel: Motivationshilfe
T	Rückmeldung
P	Beispiel: Rückmeldung
T	Strategische Hilfe
P	Beispiel: Strategische Hilfe
T	Inhaltliche Hilfe
P	Beispiel: Inhaltliche Hilfe
T	Vielfalt nutzen: Strategien und Ergebnisse vergleichen
P	Beispiel: Vielfalt nutzen (Herr Schulke)
P	Beispiel: Vielfalt nutzen (Dokumente von Lernenden)
T	Diagnosen erstellen: Schülerprodukte auswerten
P	Beispiel: Diagnosen erstellen (Herr Schulke)
T	Zusammenfassung

Anmerkung. T: theoriebezogene Wissenselemente, P: praxisbezogene Wissenselemente

Das Konzept von Cochran-Smyth & Lytle (1999) wurde für das Design der Videos zugrunde gelegt (Verortung in Tabelle 11).

Tabelle 11

Realisierung der Theorie-Praxis-Verbindung im fachdidaktischen Erklärvideo nach dem Ansatz von Cochran-Smyth & Lytle (1999)

Art der Wissenskonstruktion	Perspektiven im Videoformat
Knowledge-in-practice Wissenskonstruktion durch den Blick auf die konkrete Praxis	Praktische Perspektive: • Unterrichtsszenen mit konkreten Beispielen zu Aufgabentypen/Materialien/Lernformen/Unterrichtsmethoden; • Erfahrungsberichte der im Video agierenden Lehrpersonen (Wissen aus der eigenen Praxis, Kommentare zu Grenzen und Chancen der Aufgaben/Methoden/Lernformen)
Knowledge-of-practice Wissenskonstruktion durch Verankerung der Theorie in der Praxis	Theoretische und praktische Perspektive: 1. Standbilder der Unterrichtsszenen 2. Theoretische Wissenselemente erscheinen als Text neben den Standbildern 3. Handlungsleitende, theoriebezogene Hinweise des Sprechers zu den Standbildern
Knowledge-for-practice Wissenskonstruktion durch den Blick auf übergreifende Theorien	Theoretische Perspektive: 1. Einblendung aller gezeigten theoretischen Wissenselemente 2. Handlungsleitende Kommentare zu den einzelnen Wissenselementen

9.1.4 Erklärweise der induktiven Erschließung von Inhalten

Die Verankerung der fachdidaktischen, theoriegeleiteten Inhalte in der Praxis folgt in den hier entwickelten fachdidaktischen Erklärvideos der induktiven Erklärmethode (Beispiel-Regel).

9.1.5 Videostruktur

Die vier für die Evaluation entwickelten fachdidaktischen Erklärvideos bestehen aus einer jeweiligen *sechsteiligen* Videostruktur (Tabelle 12), die in einer Zusammenfassung im Theorieteil münden (siehe Abbildung 37). Hauptelement ist der Theorie-Praxis-Teil (Tabelle 12, IV. bis VI.).

Tabelle 12

Videostruktur des fachdidaktischen Erklärvideoformats im Hauptdesign

I. Intro
II. Überblick Übersicht über alle Videobeiträge
III. Einstiegsimpuls
IV. Praxisteil 1. Unterrichtsausschnitte zu Aufgabentypen, zur Rolle der Lehrperson, zu Bearbeitungsweisen der Lernenden, zu Begleitmaterialien 2. Hinweise von Lehrpersonen, Kommentare von Lernenden
V. Theorie-Praxis-Teil 1. Videostill zu einem Unterrichtsausschnitt 2. Hinweise des Sprechers zum Videostill 3. Einblendung einzelner Wörter oder Stichwörter zum Videostill
VI. Theorieteil Kommentierte Zusammenfassung mit Einblendung aller Begriffe und Stichworte

Der zunächst gezeigte Praxisteil repräsentiert erlebte und reflektierte Unterrichtspraxis. Das Thema wird an der Tafel eingeführt (Video 1, siehe Abbildung 36), unterstützende Materialien werden erläutert (Video 2), die Arbeitsweise der Lernenden gezeigt (Video 3) und Handlungsweisen der Lehrperson (Video 4) vorgestellt. Die Praxisszenen in den Videos werden durch Erfahrungsberichte von Lehrpersonen kommentiert.

Abbildung 36

Praxisteil der Videostruktur des fachdidaktischen Erklärvideoformats

Anmerkung. In der gezeigten Praxisszene zu Beginn des Videos führt die Lehrperson ein in das Thema des gerechten Verteilens und Aufteilens.
Quelle: Screenshot aus einem Praxisteil des Videos „Rolle der Lehrperson“ im 2. Redesign (2019). Frank Föckler.

Der abschließende Theorieteil fasst alle im Hauptteil präsentierten Wissenselemente in einer Übersicht zusammen (Abbildung 37). Hierbei werden handlungsleitende Kommentare des Sprechers integriert. Dies dient dazu, Lehrpersonen die Gelegenheit zu bieten, die gezeigten Inhalte zu vertiefen.

Abbildung 37

Zusammenfassung als abschließendes Element des Erklärvideoformats

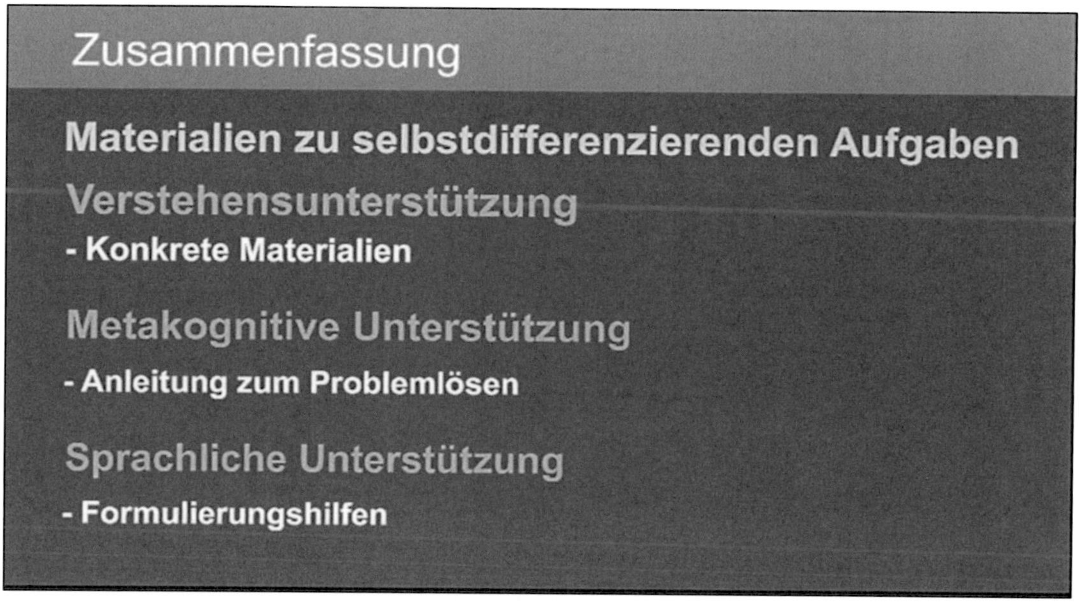

Anmerkung. Am Ende des Videos werden alle gezeigten theoriebezogenen Wissenselemente nochmals in einer Gesamtübersicht als Wiederholung eingeblendet.
Quelle: Screenshot aus dem Video „Unterstützende Materialien" (Zweites Redesign, 2019). Frank Föckler.

9.1.6 Zieltransparenz

Zu Beginn jedes Videos wird eine *Übersicht* über die Inhalte aller vier vorhandenen Videos eingeblendet (Abbildung 38).

Abbildung 38

Darstellung der Zieltransparenz im fachdidaktischen Erklärvideo

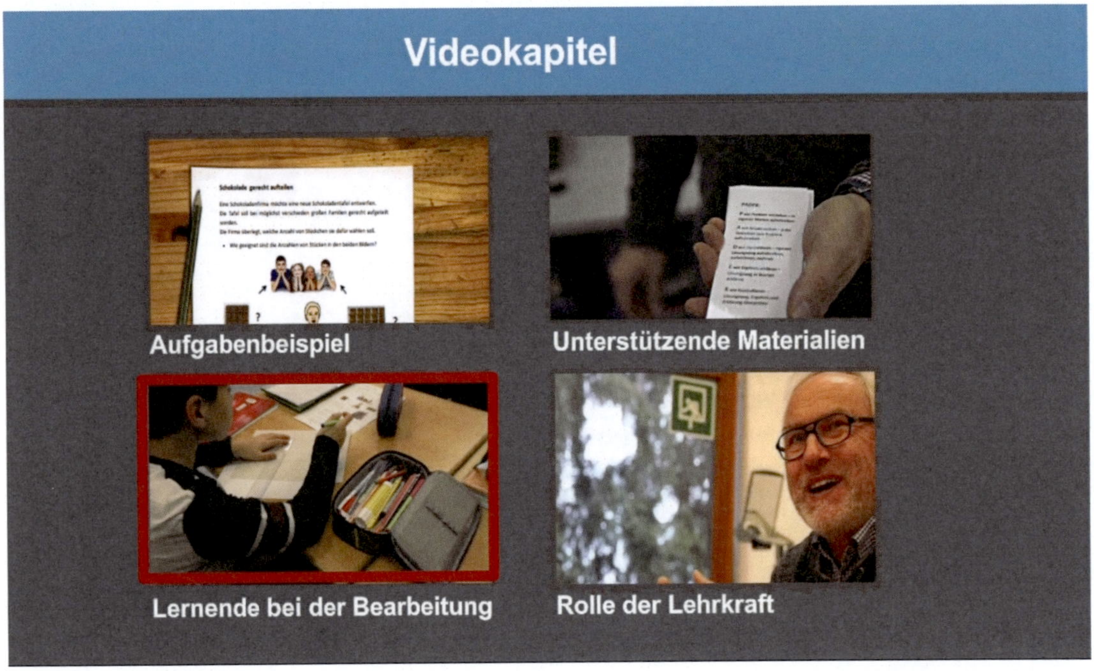

Quelle: Screenshot aus dem Video über Begleitmaterialien (2. Redesign, 2019). Frank Föckler.

Für die einzelnen Fortbildungsvideos wurden jeweils am Anfang präzise Lernziele formuliert. Eine *Off-Stimme* (Sprecher) erteilt dazu folgende Informationen:

> *„Die Videos zeigen verschiedene Sichtweisen auf die Gestaltung von Mathematikunterricht mit selbstdifferenzierenden Aufgaben. In diesem Teil geht es um die Sichtweise auf die „Bearbeitung durch Lernende".*

Nach dem Kommentar des Sprechers wird das von ihm genannte Video mit einem roten Rahmen hervorgehoben (Abbildung 38, siehe Rahmen um das linke Bild in der unteren Reihe).

Eine Sensibilisierung auf das Thema erfolgt jeweils durch einen *stummen Einstiegsimpuls* in Form einer Texteinblendung (siehe Abbildung 39).

Abbildung 39

Zieltransparenz im fachdidaktischen Erklärvideo durch einen stummen Impuls

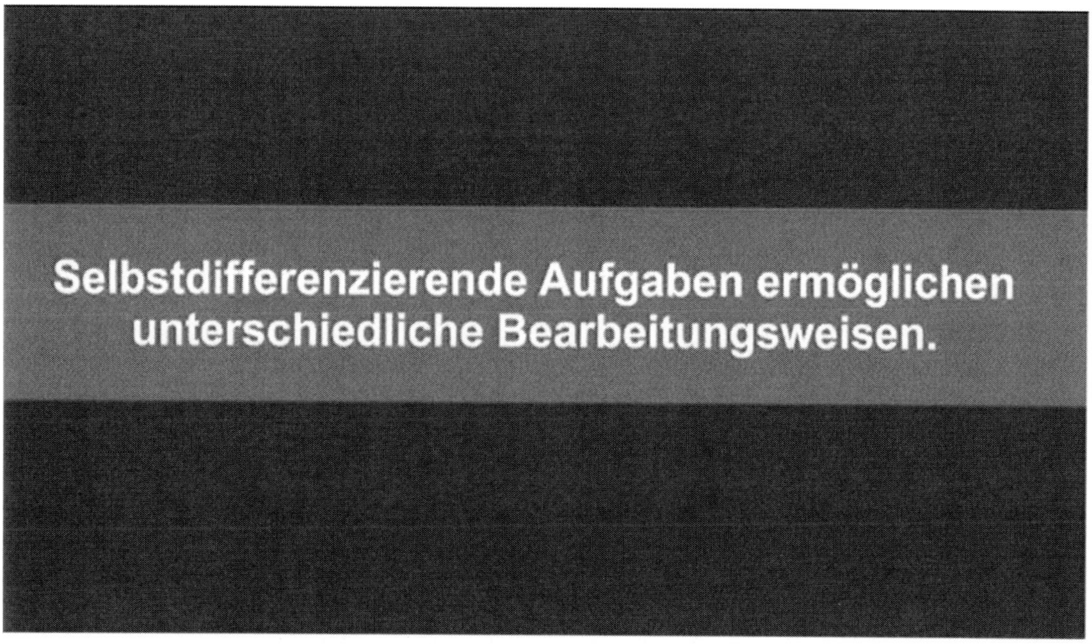

Anmerkung: Der stumme Impuls gibt einen ersten Hinweis auf die hohe Heterogenität in der Bearbeitungsweise selbstdifferenzierender Aufgaben durch Lernende.
Quelle. Screenshot aus dem fachdidaktischen Erklärvideo über Begleitmaterialien beim Einsatz selbstdifferenzierender Mathematikaufgaben (2. Redesign, 2019). Frank Föckler.

9.1.7 Didaktische Strukturierung der Inhalte

Im entwickelten fachdidaktischen Erklärvideoformat wurden verschiedene Entscheidungen bezüglich der didaktischen Strukturierung der Inhalte getroffen, die im Folgenden näher betrachtet werden.

Didaktische Reduktion

Die didaktische Gestaltung der entwickelten Videos folgt dem Prinzip der Didaktischen Reduktion, das in mehreren Schritten umgesetzt wurde. So wurde zunächst der Umfang zum Fortbildungsgegenstand „Differenzierung im

Mathematikunterricht“ eingegrenzt. Aus ursprünglich vier Differenzierungsbereichen wurde der Fokus lediglich auf den Bereich „Selbstdifferenzierende Aufgaben im Mathematikunterricht“ gelegt.

Um die didaktischen Teilaspekte dieses Themas weiter zu spezifizieren, wurden in einem zweiten Schritt entschieden, zu diesem Bereich anstelle eines einzelnen Videos vier Erklärvideos zu erstellen.

Innerhalb der vier Videos wurden schließlich in einem letzten Reduktionsschritt inhaltliche Aspekte vereinfacht. Im Video „Rolle der Lehrperson“ wurden beispielsweise fünf „gestufte Hilfen“ nach Zech (2002) zu vier gestuften Hilfen zusammengefasst.

Spezifische Begrifflichkeiten und Kategoriensysteme

In den entwickelten Videos werden in den Theorieteilen passende theoriebezogene *Unter-* und *Oberbegrifflichkeiten* (Wissenselemente) verwendet und für diese jeweils einzelne Wörter oder kurze Formulierungen eingeblendet (Abbildung 40, rechter Teil).

Abbildung 40

Gliederung von Begriffen im fachdidaktischen Erklärvideo

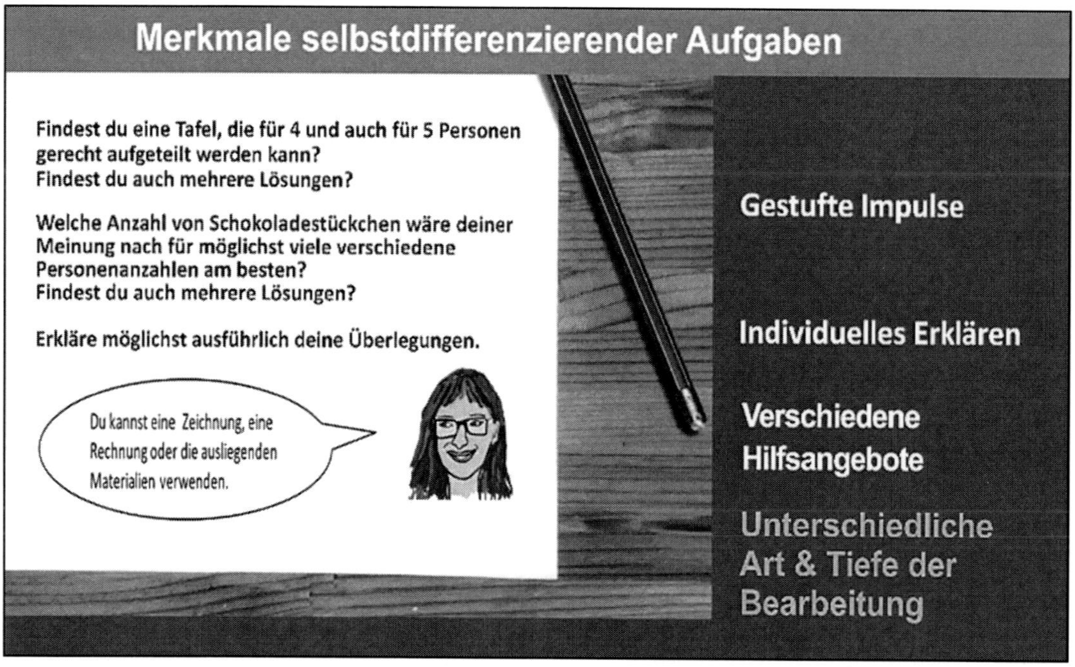

Anmerkung. Im Video werden auf der rechten oberen Bildschirmseite drei theoriebezogene Wissenselemente in Stichworten eingeblendet und durch eine übergreifende Formulierung im rechten unteren Teil kategorisiert. Die Wissenselemente beziehen sich auf Merkmale selbstdifferenzierender Aufgaben, die durch die Beispielaufgabe im linken Feld aus praktischer Perspektive präsentiert werden.

Quelle: Screenshot aus dem fachdidaktischen Erklärvideo „Aufgabenbeispiel (2. Redesign, 2019). Frank Föckler.

Verständliche Formulierungen

Für die eingeblendeten theoretischen Wissenselemente sowie für die Kommentare des Sprechers und der agierenden Lehrpersonen wurden in der Regel *verständliche Formulierungen* verwendet. Die verbalen Hinweise der im Video gezeigten Lehrpersonen weisen eine Nähe zur praktischen Alltagssprache auf.

Mit Hilfe dieser didaktischen Strukturierungsmethoden sollen die Inhalte klar und verständlich vermittelt werden.

9.1.8 Authentizität

In dem hier vorliegenden fachdidaktischen Erklärvideoformat soll Authentizität durch die integrierten Praxiselemente vermittelt werden. Hinweise auf die praktische Anwendbarkeit und die Möglichkeiten und Grenzen der Methoden sollen eine realitätsnahe Wirkung erzielen, wie im dritten Video durch den Sprecher betont wird:

> *Wie Sie gesehen haben, können Schülerinnen und Schüler selbstdifferenzierende Aufgaben tatsächlich auf ganz unterschiedliche Weise und auf unterschiedlichem Niveau bearbeiten.*
>
> *Das selbstständige Bearbeiten geschieht natürlich nicht ganz von alleine. In einem späteren Teil betrachten wir die Rolle der Lehrperson im Zusammenhang mit selbstdifferenzierenden Aufgaben.*

9.1.9 Adaptivität: Verdeutlichung der Relevanz, Nützlichkeit, Übertragbarkeit

Die konzipierten Inhalte für die fachdidaktischen Erklärvideos orientieren sich an Anforderungen von Lehrpersonen der Sekundarstufe im Hinblick auf differenzierenden Mathematikunterricht. Evaluiert wurde die *Adaptivität der Videoinhalte* im Sinne einer Passung der wahrgenommenen *Wissenselementen* zur eigenen Unterrichtspraxis. Diese Passung wurde jeweils in den Evaluationsbereichen „Relevanz", „Übertragbarkeit" und „Nützlichkeit", jeweils aus subjektiver Perspektive, untersucht.

Verdeutlichung der Relevanz und Nützlichkeit

Die Erforschung der Wirksamkeit des hier entwickelten Videoformats geht der Frage nach, welche theorie- und praxisbezogenen Inhalte vor dem Hintergrund der eigenen Erfahrungen als relevant eingeschätzt werden und wie dies begründet wird. Die hier entwickelten fachdidaktischen Erklärvideos betonen die Wichtigkeit der Inhalte, indem für die Gestaltung Neuheiten, Bedarfe der Teilnehmenden sowie möglichst geeignete Beispiele aus der Praxis berücksichtigt wurden.

Durch die direkte Ansprache des Sprechers und der Betonung einzelner Wörter (siehe fett gedruckten Satzteile) wird versucht, die Relevanz der Inhalte zu verdeutlichen:

> Im Video haben Sie Merkmale gesehen, die eine selbstdifferenzierende Aufgabe kennzeichnen. **Nach diesem Prinzip** können Sie Aufgaben in **allen** Klassenstufen einsetzen.

Durch einen stummen Einstiegsimpuls vor Beginn der gezeigten Videoinhalte sollen die Teilnehmenden auf die Relevanz des Fortbildungsgegenstands eingestimmt werden:

> Eine Aufgabe soll für Schülerinnen und Schüler mit unterschiedlichen Voraussetzungen eingesetzt werden.
> Welche sind die typischen Merkmale diese Aufgabe?

Verdeutlichung der Übertragbarkeit

In Verbindung mit dem hier entwickelten Videoformat wird der Ausdruck „Übertragbarkeit" verwendet. Er bezieht sich auf die Einschätzung, wie gut die gezeigten theoretischen und praxisbezogenen Videoinhalte auf den eigenen Unterricht übertragen werden können.

Formulierungen sollen Lehrpersonen dabei ermutigen, Wissen effektiv im Unterricht anzuwenden. Bei der Entwicklung instruktionaler Videoformate mit Theorie-Praxis-Verbindung stellt sich insbesondere die Frage, wie die theorie- und praxisbezogene Wissenselemente für die Übertragbarkeit verständlich und handlungsleitend formuliert werden können. Die Gestaltung der Videos folgt daher dem kognitivistischen Ansatz, indem *Prinzipien* und *Verallgemeinerungen* der gezeigten Beispiele induktiv erschlossen werden.

Zusätzlich wird in den Praxisteilen der Videos Wert gelegt auf den Einsatz *kontextbezogener, authentisch wirkender Lernumgebungen*, um dem konstruktivistischem Ansatz gerecht zu werden.

Mit Hilfe bestimmter Designentscheidungen auf didaktischer, lernpsychologischer und filmisch-visueller Ebene (siehe Kapitel 9) soll die Übertragbarkeit der gezeigten Inhalte gefördert werden. Dies soll Lehrpersonen zu Folgendem befähigen:

(1) Eigenkonstruktion von Aufgaben mit selbstdifferenzierendem Charakter,

(2) Entwicklung eigener aufgabenbegleitender Materialien,

(3) flexible Erfassung der Denkweisen und Strategien der Lernenden,

(4) flexible Handlungsoptionen in der Rolle als Lehrperson.

Die Videos sollten so strukturiert sein, dass Lehrpersonen die gezeigten Inhalte in ihren eigenen Unterricht integrieren können. Dies soll durch folgende Strategien erfolgen:

(a) exemplarisch gezeigte Unterrichtspraxis,

(b) handlungsleitende Hinweise des Sprechers,

(c) Erfahrungsberichte und Hinweise der in den Videos agierenden Lehrpersonen.

Diese Ansätze sollen dazu beitragen, die gezeigte Praxis auf den eigenen Unterricht zu übertragen und eine systematische Verbindung zwischen Theorie und Praxis herzustellen.

9.2 Entscheidungen auf lernpsychologischer Ebene

Für das Design wurden Elemente des instruktionalen Mediendesigns ausgewählt, auf die Verbindung von Theorie und Praxis in den Videos übertragen und in mehreren Design-Zyklen an die Bedarfe der Teilnehmenden (Lehrpersonen der Sekundarstufe) angepasst.

9.2.1 Präsentationssequenz-Prinzip

Die entwickelten Videos sprechen sowohl den visuellen als auch den auditiven Verarbeitungskanal an. Sie veranschaulichen Praxisszenen aus dem Unterrichtsalltag und präsentieren Schülerdokumente. Gleichzeitig werden gesprochenen Kommentare in Form von Erfahrungsberichten der Lehrpersonen und Kommentaren des Sprechers hinzugefügt. Gesprochene und typografische Elemente (theoretische Perspektive in den Videos), sowie visuelle Informationen (praktische Perspektive in den Videos) stehen in einem ausgewogenen Verhältnis zueinander.

Zur Vermeidung eines kognitiven Overloads transportieren in den Videos die Einzelkomponenten (visuelle, typografische und auditive Elemente) nicht alle simultan die gleichen Informationen. Der Sprecher nennt lediglich den eingeblendeten Begriff in seinem Kommentar und wiederholt nicht die Aussagen der im Video agierenden Lehrpersonen.

Diese Vorgehensweise orientiert sich an Mayers Theorie zur kognitiven Belastung (2005). Bei der Entwicklung der Videos wurde darauf geachtet, den Videoschnitt auf die Sehgewohnheiten der Rezipienten abzustimmen, um die Informationsaufnahme zu erleichtern und Konzentrationseinbrüche zu vermeiden. Dazu gehören ein regelmäßiger, die Aufmerksamkeit erhaltender Wechsel von visuellen und auditiven Elementen sowie die Vermeidung irrelevanter und ablenkender Bildinhalte.

In der multimedialen Strukturierung wurden auditive, typografische und visuelle Elemente systematisch in folgender Reihenfolge miteinander gekoppelt:

1. **Visuelle Elemente**: Einblendung eines Bildelements
2. **Typografische Elemente**: Einblendung eines Textelements
3. **Auditive Elemente**: Gesprochener Kommentar

9.2.2 Räumliche Nähe sprachlicher und bildlicher Elemente

In den entwickelten Videos wurden bewusst Textelemente, die theoretische Perspektiven vermitteln, und Bildelemente, die praktische Perspektiven zeigen, räumlich nah beieinander platziert (vgl. Abbildung 41). Diese räumliche Nähe zielt darauf ab, eine enge Verbindung zwischen theoretischen Konzepten und ihrer praktischen Anwendung herzustellen.

9.2.3 Hervorhebung relevanter Aspekte (Signaling-Prinzip)

In den Theorie-Praxis-Teilen der fachdidaktischen Erklärvideos wird die Aufmerksamkeit auf relevante Informationen mit Hilfe von zwei Strategien bei den Bild- und Textelememte gelenkt.

Im Praxisfeld vergrößert sich aus dem Videostill ein Bild oder ein Bilddetail, das gerade erläutert wird (siehe Abbildung 41, linke Bildhälfte).

Im Theorieteil wird der am Ende jeder Szene eingeblendete Oberbegriff rechts unten positioniert. Dieser Oberbegriff wird etwas größer dargestellt und in hellblauer Farbe hervorgehoben im Vergleich zu den in weißer Farbe eingeblendeten Unterbegriffen.

Abbildung 41

Signaling-Prinzip im fachdidaktischen Erklärvideoformat

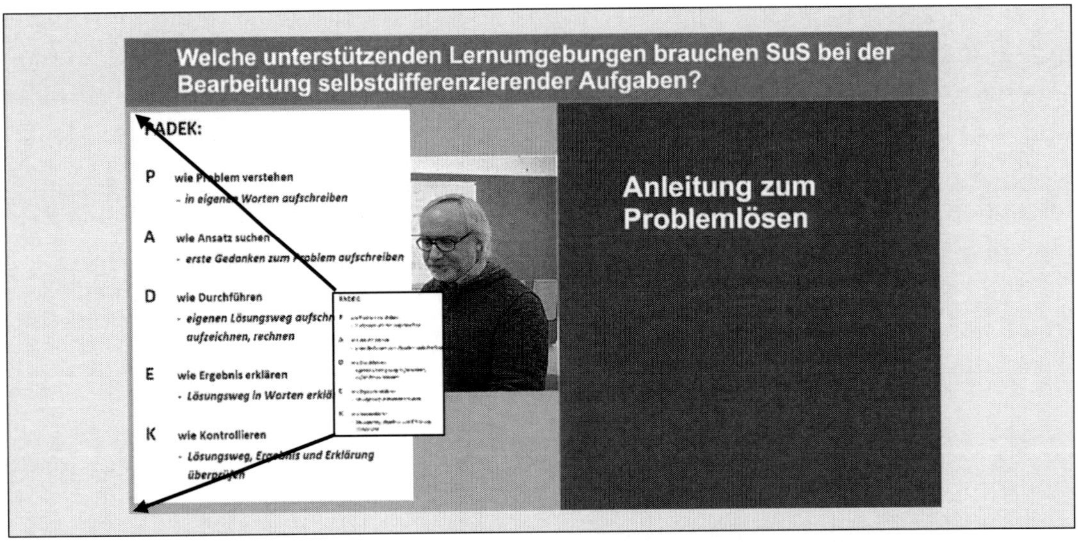

Anmerkung. Prinzip der Hervorhebung, bei der sich ein von der Lehrperson in der Hand gehaltener Problemöseplan (PADEK) in der linken Bildschirmhälfte vergrößert.
Quelle: Screenshot aus dem Video über begleitende Materialien für selbstdifferenzierender Aufgaben im differenzierenden Mathematikunterricht (2. Redesign, 2019). Frank Föckler.

9.2.4 Segmentierung von Inhalten

Die Inhalte der hier entwickelten Videos werden schrittweise präsentiert (vgl. Abbildung 42). Jeder Abschnitt erhält eine Lesezeit von fünf bis acht Sekunden, die je nach Textlänge angepasst wird.

Abbildung 42

Segmentierung von Informationen im fachdidaktischen Erklärvideoformat

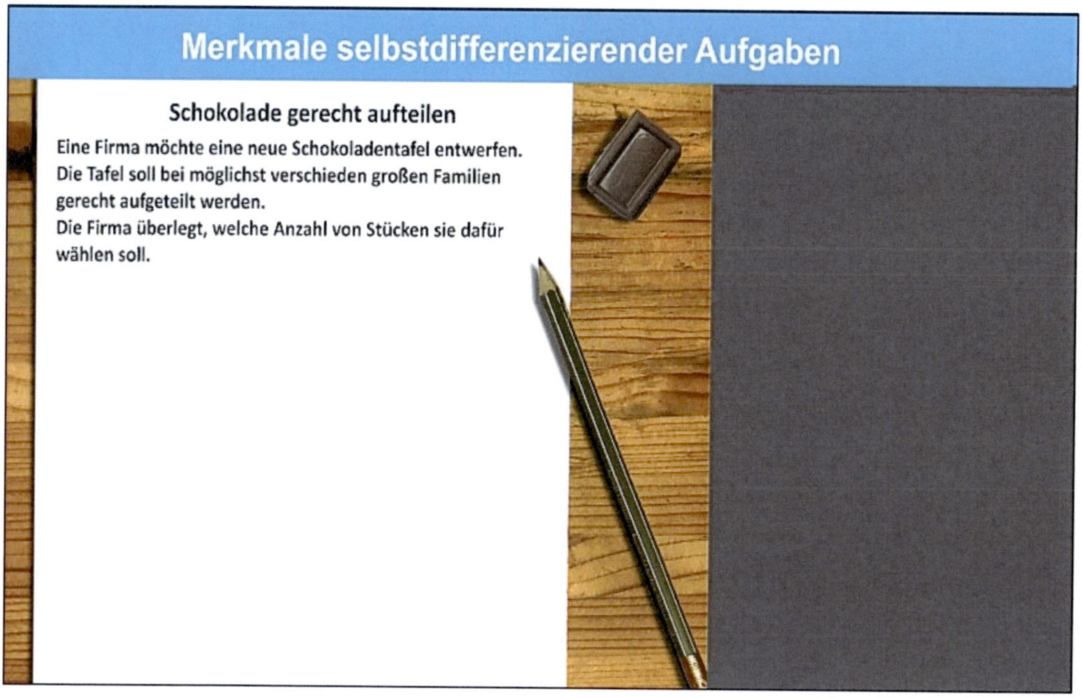

Anmerkung. Im Video wird zunächst der Einführungsteil der Mathematikaufgabe „Schokolade gerecht teilen“ eingeblendet.
Quelle: Screenshot aus dem Video über Merkmale selbstdifferenzierender Aufgaben (2. Redesign). Frank Föckler.

9.2.5 Kurze Spieldauer

Die Videos des entwickelten fachdidaktischen Erklärvideoformats haben unterschiedliche Längen. Das erste Video, das die Merkmale selbstdifferenzierender Aufgaben behandelt, dauert 3.55 Minuten. Das zweite Video, das die Materialien für selbstdifferenzierende Aufgaben bespricht, ist mit 3.11 Minuten das kürzeste. Das dritte Video, das die Herangehensweise der Schüler an selbstdifferenzierende

Aufgaben erläutert, hat eine Länge von 3.17 Minuten. Das längste Video mit einer Dauer von 8.33 Minuten beschäftigt sich mit der Rolle der Lehrkraft.

9.2.6 Angemessene Darbietungsgeschwindigkeit

Eine weitere wichtige Überlegung auf lernpsychologischer Ebene betrifft die Geschwindigkeit bei der Darbietung von Inhalten. Es bietet sich an, ein ausgewogenes Tempo beizubehalten, das weder zu langsam noch zu schnell ist. Eine zu schnelle Präsentation kann überwältigend wirken und dazu führen, dass die Zuschauer den Faden verlieren. Andererseits kann eine zu langsame Präsentation das Interesse der Lehrpersonen verlieren und ihre Aufmerksamkeit abschweifen lassen. In den entwickelten Videos werden daher Bild- und Textelemente langsam auf der Bildschirmoberfläche eingeblendet und bleiben bis zum Ende des Sprecherkommentars sichtbar. Der Sprecher startet seinen Kommentar nach einer ca. viersekündigen Pause nach Einblendung einer Bildelements. Zudem wurde am Ende der Szene ausreichend Zeit gelassen, etwa drei Sekunden, um den Lehrpersonen die Gelegenheit zu geben, das Gesehene zu reflektieren und zu verinnerlichen.

9.3 Entscheidungen auf filmisch-visueller Ebene

In diesem Kapitel werden die für die Entwicklung der Videos angewandten Kriterien für die filmtechnische und visuelle Umsetzung beschrieben.

9.3.1 Einstellungsgrößen

Die Videos umfassen verschiedene Einstellungsgrößen, darunter Totale, amerikanische Einstellungen, Halbnahe und Detail, wie in Abbildung 43 dargestellt. In der Regel blieb eine Kamera statisch positioniert, während die andere flexibel eingesetzt wurde.

Bei Einführungen durch die Lehrperson oder zu Beginn der Videos, wurde in der *Totalen* (siehe Abbildung 43: erstes Bild, zweite Reihe) gefilmt, so dass ein umfassender Überblick über das Klassenzimmer und die Schüler geboten wurde. Für Szenen, in denen Akteure aus der Praxis berichten, wurden eine Nahaufnahme gewählt (siehe Abbildung 43: zweites Bild, erste Reihe), um Nähe und Persönlichkeit zu vermitteln. Interaktionen zwischen Lehrperson und Lernenden wurden in der Einstellung *Halbnah* aufgefangen (siehe Abbildung 43: erstes Bild, zweite

Reihe). Die Kommunikation zwischen Lehrperson und Lernenden wurde von einem seitlichen Standpunkt aus in der Einstellung *Halbnah* oder in der *Amerikanischen_Einstellung* eingefangen. Die Sicht auf Dokumente und Bearbeitungsprozesse der Lernenden erfolgte schräg über ein Schulterteil der Schülerin bzw. des Schülers und wurde im Detail gefilmt (siehe Abbildung 43: unteres Bild rechts).

Abbildung 43

Einstellungsgrößen im fachdidaktischen Erklärvideo

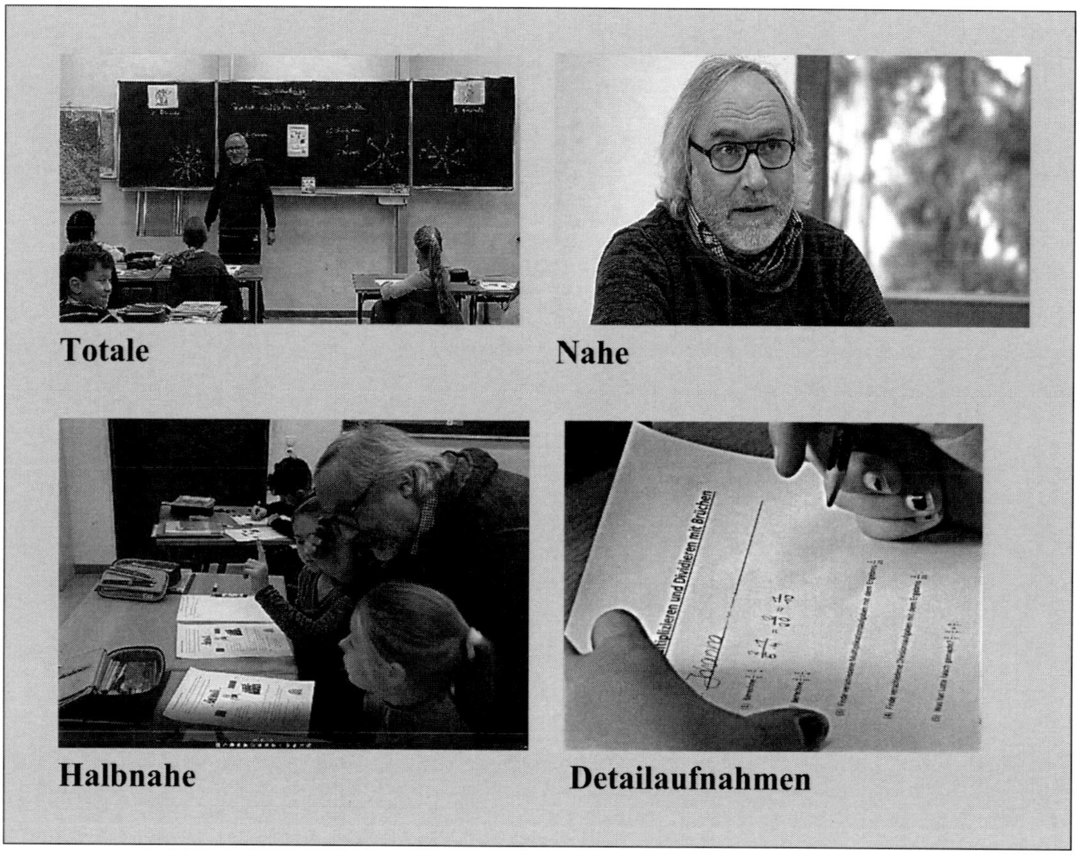

Quelle: Videostill aus dem ersten Redesign (2018). Frank Föckler.

9.3.2 Kameraperspektiven

Die Personen in den fachdidaktischen Erklärvideos, die inhaltliche Aspekte aus ihrer eigenen Praxis erklären, sollen auf den Zuschauer sympathisch, begeistert und authentisch wirken. Ein legerer Kleidungsstil wurde bevorzugt. Bei der Aufnahme der erklärenden Lehrpersonen wurde eine *leichte Untersicht* verwendet (siehe Abbildung 44), um Spannung zu erzeugen. Die Lehrperson ist dem Zuschauer in der Regel zugewandt. Die Lernenden wurden in *leichter Aufsicht* und *Normalsicht* gefilmt.

Diese verschiedenen Kameraperspektiven und -einstellungen tragen dazu bei, die Zuschauer stärker in das Geschehen einzubeziehen.

Abbildung 44

Kameraperspektive eines Erklärenden im fachdidaktischen Erklärvideo

Quelle: Videostill aus dem zweiten Redesign (2019). Frank Föckler.

9.3.3 Kameraeffekte

Bei der Entwicklung des Videodesigns spielten bestimmte Filmeffekte eine wesentliche Rolle.

Die Übergänge zwischen den einzelnen Szenen erfolgen durch *harte Schnitte*. Um den Wechsel von Praxisszenen zur Theorie-Praxis-Oberfläche zu gestalten, wurde der *Bild-im-Bild-Effekt* angewandt. Hierbei verkleinert sich die Praxisszene und wird in das hellgraue Praxisfeld in der linken Hälfte des Hintergrundbildes als Standbild eingebettet wird (siehe Abbildung 45). Zusätzlich werden Kommentarbilder in den Videos per Zoom in diesem Praxisfeld vergrößert (siehe Abbildung 45: unteres Bild rechts). Dieser Ansatz soll den Erklärvideos eine klare visuelle Struktur verleihen und die Verknüpfung von Theorie und Praxis unterstützen.

Abbildung 45

Bild-in-Bild-Effekt im fachdidaktischen Erklärvideo

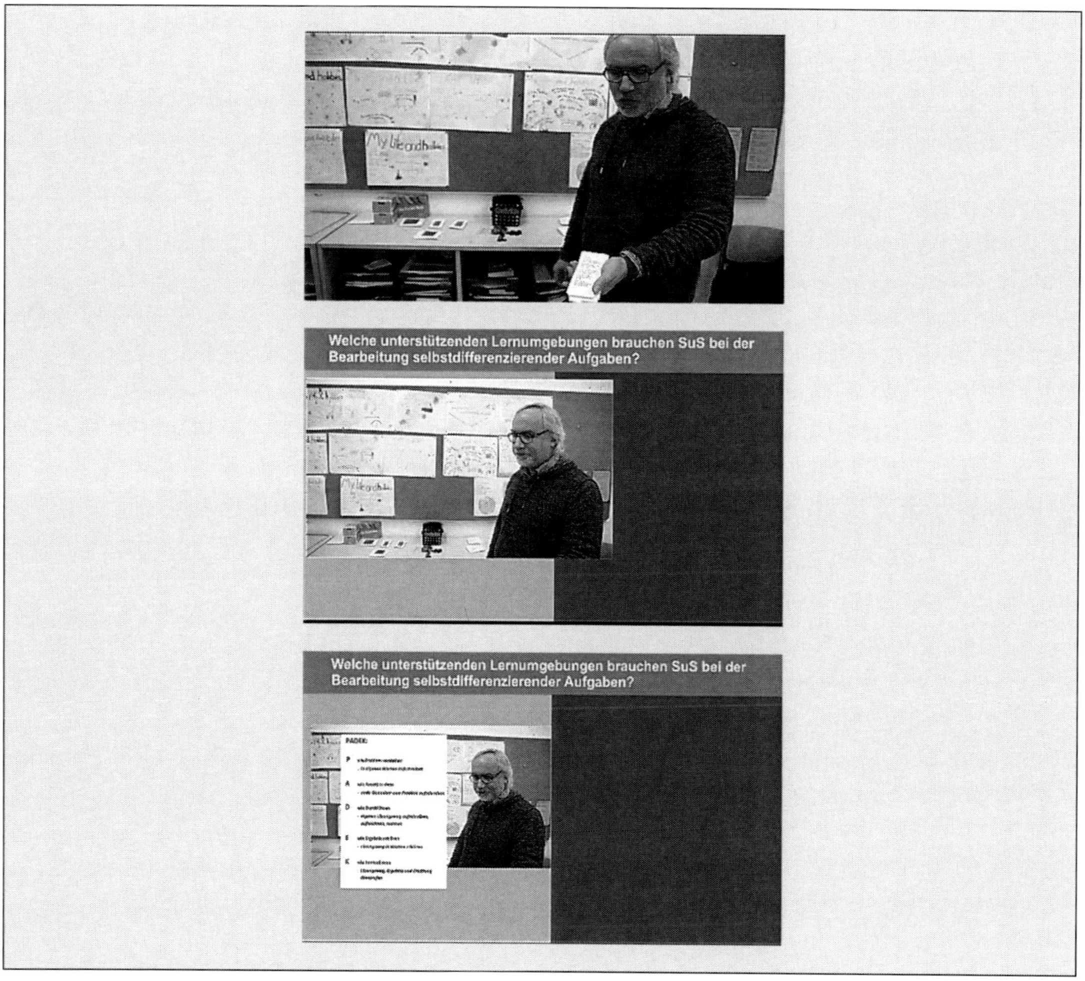

Quelle: Videostills aus dem 2. Redesign (2019). Frank Föckler.

In den Videos wurden folgende Kamerabewegungen eingesetzt: feststehend, Schwenk, Fahrt und Zoom.

In den hier vorgestellten Videos kommen insbesondere *Zoomeffekte* an denjenigen Bildern zum Einsatz, über die der Sprecher kommentiert.

Die Aufnahmen wurden sorgfältig ausgewählt. Bei den Bildeinstellungen wurde möglichst darauf geachtet, die Szenen in ausreichender *Schärfe, Belichtung* und *ruhiger Kameraführung* darzustellen.

9.3.4 Animationsstile

Im Enddesign (2. Redesign) wurde weitgehend auf aufwändige Animationen verzichtet, wie etwa bewegende Comicfiguren oder animierte Tafelanschriebe des Grunddesigns. Stattdessen wurden Bilder gezielt und in reduziertem Umfang eingesetzt. Sowohl Texte als auch visuelle Elemente erhielten lediglich kurze Animationen durch einfache Vergrößerung oder Verschiebung. Für die verschiedenen Videoteile (Praxisteil, Theorie-Praxis-Teil, Theorieteil) wurden spezifische Animationsstile eingesetzt.

Die visuelle Gestaltung der entwickelten Videos kombiniert zwei verschiedene Stile: Realstildreh für den Praxisteil und Flat-Design für den Theorie-Praxis-Teil.

Der Theorie-Praxis-Teil wurden Hintergrundelemente in einen zweidimensionalen Raum eingefügt und Text- und Bildelemente auf der Bildoberfläche kurz in das Theoriefeld bewegt oder in diesem eingeblendet. Um das Verständnis zu erleichtern, wurden Standbilder aus den Unterrichtsszenen im Theorie-Praxis-Teil verwendet. Text- und Bildelemente wurden jeweils langsam eingeblendet, wobei die Einblendungsdauer an die Lesegeschwindigkeit angepasst wurde.

Abbildung 46

Theorie-Praxis-Verbindung im fachdidaktischen Erklärvideoformat

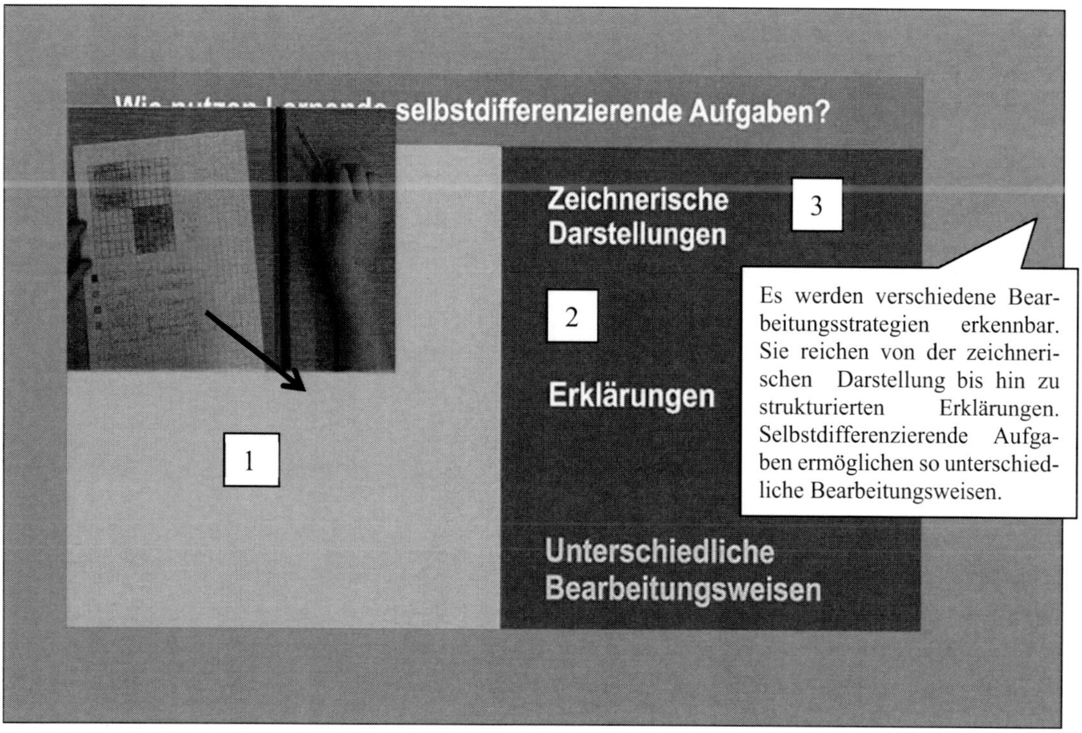

Anmerkung. Systematisierung der Theorie-Praxis-Verbindung in drei Schritten durch Kopplung eines Bildelements (Schülerdokument, 1), mehreren Textelementen (theoriebezogene Wissenselemente zum Thema „Unterschiedliche Bearbeitungsweisen“, 2) und gesprochenem Kommentar (3). Screenshot aus dem Video „Unterstützende Materialien“.
Quelle: 2. Redesign (2019). Frank Föckler

Abbildung 46 zeigt die systematisch erfolgende Verbindung von Theorie und Praxis in drei Schritten nach folgendem Animationsschema:

1. Die vorher gezeigte Praxisszene wird als Standbild in das linke Praxisfeld der Theorie-Praxis-Ebene eingeblendet und verankert sich dort.

2. Im nächsten Schritt erscheint ein theoriegeleiteter Wissensaspekt in Form eines Textelements im rechten Feld.

3. Zu jedem theoriegeleiteten Wissensaspekt erfolgt ein handlungsleitender Kommentar des Sprechers (siehe Sprechbase in Abbildung 46). Dies dient dazu, die im Video gezeigten Praxissituationen schrittweise zu verallgemeinern.

9.3.5 Eigenschaften der Erklärenden

Vor dem Videodreh wurden die Rollen der Akteurinnen und Akteure festgelegt. In den erstellten Videos tritt hauptsächlich eine freundlich und sympathisch wirkende männliche Lehrperson mittleren Alters auf. Sie übernimmt in den praktischen Szenen die Rolle einer vorbildlichen und exemplarisch handelnden Person. Im ersten Video stellt sie sich kurz vor. In den anderen drei Videos reflektiert die Lehrperson aus der eigenen Praxis. Zudem sind eine männliche und eine weibliche Lehrperson, ebenfalls mittleren Alters, im vierten Video mit unterschiedlichen Kommentaren vertreten.

Alle im Video erklärenden Personen zeichnen sich durch ein *gepflegtes Erscheinungsbild* aus, verfügen über eine klare, gut verständliche Stimme und sprechen in einem angemessenen Tempo.

Bei der *Stimmqualität* wurde auf eine deutliche Aussprache, einen angenehmen Klang, eine abwechslungsreiche Sprechweise, eine angemessene Sprechgeschwindigkeit sowie eine flüssige Ausdrucksweise Wert gelegt.

In allen erstellten Videos zur Studie ist die Lehrperson bei der Vermittlung von Informationen in kurzen Abschnitten visuell *präsent*. Dabei variiert die Blickrichtung zwischen Profilaufnahmen und direktem Blickkontakt zur Kamera. Die Szenen mit der reflektierenden Lehrpersonen wurden in einem Klassenzimmer am Pult gefilmt. Dabei wurden vor allem *Nahaufnahmen* des Gesichtes in der Regel aus *leichter Untersicht* im *Dreiviertelprofil* gefilmt.

Für die Vermittlung theoriebezogener Inhalte und zur Verbindung von Theorie- und Praxisinhalten wurde ein Off-Sprecher eingesetzt.

9.3.6 Toneffekte

Die Stimme der hauptsächlich agierenden Lehrperson wurde teilweise zur Erläuterung didaktischer Sachverhalte als *Hintergrundstimme* über kurze Unterrichtsszenen, in der sie auftrat, gelegt. Dies schuf eine dynamische Atmosphäre.

Um eine möglichst hohe Tonqualität zu erreichen, wurden den sprechenden Akteuren im Video ein Funkmikrofon angesteckt.

Auf die Verwendung von *Hintergrundmusik* wurde bewusst keinen Wert gelegt, um den Fokus der Zuschauer auf die inhaltliche Vermittlung zu lenken. Dies ermöglichte eine klarere Darstellung der Lerninhalte.

9.3.7 Leserichtung

In den entwickelten fachdidaktischen Erklärvideos im Enddesign (2. Redesign) erfolgt die Leserichtung dem herkömmlichen *Links-rechts-Muster*. Diese Leserichtung erleichtert den Zuschauern die Orientierung, da sie gewohnt sind, von links nach rechts zu lesen.

9.3.8 Visualisierungsdesign

Das Visualisierungsdesign der fachdidaktischen Erklärvideos beinhaltet Aspekte wie Bildschirmlayout, Größe von Bild- und Textelementen, Bildauswahl und Typografie.

Äußeres Erscheinungsbild

Das äußere Erscheinungsbild, die Optik, sollte für die entsprechende Zielgruppe ansprechend gestaltet sein. Der Look in den Erklärvideos ist schlicht und besteht aus einer reduzierte Farbpalette. Die Bildschirmoberfläche wurde in einem einfachen und übersichtlichen *Layout* gestaltet. Der Hauptteil der Videos, der Theorie-Praxis-Teil, ist in drei Bereiche mit jeweils verschiedenen Farben unterteilt (siehe Abbildung 47). Die Fläche wurde nach einem festen Proportionsprinzip aufgeteilt. Das Theorie- und das Praxisfeld nehmen jeweils die Hälfte bei einer senkrechten Aufteilung ein. Das obere blaue Orientierungsfeld beträgt ca. ein Achtel der waagrechten Aufteilung.

Abbildung 47

Visualisierungsdesign der Benutzeroberfläche im vorliegenden Erklärvideoformat

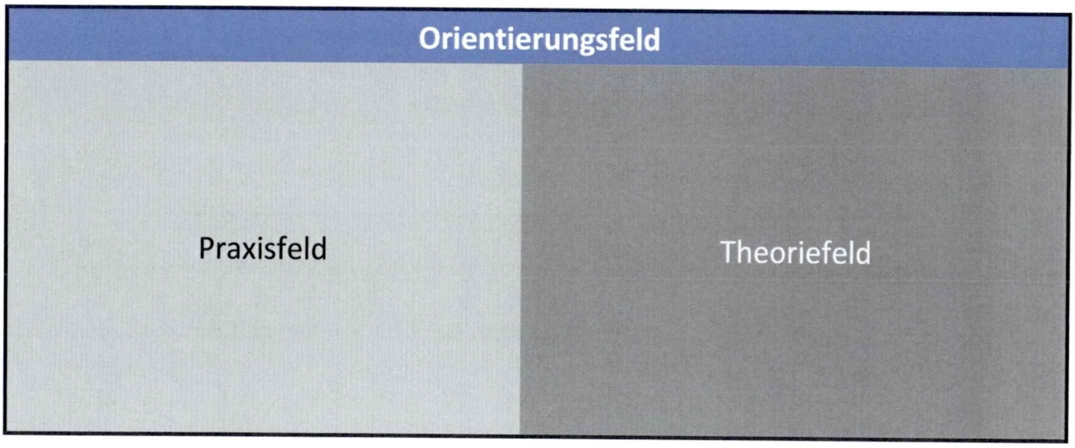

Anmerkung. Layout des Bildschirms im 2. Redesign (2019)
Quelle: eigene Darstellung

Bild- und Textelememte

Die Gestaltung der Bild- und Textelemente in den Videos wurde mit Rücksicht auf die Lesbarkeit auf verschiedenen Geräten großzügig angelegt, indem ausreichend Abstände zu den Bildrändern eingehalten wurden.

In sämtlichen Videos, die dieser Studie zugrunde liegen, wurde ein einheitlicher Schrifttyp verwendet: das serifenlose „Arial“, welches eine klare und gut lesbare Wirkung erzielt.

Zusätzlich sind authentische oder authentisch wirkende Bilder aus Unterrichtsszenen, darunter Dokumente von Schülern und Fotos von Materialien, in den Videos enthalten, um die praktische Perspektive zu vermitteln (vergleiche Abbildung 48).

Abbildung 48

Im Erklärvideo eingeblendetes, authentisch wirkendes Bildbeispiel

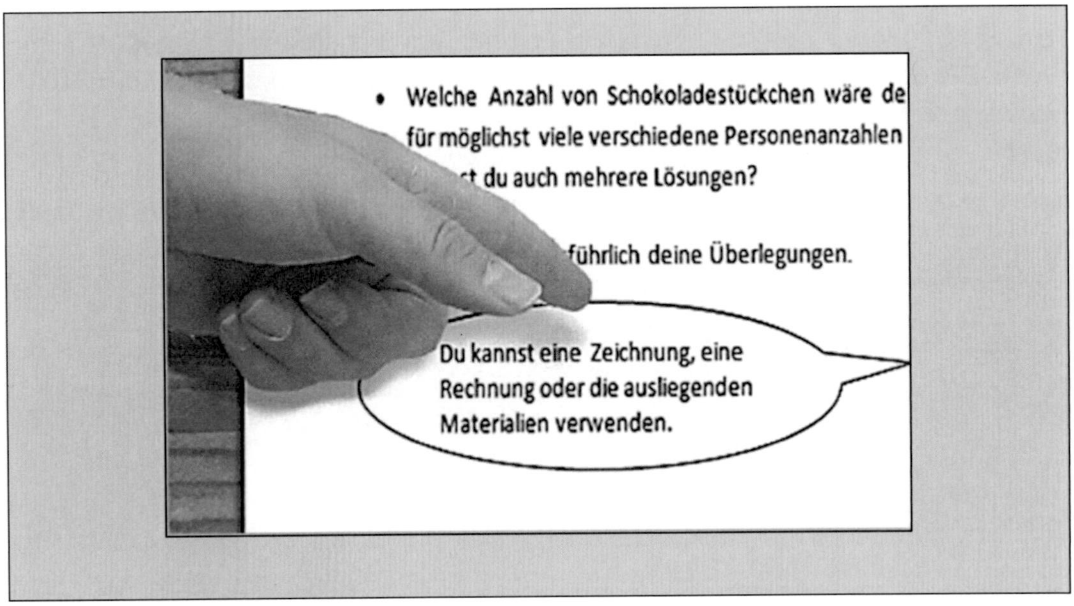

Quelle. Screenshot aus dem Video „Unterstützende Materialien bei der Bearbeitung selbstdifferenzierender Aufgaben“. 2. Redesign (2019). Frank Föckler.

Seitenverhältnis

Das vorliegende Seitenverhältnis ist das gängige Videoformat 16 : 9. Das gewählte Format des Zielmediums (z.B. Buch, Computermonitor, Smartphone) bestimmt entscheidend die Größe und Ausrichtung (Hoch-, Querformat) der Abbildungsflächen.

In der Visualisierung wurde auf Anschaulichkeit geachtet, indem alle gezeigten Materialien und Dokumente scharf, groß und gut lesbar dargestellt wurden. Dadurch sollte die Darstellung nutzerfreundlich wirken.

Farbgebung

Die Farbgebung und das Layout sind bewusst zurückhaltend gestaltet, um die Informationsaufnahme zu erleichtern. Im Theorieteil wurde ein heller Grauton gewählt, um eine klare Abgrenzung zu den weißen typografischen Elementen zu schaffen. Die Oberbegriffe sind in Fettdruck und Weiß gehalten, um sie hervorzuheben, während der Praxisbereich in einem helleren Grauton erscheint. Diese Gestaltung soll die Lesbarkeit und den Fokus auf die Inhalte unterstützen.

9.4 Entscheidungen auf film- und verarbeitungstechnischer Ebene

Folgende Unterkapitel stellen die für die Entwicklung verwendete Hard- und Software vor, erläutern Kamerapositionen beim Videodreh und die Funktion der Mikrofone sowie die Systematisierung der Videospuren.

9.4.1 Hard- und Software

Im Folgenden wird die technische Ausrüstung (verwendete Kamera- und Mikrofontypen) des Projekts vorgestellt.

Verwendete Camcorder

Um Situationen in gleicher Qualität zu filmen, wurden zwei baugleiche, hochauflösende Kameras eingesetzt. Es handelte sich um professionelle Fotoapparate der Marke SONY (Gerätetypus: ALPHA I und III). Als Speichermedium kamen zwei SD-Karten zum Einsatz (2x32GB).

Kamerapositionen

Die Unterrichtsszenen wurden mit zwei Filmgeräten in einer *festen (statischen) Kameraposition* und mit *flexiblen Kamerapositionen* gedreht.

Verwendete Mikrophone

Für die Tonaufnahmen kamen zwei *Kondensatormikrofone* zum Einsatz. Der verwendete Camcorder besitzt standardmäßig ein Kondensatormikrofon, das über eine Audioeinheit auf dem Camcorder befestigt wird. Es handelt sich dabei um ein Richtmikrofon, das darauf ausgelegt ist, trotz Umgebungsgeräuschen ein gutes Tonsignal in Aufnahmerichtung zu erzeugen.

Für die Stimme der Lehrperson kam zusätzlich ein *Lavaliermikrofon* mit *Sender* (Transmitter) und *Empfänger* (Receiver) zum Einsatz (Abbildung 49). Dieses kleine Ansteckmikrofon wurde über ein Kabel mit einem Sender verbunden, der am Gürtel oder an der Hosentasche befestigt werden konnte. Der aufgenommene Ton wurde an den Empfänger gesendet, der am Audioanschluss der Videokamera verbunden und auf der Kamera befestigt wurde (siehe vorderes Kabel in Abbildung 49).

Es wurde ein *Klassenmikrofon* und ein *Lehrermikrofon* eingesetzt. Das großes Klassenmikrofon nahm die Aussagen der Schülerinnen und Schüler auf, während das Lehrermikrofon, angesteckt am Hemd, die Aussagen der Lehrperson festhielt. Weitere Utensilien waren ein Stativ und ein Mikrofonempfänger.

Abbildung 49

Verwendetes Lavaliersystem für die Aufnahmen der Praxisszenen in den fachdidaktischen Erklärvideos

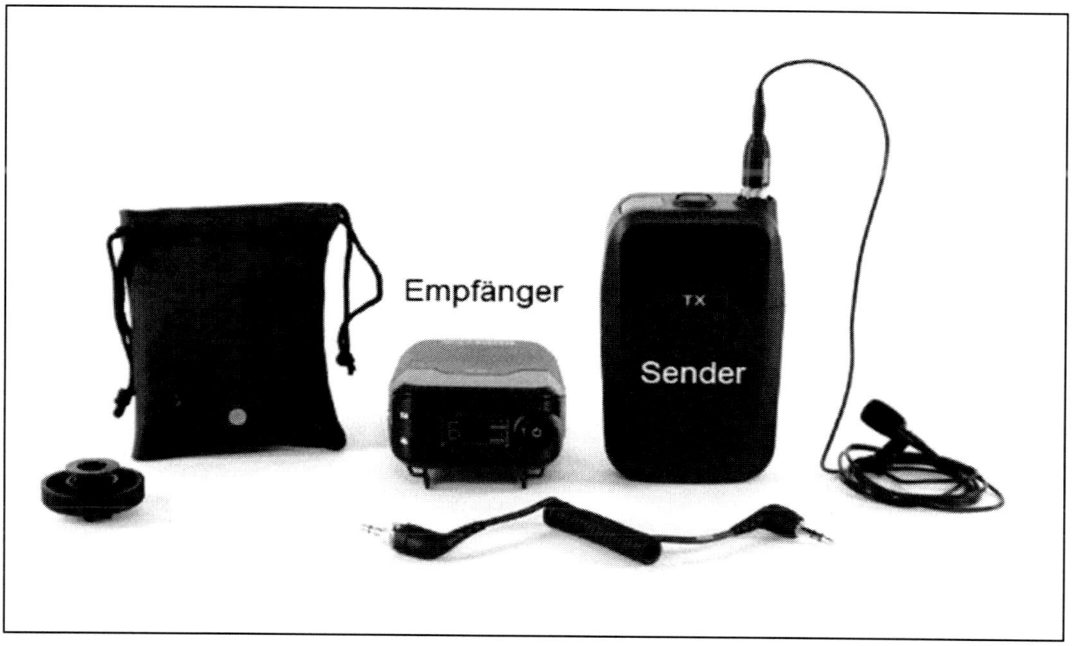

Quelle: eigene Darstellung.

Videobearbeitungssoftware

Zur Nachbearbeitung der Aufnahmen wurde verschiedene Software eingesetzt und Daten systematisch strukturiert und gespeichert. Zudem wurden die verschiedenen Tonspuren der beiden Kameras (Richt- und Funkmikrofon) synchronisiert. In weiteren Bearbeitungsschritten wurden ergänzendes Bildmaterial und Textelemente hinzugefügt, Anonymisierungen auf Bildebene berücksichtigt sowie die Untertitelung und die bild- und tontechnische Angleichung der Kameraperspektiven (Farbkorrektur, Lautstärkepegel) durchgeführt.

Für die Verarbeitung des Videomaterials wurden folgende Programme verwendet:

- *Adobe Premiere Pro CS4* und *Video Pro X* für Vertonung und Schnitt des Videos,
- *Microsoft PowerPoint* für Animationsentwürfe,
- *Gimp* für die Bearbeitung von Bildelementen.

9.4.2 Systematisierung der Spuren

Die Film-, Layout-, Text-, Audio- und Bildelemente konnten einzelnen Spuren zugeordnet und diese in eine Reihenfolge gebracht werden (Tabelle 13).

Tabelle 13

Systematische Aufteilung der Videospuren

Spurebene	Element
Spur 1	Videoelemente (Unterrichtsszenen)
Spur 2	Videoelemente (Unterrichtsszenen)
Spur 3	Audioelemente (Stimme Sprecher, Stimme Lehrpersonen)
Spur 4 ff	Text- und Bildelemente

9.4.3 Formatierung des bearbeiteten Videodatenmaterials

Die Unterrichtsvideos wurden in Full-HD-Qualität (HDV 1080p, 25fps, 16:9) im MP4-Dateiformat aufgezeichnet und in Webqualität in folgendem Format und Codec bereitgestellt:

Containerformat:	MP4
Videocodec:	H.264/MPEG-4 AVC
Audiocodec.	MPEG AAC Audio; Stereo
Auflösung:	1280 x 720p; 1920 x 1080p
Framerate:	29.97 frames/s; 25 frames/s

streamable incl. HTML, ohne Anti-Interlace-Filter

Im letzten Bearbeitungsschritt wurden alle Videoclips in ein streamingfähiges Endformat konvertiert und schließlich auf einem projekteigenen Konto veröffentlicht. Mit einem Shortlink konnte der Zugang für die Lehrpersonen leicht ermöglicht werden.

9.4.4 Kamerapositionen

Zur bestmöglichen Erfassung des Unterrichtsgeschehens wurden zwei verschiedene Kamerapositionen genutzt.

1. **Statische Kamera:** Eine feste Kamera wurde im hinteren Teil des Klassenzimmers aufgestellt, um den gesamten Raum und die Aktivitäten des Mathematiklehrers im Verlauf des Videos zu erfassen (siehe Abbildung 50, Kamera links). Interaktionen der Lehrperson mit der gesamten Klasse, vor und nach der Bearbeitungsphase, konnten so festgehalten werden.

2. **Flexible Kamera**: Eine bewegliche Kamera wurde verwendet, um relevante Unterrichtsinteraktionen und Dokumente aufzuzeichnen. Sie ermöglichte es, die Interaktionen zwischen Lehrperson und Schülern aus nächster Nähe zu erfassen. (Fokussierkamera; siehe Abbildung 50, Kamera rechts)

Abbildung 50

Kamerapositionen zur Videographie der Unterrichtsstunde im Klassenzimmer

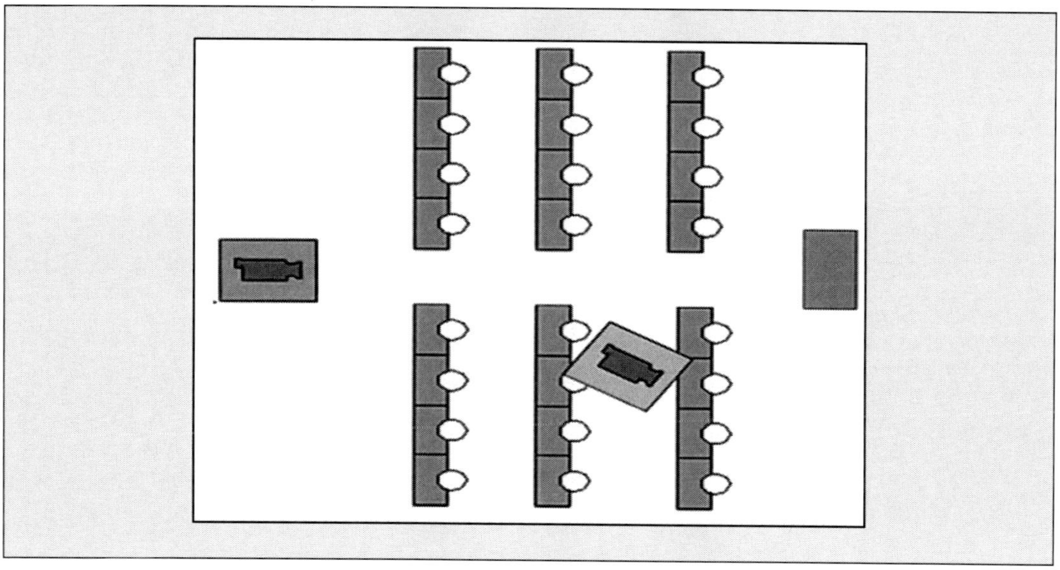

Anmerkung. Beispiel bei einer Klassengröße von 24 Schülerinnen und Schüler. Hintere Kamera: statische Funktion, vordere Kamera: flexible Funktion.
Quelle: eigene Darstellung.

9.5 Zusammenfassung

Alle für die Entwicklung des Erklärvideoformats eingesetzten gestalterischen Entscheidungen werden in Tabelle 14 zusammengefasst. Maßgeblich im Videoformat eingesetzte Gestaltungselemente finden sich in der rechten Spalte in *Kursivschrift*.

Tabelle 14

Überblick über gestalterische Entscheidungen bei der Entwicklung des fachdidaktischen Erklärvideoformats (zweites Redesign)

Didaktische Gestaltungsebene

Beschreibung	Gestaltungselemente
Didaktische Aufbereitung der Inhalte	Didaktische Strukturierung der Inhalte: *Fortbildungsgegenstand aufgeteilt in verschiedene didaktische Bereiche: Aufgabenmerkmale, unterstützende Materialien, Bearbeitungsweisen der Lernenden, Rolle der Lehrperson,* *Spezifizierung und Strukturierung der Lerngegenstände,* *Didaktische Reduktion,* *Aufteilung der Inhalte in Unter-/Oberbegriffe,* *verständliche Formulierungen* Theorie-Praxis-Verhältnis: *ausgewogen* Erklärweise: *induktiv* Videostruktur: *sechsteilig* Zieltransparenz: *Übersichtskapitel, stummer Impuls* Authentizität: *Unterrichtsszenen* Adaptivität durch *Verdeutlichung der Relevanz/Nützlichkeit/Übertragbarkeit* der Inhalte

Lernpsychologische Gestaltungsebene	
Gestalterische Entscheidungen auf Grundlage des instruktionalen Mediendesigns	Präsentationssequenz-Prinzip: *Bild -> Text -> Kommentar* Räumliche Nähe: *kurze Abstände von Text- und Bildelementen* Hervorhebung relevanter Aspekte*: Pop-up-Effekte* Segmentierung von Inhalten*: Schrittweises Einblenden* Kurze Dauer*: ca. 3 bis 6 Minuten* Darbietungsgeschwindigkeit: *angemessenes Tempo*
Filmisch-visuelle Gestaltungsebene	
Gestalterische Entscheidungen bezüglich des Bildschirmlayouts und der filmischen Umsetzung der Lerngegenstände	Einstellungsgrößen: *Totale, Amerikanische Einstellung, Halbnah, Detail* Kameraeffekte: *harter Schnitt, Zoom, Pop-up, Bild-in-Bild* Animationsstile: *Realdrehstil, Flat-Design* Eigenschaften der Erklärenden: *exemplarisch handelnd, reflektierend, Blickrichtung: direkter Kamerablick, Dreiviertelprofil, Off-Stimme* Leserichtung: *links - rechts* Kameraperspektive: *Unter-, Normalsicht, Vogelperspektive* Visualisierungsdesign: *schlicht, drei Felder: Orientierungsleiste (hellblau), Theorie- und Praxisfeld (zwei verschiedene Grautöne)*
Film- und verarbeitungstechnische Gestaltungsebene	
Entscheidungen bezüglich der eingesetzten Hard- und Software/des Filmequipments, Bearbeitungsweise des Rohmaterials	Hardware: zwei *Kameras, Mikrofone, Stativ* Systematisierung der Videospuren: *6 Spuren* Kamerapositionen: *eine flexible und eine statische Kamera* Formatierung: *16:9* Software: *Video Pro X, Adobe Premiere Pro PowerPoint, GIMP*

Die Gestaltung der Verbindung von Theorie und Praxis durchläuft alle Ebenen im Videodesign. Auf *didaktischer Ebene* wurde der Fortbildungsgegenstand gleichermaßen aufgeteilt in theoretische und praktische Perspektiven. Darüber hinaus wurden deiktische Hinweise des Sprechers, wie z. B. "wie Sie unten links erkennen können", genutzt, um Theorie und Praxis sinnvoll zu verknüpfen.

Auf der *filmisch-visuellen Ebene* wurde der Bild-in-Bild-Effekt verwendet, indem eine Unterrichtsszene verkleinert und in der dunkelgrauen Theorieebene des Bildschirms platziert wurde. Durch den Freezing-Effekt wurde ein Standbild der verkleinerten Unterrichtsszene in der linken Bildschirmhälfte erzeugt, wodurch sich die Praxis in der Theorie verankerte.

Auf *lernpsychologischer Ebene* wurde das Präsentationssequenz-Prinzip angewandt (Abfolge: Bild-Text-Kommentar). Bild-, Text- und Kommentarelemente standen in räumlicher und zeitlicher Nähe zueinander.

Auf der *film- und verarbeitungstechnischen Ebene* wurden separate Videospuren für den Ton des Sprechers (Theorie) und der Lehrpersonen (Praxis) sowie für Wissenselemente (Theorie) und die gezeigten Unterrichtsszenen und Bilder (Praxis) erstellt.

Die drei Wissensperspektiven nach Cochran-Smith & Lytle (1999) sind in der Struktur des Videos (siehe Abbildung 51) wiederzuerkennen. Im Praxisteil wird der *knowledge-in-practice-Zugang* sichtbar, wenn die Lehrperson über ihre Erfahrungen und ihr subjektives pädagogisches Handlungswissen berichten. Im Theorie-Praxis-Teil manifestiert sich das knowledge-of-practice durch die Integration von praxisrelevantem Wissen in die gezeigten Beispiele, unterstützt durch Kommentare und eingeblendete Wissenselemente. Im abschließenden Theorieteil werden ausschließlich theoriebezogene Wissenselemente aufgeführt (*knowledge-for-practice*).

Abbildung 51

Überblick über die Theorie-Praxis-Verbindung in den fachdidaktischen Erklärvideos

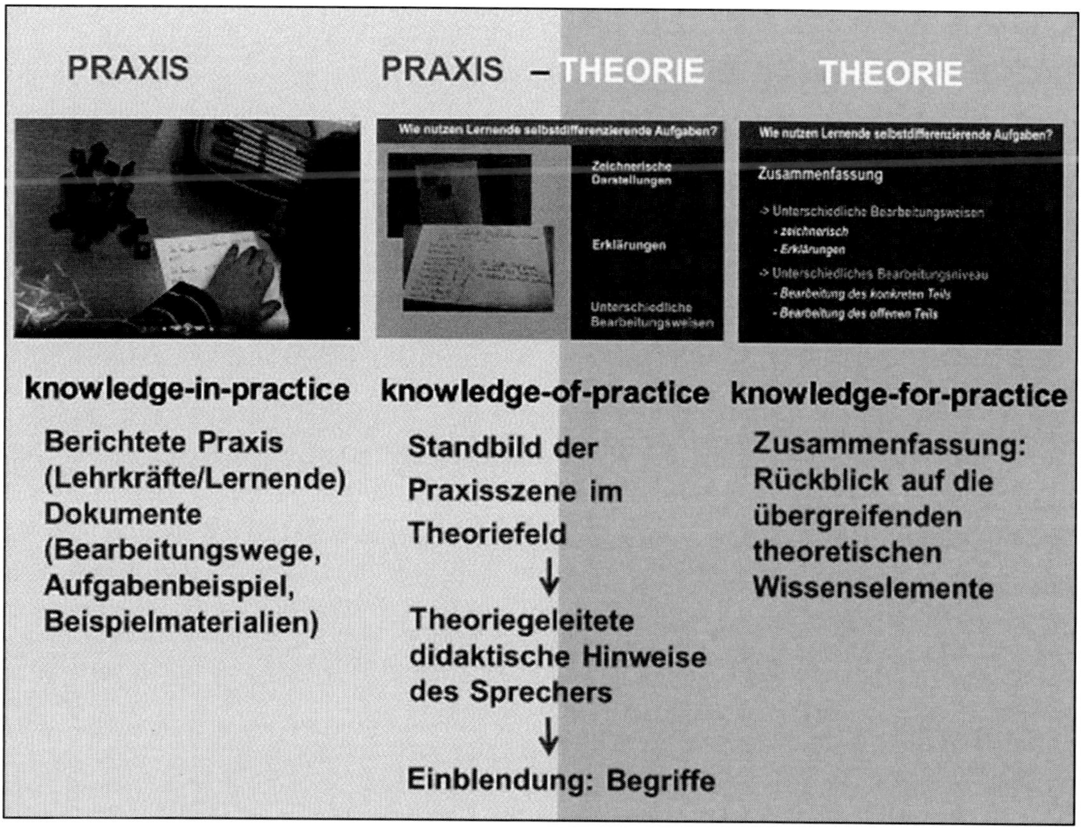

Quelle. Eigene Darstellung mit Screenshots aus dem Video „Lernende bei der Bearbeitung". 2. Redesign (2019).

Die Entwicklung fachdidaktischer Erklärvideos nach spezifischen Gestaltungsprinzipien erfordert die Durchführung mehrerer Designphasen, um die Wirksamkeit der getroffenen gestalterischen Entscheidungen zu überprüfen. Diese Designphasen, vom Grunddesign bis zum zweiten Redesign (Enddesign), werden im nächsten Kapitel ausführlich beschrieben.

10 Designphasen

Welche gestalterischen Entscheidungen können in den Phasen des Videodesigns modifiziert und optimiert werden?

Dieses Kapitel beschreibt die Entwicklungsstadien des Videoformats, angefangen beim Grunddesign über das erste Redesign bis zum finalen Enddesign. Dabei wurden stets die relevanten didaktischen, lernpsychologischen und filmisch-visuellen Gestaltungskriterien aus Kapitel 2.2 berücksichtigt.

Um diese Entwicklungsphasen zu verdeutlichen, wird das Video "Lernende bei der Bearbeitung" als exemplarisches Beispiel verwendet, um zu zeigen, wie es sich im Verlauf dieser Phasen verändert hat. Die Entwicklung der Videos vollzog sich in mehreren Phasen zwischen Oktober 2016 bis Januar 2019 (siehe Tabelle 15).

Tabelle 15

Chronologie der Entwicklungsschritte im Videodesign

Phase	Zeitspanne
Spezifizierung des **Fortbildungsgegenstands**	Oktober 2016 – Juli 2017
Spezifizierung des fachdidaktischen **Erklärvideoformats**	August 2017 – Dezember 2018
Erstellen von **Drehbüchern**	Juni 2017 – Oktober 2017
Filmaufnahmen an Schulen für den praktischen Teil der Videos Einsprechen von Videokommentaren	Dezember 2017 – April 2018
Videogrunddesign zu den Bereichen „Selbstdifferenzierende Aufgaben", „Strategiekonferenzen", „Selbstorganisiertes Lernen"	Oktober 2017 – April 2018
Erstes Videoredesign zu den Bereichen „Selbstdifferenzierende Aufgaben", „Strategiekonferenzen", „Selbstorganisiertes Lernen"	Mai 2018 - Juni 2018
Zweites Videoredesign (Enddesign) Vertiefungsbereich „Selbstdifferenzierende Aufgaben"	Juli 2018 – Januar 2019

10.1 Grunddesign

Bei der Konzeption des Grunddesigns wurde nach ersten Möglichkeiten gesucht, die lernpsychologischen Prinzipien des instruktionalen Mediendesigns, ausgewählte Grundlagen des filmisch-visuellen Bereiches sowie Elemente der Fortbildungsdidaktik in einem ersten Anlauf auf das Videoformat zu übertragen.

10.1.1 Entscheidungen auf didaktischer Gestaltungsebene

Auf der Ebene der didaktischen Gestaltung wurden zunächst erste entscheidende Schritte unternommen. Dies schloss organisatorische Maßnahmen ein, die Strukturierung der Lehrinhalte, eine Berücksichtigung der diskursiven Positionierung, die Konzeption einer vorläufigen Videostruktur und die Festlegung des Verhältnisses zwischen Theorie und Praxis.

Organisatorische Schritte

Mehrere organisatorische Schritte wurden durchgeführt:

1. **Drehbuch**: Der Ablauf wurde in einem ersten *Drehbuch* skizziert und mit *PowerPoint* zunächst voranimiert.
2. **Erprobung der Aufgabe und der Materialien**: Die eingesetzte Aufgabe „Schokolade gerecht teilen" und Begleitmaterialien wurden vor dem Drehbeginn durch die agierende Lehrperson in eine Parallelklasse *erprobt* und etwas modifiziert. Das Videoskript wurde ihr im Vorfeld zur Verfügung gestellt.
3. **Instruktionen an Lernende**: An die Schülerinnen und Schüler wurden folgende Anweisungen gegeben:

    - „Sprecht klar und deutlich mit mir."
    - „Es herrscht absolute Stille."
    - „Vermeidet störende Nebengeräusche."
    - „Verhaltet euch so, als ob die Kameraleute nicht da wären."

Didaktische Strukturierung der Lerninhalte

Im Rahmen der didaktischen Strukturierung der Inhalte wurden vier Differenzierungsbereiche als Fortbildungsgegenstände ausgewählt: Selbstdifferenzierende Aufgaben, Strategiekonferenz, fachdidaktisches Coaching und selbstorganisiertes Lernen. Zu jedem Bereich wurden wissenschaftlich fundierte Konzepte erarbeitet. Gezeigt werden *verschieden Blickwinkel auf den Unterricht* (Aufgabentyp, aufgabenspezifische Begleitmaterialien, Lernende bei der Bearbeitung des Aufgabentyps, Rolle der Lehrperson beim Einsatz dieses Aufgabentyps). Diese Blickwinkel werden jeweils aus theoretischer und praktischer Perspektive gezeigt.

Diskursive Positionierung

Die im Video gezeigten Lehrpersonen kommentieren ausführlich ihre Unterrichtserfahrungen mit einer selbstdifferenzierenden Aufgabe aus praktischer Perspektive. Dabei wird die Umsetzbarkeit und Praktikabilität der gezeigten Mathematikaufgabe diskutiert, einschließlich möglicher Chancen, Alternativen und Grenzen (Abbildung 52). Diese diskursive Positionierung (vgl. Siegel & Hensch, 2021) strebt eine hohe *Authentizität* an und soll einen praxisnahen Einblick bieten.

Abbildung 52
Diskursive Positionierung aus praktischer Perspektive der Erklärvideos

Quelle: Ausschnitt aus dem Screenshot des Videos über die Rolle der Lehrperson im Zusammenhang des Einsatzes selbstdifferenzierender Aufgaben Grunddesign (2017). Frank Föckler.

Videostruktur

Die Videostruktur besteht aus einem *Intro*, einem *Überblick*, einem oder mehreren *Praxisteilen* sowie einem oder mehreren *Praxis-Theorie-Teilen*. Eine Tafel mit Themen wird zunächst in jedem der Videos eingeblendet (Abbildung 53). Sie illustriert den Überblick über die vier Videobeiträge.

Abbildung 53

Überblick als Element der Videostruktur im Grunddesign

Quelle: Videostill aus dem Grunddesign mit animierten Buchstaben Grunddesign (2017). Frank Föckler.

Theorie-Praxis-Verhältnis

Das Theorie-Praxis-Verhältnis ist unausgewogen, wobei der Schwerpunkt auf der Praxis liegt und etwa zwei Drittel des Gesamtanteils ausmacht.

10.1.2 Entscheidungen auf lernpsychologischer Gestaltungsebene

Zu Beginn der lernpsychologischen Gestaltungsentscheidungen standen Aspekte wie das Präsentationssequenz-Prinzip, die Dauer, die Darbietungsgeschwindigkeit und die Verwendung von Hervorhebungen im Fokus.

Präsentationssequenz-Prinzips

Die Anwendung des Präsentationssequenz-Prinzips war uneinheitlich. Die Reihenfolge der multimodalen Elemente (Bild, Text, Ton) variierte zwischen den verschiedenen Theorie-Praxis-Szenen.

Dauer

Die Dauer der einzelnen Videobeiträge variierte stark (von ca. fünf bis etwa 14 Minuten Laufzeit). Die Videos zum Bereich „Selbstdifferenzierende Aufgaben" haben im Durchschnitt eine Länge von 12 Minuten. Das Intro wurde sehr kurz gehalten (ca. vier Sekunden).

Darbietungsgeschwindigkeit

Die Videos wurden in ihrer Darbietungsgeschwindigkeit bewusst in einem langsameren Tempo präsentiert, um Lehrpersonen die Möglichkeit zu bieten, den Inhalten leichter zu folgen und die Informationen besser aufzunehmen.

Hervorhebung

Der aktuelle Beitrag wird auf einer Überblickstafel (siehe Abbildung 53) am Anfang eines Videos mit rot unterstrichener Farbe hervorgehoben.

10.1.3 Entscheidungen auf filmisch-visueller Gestaltungsebene

Bei der Gestaltung der fachdidaktischen Erklärvideos im Grunddesign wurde gezielt ein spezifischen Videotyp ausgewählt. Dabei wurden spezielle Kameraeffekte und Animationen eingesetzt. Ebenso wurde ein erstes Visualisierungsdesign entwickelt und die Auswahl der Leserichtung sowie die Verwendung von Toneffekten berücksichtigt.

Videotyp

Die fachdidaktischen Erklärvideos im Grunddesign konnten dem Videotyp *Hybrid* zugeordnet werden, da sie sowohl aus *Realdrehs* als auch aus *Animationen* bestanden.

Kameraeffekte

Mehrere Kameraeffekte wurden verwendet. Szenenwechsel wurden durch sichtbare *Ein- und Ausblendungen (Schwarzblenden*) vollzogen. Textelemente wurden animiert. Im Intro erschien die Überschrift zunächst übergroß und wurde dann *verkleinert*. Die Praxisszenen wurden durch *weiche Kameraschnitte* voneinander getrennt.

Animationsstil

Als Animationsstil kam die *Zeichentricktechnik* zum Einsatz, bei der Figuren (Lernende oder Lehrpersonen) auf einer Schultafel wie von Geisterhand gezeichnet wurden (siehe Abbildung 54). Mit dieser Vorgehensweise erfolgte der Übergang des jeweiligen Praxisteils in den dazugehörenden Theorieteil des Videos.

Abbildung 54

Entstehung einer Zeichentrickanimation auf filmisch-visueller Ebene

Quelle: Screenshots aus dem Video über Lernende bei der Bearbeitung einer selbstdifferenzierenden Aufgabe Grunddesign (2017). Gestaltung: Frank Föckler.

Visualisierungsdesign

Das Visualisierungsdesign des Theorie-Praxis-Feldes bestand aus einer einzigen *dunkelgrauen Ebene* und zeigte eine ausschließlich *horizontale Bildaufteilung* mit bis zu sechs Text- und Bildelementen, die nacheinander eingeblendet wurden (Abbildung 55). Auf eine Orientierungsleiste wurde verzichtet, um die Bildaufteilung schlich zu halten. Textelemente wurden ausschließlich in *weiß* dargestellt.

Leserichtung

Die Leserichtung war *rechtsläufig (Abbildung 55).*

Abbildung 55

Visualisierungsdesign und Leserichtung des Theorie-Praxis-Feldes

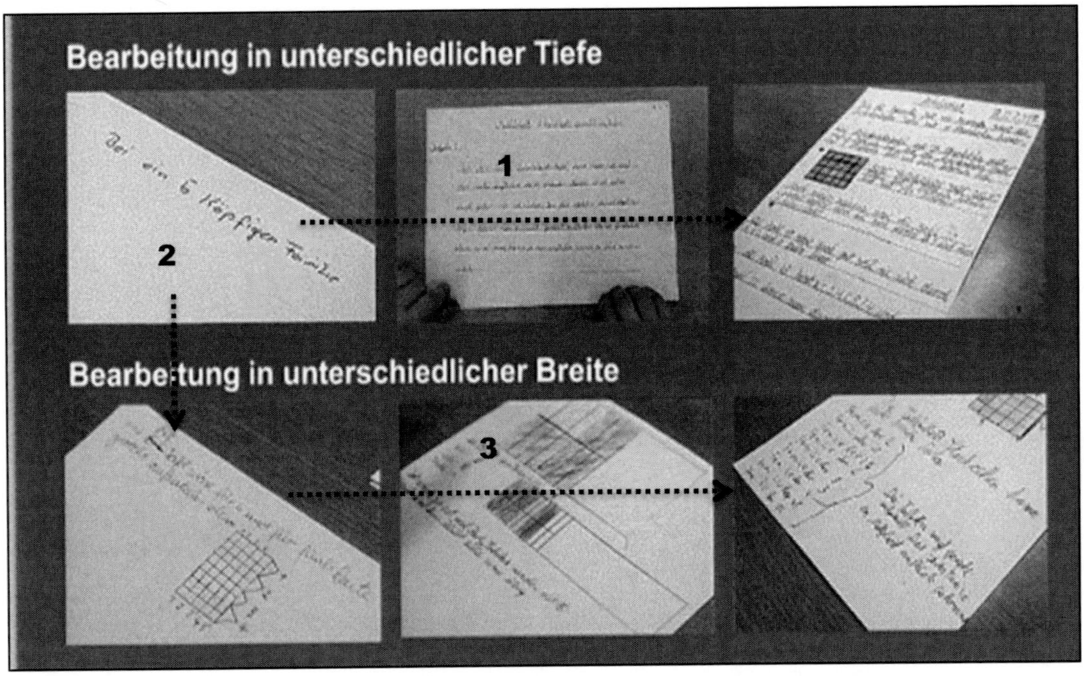

Quelle: Screenshot aus dem Theorie-Praxis-Teil des Videos über Lernende bei der Bearbeitung selbstdifferenzierender Aufgaben Grunddesign. Frank Föckler (2017).

Toneffekte

Als Toneffekt wurde *Hintergrundmusik* für den Überblick zu Beginn der Videos und zu den Kommentaren des Sprechers eingesetzt. Es handelt sich um ein Instrumental von Blue Skies mit dem Titel „Silent Partner“.

10.1.4 Entscheidungen auf film- und verarbeitungstechnischer Gestaltungsebene

Entscheidungen auf film- und verarbeitungstechnischer Gestaltungsebene beinhalteten die Auswahl geeigneter Hardware und eine erste Systematisierung von Filmspuren.

Hardware

Als Hardware wurden zwei *flexible Handkameras* eingesetzt. Ein *Funkmikrofon* wurde am Hemd der Lehrperson befestigt.

Systematisierung der Filmspuren

Die Systematisierung der Filmspuren folgten einer *einfachen Struktur* mit wenigen Spuren. Die geschnittenen Unterrichtsszenen wurden auf maximal zwei Spuren platziert. Darunter liefen *Text- und Bildelemente* teilweise auf einer einzigen Spur. Eine *Tonspur* wurden getrennt gelegt.

10.2 Erstes Redesign

Als Konsequenz der Ergebnisse der Befragung mit Experten der Pädagogischen Hochschule Freiburg wurden erste Designänderungen durchgeführt.

10.2.1 Entscheidungen auf didaktischer Gestaltungsebene

Entscheidungen auf didaktischer Gestaltungsebene berücksichtigten eine weitere Strukturierung der Lerninhalte, zur Gewichtung von Theorie und Praxis sowie Ergänzungen in der Videostruktur.

Didaktischen Strukturierung der Lerninhalte

Im Rahmen der didaktischen Strukturierung der Inhalte erfolgte eine *Didaktische Reduktion* auf nur noch einen Differenzierungsbereich: „Selbstdifferenzierende Aufgaben".

Theorie-Praxis-Verhältnis

Das Theorie-Praxis-Verhältnis war unausgewogen: Der Praxisteil nahm weiterhin etwa zwei Drittel der Beiträge ein.

Videostruktur

Hinsichtlich der Videostruktur bestanden die Videos bestehen aus Praxisteilen und Praxis-Theorie-Teilen. Für die Konzeption der Theorieteile in den Videos wurden wissenschaftlich fundierte Grundlagen weiter spezifiziert und in das Design eingearbeitet. Weitere handlungsleitende Kommentare wurden ergänzt bzw. inhaltlich optimiert. Mit der Absicht, die Authentizität zu erhöhen, wurde die Beispielaufgabe aus Video 1 von einem Schüler vorgelesen.

10.2.2 Entscheidungen auf lernpsychologischer Gestaltungsebene

Bei der lernpsychologischen Gestaltung von Lehrmaterialien standen im ersten Redesign zwei zentrale Prinzipien im Vordergrund:

Präsentationssequenz-Prinzip

Das Präsentationssequenz-Prinzip wurde wie folgt realisiert: Die Gestaltung folgte dem Prinzip der Präsentationssequenz, welches wie folgt umgesetzt wurde: Ein Standbild aus dem Video wurde gezeigt, gefolgt von einem Kommentar des Sprechers und anschließend einem Textelement.

Prinzip der Segmentierung

Die Inhalte folgten dem Prinzip der Segmentierung von Informationen, indem sie auf zwei bis drei Teilszenen verteilt wurden.

10.2.3 Entscheidungen auf filmisch-visueller Gestaltungsebene

Auf filmisch-visueller Ebene wurden verschiedene Effekte modifiziert, das Visualisierungsdesign neu strukturiert und die Leserichtung verändert.

Kameraeffekte

Bei den Kameraeffekten wurden Änderungen vollzogen. Die Praxisszenen wurden durch *weiche Kameraschnitte* voneinander getrennt. Wortanimationen wurden einheitlich *eingeblendet*, nicht mehr eingeflogen. In der Übersichtsszene werden jetzt alle Videokapitel *bewegt* gezeigt, um die Motivation auf die Videos zu erhöhen.

Toneffekte

Toneffekte wurden zurückgenommen, indem kommentierte Szenen nur noch teilweise durch eine *dezente*, *leiser eingestellte Hintergrundmusik* unterlegt wurden. Es handelte sich weiterhin um das Instrumental von Blue Skies (Silent Partner).

Visualisierungsdesign

Abbildung 56 zeigt die Neustrukturierung des Bildschirmlayouts. Die Theorieteile erscheinen jetzt auf der linken Hälfte, die Praxis wird in der rechten Hälfte eingeblendet. In einer oberer Orientierungszeile erfolgte eine thematische Verortung. Sie wurde durch einen gelbe Linie vom unteren Theorie-Praxis-Bereich getrennt.

Alle Text- und Bildelemente lagen auf einer *dunkelgrauen Hintergrundebene*. Bis zu drei Bildelemente erschienen schrittweise in einer Szene und überschnitten sich. Die Bildschirmoberfläche wurde in zwei *gleich große horizontale Felder* (Theorie- und Praxisfeld) aufgeteilt. Die Ebene wurde ungefähr im Verhältnis ein Viertel zu drei Viertel vertikal unterteilt. Alle Textelemente wurden *weiß* dargestellt. Zwei Zeilen im oberen Bereich gaben Informationen zur Orientierung.

Leserichtung

Die Leserichtung ist in der neuen Version *linksläufig* (siehe weißer Pfeil in Abbildung 56).

Abbildung 56

Visualisierungsdesign und Leserichtung im ersten Redesign

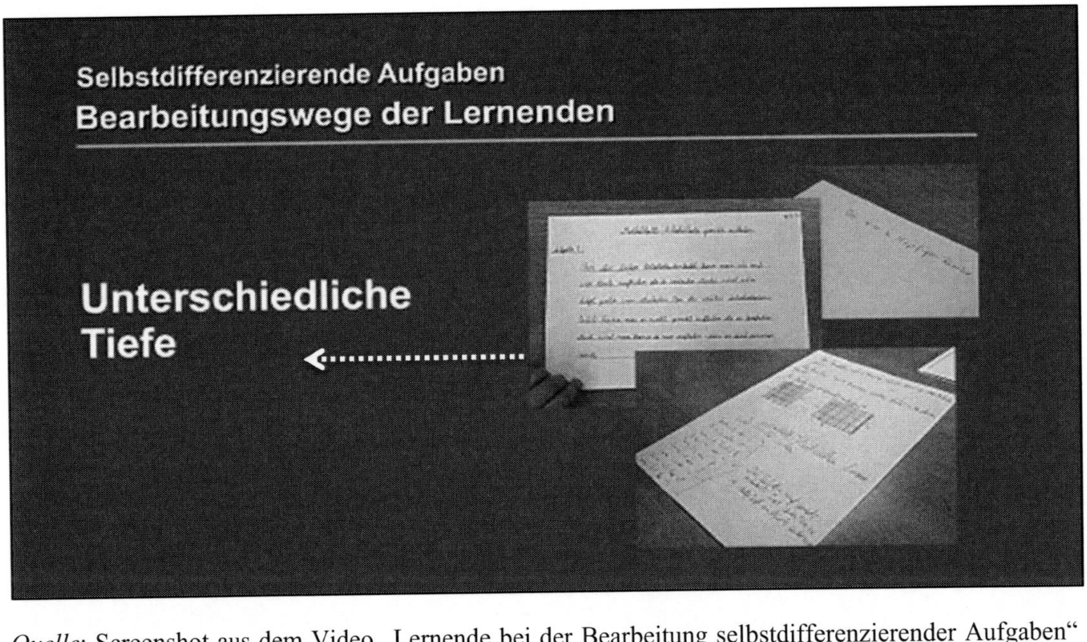

Quelle: Screenshot aus dem Video „Lernende bei der Bearbeitung selbstdifferenzierender Aufgaben" Erstes Redesign (Juni 2018).

10.2.4 Entscheidungen auf film- und verarbeitungstechnischer Gestaltungsebene

Systematisierung der Filmspuren

Die Filmspuren wurden erweitert. Die geschnittenen Unterrichtsszenen wurden auf mindestens zwei Spuren platziert. Darunter liefen *Text- und Bildelemente* auf getrennten Spuren. Zwei *Tonspuren* wurden gelegt.

10.3 Zweites Redesign

In einem zweiten Redesign (Juli 2018 bis Februar 2019) wurden aufgrund der Ergebnisse der Befragung von 30 Lehrkräften verschiedene Designänderungen durchgeführt. Die Veränderungen sollen zur Steigerung der Motivation auf die fachdidaktischen Inhalte beitragen und die Informationsaufnahme erleichtern.

Die Verbindung von Theorie und Praxis nach den Merkmalen des knowledge-of-practice-Ansatzes (Cochran-Smith & Lytle, 1999) wurde konsequenter in der Videostruktur eingebettet und präziser auf einander abgestimmt. Erstmals erscheint neben den Theorie-Praxis-Feldern auch ein separates Theoriefeld, das eine abschließende Zusammenstellung aller im Video gezeigten praxisübergreifenden Wissenselemente bietet. Diese Änderungen sollen die gestalterische Qualität und die Adaptivität der Lerninhalte weiter verbessern.

10.3.1 Entscheidungen auf didaktischer Gestaltungsebene

Auf dieser Ebene fanden grundlegende Veränderungen in mehreren Bereichen statt.

Theorie-Praxis-Verhältnis

Das Theorie-Praxis-Verhältnis wurde ausgewogener gestaltet. Die Videos zeigen nun etwa in gleichen Anteilen theorie- und praxisbezogene Inhalte.

Anwendungstransparenz

Eine Anwendungstransparenz wurde explizit in die Gestaltung aufgenommen. Sie erfolgte durch die Bewusstmachung der *Funktion der Videos* (Sprecherkommentar), durch eine *Sensibilisierung auf das Thema* (eingeblendeter Einstiegsimpuls) sowie *Hinweisen zur Handhabung* der Videos (Sprecherkommentar).

Strukturierung der Inhalte

Lernziele wurden durch den Sprecher jeweils zu Beginn formuliert („In diesem Video sehen Sie …"). Zur Verbesserung der Informationsaufnahme wurde die Informationsdichte durch folgenden Maßnahmen reduziert: *weniger Textelemente*, die *Diskussionsrunde* mit mehreren Lehrpersonen wurde aus dem vierten Videobeitrag *gestrichen*, *verkürzte Erläuterungen* der Lehrpersonen wurden verwendet. Die Theorie-Beiträge wurden *systematisiert*, indem ein übergreifendes

Wissenselement (erkennbar in blauer Schrift auf der rechte Seite) und ein bis zwei dazugehörende Unterkategorien gebildet wurden (siehe Abbildung 59).

Die Theorie-Praxis-Verbindung wurde durch die *Präzisierung der Begriffe* optimiert, so dass sie stärker an die gezeigten Praxisbeispiele andockten. Der Begriff „Breite“ wurde beispielsweise durch „zeichnerische Darstellungen“ und „Erklärungen“ erläutert und durch den Ausdruck „Unterschiedliche Darstellungsweise“ ersetzt. Die Begriffe „Tiefe“ und „Breite“ wurden durch „Bearbeitung des konkreten Teils“ und „Bearbeitung des allgemeinen Teils“ praxisbezogener ausgerichtet und durch den übergeordneten Terminus „Bearbeitungsniveau“ verdeutlicht. Der Sprecher erwähnt in seinen theorie-praxis-verbindenden Kommentaren alle im Video eingeblendeten Begriffe.

Die Begriffe „Tiefe“ und „Breite“ wurden durch „Bearbeitung des konkreten Teils“ und „Bearbeitung des allgemeinen Teils“ praxisbezogener ausgerichtet und durch den übergeordneten Terminus „Bearbeitungsniveau“ verdeutlicht. Der Sprecher erwähnt in seinen theorie-praxis-verbindenden Kommentaren alle im Video eingeblendeten Begriffe.

Der *didaktische Bereich von Lernenden* bei der Bearbeitung einer selbstdifferenzierenden Aufgabe wurde stärker berücksichtigt, indem *Lernprozessen* (Entstehung von Lösungen, Umgang mit Materialien) gezeigt wurden.

In der *diskursiven Positionierung* wurde ein stärkeres Augenmerk auf die Herausforderungen gelegt und diese gleichzeitig als Möglichkeiten betrachtet. Ein Beispiel hierfür ist folgender Kommentar: „Der Einsatz dieser Materialien kann zunächst einen hohen Aufwand bedeuten, der beispielsweise durch Kooperation mit anderen Lehrkräften aber reduziert werden kann.“

Im 2. Redesign kamen teilweise neue *Bilder* zum Einsatz, die noch eindeutiger den Inhalt illustrieren sollten.

Adaptivität der Inhalte

Die <u>Adaptivität</u> sollte durch eine stärkere Verdeutlichung der Relevanz, Nützlichkeit und Übertragbarkeit erhöht werden. Dazu wurden vermehrt *handlungsleitende Impulse* und *deiktischen Hinweisen* gegeben (z. B. durch Kommentare wie: *„Anhand dieser Prinzipien können sie selbstdifferenzierende Aufgaben in Ihrem Unterricht gestalten.“*).

Videostruktur

Die Videostruktur wurde durch eine *Zusammenfassung* am Ende erweitert (siehe Abbildung 57). Sie dient als Erinnerungsstütze und hebt noch einmal alle die der Praxis zugrundeliegenden theoretischen Wissenselemente in einer *Gliederung* hervor.

Abbildung 57

Zusammenfassender Theorieteil in der Videostruktur des fachdidaktischen Erklärvideoformats

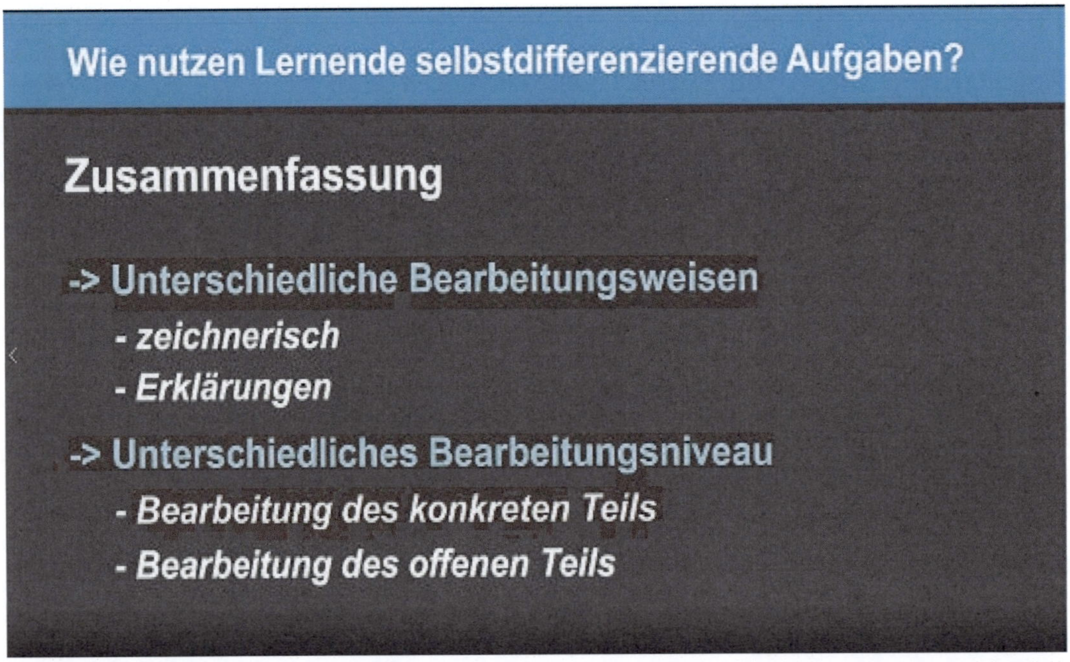

Quelle. Screenshot aus dem Video über Lernende bei der Bearbeitung selbstdifferenzierender Aufgaben 2. Redesign (Februar 2019). Frank Föckler.

10.3.2 Entscheidungen auf lernpsychologischer Gestaltungsebene

Auch auf lernpsychologischer Ebene wurden weitere Änderungen vorgenommen:

Dauer

Die Dauer je Video wurde weiter *verkürzt*. Die Spielzeiten der Beiträge liegen nun im Durchschnitt bei ca. 3,5 Minuten, mit Ausnahme des Videos zur Rolle der Lehrperson, da hier vielfältige Funktionen vor, während und nach dem Einsatz der Differenzierungsmaßnahme aufgezeigt werden.

Präsentationssequenz-Prinzip

Das Präsentationssequenz-Prinzip wurde *vereinheitlicht*. Die multimedialen Effekte werden stärker den Nutzergewohnheiten angepasst. Nun erfolgt die Präsentation der auditiven, visuellen und typografischen Elemente in folgender Reihenfolge: 1. Videostill, 2. Textelement, 3. Sprecherstimme.

Darbietungsgeschwindigkeit

Die Darbietungsgeschwindigkeit wurde angepasst. *Längere Einblendungen* von Textelementen soll eine ausreichende Lesezeit gewährleisten.

Kohärenzprinzip

Die Schlusszusammenfassung soll dem Kohärenzprinzip folgen, indem auf Bild- und Videoelemente verzichtet wird, und stattdessen ausschließlich Text verwendet wird.

10.3.3 Entscheidungen auf filmisch-visueller Gestaltungsebene

Auf filmich-visueller Gestaltungsebene wurden eine Vielzahl an Verbesserungen durchgeführt.

Videostil

Für den Videostil wurde erneut der hybride Ansatz aus Realdreh und Flatdesign gewählt. Die visuellen und typografischen Elemente im Flatdesign wurden auf das Wesentliche reduziert. Auf Texturen, Verzierungen und Farbtöne wurde verzichtet.

Kameraeffekte

Die Kameraeffekte wurden an die Gewohnheiten der Nutzer angepasst. In den Kommentaren wurden die Dokumente der Lernenden und Materialbeispiele in fast ganzer Bildschirmgröße als Pop-ups gezeigt. Szenenwechsel erfolgen mit wenigen Ausnahmen durch *harten Schnitt.* Es wurde auf viele verschiedene Videoeffekte verzichtet. Das Intro wurde animiert, indem ein blaues und ein hellgraues Feld einflogen und der Introtext gezoomt wurde.

Toneffekte

Im Bereich der Toneffekte konnten Verbesserungen durchgeführt werden. Die *Lautstärken* aller sprechenden Personen wurden ungefähr angeglichen. Die *Synchronität* von Ton und Bild wurde optimiert. Hintergrundmusik und Zeichentrickanimationen wurden vermieden.

Leserichtung

Die Leserichtung erfolgte in umgekehrter Reihenfolge: rechtsläufig.

Visualisierungsdesign

Das Visualisierungsdesign der Bildschirmoberfläche im Theorie-Praxis-Feld ist jetzt *übersichtlicher* und *schlichter*. Das Layout ähnelt nun der Struktur einer Karteikarte. Der Bildschirm wurde wieder in drei Bereiche aufgeteilt: *Orientierungs-, Praxis- und Theoriefeld.* Das Orientierungsfeld am obersten Bildschirmbereich besteht nur noch aus einer einzigen Zeile. Das Theorie-Praxis-Feld wurde wieder in genau zwei *gleich große Bildschirmhälften* aufgeteilt, jedoch mit einer größeren Höhe.

In Abbildung 58 ist die schematische Struktur der Bildschirmoberfläche im finalen Redesign dargestellt.

Abbildung 58

Schematische Strukturierung der Bildschirmoberfläche des Theorie-Praxis-Feldes

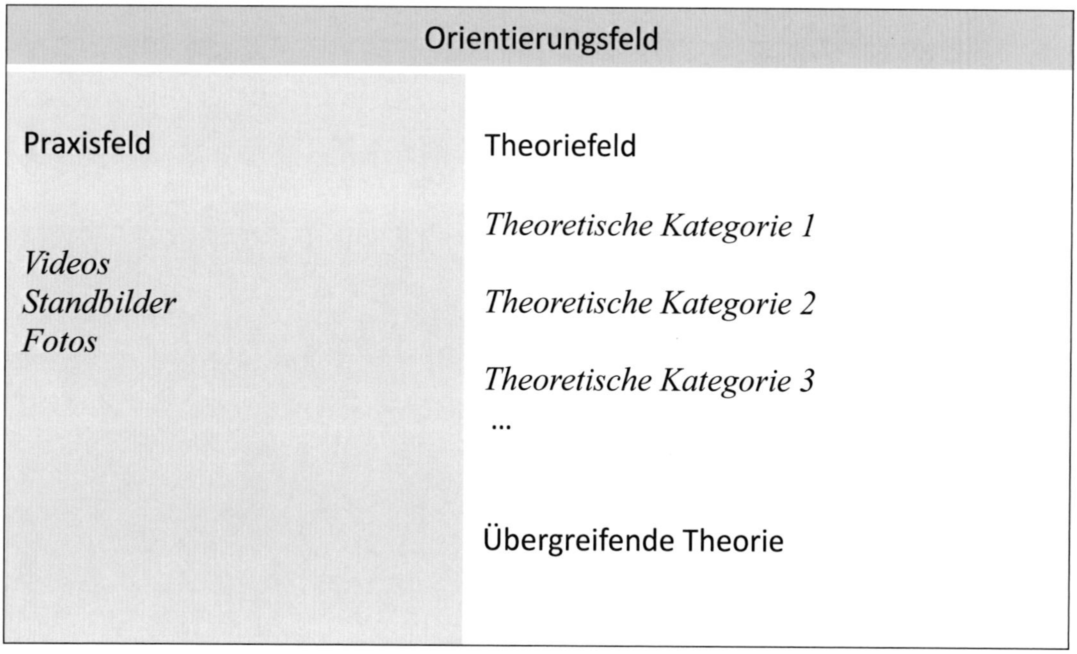

Quelle: Eigene Darstellung des Layouts im zweiten Redesign (Oktober 2018).

Abbildung 59 zeigt die Umsetzung des Bildschirmentwurfs. Das Theoriefeld unterscheidet sich vom Praxisfeld jetzt farblich stärker als in den vorherigen Designs. In einer *hellblauen Farbleiste* werden Informationen, die der inhaltlichen Orientierung dienen, hinterlegt. Der Theorieteil ist in Hellgrau gehalten, während der Praxisbereich in Dunkelgrau erscheint. Durch die Verwendung von Dunkelgrau im Theorieteil werden die darin angezeigten weißen Textelemente besser hervorgehoben.

Abbildung 59

Bildschirmlayout des Theorie-Praxis-Feldes im zweiten Redesign

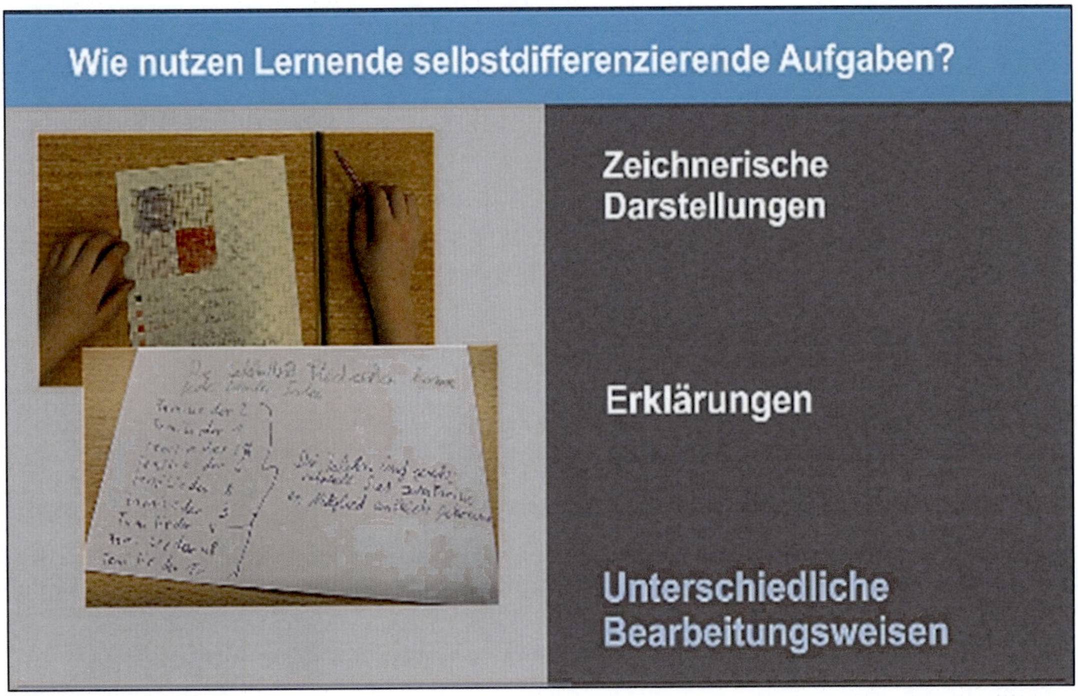

Quelle: Screenshot des 2. Redesigns aus dem Beitrag „Lernende bei der Bearbeitung" im Zusammenhang mit selbstdifferenzierenden Aufgaben (Oktober 2018).

Das Bildschirmlayout erhält durch das blaue Orientierungsfeld eine farbliche Akzentuierung und Auflockerung. Es gibt zwei gleich große vertikale Ebenen für die Theorie- und Praxisbereiche, um die Gleichwertigkeit dieser Bereiche zu betonen. Text- und Bildelemente sind vergrößert dargestellt.

Leserichtung

Die Leserichtung wurde umgekehrt: *rechtsläufig* und *von oben nach unten*.

Praxisszenen bzw. Erläuterungen der Lehrperson erscheinen jetzt im linken, hellgrauen Bildbereich. Textelemente werden im Anschluss an den Praxisbeitrag ausschließlich in der rechten Bildhälfte eingeblendet. Der farbige, etwas größer dargestellte Text im untersten rechten Feld, vermittelt die übergreifende Theorie oder den Oberbegriff. Diese visuelle Struktur hilft, die Lerninhalte gut lesbar und geordnet darzustellen.

Animationen

Animationen erfolgen durch eingeblendete oder kurz bewegte Textelemente.

Kameraeffekte

Bei den Kameraeffekten wurden Bildwechsel durchgehend durch *harte Schnitte* gestaltet.

Im Video werden alle zuvor behandelten Theorieelemente nochmals zusammengefasst. Dies geschieht auf einer einheitlichen dunkelgrauen Hintergrundebene, wobei die Begriffe schrittweise und in Abständen von etwa 3 Sekunden eingeblendet werden. Die Wiedergabe der Begriffe erfolgt einheitlich in den gleichen Farben des Theorie-Praxis-Feldes.

Abbildung 60 zeigt den Entwurf des zusammenfassenden Theorieteils.

Abbildung 60

Strukturierung der Bildschirmoberfläche im abschließenden Theorie-Teil

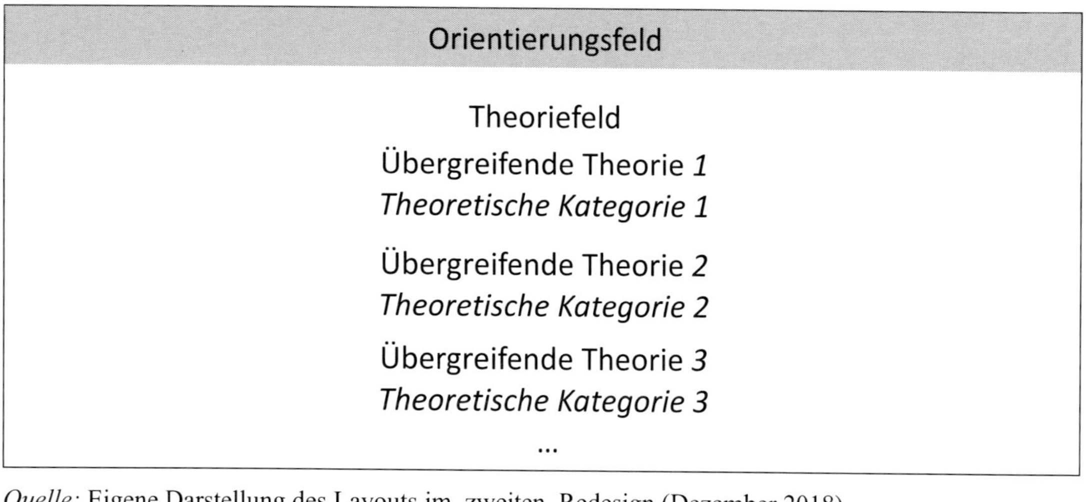

Quelle: Eigene Darstellung des Layouts im zweiten Redesign (Dezember 2018).

10.3.4 Entscheidungen auf film- und verarbeitungstechnischer Gestaltungsebene

Die Filmelemente werden erstmals in fünf Spuren *systematisiert* (siehe Tabelle 16). Die ersten vier durchgehenden Spuren bestimmen die Layoutoberfläche (hellgraues Praxisfeld, dunkelgraues Theoriefeld, blaues Orientierungsfeld, Videotitel) und bilden die Hintergrundebene des Videos. Darauf folgen mehrere Spuren, die Textelemente für die Theorieebenen enthalten. Darunter werden die geschnittenen Unterrichtsszenen auf maximal zwei Spuren platziert. Zur Einblendung von Personennamen werden zwei weitere temporäre Textspuren eingesetzt. Den Abschluss bilden die Tonspuren.

Tabelle 16

Systematisierung der Film- und Tonspuren

Spurelemente/Einblendedauer	Anzahl der Spuren
1. Layoutebenen (durchgehend)	4
2. Textelemente (temporär)	3-6
3. Videoelemente (temporär)	1-2
4. Textelemente (temporär)	2
5. Audioelemente (temporär)	1-2

10.4 Zusammenfassung

Tabelle 17 fasst die wesentlichen Modifikationen zusammen, die im Verlauf der Entwicklung der Videos vorgenommen wurden. In der ersten Spalte ist jeweils die Bildschirmoberfläche zum Theorie-Praxis-Teil des Videos abgebildet. Die Entscheidungen betreffen relevante Gestaltungskriterien auf didaktischer, lernpsychologischer und filmisch-visueller Ebene.

Tabelle 17
Modifizierungen am Beispiel des Theorie-Praxis-Teil in den drei Designphasen

Designphase	Modifizierungen auf didaktischer Ebene	Modifizierungen auf lernpsychologischer Ebene	Modifizierungen auf filmisch-visueller Ebene
Grunddesign 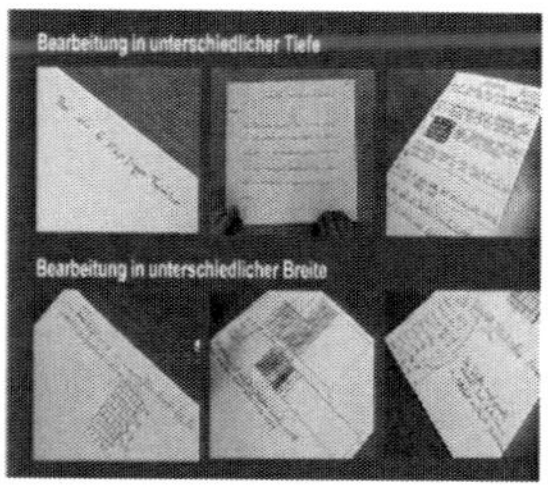 	Didaktische Strukturierung: Auswahl von vier Differenzierungsbereichen Verdeutlichung der Relevanz, Übertragbarkeit und Nützlichkeit der Videoinhalte: handlungsleitende Kommentare des Sprechers, Erfahrungsberichte von Lehrpersonen im Video Videostruktur: Praxisteil, Theorie- und Praxisteil	Präsentationssequenz-Prinzip: Off-Stimme -> Bild und Text simultan Länge: jeweils ca. 12 Minuten Darbietungsgeschwindigkeit: langsames Tempo	Visualisierungsdesign: horizontale Bildschirmaufteilung:2 waagrechte Hauptfelder Animationsstil: Flat design, Zeichentrick, Realdreh Wörter/Bilder: Ein-/Ausblendung, Ein-/Ausfliegen Ton: Hintergrundmusik Kameraeffekte: weicher Schnitt Leserichtung: rechtsläufig
Erstes Redesign 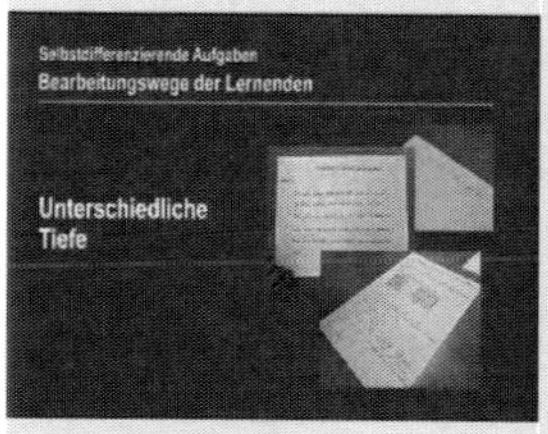 	Didaktische Strukturierung: Spezifizierung des Fortbildungsgegenstands auf einen Differenzierungsbereich Verkürzung der Erfahrungsberichte der Lehrpersonen	Präsentationssequenz-Prinzip: Bild -> Off-Stimme -> Text Länge: zwischen 4 bis 14 Min. Darbietungsgeschwindigkeit: unregelmäßiges Tempo Segmentierung der Inhalte:	Visualisierungsdesign: Hintergrund: dunkelgrau vertikale und horizontale Bildschirmaufteilung: Orientierungsfeld, rechtes Praxisfeld, linkes Theoriefeld Ton: Keine Hintergrundmusik

	Verdeutlichung der Relevanz, Übertragbarkeit und Nützlichkeit der Videoinhalte: Ergänzungen weiterer handlungsleitender Kommentare des Sprechers	Aufteilung in Teilabschnitte	Kameraeffekte: weicher Schnitt Animationsstil: Realdreh und flat design Wörter: Aus-/Einblendung Einfliegen von Bilder Leserichtung: linksläufig
Zweites Redesign (Enddesign) 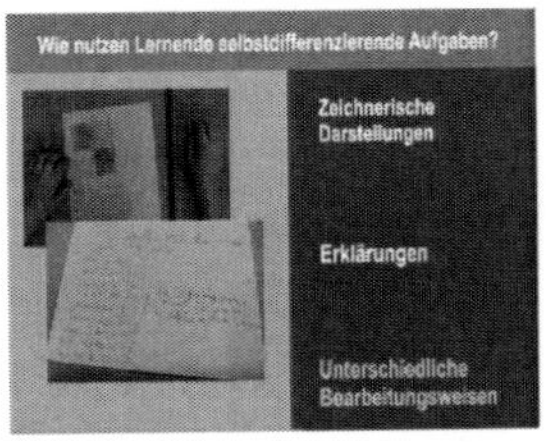	Didaktische Strukturierung: Reduktion der Erfahrungsberichte der Lehrpersonen, kürzere Textelemente, begriffliche Präzisierung, Gliederung in Unter- und Oberbegriffe Videostruktur: Praxisteil, Theorie- und Praxisteil, Erweiterung durch Einstiegsimpuls und Zusammenfassung	Präsentationssequenz-Prinzip: Bild -> Text -> Off-Stimme Länge: ca. 3 bis ca. 8 Min. Hervorhebung: Vergrößerung von Bild- und Schriftelementen Kameraeffekte: längere Einblendungen Darbietungsgeschwindigkeit: moderates Tempo Hervorhebung: Bildvergrößerungen Segmentierungen	Visualisierungsdesign: vertikale und horizontale Bildschirmaufteilung: stärker abgegrenzt voneinander, blaues Orientierungsfeld, Praxisfeld: hellgrau, Theoriefeld: dunkelgrau Kameraeffekte: harter Schnitt, Bild-in-Bild/Freezing Animationsstil: Wörter: Ein-/Ausblendung, Realdreh und flat design Leserichtung: rechtsläufig Ton: Anpassung der Lautstärke der Erklärenden

Anmerkung. Veränderungen werden exemplarisch am Beispiel des Videos über Strategien von Lernenden bei der Bearbeitung selbstdifferenzierender Aufgaben erklärt.

Will man das Videodesign in den verschiedenen Designphasen auf deren Wirksamkeit prüfen, bedarf es eines detaillierten Evaluationsdesigns. Dieses wird im nächsten Kapitel ausführlich beschrieben.

11 Evaluationsdesign

Welche theoretischen und empirischen Schritte und Methoden werden zur Erhebung und Auswertung der Daten bei der Erfassung der Wirkungen des Videoformats verfolgt?

Nach Döring (2019) ist das Ziel der Evaluationsforschung „die wissenschaftlich fundierte Bewertung des Evaluationsgegenstandes. Dazu müssen klare und messbare Bewertungskriterien definiert, entsprechende Daten erhoben und interpretiert werden. Die Auswahl und Festlegung der Evaluationskriterien bestimmt maßgeblich das spätere Evaluationsergebnis" (Döring, 2919, S. 177).

Diese Studie lässt sich vom Typ her als *formative Evaluation* bezeichnen, da sie Ergebnisse liefert, die der schrittweisen Verbesserung des Evaluationsgegenstandes dienen sollen. Die Methodik folgt dem Ansatz einer ergebnisorientierten Evaluation. Bei der hier vorliegenden *Wirksamkeitsevaluation* geht es darum, ob und wie stark spezifische Maßnahmen im Design des Videoformats ihre intendierten Wirkungen tatsächlich erzeugen (Effektivität).

Für die Evaluation des instruktionalen Fortbildungsvideoformats wurden *quantitative* und *qualitative Verfahren* angewandt, um eine umfassende Bewertung der Wirksamkeit sicherzustellen. Qualitative Verfahren haben den Vorzug, dass sie den Evaluationsgegenstand ganzheitlicher und tiefer erfassen können. Die quantitativen Daten werden mit Hilfe der deskriptiven Statistik ausgewertet. Diese Vorgehensweise soll helfen, Wirkungen eingesetzter Design-Elemente der Videos mit Hilfe der Daten zu beschreiben und diese durch Tabellen und Grafiken übersichtlich darzustellen. Bezüglich des verwendeten Untersuchungsdesign handelt es sich um eine *nicht-vergleichende Evaluation*, weil auf eine Kontrollgruppe verzichtet wurde (vgl. Wulf, 1972, S. 402).

Aufgrund der Fokussierung auf die Wirkung instruktionaler Videoformate mit Theorie-Praxis-Verbindung konnte kein standardisiertes Evaluationsformat genutzt werden. Herkömmliche Evaluationsmethoden beziehen sich meist auf die Gesamtqualität der Fortbildung und berücksichtigen nicht die speziellen Anforderungen dieses Videoformats.

Die eigens für dieses Videoformat entwickelten Instrumente definieren bestimmte Wirkungsbereiche und Evaluationsgegenstände innerhalb dieser Bereiche. Die explorative Vorgehensweise ermöglichte eine gezielte Erfassung gestaltungs- und inhaltsbezogene Fragestellungen. Dadurch ist die Vergleichbarkeit mit ähnlichen Studien stark eingegrenzt beziehungsweise nicht gegeben.

Aufgrund der kleinen Stichprobe (N = 20) lag der Fokus auf der qualitativen Datenanalyse.

In den folgenden Kapiteln werden die Erhebungs- und Auswertungsmethoden vorgestellt.

11.1 Evaluationsmethoden des Grunddesigns

In einer internen Evaluation im Mai 2018 wurde die Validität der inhalts- und gestaltungsbezogenen Elemente der Videos im Grunddesign sowie die Qualität der Evaluationsstrategie geprüft. Ziel war die Optimierung des Videodesigns und die Systematisierung des Evaluationsdesigns.

11.1.1 Befragungsstrategie

Die offen Fragen, die vor Wahrnehmung der Videos gestellt wurden, bezogen sich auf drei Einschätzungsbereiche:

A. Videodesign

- Wie beurteilen Sie die **gestalterische Qualität** der Videos?
- Wie beurteilen Sie die **inhaltliche Repräsentativität**?
- Wie sollen die Videos in der **Fortbildung genutzt** werden?

B. Evaluationsstrategie

- Wie soll die Wirkung der Videos evaluiert werden?

C. Sonstiges

(Eigene weitere Angaben der Teilnehmenden.)

11.1.2 Durchführung der Befragung

Zunächst erfolgten im Frühjahr zwei kleine Expertenrunden, bestehend aus acht fachdidaktischen Mitarbeiterinnen und Mitarbeitern des Instituts für Mathematische Bildung der Pädagogischen Hochschule Freiburg (IMBF). Diese Runden befassten sich mit den Videos des Grunddesigns, die die verschiedene Differenzierungsbereiche abdeckten: Selbstdifferenzierende Aufgaben, Strategiekonferenz, und selbstorganisiertes Lernen. Jeder Bereich wurde jeweils einer Kleingruppe zur Einschätzung zugeteilt. Dazu wurde jeder Gruppe ein Laptop, ein USB-Stick mit dem Video und ein Raum zur Verfügung gestellt. Die Teilnehmenden konnten die Videos in ihrem eigenen Tempo ansehen und Notizen für ihre Einschätzungen machen. Sie hatten auch die Möglichkeit, die Videos jederzeit anzuhalten oder zurückzuspulen.

Am 18.05.2018 wurden im Rahmen einer Videofortbildung zur Gestaltung von Unterrichtsvideos an der PH Freiburg die gestalterischen Elemente eines ausgewählten Videos des Grunddesigns (Video 3: „Lernende bei der Bearbeitung einer selbstdifferenzierenden Aufgabe“) mit Studierenden und einem Experten für Erklärvideos auf *filmisch-visuelle* Qualitätsmerkmale beurteilt.

11.2 Evaluationsmethoden der Vorstudie (Erstes Redesign der Videos)

In der Evaluation des ersten Redesigns sollte geklärt werden, inwiefern Teilnehmerinnen und Teilnehmern eine Fortbildung zum Thema „Selbstdifferenzierende Aufgaben“ auf die Videos reagieren. Ziel war die Optimierung des Videodesigns und die Erfassung der Wirkungsweise der Videoinhalte. Im ersten Zyklus wurden dazu die vier Evaluationsgegenstände *Akzeptanz der Videogestaltung*, *subjektiver Kompetenzzuwachs* sowie *Relevanz* und *Nützlichkeit* der Inhalte – jeweils aus subjektiver Perspektive, untersucht. Gezeigt wurden die Videos „Beispielaufgabe“, „Unterstützende Materialien“ und „Bearbeitung durch Lernende“ in einer Präsenzveranstaltung.

Der Fragebogen wurde nach folgenden Kriterien (nach: Beywl & Schepp-Winter 2000, S. 57) überprüft:

- Sind Fragen redundant?
- Gibt es schwer verständliche Fragen?
- Können sinnvolle Antworten gegeben werden?

11.2.1 Befragungsstrategie und Struktur des Fragebogens

Für die Befragung im Rahmen einer Fortbildung zur Differenzierung mit Aufgaben wurden offene Reflexionsfragen verwendet. Diese offenen Fragen sind explorativ und erlauben vielfältige Antworten in Bezug auf das Fortbildungsmedium.

Folgende Fragen (*kursiv*) wurden den Lehrpersonen vor der Wahrnehmung der Videos in Form einer ausgedruckten DIN A4-Seite gestellt:

Akzeptanz der Videogestaltung

- *Wie fanden Sie Gestaltung und Qualität der Videos?*
- *Was hat Sie angesprochen, was gestört?*

Subjektiver Kompetenzzuwachs

- *Was hat zu einer Erweiterung oder Veränderung Ihrer Sichtweise auf Differenzierung beigetragen?*

Relevanz

- *Welche inhaltlichen Aspekte in den Videos waren für Sie bedeutsam?*
- *Was passte eher zu Ihrer Praxis, was weniger?*

Nützlichkeit

- *Welchen Aspekt würden Sie in nächster Zeit berücksichtigen/nutzen?*

11.2.2 Durchführung der Befragung

Am 7. Juni 2018 fand im Rahmen einer Fortbildung eine Pilotierung statt, an der 30 Lehrpersonen der Sekundarstufe teilnahmen. Die Datenerhebung konzentrierte sich auf die Bewertung des "Subjektiven Kompetenzzuwachses", der "Relevanz" und der "Nützlichkeit" der Videoinhalte. Die Befragung erfolgte mithilfe eines Papierfragebogens, der ausschließlich offene Fragen enthielt. Gegenstand der Erhebung waren drei Fortbildungsvideos zum Thema „Selbstdifferenzierende Aufgaben“ (Video 1: Aufgabenbeispiel; Video 2: Unterstützende Materialien; Video 3: Lernende bei der Bearbeitung). Die Videos wurden mit einem Beamer auf eine große Leinwand übertragen und gemeinsam im Plenum angesehen. Nach dem Ausfüllen der Fragebögen erfolgte eine gemeinsame Reflexion.

11.2.3 Auswertung der qualitativen Daten

In der Pilotphase wurde die Kodierung im Hinblick auf die Bewertung der "Akzeptanz der Videogestaltung" und der "Akzeptanz der Videoinhalte" durchgeführt (vgl. Abbildung 61). Die drei Kategoriensysteme zur Akzeptanz der Videogestaltung orientierten sich an den ausgewählten Gestaltungskriterien für das fachdidaktische Erklärvideoformat (siehe Kapitel 9).

Abbildung 61

Kodierstrategie bei der Pilotierung zum 1. Redesign der Videos

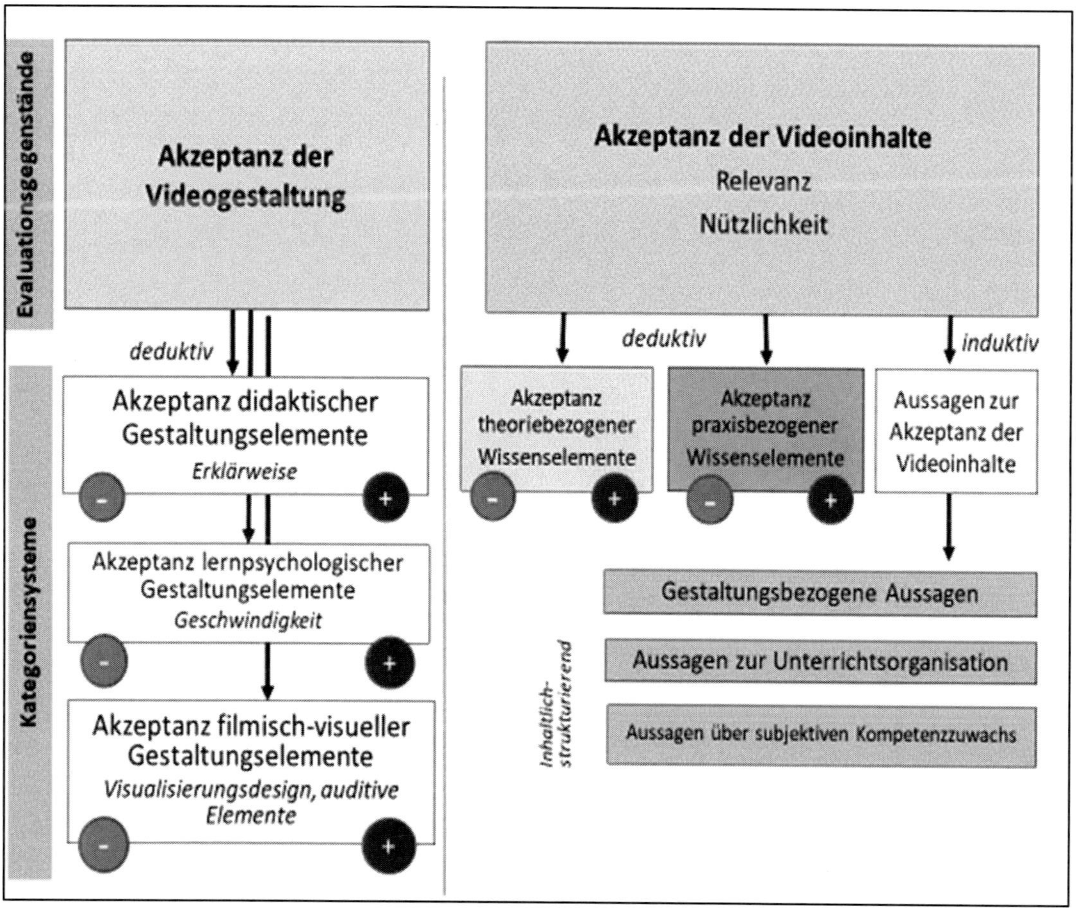

Anmerkung. Die Einschätzungen der Lehrpersonen bezüglich der Akzeptanz der Videogestaltung und der Videoinhalte konnten aufgrund der im Fragebogen aufgeschriebenen Kommentare der befragten Lehrpersonen jeweils eindeutig positiven (+) oder negativen (-) Akzeptanzdimensionen zugeordnet werden.

Quelle: eigene Darstellung.

In der Pilotierungsanalyse wurden gestaltungsbezogene Kategoriensysteme (siehe Tabelle 18 und Abbildung 61) sowie Subkategorien aufgrund der Aussagen der beteiligten Lehrpersonen (Ankerbeispiele) deduktiv entwickelt.

Tabelle 18

Kategoriensysteme zur Akzeptanz gestaltungsbezogener Elemente (Erstes Redesign, Mai 2018)

Kategoriensystem	**Ankerbeispiel**
Akzeptanz lernpsychologischer Gestaltungselemente	
Geschwindigkeit	***Tempo*** *etwas zu* ***langsam***.
Akzeptanz filmisch-visueller Gestaltungselemente	
Visualisierungsdesign	*Die Schrift an der Tafel war nicht passend für die Zielgruppe, eher „**kindgerecht.**“*
Animationsstil	*Einblenden der Stichwörter am Rand war hilfreich*
Auditive Elemente	*Kinderton* ***verwaschen.***
Akzeptanz didaktischer Gestaltungselemente	
Erklärweise	*Erklärung der Aufgabe ist sehr gut.*
Theorie-Praxis-Verbindung	*Zu theoretisch.*
Präsentationssequenz-Prinzip	*Aufgrund der nicht so optimalen Bild-Text-Kopplung habe ich Mühe, mich zu konzentrieren.*

Für die teilweise genannten Begründungen der Befragten bezüglich der *Relevanz* und der *Nützlichkeit* der Videoinhalte konnten aufgrund der geringen Datenmenge keine Kategoriensysteme gebildet werden.

11.3 Evaluationsmethoden der Hauptuntersuchung (2. Redesign)

Für die Hauptuntersuchung wurden im Zeitraum Juni 2019 bis Oktober 2019 schriftliche Befragungen durchgeführt, an denen insgesamt 20 Lehrpersonen aus dem Sekundarstufenbereich I teilgenommen haben. Diese begrenzte Stichprobe wurde gewählt, da es sich um ein exploratives Designexperiment handelte. Vor einer möglichen Anwendung in einer größeren Gruppe sollte zunächst eine Erprobung in kleinerem Rahmen stattfinden.

Die Akquise erfolgte zunächst über das Anschreiben von Lehrpersonen an Sekundarstufen verschiedener Schularten, die die Funktion der Fachleitung in Mathematik hatten. Diese erhielten Anschreiben mit Informationen über den Zweck der Befragung. Die dadurch gewonnenen weiteren teilnehmenden Lehrpersonen an den jeweiligen Schulen konnten über einen Online-Zugang jeweils vier Fortbildungsvideos zum Thema „Selbstdifferenzierende Aufgaben“ wahrnehmen (Video 1: Aufgabenbeispiel; Video 2: Unterstützende Materialien; Video 3: Lernende bei der Bearbeitung; Video 4: Rolle der Lehrperson) und die Befragung zu diesen Clips parallel durchführen.

Bei der Formulierung der Fragebogenitems wurden Qualitätskriterien nach Bortz und Döring (2006) berücksichtigt. Die Form des Fragebogens war *papiergebundenen*. Dadurch konnten die Befragen direkt während oder auch nach der Wahrnehmung der Videos ihre Einschätzungen ankreuzen, markieren oder an entsprechender Stelle neben den Screenshots kommentieren. Aufgrund der enthaltenen Bildschirmfotos und der Notwendigkeit, mehrere Bewertungsfelder zu erfassen, wurde der Fragebogen recht umfangreich (51 Seiten).

Ein auf den Ergebnissen der qualitativen Voruntersuchung aufbauender Fragebogen mit offenen Fragen zu den vier Videos wurde entwickelt und von Experten aus dem Bereich der Mathematikdidaktik validiert. Der gesamte Fragebogen wurde vor der Haupterhebung von sechs Fachdidaktikexpertinnen und -experten an der Pädagogischen Hochschule Freiburg getestet. Die im Fragebogen auftretende Mängel wie unverständliche oder zu allgemein gehaltene Formulierungen konnten so vor der Haupterhebung behoben werden. Dadurch wurde die Abgrenzung der Fragen voneinander verbessert. Auf diese Weise entstanden zu jedem Video acht Items, um präzise Aussagen zu spezifischen Gestaltungselementen und zum Inhalt zu ermöglichen.

11.3.1 Struktur des Fragebogens

Der Fragebogen war aus 10 Strukturelementen aufgebaut und wurde folgendermaßen gegliedert:

1. Einleitung
2. Anleitung
3. Fragen zur Person
4. Vorher-Einschätzung (Skalierungen)
5. Fragen zur *Gestaltung* (Skalierungen und offene Fragen)
6. Fragen zum *Inhalt* (Skalierungen und offene Fragen)
   6.1 Fragen zur *Relevanz* (offene Fragen)
   6.2 Fragen zur *Übertragbarkeit* (Skalierung und offene Fragen)
   6.3 Fragen zur *Nützlichkeit* (Skalierung und offene Fragen)
7. Frage zur *Theorie-Praxis-Verbindung* (Skalierung und offene Frage)
8. Frage zu *videobasierten Fortbildungen* (Offene Frage)
9. Nachher-Einschätzung (Skalierungen)
10. Abschluss

In der *Einleitung* erfolgte eine Beschreibung der Zielsetzung der Befragung, die Angabe der Institution und die Anschrift und Funktion des Befragers. Ergänzend wurde der ungefähre Zeitaufwand genannt. Gemäß Schnell et al. (1999, S.339) wurden alle drei Bestandteile, die wesentlich in der Einleitung sind, berücksichtigt: der Hinweis, dass die Befragung nützlich und relevant ist, die Beteuerung, dass die Beteiligung für den Erfolg der Studie wichtig ist und das Versprechen, dass alle erhobenen Daten vertraulich behandelt werden. Dieser Teil des Fragebogens hatte primär die Absicht, zur Teilnahme zu motivieren und Vertrauen herzustellen.

Eine verständliche Instruktion bei schriftlichen Befragungen ist unverzichtbar (z. B. Bortz und Döring, 2006, S. 256), daher wurde eine *Anleitung* zum Ausfüllen des Bogens vorgeschaltet. Der Teil sollte sicher stellen, dass die Teilnehmerinnen und Teilnehmer wissen, wie sie sich im Umgang mit der Beantwortung der Fragen verhalten sollen. Dabei wurde knapp und klar dargestellt, wie der Bogen aufgebaut ist und die Fragen beantwortet werden sollten.

Der Hauptteil wurde in mehrere Themenblöcke gegliedert. Der erste Teil der Fragen überprüfte formale Kriterien d. h. die äußere Struktur des Videoformats, die dem Wirkungsbereich Akzeptanz zugeordnet wurden. Er beinhaltete Fragen zur *Gestaltung* der Videos (gestaltungsbezogene Elemente). Dazu wurden 5 skalierte

Items entwickelt, die die Zufriedenheit der Lehrkräfte mit dem Videoformat erfassten (Gestaltung, Authentizität, Verständlichkeit, Dauer, Geschwindigkeit). Der zweite Teil bestand aus Fragen zum *Inhalt,* bezogen auf die 4 Einschätzungsfelder *subjektiver Kompetenzzuwachs (Vorher-, Nachher-Einschätzung), Relevanz, Übertragbarkeit* und *Nützlichkeit.* Videoübergreifend wurde die Qualität der *Theorie-Praxis-Verbindung* eingeschätzt. Schließlich wurden die Lehrpersonen über *videobasierte Fortbildungen* allgemein befragt.

Videoübergreifend sollte aufgezeigt werden, in welchem Ausmaß und inwiefern die Verbindung mit Theorie und Praxis sinnvoll ist.

Im Abschlussteil erfolgten Worte des Dankes für die Teilnahme.

11.3.2 Befragungsstrategie

Für die Befragung wurden Ratingskalen und offene Fragen eingesetzt. *Offene Fragen* wurden verwendet, um die Bandbreite an Antworten zu erhöhen. *Ratingskalen* ermöglichen eine größere Zuverlässigkeit (Reliabilität) und Validität. Die formale Vergleichbarkeit der Ergebnisse wird dadurch generalisierbar (Repräsentativität).

Im ersten Redesign konnten die Teilnehmenden in vier Feldern Einschätzungen vornehmen: Akzeptanz, Relevanz, Nützlichkeit und subjektiver Kompetenzzuwachs. Im 2. Redesign (Hauptuntersuchung) wurde das Einschätzungsfeld „Übertragbarkeit“ ergänzt.

Ratingskalen

Ausgangspunkt der quantitativen Analyse bildeten zu jedem Bereich subjektive Einschätzungen auf einer vierstufigen unipolaren Likert-Skala. Eine Likert-Skalierung wurde ausgewählt, da es sich um die persönliche Meinung der Befragten zu einem entwickelten Produkt handelte. Jeder einzelne Einschätzungsaspekt ist ein Likert-Item. Die Skalen bestanden aus einer Abfolge von Einschätzungsaspekten zu den untersuchenden Dimensionen (Itembatterie), denen die Befragten auf einer vorgegebenen abgestuften Antwortskala als binäre Option zustimmen bzw. ablehnen konnten. Die Befragten wurden aufgrund der *symmetrischen Skalenstrukturierung* die keine neutrale Mitte aufweist, entweder zu einer negativen oder zu einer positiven Bewertung aufgefordert. Dadurch wurde die übermäßig zu erwartende Tendenz zur Mitte vermieden und die Stärke der Akzeptanz des entwickelten Formats konkreter gefasst. Die verbale Charakterisierung der numerischen Ratingskalen weisen eine Äquidistanz auf (1 = trifft nicht zu, 2 = trifft eher nicht zu, 3 = trifft eher zu, 4 = trifft zu).

Der kognitive Aspekt „Subjektiver Kompetenzzuwachs“ wurde mit vier vierstufigen Skalen in einem Vorher-Nachher-Vergleich erfasst. Inhaltlich ähneln diese Items denen von Selbstwirksamkeits-Skalen (z. B. Schwarzer & Schmitz 1999; Schmaltz, 2019).

Offene Fragen

Die Gestaltung und Evaluierung von fachdidaktischen Erklärvideos und deren Integration als Bausteine in Fortbildungskonzepte erfordert eine umfassendere Betrachtung, um deren Wirksamkeit zu bestimmen. Im Rahmen dieser Untersuchung wird daher nicht nur die Wirkung der Inhalte und Gestaltung der Erklärvideos analysiert, sondern auch die Gründe aus Sicht der Teilnehmenden erfasst.

Ergänzend zu den vordefinierten Bewertungskriterien wurden daher die Lehrpersonen in einem zweiten Schritt aufgefordert, ihre Einschätzungen bezüglich der Passung der Inhalte zur eigenen Unterrichtspraxis noch zu begründen. Zu diesem Zweck wurden Screenshots aus den Videosequenzen in den Fragebogen integriert, begleitet von Kommentaren in Sprechblasen. Die Lehrkräfte konnten dabei bestimmte Elemente in den Screenshots markieren und am Rand ihre Begründungen festhalten (siehe Abbildung 62).

Abbildung 62

Screenshots im Fragebogen

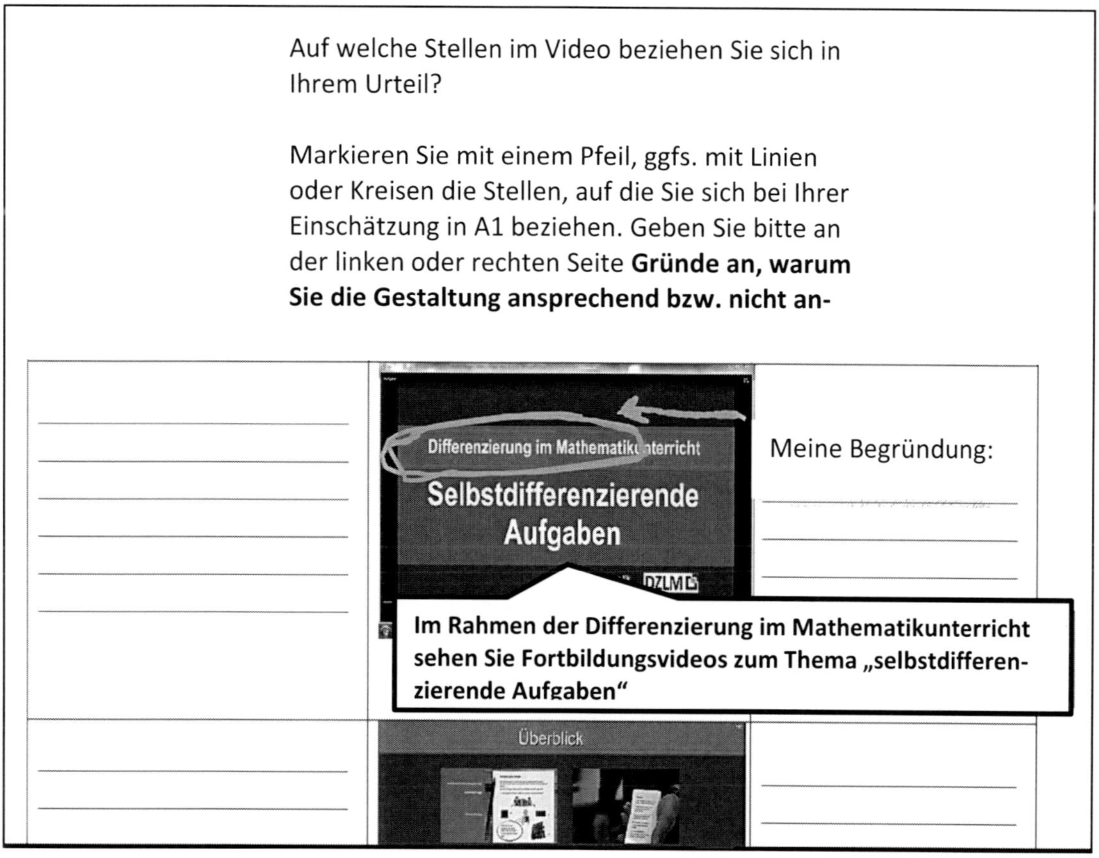

11.3.3 Durchführung der Befragung

Der Fragebogen wurde in ersten Durchgängen den Teilnehmenden in Briefform zugestellt. Alle Personen erhielten eine Woche vor Beginn der Befragung eine Anfrage zur Teilnahme per E-Mail. Folgende Hinweise wurden gegeben:

- Allgemeine Informationen zum Zweck der Befragung
- Angabe der durchschnittlichen Bearbeitungszeit
- Zusage der Vertraulichkeit
- Als Anreiz zur Teilnahme wurde der Zugang zu sämtlichen Materialien aus den Videos sowie die Möglichkeit, ein Testat für eine Fortbildungsmaßnahme zu erhalten, geboten.

Damit die Lehrpersonen auf die vier Videodateien greifen können, wurde ein Shortlink über den kostenlosen URL-Kürzungsdienst **http://t1p.de** erstellt:

http://t1p.de/48uz

Da die Rücklaufquote äußerst niedrig war, wurde eine gezielte Kontaktaufnahme mit Lehrpersonen unternommen. In zwei Durchgängen wurde die Befragung in Anwesenheit des Forschers *vor Ort* mit Mathematiklehrpersonen der Sekundarstufe in einem ruhigen Klassenzimmer an einer Realschule und einer Gemeinschaftsschule durchgeführt.

Diese Vorgehensweise bot den Vorteil, dass die erhobenen Daten unmittelbar nach der Veranstaltung zur Verfügung standen. Zudem konnten spezifische Fragen vor und während des Ablaufs der Befragung geklärt und direktes abschließendes Feedback gegeben werden. Es gab keine Zeitbeschränkung, das heißt, den Befragten wurde ausreichend Zeit zum Ausfüllen der Fragebögen während und nach der Wahrnehmung der Videos zur Verfügung gestellt. Die Videos wurden per Beamer auf eine großen weiße Wandfläche projiziert. Es wurde ebenfalls keine zeitliche Begrenzung für die Befragung selbst festgelegt.

Vor Beginn der Durchführung wurde den Teilnehmenden das *Ziel* der Befragung erläutert, Anweisungen zur *Handhabung* des Fragebogens gegeben, den Zeitaufwand (ca. 1 Stunde) genannt und auf die *Anerkennung* am Ende hingewiesen:

Mit Ihrer Teilnahme leisten Sie einen wichtiger Beitrag für die Entwicklung von Fortbildungsvideos. Sie sehen 4 kurze Videos. Jedes Video enthält jeweils Praxisteile und Theorieteile. Prinzip der Videos soll sein, Praxis und Theorie sinnvoll miteinander zu verbinden.

Die Videos wurden mit folgendem Ziel entwickelt:
Sie sollen Impulse, also Anregungen für Ihren eigenen Unterricht vermitteln
a) durch konkrete Beispiele aus der Praxis,
b) durch übergreifende Theorieteile, die die in den Videos gezeigte Praxis verallgemeinern sollen.

Sie schätzen (1) die Gestaltungsweise der Videos und (2) die Inhalte ein:

- *ob sie für Sie relevant sind,*
- *ob sie für Sie übertragbar sind,*
- *und ob sie nützlich sind.*

Durchschnittlich dauerte der ganze Durchgang bisher 60 Minuten.
Die Fragebögen sehen umfangreich aus (Zeigen),

- *weil zu allen Szenen Screenshots (zeigen) ausgedruckt wurden. Sie brauchen nicht auf jeden einzelnen Screenshot eingehen, nur wenn sie für Sie relevant sein sollten,*
- *weil zu allen 4 Videos jeweils der gleiche Fragekatalog 4x vorkommt.*

Die Erfahrung aus bisherigen Durchgängen hat gezeigt, dass Lehrpersonen teilweise keine oder nur in sehr geringem Umfang Erklärungen für ihre Entscheidungen angegeben hatten. Deshalb wurde noch zusätzlich folgender Hinweis gegeben:

Es macht Sinn, dass Sie auch immer mindestens einen Grund angeben, sollten Sie danach gefragt werden. Damit können Ihre Antworten besser nachvollzogen werden.

Prüfen Sie auch bitte, ob Sie bei allen Einschätzskalen Kreuze gesetzt haben.

Am Ende liegen für Sie

- *eine Urkunde und*

- *zwei Downloadlinks (1) zu allen in den Videos gezeigten Materialien und (2) zu einem weiteren Differenzierungsbereich („Strategiekonferenzen") bereit.*

Falls Sie Fragen haben, können Sie mich jederzeit ansprechen.

Die Videos wurden während der Durchführung den Befragten ohne Unterbrechung in einem Durchgang gezeigt. Nach jedem Video wurde eine 10-minütige Pause eingelegt, um nachträgliche Notizen zu ermöglichen und den Teilnehmerinnen und Teilnehmern ausreichend Zeit für Ergänzungen zu geben.

Tabelle 19 erläutert in einer Übersicht die Evaluationsstrategie im Rahmen der Hauptstudie.

Tabelle 19
Überblick über die Evaluationsstrategie in der Hauptstudie

Evaluationsgegenstand ***Akzeptanz des Videoformats***	
Evaluationsfragen	Testfragen und Items
In welchem Ausmaß werden gestaltungsbezogenen Elemente des Videoformats akzeptiert? *Inwiefern werden die gestaltungsbezogenen Elemente des Videoformats akzeptiert?*	• *Ich persönlich finde die Gestaltung des Videos insgesamt ansprechend.* *1 = trifft nicht zu ... 4 = trifft zu* • *Auf welche Stellen im Video beziehen Sie sich bei Ihrem Urteil? Markieren Sie mit einem Pfeil ggf. mit Linien oder Kreisen die Stellen, auf die Sie sich in Ihrem Gesamturteil beziehen (siehe Beispiel) und schreiben Sie an der linken oder rechten Seite Gründe für Ihr Urteil auf.* • *Die eingeblendeten Begriffe sind für mich verständlich formuliert.* *1 = trifft nicht zu ... 4 = trifft zu* • *Die Unterrichtsszenen wirken auf mich authentisch* *1 = trifft nicht zu ... 4 = trifft zu* • *Die Dauer des Videos war mir angemessen.* *1 = trifft nicht zu ... 4 = trifft zu* • *Die Geschwindigkeit des Videos war mir angemessen.* *1 = trifft nicht zu ... 4 = trifft zu*

Evaluationsgegenstand *Subjektiver Kompetenzzuwachs*	
Evaluationsfragen	Testfragen und Items
In welchem Maß tragen die inhaltlichen Aspekte zu einer subjektiv eingeschätzten ***Erweiterung des Wissens*** *über Differenzierung bei?*	• *Ich kenne…* *… Kriterien für geeignete differenzierende Mathematikaufgaben.* *…Möglichkeiten in der Rolle als Lehrperson, Schülerinnen und Schüler differenziert zu fördern.* *… verschiedene Arten von Unterstützende Materialien für das aufgabenbezogenen Differenzieren.* *… verschiedene Denkweisen und Strategien der Schülerinnen und Schüler zur Bearbeitung differenzierender Mathematikaufgaben.* *1 = trifft nicht zu … 4 = trifft zu*

Evaluationsgegenstand ***Relevanz***	
Evaluationsfragen	Testfragen und Items
Inwiefern findet eine Passung der in den Videos gezeigten theoretischen und praktischen Inhalten mit der eigenen Praxis statt?	• *Welche inhaltlichen Aspekte des Videos haben Sie sich besonders gemerkt? Sie können bis zu drei Aspekte nennen.* • *Warum haben Sie sich diese inhaltlichen Aspekte besonders gemerkt?*

Evaluationsgegenstand ***Übertragbarkeit***	
Evaluationsfragen	Testfragen und Items
In welchem Ausmaß sind die theorie- und praxisbezogenen Elemente des instruktionalen Videoformats handlungsleitend für die Unterrichtsplanung *Wie wird die Übertragbarkeit begründet?*	• *Der im Video gezeigte Merkmale selbstdifferenzierender Aufgaben (der unterstützenden Materialien, der Bearbeitungsweise/ der Rolle der Lehrperson) kann ich gut auf meinen eigenen Unterricht übertragen.* *1= trifft nicht zu bis 4 = trifft zu* • *Auf welche Stellen im Video beziehen Sie sich? Markieren Sie mit einem Pfeil ggfs. mit Linien oder Kreisen die Stellen, auf die Sie sich in Ihrem Gesamturteil beziehen und schreiben Sie bitte Gründe für Ihr Urteil auf der linken oder rechten Seite auf.*

Evaluationsgegenstand *Nützlichkeit*	
Evaluationsfragen	Testfragen und Items
In welchem Ausmaß werden die theorie- und praxisbezogenen Elemente des instruktionalen Videoformats als nützlich eingeschätzt? *Inwiefern sind die in den Videos gezeigten theoretischen und praktischen Inhalten handlungsleitend?*	• *Ich beabsichtige, die im Video gezeigten Merkmale selbstdifferenzierender Aufgaben (analog Video 2-4: Arten von unterstützenden Materialien/etc.) in meinem eigenen Unterricht zu nutzen.* *1 = trifft nicht zu ... 4 = trifft zu* • *Erläutern Sie, welche Merkmale Sie warum und wie in ihrem eigenen Unterricht nutzen bzw. nicht nutzen würden. Sollte der Platz hier oder später nicht reichen, können Sie gerne auf der Rückseite dieses Blattes schreiben.*

Evaluationsgegenstand *Fortbildungsforschung*	
Evaluationsfragen	Testfragen und Items
In welchem Ausmaß werden die theorie- und praxisbezogenen Elemente sinnvoll miteinander verknüpft? *Welche Aspekte können bei der Weiterentwicklung videobasierter Fortbildungen berücksichtigt werden?*	• *In den Videos wurde Theorie und Praxis sinnvoll miteinander verknüpft.* *1 = trifft nicht zu ... 4 = trifft zu* • *Nennen Sie Gründe für Ihr Urteil.* • *Welche Empfehlungen für die Weiterentwicklung videobasierter Fortbildungen würden Sie uns geben?*

Ausgewertet wurden offene und skalierte Dateneingaben von 20 Lehrpersonen. Für die Auswertung kamen quantitative und qualitative Methoden zum Einsatz. Quantitative Verfahren wurden herangezogen, um die Bewertung der Wirkung eines Erklärvideoformats mithilfe von Antwortskalen zu ermöglichen. Qualitative Methoden hingegen dienten der eingehenden Untersuchung der Wirkung einzelner Videobeiträge und der Interpretation personenbezogener Aussagen.

11.3.4 Auswertung der quantitativen Daten

Die Auswertung der quantitativen Daten bezogen sich auf die Akzeptanz der Gestaltungselemente im Videodesign und den subjektiven Kompetenzzuwachs vor und nach Wahrnehmung der Videos.

Auswertung der Akzeptanz der Gestaltungselemente im Videodesign

Die Akzeptanz ausgewählter Elemente der Videogestaltung (z. B. Geschwindigkeit oder Dauer) wurden auf einer 4-stufigen Likertskala eingeschätzt. Das vorliegende Datenmaterial wurde numerisch codiert, von 1 (trifft nicht zu) bis 4 (trifft zu) und in eine Häufigkeitstabelle (Tabelle 20) aufgenommen. Die statistische Analyse der Likert-Items erfolgte anhand von absoluten und relativen (prozentualen) Häufigkeiten (Tabelle 20, Spalten 2 und 3).

Tabelle 20

Häufigkeitstabelle am Beispiel „Akzeptanz der Gesamtgestaltung der Videos“

"Ich persönlich finde die Gestaltung dieses Videos insgesamt ansprechend."
V1 = Video 1

Antwort	Häufigkeit	Prozent
1 = trifft nicht zu		
2 = trifft eher nicht zu		
3 = trifft eher zu		
4 = trifft zu		
Gesamt		

Auswertung des subjektiver Kompetenzzwachses

Für die Bestimmung der Signifikanz des subjektiven Kompetenzzuwachses wurde der *Wilcoxon-Test*, auch bekannt als Vorzeichen-Rang-Test, durchgeführt. Dieser Test wurde gewählt, da zwei voneinander abhängige Stichproben vorlagen. Von "abhängigen Stichproben" wird gesprochen, wenn ein Messwert in einer Stichprobe und ein bestimmter Messwert in einer anderen Stichprobe sich gegenseitig beeinflussen. In dieser Studie war dies der Fall, da es sich um Messwerte der jeweils gleichen Personen handelte.

Der Wilcoxon-Test verwendet Rangwerte und berücksichtigt im Gegensatz zum Vorzeichentest zwei Aspekte: Informationen über die Richtung (Vorzeichen der Differenzen) und die Größe der Differenzen (Betrag) zwischen den gepaarten Werten. Da der Wilcoxon-Test auch die Stärke der subjektiven Kompetenzzuwächse mit einbezieht, wurde er dem Vorzeichentest vorgezogen.

Vor dem Test bestand eine Wirkungsvermutung. Vermutet wurden subjektive Kompetenzzuwächse nach Wahrnehmung der Videoinhalte, daher wurde *1-seitig* getestet.

Betrachtet wurde ferner die *exakte Signifikanz* (nicht die asymptotische Signifikanz), da es sich um eine sehr kleine Stichprobe (N < 25) handelte.

Zur Bewertung der Ergebnisse wurden verschiedene Ansätze zur Messung der Effektstärke in Betracht gezogen. Zu den bekanntesten gehören Cohens Effektstärke (d) und der Pearson-Korrelationskoeffizient (r).

Für die Studie wurde der *Korrelationskoeffizient von Pearson* verwendet, da er das bekannteste Effektstärkemaß darstellt und die Effektstärke immer zwischen 0 (kein Effekt) und 1 (maximaler Effekt) liegt. Die einzelnen Effektstärken wurden daher mit folgender Formel nach Pearson berechnet:

$$r = \left| \frac{z}{\sqrt{N}} \right|$$

N repräsentiert die Fallzahl, während der z-Wert die Standardabweichungen einer Beobachtung vom Populationsmittelwert misst. Dieser Wert ergibt sich durch Division durch die Wurzel der Stichprobengröße und bleibt stets positiv aufgrund der Anwendung von Betragsstrichen.

Der Korrelationskoeffizient r nach Pearson wird wie folgt interpretiert:

< 0,3	kleiner Effekt
0,3 – 0,5	mittelstarker Effekt
> 0,5	großer Effekt

11.3.5 Auswertung der qualitativen Daten

In diesem Abschnitt wird die Kodierung des qualitativen Datenmaterials erläutert.

Für die Auswertung der Daten wurde eine *strukturierende Inhaltsanalyse* durchgeführt, da die Untersuchungsgegenstände von den befragten Lehrpersonen anhand vordefinierter Kriterien bewertet wurden. Für das Rating wurde ein ausführlicher Kodierleitfaden erstellt.

Gütekriterien

Folgende Gütekriterien wurden für die qualitative Analysen berücksichtigt:

(1) **Transparenz**: Der gesamte Prozess zur Auswertung des qualitativen Datenmaterials wurde sorgfältig dokumentiert und ausführlich dargelegt, um eine präzise Rückverfolgbarkeit der methodischen Entscheidungen zu gewährleisten..

(2) **Intersubjektivität**: Die Auswertungsmethoden der qualitativen Daten wurden plausibel dargelegt und die Kategoriensysteme in Form eines mehrmals optimierten Manuals mit übersichtlichen Tabellen (Spalten: „Kategorie", „Definition", „Unterkategorie", „Ankerbeispiel") genau und verständlich beschrieben.

(3) **Kommunikative Validierung**: Mit Hilfe einer „kommunikativer Validierung" wurde mit mehreren Ratern das Kodiermanual gemeinsam besprochen und die Kodierung durchgeführt. Dabei erfolgte eine Überprüfung, ob die Rater vergleichbare Arbeitsweisen praktizierten und zu ähnlichen oder identischen Schlussfolgerungen gelangten.

(4) **Interrater-Reliabilität** (ICR): Zur Bewertung der Übereinstimmung der Bewerter (Äquivalenz) in kategorialen Zuordnungen wurde Cohen's Kappa verwendet. Dieses Verfahren nutzte nominalen Parameter in Form von kategorialen Daten.

(5) **Reichweite**: Aufgrund des explorativen Charakters der Studie und der sehr geringeren Stichprobengröße (n = 20) wurde der Geltungsbereich für die Wirkung spezifischer *Gestaltungskriterien* von *mathematikdidaktischen* Erklärvideos auf Lehrpersonen der *Sekundarstufe I* definiert.

Darstellung der Daten

Zur übersichtlichen und schnellen Erfassung der Daten wurden die Angaben der befragten Lehrpersonen in folgender Reihenfolge dokumentiert: Jedes Datenelement erhielt die Nummer des Videos, die Nummer der Lehrperson, das jeweilige Wissenselement und die Aussage der Lehrperson. Zur Vereinfachung des Kodierprozesses wurden die Daten für das Rating bereits zuvor in theorie- und praxisbezogene Wissenselemente aufgeteilt. Die *praxisbezogenen* Wissenselemente wurden mit „Bsp.“ gekennzeichnet:

V4_LK01_Bsp. Minimale Hilfen_*gut*.

Erläuterung des obigen Beispiels:

In **fett** gedruckter Schrift wurde zuerst das evaluierte Video (z. B. **V4 = Video Nr. 4**), als nächstes die befragte Lehrperson (z. B. **LK01 = Lehrperson Nr. 1**), gefolgt vom angegebenen oder markierten inhaltlichen Aspekt (theoriebezogenes Wissenselement: z. B. **Minimale Hilfen,** praxisbezogenes Wissenselement: z. B. **Bsp_Minimale Hilfen**). Schließlich wurde die Angabe der Lehrperson im Fragebogen in kursiver Schrift aufgelistet (z. B. „*gut*“).

Alle Angaben, die sich auf den gesamten Inhalt bezogen, wurden dem Begriff **Allgemein** zugeordnet. Alle markierten oder wiedergegebenen Wissenselemente ohne Kommentare wurden in den jeweiligen Einschätzungsbereichen als *positiv*, *nützlich* oder *übertragbar* kategorisiert. Gesplittet wurde ein Satz in zwei oder mehrere Teile, wenn er mehrere unterschiedliche Aussagen beinhaltete.

Kodierverfahren

Für die Auswertung des qualitativen Datenmaterials in der Hauptuntersuchung wurde als Verfahren die *evaluative* und *inhaltlich-strukturierende Inhaltsanalyse* angewandt (z. B. Kuckartz, 2012; Mayring, 2010). Zunächst erfolgte eine Trennung der von den Befragten geäußerten Aussagen, indem theoriebezogene von praxisbezogenen Aussagen zu Wissenselementen, die in den bereitgestellten Videos erläutert wurden, separiert wurden.

Im nächsten Schritt wurden für die gesammelten theorie- und praxisbezogenen Aussagen jeweils parallel *Kategoriensysteme* gebildet. Sie bestehen aus einer Kombination von evaluativen und inhaltlich-strukturierten (d.h. thematischen) Kategorien. Die hier generierten Kategorien erlaubten aufgrund des

Datenmaterials eine eindeutige Zuordnung in positive oder negative Aussagen („+“ und “-„). Da es sich um zahlreiche Differenzierungen bei den Einschätzungen handelte (Aussagen über theoriebezogene und praxisbezogene Inhalte, zum Teil jeweils aus positiver und negative Perspektive, vier Videos, viele einzuschätzende Gestaltungselemente), fiel die Anzahl der Kategorien hoch aus. Durch die differenzierte Kategorienbildungen sollte das Potenzial der Videoinhalte und die Qualitätskriterien für das gestalterischen Designs des Videoformats detailliert abgebildet werden. Ein weiterer Vorteil dieser Vorgehensweise lag darin, dass die hohe Anzahl an Kategorien sich auch für künftige Evaluationen mit höheren Stichproben als nützlich erweisen könnte.

Zwei Varianten der Übereinstimmung wurden überprüft:

- da mit vielen Codes gearbeitet wurde, wurde das *Vorhandensein des Codes im Dokument* überprüft,
- es wurde schließlich geprüft, ob die beiden Kodierer in der Kodierung der *einzelnen Segmente (Kategorien) übereinstimmen* (Interrater-Reliabilität).

Kategoriensysteme

Kodiert wurden in der Hauptuntersuchung zwei Bereiche: *Akzeptanz der Videogestaltung* (Abbildung 63, linker Teil) und *Akzeptanz der Videoinhalte* (Abbildung 63, rechter Teil). Beim Evaluationsgegenstand „Akzeptanz der Videogestaltung“ konnten die Kategoriensysteme im Vergleich zur Vorstudie weiter spezifiziert werden. Pro Video wurden jeweils drei Kategoriensysteme gebildet. Insgesamt konnten hier zwölf Unterkategorien pro Video aufgrund der zuvor festgelegten Gestaltungsprinzipien deduktiv entwickelt werden - mit jeweils positiven (+) und negativen (-) Einschätzungen (Abbildung 63, linker Bereich: Unterkategorien in *kursiver* Schrift).

Videoübergreifend wurden zwei weitere Kategoriensysteme entwickelt: Aussagen zur Akzeptanz der Theorie-Praxis-Verbindung aller vier Erklärvideos wurden in der Kategorie „Theorie-Praxis-Verbindung“ festgehalten. Allgemeine Aussagen über den Einsatz von Videos in Fortbildungen erfasst das Kategoriensystem „Videobasierte Fortbildungen allgemein“.

Der Evaluationsgegenstand „Akzeptanz der Videoinhalte“ wurde um den Einschätzungsbereich „Übertragbarkeit“ erweitert (Abbildung 63, oberer Teil rechts). Als Kodiereinheit wurde wieder der gesamte Text kodiert. Die Analysen folgen einer deduktiv-induktiven Basisstrategie. Die Kategoriensysteme wurden tabellarisch zusammengefasst und mit kurzen Definitionen beschrieben. Mit diesen Strategien soll der Ratererfolg erhöht werden.

Im Bereich der Akzeptanz der Videoinhalte konnten in der Hauptuntersuchung zwei weitere Kategoriensysteme induktiv gebildet werden: epistemologische Aussagen und selbstbezogene Aussagen (siehe Abbildung 63, rechts unten). Im Rahmen der hier dargestellten Untersuchungen kamen daher *induktive* und *deduktive Kategorienbildungen* zum Einsatz, die in diesem Unterkapitel erläutert werden.

Abbildung 63

Kodierstrategie der Hauptuntersuchung

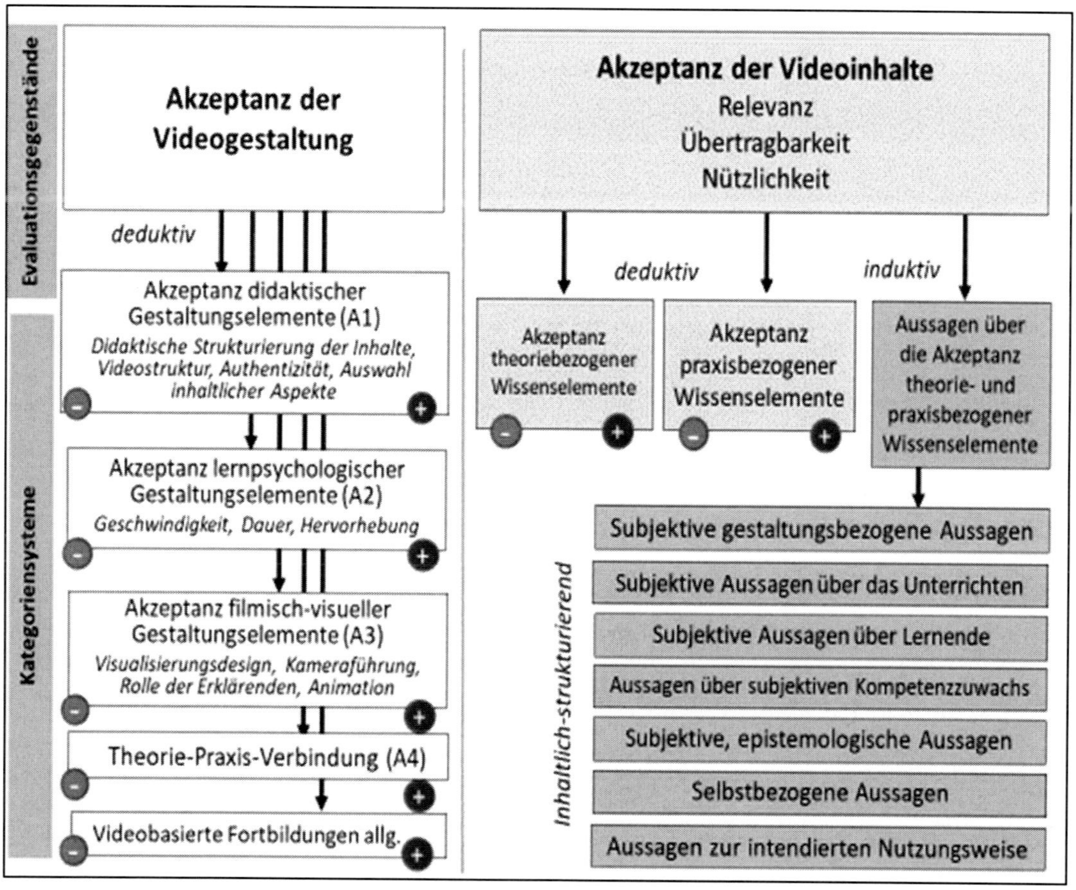

Anmerkung. Die Einschätzungen der Lehrpersonen bezüglich der Akzeptanz der Videogestaltung und der Videoinhalte konnten aufgrund der im Fragebogen aufgeschriebenen Kommentare der befragten Lehrpersonen jeweils eindeutig positiven (+) oder negativen (-) Akzeptanzdimensionen zugeordnet werden.

Quelle: Eigene Darstellung.

Kodierprozess

Ziel war es, eine möglichst hohe Zuverlässigkeit der Codezuordnungen, d. h. eine klare Abgrenzung der einzelnen Kategorien voneinander, zu erreichen und somit das Qualitätskriterium der Reliabilität zu erfüllen. Zur Verbesserung der Zuverlässigkeit haben die Kodierenden vor dem Beginn des Kodierprozesses die Perspektive der befragten Lehrpersonen eingenommen. Dabei haben sie die vier Videos zunächst selbst angesehen und erhielten eine Liste aller im Video eingeblendeten Wissenselemente. Der Kodierprozess setzte sich aus drei Durchgängen zusammen.

Zunächst erfolgte eine Überprüfung und Vereinfachung der Kategoriensysteme durch eine Person. Die Kategoriensysteme des Manuals wurden um eine Spalte "Definition" erweitert, um die Merkmale jeder Kategorie kurz zu beschreiben (vgl. Tabellen in diesem Kapitel).

Im zweiten Durchgang (Zwischenkodierung) bearbeiteten zwei weitere Kodierende das identische Dokument unabhängig voneinander und codieren es entsprechend den gemeinsam vereinbarten Code-Definitionen. Dazu wurde zuerst eine kleinere Datenmenge von sechs befragten Lehrpersonen verwendet und die Kategoriensysteme auf ihre Übereinstimmung verglichen. Die Ergebnisse der Kodieranalyse zeigten, dass insbesondere in der Kategorie "Didaktische Strukturierung der Inhalte" eine erhebliche Unstimmigkeit bestand. Als Folge davon wurde die Kategorie "Adaptivität" aufgelöst. Darüber hinaus wurden *Signalwörter* für alle Kategorien angegeben und diese kursiv und unterstrichen hervorgehoben. Zusätzliche Signalwörter wurden als *Schlagwörter* in den Ankerbeispielen jeweils unterstrichen dargestellt (siehe Tabellen zu den Kategoriensystemen in diesem Kapitel, jeweils Spalten 2 und 4).

Im dritten Durchgang (Hauptkodierung) überarbeiteten zwei Kodierende die Dokumentvorlage gemäß dem überarbeiteten Kodierleitfaden unabhängig voneinander anhand der Code-Definitionen. Anschließend wurde ein Interrater-Koeffizient berechnet, um die Übereinstimmung zwischen ihnen zu bewerten. Die Datenanalyse und die Überprüfung der Intercoder-Übereinstimmung wurden mit MAXQDA durchgeführt.

Der Interraterwert (Cohen's Kappa) lag bei *0,88* und stellt nach Greve & Wentura einen gute bis ausgezeichneten, nach Landis & Koch eine fast vollkommene Übereinstimmung dar (vgl. Tabelle 21).

Tabelle 21
Interpretation von Cohen's Kappa

Quellen	Übereinstimmungsgrad	Interpretation
Greve und Wentura (1997)	$0{,}40 < \kappa < 0{,}60$	noch annehmbar
	$\kappa < 0{,}40$	nicht annehmbar
	$\kappa \geq 0{,}75$	gut bis ausgezeichnet
Landis und Koch (1977)	$\kappa < 0$	schlechte Übereinstimmung
	$0 < \kappa < 0{,}20$	Übereinstimmung etwas
	0,21 – 0,40	ausreichende Übereinstimmung
	0,41 – 0,60	mittelmäßige Übereinstimmung
	0,61 – 0,80	beachtliche Übereinstimmung
	0,81 – 1,00	(fast) vollkommene Übereinstimmung

Kategoriensysteme zur Akzeptanz der Videogestaltung (A1 bis A4)

In einem ersten Analyseverfahren wurden alle Aussagen zur *Akzeptanz der Videogestaltung* (erster Teil des Fragebogens) rein deduktiven Kategoriensystemen zugeteilt (siehe Abbildung 63, unterer, linker Teil des Schaubildes). Hierbei wurden im Vorfeld drei Kategoriensysteme, nämlich A1 bis A4, mit zuvor definierten Kategorien gebildet (siehe Abbildung 63, linke Seite), die sich an spezifischen Gestaltungsprinzipien für die Entwicklung der analysierten Videos orientierten (siehe Kapitel 9).

Die befragten Lehrpersonen bewerteten kommentierte Aussagen, die im Fragebogen als Sprechblasen angegeben waren und Text- sowie Bildelemente, die im Video eingeblendet wurden.

Die einzelnen Angaben der Befragten wurden innerhalb den deduktiven Kategorien in positive (+) und negative Aussagen (-) eingeordnet. Wenn die Teilnehmer anstelle eines Kommentars zu einem Screenshot im Fragebogen lediglich Wörter (Wissenselemente) umkreisten, Kommentare abhakten oder einen inhaltlichen Aspekt nochmals in eigenen Worten wiedergaben, wurde dies als positive Bewertung betrachtet.

Kategoriensystem „Akzeptanz der Videogestaltung“ (A1)

Das deduktive Kategoriensystem A1, „Akzeptanz didaktischer Gestaltungselemente“, (Tabelle 22) ist das umfassendste gestaltungsbezogene System und bezieht sich auf alle negativen und positiven Aussagen aus subjektiver Perspektive, die sich auf die im Videodesign eingesetzten didaktischen Strukturelemente (siehe Kapitel 9.1) beziehen. Das System wurde jeweils für die theorie- und praxisbezogenen Elemente eingesetzt.

Tabelle 22
Kategoriensystem A1: Subjektive Aussagen zur Akzeptanz didaktischer Gestaltungselemente

Hauptkategorie	Definition	Subkategorie	Ankerbeispiel
Videostruktur	Angabe, die sich eindeutig auf die Wirkung eines der folgenden Videostrukturelemente bezieht: **Überblick, Intro, Einstiegsimpuls** (Fragestellung/Statement), **Beispiele** (Praxisteil), **Theorie-Praxis-Teil, Zusammenfassung** (Theorieteil) Signalwörter: z. B. "*Zusammenfassung*", „*Überblick*", „*Einstiegsimpuls*"	positiv	**V1_LK16_Zusammenfassung:** *am Ende nochmals alle wichtigen Punkte aufgeführt*
		negativ	**V1_LK09_Zusammenfassung:** *Zusammenfassung evtl. unnötig* **V1_LK16_Allgemein:** *+ Gegenüberstellung der Fachbegriffe (Merkmale) und konkreten Beispielen (LK16)*
Didaktische Strukturierung der Inhalte	Subjektive Aussagen zur **Struktur des Inhalts**	positiv	**V1_LK18_Selbstdifferenzierende Aufgaben allgemein:** *klare Struktur*
	Subjektive Aussagen zu einem für das Video **ausgewählten Wissenselement** (z. B. Aussagen über den Inhalt der Beispielaufgabe/der Begleitmaterialien/der Bearbeitungsstrategien der SuS; Signalwörter: z. B. „*hilfreich*", „*gut*", „*sinnvoll*"	positiv	**V3_LK06_Bsp. Unterschiedliche Bearbeitungsweisen:** *gut gewählt* **V1_LK09_Unterschiedliche Art und Tiefe der Bearbeitung:** *gut*
		negativ	**V1_LK19_Bsp. Aufgabe:** *Text zu lang.*
	Aussagen über die **Textlänge**	positiv	**V4_LK02_Bsp. Hinweise zur Nutzung (Herr Schulke):** Einstieg sichtbar

	Aussagen über **Unterrichtsmethoden/Unterrichtsphasen**		
	1:1-Wiedergabe eines **Wissenselements** ohne Aussage zu dessen Wirkung	positiv	**V4_LK11_Bsp. Sicherung des Verständnisses (Hinweise Lehrperson 3):** *Sicherung des Verständnisses*
	Wiedergabe eines **Wissenselements in eigenen Worten** ohne Aussage zu dessen Wirkung	positiv	**V4_LK02_Motivationshilfe (Hinweise Sprecher):** *wertschätzender Umgang*
	Subjektive Aussagen über **fehlende Inhalte** oder *Fragen* zu fehlenden Inhalten Signalwörter: z. B. *„wo", „wie", „genau zeigen, „nur", „keinerlei", „fehlt"*	negativ	**V3_LK02_Unterschiedliches Bearbeitungsniveau:** *Nicht vorhanden: keinerlei Lösungsansatz.*
Erklärweise	Subjektive Aussage zur Erklärweise Signalwörter: z. b: „*verständlich*", „*erklärt*"	positiv	**Bearbeitungsweisen (Hinweise Sprecher):** *gut erklärt*
Authentizität	Aussagen zur **Realitätsnähe** Signalwörter: z. B. „*problematisch*", „*im Alltag*", „*ungewöhnlich*" „*Meine Schüler…*"	positiv negativ	**V4_LK04_Allgemein:** *Sehr realitätsnah* **V3_LK10_Allgemein:** *je nach Schule, an der man unterrichtet*

Aussagen zur Videostruktur

Diese Kategorie enthält Angaben zur Wirkung eines einzelnen Videostrukturelements oder zur Videostruktur allgemein. Die Videostruktur besteht aus folgenden Elementen: Überblick, Intro, Einstiegsimpuls (eingeblendete Fragestellung oder eingeblendetes Statement), Praxisteil, Theorie-Praxis-Teil, Zusammenfassung.

Beispiel:

V1_LK03_Überblick: + vier verschiedene Videos zu unterschiedlichen Themen

Die positive Wirkung wurde teilweise anstelle eines Adjektivs (z. B. „gut“, „sehr schön“) mit einem „+“-Zeichen vor der Angabe bekundet (siehe obiges Beispiel).

Angaben zur subjektiven Merkfähigkeit der Befragten, bezogen auf einzelne Videostrukturelemente (z. B. Überblick oder Zusammenfassung), wurden ebenfalls hier verortet:

Beispiel:

V1_LK06_Zusammenfassung: kann man sich gut merken.

Einzelne Elemente der Videostruktur, wie „Zusammenfassung“, konnten auch unkommentiert nochmals wiedergegeben werden.

V1_LK06_Zusammenfassung: Zusammenfassung.

Aussagen zur didaktischen Strukturierung der Inhalte

Hier werden alle Kommentare und Fragen zur Verständlichkeit, Klarheit der Erklärungen, den Unterrichtszielen und der Wahl der eingeblendeten Begriffe zusammengefasst. Dies umfasst sowohl positive als auch negative Rückmeldungen, wie "gut erklärt", „schöne Beispiele“ oder "klar dargelegt". Die Strukturierung der Inhalte unterscheidet sich von der Videostruktur, die aus sechs Elementen besteht, auf die die Lehrpersonen reagieren können.

Beispiel:

> **V2_LK15_Bsp. Anleitung zum Problemlösen:**
> *Ist der Begriff „PADEK“ in diesem Video erfunden oder in der Fachdidaktik bekannt?*

In dieser Kategorie finden sich auch kommentierte Angaben zur Abfolge der Erklärschritte, zum Textumfang („zu viel Text“), zur Genauigkeit der Erklärung, zur Gliederung, zur Auswahl von Begriffen, die im Video eingeblendet werden, zu Zusammenhängen der Strukturelemente, zu fehlenden Erklärungen bestimmter Inhalte („*... nicht im Video ersichtlich*“, „*Es fehlen ...*“, „*Hier hätte mir ein/eine... gefallen*“) und zu Merkmalen der Erklärstrategie (z. B. „*Gut: Gegenüberstellung verschiedener Beispiele*“).

Die Rückmeldungen können sich auch auf die positive oder negative Wirkung der Verknüpfung von Theorie und Praxis und wie diese miteinander in Beziehung stehen, beziehen.

Beispiel:

> **V3_LK17_Bearbeitungsstrategien allgemein:**
> *Die gezeigten Beispiele besser einbinden, nicht nur zeigen.*

Die Angaben können auch auf das Potenzial der ausgewählten inhaltlichen Aspekte hinweisen.

Aussagen zur Authentizität

Positive bzw. negative Aussagen zur Authentizität beinhalten Angaben zur Realitätsnähe der gezeigten Inhalte (z. B. „*Alltagssituation wird deutlich*"). Das Kriterium „balanced" bezieht sich auf die jeweilige Situation, in der ein Inhalt oder Gestaltungselement sowohl positiv als auch negativ eingeschätzt werden kann.

Kategoriensystem „Akzeptanz der Videogestaltung“ (A2)

Das Kategoriensystem A2 strukturiert die Angaben der Befragten zur Akzeptanz der in den Videos eingesetzten lernpsychologischen Gestaltungselemente des Videodesigns anhand dreier Hauptkategorien (siehe Tabelle 23), die jeweils für die theorie- und praxisbezogenen Elemente eingesetzt wurden.

Tabelle 23

Kategoriensystem A2: Subjektive Aussagen zur Akzeptanz lernpsychologischer Gestaltungselemente

Hauptkategorie	Definition	Subkategorie	Ankerbeispiel
Geschwindigkeit	Subjektive Aussagen zum/zur: **- Sprechtempo** **- Lesegeschwindigkeit** **- Pausenlänge** **- Ablaufgeschwindigkeit**	negativ	**V1_LK18_Allgemein**: *Übergänge manchmal zu lange.*
		positiv	**V1_LK13_Aufgabenbeispiel:** *Genügend Zeit, um Text durchzulesen.*
Dauer	Subjektive Aussagen zur **Videolänge**	negativ	**V4_LK10_Allgemein***: Video zu lang.*
Hervorhebung	Subjektive Aussagen zur **Hervorhebung** einzelner typografischer oder visueller Elemente, Signalwörter z. B. „*groß*“, „*Zoom*“	positiv	**V2_LK02_Bsp. Problemlöseplan:** *Groß im Bild eingeblendet: lesbar*
Interaktivität	Subjektive Aussagen, über Möglichkeiten, das **Video** individuell zu **steuern** (Vorwärtsspulen, Stoppen, Wiederholen, …)	positiv	**V3_LK08_Bearbeitungsstrategien allgemein**_*Es gefällt mir gut, weil man in Fortbildungen das Video stoppen kann, um anschließend zu analysieren, wie der Schüler sich kognitiv der Lösung nähert*

Kategoriensystem „Akzeptanz der Videogestaltung“ (A3)

Das Kategoriensystem A3 ordnet die Äußerungen der Befragten zur Akzeptanz der in den Videos eingesetzten filmisch-visuellen Elemente Insgesamt wurden dazu fünf Hauptkategorien entwickelt, die jeweils für die theorie- und praxisbezogenen Elemente eingesetzt wurden. Die Struktur dieses Systems zeigt Tabelle 24.

Tabelle 24

Kategoriensystem A3: Subjektive Aussagen zur Akzeptanz filmisch-visueller Elemente

Hauptkategorie	Definition	Subkategorie	Ankerbeispiel
Visualisierungsdesign	Subjektive Aussagen über die **optische** Wirkung von Text- , Bild- und Videoelementen bezüglich: - Größe - Schärfe - Farbgestaltung - Anordnung - Gesamtoptik Signalwörter: z. B. „*anschaulich*“, „*lesbar*“	Positive Aussagen Negative Aussagen	**V1_LK20_Sonstiges:** *Ansprechendes, schönes Layout.* **V4_LK14_Gestufte, minimale Hilfen**_*übersichtlich* **V1_LK14_Einstiegsimpuls:** *Schrift unangenehm zu lesen: wirkt unscharf*
Auditive Elemente	Subjektive Aussagen über Wirkungen der **Stimmqualität** des Sprechers, der im Video agierenden Lehrpersonen, zur Qualität der **Lautstärke**, zur Wirkung von **Hintergrundgeräuschen**	Positive Aussagen Negative Aussagen	**V2_LK12_Sonstiges:** *Stimme der Lehrperson ist angenehm.* **V4_LK17_Bsp. Sicherung des Verständnisses (Lehrperson 2):** *Ton*

Rolle der Erklärenden	Subjektive Aussagen über die im Video agierenden **Lehrpersonen** und den **Kommentator**; (z. B. Blickrichtung, Notwendigkeit der Präsenz)	Positive Aussagen Negative Aussagen	**V2_LK01_Hinweise zur Nutzung (Herr Schulke):** *Ansprechend, da angenehm vorgestellt.* **V1_LK16_Vorstellung der Lehrperson:** *überflüssig.*
Kameraführung	Subjektive Aussagen über die Qualität der **Kameraführung** und **Kameraperspektive** Signalwörter z. B. „*verwackelt*“, *Perspektive*“	Positive Aussagen Negative Aussagen	**V3_LK14_Bsp. Unterschiedliche Bearbeitungsweisen:** *Standbildzoom viel angenehmer.* **V1_LK02_Vorstellung der Lehrperson**: *Nicht ansprechend (wackelt).*
Animation	Subjektive Aussagen über Wirkung einzelner **Filmeffekte** (z. B. Zoom); Angaben zur **Dynamik** der Animation	Negative Aussagen	**V3_LK01_Bsp. Schülerdokumente:** *Recht langatmig bis hierher.*
Präsentationssequenz-Prinzip	Subjektive Aussagen über Wirkungen der **Reihenfolge/Kopplung** der visuellen, typografischen oder auditiven Elemente (Bild -> Sprecher -> Begriff)	Positive Aussagen	**V1_LK13_Allgemein:** *[Bild /Text] erscheint nacheinander: Finde ich gut.*

Aussagen zum Visualisierungsdesign

Die Kategorien *Positive bzw. negative Aussagen zum Visualisierungsdesign* umfassen Aussagen zur Wirkung typografischer und visueller Gestaltungsmittel des Videoformats. Dazu gehören Angaben über Merkmale und Qualität bezüglich Größe, Schärfe, Farbgestaltung, Anordnung von einzelnen Text- und Bildelementen der Praxis- und Theorieteile sowie Aussagen zur Gesamtoptik. Folgende Signalwörter werden dem Visualisierungsdesign zugeordnet: „*übersichtlich*", „*anschaulich*", „*schön*", „*lesbar*", „*ansprechend*" ,"*sichtbar*" bzw. „*unangenehm*" oder „*verwirrend*".

Es ist wichtig, festzuhalten, dass sich hier Visualisierungen nicht auf die im Video eingeblendeten Unterrichtsmaterialien beziehen (Aussehen der Schülerdokumente, Bilder in der Aufgabengestaltung, optischer Eindruck des Tafelanschriebs). Diese werden der didaktischen Strukturierung der Inhalte zugeordnet.

V3_Lk17_Bsp. Verschiedene Bearbeitungsweisen: *Art der Vorgehens- und Denkweise wird sichtbar.*

Bei einigen Angaben zur positiven Wirkweise erschien auch vorweg ein „+"-Zeichen:

V2_LK03_Bsp. Formulierungshilfen: + *Bild der Materialien*

In diese Kategorie fielen auch Angaben zur Wirkung der Darstellung der Beispielaufgabe aus Video 1:

V1_LK10_Bsp. Aufgabe: *passende Darstellung*

Aussagen zur Animation

In diese Kategorie wurden Angaben bezüglich des Animationsstils (z. B. „*kurzes Einblenden*“) zugeordnet. Die Angaben beziehen sich auch auf die Dynamik des Animationsstils insgesamt (z. B. „langatmig“) oder auf die Wirkung einzelner Filmeffekte wie Einblendungen oder Zoomeffekt.

Aussagen zur Rolle der Lehrpersonen

Die Kategorien *Positive bzw. negative Aussagen zur Rolle der Lehrpersonen* beziehen sich auf Angaben zur (Nicht-)Notwendigkeit oder zur Wirkung der im Video agierenden Erklärenden:

> **V1_LK05_Vorstellung Herr S.**: *In meinen Augen überflüssig, da er weder der Sprecher ist, noch erneut auftaucht. Ich empfehle ihn als Sprecher einzusetzen.*

In diese Kategorie wurden auch Angaben zur Blickrichtung der Videoakteure einsortiert:

> **V1_LK02_Vorstellung Herr S.:**
> *Betrachter wird nicht angeschaut bzw. nur teilweise.*

Aussagen zur Kameraführung

Diese Kategorie beinhaltet die mangelnde Qualität in der Kameraführung („Wackler“):

> **V1_LK06_Allgemein:** *unruhige Kameraführung*

Hier werden auch Aussagen zur Blickrichtung der im Video agierenden Personen einsortiert:

> **V1_LK02_Vorstellung Herr S.:**
> *Betrachter wird nicht angeschaut bzw. nur teilweise.*

Kategoriensysteme zur Akzeptanz theorie- und praxisbezogener Wissenselemente

Zusätzlich zu den gestaltungsbezogenen Kategorien wurden inhaltsbezogene Kategorien zur Akzeptanz der Videoinhalte entwickelt. Zunächst erfolgte eine quantitative Erfassung der Akzeptanz der im Video präsentierten Wissenselemente. In einem zweiten Schritt wurde die Akzeptanz anhand der Aussagen der befragten Lehrpersonen in Bezug auf die Kriterien *Relevanz*, *Nützlichkeit* und *Übertragbarkeit* sowohl aus theoretischer als auch aus praktischer Sicht qualitativ kategorisiert.

Die quantitative Erfassung der Akzeptanz basierte auf den Angaben der Befragten, die in den Videos Wissenselemente unterstrichen oder Anmerkungen dazu hinterlassen hatten. Sie wurden entweder der Hauptkategorie „Akzeptanz theoriebezogener Wissenselemente“ (T) oder „Akzeptanz praxisbezogener Wissenselemente“ (P) zugeordnet (siehe Tabelle 25, linke Spalte). Die Wissenselemente tauchten in den Videos in Form von eingeblendeten Wörtern oder Kommentaren auf. Insgesamt konnten die Befragten somit auf über 50 Wissenselemente aller vier Videos reagieren (Tabelle 23: zweite Spalte). Die Bewertungen wurden entsprechend den Angaben der Befragten entweder positiv (+) oder negativ (-) bewertet und den 20 befragten Lehrpersonen (LK1, LK2, ...) zugeordnet (Tabelle 25: Spalten rechts).

Tabelle 25

Erfassung der Akzeptanz theorie- und praxisbezogener Videoinhalte

Einschätzungsbereich RELEVANZ in Video 1						
Hauptkategorien	Wissenselemente aus den Videos	LK1	LK2	LK3	...	LK20
T	Zugänglichkeit	+	+	+	...	+
	Gestufte Impulse	+	-	+	...	-
	...	...	...	...	...	...
P	Bsp. für Zugänglichkeit	+	+	+	...	...
	Bsp. für gestufte Impulse	-	+	+	...	...
	...	...	...	...	...	...

Anmerkung. T: theoriebezogene Wissenselemente; P: praxisbezogene Wissenselemente. Bezugspunkt sind positiv (+) oder negativ (-) kommentierte Wissenselemente der Lehrpersonen am Beispiel der Einschätzung der Relevanz der Videoinhalte in Video 1 (Auszug).

Die Einschätzungen variierten in ihrer Ausdrucksweise, wobei sowohl positive als auch negative Bewertungen zum Vorschein kamen. Dies spiegelte sich in

Formulierungen wie "schöne Beispiele", "Tipp", "Idee", "positiv" oder "negativ" wider. Ebenfalls wurden beabsichtigte Handlungen in den Rückmeldungen erwähnt.

> **V1_LK06_Bsp. Aufgabe**:
> Einsatz im Unterricht, würde ich genauso machen.

Wiederholten die befragten Lehrpersonen in ihren Angaben die gezeigten oder gehörten Wissenselemente wertungsfrei bzw. wurden sie in den Screenshots markiert oder nochmals in eigenen Worten wiedergegeben, wurden diese mit *positiv* (+) vermerkt:

> **V1_LK07_Bsp. Aufgabe**: SuS werden animiert, möglichst unterschiedliche Größen auf Teilbarkeit zu prüfen.

In der Kategorie "Akzeptanz praxisbezogener Wissenselemente" reagierten die Teilnehmer auf Hinweise der in den Videos gezeigten Lehrpersonen oder auf konkrete Beispiele (z. B. „Aufgabe").

Die Hauptkategorie „Akzeptanz theoriebezogener Wissenselemente" bezieht sich auf Angaben zu gezeigten Merkmalen der Theorieteile der Videos, die die Befragten im Fragebogen neben die Screenshots schrieben oder direkt in den Screenshots markierten („gut", „sinnvoll", „hilfreich" , „+", „-„). Dazu gehören sowohl die im Video präsentierten theoretischen Wissenselemente (z.B. "Sicherung des Verständnisses") als auch Hinweise des Sprechers zu einem dieser Elemente (z.B. "Hinweise zur Sicherung des Verständnisses"). Hierbei wurden auch allgemeine Bewertungen der Videoinhalte berücksichtigt, wie beispielsweise die Zusammenfassung, z. B. „Zusammenfassung: gut".

Kategoriensysteme zu Aussagen über die Relevanz, Übertragbarkeit und Nützlichkeit der Videoinhalte

Die in diesen Kategoriensystemen gebildeten induktiven Kategoriensysteme wurden aus dem Material der Befragung heraus gebildet. Das Datenmaterial bestand aus Aussagen einzelner Lehrpersonen, aus denen verschiedene Kategorien entwickelt werden konnten. Obwohl die Befragung nicht explizit nach Überzeugungen fragte, orientierte sich die Kategorienbildung an spezifischen Arten von Überzeugungen (Bronfenbrenner, 1986; Woolfolk Hoy et al., 2006; Baumert & Kunter, 2011). Diese Kategorien leiteten sich aus den Äußerungen der Lehrpersonen ab, die sich auf Gestaltung und Inhalte bezogen.

Die Kategorien umfassten selbstbezogene Aussagen, Aussagen über das Unterrichten, epistemologische Aussagen, Aussagen zum subjektiven Kompetenzzwachs und gestaltungsbezogene Aussagen. Diese Kategorien wurden jeweils aus theoretischer und praktischer Perspektive (theoriebezogene Wissenselemente und praxisbezogene Wissenselemente) betrachtet. Die Definitionen dieser Kategorien und Beispiele werden in den folgenden Abschnitten erläutert.

Kategoriensystem „Relevanz theorie- und praxisbezogener Inhalte"

In diesem Kategoriensystem konnten für die jeweiligen theorie- und praxisbezogenen Wissenselemente mehrere Kategorien gebildet werden (Tabelle 26).

Tabelle 26
Kategoriensystem „Subjektive Aussagen zur Relevanz theorie- und praxisbezogener Videoinhalte"

Hauptkategorie	Definition	Subkategorie	Ankerbeispiel
Aussagen über den subjektiven Kompetenzzuwachs	Subjektive Aussagen über bisher als subjektiv **bekannt** oder **unbekannt** wahrgenommene **Inhalte** Signalwörter: z. B. *„kenne", „bekannt"*	Erfolgter subjektiver Kompetenzzuwachs	**V1_LK04_Allgemein:** *War mit bisher nicht bekannt.*
		Nicht erfolgter subjektiver Kompetenzzuwachs	**V2_LK06_Bsp. Anleitung zum Problemlösen:** *Kenne ich!*
Selbstbezogene Aussagen	Aussagen über eigene **Fähigkeiten**, **Gewohnheiten**, **Erfahrungen**, **Vorlieben** und **Rollen** Signalwörter: z. B. *„regen mich an", „wichtig"*	positiv	**V1_LK20_Allgemein:** *Selbstdifferenzierende Aufg. f. alle Klassenstufen wichtig: mag ich*
		negativ	**V4_LK19_Zurückhaltung**: *ist nicht meine Stärke!*
Subjektive Aussagen über das Unterrichten	Subjektive Aussagen über **Unterrichtsmethoden**, **Unterrichtsorganisation** und **Aufwand**	positiv	**V2_LK02_Bsp. konkrete Materialien**: *Möglichkeiten der mehrfachen Verwendung.*
		negativ	**V3_LK05_Bsp. Unterschiedliche Bearbeitungsweisen:** *Ich kann nur hoffen, dass meine SuS auch solche Ergebnisse bringen.*

Subjektive Aussagen über Lernende	Subjektive Aussagen über **Verhalten/Denkweisen/Handlungsweisen** von Lernenden	positiv negativ	**V3_LK18_Visualisierung:** verschiedene Herangehensweisen **V1_LK19_Gestufte Hilfen**: Jeder SuS arbeitet anders
Subjektive, epistemologische Aussagen	Subjektive Aussagen über fachdidaktische oder allgemeindidaktische **Wissensaspekte/Lernziele/Lehr-Lern-prozesse**	positiv	**V4_LK05_Vielfalt nutzen**: *Berücksichtigt jedes Kind: Wertschätzung.*
Gestaltungsbezogene Aussagen	Subjektive Aussagen über Wirkungen **lernpsychologischer, didaktischer und filmisch-visueller Elemente** (z. B. **Authentizität/Videostruktur/Rolle Lehrperson/Visualisierung/Erklärweise**), Subjektive Aussage zur **Wirkung eines Wissenselements,**	positiv negativ	**V4_LK06_Gestufte Hilfen**: *Gut erklärt.* **V3_Lk15_Bsp. Unterschiedliche Bearbeitungsweisen:** *Habe wenig verschiedene Herangehensweisen gesehen: zu allgemein.*
	Unkommentierte, bloße **Wiedergabe eines Wissenselements Beschreibung eines Wissenselements** in eigenen Worten		**V2_LK05_Konkrete Materialien:** *konkrete Materialien* **V1_LK12_Gestufte Impulse:** *Verschiedene Stufen der Bearbeitung*

Kategorie „Subjektive Aussagen über das Unterrichten“

Diese Kategorie bezieht sich auf Überzeugungen über Unterrichtsmethoden, basierend auf Müller, Felbrich und Blömeke (2008, MT21, S. 248). Lehrpersonen äußerten hier ihre methodischen und organisatorischen Überlegungen zur Umsetzung der Videoinhalte. Dazu gehörten Informationen zu Materialbedarf, Raumausstattung, Dauer der Nutzung und Benutzerfreundlichkeit des gezeigten Materials. Außerdem flossen Vorstellungen über die Schüler und deren Denkweise und Fähigkeiten in diese Kategorie ein.

Kategorie „Subjektive, epistemologische Aussagen“

Epistemologische Aussagen orientieren sich an Merkmalen epistemologischer Überzeugungen nach Reusser & Pauli (2014, S. 650 – 651). Für die Auswertung wurden alle angegebenen subjektiven „Theorien“, „Prinzipien“ und Zielvorstellungen im Zusammenhang mit spezifischen Videoinhalten berücksichtigt. Diese betreffen sowohl allgemein-didaktische als auch mathematikspezifische Aspekte von Lehr- und Lernprozessen, Lernzielen und Wissenselementen in den Videos, die von den Beteiligten als notwendig, bedeutsam oder sinnvoll erachtet wurden.

Die Befragten gaben häufig Erläuterungen in Bezug auf das Verhalten und die Gedanken von Lehrpersonen und Lernenden im Video. Dabei handelt es sich um "neutrale" Erklärungen auf der Grundlage von angegebenen Indikatorwörtern, die einen kausalen, begründenden Gliedsatz einleiten (*„weil“, „aus diesem Grund“)* und Redewendungen (*„macht Sinn“*). Ebenso wurden Verallgemeinerungen (*„Jeder Schüler*“, *„Alle Schülerinnen und Schüler*“) und Modalverben der Aufforderung (*„sollen“*) und der Notwendigkeit (*„müssen“*) integriert, um subjektive Zielvorstellungen zu verdeutlichen.

Zu dieser Kategorie zählen auch Interpretationen und Annahmen, ohne weitere Belege oder Erklärungen (unter Verwendung von Indikatorphrasen wie "*Ich glaube*" oder "*Meiner Meinung nach*").

Die Untersuchung beinhaltet auch *Aussagen über die Lernenden.* Diese Bewertungen stammen aus den persönlichen Meinungen der Befragten in Bezug auf die Fähigkeiten, Gewohnheiten und Verhaltensweisen der Schülerinnen und Schüler. Die getroffenen Aussagen können allgemeiner Art sein („Meine Schülerinnen und Schüler arbeiten selten selbstständig“) oder sie können sich auf spezifische inhaltliche Aspekte, die eingeblendet oder kommentiert werden, beziehen (z. B. gestufte Hilfen).

Kategorie „Selbstgezogene Aussagen“

Die Kategorie *Selbstgezogene Aussagen* lehnt sich an die Überzeugungskategorien nach Bronfenbrenner (1986), Woolfolk Hoy et al. (2006) und Baumert & Kunter (2011) an. In der Evaluation wurden alle Angaben der Befragten bezüglich persönlichen Interessen (z. B. „*möchte ich auch so machen*“, “*für mich interessant*“), Vorlieben, Erfahrungen (z. B. „*verblüfft mich*“), Gewohnheiten (z. B. „*hätte ich auch gemacht*“, „*entspricht meiner Erfahrung*“) und kognitiven Anregungen gesammelt (Siehe dazu auch Ankerbeispiel zur Kategorie in Tabelle 24).

Kategorie „Aussagen über den subjektiven Kompetenzzuwachs“

Die Kategorie *Aussagen über erfolgten subjektiven Kompetenzzuwachs* bezieht sich auf alle genannten Äußerungen, die aufzeigen konnten, dass den Befragten der gezeigte Videoinhalt bisher unbekannt oder unbewusst war oder wieder in Erinnerung gerufen wurde.

Die Kategorie *Aussagen über nicht erfolgten subjektiven Kompetenzzuwachs* beinhaltet alle genannten Äußerungen, die aufzeigen konnten, dass den Befragten der gezeigte Videoinhalt bereits bekannt oder bewusst war (. B. *Kenne ich!“).*

Kategorie „ Gestaltungsbezogene Aussagen“

In dieser Kategorie werden Kommentare zu gestalterischen Elementen im Videodesign (siehe Kategoriensystem A1) zusammengefasst. Diese umfassen Kommentare zu deren Wirkung (z. B. *„ leicht zu merken“*) sowie Wertung und Fragen zur Auswahl der Inhalte (z. B. „*schöne Beispiele*“, „*Ziel, aller Teiler zu finden*? “). Des Weiteren werden Wissenselemente, die ohne Erklärung als positiv oder negativ bewertet wurden (z. B. *"+"*, "*gut*", "*schön*", "*nimmt alle Kinder mit*", "*relevant*"), in dieser Kategorie erfasst, da sie spezifische didaktische Aspekte der Videoinhalte darstellen.

Kategorie „Sonstige Aussagen“

In diese Subkategorie fallen alle Aussagen, die sich nicht eindeutig in eine spezifische Unterkategorie einordnen lassen, die bloß wiedergegeben oder ohne tiefgründige Erklärung genannt werden. Eingeblendete Wissenselemente wurden in dieser Kategorie unkommentiert von den befragten Lehrpersonen wiedergegeben (z. B. *„Strategische Hilfen“*).

Kategoriensystem „Übertragbarkeit theorie- und praxisbezogener Inhalte“

In dieses Kategoriensystem konnten bereits entwickelte Kategorien übernommen oder teilweise ausdifferenziert werden (Tabelle 27).

Tabelle 27

Kategoriensystem „Subjektive Aussagen über die Übertragbarkeit theorie- und praxisbezogener Videoinhalte“

Hauptkategorie	Definition	Subkategorie	Ankerbeispiel
Gestaltungsbezogene Aussagen	Subjektive Aussagen zur Wirkung gestaltungsbezogener Elemente (z. B. **Visualisierungsdesign**, **Authentizität**, **Audioqualität**, **Erklärweise**, **Formulierungsweise**)	positiv	**V1_LK08_Einstiegsimpuls**: *Anspruch Heterogenität., kriteriale Ansatzpunkte sollen „Orientierung“ geben.*
		negativ	**V1_LK08_Konkretes Beispiel (Hinweise Sprecher):** *keine Zeit zum Selbstüberlegen; die Comicfigur als Scaffolding-Element!*
	Subjektive Aussagen zur **Auswahl**/zur **Qualität**/zur **Wirkung** eines Wissenselements („+“ *„wichtig“, „sinnvoll“, „gut“*)	positiv	**V2_LK01_Bsp. für Formulierungshilfen:** *Gute Impulse.* **V1_LK18_Einfache Einstiegsfrage (Hinweise Sprecher):** *Enge Formulierung ist gut!*
	Aussagen über **fehlende Inhalte**	positiv	**V1_LK01_Verschiedene Hilfsangebote**: *Welche Materialien sind gegeben?*
	Bloße **Wiedergabe** eines Wissenselements	positiv	**V2_LK20_Anleitung zum Problemlösen:** *Anleitung z. Problemlösen*

Subjektive Aussagen über das Unterrichten	Subjektive Aussagen über **Unterrichtsmethoden**, **Unterrichtsorganisation** und **Aufwand**	positiv	**V1_LK14_Bsp. Visualisierung**: *Beispielfamilien zeigen.*
		negativ	**V1_LK12_Allgemein:** *Ich brauche viele Arbeitsblätter. Was ist mit Buchaufgaben?*
Subjektive Aussagen über Lernende	Subjektive Aussagen über **Fähigkeiten**, **Handlungsweisen** und **Denkweisen** von Lernenden	positiv	**V1_LK08_Konkretes Beispiel (Hinweise Sprecher):** *Meine Erfahrung: Die Kinder haben oft wundervolle eigene Ideen*
		negativ	**V1_LK11 Visualisierung:** *Meine SuS sind schwach im Lesen v. Texten*
Selbstbezogene Aussagen	Aussagen über **eigene Fähigkeiten**, **Gewohnheiten**, **Rollen, Absichten**, **Vorlieben**	negativ	**V2_LK6_Formulierungshilfen**: *Bin kein Freund von solchen Formulierungen: eher für gute Schüler.*
Subjektive, epistemologische Aussagen	Subjektive Aussagen über Vorstellungen zu fachdidaktischen oder allgemeindidaktische **Wissensaspekten/Lernzielen/Lehr-Lernprozessen**	positiv	**V1_Lk20_Bsp. Aufgabe:** *Selbstdifferenzierende Aufgaben sind wichtiger Baustein des Mathematikunterrichts.*
	Aussagen über **schulstrukturelle Kontexte**	negativ	**V4_LK08_Zurückhaltung**: *Viele Eltern lassen bei HA kein eigenes Denken zu*

Kategoriensysteme zur „Nützlichkeit theorie- und praxisbezogener Videoinhalte"

Zur Erfassung der Aussagen über die Nützlichkeit der Videoinhalte konnten bereits zuvor gebildete Kategorien verwendet werden (Tabelle 28, Spalte 1).

Tabelle 28

Kategoriensystem „Aussagen zur Nützlichkeit theorie- und praxisbezogener Videoinhalte"

Kategorie	Definition	Subkategorie	Ankerbeispiel
Selbstbezogene Aussagen	Aussagen über **eigene Fähigkeiten**, **Rollen, Vorlieben, Absichten** und **Gewohnheiten** (Schlagwörter: „Ich", „mich")	positiv	**V4_LK03_Gestufte, minimale Hilfen:** *Weil ich es wichtig finde, nicht zu viel zu helfen.* **V2_LK20_Unterstützende Begleitmaterialien allgemein**: *Mich mit mehr Material zu beschäftigen u. es zur Verfüg. stellen.*
Gestaltungsbezogene Aussagen	Subjektive Aussagen zur Auswahl oder Wirkung gestaltungsbezogener Elemente oder Inhalte (z. B. **Visualisierungsdesign, Animation, Audioqualität, Authentizität, Erklärweise, Verständlichkeit**)	positiv	**V4_LK08_Bsp. Vielfalt nutzen:** *Hier: welche weiteren Möglichkeiten gibt es, um Ergebnisse zusammenfassen zu können?*
	Subjektive Aussagen über **fehlende Inhalte** (oft in Frageform)	negativ	**V4_Lk17_Gestufte, minimale Hilfen:** *Sind die Hilfen gut?*
	Subjektive **Bewertung** von Wissenselementen (Schlagwörter:	positiv	**V1_LK04_Individuelles Erklären:** *Erklärungen einfordern macht Sinn.*

	„stimmt", „gut nutzbar/übertragbar", „gut", „...würde helfen.") Beschreibung von Wissenselementen in **eigenen Worten** oder **1:1-Wiedergabe**	positiv	**V3_Lk10_Unterschiedliche Bearbeitungsweisen_zeichnerisch:** *nonverbale Lösungsmöglichkeit.*
Subjektive, epistemologische Aussagen	Subjektive Vorstellungen über fachdidaktische oder allgemeindidaktische **Wissensaspekte**	positiv	**V1_LK03_Selbstdifferenzierende Aufgaben allgemein:** *Abdeckung der Individualität*.
	Subjektive Aussagen über **Lehr-Lernprozesse**	positiv	**V3_Lk16_Unterschiedliche Bearbeitungsweisen:** *Jeder SuS kann sich seinen eig. Weg suchen*
	Subjektive Aussagen über fachdidaktische oder allgemeindidaktische **Lernziele** (Schlagwörter: *„..., um SuS ...", „SuS sollen/müssen/werden ...", "..., damit die SuS..."*)	positiv	**V4_LK09_Gestufte, minimale Hilfen:** *SuS sollen das Gefühl behalten, es selbst geschafft zu haben!*
Subjektive Aussagen über das Unterrichten	Subjektive Aussagen über **Aufwand, Unterrichtsmethoden, Unterrichtsorganisation**		**V4_LK10_Strategische Hilfe:** *Aufgaben/Strategien besprechen: Aha-Erlebnisse fördern*

Kategoriensystem „Intendierte Nutzungsweise der Videoinhalte“

Im Kategoriensystem zur intendierten Nutzungsweise der Videoinhalte konnten fünf Kategorien gebildet werden (Tabelle 29: Spalte 1).

Die Kategorie "Kommunikative Erarbeitung" umfasst alle Aspekte, die sich auf die Kommunikation und Interaktion beziehen, wie beispielsweise das Vorstellen, Diskutieren und Zeigen von Inhalten. Die Kategorie *Handlungsorientierte Erarbeitung* bezieht sich auf praktische, handlungsorientierte Tätigkeiten der Lernenden und der befragten Lehrperson selbst. Die Kategorie *Präsentationsform* umfasst alle Aussagen über intendierte Medien (z. B. Folien, Poster) und Visualisierungsstrategien im Unterricht. Die Kategorie *Unterrichtsphase* orientiert sich an den von den Befragten angegebenen Phasen (Einstieg, Übung, Sicherung, Wiederholung). Zur Kategorie *Bezugsfeld* gehören Verweise auf die Lebenswelt der Lernenden (siehe letzte Kategorie in Tabelle 29). Ebenfalls wurden hier auch thematische, schulartenbezogene oder altersbezogene Bezugsfelder integriert (z. B. „*Für meine Klassenstufe nicht geeignet*“).

V1_LK03_Allgemein: *weniger Lösungen vorgeben, offene Aufgaben stellen.*

Tabelle 29

Kategoriensystem „Intendierte Nutzungsweise der Videoinhalte“

Kategorie	Definition	Ankerbeispiel
Kommunikative Erarbeitung	Aussagen zu kommunikativen und interaktiven Unterrichtsaspekten	**V1_LK01_Unterschiedliche Art und Tiefe der Bearbeitung**: *Hilfsangebote*
Handlungsorientierte Erarbeitung	Aussagen zu enaktiven, haptischen Tätigkeiten	**V1_LK14_Einfacher Einstieg**: *SuS stellen drei Familien dar, stellen sich dazu auf. Dazu hätte ich eine Tafel Rittersport und eine Milkatafel.*

Präsentations-form	Aussagen zur medialen Erarbeitung des Unterrichtsthemas	**V2_LK03_Formulierungshilfen**: *folierte Karte*
Unterrichts-phase	Aussagen zu Unterrichtphasen	**V1_LK05_Visualisierung**: *Bei Einstiegen und Sicherungen*
Bezugsfeld	Aussagen über die Lebenswelt der Lernenden, Aussagen über sonstige Bezugsfelder	**V1_Lk20_Einfacher Einstieg**: *Lebensweltbezug*

Kategoriensystem „Begründung der nicht intendierten Nutzungsweise der theorie- und praxisbezogenen Videoinhalte“

In diesem Kategoriensystem wurden vier Kategorien gebildet (Tabelle 30).

Tabelle 30

Kategoriensystem „Begründung der nicht intendierten Nutzungsweise der theorie- und praxisbezogenen Videoinhalte“

Kategorie	Definition	Ankerbeispiel
Subjektive Aussagen über das Unterrichten	Subjektive Aussagen über **Unterrichtsmethoden, Unterrichtsorganisation** und **Aufwand**	**V2_LK19_Bsp. Anleitung zum Problemlösen**: *müsste man vorher schon eingeübt haben*
Subjektive Aussagen über Lernende	Subjektive Aussagen über **Fähigkeiten, Handlungen** und **Denkweisen** von Lernenden	**V2_LK13_Bsp. Anleitung zum Problemlösen**: *fällt meinen SuS schwer*
Gestaltungsbezogene Aussagen	Subjektive Aussagen zur Auswahl oder Wirkung gestaltungsbezogener Elemente (z. B. **Visualisierungsdesign, Animation, Audioqualität, Authentizität, Erklärweise, Verständlichkeit**)	**V1_LK01_gestufte Impulse**: *verwirrend, da mehrere Fragen direkt untereinander* **V1_LK06_Visualisierung:** *Comicbild in Oberstufe nicht nötig, wenn sie zur Situation passen, die Grafiken*
	Subjektive Aussagen zur **Auswahl/Qualität** von Inhalten/ Wissenselementen	**V1_LK01_Gestufte Impulse**: *zu textlastig*
	Subjektive Aussagen zu **fehlenden Inhalten/Wissenselementen**	**V4_LK06_Diagnosen erstellen:** *zu wenig Inhalt*

	Angabe über ein Wissenselement **ohne Begründung**	**V4_LK19_Diagnosen erstellen:** *nicht nutzbar*
Sonstiges		**V2_LK02_Formulierungshilfen:** *laminierten Einzelkarten: Umweltschutz* **V2_LK02_Formulierungshilfen:** *themenbezogen für diese Erarbeitung*

Kategoriensystem „Theorie-Praxis-Verbindung"

Dieses Kategoriensystem besteht aus fünf Kategorien (Tabelle 31).

Tabelle 31

Kategoriensystem A4: „Theorie-Praxis-Verbindung"

Kategorie	Definition	Subkategorie	Ankerbeispiel
Aussagen zur Funktion des Medienformats	Subjektive Aussagen über **Vorteile**, **Nachteile** und über die **Funktionsweise** des Videoformats	positiv	**LK07**_*Eigentlich sind alle Aspekte bekannt. Die Videos dienen dazu, sich diese wieder in Erinnerung zu rufen.*
		negativ	**LK10**_*Worin liegt der Vorteil dieser Videos im Vergleich zu einem kurzen Erklärvideo (2 Min.) oder einem Text?*
Aussagen zum Visualisierungsdesign	Subjektive Aussagen über die **Qualität der Visualisierung** von Inhalten, Signalwörter: z. B. *„ansprechend", „anschaulich"*	positiv	**LK11**_*Anschaulich.*
Aussagen zur Authentizität	Subjektive Aussagen zur **Realitätsnähe**	positiv	**LK08**_*Sehr authentische Wirkung.*
Aussagen zum Theorie-Praxis-Verhältnis	Subjektive Aussagen zur **Verbindung von Theorie und Praxis**	positiv	**LK03**_*Es gibt immer konkrete Beispiele aus dem Unterricht, danach folgt die Erklärung und Visualisierung der Begriffe.*

	Subjektive Aussagen zu **fehlenden theorie- und praxisbezogenen Inhalten**	negativ	**LK15**_*Ich fand die Aufgabe und das Material sehr gut, didaktisch gut aufbereitet. Aber in der Bearbeitungsphase ist es nicht genug aufgegriffen.*
Aussagen zur praktischen Perspektive	Subjektive Aussagen zu **praxisbezogenen Wissenselementen** (z. B. Produkte der Lernenden)	positiv	**LK11**_*Produkte wurden vorgestellt*
		negativ	**LK20**_*Ich hätte mich über weitere Aufgabenbeispiele und deren Bearbeitung durch SuS gefreut.*

Die Kategorie *Aussagen zur Funktion des Medienformats* schließt alle Aussagen mit ein, die sich auf Vor- oder Nachteile des hier entwickelten Videomediums beziehen.

Die Kategorie *Aussagen zum Theorie-Praxis-Verhältnis* bezieht sich auf Angaben zur Wirkung der Verbindung von Theorie und gezeigter Praxis oder auf Angaben zu deren Verhältnis zueinander:

LK04_*Die Theorie wurde kaum angesprochen.*

Kategoriensystem „Empfehlungen für videobasierte Fortbildungen allgemein"

In diesem Kategoriensystem konnten Kategorien über *gestaltungsbezogene* Strukturelemente im Videodesign gebildet werden (Tabelle 32).

Tabelle 32

Kategoriensystem „Empfehlungen für videobasierte Fortbildungen allgemein"

Kategorie	Beschreibung	Ankerbeispiel
Negative Aussagen über filmisch-visuelle Gestaltungselemente	Aussagen über die **Aufbereitung von Inhalten,** über das **Visualisierungsdesign**, über **Akustik,** über **Filmeffekte** (z. b: Schnitt) Aussagen über die **Abspieldauer**	**LK10**_*interaktiv: z. B. Aufgabentypen vorstellen (PPP oder per Video): LuL sollen selbst eine erstellen und ausprobieren*
	Aussagen über die **Erklärenden**	**LK05**_*Geübteren Sprecher einsetzen, ich konnte nicht gut folgen.*
Negative Aussagen über didaktische Gestaltungselemente	Aussagen über die **Videostruktur** (Zusammenfassung, Einstieg, ...)	**LK01**_*Wirkt in den Zusammenfassungen und zu Beginn der Videos oft „lehrmeisterhaft"*
Aussagen über verarbeitungstechnische Gestaltungselemente	Aussagen zur Benutzerfreundlichkeit	**LK06**_**S**martphonetauglichkeit
Negative Aussagen über lernpsychologische Gestaltungselemente	Aussagen zur Abspieldauer	**LK03**_*Den Einstieg ins Video abkürzen, also nicht immer 30 Sekunden*
Positive Aussagen über lernpsychologische Gestaltungselemente	Aussagen zur Abspieldauer	**LK02**_*Zeitdauer beibehalten*
Sonstiges		**LK04**_*Weiter so!*

Auswertungsmethode des Bereichs „Subjektiver Kompetenzzuwachs“

Als Verfahren zur Auswertung des Bereichs „Subjektiver Kompetenzzuwachs“ wurden die angegebenen *Einschätzungen des Vorher-Nachher-Vergleichs* tabellarisch für alle Videos festgehalten. Zur Ermittlung der Signifikanz wurde der Wilcoxontest durchgeführt. Es wurde angenommen, dass nach Wahrnehmung der Videos höhere Kompetenzselbsteinschätzungen die Folge sind, daher wurde der Signifikanztest *einseitig* durchgeführt.

Die Unterschiede in den Zuwächsen (Kenntnisse vor und nach Wahrnehmung der Videoinhalte) waren bei allen Videoinhalten *signifikant* (Tabelle 57, Spalte „Exakte Signifikanz“). Die subjektiven Kompetenzzuwächse bei Kenntnissen über Aufgabenmerkmale und über Denkweisen und Strategien der Schülerinnen und Schüler bei der Bearbeitung einer selbstdifferenzierenden Aufgabe waren *hoch signifikant* (p-Wert jeweils bei .009; siehe Tabelle 57, vorletzte Zeile). *Noch signifikant* waren die Kompetenzzuwächse bei Kenntnissen über Möglichkeiten des Differenzierens in der Rolle als Lehrperson (p-Wert bei .46).

Besonders starke Effekte wurden in Bezug auf die Unterschiede in den Kenntnissen vor und nach dem Ansehen der Videos zu den Denkweisen und Strategien der Schülerinnen und Schüler (Effektstärke r nach Pearson = .55), den Kenntnisse über Merkmale selbstdifferenzierender Aufgaben (Effektstärke r nach Pearson = .55) und den Kenntnisse über verschiedene unterstützende Materialien (Effektstärke r nach Pearson = .51) nachgewiesen werden. Unterschiede bezüglich Kenntnissen über die Rolle der Lehrperson entsprachen einer mittleren Effektstärke.

Tabelle 33

Statistik des Wilcoxon-Tests

Subjektive Kompetenzzuwächse vor und nach Wahrnehmung der Videos				
	Kenntnisse über Aufgabenmerkmale vor Video 1 und nach Video 1	Kenntnisse über verschiedene unterstützende Materialien vor Video 2 und nach Video 2	Kenntnisse über Denkweisen und Strategien von Schülerinnen und Schüler vor Video 3 und nach Video 3	Kenntnisse über Möglichkeiten des Differenzierens in der Rolle als Lehrperson vor Video 4 und nach Video 4
Exakte Signifikanz p (1-seitig)	.009	.017	.009	.046
Effektstärke r	.55	.51	.55	.43

11.4 Zusammenfassung

In diesem Kapitel wurde das Evaluationsdesign der Vorstudie und der Hauptuntersuchung vorgestellt. Tabelle 34 zeigt abschließend einen Überblick über die Phasen, Erhebungsmethoden, Evaluationsgegenstände und Zeiträume.

Tabelle 34

Evaluationsstrategien zur Untersuchung der Wirksamkeit des Videoformats

Phase	Erhebungsmethode	Evaluationsgegenstand	Zeitraum
I. Grunddesign (erster Zyklus)	*Validierung* Experten der Hochschule Mündliche Befragung n = 3/Video Qualitative Analyse	• Gestalterische Qualität der • Videos • Evaluationsstrategie	Januar 2017 bis März 2018
II. 1. Redesign (zweiter Zyklus)	*Vorstudie* Lehrkräfte (Sekundarstufe) n = 10/Video Papiergebundener Fragebogen Qualitative Inhaltsanalyse: induktive und deduktive Kategorien (Mayring, 2010)	• Akzeptanz der Videogestaltung • Akzeptanz der Videoinhalte (Relevanz, Nützlichkeit) • Subjektiver Kompetenzzuwachs	April 2018 bis Juli 2018

III. 2. Redesign (dritter Zyklus)	*Hauptuntersuchung* Lehrkräfte (Sekundarstufe) n = 20 Papiergebundener Fragebogen	• Akzeptanz der Videogestaltung • Akzeptanz der Videoinhalte (Relevanz, Nützlichkeit, Übertragbarkeit)	Mai 2019 bis August 2022
	Quantitative Analysen Wilcoxon-Test (subjektiver Kompetenzzuwachs)	• Subjektiver Kompetenzzuwachs • Theorie-Praxis-Verbindung (videoübergreifend)	
	Qualitative Inhaltsanalyse: induktive und deduktive Kategorien (Mayring, 2010)	• Videobasierte Fortbildungen allgemein	
	Ermittlung der Interrater-reliabilität (Cohens Kappa)		

Ist das Evaluationsdesign entwickelt, kann die Überprüfung der Wirksamkeit des Videoformats durchgeführt werden. Die Ergebnisse der Evaluationen werden im nächsten Kapitel vorgestellt.

12 Ergebnisse der Evaluationen

Welche Wirkungen zeigen die gestalterischen Entscheidungen im Design des Videoformats anhand der subjektiven Einschätzungen durch Lehrpersonen?

In den folgenden Teilkapiteln werden Ergebnisse der Validierung (Grunddesign des Videoformats), der Pilotierung (erstes Redesign des Videoformats) und der Hauptstudie (zweites Redesign des Videoformats) vorgestellt.

12.1 Ergebnisse der Evaluation des Grunddesigns

Ziel der Validierung war es, die *gestalterische Qualität im Videodesign* und die *Evaluationsstrategie* dreier instruktionaler Fortbildungsvideos zu verschiedenen Bereichen des Differenzierens einschätzen zu lassen.

12.1.1 Rückmeldungen zur gestalterischen Qualität

Bezüglich des Videodesigns erfolgten Rückmeldungen zu *didaktischen* und *filmisch-visuellen* Gestaltungskriterien (siehe dazu auch Kapitel 3). Die Rückmeldungen zur gestalterischen Qualität betrafen hauptsächlich die didaktische Gestaltungsebene:

- Didaktische Strukturierung der Inhalte: Hier gab es Anmerkungen zur inhaltlichen Repräsentativität und Spezifizierung. Die Frage stellte sich, ob die Darstellung eines konkreten Differenzierungskonzepts anhand einer Beispielschule erfolgen sollte oder ob es besser wäre, verschiedene Differenzierungsansätze aufzuzeigen.
- Adaptivität: Es wurde diskutiert, welche Impulse die Videos für die eigene Unterrichtsgestaltung bieten können.
- Erklärmethode: Ein Schwerpunkt lag darauf, wie fachdidaktische Erklärvideos einen Mehrwert bieten. Hier wurde beispielsweise die Möglichkeit, Lehr- und Lernprozesse darzustellen, angesprochen.

- Anwendungstransparenz: Die Videos sollten klar darauf hinweisen, wie sie genutzt werden sollen. Eindeutige Arbeitsanweisungen und bereitgestellte Zusatzinformationen sind entscheidend.

- Qualität der praktischen Perspektive im Video: ie Frage, ob Best-Practice-Beispiele oder problematische Unterrichtssituationen gezeigt werden sollen, sollte sorgfältig abgewogen werden. Beide Ansätze haben ihren Wert und können als Grundlage für Diskussionen dienen.

- Nutzungsweise und Einbettung: An welcher Stelle innerhalb der Fortbildung soll das Video eingesetzt werden? Klar formulierte Arbeitsanweisungen zur Nutzung der Videos sind unerlässlich.

Auch zu den getroffenen Entscheidungen auf *lernpsychologischer Gestaltungsebene* wurden Rückmeldungen gegeben:

- Prinzip der Segmentierung: Eine klare Struktur wurde geschätzt. Es sollte zunächst einen Überblick über das gesamte Arbeitsblatt (Beispiel einer selbstdifferenzierenden Aufgabe) geben werden, dann einzelne Textelemente und Konstruktionsprinzipien für selbstdifferenzierende Aufgaben gezeigt werden.

- Dauer und Darbietungsgeschwindigkeit: Das Timing sollte als angemessen empfunden werden. Visuelle und typografische Elemente sollten ausreichend lange eingeblendet werden.

Die Wahrnehmung eines Videobeitrags durch den Übungsleiter und durch Teilnehmerinnen und Teilnehmer einer Videofortbildung an der PH Freiburg am 18.05.2018 führte zu Rückmeldungen bezogen auf *Elemente der filmisch-visuellen Gestaltungsebene*:

- Kameraeffekte: Vermeidung von Schwarzblenden
- Einstellungsgrößen: „abgeschnittene Köpfe“ vermeiden
- Visualisierungsdesign: geeignete Größe, Schärfe und Auswahl der eingeblendeten Bildelemente
- Toneffekte: Einhaltung eines gleichmäßigen Lautstärkepegels. Teilweise sprechen die Akteure ungleichmäßig laut

12.1.2 Rückmeldungen zur Evaluationsstrategie

Die Verwendung von Papierfragebögen eignet sich am besten für die Umfrage, da Lehrpersonen in dieser Form konkreter auf die Fragen eingehen können. Das Papierformat bietet Handlichkeit und die Möglichkeit, einfach vor- und zurückzublättern. Aufgrund des Umfangs und der Komplexität der Befragung wäre die Anwesenheit des Projektleiters für mögliche Rückfragen sinnvoll.

Es wurden auch Anregungen zur Optimierung der Fragetechnik bereitgestellt, die wie folgt systematisiert werden können:

1. Verwendung einer Kombination aus offenen Fragen und skalierbaren Items.
2. Präzisere Formulierung der Fragen.
3. Klare Abgrenzung der Fragen voneinander.

12.2 Ergebnisse der Pilotierung (erstes Redesign)

Ziel der Vorstudie (Pilotierung) war es, die gestalterische und inhaltliche Qualität der Fortbildungsvideos auf den Wirkungsebenen (1) „Reaktion und Einschätzungen“ und (2) „Erweiterung des Wissens, Weiterentwicklung von Überzeugungen“ (Lipowsky, 2010) einschätzen zu lassen. Dies sollte als Grundlage dienen, um die Videos in einer zweiten Überarbeitung weiter zu verbessern.

Das Evaluationsschema zur Befragung vom 07.06.2018 im Rahmen der Pilotierung zeigt Tabelle 35. Im folgenden Abschnitt werden die Ergebnisse für die einzelnen Aspekte der Evaluation präsentiert.

Tabelle 35

Übersicht über die Evaluationsschema in der Vorstudie (1. Video-Redesign)

Wirkungsebenen	Evaluationsgegenstand	Evaluationsfragen	Videoelemente
Akzeptanz und Zufriedenheit	Akzeptanz der Videogestaltung	*Inwiefern wird die gestalterische Struktur des instruktionalen Videoformats von Lehrpersonen akzeptiert?*	Gestaltungsbezogene Videoelemente
Erweiterung der Wissens,	Subjektiver Kompetenzzuwachs	*Inwiefern tragen die theorie- und praxisbezogenen Inhalte zu einem subjektiven Kompetenzzuwachs bei?*	Inhaltsbezogene Videoelemente
Weiterentwicklung von Überzeugungen	Akzeptanz der Videoinhalte: Aussagen über Relevanz und Nützlichkeit	*Inwiefern findet eine Passung der in den Videos gezeigten theoretischen und praktischen Inhalten mit der eigenen Praxis statt?*	Inhaltsbezogene Videoelemente

12.2.1 Akzeptanz der Videogestaltung (Gesamteindruck)

Für die Evaluation der subjektive Einschätzungen bezüglich der *gestaltungsbezogenen Videoelemente* wurde folgende Frage verwendet:

Inwiefern wird die gestalterische Struktur des Videoformats von Lehrpersonen akzeptiert?

Im Fragebogen wurde dazu folgende Formulierung verwendet:

> Wie fanden Sie Gestaltung und Qualität der Videos?
>
> Was hat Sie angesprochen, was gestört?

Im ersten Redesign stießen die Videos aufgrund bestimmter Gestaltungselemente größtenteils auf geringe Akzeptanz. Diese Beurteilungen bezogen sich vor allem auf filmisch-visuelle und didaktische Aspekte, wie in Kapitel 3 erläutert. In Tabelle 36 sind die Rückmeldungen der Teilnehmer zu den einzelnen Gestaltungselementen auf den verschiedenen Ebenen aufgeführt.

Tabelle 36

Übersicht über die Ergebnisse der Evaluation zur Akzeptanz der Gestaltungselemente

Didaktische Gestaltungsebene
Didaktische Strukturierung der Inhalte:
Unzufriedenheit mit der didaktischen Strukturierung der Inhalte (11)
Adaptivität: fehlende Zielgruppenorientierung (7)
Erklärweise: gute Erklärweise (2)
Filmisch-visuelle Gestaltungsebene
Toneffekte: schlechte Tonqualität (17)
störende Hintergrundmusik (5)
Kameraführung: unruhige Kameraführung/Zoom (20)
Darbietungsgeschwindigkeit: unangemessenes Tempo (7)
Visualisierungsdesign: unangemessenes Layout (5)
Lernpsychologische Gestaltungsebene
Dauer: zu lange (5)
Präsentationssequenz-Prinzip: unsystematische Bild-Text-Kopplung (2)

Anmerkung. In Klammern ist die Gesamtanzahl der Einschätzungen durch Lehrpersonen aus der Sekundarstufe zu allen gezeigten Videos

Filmisch-visuelle Gestaltungsebene

Die Befragten äußerten insbesondere auf der filmisch-visuellen Ebene Bedenken bezüglich des Animationsstils. Sie bemängelten die fehlende Ausrichtung an die Zielgruppe und schlugen Maßnahmen wie ein animiertes Intro, das Weglassen von Comic-Elementen und eine schnellere Videogeschwindigkeit vor.

Kameraeffekte wie das Zoomen wurden als „unprofessionell" beschrieben. Darüber hinaus wurde das Bildschirmlayout als zu schlicht angesehen. Die Kameraführung erweckte den Eindruck von Verwacklungen. Zudem fanden mehrere Lehrpersonen die Abspielgeschwindigkeit zu langsam.

Didaktische Gestaltungsebene

Auf *didaktischer Ebene* wurde vor allem auf das gestalterische Mittel „Didaktische Strukturierung der Inhalte“ reagiert. Bei der inhaltlichen Strukturierung wurde die Verbindung zur Praxis stärker eingefordert („zu theoretisch“). Im Beitrag "Bearbeitung durch Lernende" wurde darauf hingewiesen, dass der Bearbeitungsprozess beim Lösen der Aufgabe nicht ausreichend berücksichtigt wurde. Die Erklärungen im Video "Aufgabenbeispiel" wurden als gut nachvollziehbar empfunden, jedoch gab es mehrfach die Kritik, dass die Erklärungen in den Videos als zu ausführlich und langwierig wahrgenommen wurden.

Fazit der anschließenden Diskussion im Rahmen der Fortbildung war die schwer nachvollziehbare Strategie der Vermittlung der Inhalte. Eine Lehrperson bemängelte die hohe Informationsdichte aufgrund einer zu geringen didaktischen Reduktion, die fehlende Segmentierung der Inhalte und die Rolle der Akteure im Video:

„*Man kriegt ganz viele Informationen auf einmal, zum Beispiel das komplette Arbeitsblatt. Dann werden Teile vorgelesen* [Anm.: durch einen Schüler] *und dann Teile besprochen. Ganz viel Text und dann passiert gar nichts. Jetzt merk' ich, selber abzudriften oder ich fang' selber an zu lesen.*“

Die auf diesen Ebenen erfolgten Einschätzungen führten zur Umgestaltung der Videos (siehe Kapitel 10).

12.2.2 Relevanz

Im Zuge der Evaluation der Adaptivität inhaltsbezogener Videoelemente wurde zunächst die Relevanz mit folgender Frage ermittelt:

Inwiefern findet eine Passung der in den Videos gezeigten theoretischen und praktischen Inhalten mit der eigenen Praxis statt?

Den Lehrpersonen wurde dazu folgende offene Frage gestellt:

> *Welche inhaltlichen Aspekte in den Videos waren für Sie bedeutsam?*

Die *Relevanz* inhaltsbezogener Aspekte war je nach Videobeitrag unterschiedlich. Die inhaltlichen Beiträge des Videos über Aufgabenmerkmale (Video 1) wurden fast durchgehend als subjektiv relevant betrachtet, vorwiegend aus theoretischer Perspektive. Besonders die Offenheit der Aufgaben wurde mehrmals hervorgehoben. Zusätzlich wurden die praxisbezogenen Elemente dieses Videos, einschließlich der *Beispielaufgabe*, der *schrittweisen Impulse* zur Öffnung der Aufgabe und des *einfachen Einstiegs*, als relevant wahrgenommen.

Den Videos 2 (Unterstützende Materialien) und 3 (Lernende bei der Bearbeitung) wurde eine geringe subjektive Relevanz zugeschrieben. Die Einschätzungen basierten hauptsächlich auf Aussagen über den subjektiven Kompetenzzuwachs sowie auf subjektiven Aussagen über das Unterrichten. Dies wurde hauptsächlich damit begründet, dass die Teilnehmenden subjektiv bereits über ausreichende Kenntnisse des Lerngegenstands verfügten. Zudem spielten subjektive Einschätzungen zur Unterrichtsorganisation eine Rolle.

Die subjektiv gering empfundene Relevanz der Inhalte aus Video 2, „Unterstützende Materialien“, bezog sich überwiegend auf *sprachliche Unterstützung* durch Formulierungshilfen. Begründet wurde dies mit subjektiven Aussagen über das

Unterrichten (z. B. „Fachwörter müssen vorher geklärt sein", „viel Vorarbeit nötig"). Die Begründung einer Lehrperson macht dies nochmals deutlich:

> *„Anregungen für unterstützende Materialien sind hilfreich, aber: die Fülle des Materials wirkt abschreckend. Braucht man das alles, um sinnvoll zu differenzieren? -> Verunsicherung."*

Die als gering eingeschätzte Relevanz der Inhalte in Video 3 (Lernende bei der Bearbeitung selbstdifferenzierender Aufgaben) wurde ebenfalls mit Aussagen über das Unterrichten angegeben (z. B. „*SuS müssen schon selbstständig arbeiten können -> Und wenn nicht?*" oder: „*Habe 30 Schüler und nicht 5.*").

12.2.3 Nützlichkeit

Für die Analyse der *Nützlichkeit* der Inhalte lag wieder folgende Frage vor:

Inwiefern findet eine Passung der in den Videos gezeigten theoretischen und praktischen Inhalten mit der eigenen Praxis statt?

Diese Evaluationsbereich wurde in der Umfrage durch folgender Formulierung abgebildet:

> *Was passt eher zu Ihrer Praxis, was weniger?*
> *Welchen Aspekt würden Sie in nächster Zeit berücksichtigen/nutzen?*

Beim Evaluationsgegenstand „Nützlichkeit" wurden nur in geringem Umfang Aussagen notiert, wobei das Potenzial zur Nutzung der Inhalte von den meisten Lehrpersonen als problematisch angesehen wurde.

Die Einschätzungen konnten kontextbezogenen Aussagen zugeordnet werden, wie beispielsweise die mangelnde Übertragbarkeit auf andere Themen, höhere Klassenstufen und verschiedene Schularten. Lehrpersonen gaben auch häufig an, dass Schüler selten offen für entdeckendes Lernen seien.

12.2.4 Subjektiver Kompetenzzuwachs

Die Analyse des subjektiven Kompetenzzuwachses knüpfte an folgende Fragestellung:

Inwiefern tragen die theorie- und praxisbezogenen Inhalte zu einem subjektiven Kompetenzzuwachs bei?

In der Umfrage wurde dazu folgende Formulierung verwendet:

> *Was hat zu einer Erweiterung oder Veränderung Ihre Sichtweise auf Differenzierung beigetragen?*

Im Bezug auf den subjektiven Kompetenzzuwachs ergab die Auswertung der Teilnehmeraussagen eine vergleichsweise geringe Beachtung dieses Aspekts. Viele Teilnehmende waren bereits mit den Merkmalen offener Aufgabenformate und Eigenschaften unterstützender Materialien vertraut.

12.2.5 Zusammenfassung

Abschließend wird die Qualität des Fragebogens, das Potenzial der Videogestaltung und der Videoinhalte zusammengefasst.

Qualität des Fragebogens

Die Fragen waren für die Teilnehmenden mehrheitlich verständlich und nicht redundant. Die Formulierung zur Ermittlung des subjektiven Kompetenzzuwachses war für einige der Befragten unverständlich.

Potenzial der Gestaltung

Die *Analysen der gestaltungsbezogenen Videoelemente* im zweiten Zyklus führte zu Anpassungen in der Gestaltung des fachdidaktischen Erklärvideoformats, insbesondere in den Aspekten "Akzeptanz" und "subjektiver Kompetenzzuwachs".

Die Akzeptanz eines instruktionalen Videoformats wird möglicherweise durch verschiedene Faktoren begünstigt, darunter:

- **Qualität der filmisch-visueller Elemente:** Hierbei sind Aspekte wie Tonqualität, angemessene Einblendedauer und das Vermeiden störender Hintergrundelemente von Bedeutung.
- **Orientierung an der Zielgruppe:** Eine konkrete Anpassung des Formats an die Bedürfnisse der Zuschauer (Adaptivität) fördert die Akzeptanz.
- **Logische Strukturierung:** Eine klare und sinnvolle Strukturierung der Inhalte, unter Verwendung spezifischer Begrifflichkeiten und Kategoriensysteme , verbessert das Verständnis.
- **Erklärweise:** Eine didaktische Reduktion in Form einer präzisen und knappen Erklärung des vermittelten Wissens ist förderlich.

Potenzial der Inhalte

Die Analysen der inhaltsbezogenen Videoelemente im zweiten Zyklus der Videoentwicklung ergaben nur geringe subjektiv wahrgenommene Kompetenzzuwächse.

Dies führt zu folgenden Schlussfolgerungen:

Das *Kompetenzerleben* von Lehrpersonen und das Potenzial der *Nützlichkeit* und *Relevanz* eines Professionalisierungsgegenstands könnte möglicherweise durch eine stärkere Didaktisierung des Fortbildungsgegenstands im fachdidaktischen Erklärvideoformat gefördert werden. Dabei erscheint es unerlässlich, sowohl auf *verschiedene Möglichkeiten* als auch auf *Grenzen* der Nutzung selbstdifferenzierender Aufgaben und unterstützender Materialien hinzuweisen (Diskursive Positionierung). Ebenso trägt der Neuigkeitsgehalt, das heißt die Präsentation innovativer Inhalte, zur positiven Wahrnehmung der Lehrinhalte bei.

12.3 Ergebnisse der Hauptuntersuchung (zweites Redesign)

Mit der Hauptevaluation wurden gestaltungsbezogene und inhaltsbezogene Videoelemente untersucht. Anhand der Analysen sollte in Erfahrung gebracht werden,

(a) wie die **Akzeptanz** der eingesetzten *gestaltungsbezogenen Videoelemente* in den Videos subjektiv wahrgenommen wurde (Kapitel 12.3.1ff),

(b) wie die **Relevanz**, die **Nützlichkeit** und die **Übertragbarkeit** der eingesetzten *inhaltsbezogenen Videoelemente* (Praxiselemente, Theorieelemente, Kommentare des Sprechers) von Lehrpersonen unmittelbar nach der Wahrnehmung der Videos subjektiv eingeschätzt wurden (Kapitel 12.3.8ff),

(c) inwiefern ein **subjektiver Kompetenzzuwachs** nach Wahrnehmung der Videos stattgefunden hat (Kapitel 12.3.11),

(d) welche Aspekte zur **Weiterentwicklung videobasierter Fortbildungen** beitragen können.

In der Hauptstudie wurden in einem ersten Analyseschritt die *Akzeptanz* gestaltungsbezogener Elemente durch jeweils subjektive Einschätzungen und Aussagen der Teilnehmenden untersucht. Diese Elemente umfassten die *Gesamtgestaltung, Authentizität, Verständnis, Dauer, Geschwindigkeit sowie andere Aspekte (Sonstiges) und die Theorie-Praxis-Verbindung.*

Die Analyse basierte auf den Einschätzungen der Lehrpersonen zur Videogestaltung im Zusammenhang mit folgender Evaluationsfrage:

In welchem Ausmaß und inwiefern wird die gestalterische Struktur des Videoformats von Lehrpersonen akzeptiert?

Im Fragebogen wurden dazu folgende Formulierungen verwendet:

> „Ich persönlich finde die Gestaltung dieses Videos insgesamt ansprechend.“
>
> | trifft nicht zu | trifft eher nicht zu | trifft eher zu | trifft zu |
> | --- | --- | --- | --- |
> | ☐ | ☐ | ☐ | ☐ |
>
> Auf welche Stellen im Video beziehen Sie sich in Ihrem Urteil? Markieren Sie mit einem Pfeil ggfs. mit Linien oder Kreisen die Stellen, auf die Sie sich bei Ihrer Einschätzung in A1 beziehen. Geben Sie bitte an der linken oder rechten Seite Gründe an, warum Sie die Gestaltung ansprechend bzw. nicht ansprechend finden.

Screenshots, wie in Abbildung 64 dargestellt, ermöglichten es den Betrachtern, unmittelbar nach dem Ansehen der Videos auf spezifische gestaltungs- und inhaltsbezogene Elemente zuzugreifen.

Abbildung 64

Fragebogenauszug mit Fragen zur Einschätzung der Gestaltung der Videos

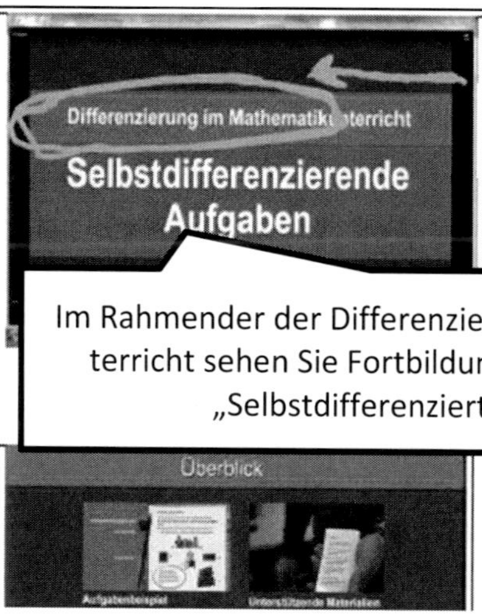

Meine Begründung

Im Rahmender der Differenzierung im Mathematikunterricht sehen Sie Fortbildungsvideos zum Thema „Selbstdifferenzierte Aufgaben“

Sonstige Gründe, warum Sie das Video insgesamt ansprechend oder weniger bzw. nicht ansprechend finden. Sie können sich dabei auch auf gesprochene Inhalte beziehen oder Sie notieren die Stellen mit den Minute/Sekunden.

Evaluiert wurde ferner, in welchem Ausmaß von Lehrpersonen die theorie- und praxisbezogenen Videoinhalte als relevant, nützlich und übertragbar angesehen wurden.

Die befragten Teilnehmerinnen und Teilnehmer reagierten in unterschiedlichem Maß auf die theorie- und praxisbezogenen Wissenselemente. Sie wählten vor allem theoriebezogene Aspekte in ihren Einschätzungen der Videoinhalte aus.

Die Einschätzungen der Relevanz, Nützlichkeit und Übertragbarkeit der Videoinhalte wurde anhand folgenden Teilfragen untersucht:

In welchem Ausmaß und inwiefern werden von Lehrpersonen die theorie- und praxisbezogenen Videoinhalte als subjektiv relevant, nützlich und übertragbar angesehen?

Die Bewertung der Videos erfolgt in mehreren Schritten. Bei den *videobezogenen Einschätzungen* richtet sich der Blick zunächst in einem *Überblick* auf die entwickelten Videos. Anschließend wird die quantitative Analyse hinsichtlich der Relevanz, Übertragbarkeit und Nützlichkeit von theoriebezogenen und praxisbezogenen Wissenselementen durchgeführt.

Eine *qualitative Analyse der subjektiven Aussagen* bezüglich des Potenzials der Inhalte wird im letzten Schritt der Evaluation jeweils mittels kategorialen Zuordnungen durchgeführt.

Die Abschnitte sind nach den jeweiligen Evaluationsbereichen von A1 bis D3 (siehe Kapitel 1.5) strukturiert.

Stichprobe

Für die Evaluation der Videos wurden 20 Lehrpersonen befragt. Die Lehrpersonen konnten zwischen drei und 30 Dienstjahren zugeordnet werden (siehe Tabelle 37, Spalte 3). Sechs Personen gaben zum Messzeitpunkt an, dass sie die Fachschaftsleitung in Mathematik übernehmen bzw. ausgeführt haben (siehe Tabelle 37, Spalte 4). Drei Lehrpersonen waren in der Fortbildung tätig. Sechs Personen kannten das Thema „Selbstdifferenzierende Aufgaben“ bereits aus einer früheren Fortbildung. 13 Personen arbeiteten zur Zeit der Erhebung an einer Realschule, vier an einer Gemeinschaftsschule, eine Person an einem Gymnasium und eine weitere an einer Hauptschule.

Tabelle 37

Berufsbezogene Angaben der befragten Lehrpersonen

Nr.	Schulart	Dienstjahre	Funktion	Sonstiges
LK1	Realschule	7	Beratungsfunktion: 2 Jahre	
LK2	Realschule	7,5	Fachschaftsleitung:7 Jahre	Fortbildung zum Thema besucht
LK3	Realschule	6	Keine Angaben	Thema bekannt
LK4	Hauptschule	21	Schulleitung: 18 Jahre	
LK5	Realschule	9	Fachschaftsleitung: 5 Jahre	
LK6	Gymnasium	3	FortbildnerIn: 1 Jahr	
LK7	Realschule	30	Keine Angaben	
LK8	Realschule	30	FortbildnerIn: 12 Jahre	
LK9	Keine Angabe	k. A.	Keine Angaben	Fortbildung „Selbstdifferenzierende Aufgaben“ besucht
LK10	Gemeinschaftsschule	4	Keine Angaben	Fortbildung „Selbstdifferenzierende Aufgaben“ besucht
LK11	Realschule	9	FortbildnerIn, SMW-Arbeit	Fortbildung „Selbstdifferenzierende Aufgaben“ besucht

LK12	Realschule	15	Fachschaftsleitung, Stundenplaner	
LK13	Realschule	25	Fachschaftsleitung: 8 Jahre	
LK14	Gemein-schaftsschule	4	Keine Angaben	
LK15	Gemein-schaftsschule	25	Fachschaftsleitung Technik	Fortbildung „Selbstdifferenzierende Aufgaben" besucht
LK16	Gemein-schaftsschule	7	Keine Angaben	
LK17	Realschule	24	Fachschaftsleitung: 15 Jahre	
LK18	Realschule	17	Fachschaftsleitung: 8 Jahre	
LK19	Realschule	23	Keine Angaben	
LK20	Realschule	8	Keine Angaben	

Anmerkung. LK = Lehrperson, SMW = Schülermitverantwortung

12.3.1 Gesamteindruck (A1)

Die befragten Lehrpersonen äußerten insgesamt Zufriedenheit mit der Gestaltung des instruktionalen Videoformats, wie in Abbildung 65 und den Mittelwerten in Tabelle 38 ersichtlich ist. Die Befragen schätzten im Durchschnitt den Gesamteindruck eines Videos mit „trifft eher zu“ ein.

Besonders hervorzuheben sind die Akzeptanzwerte für Video 2 und Video 3 in Bezug auf den gestalterischen Gesamteindruck, wie in Tabelle 38 (Spalten "Häufigkeit" und "Prozent") zu sehen ist.

Die Einschätzungen der Gesamtgestaltung von Video 3 und 4 weisen jeweils die stärksten Streuungen auf (Standardabweichungen bei 0,73 und 0,81, siehe Tabelle 38, Video 3 und Video 4).

Abbildung 65

Gesamteindruck der Gestaltung in den vier fachdidaktischen Erklärvideos

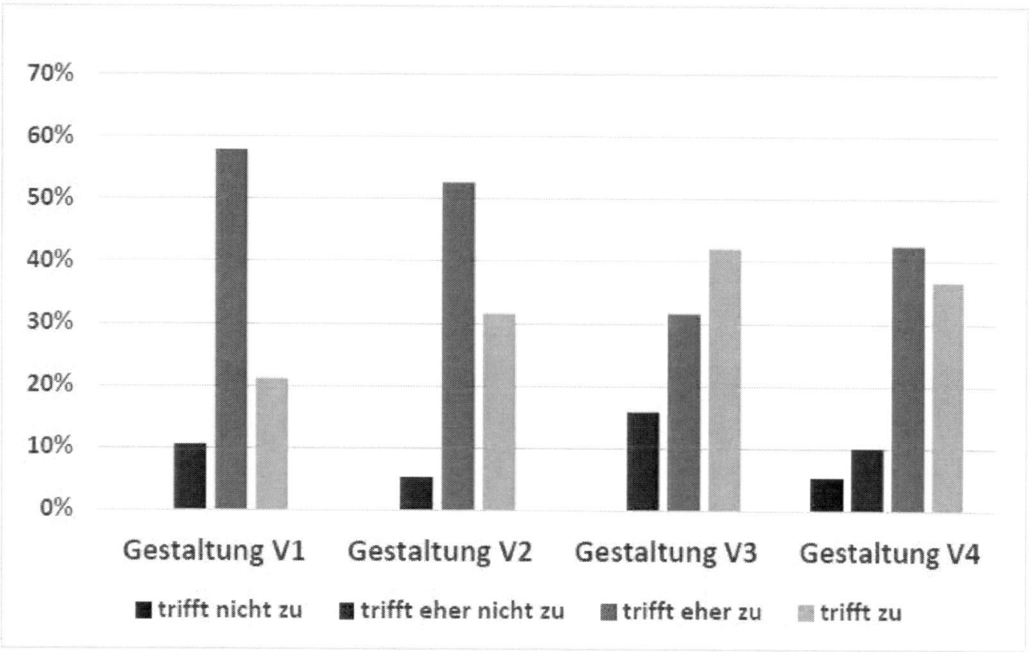

Tabelle 38

Einschätzungen des Gesamteindrucks der vier fachdidaktischen Erklärvideos

Video 1: Merkmale selbstdifferenzierender Aufgaben

Code	Antwort	Häufigkeit	Prozent
1	trifft nicht zu	0	0 %
2	trifft eher nicht zu	2	10,5 %
3	trifft eher zu	11	57,9 %
4	trifft zu	5	21,1 %
	Gesamt	18	100 %

N = 18 Mittelwert: 3,17 Standardabweichung: 0,60

Video 2: Merkmale von Begleitmaterialien

Code	Antwort	Häufigkeit	Prozent
1	trifft nicht zu	0	0 %
2	trifft eher nicht zu	1	5,3 %
3	trifft eher zu	10	52,6 %
4	trifft zu	6	31,6 %
	Gesamt	17	100 %

N = 17 Mittelwert: 3,29 Standardabweichung: 0,57

Video 3: Strategien von Lernenden bei der Bearbeitung

Code	Antwort	Häufigkeit	Prozent
1	trifft nicht zu	0	0 %
2	trifft eher nicht zu	3	15,8 %
3	trifft eher zu	6	31,6 %
4	trifft zu	8	42,1 %
	Gesamt	17	100 %

N = 17 Mittelwert: 3,29 Standardabweichung: 0,75

Video 4: Rolle der Lehrperson beim Einsatz selbstdifferenzierender Aufgaben

Code	Antwort	Häufigkeit	Prozent
1	trifft nicht zu	1	5,3 %
2	trifft eher nicht zu	2	10,5 %
3	trifft eher zu	8	42,1 %
4	trifft zu	7	36,8 %
	Gesamt	18	100 %

N = 18 Mittelwert: 3,17 Standardabweichung: 0,83

Anmerkung. Es handelt sich um *absolute Häufigkeiten*, N bezeichnet die Anzahl der Befragten.

12.3.2 Verständlichkeit (A2)

In allen vier Videos wurde die Verständlichkeit mehrheitlich als *zutreffend* eingestuft. Die Mittelwerte liegen zwischen 3,65 und 3,75 (vgl. Tabelle 39). Dieses Ergebnis zeigt sich auch an der geringen Streuung der Antworten (Standardabweichung zwischen 0,44 und 0,57). Die höchste Standardabweichung konnte für das vierte Video ermittelt werden (0,57). Die Verständlichkeit des ersten Videos (Aufgabenmerkmale) wurde am höchsten eingeschätzt, dicht gefolgt von Video 2 und 3. Für acht von 20 Lehrpersonen waren die eingeblendeten Begriffe in allen Videos gleichermaßen verständlich formuliert („trifft zu“).

Tabelle 39

*Erfassung der Einschätzungen der **Verständlichkeit** aller Videos*

Video 1: Merkmale selbstdifferenzierender Aufgaben

Code	Antwort	Häufigkeit	Prozent
1	trifft nicht zu	0	0 %
2	trifft eher nicht zu	0	0 %
3	trifft eher zu	5	26,3 %
4	trifft zu	14	73,7 %
0	Keine Angabe	1	

N = 19 Mittelwert: 3,74 Standardabweichung: 0,44

Video 2: Merkmale von Begleitmaterialien

Code	Antwort	Häufigkeit	Prozent
1	trifft nicht zu	0	0 %
2	trifft eher nicht zu	0	0 %
3	trifft eher zu	5	26, %
4	trifft zu	12	63,2 %

N = 20 Mittelwert: 3,72 Standardabweichung: 0,45

Video 3: Strategien von Lernenden bei der Bearbeitung

Code	Antwort	Häufigkeit	Prozent
1	trifft nicht zu	0	0 %
2	trifft eher nicht zu	1	5 %
3	trifft eher zu	5	25 %
4	trifft zu	14	70 %

N = 20 Mittelwert: 3,63 Standardabweichung: 0,58

Video 4: Rolle der Lehrperson beim Einsatz selbstdifferenzierender Aufgaben

Code	Antwort	Häufigkeit	Prozent
1	trifft nicht zu	0	0 %
2	trifft eher nicht zu	1	5 %
3	trifft eher zu	5	25 %
4	trifft zu	13	70 %

N = 20 Mittelwert: 3,63 Standardabweichung: 0,58

Anmerkung. Es handelt sich um absolute Häufigkeiten, N bezeichnet die Anzahl der Befragten.

12.3.3 Authentizität (A3)

Im Durchschnitt wurde die Authentizität von den Lehrpersonen als *eher zutreffend* eingestuft. Die Mittelwerte schwanken zwischen 2,8 und 3,3 (siehe Tabelle 40). Die Beiträge zu Video 3 wurden am authentischsten eingestuft. Hier lag der Mittelwert bei 3.35. Die geringste Authentizität konnte bei Video 1 festgestellt werden (Mittelwert 2,84). Besonders bei den Einschätzungen zu den Videos 1 und 2 gab es eine große Bandbreite (Standardabweichungen von jeweils 0,93), was darauf hinweist, dass die Meinungen zur Authentizität hier stark variieren.
Die fehlende bzw. geringe Authentizität wurde vor allem durch die Art, wie Schülerinnen und Schüler ihre Lösungen im eigenen Unterricht der Befragten gestalten, erklärt (vgl. Abbildung 66).

Abbildung 66
Begründung der nicht vorhandenen Authentizität in Video 3

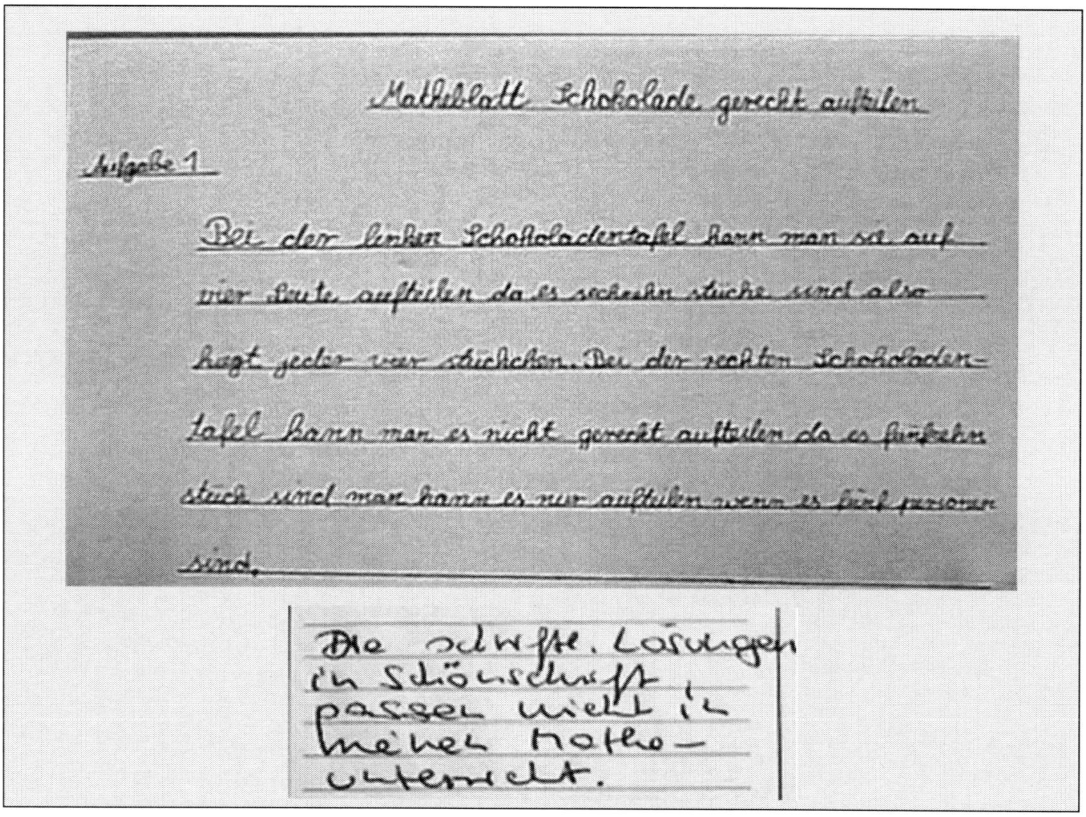

Anmerkung. Begründung der subjektiv wahrgenommenen Authentizität des dritten Videos (Schülerinnen und Schüler bei der Bearbeitung selbstdifferenzierender Aufgaben) durch Lehrperson Nr. 15, die zum Zeitpunkt der Befragung an einer Gemeinschaftsschule unterrichtete.

Quelle: Frank Föckler (2019).

Tabelle 40

Einschätzung der Authentizität der fachdidaktischen Erklärvideos

Video 1: Merkmale selbstdifferenzierender Aufgaben

Code	Antwort	Häufigkeit	Prozent
1	trifft nicht zu	2	10,5 %
2	trifft eher nicht zu	4	21 %
3	trifft eher zu	9	42,1 %
4	trifft zu	5	26,3 %

N = 20 Mittelwert: 2,84 Standardabweichung: 0,93

Video 2: Merkmale von Begleitmaterialien

Code	Antwort	Häufigkeit	Prozent
1	trifft nicht zu	1	5,3 %
2	trifft eher nicht zu	4	21,1 %
3	trifft eher zu	4	21,1 %
4	trifft zu	10	52,5 %

N = 19 Mittelwert: 3,27 Standardabweichung: 0,93

Video 3. Strategien von Lernenden bei Bearbeitung

Code	Antwort	Häufigkeit	Prozent
1	trifft nicht zu	0	0 %
2	trifft eher nicht zu	4	21 %
3	trifft eher zu	7	36,8 %
4	trifft zu	9	47,4 %

N = 20 Mittelwert: 3,31 Standardabweichung: 0,73

Video 4. Rolle der Lehrperson beim Einsatz selbstdifferenzierender Aufgaben

Code	Antwort	Häufigkeit	Prozent
1	trifft nicht zu	1	5,3 %
2	trifft eher nicht zu	3	15,8 %
3	trifft eher zu	7	36,8 %
4	trifft zu	9	47,4 %

N = 20 Mittelwert: 3,21 Standardabweichung: 0,89

Anmerkung. N bezeichnet die Anzahl der Befragten. Es handelt sich um absolute Häufigkeiten.

12.3.4 Dauer (A4)

Die Lehrpersonen waren mit der Dauer der Videos überwiegend eher zufrieden (siehe Mittelwerte in Tabelle 41; „trifft eher zu“). Die Länge des ersten Videos (3:52 Minuten) wurden am häufigsten als angemessen angesehen (Mittelwert 3,65). Im Vergleich zu den anderen Längen wurde die Angemessenheit der Dauer des vierten Videos (8:25 Minuten) am häufigsten (20 %) mit *eher unzutreffend* oder *nicht zutreffend* bewertet. Sechs von 20 Lehrpersonen gaben an, dass die Dauer in allen vier Videos für sie gleichermaßen angemessen sei (“trifft zu“).

Tabelle 41

Erfassung der Einschätzungen zur ***Dauer*** *von Video 1*

Video 1: Merkmale selbstdifferenzierender Aufgaben

Code	Antwort	Häufigkeit	Prozent
1	trifft nicht zu	0	0 %
2	trifft eher nicht zu	0	0 %
3	trifft eher zu	7	35 %
4	trifft zu	13	65 %

N = 20 Mittelwert: 3,65 Standardabweichung: 0,47

Video 2: Merkmale von Begleitmaterialien

Code	Antwort	Häufigkeit	Prozent
1	trifft nicht zu	0	0 %
2	trifft eher nicht zu	1	5,3 %
3	trifft eher zu	6	31,6 %
4	trifft zu	12	63,2 %

N = 19 Mittelwert: 3,61 Standardabweichung: 0,59

Video 3: Strategien von Lernenden bei der Bearbeitung

Code	Antwort	Häufigkeit	Prozent
1	trifft nicht zu	0	0 %
2	trifft eher nicht zu	2	10 %
3	trifft eher zu	5	25 %
4	trifft zu	13	65 %

N = 20 Mittelwert: 3,55 Standardabweichung: 0,67

Video 4: *Rolle der Lehrperson beim Einsatz selbstdifferenzierender Aufgaben*

Code	Antwort	Häufigkeit	Prozent
1	trifft nicht zu	3	15 %
2	trifft eher nicht zu	1	5 %
3	trifft eher zu	9	45 %
4	trifft zu	7	35 %

N = 20 Mittelwert: 3 Standardabweichung: 1

Anmerkung. Es handelt sich um absolute Häufigkeiten, n bezeichnet die Anzahl der Befragten.

12.3.5 Geschwindigkeit (A5)

Die Geschwindigkeit der fachdidaktischen Erklärvideos wurde insgesamt positiv bewertet, wobei die Mittelwerte zwischen 3,25 und 3,4 lagen, was als "trifft eher zu" interpretiert werden kann (siehe Tabelle 42). Im Vergleich zu den anderen Videos in dieser Kategorie erzielte Video 4 die geringsten Akzeptanzwerte. Dennoch empfanden fünf von 20 Lehrpersonen die Geschwindigkeit bei allen Videos als angemessen („trifft zu").

Tabelle 42

*Erfassung der Einschätzungen zur **Geschwindigkeit** in den vier Videos*

Video 1: Rolle der Lehrperson beim Einsatz selbstdifferenzierender Aufgaben

Code	Antwort	Häufigkeit	Prozent
1	trifft nicht zu	0	0 %
2	trifft eher nicht zu	3	15 %
3	trifft eher zu	6	30 %
4	trifft zu	11	55 %

N = 20 Mittelwert: 3,4 Standardabweichung: 0,73

Video 2: Merkmale von Begleitmaterialien

Code	Antwort	Häufigkeit	Prozent
1	trifft nicht zu	0	0 %
2	trifft eher nicht zu	2	10 %
3	trifft eher zu	8	40 %
4	trifft zu	9	45 %
0	keine Angaben	1	5 %

N = 20 Mittelwert: 3,37 Standardabweichung: 0,67

Video 3: Strategien von Lernenden bei der Bearbeitung

Code	Antwort	Häufigkeit	Prozent
1	trifft nicht zu	0	0 %
2	trifft eher nicht zu	2	10 %
3	trifft eher zu	8	40 %
4	trifft zu	10	50 %

N = 19 Mittelwert: 3,4 Standardabweichung: 0,66

Video 4: Rolle der Lehrperson beim Einsatz selbstdifferenzierender Aufgaben

Code	Antwort	Häufigkeit	Prozent
1	trifft nicht zu	1	5 %
2	trifft eher nicht zu	2	10 %
3	trifft eher zu	8	40 %
4	trifft zu	9	45 %

N = 19 Mittelwert: 3,25 Standardabweichung: 0,83

Anmerkung. Es handelt sich um absolute Häufigkeiten, n bezeichnet die Anzahl der Befragten.

12.3.6 Theorie-Praxis-Verbindung (A6)

Im Rahmen der Einschätzung gestaltungsbezogener Videoelemente wurde mit folgender Frage die *Qualität der Theorie-Praxis-Verknüpfung* direkt geprüft:

Frage 1.2:

In welchem Ausmaß und inwiefern wird von Lehrpersonen das in den Videos eingesetzte fortbildungsdidaktische Prinzip der Verbindung von Theorie und Praxis als sinnvoll angesehen?

Im Fragebogen wurden die Erschließung dieses Einschätzungsfeldes folgendermaßen ausformuliert:

In den Videos wurde ***Theorie und Praxis sinnvoll miteinander verknüpft.***

trifft nicht zu	trifft eher nicht zu	trifft eher zu	trifft zu
☐	☐	☐	☐

Nennen Sie Gründe für ihr Urteil.

Die quantitative Analyse der Daten ergaben fast durchgehend positive Akzeptanzwerte für das in den Videos eingesetzte didaktische Prinzip der Verbindung von Theorie und Praxis (siehe Häufigkeiten und Mittelwert in Tabelle 43). Für 50% der Lehrpersonen war diese Verknüpfung als sinnvoll anzusehen, während sie für 40% als "eher sinnvoll" galt. Lediglich 10,5% der Befragten (zwei von 20 Lehrpersonen) empfanden die Verknüpfung von Theorie und Praxis als weniger sinnvoll.

Tabelle 43

Erfassung der Einschätzungen zur ***Theorie-Praxis-Verbindung***

„In den Videos wurden Theorie und Praxis sinnvoll miteinander verknüpft."

Code	Antwort	Häufigkeit	Prozent
1	trifft nicht zu	0	0 %
2	trifft eher nicht zu	2	10 %
3	trifft eher zu	8	40 %
4	trifft zu	10	50 %

N = 20 Mittelwert: 3,42 Standardabweichung: 0,67

Anmerkung. Es handelt sich um absolute Häufigkeiten, n bezeichnet die Anzahl der Befragten.

Die Lehrpersonen begründeten ihre Einschätzungen hauptsächlich durch Verweis auf *didaktische Gestaltungselemente* in den Videos. Beispielsweise bezogen sich sieben Lehrpersonen in ihren Aussagen auf die praktische Perspektive in den Videos, indem sie beispielsweise auf konkrete Hilfestellungen verwiesen.

Zwei Einschätzungen bezogen sich auf die Authentizität in den Videos. Eine Lehrperson (LK2) bemerkte, dass die Schülerbeispiele realitätsnah seien, obwohl keine Unterrichtsstörungen oder Nebentätigkeiten im Video zu sehen waren. Eine andere Lehrperson (LK8) fand, dass die Videos insgesamt sehr authentisch wirkten. Allerdings wurden von zwei Lehrpersonen (LK4 und LK6) das Fehlen weiterer theoretischer Inhalte bemängelt.

Darüber hinaus wurden am zweit häufigsten Aussagen zu *lernpsychologischen Elementen* im Mediendesign gemacht. Fünf Teilnehmende bezogen sich speziell auf die Verknüpfung multimedialer Elemente, dem Präsentationssequenz-Prinzip.

Vier Lehrpersonen gaben in ihren Begründungen *filmisch-visuelle Gestaltungselemente* an. Als Grund für die sinnvolle Verknüpfung von Theorie und Praxis wurde häufig das anschauliche Visualisierungsdesign in den Videos genannt. Eine Lehrperson plädierte allerdings für eine Überarbeitung der grafische Darstellung (*Wirkt in den Zusammenfassungen und zu Beginn der Videos oft „lehrmeisterhaft"*).

Abbildung 67 zeigt eine subjektive Perspektive, die die Verbindung von Theorie und Praxis mithilfe didaktischer und lernpsychologischer Elemente verdeutlicht. Sie betont das Kontiguitätsprinzip, welches die räumliche Nähe von Praxiselementen zu Theorieteilen auf dem Bildschirm beschreibt – ein zentrales Prinzip der Videostruktur auf der didaktischen Gestaltungsebene.

Weitere Aussagen konnten der Videostruktur als eines der Prinzipien auf didaktischer Gestaltungsebene zugeordnet werden.

Abbildung 67

Bezug auf Gestaltungselemente zur Verknüpfung von Theorie und Praxis

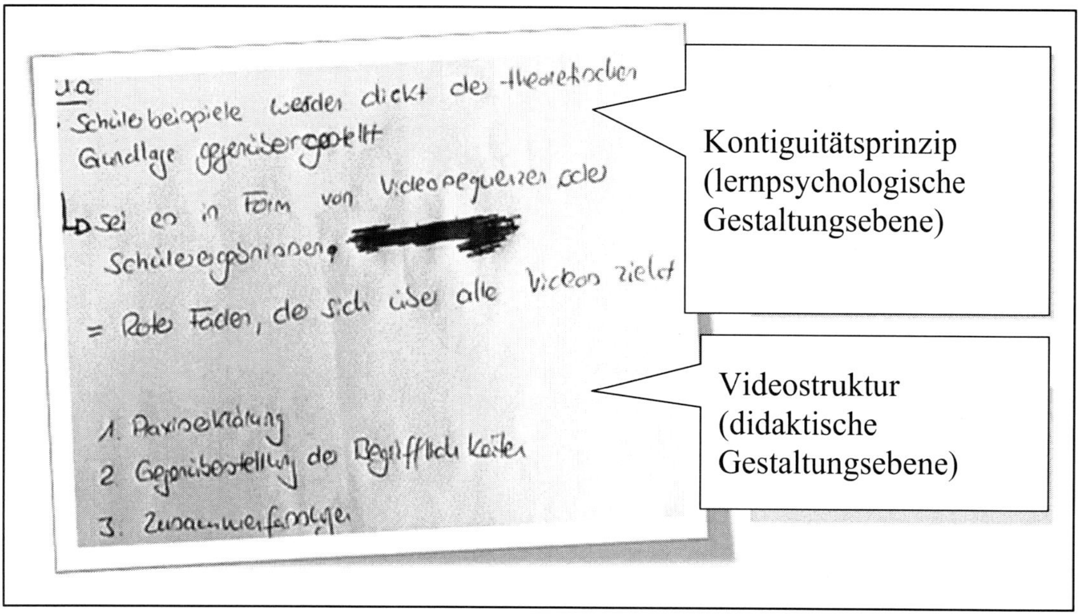

Anmerkung. Begründungen einer Lehrperson zur Akzeptanz der Qualität der Verknüpfung von Theorie und Praxis in den fachdidaktischen Erklärvideos.

Quelle: Ausschnitt aus dem Fragebogen der Haupterhebung (2019).

12.3.7 Sonstiges (A7)

Die befragten Lehrpersonen hatten neben den vierstufig skalierten Einschätzungen zur Videogestaltung auch die Möglichkeit, direkt neben den im Fragebogen abgebildeten Screenshots der Videos Kommentare zur Gestaltung aufzuschreiben. Die Rückmeldungen, die im Folgenden beschrieben werden, konnten Elementen der didaktischen und der filmisch-visuellen Gestaltungsebene zugeordnet werden.

Elemente auf didaktischer Gestaltungsebene

Auf die didaktische Strukturierung der Inhalte wurde unterschiedlich reagiert. Der größte Teil der befragten Lehrpersonen reagierte positiv auf die Qualität und Auswahl der *praxisbezogenen Elemente* in den vier gezeigten Videos (z. B. „*Gute Impulse.*“, „*Die Beispiele gefallen mir.*“). In einigen Fällen gab es jedoch kritische Anmerkungen zur Struktur der Beispielaufgabe "Schokolade gerecht teilen". Einige Lehrpersonen bemängelten die Länge des Aufgabentextes. Für fünf Lehrpersonen war die Rolle der *Comicfigur* und die Bedeutung der abgebildeten *Schokolade* in den Händen der Figur unklar (siehe Kapitel 4: Abbildung 16).

Die praktische Perspektive fiel laut Angaben einiger Befragten vor allem im vierten Video („Rolle der Lehrperson“) zu gering aus. Hier wurde mehrfach der Wunsch nach konkreten Praxisimpulsen in der Phase nach der Bearbeitung einer selbstdifferenzierenden Aufgabe geäußert (z. B.: V*ielfalt nutzen: „Wie geht die Lehrperson mit Vielfalt um?“ / Diagnosen erstellen: „Wie kann man so etwas bewerten oder an den SuS zu Nutzen machen, z. B. Plakate usw.“*). Fünf der befragten Lehrpersonen fanden die praktischen Hinweise zur Sicherung des Verständnisses vor der Bearbeitung einer selbstdifferenzierenden Aufgabe nicht weit in die Tiefe gehend.

Die Inhalte aus theoretischer Perspektive, vor allem die *gestuften Hilfen* aus dem vierten Video, wurden von den meisten Lehrpersonen akzeptiert, wobei Begriffe wie "gut" und "sinnvoll" häufig verwendet wurden.

Über die Hälfte aller Befragten fanden einzelne Unterrichtsszenen des Praxisteils in den Videos nicht authentisch. Begründet wurde dabei anhand dem nicht vollumfänglich gezeigten Fähigkeitsspektrum von Lernenden, wobei Beispiele wie "*Vorzeigelösung*", "*Nicht alle Schülerinnen und Schüler schreiben und zeichnen*" und „*Schriftliche Lösungen in Schönschrift passt nicht in meinen Unterricht*“ genannt wurden.

Zudem wurden von fast der Hälfte der Befragten bestimmte unterstützende Maßnahmen in Bezug auf die Rolle der Lehrperson als problematisch angesehen. Dies wurde auf mangelnde Fähigkeiten und Verhaltensmuster der Lernenden zurückgeführt, insbesondere in Bezug auf „*Hinweise zur Nutzung selbstdifferenzierender Aufgaben*“ und „*Sicherung des Verständnisses*“ nach der Bearbeitung solcher Aufgaben.

Die *Zusammenfassung* als gestalterisches Element der Videostruktur wurde vom überwiegenden Teil der Befragten als positiv angesehen. Sechs Lehrpersonen fanden den *Überblick* ansprechend. Fünf Lehrpersonen lobten den *Einstiegsimpuls* in den ersten beiden Videos, da sie ihnen eine klare und präzise Darstellung ermöglichte.

Neun von 20 Lehrpersonen waren mit der Erklärweise zufrieden (z. B. „*klar dargelegt*“, „*gut verständlich*“). Zwei der Befragten fanden allerdings die Erklärungen zu den gestuften, minimalen Hilfen in Video 4 zu unkonkret.

Elemente auf filmisch-visueller Gestaltungsebene

Die Videogeschwindigkeit wurde in zehn Fällen als zu langsam empfunden. Dies betraf beispielsweise Video 3, das als recht langatmig bis zu einem bestimmten Punkt wahrgenommen wurde, sowie Video 2, bei dem gelegentliche zu lange Pausen bemängelt wurden.

Die Kameraführung in den Unterrichtsszenen, vor allem bei den Szenen der primär im Video agierenden Lehrperson in den ersten beiden Videos, wirkte für knapp die Hälfte der Lehrpersonen „*unruhig*“, „*unscharf*“ bzw. „*verwackelt*“.

Mehrere Befragte empfanden die Rolle der Lehrperson, die hauptsächlich im Video erklärt, als überflüssig:

> „*Man sieht den Lehrer gar nicht mehr im Video. Für mich unerheblich, wer das* (Anm.: Aufgabenmerkmale) *zeigt, der Lehrer zeigt es uns gar nicht, sondern der Sprecher.*“ (LK4, Video 1: Aufgabenbeispiel)

Bei der Bewertung der Toneffekte äußerten drei Befragte Unzufriedenheit bezüglich der Sprecherstimme: *Stimmlage nicht optimal*“, „*Stimme etwas anstrengend*“, „*Der Sprecher braucht eine andere Betonung*“. Sechs Personen bemängelten die Akustik der Lehrpersonen in den Praxisszenen des vierten Videos (z. B. „*schlechter Ton*“, „*Bild- und Tonspur versetzt?*“, *akustisch schwer zu verstehen*“).

Hingegen fand etwa ein Drittel der Befragten das Visualisierungsdesign ansprechend und lobte die Farbgestaltung sowie die Übersichtlichkeit.

12.3.8 Relevanz (B1 und D1)

Im Fragebogen wurden zur Erschließung der Relevanz folgende offenen Formulierungen verwendet:

- *Welche inhaltlichen Aspekte des Videos haben Sie sich besonders gemerkt? Sie können bis zu drei Aspekte nennen.*
- *Warum haben Sie sich diese inhaltlichen Aspekte besonders gemerkt?*

Die Auswertungen der als subjektiv relevant eingeschätzten Inhalte beziehen ich auf die Daten aus den nachfolgenden vier Tabellen.

Tabelle 44

Übersicht der von Lehrpersonen als relevant eingeschätzten Inhalte aus Video 1

Video 1		Lehrperson Nr.																			
		1	2	3	4	5	6	7	8	9	10	11	12	13	14	15	16	17	18	19	20
Aufgabenmerkmale allgemein	T			+	+		+							+							+
Zugänglichkeit	T		+														+				
Verständlicher Einstieg	T	+	+		+	+	+			+	+					+	+			+	
Einfache Einstiegsfrage	T					+	+								+	+		+			
Visualisierungen	T		+			+					+	+	+	+	+	+		+			
Konkretes Beispiel	T						+									+					
Unterschiedliche Bearbeitungsart/-tiefe	T				+			+									+	+	+		
Gestufte Impulse	T					+		+									+		+		
Individuelles Erklären	T				+									-							
Verschiedene Hilfsangebote	T				+									+		0		+	+	+	

Zusammenfassung	T																					
Beispiel für Zugänglichkeit	P																					
Beispiel für verständlichen Einstieg	P																					
Beispiel für einfache Einstiegsfrage	P	+				+	+	+			+		+			+						
Beispielaufgabe	P																					

Anmerkungen.

T: Theoriebezogenes Wissenselement; P: Praxisbezogenes Wissenselement

+: von den Befragten explizit als positiv eingeschätztes Wissenselement
O: balanced (von den Befragten als situationsabhängig eingestuft)
- : von den Befragten explizit als negativ eingeschätztes Wissenselement

Tabelle 45

Übersicht der von Lehrpersonen als relevant eingeschätzten Inhalte aus Video 2

Video 2		**Lehrperson Nr.**																			
		1	**2**	**3**	**4**	**5**	**6**	**7**	**8**	**9**	**10**	**11**	**12**	**13**	**14**	**15**	**16**	**17**	**18**	**19**	**20**
Verstehensunterstützung Konkrete Materialien	T			+			+		+		+		+		+	+	+	+	+	+	
Metakognitive Unterstützung: Lösungsplan	T	+	+	+	+		0	+	+		+			0				+			
Sprachl. Unterstützung: Formulierungshilfen	T		+	+	+	+			+		+	+			+	+		+		+	
Schülerbeispiele	P																				
Beispiel für konkrete Materialien	P		+				+					+	+		+	+					
Beispiel für Problemlöseplan	P																				
Beispiel für Formulierungshilfen	P						+														

Anmerkungen.

T: Theoriebezogenes Wissenselement; P: Praxisbezogenes Wissenselement

+: von den Befragten explizit als positiv eingeschätztes Wissenselement
0: Balanced

Tabelle 46

Übersicht der von Lehrpersonen als relevant eingeschätzten Inhalte aus Video 3

Video 3		Lehrperson Nr.																			
		1	2	3	4	5	6	7	8	9	10	11	12	13	14	15	16	17	18	19	20
Zeichnerische Darstellungen	T										+									+	
Erklärungen	T																				
Unterschiedliche Bearbeitungsweisen	T	+				+	+		+			+		+		+			+	+	+
Unterschiedliche Bearbeitungstiefe	T					+	+														
Bearbeitung des konkreten Aufgabenteils	T										+										
Bearbeitung des offenen Aufgabenteils	T									+	+									+	
Zusammenfassung	T										+						+				
Beispiel für zeichnerische Darstellungen	P																				
Beispiel für Erklärungen	P																				
Bsp. für die Bearbeitung des konkreten Teils	P		+	+	+		+						+				+				
Bsp. für die Bearbeitung des offenen Teils	P		+	+	+		+						+				+				

Anmerkungen.

T: Theoriebezogenes Wissenselement; P: Praxisbezogenes Wissenselement
+: von den Befragten explizit als positiv eingeschätztes Wissenselement

Tabelle 47

Übersicht der von Lehrpersonen als relevant eingeschätzten Inhalte aus Video 4

Video 4		Lehrperson Nr.																			
		1	2	3	4	5	6	7	8	9	10	11	12	13	14	15	16	17	18	19	20
Hinweise zur Nutzung	T											+		+			+			+	+
Gestufte minimale Hilfen allgemein	T	+	+	+			+	+	+	+	+				+	0		+			+
Zurückhaltung	T												+			+	+				
Motivationshilfe	T				+											+		+			
Rückmeldung	T																				
Strategische Hilfe	T					+												+	+		
Inhaltliche Hilfe	T					+															
Unterstützung n. Bearbeitung: Vielfalt nutzen	T					+					+			+	+						
Unterstütz. n. Bearbeitung: Diagnosen	T						-	+													
Beispiel: Hinweise zur Nutzung (Lehrperson 1)	P											+				+					
Beispiel Hinweise zur Nutzung (Lehrperson 2)	P															-				+	
Beispiel Hinweise zur Nutzung (Lehrperson 3)	P															+					
Beispiel für Motivationshilfe	P																				
Beispiel für Rückmeldung	P																				
Beispiel für strategische Hilfe	P																				
Beispiel für inhaltliche Hilfe	P																				

Beispiel für Vielfalt nutzen	P	+
Beispiel für Diagnosen erstellen	P	

Anmerkungen.

T: Theoriebezogenes Wissenselement
P: Praxisbezogenes Wissenselement
+: von den Befragten explizit als positiv eingeschätztes Wissenselement
-: von den Befragten explizit als negativ eingeschätztes Wissenselement
0: balanced (von den Befragten explizit sowohl als positiv als auch als negativ eingeschätztes Wissenselement)

Relevanz theorie- und praxisbezogener Wissenselemente (B1)

Im Einschätzungsfeld „Relevanz“ griffen die Lehrpersonen hauptsächlich auf die in den Videos genannten theoriebezogenen Wissenselemente zurück (siehe Tabellen 44 – 47: T).

Bei den Merkmalen selbstdifferenzierender Aufgaben (**Video 1**) sahen zehn der Befragten das theoriebezogene Wissenselement „*Verständlicher Einstieg*“ als relevant an, neun Lehrpersonen schätzten die „*Visualisierung*“ als bedeutsam ein.

Aus praktischer Perspektive hielten in diesem Video sieben Personen das *Beispiel für einen verständlichen Einstieg* innerhalb der gezeigten Aufgabe am relevantesten (siehe Tabelle 44).

Die Daten in Tabelle 44 zeigen, dass in **Video 2 (Unterstützende Materialien)** etwa 40% der Befragten die theoriebezogenen Aspekte als relevant für ihren Unterricht betrachten. In praktischer Hinsicht wurde das *Beispiel für konkrete Materialien* als besonders relevant angesehen.. 11 Lehrpersonen fanden die theoriebezogenen Wissenselemente *Verstehensunterstützung* und *sprachliche Unterstützung* bedeutsam für ihren eigenen Unterricht.

Bei **Video 3 (Schülerinnen und Schüler bei der Bearbeitung einer selbstdifferenzierenden Aufgabe)** gaben zwischen acht und 13 Personen das theoriebezogene Wissenselement „*Unterschiedliche Bearbeitungsweisen*“ als relevant an. Der praxisbezogene Teil mit den gezeigten *Schülerbeispielen* fand unter acht der Befragten hohe Relevanz. Als nicht relevant stellten sich das theorie- und praxisbezogene Wissenselement „*Erklärungen*“ und das praxisbezogene Element „*Beispiele für zeichnerische Darstellungen*“ heraus (siehe Tabelle 46).

Im Video 4, das sich mit der "**Rolle der Lehrperson**" befasst, wurden hauptsächlich die theoretischen Aspekte vor und während der Bearbeitung einer selbstdifferenzierten Aufgaben erörtert. Dabei wurden insbesondere die Bedeutung von "*gestuften, minimalen Hilfen*" und "*Hinweisen zur Nutzung*" für den Unterricht hervorgehoben (vgl. Tabelle 47).

Subjektive Aussagen über die Relevanz der Wissenselemente (D1)

Zur Beantwortung der Frage „Warum haben Sie sich diese Aspekte besonders gemerkt?“ reagierten die Lehrpersonen auf unterschiedliche Art. Die Relevanzzuschreibung konnte verschiedenen Kategorien zugeordnet werden. Die meisten Lehrpersonen begründeten die Relevanz praxisbezogener Wissenselemente positiv, indem sie sie als "anschaulich", "übersichtlich", "zusammenfassend" und "verständlich" beschrieben. Diese Bewertungen bezogen sich hauptsächlich auf *filmisch-visuelle Gestaltungselemente* im Videodesign, wie die Videostruktur, die Erklärweise und das Visualisierungsdesign.

Bei den relevanten theoriebezogenen Inhalten lag der Fokus vor allem auf gestaltungsbezogenen Aussagen, und subjektiven, epistemologischen Aussagen.

12.3.9 Nützlichkeit (B2 und D2)

Die Einschätzung der Nützlichkeit der Inhalte wurde durch folgende Formulierung erfasst:

*Ich beabsichtige, die im Video gezeigten **Arten der Unterstützung als Lehrperson** in meinem eigenen Unterricht zu **nutzen**.*

trifft nicht zu	trifft eher nicht zu	trifft eher zu	trifft zu
☐	☐	☐	☐

Erläutern Sie, **welche Merkmale** von selbstdifferenzierenden Aufgaben Sie **warum** und **wie** in ihrem eigenen Unterricht nutzen bzw. nicht nutzen würden. Sollte der Platz hier nicht reichen, können Sie gerne auf der Rückseite dieses Blattes schreiben.

Der folgende Abschnitt bietet einen *Überblick* über die als nützlich bewerteten Videos. Als nächstes werden dann die als subjektiv nützlich wahrgenommenen *Wissenselemente* erläutern, in einem weiteren Schritt die *Aussagen der Lehrpersonen zur Nützlichkeit* spezifischen Kategorien zugeteilt. Abschließend werden die *intendierten Nutzungsweisen der Videoinhalte* vorgestellt.

Überblick

Die Videos wurden von den meisten Lehrpersonen durchschnittlich als *eher nützlich* eingestuft (vgl. Abbildung 68 und Mittelwerte in Tabelle 48). Der Vergleich der Häufigkeitsverteilungen in den Tabellen zeigt auch, dass die Inhalte in Video 3 am geringsten eingeschätzt wurden.

Das höchste Nutzungspotenzial aus subjektiver Perspektive betrachtet wiesen die inhaltlichen Aspekte des vierten Videos, das die Rolle der Lehrperson beim Einsatz selbstdifferenzierender Aufgabe beleuchtet, auf (siehe Abbildung 68, viertes Balkendiagramm).

Abbildung 68

Einschätzung der Nützlichkeit der Inhalte in den fachdidaktischen Erklärvideos

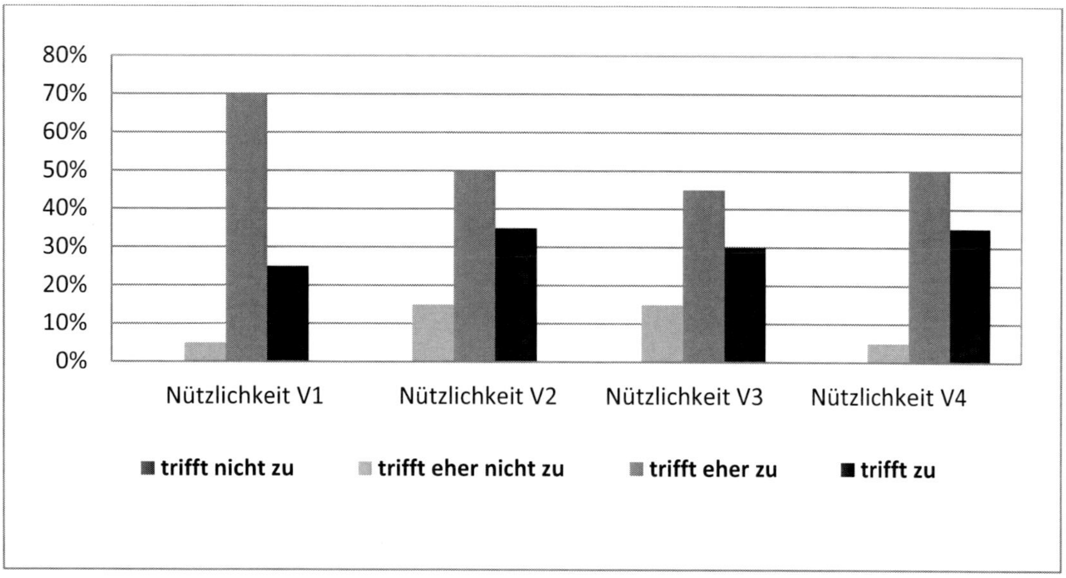

Anmerkung. V1: Video über Merkmale selbstdifferenzierender Aufgaben, V2: Video über Begleitmaterialien zu selbstdifferenzierenden Aufgaben, V3: Video über Strategien bei der Bearbeitung selbstdifferenzierender Aufgaben durch Lernende, V4: Video über die Rolle der Lehrperson im Zusammenhang mit selbstdifferenzierenden Aufgaben.

Tabelle 48

Einschätzungen zur Nützlichkeit der Inhalte in den Videos

Video 1: Merkmale selbstdifferenzierender Aufgaben

Code	Antwort	Häufigkeit	Prozent
1	trifft nicht zu	0	0 %
2	trifft eher nicht zu	1	5 %
3	trifft eher zu	14	74 %
4	trifft zu	5	26 %
0	keine Antwort	0	0 %

N = 20 Mittelwert: 3,21 Standardabweichung: 0,52

Video 2: Merkmale von Begleitmaterialien

Code	Antwort	Häufigkeit	Prozent
1	trifft nicht zu	0	0 %
2	trifft eher nicht zu	3	16 %
3	trifft eher zu	9	47 %
4	trifft zu	7	37 %
0	keine Antwort	0	0 %

N = 20 Mittelwert: 3,21 Standardabweichung: 0,69

Video 3: Strategien von Lernenden bei der

Code	Antwort	Häufigkeit	Prozent
1	trifft nicht zu	0	0 %
2	trifft eher nicht zu	3	15,7 %
3	trifft eher zu	9	47,4 %
4	trifft zu	6	31,6 %
0	keine Antwort	1	5,3 %

N = 20 Mittelwert: 3,16 Standardabweichung: 0,69

Video 4: Rolle der Lehrperson beim Einsatz selbstdifferenzierender Aufgaben

Code	Antwort	Häufigkeit	Prozent
1	trifft nicht zu	0	0 %
2	trifft eher nicht zu	0	0 %
3	trifft eher zu	10	58,8 %
4	trifft zu	7	41,2 %
0	keine Antwort	2	11,8 %

N = 17 Mittelwert: 3,35 Standardabweichung: 0,59

Anmerkung. Es handelt sich um absolute Häufigkeiten. N bezeichnet die Anzahl der Lehrpersonen.

Nützlichkeit theorie- und praxisbezogener Wissenselemente (B2)

Die qualitativen Analysen zur Nützlichkeit konnten zeigen, dass die Lehrpersonen vor allem auf die **theoriebezogenen** Aspekte selbstdifferenzierender Aufgaben reagierten. Dabei wurden vor allem die Wissenselemente *„Verständlicher Einstieg"*, *„Visualisierungen"* und *„Unterschiedliche Art und Tiefe der Bearbeitung"* von jeweils vier Lehrpersonen als nützlich angegeben.

Bei der Nützlichkeit der Inhalte des Videos 2 („Unterstützende Materialien") reagierten die Lehrpersonen mehrheitlich auf theoriebezogene Aspekte. Verstehensunterstützung durch *konkrete Materialien* erhielt dabei die höchste Zustimmung. Dieses Wissenselement fanden neun der 20 Befragten nützlich. Hinsichtlich der metakognitiven Unterstützung waren die Reaktionen unterschiedlich. Acht Lehrpersonen empfanden *Anleitungen zum Problemlösen* als nützlich, während in vier Fällen die Nützlichkeit dieser Unterstützung negativ bewertet wurde (siehe Tabelle 49.2 unter "Metakognitiver Unterstützung").

Der dritte Videobeitrag, der sich mit dem Thema "Lernende bei der Bearbeitung einer selbstdifferenzierenden Aufgabe" beschäftigte, wies im Vergleich zu den anderen Inhalten das geringste Nutzungspotenzial auf. Besonders hervorzuheben ist jedoch, dass das theoriebezogene Element "Unterschiedliche Bearbeitungsweisen" von fünf der 20 befragten Personen als äußerst nützlich bewertet wurde. (Vergleiche Tabelle 50.1, Video 3)

Tabellen 49.1 und 49.2

Einschätzung der Nützlichkeit theorie- und praxisbezogener Elemente aus Video 1 und 2

+/- von den Befragten explizit als relevant / als nicht relevant eingeschätzt

T / P theoriebezogenes Wissenselement / praxisbezogenes Wissenselement

	Nützlichkeit Inhalte V1 - Aufgabenbeispiel	LK 1	LK2	LK3	LK4	LK5	LK6	LK7	LK8	LK9	LK10	LK11	LK12	LK13	LK14	LK15	LK16	LK17	LK18	LK19	LK20
T	Aufgabenmerkmale allgemein			+										+							
T	**Zugänglichkeit**																				
T	Verständlicher Einstieg		+		+						+						+				+
P	Beispiel für verständlichen Einstieg															+					
T	Einfache Einstiegsfrage		+												+						
P	Beispiel für einfache Einstiegsfrage															+					
T	Visualisierungen					+					+	+			+						
P	Beispiel für Visualisierung																				
T	Konkretes Beispiel						+				+										
P	Beispiel für konkretes Beispiel																				
T	**Unterschiedliche Art + Tiefe der Bearbeitung**	+															+	+	+		
T	Gestufte Impulse	+									+										
P	Beispiel für gestufte Impulse	-								+						-					
T	Individuelles Erklären																				
P	Beispiel für individuelles Erklären																				
T	Verschiedene Hilfsangebote	+																			
P	Beispiel für verschiedene Hilfsangebote						-														
P	*Beispielaufgabe*							+	+											+	
T	**Zusammenfassung**																				

	Nützlichkeit Inhalte V2 - Begleitmaterialien	LK 1	LK2	LK3	LK4	LK5	LK6	LK7	LK8	LK9	LK10	LK11	LK12	LK13	LK14	LK15	LK16	LK17	LK18	LK19	LK20
T	**Merkmale Allgemein/Zusammenfassung**								+												
T	Verstehensunterstützung: Konkrete Materialien					+	+		+		+		+	+	+	+		+	+		+
T	Metakogn Unterstützung: Anleitung z. Problemlösen	+	+	+	+	+/-	-	+		+	+			-		-				-	
T	Sprachliche Unterstützung: Formulierungshilfen		+/-	+	+	+					+					+			-		
P	*Bsp. für konkrete Materialien (Legeplättchen)*																+			+	
P	*Bsp. für Anleitung*							+					+					-			
P	*Bsp. für Formulierungshilfen*																				

Tabellen 50.1 und 50.2

Einschätzung der Nützlichkeit theorie- und praxisbezogener Elemente aus Video 3 und 4

	Nützlichkeit Inhalte V3 – Lernende bei der Bearbeitung	LK 1	LK2	LK3	LK4	LK5	LK6	LK7	LK8	LK9	LK10	LK11	LK12	LK13	LK14	LK15	LK16	LK17	LK18	LK19	LK20
T	**Allgemein/Zusammenfassung**																				
T	Zeichnerische Darstellungen										+	+			+					+	
P	Beispiele für zeichnerische Darstellungen		+														+				
T	Erklärungen		+							+		+		+						+	
P	Beispiele für Erklärungen																+				
T	**Unterschiedliche Bearbeitungsweisen**	+				+			+					+							+
T	Bearbeitung des konkreten Aufgabenteils						+														
P	Beispiele für Bearbeitung des konkreten Teils																+				
T	Bearbeitung des offenen Aufgabenteils			+			+														
P	Beispiele für die Bearbeitung des offenen Teils																+				
T	**Unterschiedliches Bearbeitungsniveau**					+															

	Nützlichkeit Inhalte Video 4 – Rolle Lehrkraft	LK 1	LK2	LK3	LK4	LK5	LK6	LK7	LK8	LK9	LK10	LK11	LK12	LK13	LK14	LK15	LK16	LK17	LK18	LK19	LK20
T	Hinweise zur Nutzung													+							
P	*Bsp. Hinweise zur Nutzung: Herr Schulke*											+									
P	*Bsp. Hinweise zur Nutzung LK 2: zus. besprechen*																				
P	*Bsp. Hinweise z. Nutzung LK 3: Fam. größe thematis.*																				
T	Gestufte, minimale Hilfen allgemein	+		+			+		+	+	+							+			
T	Zurückhaltung																		+		
T	Motivationshilfe				+						+					-			-		
T	Rückmeldung																				
T	Strategische Hilfe		+			+									+						
T	Inhaltliche Hilfe																			+	
T	Unterstützung nach Bearbeitung: Vielfalt nuten								-		+	-					+			+	
T	Unterstützung nach Bearbeitung: Diagn. erstellen						-													-	
P	*Bsp. für Motivationshilfe*																				
P	*Bsp. für strategische Hilfe*																				
P	*Bsp. Rückmeldung*																				
P	*Bsp. Inhaltliche Hilfe*																				
P	*Bsp. Vielfalt nutzen (Herr Schulke)*																				
P	*Bsp. Diagnose erstellen (Herr Schulke)*																				
T	Zusammenfassung										+										

Subjektive Aussagen über die Nützlichkeit der Videoinhalte (D2)

Zu den angegebenen Gründen zur Nützlichkeit der Videoinhalte konnten insgesamt fünf Kategorien gebildet werden. Die Lehrpersonen begründeten die Nützlichkeit sowohl theorie- als auch praxisbezogener Inhalte hauptsächlich mit gestaltungsbezogenen Aussagen. Hier wurde vor allem auf *didaktischer Gestaltungsebene* begründet.

Die zweithäufigste Begründung für theoretisches Wissen waren subjektive, epistemologische Aussagen, wobei die hohe Adaptivität der selbstdifferenzierenden Aufgaben für Lernprozesse besonders hervorgehoben wurde. Zum Beispiel wurde betont, dass sie die Kreativität fördern, auf die Lebenswelt der Schüler eingehen und Erfolgserlebnisse ermöglichen.

Intendierte Nutzungsweise

In diesem Bereich wurde evaluiert, wie die Inhalte potentiell genutzt werden könnten. Die identifizierten Umsetzungsmöglichkeiten lassen sich in fünf Kategorien gliedern: Bezugsfeld, Unterrichtsphase, handlungsorientierte Erarbeitung, kommunikative Erarbeitung und Präsentationsform.

Die Befragten hoben bei den theoretischen Wissenselementen vor allem die kommunikative Erarbeitungsform hervor. Dabei wurde häufig betont, dass diese Form der Erarbeitung gemeinsam stattfindet. Beispiele hierfür sind das gemeinsame Durchgehen des Materials, das Festhalten gemeinsamer Satzanfänge und das Abfragen, wer welchen Teil bearbeitet hat.

Am zweithäufigsten wurden verschiedene Präsentationsformen genannt (z. B. „*Poster*", „*Hilfskarten*", *Papiertafeln*", „*Wandprojektion*").

Bei den praxisbezogenen Wissenselementen wurde am häufigsten die Präsentationsform (z. B. *Poster, verschiedene Formate von Schokoladetafeln, Wandprojektion*) und die handlungsorientierte Erarbeitungsweise (z. B. *Darstellung der Aufgabe mit Schülerinnen und Schülern im Klassenzimmer, Verwendung echter Schokolade zum Ausprobieren und Erklären*) angegeben.

Nichtintendierte Nutzung

Die nichtintendierte Nutzung begründeten die meisten Lehrpersonen mit der didaktischen Strukturierung der Inhalte. Diese seien oft zu textlastig, themenbezogen und würden als inhaltlich unzureichend empfunden.

An zweiter Stelle wurden Aussagen über Lernende formuliert (z. B. „*Schüler quatschen mit dem Nachbar*“, „*Störung der Stille*“).

12.3.10 Übertragbarkeit (B3 und D3)

Zur Einschätzung des Übertragbarkeit erhielten die Lehrpersonen folgende Formulierung (Bsp. Video 4: „Rolle der Lehrperson“):

> *Die im Video gezeigten Möglichkeiten der Unterstützung als Lehrperson kann ich gut auf* ***meinen eigenen Unterricht übertragen.***
>
> | trifft nicht zu | trifft eher nicht zu | trifft eher zu | trifft zu |
> |---|---|---|---|
> | ☐ | ☐ | ☐ | ☐ |

Zur Erfassung der als übertragbar eingeschätzten *Inhalte* und ihrer *Begründungen* wurden folgende Formulierungen verwendet:

> Auf welche Stellen im Video beziehen Sie sich dabei?
>
> Markieren Sie mit einem Pfeil ggf. mit Linien oder kreisen die Stellen, auf die Sie sich in Ihrem Gesamturteil bei B3 beziehen, ein und schreiben Sie auf der linken oder rechten Seite Gründe für Ihr Urteil auf.

Überblick

Die Analyse der Einschätzungen ergab, dass die in den Videos präsentierten Inhalte insgesamt als übertragbar angesehen wurden (vgl. Abbildung 69). Die durchschnittlichen Bewertungen lagen zwischen 3 und 3,4, was einer Einschätzung von "trifft eher zu" entspricht (siehe Tabelle 51).

Wie man den einzelnen videobezogenen Einschätzungen entnehmen kann, wurde der Übertragbarkeit von Inhalten bezüglich der *Rolle der Lehrperson* beim Einsatz selbstdifferenzierender Aufgaben (Video 4) unter allen Beiträgen die höchste Bedeutung zugeschrieben (siehe Tabelle 51, Video 4 und Abbildung 69). Hier schätzten 50 Prozent der Lehrpersonen Inhalte als *eher übertragbar* und 40 Prozent als *übertragbar* ein (siehe Abbildung 69: Balkendiagramme ganz rechts).

Die Begleitmaterialien für den Einsatz selbstdifferenzierender Aufgaben, wie in Video 2 gezeigt, wurden von 55 Prozent der Befragten als eher übertragbar bewertet, während 30 Prozent sie als übertragbar ansahen.

Im Vergleich dazu wiesen die Inhalte des dritten Videos, das sich mit den Strategien von Schülern bei der Bearbeitung selbstdifferenzierender Aufgaben befasste, die geringste Übertragbarkeit auf. Hier schätzten 25 % der Lehrpersonen diese als *eher nicht übertragbar* ein (siehe Abbildung 69: Balkendiagramme zu Video 3 sowie Tabelle 51: Video 3).

Abbildung 69

Einschätzung der Übertragbarkeit von Inhalten der fachdidaktischen Erklärvideos

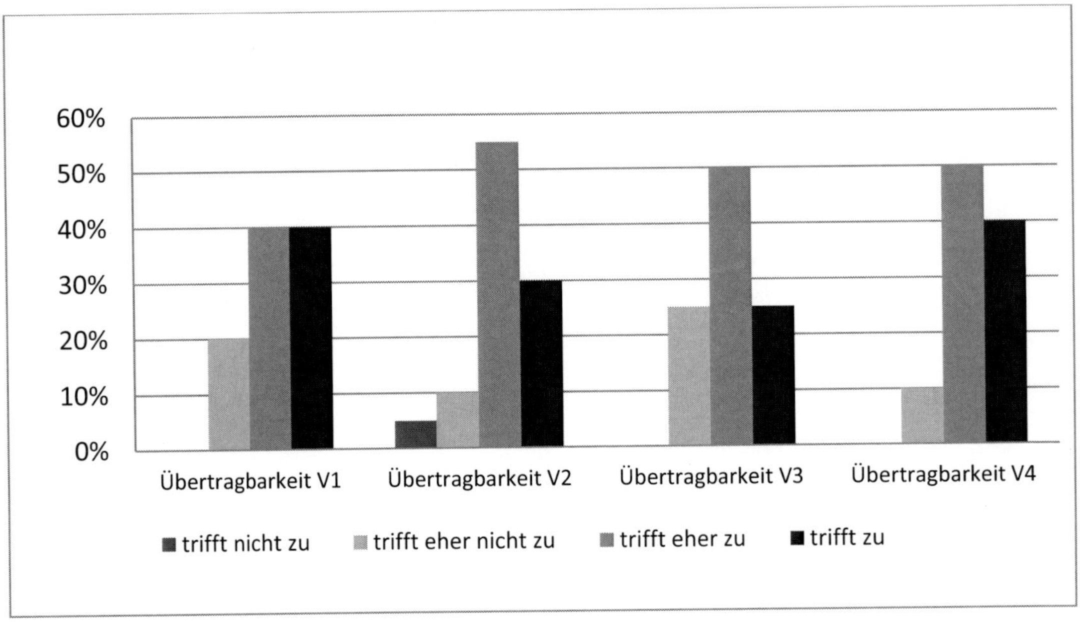

Anmerkung. V1: Video über Merkmale selbstdifferenzierender Aufgaben, V2: Video über Begleitmaterialien zu selbstdifferenzierenden Aufgaben, V3: Video über Strategien bei der Bearbeitung selbstdifferenzierender Aufgaben durch Lernende, V4: Video über die Rolle der Lehrperson im Zusammenhang mit selbstdifferenzierenden Aufgaben.

Tabelle 51

Einschätzungen zur Übertragbarkeit von Inhalten in den Videos

Video 1: Merkmale selbstdifferenzierender Aufgaben

Code	Antwort	Häufigkeit	Prozent
1	trifft nicht zu	0	0
2	trifft eher nicht zu	4	22 %
3	trifft eher zu	8	40 %
4	trifft zu	8	40 %
0	keine Antwort	0	0

N = 20 Mittelwert: 3,26 Standardabweichung: 0,71

Video 2: Merkmale von Begleitmaterialien

Code	Antwort	Häufigkeit	Prozent
1	trifft nicht zu	1	5 %
2	trifft eher nicht zu	2	10 %
3	trifft eher zu	11	55 %
4	trifft zu	6	30 %
0	keine Antwort	0	0

N = 20 Mittelwert: 3,21 Standardabweichung: 0,61

Video 3: Strategien von Lernenden bei der

Code	Antwort	Häufigkeit	Prozent
1	trifft nicht zu	0	0
2	trifft eher nicht zu	5	25 %
3	trifft eher zu	10	50 %
4	trifft zu	5	25 %
0	keine Antwort	0	0

N = 20 Mittelwert: 3 Standardabweichung: 0,72

Video 4: Rolle der Lehrperson beim Einsatz selbstdifferenzierender Aufgaben

Code	Antwort	Häufigkeit	Prozent
1	trifft nicht zu	0	0
2	trifft eher nicht zu	2	10 %
3	trifft eher zu	10	50 %
4	trifft zu	8	40 %
0	keine Antwort	0	0

n = 20 Mittelwert: 3,36 Standardabweichung: 0,58

Anmerkung. N bezeichnet die Anzahl der Befragten. Es handelt sich um absolute Häufigkeiten.

Übertragbarkeit theorie- und praxisbezogener Wissenselemente (B3)

Im Bereich der qualitativen Analyse konnten die Inhalte in den Videos „Unterstützende Materialien“ (dort vor allem die Formulierungshilfen) und „Rolle der Lehrperson“ (dort vor allem die gestuften Hilfen) das höchste Transferpotenzial aufweisen. Dabei wurden größtenteils theoriebezogene Inhalte angegeben (vgl. Tabellen 52 und 53).

In Video 1 (Beispiel einer selbstdifferenzierenden Aufgabe) erachteten fünf von 20 Lehrpersonen das theoriebezogenen Wissenselement “*Einfache Einstiegsfrage*“ als am stärksten übertragbar (siehe Tabelle 52.1). Vier Lehrpersonen bezogen sich auf Kommentare des Sprechers. Dem theoriebezogenen Element „Zugänglichkeit“ wurde keine Übertragbarkeit beigemessen. Im Bereich der praxisbezogenen Inhalte fanden keinerlei Lehrpersonen das *individuelle Erklären* eines Lösungsweges übertragbar, jedoch sahen drei Lehrpersonen im analogen theoriebezogenen Wissenselement durchaus eine Übertragbarkeit. Auch beim praxisbezogenen Inhalt zum *konkreten Beispiel* konnte kein Transferpotenzial festgestellt werden.

In Video 2 (Unterstützende Materialien) konnten die theoriebezogenen Wissenselemente „*Formulierungshilfen*“ und „*Verstehensunterstützung: konkrete Materialien*“ von über der Hälfte aller Befragten das höchste Transferpotenzial aufweisen. Im Praxisteil wies das *Beispiel für konkrete Materialien*: „*Legeplättchen*“ das höchste Übertragungspotenzial auf (positive Angaben von sieben Lehrpersonen). Das gezeigte praxisbezogene Element *Beispiel für eine Formulierungshilfe: PADEK* hielten dagegen drei Lehrpersonen für nicht übertragbar.

Im dritten Video, das Schülerinnen und Schüler bei der Bearbeitung einer selbstdifferenzierenden Aufgabe zeigt, erzielte das theoretische Konzept "Unterschiedliche Bearbeitungsweisen" die höchste Anerkennung für seine Übertragbarkeit. Sieben Lehrpersonen sahen darin die Möglichkeit, diese Idee in ihren eigenen Unterricht zu integrieren. Hingegen wurde das praxisorientierte Wissenselement "Beispiel für zeichnerische Darstellungen" von keiner Lehrperson als übertragbar betrachtet.

Im vierten Video 4, das die Rolle der Lehrperson behandelt, konnte beim theoriebezogenen Wissenselement „*Zurückhaltung*“ bei sieben Personen das größte Transferpotenzial festgestellt werden (siehe Tabelle 53.2).

Im praxisbezogenen Teil konnte den *Hinweisen der dritten Lehrperson zur Nutzung der gezeigten Beispielaufgabe (Thematisierung von unterschiedlichen Familiengrößen beim Aufteilen einer Schokolade)* durch neun der 20 Befragten die höchste Übertragbarkeit zugeschrieben werden.

Das praxisbezogene Wissenselement "Diagnosen erstellen" zeigte kein erkennbares Potenzial für den Transfer. Auf Ebene der Theorie konnten hingegen zwei der 20 Befragten eine Übertragbarkeit wahrnehmen. Die praxisbezogenen Elemente „*Inhaltliche Hilfen*" und „*Rückmeldung*" wurden jeweils nur von einer Person als transferierbar betrachtet.

Tabellen 52.1 und 52.2

Einschätzung der Übertragbarkeit inhaltsbezogener Elemente: Video 1-2.

+/- *explizit als relevant bzw. nicht relevant eingeschätzten Inhalte*

T / P *theoriebezogenes / praxisbezogenes Wissenselement*

	Übertragbarkeit: Inhalte V1 - Aufgabenbeispiel	LK 1	LK2	LK3	LK4	LK5	LK6	LK7	LK8	LK9	LK10	LK11	LK12	LK13	LK14	LK15	LK16	LK17	LK18	LK19	LK20
T	Aufgabenmerkmale allg./Zusammenfassung		+	+			+														
T	**Zugänglichkeit**																				
T	Verständlicher Einstieg		+		+						+						+				
P	Beispiel für verständlichen Einstieg														-						
T	Einfache Einstiegsfrage			+			+				+							+	+		
P	Beispiel für Einstiegsfrage														-						
T	Visualisierungen			+							+	+					+				
P	Beispiel für Visualisierung											+			+		+				
T	Konkretes Beispiel			+							+										
P	Beispiel für konkretes Beispiel																				
T	**Unterschiedliche Art + Tiefe der Bearbeitung**		+														+	+	+		
T	Gestufte Impulse	+		+							+										
P	Beispiel für gestuften Impulsen	-																			
T	Individuelles Erklären			+	+			+			-										
P	Beispiel für individuelles Erklären																				
T	Verschiedene Hilfsangebote			+	+			+		-				+			+				
P	Beispiel für verschiedene Hilfsangebote								-						+		+				
P	*Beispielaufgabe*					+	+														

	Übertragbarkeit Inhalte V2 - Begleitmaterialien	LK 1	LK2	LK3	LK4	LK5	LK6	LK7	LK8	LK9	LK10	LK11	LK12	LK13	LK14	LK15	LK16	LK17	LK18	LK19	LK20
T	Begleitmaterialien allgemein/Zusammenfassung		+	+					+		+		-		+						
T	Verstehensunterstützung: Konkrete Materialien	+		+	+	+	+	+	+	-	+				+	+	+	+			+
T	Metakogn. Unterstützung: Anleit. z. Problemlösen	+	+	+	+	+	+/-	+/-	+		+/-	+/-	-		-	-					+
T	Sprachliche Unterstützung: Formulierungshilfen	+	+	+	+	+	+				+	+	-		+	+	+	+	+		-
P	*Bsp. für Anleitung (PADEK)*										+				-		+				
P	*Bsp. für Formulierungshilfe (Teilen)*					+	-				+		-		+						-
P	*Bsp. für konkrete Materialien (Legeplättchen)*		+	+		+		+			+	+				+					

Tabelle 53.1 und 53.2
Einschätzung der Übertragbarkeit inhaltsbezogener Elemente (Video 3 und 4)

	Übertragbarkeit Inhalte V3 – Lernende bei der Bearbeitung	**LK 1**	**LK2**	**LK3**	**LK4**	**LK5**	**LK6**	**LK7**	**LK8**	**LK9**	**LK10**	**LK11**	**LK12**	**LK13**	**LK14**	**LK15**	**LK16**	**LK17**	**LK18**	**LK19**	**LK20**
T	**Allgemein/Zusammenfassung**																				
T	Zeichnerische Darstellungen						+				+						+				
P	Beispiele für zeichnerische Darstellungen																				
T	Erklärungen						+			+	+										
P	Beispiele für Erklärungen		+			-	+		+		+										
T	**Unterschiedliche Bearbeitungsweisen**			+	+		+		+		+			+							+
T	Bearbeitung des konkreten Aufgabenteils										+										
P	Beispiele für Bearbeitung des konkreten Teils					-	+														
T	Bearbeitung des offenen Aufgabenteils										+										
P	Beispiele für die Bearbeitung des offenen Teils					-	+														
T	**Unterschiedliches Bearbeitungsniveau**			+	+						+										

	Übertragbarkeit Inhalte Video 4 – Rolle Lehrkraft	LK 1	LK2	LK3	LK4	LK5	LK6	LK7	LK8	LK9	LK10	LK11	LK12	LK13	LK14	LK15	LK16	LK17	LK18	LK19	LK20
T	Hinweise zur Nutzung				+									+	+/-		+		+		
P	*Bsp. Hinweise zur Nutzung: Herr Schulke*			+						-			+						+		+
P	*Bsp. Hinweise zur Nutzung LK 2: zusammen besprechen*		+	+		-				+		+		+							
P	*Bsp. Hinweise zur Nutzung LK 3: Familiengröße thematisieren*	+	+	+						+		+		+	+	+		+			
T	Gestufte, minimale Hilfen allgemein			+					+		+							+			
T	Zurückhaltung			+				+	+	+	+	+									+
T	Motivationshilfe								+		+	+					+				+
T	Rückmeldung			+					+								+	+			
T	Strategische Hilfe			+					+					+							+
T	Inhaltliche Hilfe			+							+							+			
T	Unterstützung n. Bearbeitung: Vielfalt nuten			+					+	+							+				+
T	Unterstützung n. Bearb.: Diagnosen erstellen			+					+												
P	*Bsp. für Motivationshilfe*		+		+			-	+						+	-		+	+/-		
P	*Bsp. für strategische Hilfe*				+				+		+										
P	*Bsp. Rückmeldung*										+										
P	*Bsp. inhaltliche Hilfe*								+												
P	*Bsp. Vielfalt nutzen (Herr Schulke)*									+		+			+/-	-					
P	*Bsp. Diagnose erstellen (Herr Schulke)*															-					
T	Merkmale Rolle Lehrkraft allgemein/ Zusammenfassung			+					+		+										

Aussagen über die Übertragbarkeit (D3)

Bei den Vorstellungen und Gründen für die (Nicht-)Übertragbarkeit der Videoinhalte konnten sechs Kategorien gebildet werden.

Am häufigsten wurde die Übertragbarkeit theorie- und praxisbezogener Inhalte durch den Einsatz gestaltungsbezogener Elemente begründet. In dieser Kategorie wurden hauptsächlich *Gestaltungselemente auf didaktischer Ebene* genannt (Erklärweise, Auswahl von Wissenselementen, Videostruktur). Sehr oft wurde auf die *Zusammenfassung*, das ein Element der Videostruktur ist, Bezug genommen („*Zusammenfassung: gut*"). Die Akzeptanz von spezifischen Wissenselementen wurde vor allem mit dem Ausdruck „gut" oder mit dem Symbol „+" ausgedrückt oder entsprechende Aspekte wurden in den Screenshots unterstrichen bzw. zitiert. In einigen Fällen wurden die Inhalte auch als nicht übertragbar eingeschätzt. Dies wurde vor allem durch die Spezifizierung der Lerninhalte (*fehlende Wissenselemente*) begründet.

Die Übertragbarkeit der theorie- und praxisbezogenen Wissenselemente wurde am zweit häufigsten anhand positiven subjektiven Aussagen über das Unterrichten angegeben, hauptsächlich in Bezug auf unterrichtorganisatorische Aspekte. Das geringe Transferpotenzial der Inhalte wurde hier vor allem durch den *materiellen und zeitlichen Aufwand* begründet, insbesondere in Bezug auf das Begleitmaterial (Video 2). Eine Lehrperson brachte dies zum Ausdruck: „*Meist fehlt mir die Zeit, um außerhalb des Buches Aufgaben zu finden. Die Idee an sich finde ich wertvoll und nachahmenswert.*"

An dritter Stelle folgten subjektive, epistemologische Aussagen. Hier wurden vor allem *Aussagen über allgemeindidaktische Ziele und Lehr-/Lernprozesse* genannt.

12.3.11 Subjektiver Kompetenzzuwachs (C)

Evaluiert wurde darüber hinaus, inwiefern die inhaltlichen und gestalterischen Entscheidungen im Videodesign zu einer Erweiterung des Wissens über Differenzierung beitrugen. Diese Wissenserweiterung wird im Folgenden als „subjektiver Kompetenzzwachs“ bezeichnet, da *allgemeindidaktische* und *fachdidaktische Kompetenzaspekte*, die in den Videos vermittelt werden, von den Teilnehmerinnen und Teilnehmern der Umfrage jeweils aus subjektiver Perspektive eingeschätzt wurden.

Die Ergebnisse wurden aufgeteilt in *videobezogene* und *personenbezogene* subjektive *Kompetenzzuwächse*. Videobezogene subjektive Kompetenzzuwächse richten den Blick auf die Videos als Ganzes und auf einzelne Videos und deren spezifische Wirkung auf das Kompetenzerleben der befragten Lehrpersonen. Personenbezogene subjektive Kompetenzzuwächse konzentrieren sich auf individuelle Lehrkräfte oder Gruppen und ihr spezifisches Kompetenzerleben.

Der subjektive Kompetenzzuwachs wurde mit folgender Frage evaluiert:

In welchem Maß und inwiefern tragen die inhaltlichen und gestalterischen Entscheidungen im Videodesign zu einer Erweiterung des subjektiven Wissens über Differenzierung bei?

In der Umfrage konnten die Teilnehmenden vor und nach der Videowahrnehmung ihr subjektives Kompetenzerleben bezüglich vier Differenzierungsaspekten einschätzen (Abbildung 70).

Abbildung 70

Vorher-Nachher-Einschätzung subjektiver Kompetenzen der Lehrpersonen

„Ich kenne **Kriterien** für geeignete **differenzierende Mathematikaufgaben**."	trifft nicht zu ☐	trifft eher nicht zu ☐	trifft eher zu ☐	trifft zu ☐
„Ich kenne Möglichkeiten in der **Rolle als Lehrperson,** Schülerinnen und Schüler differenziert zu fördern."	trifft nicht zu ☐	trifft eher nicht zu ☐	trifft eher zu ☐	trifft zu ☐
„Ich kenne **verschiedene Arten von Hilfsmaterialien** für das aufgabenbezogene Differenzieren im Mathematikunterricht."	trifft nicht zu ☐	trifft eher nicht zu ☐	trifft eher zu ☐	trifft zu ☐
„Ich kenne verschiedene **Denkweisen** und **Strategien der Schülerinnen und Schüler** zur Bearbeitung von differenzierenden Mathematikaufgaben."	trifft nicht zu ☐	trifft eher nicht zu ☐	trifft eher zu ☐	trifft zu ☐

Quelle: Umfrage zur Hauptstudie, S. 4 und S. 51.

Tabelle 54 zeigt Einschätzungen von 20 Lehrpersonen über ihre Kenntnisse zu vier Bereichen des differenzierenden Mathematikunterrichts (siehe erste Zeile: A, M, S, L) – jeweils vor und nach Wahrnehmung vier Videos. Evaluiert wurden zwei Arten von Zuwächsen: *videobezogene subjektive Kompetenzzuwächse* (V) und *personenbezogene subjektive Kompetenzzuwächse* (L). Die personenbezogenen subjektiven Kompetenzeinschätzungen wurden nach der Größe sortiert.

Tabelle 54

Einschätzungen von 20 Lehrpersonen zum Wissen über Bereiche des differenzierenden Mathematikunterrichts vor und nach Wahrnehmung vier instruktionaler Videos

Lehrperson	A vor	A nach	M vor	M nach	S vor	S nach	L vor	L nach	Zuwachs (L)
LK8	4	3	4	3	4	3	3	3	-0,75
LK13	3	3	3	3	3	2	3	3	-0,25
LK2	3	3	3	3	3	3	3	3	0,00
LK9	3	3	3	3	2	2	4	4	0,00
LK10	3	3	3	3	3	3	3	3	0,00
LK12	3	3	3	2	2	2	3	4	0,00
LK14	3	3	4	4	3	3	4	4	0,00
LK15	3	3	3	4	2	2	3	3	0,25
LK20	3	4	3	3	3	4	4	3	0,25
LK6	4	4	3	4	3	4	4	4	0,50
LK11	3	4	3	4	2	3	4	3	0,50
LK16	4	4	3	4	3	4	4	4	0,50
LK19	2	3	3	3	2	2	2	3	0,50
LK1	3	4	2	4	3	3	4	4	0,75
LK17	3	4	3	4	3	4	3	4	1,00
LK3	3	3	3	4	2	4	3	4	1,00
LK7	3	4	4	4	2	4	3	4	1,00
LK4	2	3	2	3	2	3	2	3	1,00
LK18	2	4	2	3	2	4	3	4	1,50
LK5	2	4	3	4	2	4	2	4	1,75
mean	**2,95**	**3,45**	**3**	**3,45**	**2,55**	**3,15**	**3,20**	**3,55**	
Zuwachs (V)	**+ 0,50**		**+ 0,45**		**+ 0,60**		**+ 0,35**		

Anmerkungen.

1 = trifft nicht zu 2 = trifft eher nicht zu 3 = trifft eher zu 4 = trifft zu

LK1 = Lehrperson Nr. 1;

vor = vor Wahrnehmung der Videos nach = nach Wahrnehmung der Videos
mean = durchschnittliche Kenntnisse über einzelne Aspekte des Differenzierens vor/nach Wahrnehmung der Videos

Zuwachs (L) = lehrpersonenbezogener, subjektiver Kompetenzzuwachs im Durchschnitt
Zuwachs (V) = videobezogener, subjektiver Kompetenzzuwachs im Durchschnitt

A = Kenntnisse über Kriterien für geeignete differenzierende Mathematikaufgaben
M = Kenntnisse über verschiedene unterstützende Materialien f. das aufgabenbez. Differenzieren
S = Kenntnisse über verschiedene Denkweisen und Strategien der Schülerinnen und Schüler beim Bearbeiten einer differenzierenden Aufgabe
L = Kenntnisse über Möglichkeiten in der Rolle als Lehrperson, Lernende differenziert zu fördern

Videobezogene subjektive Kompetenzzuwächse

Die subjektive Wahrnehmung der Lehrpersonen bezüglich der Kompetenzzuwächse, wie in Tabelle 54 dargestellt, zeigt, dass alle vier Videobeiträge im Durchschnitt positive Effekte erzielten.

Die Inhalte in Video 3, das sich mit den **Denkweisen und Strategien der Schülerinnen und Schüler** beim Bearbeiten einer differenzierenden Aufgabe beschäftigt, führten zu den höchsten subjektiv wahrgenommenen Zuwächsen, wie die Einschätzungen der Lehrpersonen in Tabelle 54, in der Zeile „Zuwachs (V)", zeigen konnten. Dies könnte darauf zurückzuführen sein, dass die Lehrpersonen vor der Betrachtung dieser Videos vergleichsweise geringe Kenntnisse in diesem Bereich des Differenzierens hatten.

Am zweithäufigsten förderten die Aspekte des Videos über **Merkmale selbstdifferenzierender Aufgaben** nach Selbsteinschätzungen der Lehrpersonen subjektive Kompetenzzuwächse.

Am geringsten schätzten die Befragten ihre Zuwächse bei den „Kenntnissen über die **Rolle der Lehrperson**, Schülerinnen und Schüler differenziert zu fördern", ein (Video 4). Etwa die Hälfte der Lehrpersonen gab an, dass ihre Kompetenz in diesem Bereich auf einem konstanten Niveau blieb. Die Befragten erklärten, dass sie bereits vor der Nutzung der Videoinhalte über umfangreiche Kenntnisse in diesem Bereich verfügten.

Personenbezogene subjektive Kompetenzzuwächse

Der Vorher-Nachher-Vergleich konnte zeigen, dass die meisten Teilnehmenden (13 von 20 Lehrpersonen) nach Wahrnehmung aller vier Videos einen durchschnittlichen subjektiven Kompetenzzuwachs bei sich festgestellt haben (Tabelle 54, letzte Spalte). Keine der befragten Personen gab weder vor noch nach der Wahrnehmung der Videos an, dass sie *keine Kenntnisse* (1 = trifft nicht zu) über die angegeben vier Bereiche des Differenzierens besitzen.

Zuwächse bei allen Videos gaben vier Lehrpersonen an (LK4, LK5, LK17 und LK18). Wie aus den Angaben in Tabelle 54 hervorgeht, gaben fünf Befragte (LK2, LK9, LK10, LK12 und LK14) an, dass ihre Kenntnisse auf gleichem Niveau blieben. Vier der Befragten (LK3, LK4, LK7 und LK17) konnten ihr Verständnis für Differenzierung durch selbstdifferenzierende Aufgaben um jeweils eine Stufe erweitern.

Zehn der Befragten schätzten ihre Kompetenzen vor und nach Wahrnehmung des Videos über **Merkmale selbstdifferenzierender Aufgaben** gleich ein.

Bezüglich des Wissens über **unterstützende Materialien** für das aufgabenbezogene Differenzieren konnten bei 50 % aller Lehrpersonen subjektiv eingeschätzte Kompetenzzuwächse ermittelt werden. In acht Fällen fand gemäß den Selbsteinschätzungen keine Veränderung im Kompetenzerleben statt. Zwei Personen gaben an, dass sich deren subjektive Kompetenzen nach Wahrnehmung des Videos sogar verringerten. LK7 und LK14 gaben hier an, bereits Kenntnisse auf höchster Stufe (4 = „trifft zu") zu haben.

In den Einschätzungen zu Video 3, das Einblicke in die **Denkweisen und Strategien von Schülerinnen und Schülern** bei der Bearbeitung einer differenzierenden Aufgabe bietet, gaben die Hälfte aller Lehrpersonen eine gesteigerten Wahrnehmung ihrer eigenen Kompetenz an. Zehn von 20 Lehrpersonen hatten vor Wahrnehmung eher keine Kenntnisse über diesen Aspekt des Differenzierens.

Sechs Lehrpersonen (LK2, LK3, LK9, LK10, LK11, LK15) gaben an, bereits eine Fortbildung zu den Videoinhalten besucht zu haben. Dies könnte die subjektiv als begrenzt empfundene Erweiterung der Kompetenzen oder das Fehlen dieser Erfahrung bei einigen Befragten erklären.

Die vermeintlichen Rückgänge in der wahrgenommenen Kompetenz könnten ebenfalls auf bereits vorhandene Kenntnisse durch vorherige Schulungen in diesem Bereich zurückzuführen sein. Es ist auch möglich, dass einige Befragte falsche Werte eingegeben haben.

12.3.12 Weiterentwicklung videobasierter Fortbildungen (E)

Der Analyse auf fortbildungsdidaktischer Ebene lag folgende Forschungsfrage zugrunde:

Forschungsfrage 3:

Welche Aspekte können bei der Weiterentwicklung videobasierter Fortbildungen berücksichtigt werden?

Evaluiert wurde dazu im Fragebogen mit folgender Formulierung:

> Welche Empfehlungen für die Weiterentwicklung *videobasierter Fortbildungen* würden Sie uns geben?

Die befragten Lehrpersonen reagierten in ihren Ausführungen auf Ebene des Videodesigns, indem sie auf verschiedene gestaltungsbezogene Elemente aus zwei Gestaltungsbereichen zurückgriffen. Am häufigsten wurden *didaktische Gestaltungselemente* angegeben, darunter die Optimierung der *Videostruktur* und die weitere *Spezifizierung der Lerninhalte*. Hier wurde beispielsweise auf "Diagnose" und "Differenzierte Klassenarbeiten" eingegangen.

An zweiter Stelle wurden *filmisch-visuelle Gestaltungselemente* genannt, wie eine modernere Aufbereitung der Animation, eine andere Sprecherstimme und verbesserte Tonqualität.

Aufgrund der geringen Datenlage konnten hier keine vertiefenden Analysen vorgenommen werden.

12.4 Zusammenhänge zwischen erstem und zweitem Messzeitpunkt

Für den Vergleich der beiden Messzeitpunkte dienen Video 1 bis 3 als Grundlage, da Video 4 (zur Rolle der Lehrperson) in der Vorstudie (Messzeitpunkt 1) nicht eingesetzt wurde.

Aufgrund leicht unterschiedlicher Fragestellungen in den Fragebögen der Pilotierung und der Hauptstudie war ein direkter Vergleich der Bereiche "Relevanz", "Subjektiver Kompetenzzuwachs", "Nützlichkeit" und "Übertragbarkeit" nicht möglich. Beispielsweise fehlt für das erste Redesign der Videos ein Vorher-nachher-Vergleich zur Erfassung des subjektiven Kompetenzzuwachses. Außerdem wurde nicht explizit nach der Übertragbarkeit der Videoinhalte gefragt.

Akzeptanz

Das zweite Redesign der Videos führte im Vergleich zum ersten Messzeitpunkt zu signifikanten Verbesserungen in der Akzeptanz der gestaltungsbezogenen Videoelemente. So konnte festgestellt werden, dass dem zweiten Redesign (Enddesign) im Vergleich zum ersten eine deutlich höhere Akzeptanz der Gestaltung der Videos zugeschrieben wurde. Die überwiegend positiven Rückmeldungen zu einzelnen Gestaltungselementen auf didaktischer, filmich-visueller und lernpsychologischer Ebene konnten die überwiegende Zustimmung des fachdidaktischen Erklärvideoformats im zweiten Videoredesign untermauern.

Im zweiten Redesign wurde die Kopplung von Bild-, Text- und audiovisuellen Elementen, basierend auf dem <u>Präsentationssequenz-Prinzip</u>, nach Analyse der Einschätzungen besser aufeinander abgestimmt. Das <u>Visualisierungsdesign</u> wurde übersichtlicher strukturiert.

Die anfänglich als "langatmig" empfundene <u>Geschwindigkeit</u> der Videos konnte im zweiten Messzeitpunkt nicht mehr bestätigt werden.

Die <u>didaktische Strukturierung und Spezifizierung der Lerninhalte</u> konnte optimiert werden. Die theorie- und praxisbezogenen Elemente wurden im ersten Redesign überwiegend negativ bewertet, wobei es als "*zu theoretisch*" und anfangs "*wenig praxisrelevant*" empfunden wurde. Im zweiten Redesign stießen zahlreiche theoriebezogene Wissenselemente aus den Videos auf Zustimmung. Die <u>theoretische Perspektive</u> fand eine höhere Zustimmung im Vergleich zur praktischen Perspektive.

Relevanz

Das theoriebezogene Element „*Gestufte Impulse*“ (Video 1) und die *Beispielaufgabe* aus Perspektive der Praxis wurden in beiden Messzeitpunkten als hoch relevant angesehen. Begründet wurde im ersten Messzeitpunkt überwiegend mit *Aussagen zur Unterrichtsorganisation* und *Aussagen über Lernende,* in der Hauptstudie mehrheitlich mit *epistemologischen Aussagen* und *Aussagen zu gestaltungsbezogenen Elementen.*

Nützlichkeit

Zu beiden Messzeitpunkten wurde den theoriebezogenen Elementen „*Verständlicher Einstieg*“ (Video 1), „*Anleitung zum Problemlösen*“ (Video 2) und „*Formulierungshilfen*“ (Video 2) das höchste Nützlichkeitspotenzial zugeschrieben. Die Begründung hierfür stützt sich vor allem auf Aussagen über die Lernenden.

Subjektiver Kompetenzzuwachs

Subjektive Kompetenzzuwächse konnten nicht direkt verglichen werde, da die Fragestellung in den beiden Fragebögen verschieden formuliert wurden. Zur genaueren Erfassung und differenzierteren Analyse des Lernzuwachses wurde in der Hauptstudie ein Vorher-Nachher-Vergleichs eingesetzt. Konkrete Zuwächse konnten in der Pilotierung nur in zwei Fällen bezüglich Inhalten zu Begleitmaterialien für selbstdifferenzierende Aufgaben festgestellt werden (Video 2: „*Anleitung zum Problemlösen*“, „*Formulierungshilfen*“), in der Hauptstudie dagegen in 13 von 20 Fällen. Dies könnte darauf zurückzuführen sein, dass die Teilnehmerinnen und Teilnehmer bereits kurz vor dem ersten Messzeitpunkt ähnliche Inhalte im Rahmen einer früheren Fortbildung zur selbstdifferenzierten Aufgabenstellung kennengelernt hatten.

12.5 Zusammenfassung

Aus den in Kapitel 12 durchgeführten Analysen erfolgt in diesem Teilkapitel eine zusammenfassende Betrachtung der Ergebnisse.

Generell zeigt sich, dass die befragten Lehrpersonen mit den gestalterischen und inhaltlichen Aspekten des Videodesigns überwiegend zufrieden sind. Im Folgenden werden die Potenziale des fachdidaktischen Erklärvideoformats in Bezug auf Videogestaltung und Inhalte näher erläutert.

12.5.1 Potenzial der Gestaltung

Bei der Akzeptanz der gestaltungsbezogenen Elementen wurden überwiegend positive Rückmeldungen gegeben. Die deduktiven Merkmale „Formulierung", „Dauer" und „Geschwindigkeit" erhielten in diesem Kontext die höchsten Zustimmungen in der Befragung.

Das induktiv erschlossene Gestaltungselement "Strukturierung und Spezifizierung der Lerninhalte" erhielt ebenso hohe Akzeptanzwerte, insbesondere hinsichtlich der Auswahl *theoriebezogener Wissenselemente*. Auch konnte eine hohe Zufriedenheit durch das Visualisierungsdesign (z. B. „*übersichtlich*") und die Videostruktur („z. B. *Praxisbeispiele +*", „*Zusammenfassung: gut*", „*Begriffe verständlich*") ermittelt werden.

12.5.2 Potenzial der Inhalte

Vergleicht man die Inhalte aller Videos, so lässt sich feststellen, dass die fachdidaktischen Erklärvideos ihr größtes Potenzial in der theoretischen Perspektive entfalten. Insbesondere die Inhalte von Video 1, welches die Merkmale selbstdifferenzierender Aufgaben behandelt sowie Video 2, das sich mit Begleitmaterialien für selbstdifferenzierende Aufgaben befasst, wurden von den Lehrpersonen als besonders relevant und anwendbar eingeschätzt.

Dem theoriebezogenen Element „Verständlicher Einstieg" aus Video 1 (Merkmale selbstdifferenzierender Aufgaben) wurde die höchste inhaltliche Relevanz zugeschrieben. Das höchste Potenzial der Übertragbarkeit erhielten die theoriebezogenen Merkmale „*Einfache Einstiegsfrage*" (Video 1) und „*Verschiedene Hilfsangebote*" (Video 1). Als nützlich für den eigenen Unterricht erwiesen sich vor allem die theoriebezogenen Aspekte „*Konkrete Materialien zur Verstehensunterstützung*" (Video 2)" (vgl. Tabelle 59: Evaluationsgegenstand „Nützlichkeit) und *Anleitungen zum Problemlösen* (Video 2).

Im dritten Video, das Merkmale unterstützender Materialien für die Bewältigung selbstdifferenzierender Aufgaben behandelt, wurde das theoretische Wissenselement "Unterschiedliche Bearbeitungsweisen" als besonders relevant und übertragbar angesehen. Ebenfalls als nützlich wurde des theoriebezogene Wissenselement „*Unterschiedliche Bearbeitungsniveaus*“ eingeschätzt. Darüber hinaus konnten über 50% der Befragten den Inhalten der Videos im Durchschnitt ein klares Nutzungspotenzial zuweisen („trifft zu“).

Eine „gestufte“ Vorgehensweise („*gestufte Impulse*“ in Video 1 und „*gestufte Hilfen*“ in Video 4) scheint einen besonderen Stellenwert im differenzierenden Mathematikunterricht der Befragten aufzuweisen. Diese Erkenntnis spiegelte sich insbesondere in den Bewertungsbereichen "Relevanz" und "Übertragbarkeit" wider (siehe Tabelle 55: Evaluationsgegenstände "Relevanz" und "Übertragbarkeit").

Inhalte aus den Videos über *Merkmale unterstützender Materialien* bei der Bearbeitung selbstdifferenzierender Aufgaben (Video 2) und über *Strategien und Denkweisen von Lernenden* bei der Bearbeitung selbstdifferenzierender Aufgaben (Video 3) konnten unter den Befragten die höchsten subjektiv wahrgenommenen Kompetenzzuwächse bewirken.

Tabelle 55

Höchste Potenziale inhaltsbezogener Elemente in verschiedenen Einschätzungsfeldern

Evaluationsgegenstände	Am häufigsten angegebene Wissenselemente
Relevanz	• Verständlicher Einstieg (V1: T) • Sprachliche Hilfen (V2: T) • Gestufte Impulse (V4: T)
Übertragbarkeit	• Einfache Einstiegsfrage (V1: T) • Verschiedene Hilfsangebote (V1: T) • Anleitung zum Problemlösen (V2: T) • Beispiel für konkrete Materialien (V2: P) • Gestufte, minimale Hilfen (V4: T)
Nützlichkeit	• Konkrete Materialien zur Verstehensunterstützung (V2: T) • Anleitung zum Problemlösen (V3: T)
Subjektiver Kompetenzzuwachs	• Inhalte aus V2 (T und P) • Inhalte aus V3 (T und P)

Anmerkungen.
V1: Video über Merkmale selbstdifferenzierender Aufgaben
V2: Video über Merkmale von Begleitmaterialien zu selbstdifferenzierenden Aufgaben
V3: Video über Strategien und Denkweisen von Lernenden beim Bearbeiten selbstdifferenzierender Aufgaben
V4: Video über die Rolle der Lehrperson beim Einsatz selbstdifferenzierender Aufgaben
T: theoriebezogenes Wissenselement
P: praxisbezogenes Wissenselement

Folgende vorläufige Interpretationen ergeben sich aus den deskriptiven Analysen, die in künftigen Forschungsvorhaben weiterverfolgt werden könnten:

Ein ansprechendes Videodesign, gekennzeichnet durch ein Visualisierungsdesign, kurzer Dauer, angemessene Geschwindigkeit und verständliche Erklärweise, könnte sich positiv auf das inhaltliche Potenzial der Videoinhalte auswirken, insbesondere in Bezug auf deren Nützlichkeit, Relevanz und Übertragbarkeit, vor allem bei theoriebasierten Inhalten.

Ein gut aufbereiteter *Einstieg* bei der Gestaltung einer selbstdifferenzierenden Aufgabe und gestufte, *ausdifferenzierte Problemerweiterungen* durch kleinschrittiges Vorgehen bei der Bearbeitung selbstdifferenzierende Aufgaben und deren *Unterstützung durch die Lehrperson* scheinen eine hohe Akzeptanz im Bereich der Differenzierung mit offenen Aufgabenformaten anzudeuten. Konkrete Anleitungen mit unterschiedlichen Beispielen zum Lösen einer selbstdifferenzierenden

Aufgabe könnten für Lehrpersonen möglicherweise nützliche und übertragbare Elemente für Differenzierungsmaßnahmen bedeuten.

Die Akzeptanz von fachdidaktischen Erklärvideos wird positiv beeinflusst, wenn in den Videos *authentische* Praxis gezeigt wird. Dies könnten bei fachdidaktischen Erklärvideos prozessbezogene Lehr-Lernszenarien, Interaktionen zwischen Lehrpersonen und Schülern sowie die Darstellung der Herausforderungen, die bei der Bearbeitung offener Aufgaben entstehen, umfassen.

In fachdidaktischen Erklärvideos mit ausgewogenem *Verhältnis von Theorie und Praxis* scheinen theoretische Wissenselemente bei Lehrpersonen einen höheren Stellenwert zu haben als praxisbezogene Elemente.

Die Zufriedenheit mit dem gestalterischen Gesamteindruck ging im Durchschnitt auch mit einer positiven Einschätzung der Übertragbarkeit und Nützlichkeit der Videoinhalten einher (siehe Werte in Tabelle 56). Ein insgesamt eher ansprechender Gesamteindruck der Videogestaltung führte in der Regel auch zu einer eher positiv eingeschätzten Nützlichkeit und Übertragbarkeit der Videoinhalte.

Möglicherweise bestehen Zusammenhänge zwischen der Gestaltungsweise fachdidaktischer Erklärvideoformate und der Adaptivität der gezeigten Fortbildungsinhalte. In der Regel waren diejenigen Befragten, die einen Kompetenzzuwachs durch die Wahrnehmung der Videos erlebt haben, zufrieden mit dem Gesamteindruck, der Übertragbarkeit sowie der Nützlichkeit der Inhalte. Personen, die ein unverändertes Kompetenzerleben durch einzelne Videos erfuhren, waren dennoch meist mit dem Gesamteindruck dieser Videos zufrieden (siehe LK2, LK3, LK6, LK8, LK9, LK13, LK16, LK18, LK20 in Tabelle 56).

Die Inhalte des vierten Videos zur Rolle der Lehrperson im Kontext der Verwendung selbstdifferenzierender Aufgaben (siehe Tabelle 56: V 4) wurden aus subjektiver Perspektive als besonders übertragbar und nützlich wahrgenommen. Trotzdem verzeichneten die Teilnehmerinnen und Teilnehmer hier den geringsten durchschnittlichen Anstieg ihrer Kompetenzen (+0,35).

Die Übertragbarkeit und die Nützlichkeit der Videoinhalte wurde in den meisten Fällen gleich oder ähnlich eingeschätzt.

Tabelle 56

Gesamtüberblick über die skalenbezogenen Einschätzungen von 20 Lehrpersonen zu spezifischen Evaluationsgegenständen

		V1				V2				V3				V4			
Nr.	Schulart	G1	Ü1	N1	K1	G2	Ü2	N2	K2	G3	Ü3	N3	K3	G4	Ü4	N4	K4
LK1	RS	3	4	3	+1	4	4	4	+2	3	4	4	0	4	4	4	0
LK2	RS	4	4	3	0	3	4	3	0	4	3	3	0	4	4	3	0
LK3	RS	4	4	4	0	4	4	4	+1	4	3	3	+2	4	4	4	+1
LK4	HS	3	3	4	+1	3	3	3	+1	4	4	4	+1	3	3	3	+1
LK5	RS	3	2	3	+2	4	3	4	+1	4	2	3	+2	4	4	3	+2
LK6	GYM	4	4	3	0	4	3	2	+1	4	4	4	+1	4	3	4	0
LK7	RS	3	3	3	+1	4	3	3	0	4	4	k. A.	+2	3	3	3	+1
LK8	RS	4	4	2	-1	k. A.	4	4	-1	4	3	4	-1	4	4	4	0
LK9	k. A.	3	2	3	0	3	1	3	0	3	3	k. A.	0	3	2	3	0
LK10	GMS	2	3	3	0	3	4	3	0	2	2	3	0	1	3	3	0
LK11	RS	3	3	4	+1	3	3	4	+1	3	3	3	+1	3	3	4	-1
LK12	RS	k. A.	2	3	0	3	2	2	-1	4	2	3	0	4	3	3	+1
LK13	RS	3	3	3	0	k. A.	2	2	0	3	2	2	-1	3	3	k. A.	0
LK14	GMS	2	2	3	0	2	3	3	0	k. A.	2	2	0	k. A.	3	3	0
LK15	GMS	3	3	3	0	3	3	3	+1	2	4	2	0	2	2	2	0
LK16	GMS	4	4	3	0	3	3	4	+1	3	3	4	+1	3	4	4	0
LK17	RS	3	3	3	+2	3	3	3	+1	2	3	3	+2	2	3	3	+1
LK18	RS	3	3	3	+1	3	3	3	0	3	3	3	0	3	4	3	+1
LK19	RS	3	4	4	+2	3	3	3	+1	3	3	3	+2	3	3	k. A.	+2
LK20	RS	3	4	4	+1	4	4	4	0	k. A.	3	4	+1	3	4	4	-1
M		3,16	3,2	3,2	+0,50	3,28	3,1	3,2	+0,45	3,28	3	3,17	+0,60	3,16	3,3	3,33	+0,35

Anmerkungen:

RS = Lehrperson die an einer Realschule unterrichtet, GYM = Lehrperson, die an einem Gymnasium unterrichtet, GMS = Lehrperson, die an einer Gemeinschaftsschule unterrichtet, HS = Lehrperson, die an einer Hauptschule unterrichtet

V1 = Video 1 (Merkmale selbstdifferenzierender Aufgaben)

V2 = Video 2 (Merkmale von Begleitmaterialien für selbstdifferenzeireden Aufgaben)

V3 = Video 3 (Merkmale von Denkweisen du Strategien von Lernenden beim Bearbeiten selbstdifferenzierende Aufgaben

V4 = Video 4 (Merkmale der Rolle der Lehrperson beim Einsatz selbstdifferenzierender Aufgaben)

G1 = Subjektive Einschätzung des Gesamteindrucks der Inhalte in Video 1

Ü1 = Subjektive Einschätzung der Übertragbarkeit der Inhalte in Video 1

N1 = Subjektive Einschätzung der Nützlichkeit der Inhalte in Video 1

K1 = Subjektiver Kompetenzzuwachs durch Video 1 aufgrund der Vorher-Nachher-Einschätzung über Kenntnisse der videospezifischen Inhalte

+1/+2 = erhöhtes Kompetenzerleben um eine Stufe/um 2 Stufen
-1 = vermindertes Kompetenzerleben um 1 Stufe
0 = gleichbleibendes Kompetenzerleben

Einschätzungsstufen: 1 = trifft nicht zu; 2 = trifft eher nicht zu; 3 = trifft eher zu; 4 = trifft zu

k. A. = keine Angabe

LK1 = Lehrperson 1

M = arithmetisches Mittel. Das arithmetische Mittel zu K1 bis K4 stellt den videobezogenen, subjektiven Kompetenzzuwachs im Durchschnitt dar (siehe Tabelle 72)

13 Fazit

Wie können die vorliegenden Ergebnisse über die Wirkung des Videoformats interpretiert werden und welche Konsequenzen ergeben sich aus den Ergebnissen der Untersuchungen?

Dieses Projekt entwickelte und untersuchte ein *fachdidaktisches Erklärvideoformat*, das speziell für die Lehrkräftefortbildung der Sekundarstufe entwickelt wurde. Dabei stand die *Verbindung von Theorie und Praxis* im Fokus. Ziel war das Design eines wirksamen Medienformats für den Einsatz in der Fortbildung von Lehrpersonen nach spezifischen Gestaltungskriterien. Beabsichtigt wurde auch die Entwicklung von effektiven Instrumenten zur Erforschung der Wirksamkeit dieses Videoformats. Das Forschungsinteresse erstreckte sich auf die Akzeptanz, Relevanz, Übertragbarkeit und Nützlichkeit der Fortbildungsinhalte aus Sicht der Lehrpersonen. Ebenso lag das Forschungsinteresse bei wahrgenommenen Kompetenzsteigerungen der Teilnehmerinnen und Teilnehmer. Die Auswirkungen eines derartigen instruktionalen Medientyps auf diese Bereiche sind bislang wenig erforscht, weshalb sie bei Mathematiklehrkräften der Sekundarstufe eingesetzt und untersucht wurden.

Die genaue Festlegung von Maßnahmen zur Erstellung effektiver Erklärvideos gestaltet sich aufgrund der komplexen Einflussfaktoren und externen Kontextbedingungen als herausfordernd. Die getroffenen Designentscheidungen dienen eher als Leitfaden für die Strukturierung von Fortbildungsinhalten in fachdidaktischen Erklärvideos und für die Integration von Theorie und Praxis.

Insgesamt deuten die Analysen auf eine positive Wirkung dieses fachdidaktischen Erklärvideoformats hin. Um das gestalterische und inhaltliche Potenzial dieser Videos für Fortbildungen optimal zu nutzen, sollten vor allem spezifische didaktische, lernpsychologische und filmisch-visuelle Gestaltungskriterien (z. B. nach Kulgemeyer, 2020) berücksichtigt werden.

Die vorliegenden Ergebnisse beziehen sich lediglich auf eine kleine Stichprobe und sollten als vorläufig betrachtet werden. Dennoch bieten sie wertvolle Erkenntnisse, die Multiplikatorinnen und Multiplikatoren bei der Konzeption und Verbesserung von videobasierten Fortbildungskursen für Lehrpersonen unterstützen können.

Im abschließenden Teil werden die Forschungsmethoden der vorliegenden Studien und das Potenzial eines fachdidaktischen Erklärvideoformats reflektiert.

13.1 Reflexion der Forschungsmethoden

13.1.1 Evaluationsmethoden

Die Auswertung der qualitativen Daten führte zu einer Vielzahl von Kategorien und reichhaltigem Datenmaterial, bedingt durch die offenen Fragestellungen und die große Anzahl von Videos. Die Kategoriensysteme müssen daher durchgehend präzise definiert und möglichst einheitlich strukturiert sein. Die bereits vor dem Rating durchgeführte Einteilung der über 50 Items in Theorie- und Praxiselemente hat sich für die Reliabilitätsanalyse als hilfreich erwiesen.

Es bedarf darüber hinaus einer *umfassenden Schulung der Kodierenden*, m sicherzustellen, dass die Kategoriensystem-Definitionen verstanden und verinnerlicht werden. Es empfiehlt sich, *etappenweise* zu kodieren, um die Konzentration beim Kodieren zu wahren.

Zur Einschränkung der Komplexität könnte zunächst das Potenzial nur *eines einzigen* Videos in einer kleinen Stichprobengröße analysiert werden.

Um die verschiedenen Evaluationsgegenstände im ersten (erstes Redesign der Videos) und zweiten Messzeitpunkt (zweites Redesign der Videos) direkt miteinander vergleichen zu können, sind Fragebögen mit identischen Frageitems und Einschätzungsbereichen notwendig.

13.1.2 Vergleichbarkeit und Limitationen

Im folgenden Abschnitt werden potenzielle Limitationen der Studie benannt.

Geringe Stichprobengröße

Die zentrale Limitation der Studie ergibt sich aus der geringen Stichprobengröße. Dies begründet sich durch die *explorative Vorgehensweise*. Bislang ist wenig bekannt über Wirkungen, Bedingungsfaktoren und Zusammenhänge in Bezug auf fachdidaktische Erklärvideoformate. Dies führt zu einer Vielzahl offener Fragen in Bezug auf die Akzeptanz dieses spezifischen Erklärvideoformats. Zudem gestaltet sich die *Vergleichbarkeit mit ähnlichen Studien* schwierig, da die Gestaltungsmöglichkeiten beim Design eines fachdidaktischen Erklärvideoformats sehr vielfältig sind.

Subjektive Perspektive der Befragten

Die Einschätzungen der Wirksamkeit der Videos erfolgten aus rein *subjektiver Perspektive*. Die Beantwortung der Fragen orientierte sich an (1) individuellen Erfahrungen über den Fortbildungsgegenstand und (2) bisherigen Erfahrungen und subjektiven Wahrnehmungen instruktionaler Medienformate.

Durch offene Fragestellungen konnten qualitative Daten gewonnen werden, aus denen sich Schlussfolgerungen über die Akzeptanz des Medientyps und des Fortbildungsgegenstands ziehen ließen.

Vergleichsanalysen

Ein Vergleich von Lehrpersonen an verschiedenen Schultypen (z. B. Hauptschule, Gemeinschaftsschule, Gymnasium) in einer großen Stichprobe wäre sinnvoll. Lehrpersonen, die an Gemeinschaftsschulen unterrichten, besitzen möglicherweise bereits höhere Kompetenzen und etabliertere Überzeugungen im Bereich des Differenzierens als Lehrpersonen anderer Schultypen.

Es war nicht Ziel dieser Arbeit, die *Wirkung unterschiedlicher instruktionaler Medientypen* miteinander zu vergleichen. Eine Möglichkeit der Validierung der Qualitätskriterien für didaktische Erklärvideos wäre daher eine Gegenüberstellung des Videoformats mit einem anderen Medienformat, wie beispielsweise gedruckte Erklärtexte.

Interessant wäre zum Beispiel in einer Wirksamkeitsstudie zur Erfassung subjektiver Kompetenzzuwächse die *Veränderung nur eines Gestaltungselements* im Design eines fachdidaktischen Erklärvideos und der Vergleich der Wirkungen. So könnte die Wirkung *verschiedener Erklärweisen* in zwei Videos analysiert werden (z. B. Video mit der Rule-example-Strategie vs. Video mit der Example-rule-Strategie). Durch eine Variation der *Videostruktur* (z. B. Video mit Zusammenfassung vs. Video ohne Zusammenfassung am Ende) könnten weitere Wirkungen (z. B. im Kompetenzerleben) analysiert werden.

13.1.3 Validität der Gestaltungsprinzipien

Es wird angenommen, dass der für diese Studie konzipierte Gestaltungskatalog für die Qualität von *fachdidaktischen* Erklärvideos (siehe Kapitel 3) hinreichend abbildet. Die ausgewählten Kriterien basieren zu einem hohen Anteil auf lernpsychologischen und didaktischen Befunden zu Erklärvideos für den Einsatz im Unterricht, wie sie beispielsweise in Arbeiten von Tenberg (2021), Wolf und Dorgerloh (2020) und Kulgemeyer (2018) zu finden sind.

Kernideen für fachdidaktische Erklärvideos für die Fortbildung von Lehrpersonen

Einige der für die Qualität von Erklärvideos erforschten *Kernideen* nach Kulgemeyer (2020a, 2020b) als Resultat einer Reviewstudie zu gutem Erklären im Technikunterricht (Kulgemeyer, 2018), lassen sich auf Kernideen für die Qualität fachdidaktischer Erklärvideoformate für die *Fortbildung von Lehrpersonen* übertragen und erweitern. Diese Kernideen, basierend auf Kulgemeyer, wurden um zusätzliche Kriterien erweitert, die die Verknüpfung von Theorie und Praxis auf verschiedenen Gestaltungsebenen berücksichtigen. Die speziell für dieses Format ausgewählten Kernideen (siehe Tabelle 57) müssen von Fachdidaktik-Experten in weiteren Zyklen validiert werden.

Als weiteren Validierungsschritt könnte eine *ökologische Validierung* vorgenommen werden. Hierbei werden die erstellten Videos in ihrer Qualität mit Videos von beliebten Videoportalen zu einem ähnlichen Thema verglichen, um sicherzustellen, dass sie in einem breiteren Kontext vergleichbare oder bessere Qualität bieten.

Tabelle 57

Kernideen für fachdidaktische Erklärvideos für die Lehrkräftefortbildung

Kernidee	Kriterium	Beschreibung
		Didaktische Gestaltungsebene
Adaptivität	Orientierung an den Adressaten	*Das Video orientiert sich an den Interessen und am Vorwissen der Adressatengruppe.*
	Verdeutlichen der Relevanz der Inhalte	*Das Video betont, warum das Erklärte wichtig für die Adressatengruppe ist.* *Das Video verwendet Kausalkonnektoren.*
Erklärmethode	Induktives Erschließen	*Das Video bevorzugt die Beispiel-Regel-Struktur.*
Videostruktur	Zusammenfassung	*Das Video fast die wesentlichen Aspekte nochmals am Ende zusammen.*
Erklärniveau	Präzise, einfache und kohärente Erklärungen/Formulierungen	*Das Video verwendet einfache Formulierungen.* *Die Sprecherin bzw. der Sprecher verwendet deiktische Hinweise.*
Didaktische Strukturierung der Inhalte	Anwendungstransparenz	*Das Video enthält Informationen zur Funktion und zu Lernzielen des Fortbildungsgegenstands.*
	Fortbildungsgegenstand aufgeteilt in didaktische Bereiche	*Das Video zeigt Inhalte aus den Bereichen: Aufgaben, unterstützende Materialien, Rolle der Lehrperson, Lernprozesse der Schülerinnen und Schüler.*
Grad der Authentizität	Hohe Authentizität	*Das Video geht authentisch auf Lernprozesse ein, zeigt auch Chancen und Grenzen des Erklärten.*
Theorie-Praxis-Verbindung	Theoretische und praktische Perspektiven	*Das Video zeigt Praxisbeispiele (Praxis) und dazugehörendes fach- und allgemeindidaktisches Wissen (Theorie).*
		Lernpsychologische Gestaltungsebene
Dauer	Kurze Dauer	*Die Dauer eines Videos beträgt zwischen 3 und max. 5 Minuten.*
Dynamisierung	Moderate Ablaufgeschwindigkeit	*Das Video lässt genügend Zeit, um Texte, Bilder und Gesprochene Beiträge wahrzunehmen.*
Hervorhebung	Herausstellung relevanter Aspekte	*Das Video hebt Wichtiges hervor, z. B. durch Pop-up-Effekte oder farbliche Markierungen.*
Segmentierung	Schrittweises Präsentieren von Informationen	*Im Video werden Informationen in Teilen und mit Pausen präsentiert.*
Theorie-Praxis-Verbindung	Modalitätsprinzip	*Gemeinsame Verwendung visueller Informationen (Praxis) und auditiver Informationen (Theorie).*
	Kontiguitätsprinzip	*Anordnung korrespondierende Wörter (Theorie) und Bilder (Praxis)in räumlicher/zeitlicher Nähe.*
	Präsentationssequenz-Prinzip	*Das Video bevorzugt die Kopplung multimedialer Elemente in folgender Reihenfolge: Bild (Praxis) -> Text (Theorie)->Kommentar des Sprechers (Theorie)*
		Filmisch-visuelle Gestaltungsebene
Theorie-Praxis-Verbindung	Visualisierungsdesign	*Der Mittelteil des Videos besteht aus der Aufteilung der Bildschirmfläche in ein Theorie- und Praxisfeld.*
	Hybrider Videotyp	*Das Video verbindet Realdrehs (Praxis) und Animationsstile (Theorie)*
	Eigenschaften der Erklärenden	*Der Lehrperson im Video wird eine reflektierende, handlungsleitende und exemplarisch-agierende Rolle zugewiesen (Praxis). Die Sprecherin/Der Sprecher wird durch eine Off-Stimme integriert (Theorie).*
	Animationsstile	*Kombination von Realfilmdreh (Praxis) und Flatdesign (Theorie)*

Quelle: Gestaltungsprinzipien in Anlehnung an Kulgemeyer (2018) mit eigenen Ergänzungen.

13.1.4 Struktur des Fragebogens und Befragungsstrategie

Nach der Analyse ergeben sich Änderungen im Fragebogendesign sowie bei den Evaluationsfragen.

Layout

Der Fragebogen könnte durch ein optisch ansprechenderes Deckblatt ergänzt werden. Um eine klare Zuordnung zu ermöglichen, sollten alle im Video behandelten inhaltlichen Wissenselemente (einschließlich "Sonstiges") zur Auswahl in Bezug zu den Bewertungskategorien (Relevanz, Übertragbarkeit, Nützlichkeit) aufgeführt werden.

Eine Überlegung wert ist auch die Erstellung einer Online-Umfrage mit einer benutzerfreundlichen Oberfläche, die auf Smartphones gut funktioniert. Ein Beispiel hierfür ist die Verwendung der Applikation edkimo.

Evaluationsfragen

Die Bewertungen in den Kategorien "Nützlichkeit" und "Übertragbarkeit" zeigen eine signifikante Übereinstimmung. Hier macht eine deutlichere Abgrenzung Sinn, indem der *Fokus auf die Übertragbarkeit* verlagert wird bzw. spezifischere Fragestellungen zur Erfassung der beiden Evaluationsbereiche formuliert werden könnten. Eine mögliche Ergänzung wäre eine Erklärung der beiden Kategorien im Fragebogen.

Durch die *Begrenzung der Anzahl der Fragen*, beispielsweise durch die Fokussierung auf die Einschätzung von Übertragbarkeit und Relevanz, kann erwartet werden, dass die Motivation, die Anstrengungsbereitschaft und die Qualität der Antworten bis zum Ende des Fragebogens relativ stabil bleiben.

Bei den skalierten Items könnten item-spezifische *Fragen* anstelle *Aussagen* zum Einsatz kommen, da diese eine höhere Aufmerksamkeit erzielen.

Beispiel:

Wie stark sind die in den Videos gezeigten Inhalte für Sie relevant?

nicht	eher nicht	teilweise	stark
1	**2**	**3**	**4**

Kreuzen Sie in der nachfolgenden Liste diejenigen Inhalte des Videos an, die Sie als relevant halten: ...

Um den subjektiven Kompetenzzuwachs zu bewerten, könnte folgender Impuls sinnvoll sein: *Begründen Sie Ihre Einschätzung.*

Da bei etwa zehn Prozent der ausgefüllten Fragebögen eine oder mehrere Kreuzchen nicht gesetzt wurden, macht es Sinn, die Teilnehmenden nochmals explizit auf das Ankreuzen hinzuweisen.

13.1.5 Weiterführende Forschung

Die Untersuchung und Erfassung der Wirksamkeit und des intendierten Nutzens des entwickelten Videoformats könnte auf anderer Wirkungs- und Evaluationsbereiche ausgeweitet werden. Beispielsweise ist es wichtig zu analysieren, wie sich die Verwendung dieses instruktionalen Videoformats auf das Verhalten und die Denkweise von Lehrpersonen sowie auf die Schüler auswirkt:

- Inwieweit beeinflusst die Nutzung eines fachdidaktischen Erklärvideoformats, das Theorie und Praxis miteinander verknüpft, das unterrichtspraktische Handeln und Denken der Lehrpersonen?

- Welche Auswirkungen hat ein fachdidaktisches Erklärvideoformat, das Theorie und Praxis verbindet, auf den *Lernerfolg und die Motivation der Schülerinnen und Schüler*?

Die Effektivität der Wirksamkeit einer Fortbildungsmaßnahme könnte durch eine *Vergleichsanalyse* mit einem anderes Medienformat überprüft werden (z.B. Textformat vs. Videoformat).

Die Ergebnisse dieser Studie bekräftigen auch die Idee, im Rahmen der fachdidaktischen Entwicklungsforschung das vorliegende Videoformat für weitere Differenzierungsbereiche (wie Coaching und Unterrichtsmethoden) und Fachdidaktiken (wie Kunst oder Sprachen) weiterzuentwickeln.

13.2 Gestalterisches Potenzial des entwickelten Videoformats

Die Auswertung der Hauptstudie zeigt, dass das fachdidaktische Erklärvideoformat insgesamt auf eine hohe Akzeptanz stößt. Die Teilnehmerinnen und Teilnehmer reagierten fast durchgehend *positiv* auf die *fortbildungsdidaktischen, filmisch-visuellen* und *lernpsychologischen* Elemente im Videodesign.

Die hohe Wirksamkeit der Videos konnte zudem an den mehrheitlich subjektiv eingeschätzten Lernzuwächsen belegt werden. Wissenszuwächse durch diese Lernvideotypen und deren gestalterische Akzeptanz lassen sich vermutlich durch eine geeignete Kombination verschiedener Gestaltungselemente fördern.

Die Möglichkeiten im Videodesign werden im Folgenden auf den jeweiligen Gestaltungsebenen erklärt.

13.2.1 Didaktische Gestaltungsebene

Die Ergebnisse verdeutlichen, dass das fachdidaktische Erklärvideoformat nicht automatisch zur vollen Nutzung und Übertragung aller inhaltlichen Aspekte führt. Es stellt sich hier die Frage, welche gezielten Entscheidungen getroffen werden müssen, damit sich das Nutzungs- und Übertragungspotenzial sowie die subjektiv wahrgenommene Relevanz spezifischer Fortbildungsinhalte erhöhen kann.

Im Rahmen dieser Untersuchungen zeigen sich klare Gestaltungselemente, die entscheidend für das Design eines fachdidaktischen Erklärvideoformats sind. Dazu gehören die didaktischen Strukturierung und Spezifizierung der Lerninhalte, der Grad der Authentizität, die Erklärweise und -methode sowie die Videostruktur als wichtige Kernideen für das Design eines fachdidaktischen Erklärvideoformats heraus. Im Folgenden wird erläutert, wie das Potenzial dieser Elemente optimiert werden kann.

Didaktische Strukturierung und Spezifizierung der Lerninhalte

---

> *„Diese Phase (Anm.: Vielfalt nutzen) sehe ich als sehr wichtig und am schwierigsten steuerbar an." (LK 20)*

Die didaktische Strukturierung und Spezifizierung der Lerninhalte stellt eines der wichtigsten Elemente auf didaktischer Gestaltungsebene dar. Viele der gezeigten

Inhalte wurden als relevant, übertragbar und nützlich eingeschätzt und zeigten somit eine Passung zur eigenen Unterrichtspraxis. Um die Akzeptanz des Fortbildungsgegenstands weiter zu erhöhen, sollten die Inhalte stärker strukturiert und spezifiziert werden.

Eine Möglichkeit zur Verbesserung besteht darin, die theoretischen Konzepte stärker mit praxisorientierten Beispielen zu verknüpfen. Es erscheint sinnvoll, *ein* im Video gezeigtes theoriebezogenes Wissenselemente mit jeweils *mehreren, unterschiedlichen Beiträge aus praktischer Perspektive* zu verbinden. Dadurch können flexible Handlungsmuster für Lehrpersonen aufgezeigt werden.

Ein weiterer Ansatz ist die *verstärkte Darstellung von Lehr-Lernprozessen* in fachdidaktischen Erklärvideos. Dies ermöglicht es den Lehrpersonen, Einblicke in erfolgreiche Lehrmethoden und -strategien zu gewinnen und diese in ihrer eigenen Unterrichtspraxis anzuwenden.

Praxisszenen sollten realistische Betrachtungsweisen und Standpunkte ansprechen, wie gut die Lernenden die Aufgabenteile verstehen, ob sie die bereitgestellten Materialien effektiv nutzen und wo mögliche Schwierigkeiten auftreten. Gleichzeitig können Herausforderungen für die Lehrperson identifiziert werden.

Bei der Strukturierung der Lerninhalte könnte der Fokus stärker auf fachdidaktische Aspekte gelegt werden, d. h. der Fortbildungsgegenstand könnte sich enger an der entsprechenden Zielgruppe orientieren (Lehrpersonen aus dem Bereich *Mathematik*). In den entwickelten Videos würden somit Inhalte zu allgemeindidaktischen Aspekte wegfallen, wie der *wertschätzende Umgang mit Schülerinnen und Schülern.*

Potenzial der Beispielaufgabe „Schokolade gerecht aufteilen“ (Video 1)

> *Bei mir bleibt die Frage offen, wie ich solche Aufgaben entwickle oder wo ich sie herbekomme. (LK19)*

Um die Funktion des ersten Videos noch bewusster zu machen, wäre folgender Hinweis vor Wahrnehmung des ersten Videos denkbar:

Das konkrete Aufgabenbeispiel zeigt verschiedene Konstruktionsprinzipien als Möglichkeit zur Öffnung von Aufgaben für den differenzierenden Unterricht in heterogenen Lerngruppen.

Selbstdifferenzierende Aufgaben können phasenweise eingesetzt werden, sie eignen sich vor allem in der Phase der Erkundung und können je nach Tiefe der Nutzung bis zu 2 Unterrichtsstunde dauern.

Um eine effektive Übertragbarkeit theoriebezogener Inhalte in praktische Anwendungskontexte zu gewährleisten und die Immersion zu vertiefen, sind klare handlungsleitende Impulse für die Konstruktionsprinzipien einer selbstdifferenzierenden Aufgabe erforderlich. So könnte beispielsweise ein Hinweis in folgender Form erfolgen: „*Je nach kognitiven Voraussetzungen der Lerngruppe sollte der Einstiegstext und die anknüpfenden Fragen kürzer formuliert werden.*" Da es sich hier um eine mögliche Variante handelt, eine Aufgabe nach einem der erklärten Merkmale zu konstruieren, könnten Alternativbeispiele zu Merkmalen gezeigt werden (Z. B. alternative Formulierungen für die gezeigte Beispielaufgabe). Denkbar wäre an dieser Stelle auch, auf übergreifender Ebene aufzuzeigen wie Lehrpersonen die gezeigten Konstruktionsprinzipien anwenden und die vorgestellten Merkmale der Beispielaufgabe auf eine andere selbstdifferenzierende Aufgabe übertragen.

In der konkreten *Beispielaufgabe* könnte eine Überarbeitung einzelner Formulierungen und eine Reduktion des Textes möglicherweise das Verständnis der Aufgabe für schwächere Schülerinnen und Schüler verbessern und damit den Zugang erleichtern. Einen noch konkreteren Bezug zur Alltagswelt der Lernenden könnte durch die Formulierung „*Teilen unter Freunden*" geschaffen werden, anstelle „*Eine Firma möchte eine Schokoladentafel herstellen,...*".

Der Arbeitsauftrag könnte folgendermaßen vereinfacht werden:

> *Teilen unter Freunden*
>
> *Du möchtest mit deinen zwei Freunden Schokolade essen.*
> *Für welche Tafel entscheidet ihr euch: 12er oder 16er ?*
>
> *Untersuche verschiedene Schokoladenformen. Welche*
> *Schokoladengröße ist besser? Erkläre, warum.*

Die ursprünglichen Fragen 1-3 aus der Beispielaufgabe können mit „ja" oder „nein" beantwortet werden (*Wie geeignet sind ...? Findest du eine Tafel, die ...? Findest du auch mehrere Lösungen?*). Folgende offene Impulsfragen wären deshalb auch interessant:

> *Welche Tafel kann für 4 und für 5 Personen gerecht aufgeteilt werden?*
> *Finde so viele Lösungen wie möglich!*

Geschickt wäre eine Tafel für möglichst viele unterschiedliche Personengruppen. Welche Schokoladentafel könnte das sein?

Zur besseren Veranschaulichung könnten zwei Bilder von Personengruppen einander gegenüber gestellt werden, eine mit vier Mitgliedern und eine mit fünf. Die zusätzliche ästhetische Untermalung mit einer Comicfigur ist nicht notwendig.

Das Wissenselement „Verschiedene Hilfsangebote" könnte durch „Gestufte Lernhilfen" (siehe Franke-Braun et al., 2008). Dieses Konzept ist Teil eines selbstdifferenzierenden Aufgabenformats, das die kognitive Aktivierung der Schüler fördert.

Abschließend kann ein handlungsleitender Impuls gegeben werden:

„Versuchen Sie selbst anhand dieser Konstruktionsprinzipien selbstdifferenzierende Aufgaben zu erkennen und zu gestalten."

Potenzial unterstützender Materialien (Video 2)

Blankoblätter? Unterrichtsalltag: Heft! Schnellhefter (LK2)

Wie die oben genannte Aussage einer Lehrperson zeigt, sollten in den Praxisteilen der Videos die Lehrpersonen die *effektive Nutzung von Hilfsmitteln* bei der Bearbeitung selbstdifferenzierender Aufgaben explizit verdeutlichen.

Die *diskursive Positionierung* könnte erhöht werden durch das Aufzeigen von Grenzen des Einsatzes der gezeigten unterstützenden Materialien. Darüber hinaus fehlen klare Handlungsanweisungen zur besseren Umsetzbarkeit, insbesondere im Zusammenhang mit einem konkreten Problem-Lösungs-Plan wie dem PADEK. Eine sinnvolle Ergänzung könnte beispielsweise sein:

Je nach Voraussetzungen der Schülerinnen und Schüler können Sie als Lehrperson eine mehrschrittige Anleitung zum Lösen der Aufgabe auf individuelle Weise gestalten. Der Umgang mit einem Problemlöseplan sollte zuvor auch gut eingeübt werden.

Das selbstständige Lernen könnte zusätzlich durch die *Nutzung digitaler Medien* durch Lernende, beispielsweise Lern-Apps auf mobilen Geräten wie iPads oder Smartphones, gezeigt werden. Denkbar wäre in diesem Zusammenhang auch eine *spielerische, handlungsorientierte Auseinandersetzung* mit der Aufgabe, beispielsweise durch die Darstellung von Familiengrößen im Klassenzimmer.

Lehrpersonen an Gemeinschaftsschulen äußerten gelegentlich Unzufriedenheit hinsichtlich des gestalterischen und inhaltlichen Potenzials der Videos. Grund daran könnte der sog. *Expertise-Umkehr-Effekt* sein (vgl. Dorgerloh & Wolf, 2020). Die Lehrkräfte an Gemeinschaftsschulen hatten bereits mehr Vorerfahrung im Bereich der Fortbildung und Differenzierung als Lehrpersonen an anderen Schultypen. Um diesen Effekt zu verringern, bedarf es einer weiteren Spezifizierung und Flexibilisierung des Fortbildungsgegenstands. Um individuelle Anforderungen gerechter zu werden und um ein größeres Spektrum im Nutzungsverhalten zu erreichen, schlagen Wolf und Kulgemeyer (2016) vor, den Lernenden eine Auswahl mehrere Erklärvideos zum gleichen Thema anzubieten. Um die Inhalte zu vertiefen, könnten beispielsweise digitale Diagnosewerkzeuge für Selbsteinschätzungen der Lernenden sowie Musterlösungen mit Leitfragen vorgestellt werden.

Potenzial der Inhalte in Bezug auf die Bearbeitungsweise selbstdifferenzierender Aufgaben durch Lernende (Video 3)

Um zu zeigen, ob die Lernenden die Aufgabe verstanden haben, könnten beispielsweise die Bearbeitungsweisen der Lernende im Video besser eingebunden werden. Dies kann durch Erläuterungen und Stellungnahmen zur Herangehensweise und den Schwierigkeiten bei der Aufgabenbewältigung geschehen.

Potenzial der Inhalte in Bezug auf die Rolle der Lehrperson (Video 4)

Einige der Befragten bekundeten ihre Unzufriedenheit mit den gezeigten Möglichkeiten der Lehrperson, mit der Vielfalt an Lösungen und Bearbeitungswegen und dem Erstellen von Diagnosen nach der Bearbeitung einer selbstdifferenzierenden Aufgabe umzugehen (Abbildung 71).

Abbildung 71

Aussagen über fehlende praktische Impulse im fachdidaktischen Erklärvideo

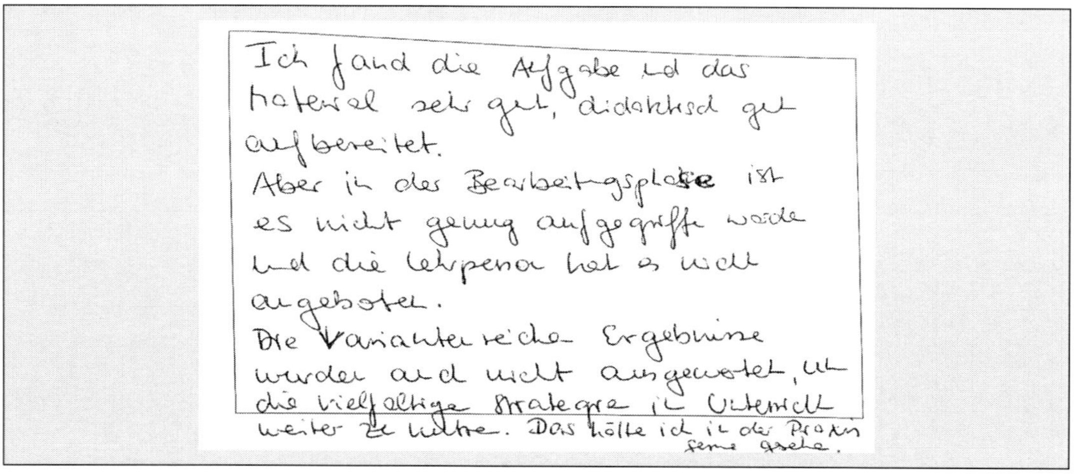

Ich fand die Aufgabe und das Material sehr gut, didaktisch gut aufbereitet.
Aber in der Bearbeitungsphase ist es nicht genug aufgegriffen worden und die Lehrperson hat es nicht angeboten.
Die Variantenreichen Ergebnisse wurden auch nicht ausgewertet, um die vielfältigen Strategien im Unterricht weiter zu nutzen. Das hätte ich in der Praxis gerne gesehen.

Anmerkung. Aussage einer Lehrperson zur Theorie-Praxis-Verbindung (Hauptstudie).
Quelle: Fragebogenauszug der Hauptstudie (2019).

Aus didaktischer Gestaltungsperspektive betrachtet, könnte die Verwendung von *kausalen Konnektoren*, die Gründe und Folgen für eine Handlung oder für ein Argument angeben, einen Einfluss auf subjektive Einschätzungen der Relevanz, Nützlichkeit und Übertragbarkeit von Inhalte haben.

Die didaktische Strukturierung der Lehrinhalte sollte weitere Aspekte berücksichtigen, um die Rolle der Lehrperson umfassend zu charakterisieren (siehe Tabelle 58).

Um das erworbene Wissen zu vertiefen, können evaluative Fragen nach der Bearbeitung des Fortbildungsstoffs verwendet werden. Diese Fragen betreffen das Verständnis von Aufgaben, die Verwendung des Begleitmaterials und die Vorgehensweise der Lehrperson. Sie helfen dabei, das erlernte Wissen zu überprüfen und ermöglichen den Lernenden, Sachverhalte einzuschätzen (siehe Tabelle 58: erstes Wissenselement). Diese Fragen können nach ihrem Niveau unterschieden werden und folglich in Wissens-, Verstehens-, Anwendungs-, Analyse-, Synthese- sowie Evaluations- bzw. Bewertungsfrage spezifiziert werden (vgl. Kleinschmidt-Schinke, 2018, S. 164).

Tabelle 58

Wissenselemente in der Rolle der Lehrperson beim Umgang mit Vielfalt

Praktische Perspektive	Theoretische Perspektive
Wodurch unterscheiden sich die Lösungen voneinander? Was ist ihnen gemeinsam? Welche Lösung ist am verständlichsten und warum?	**Evaluationsfragen**
Wie selbstständig konntet ihr die Aufgabe bearbeiten? Welche Hilfsmittel habt ihr genutzt? Waren sie hilfreich? Welches Rechenverfahren hat die Schülerin bzw. der Schüler verwendet? War die Aufgabe verständlich formuliert? Haben euch die Bilder in der Aufgabe zum Verstehen und Lösen geholfen?	Aufgabenspezifische Rückmeldefragen
Welche Tipps würdet ihr geben, um mit solchen Textaufgaben gut arbeiten zu können? *Wie gut könnt ihr das Dividieren? Was muss dabei berücksichtigt werden?*	Übergreifende Rückmeldefragen
	Präsentationsweise
Präsentation per Beamer	medienspezifisch
Präsentation in der Gruppe/als Poster	sozialformbezogen

Grad der Authentizität

> *„Der Austausch über die Aufgabenstellung hat mir gefehlt (z. B. ob es alle verstanden haben).“* (LK8)

Für Lehrpersonen scheint das hier vorgestellte Videoformat durchaus wirksam zu sein, wenn es um die Übertragbarkeit, Nützlichkeit und Relevanz differenzierender Inhalte in Bezug auf ihren eigenen Unterricht geht. Entscheidend ist, dass Teilnehmende die dargebotenen Informationen realitätsnah nachvollziehen und selbst Verbindungen herzustellen können.

Die Authentizität der Videobeiträge kann durch einen stärkeren Fokus auf Lehr-Lern-Prozesse unterschiedlicher Qualität erhöht werden. Dies umfasst die Reaktionen der Lernenden auf die Lehrperson sowie die Nutzung der bereitgestellten Materialien. Realitätsnahe Anregungen aus der Alltagspraxis, aber auch Hinweise auf Grenzen der differenzierenden Aspekte versprechen höheres Akzeptanz- und Nutzungsverhalten des Angebots.

Es ist ratsam, auf potenzielle Schwierigkeiten bei der Bearbeitung differenzierter Aufgaben hinzuweisen, da dies die Authentizität erhöhen kann. Dazu sollten auch entsprechende Bewältigungsstrategien für Umsetzungshürden angeboten werden (vgl. Heran-Dörr, 2006, S. 298ff).

Das Aufzeigen von Grenzen der Methodik, beispielsweise durch die Einblendung falscher Bearbeitungswege bzw. unleserlicher oder sehr unvollständiger Lösungsansätze sowie die Hervorhebung des hohen Organisationsaufwandes im Klassenzimmer, können Lehrpersonen zum Finden alternativer Handlungsweisen und zur Reflexion ihrer eigenen Handlungspraxis motivieren. Die Präsentation von Lernendenbeispielen mit Fehlvorstellungen, wie beispielsweise Probleme mit den Grundrechenarten, kann ebenfalls lehrreich sein.

Videostruktur

In die Videostruktur könnten neben einem motivierenden Intro Hinweise integriert werden, die die in den Videos gezeigten Aspekte vertiefen oder ergänzen (z. B. per Links, Quellenangaben oder Literaturtipps). Zur Erhöhung der Motivation und Einstimmung auf den Fortbildungsgegenstand und der Betonung der Relevanz der Inhalte könnte zum Einstieg in das Thema zunächst Aufmerksamkeit erzeugt werden. Dies könnte durch einen praktischen Impuls, z. B. eine problematische Fallsituation im Kontext einer alltäglichen Unterrichtssituation, vor dem Einstieg in das Themas realisiert werden.

Das didaktische Erklärvideo wäre dann wie folgt strukturiert:

1. **Intro**
2. **Einstiegsimpuls** Darstellung eines oder mehrerer problematischer Beispiel aus der Praxis (bad-practice)
3. **Praxis-Teil**: Vorstellung von Good-Practice- oder Best-Practice Beispiel(e)
4. **Theorie-Praxis-Teil**
5. **Theorie-Teil**: Zusammenfassung der theoriebezogenen Inhalte
6. **Weiterführende Hinweise zur Vertiefung**

Erklärweise und Erklärmethode
Einfache Formulierungen und die Anwendung des "*Example-rule-Prinzips*" stellen mögliche Indikatoren dar, um die Akzeptanz des Videoformats, die Anpassungsfähigkeit der Inhalte und das positive subjektive Kompetenzerleben nach der Videobetrachtung zu bewerten.

13.2.2 Lernpsychologische Gestaltungsebene

Die eingesetzten lernpsychologischen Gestaltungselemente des instruktionalen Mediendesigns bei der Entwicklung des Videoformats wurden weitgehend von den Lehrpersonen akzeptiert.

Die Designentscheidungen auf dieser Ebene legen die Vermutung nahe, dass die systematische Kopplung visueller, typografischer und auditiver Elemente (siehe Präsentationssequenz-Prinzip in Kapitel 3.2) positive Einflüsse auf die *Akzeptanz, Relevanz, Nützlichkeit und Übertragbarkeit* sowie den *subjektiven Kompetenzzuwachs* ausüben.

Wie die Einschätzungen der Lehrpersonen bezüglich der Spieldauer der entwickelten Videos zeigen konnten, erhöht vermutlich auch bei fachdidaktischen Erklärvideoformaten eine sehr *kurze Dauer* der Videos (ca. drei bis vier Minuten) die Zufriedenheit der Lehrpersonen mit dem Videoformat.

13.2.3 Filmisch-visuelle Gestaltungsebene

Die Ergebnisse der Befragung konnten zeigen, dass auf filmisch-visueller Ebene gezielte Optimierungen sinnvoll sind. Ein angemessen dynamisches und ansprechendes filmisch-visuelles Design kann die Motivation steigern, indem es einen Sachverhalt interessant und fesselnd darstellt. Dabei kann die Visualisierung dazu beitragen die Auseinandersetzung zu erleichtern und die Erinnerungsfähigkeit zu unterstützen.

Toneffekte

Die Wahrnehmung der Videos kann durch eine schlechte Audioqualität als störend empfunden werden. Daher ist es wichtig, hochwertigen WAV-Dateien als Audioquellen zu verwenden. Die Lautstärke aller im Video auftretenden Erklärenden sollte auf ein gleiches, angenehmes Hörerleben angepasst werden.

Zur Verbesserung des Videotons sollte das Hintergrundrauschen entfernt oder minimiert werden, insbesondere während Phasen des Erklärens. Allerdings kann ein leichtes Hintergrundrauschen, das im Klassenzimmer auftritt, dazu beitragen, eine realistische Atmosphäre zu schaffen.

Kameraeffekte

Verwackelte Szenen sollten vermieden werden, da sie die Qualität des Videos beeinträchtigen. Eine stabile Kameraführung ist entscheidend, um den Zuschauern ein angenehmes Seherlebnis zu bieten. Um Verwacklungen zu minimieren, sollten geeignete Ausrüstung und Techniken eingesetzt werden, wie beispielsweise ein Stativ oder Bildstabilisierungsgeräte.

Visualisierungsdesign

Ein durchgängig schlicht gehaltenes Visualisierungsdesign in fachdidaktischen Erklärvideoformaten kann möglicherweise die Akzeptanz erhöhen und die Informationsaufnahme erleichtern. Die Farbpalette sollte auf ein Mindestmaß reduziert sein. Eine Aufteilung des Bildschirms in maximal drei Bereiche ist ausreichend. Verwendung von höchstens zwei Animationsstilen, zum Beispiel Realdreh und Flat-Design, erscheint sinnvoll. Dies fördert die Übersichtlichkeit.

Eigenschaften der Erklärenden

Die *Funktion der Rolle* der in den Videos agierenden Personen muss genau definiert sein. Lehrperson, die in fachdidaktischen Videos auftreten, sollten eine didaktische Funktion haben, sei es für Erklärungen, Reflexionen, Argumentationen oder Anleitungen.

Die Rolle der Lehrperson im Video 1 (Aufgabenbeispiel) könnte noch aktiver in den instruktionalen Prozess eingebunden werden, zumal sie sich im Video bereits vorgestellt hatte. Es wäre sinnvoll, die Lehrperson Schritt für Schritt den Aufbau einer selbstdifferenzierenden Aufgabe anhand eines konkreten Beispiels, wie "Schokolade teilen", kurz erläutern zu lassen.

13.2.4 Film- und verarbeitungstechnische Gestaltungsebene

Der Umgang und die Verknüpfung der Hard- und Software sind wichtige gestalterische Mittel.

Hardware

Bei der Überblicksperspektive könnte eine statische Kamera mit relativ hoher Auflösung vorne neben der Tafel in erhöhter Position frontal auf die Klasse gerichtet werden. Diese Aufzeichnungen könnten später genutzt werden um unterrichtsrelevante Details zu zoomen oder zu schneiden. Zur Verbesserung der Bildqualität sollten möglichst viele Videoaufnahmen gerade auch beim Einsatz flexibler Kameras mit Stativen durchgeführt werden. Desweitern sollte die Stromversorgung der Kameras über leistungsstarke Akkus stets sichergestellt sein.

13.2.5 Übertragbarkeit auf andere Unterrichtsfächer

In Bezug auf den Fortbildungsgegenstand „Differenzierender Mathematikunterricht“ wäre die Eignung des Medienformats für *andere Bereiche des (differenzierenden) Unterrichtens* zu überprüfen. Dies betrifft Unterricht in verschiedenen Fächern, inklusiven Klassen, Klassenführung, Coaching und Leistungsbeurteilung.

Im Zusammenhang mit der Auswahl an Inhalten wäre auch die Frage zu klären, inwiefern sich das Mediendesign auf andere *Unterrichtsfächer* übertragen lässt. Ein fachdidaktisches Erklärvideo aus dem Bereich des Kunstunterrichts könnte beispielsweise die Strukturierung und Spezifizierung des Lerninhalts folgendermaßen umsetzen:

Tabelle 59

Strukturierung und Spezifizierung von Lerninhalten für den Fachbereich Kunst am Beispiel „Impressionismus“

Video 1: Lerngegenstand

Praktische Perspektive	Theoretische Perspektive
Beispiel eines Reflexionsauftrags zu Bildbeispielen und Videos über den Impressionismus *kommaartiger Pinselduktus* *komplementäre Farben* *atmosphärische Stimmung* *waagrechte Aufteilung*	Inhalte eines Reflexionsauftrags zur Charakterisierung eines Kunststils: Pinselduktus Farbwahl Technik Wirkung Komposition
Arbeitsauftrag für impressionistische Maltechnik	Merkmale eines selbstdifferenzierenden Arbeitsauftrags: z. B. Einfacher Einstieg

Video 2: Materialien und Medien

Praktische Perspektive	Theoretische Perspektive
Werkzeuge: Acrylfarben, Borsteninsel, Malpapier/Leinwand, Wasserbehälter, Mallappen, Zeitung *Schülerdokumente* *Schablonen von Motiven zur Übertragung*	Hilfen zur Verstehensunterstützung: konkrete Materialien
Anleitungstext zur Ausführung *Anleitung zur Bildbeschreibung und -interpretation*	Metakognitive Hilfen: Lösungsplan
Wortfeld „Impressionismus"(dt./engl.)	Sprachliche Hilfen: (bilinguale) Formulierungshilfen

Video 3: Schülerinnen und Schüler:

Praktische Perspektive	Theoretische Perspektive
Bilder differenziert beschreiben *Malerische Aktivitäten der Lernenden in unterschiedlicher Qualität*	Bildbeispiele beschreiben und differenziert umsetzen: Unterschiedlicher Vielfalt in Tiefe Unterschiedliche Vielfalt in Breite

Video 4: Lehrerinnen und Lehrer:

Praktische Perspektive	Theoretische Perspektive
Hinweise verschiedener Lehrpersonen *Einteilung in Ordnungsdienste* *z. B. Hinweise zum Umgang mit Farben*	Sicherung des Verständnisses: Organisation der Materialien/Werkzeuge Hinweise zum Umgang mit Materialien
Hinweise und Beispiele für gestufte, minimaler Hilfen verschiedener Lehrpersonen während der Durchführung	Gestufte, minimale Hilfen: Motivation, Rückmeldung, Strategische und inhaltliche Hilfen
Bsp. der Präsentation per Projektion *Bsp. für strukturierte Fragen zum Vergleich verschiedener Arbeiten*	Vielfalt nutzen: Präsentationsstil Strukturierte Fragen zum Vergleich verschiedener Arbeiten

Im Tetraeder-Modell (Abbildung 72) könnte das fachdidaktische Erklärvideos im Fach Kunst wie folgt verortet werden:

Abbildung 72

Übertragung des fachlichen Lehrgegenstands „Impressionismus" auf Fortbildungs- und Unterrichtsebene

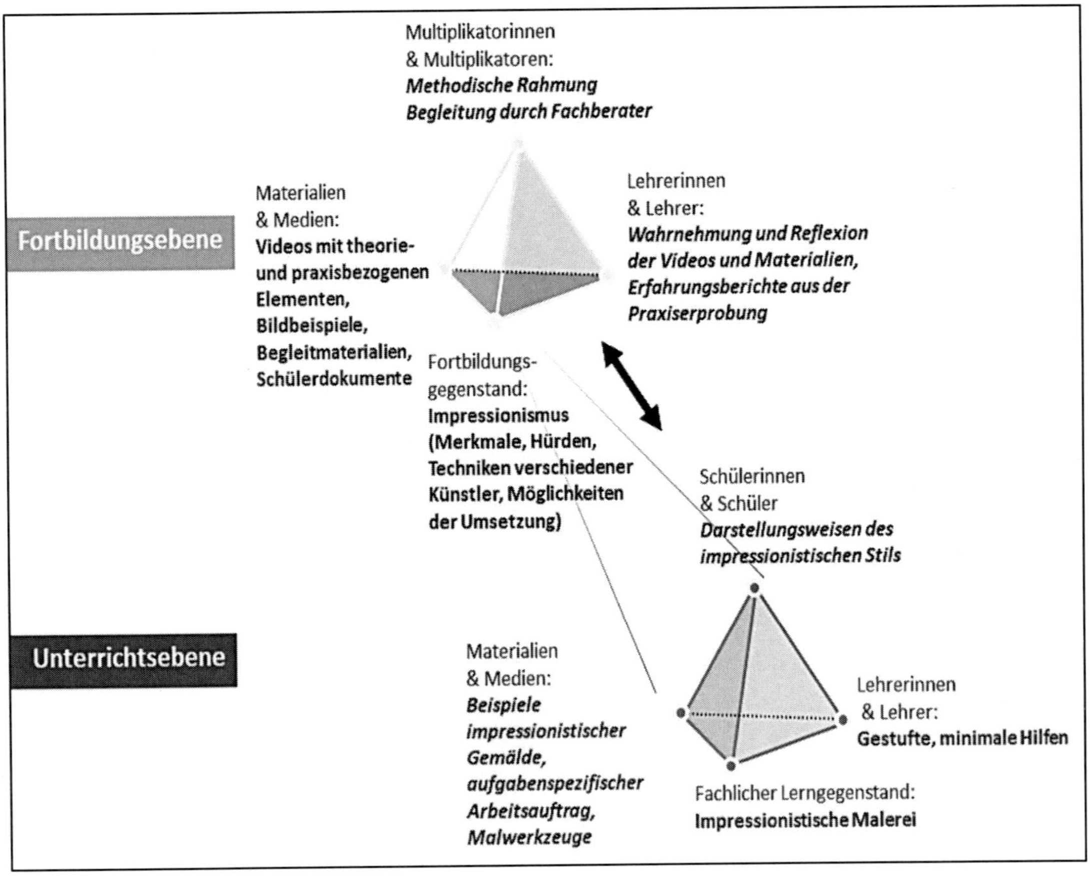

Quelle. Ausschnitt des Drei-Tetraeder-Modells der gegenstandsspezifischen Professionalisierungsforschung nach Prediger, Leuders & Rösken-Winter, 2017, S. 3 mit eigenen Anmerkungen.

13.3 Fortbildungsdidaktisches Potenzial des entwickelten Videoformats

Eine zentrale Frage ist, wie der vorliegende Medientyp als didaktischer Baustein einer Fortbildung von Lehrpersonen und Fortbildnerinnen und Fortbildnern genutzt werden könnte.

13.3.1 Einbindung als didaktischer Baustein in einer Fortbildung

Abbildung 73 zeigt Aspekte bei der Planung einer videobasierten Fortbildung, die in das Drei-Tetraeder-Modell auf der Ebene der Fortbildung (Prediger, Leuders und Rösken-Winter, 2017) eingeordnet sind. Auf dieser Ebene wird die Lehrperson zum Lernenden, die Fortbildungen besucht, die durch Multiplikatorinnen und Multiplikatoren durchgeführt werden. Hier können fachdidaktische Erklärvideos und Begleitmaterialien zum Fortbildungsgegenstand eingesetzt (Abbildung 73, linke Ecke des Tetraeders) und ihre Rezeption durch Lehrkräfte untersucht werden (Abbildung 73, rechte Ecke des Tetraeders).

Abbildung 73

Verortung fachdidaktischer Erklärvideos auf Fortbildungsebene

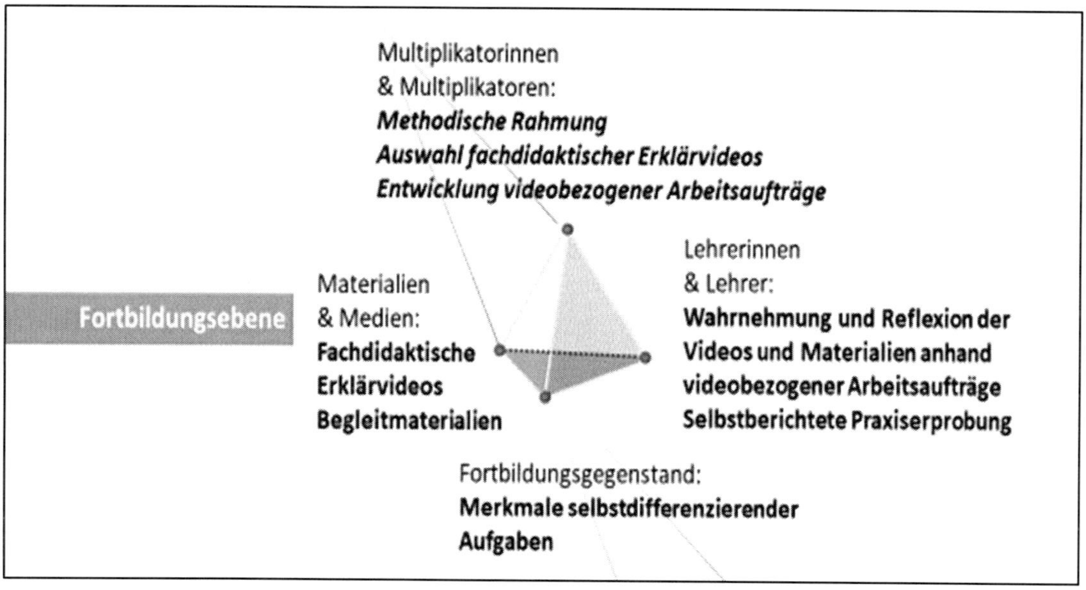

Anmerkung: Aspekte bei der Planung von videobasierten Fortbildungen im Drei-Tetraeder-Modell.

Quelle: Ausschnitt des Drei-Tetraeder-Modells der gegenstandsspezifischen Professionalisierungsforschung nach Prediger/Leuders/Rösken-Winter, (2017) mit eigenen Ergänzungen.

Die entwickelten Videos für dieses Projekt sind nicht als vollständiges Fortbildungsformat konzipiert, das bis ins kleinste Detail ausgearbeitet ist. Stattdessen handelt es sich um didaktische „Bausteine“, die auf verschiedene Weise und flexibel in größere Fortbildungsstrukturen (z. B. Online-Veranstaltungen, Präsenzveranstaltungen, flipped learning) integriert werden können. Die Umsetzbarkeit dieser Fortbildungselemente hängt jedoch von einer geeigneten methodischen Rahmenstruktur ab, die Erprobungsphasen und die Begleitung durch Fachberater einschließt. Wie dies für die entwickelten Videos erfolgen kann, zeigt Abbildung 74.

Dieses hier entwickelte Format eignen sich vor allem für *Einstiegsphasen* einer Fortbildung. Zunächst sollte der Moderator der Fortbildung über die Kompetenzziele der Veranstaltung *informieren. Erschließungsfragen* fokussieren den Blick auf spezifische Aspekte der Videoinhalte. *Umsetzungsaufgaben* ermöglichen nach erfolgter Reflexion die Anwendung und Übertragung der Videoinhalte auf analoge Praxiskontexte.

Abbildung 74

Einbettung von Erklärvideos als didaktische Bausteine von Fortbildungen.

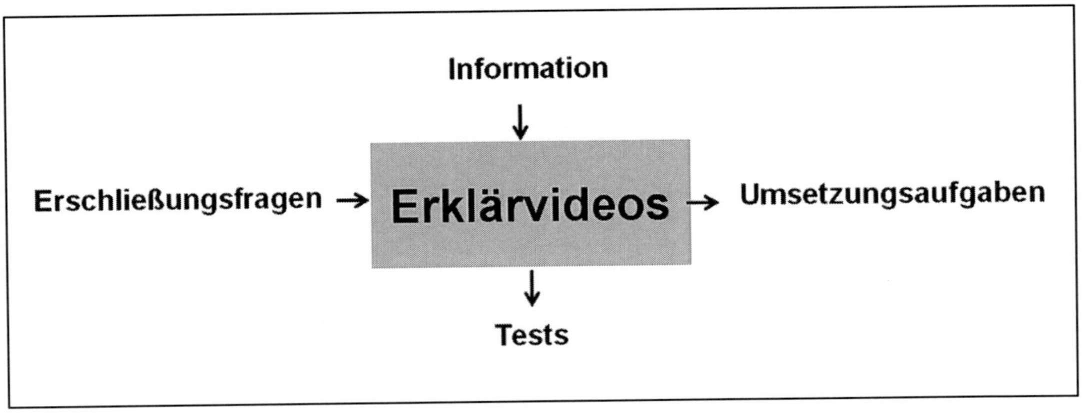

Quelle. Eigene Darstellung in Anlehnung an Tenberg (2021), S. 59.

Die wahrgenommenen Inhalte der Videobausteine bieten Lehrpersonen Diskussionsgrundlage für die Anpassung an ihre eigene Vorstellungen bezüglich Lehr-Lernprozessen. Dies kann in einer Veranstaltung durchgeführt werden und in Form von Arbeitsaufträgen umgesetzt werden:

- **Bewertung der Relevanz:** *Inwiefern waren die gezeigten Inhalte für Sie relevant bzw. nicht relevant?*

- **Einschätzung der Übertragbarkeit**: *Beurteilen Sie, inwieweit die gezeigten Inhalte auf Ihre eigene Unterrichtssituation übertragbar sind.*

- **Selbstdifferenzierung umsetzen:** *Wählen Sie eine Aufgabe (aus dem Schulbuch) und konstruieren Sie anhand den im Video gezeigten Möglichkeiten eine selbstdifferenzierende Aufgabe und entwickeln Sie entsprechende Begleitmaterialien.*

- **Unterrichtserfahrung teilen:** *Setzen Sie ihre entwickelte selbstdifferenzierende Aufgabe und die Begleitmaterialien in Ihrem Unterricht ein und schreiben Sie über deren Wirksamkeit einen Selbstbericht.*

Die Videos können durch begleitende Texte ergänzt werden, um spezifische Fortbildungsinhalte zu vertiefen (siehe Abbildung 74: Information). Je nach Adressatengruppe können auch optional *Tests* zur Feststellung von Kompetenzen durchgeführt werden (z. B. in Form subjektiver Selbsteinschätzungen).

Für die Lehrerbildung wären die systematische Anbindung des entwickelten Mediums an videobasierte Netzwerke zur kollektiven oder individuellen Nutzung erwägenswert. Zur gemeinsamen Reflexion könnten *Kommentarfunktionen* auf Videoplattformen gemeinsam genutzt werden. Die Einbettung der Videos in Fortbildungsveranstaltungen könnte durch strukturierte Reflexionsaufgaben, Wissenstests am Videoende und ergänzendes Lehrmaterial erfolgen, das zur Anwendung des vermittelten Wissens auffordert (vgl. Pfeiffer, 2015, S. 2).

Vorstellbar wäre auch die Weiterentwicklung des Medienformats für den Einsatz *in der Ausbildung* von Lehrpersonen in Phase 1 und 2 (Hochschule und Seminar) sowie die Anwendung in *anderen Berufsfeldern* wie Profifußball, Fitnesstraining und Medizin.

13.3.2 Gestaltungsempfehlungen für die Entwicklung fachdidaktischer Erklärvideos

Die Entwicklung und Evaluation der Videos könnte in einem nützlichen Beurteilungsraster resultieren, das Items zur Qualitätsbewertung von fachdidaktischen Erklärvideos für die Erstellung und Evaluierung ähnlicher Formate bereitstellt. Ein vereinfachter Kriterienkatalog mit gestalterischen und didaktischen Kriterien (siehe Tabelle 60) kann als nützliches Instrument für die Erstellung und Bewertung ähnlicher Formate dienen.

Tabelle 60
Beispiel eines Beurteilungsrasters für fachdidaktische Erklärvideos

Kriterien	Einschätzung				Bemerkungen
	1	2	3	4	
I. Didaktische Qualität					
Die Inhalte sind relevant.					
Die Inhalte sind übertragbar.					
Die Inhalte sind authentisch.					
Die Inhalte werden verständlich erklärt.					
Die Absicht der Videos ist klar.					
Die gezeigten Praxisteile sind geeignet.					
Die gezeigten Theorieteile sind geeignet.					
Theorie und Praxis wurden sinnvoll verknüpft.					
II. Gestalterische Qualität					
Die Dauer ist angemessen.					
Der Aufbau des Videos ist klar strukturiert.					
Die Geschwindigkeit ist angemessen.					
Die Kameraführung ist gut.					
Die Rolle der Akteure im Video ist klar definiert.					
Die Kameraeffekte sind geeignet.					
Die Animationsstile sind geeignet					

Anmerkung. 1 = trifft nicht zu, 2 = trifft eher nicht zu, 3 = trifft eher zu, 4 = trifft zu

Die Ergebnisse deuten darauf hin, dass das entwickelte und evaluierte fachdidaktische Erklärvideoformat auch für Selbstlernplattformen geeignet ist. Bedarfsbezogene Videos sowie alle weiteren didaktisch-methodischen Materialien können über frei zugängliche, in sich geschlossene Online-Lernplattformen (z. B. PriMakom) Lehrenden und Studierenden als Anregungen für Seminare, Vorlesungen sowie für das Selbststudium zur Verfügung gestellt und somit für alle drei Phasen der Lehrerbildung geöffnet werden.

Für die Professionalisierung von Lehrpersonen bieten sich integrierte Feedback-Tools an. Diese fördern den kollegialen Austausch und ermöglichen eine kritische

Auseinandersetzung der verschiedenen Aspekte des Fortbildungsinhalts im Sinne des "knowledge-of-practice" (vgl. Kapitel 5.5.3).

Es wäre wünschenswert, die Wirkung fachdidaktischer Erklärvideoformate im Kontext der Qualifizierung von Multiplikatoren zu untersuchen.

14 Abschließende Bemerkungen

Was konnte ich in der Auseinandersetzung mit dem Thema mitnehmen und was kann ich davon weitergeben?

Das Lernen mit Erklärvideos hat im Zuge der coronabedingten Schulschließungen stark an Bedeutung gewonnen und somit auch die hier vorliegende Arbeit mitbeeinflusst.

Die Beschäftigung mit dieser komplexen Thematik konnte mich in meinen verschiedenen Rollen als Pädagoge, Forschender und Hochschullehrer zur kritischen Reflexion des eigenen Handelns in der Auseinandersetzung mit wissenschaftlichen Theorien und praktischem Handlungswissen stark anregen. Bislang undurchsichtige Lehr-Lernprozesse wurden plötzlich klarer erkennbar. Die entwickelten Gestaltungsprinzipien für fachdidaktische Erklärvideos finden mittlerweile in meiner gesamten Lehr- und Forschungstätigkeit Anwendung. Sie steigern die Motivation, Konzentration und den wahrgenommenen sowie messbaren Lernfortschritt meiner Lerngruppen.

Die Bewältigung der Vielfalt von Lernenden stellt nach wie vor eine zentrale Herausforderung in der beruflichen Tätigkeit von Lehrpersonen dar, die jedoch als Chance, nicht als Problem, betrachtet werden sollte.

Offene Aufgabenformate, als Kernelement differenzierenden Unterrichts, können im Unterricht flexibel eingesetzt werden. Dabei ist es wichtig, zunehmend sprachliche Unterstützung zu geben.

Fachdidaktische Erklärvideos, die Theorie und Praxis systematisch miteinander verbinden, tragen als Fortbildungselement wesentlich zur Lehrerfortbildung bei. Diese Ressource wird immer bedeutsamer, besonders in Form von Online-Tools, sowohl für individuelles als auch kollaboratives Lernen - besonders in Zeiten von Krisen wie Pandemien.

Die Verbindung von Theorie und Praxis kann dann gelingen, wenn Impulse geschaffen werden, die eine kritischen Reflexion subjektiver Theorien in der Auseinandersetzung mit wissenschaftlichen Theorien zulassen.

Fachdidaktische Erklärvideos haben das Potenzial, die Kluft zwischen Theorie und Praxis zu überbrücken und die Professionalisierung von Lehrpersonen voranzutreiben.

Frank Föckler, Dezember 2022

15 Literaturverzeichnis

Abels, S., & Markic, S. (2013). *Umgang mit Vielfalt neue Perspektiven im Chemieunterricht.*

Abeysekera, L., & Dawson, P. (2015). Motivation and cognitive load in the flipped classroom: definition, rationale and a call for research. *Higher Education Research & Development, 34, H. 1*, 1-14.

Abshagen, M., Barzel, B., Lipowsky, F., Rzejak, D., & Zwetschler, L. (2016). *Studienbrief Modul 1: Lehr-/Lernprozesse in der berufsbegleitenden Professionalisierung. Masterstudiengang „Berufsbegleitende Lehrerbildung Mathematik“.* Kiel.

Aebli, H. (1994). *Denken: das Ordnen des Tuns: Denkprozesse (Vol. 2).* Klett-Cotta.

Alliger, G. M. (1989). *Kirkpatrick's levels of training criteria: Thirty years later. Personnel Psychology,42(2),* 331-342.

Alliger, G. M., Tannenbaum, S. I., Bennett, W. J., Traver, H., & Shotland, A. (1997). *A metaanalysis of the relations among training criteria.* Personnel Psychology, H.2, 341-358.

Anders, Petra; Staiger, Michael; Albrecht, Christian; Rüsel, Manfred; Vorst, Claudia;. (2019). *«Erklärvideo». Eine Einführung in die Filmdidaktik.* Stuttgart: J. B. Metzler. doi:https://doi.org/10.1007/978-3-476-04765-6_18

Arcavi, A. (2003). *The role of visual representations in the learning of mathematics.*

Argyle, M., & Janet, D. (1965). *Eye-contact, distance and affiliation.* Sociometry. 289-304.

Ashton, P., & Crocker, L. (1986). *Does Teacher Certification make a Difference?*

Aufschnaiter, C. V., Cappell, J., Dübbelde, G., Ennemoser, M., Mayer, J., Stiensmeier-Pelster, J., & Wolgast, A. (2015). *Diagnostische Kompetenz. Theoretische Überlegungen zu einem zentralen Konstrukt der Lehrerbildung.*

Avramidis, E., & Norwich, B. (2002). *Teachers' attitudes towards integration / inclusion: a review of the literature.* European Journal of Special Needs Education, 17(2), 129-147.

Bardy, T., Holzäpfel, L., & Leuders, T. (2019). Untersuchungen und erste Ergebnisse zu einer langfristigen Fortbildung von Lehrpersonen zum Differenzieren im Mathematikunterricht. In *A. Frank, S. Krauss, & K. Binder (Hrsg.): Beiträge zum Mathematikunterricht. WTM-Verlag.* 77-80.

Baumert, J. &. (2006). Stichwort: Professionelle Kompetenz von Lehrpersonen. Zeitschrift für Erziehungswissenschaft, 9, 469-520.

Baumert, J., & Kunter, M. (2011). *Das Kompetenzmodell von COACTIV. Professionelle Kompetenz von Lehrkräften: Ergebnisse des Forschungsprogramms COACTIV 1. Professionelle Kompetenz von Lehrkräften*. Ergebnisse des Forschungsprogramms COACTIV, 29.

Beck, E. B. (2008). *Pädagogische Psychologie und Entwicklungspsychologie. Adaptive Lehrkompetenz*. Münster: Waxmann.

Bergmann, B., & Sonntag, K. (2006). Transfer: Die Umsetzung und Generalisierung erworbener Kompetenzen in den Arbeitsalltag. *In: Sonntag, Kh. (Hrsg.): Personalentwicklung in Organisationen. 355-388.* Göttingen.

Betrancourt, M. (2005). The Animation and Interactivity Principles in Multimedia. (pp. 287-296). *In R. E. Mayer (Ed.), The Cambridge Handbook of Multimedia Learning*. Cambridge: Cambridge University Press.

Beywl, W., & Schepp-Winter, E. (2000). *Zielgeführte Evaluation. Ein Leitfaden mit Software zur Zielklärung, Evaluationsplanung und beschreibenden Statistik auf CD-ROM (QS 29)*. Bonn: Bundesministerium für Familie, Senioren, Frauen und Jugend.

Biehler, R. L., Leuders, T., Rösken-Winter, B., Scherer, P., & Selter, C. (2018). *Mathematikfortbildungen professionalisieren: Konzepte, Beispiele und Erfahrungen des Deutschen Zentrums für Lehrerbildung Mathematik*. Springer.

Blomberg, G. (2011). Der Einsatz von Unterrichtsvideos in der universitären Lehrerbildung (Doctoral dissertation, Technische Universität München).

Blömeke, S.; Kaiser, G.; Lehmann, R. (Hrsg.). (2008). *Professionelle Kompetenz angehender Lehrerinnen und Lehrer: Wissen, Überzeugungen und Lerngelegenheiten deutscher Mathematikstudierender und -referendare; erste Ergebnisse zur Wirksamkeit der Lehrerausbildung*. Münster: Waxmann.

Bohl, T. G. (2009). Wie entwickeln sich Kompetenzselbsteinschätzungen bei Lehramtsstudierenden während des Praxisjahres? In: *Dieck, M./Dörr, G./Kucharz, D./Küster, O./Müller, K./Reinhoff er, B. (Hrsg.): Kompetenzentwicklung von Lehramts studierenden während des Praktikums*. Baltmannsweiler: Schneider Verlag Hohengehren. 1-21.

Bönsch, M. (2000). *Praxishandbuch Gute Schule*. Schneider-Verlag Hohengehren.

Bonsen, M. (2009). Lehrerfortbildung. Professionalisierung im mathematischen Bereich. *Expertise für das Projekt ‚Mathematik entlang der Bildungskette' der Deutsche Telekom*. Münster: Westfälische Wilhelms Universität.

Borg, M. (2001). *Teachers' beliefs*. ELT Journal, 55(2), 186–188.

Borko, H. (2004). Professional development and teacher learning: Mapping the terrain. *Educational Researcher*. 33(8), 3–15.

Bortz, J. &. (2006). *Forschungsmethoden und Evaluation für Human- und Sozialwissenschaftler (4. überarbeitete Aufl.)*. Berlin: Springer.

Bråten, I. B. (2011). *The role of epistemic beliefs in the comprehension of multiple expository texts: Towards an integrated model.* Educational Psychologist, 46, 48-70.

Broekkamp, H. &.-W. (2007). *The gap between educational research and practice: A literature review, symposium, and questionnaire.* Educational Research and Evaluation. 13(3), 203–220.

Bromme, R. (1992). *Der Lehrer als Experte: Zur Psychologie des professionellen Wissens.* Münster: Waxmann.

Bromme, R. (1997). Kompetenzen, Funktionen und unterrichtliches Handeln des Lehrers. *In F. E. Weinert (Hrsg.), Psychologie des Unterrichts und der Schule. Enzyklopädie der Psychologie, Serie I, Bd. 3.* Göttingen: Hogrefe. 177 - 212.

Brückner, W. E. (2017). *Der zweite Bildungsweg in Diskussion.*

Bruder, R. L. (2003). Wie denken Lehramtsstudierende über Mathematikaufgaben? Ein methodischer Ansatz zur Erfassung subjektiver Theorien mittels Repertory-Grid-Technik. mathematica didactica, 26(1), 63-85.

Brunner, M. K. (2006). Die professionelle Kompetenz von Mathematiklehrkräften. Konzeptualisierung, Erfassung und Bedeutung für den Unterricht. *Untersuchungen zur Bildungsqualität von Schule. Abschlussbericht des DFG-Schwerpunktprogramms.* 54-82.

Calderhead, J. (1996). Teachers: beliefs and knowledge. In D.C. Berliner & R.C. Robert (Hrsg.). *Handbook of educational psychology.* New York: Macmillan, S. 709–725.

Carmesin, H. O. (2013). "Fachdidaktik Physik: Konzepte 2: Lernwirksamer Physikunterricht.". Erhältlich unter: http://hans-otto. carmesin. org/images/script1/30-Lernwirksamkeit3. pdf (2013).

Carpenter, T. P. (1989). Using knowledge of children's mathematics thinking in classroom teaching. An experimental study. *American Educational Research Journal, H.4 (1989).* 499-531.

Champagne, A. B. (1982). Cognitive research and design of science instruction. *Educational Psychologist, 17,* 31-53.

Chandler, P. &. (1991). *Cognitive load theory and the format of instruction. Cognition and Instruction, 8(4),* 293–332.

Chi, M. T. (2000). Self-explaining expository texts: The dual processes of generating inferences and repairing mental models. *In R. Glaser (Ed.), Advances in Instructional Psychology, Mahwah.* NJ: Erlbaum, 161-238.

Chih-Ming, C., & Chung-Hsin, W. (2015). Effects of different video lecture types on sustained attention, emotion, cognitive load, and learning performance. *Computers & Education, 80*, S. 108-121.

Clarc, R., & Mayer, R. (2011). *E-learning and the science of instruction: Proven guidelines for consumers and designers of multimedia learning.* Pfeiffer.

Clarke, D. M. (1994). Ten key principles from research for the professional development of mathematics teachers. In D. B. Aichele & A. F. Croxford (Hrsg.). *Professional development for teachers of mathematics (S. 37–48)*. Reston, VA: NCTM.

Cobb, P. C. (2003). *Design Experiments in Educational Research.* Educational Researcher, 23(1), 9-13.

Cochran-Smith, M. V.-M. (2015). Critiquing teacher preparation research an overview of the field, part II. *Journal of Teacher Education, 66(2)*. 109-121.

Cohen, J. (1988). *Statistical power analysis for the behavioral sciences (No. 300.72 C6).*

Colquitt, J. A. (2000). Toward an integrative theory of training motivation: A meta-analytic path analysis of 20 years of research. 678-707.

Colquitt, J. A., LePine, J. A., & Noe, R. A. (2000). Toward an integrative theory of training moti-vation: A meta-analytic path analysis of 20 years of research. *Journal of Applied Psychology, H.5 (2000)*. 678-707.

Cramer, C. (2014). Theorie und Praxis in der Lehrerbildung. Bestimmung des Verhältnisses durch Synthese von theoretischen Zugängen, empirischen Befunden und Realisierungsformen. *Die Deutsche Schule 106(4),* 344–357.

Damhuis, R. B.-C. (2009). *En wat denken júllie? Over de leerbaarheid van interactievaardigheden bij (aanstaande) leerkrachten [Und was denkt ihr? Über die Lernbarkeit von Interaktionskompetenz bei Lehramtsstudierenden und Lehrpersonen.* Amsterdam: Universität Amsterdam.

Dann, H. D. (1994). Pädagogisches Verstehen. *In Kurt Reusser (Hrsg.), Verstehen: psychologischer Prozeß und didaktische Analyse* . Bern: Huber. 163-182.

Darling-Hammond, L. B. (2005). *Preparing Teachers for a Changing World: What Teachers Should Learn and Be Able to Do.* San Francisco: CA: Jossey-Bass.

Desimone, L. M. (2011). Improving impact studies of teachers' professional development: toward better conceptualizations and measures. *Educational Researcher, 38(3)*. 81–199.

Diamond, K. E. (2011). An iterative approach to the development of a professional development intervention for Head Start teachers. *Journal of early intervention, 33(1)*. 75-93.

Dohrmann, R. &. (2015). Schülerlabore als Lehr-Lernlabore (LLL): Ein Projekt zur forschungsorientierten Verknüpfung von Theorie und Praxis in der MINT-Lehrerbildung - Förderung von Professionswissen, professioneller Unterrichtswahrnehmung und Reflexionskompetenz im LLL Physik. . *Nordmeier, Volkhard & Grötzebauch, Helmuth (Hrsg.): PhyDidB, Didaktik der Physik, Beiträge zur DPG-Frühjahrstagung.* Verfügbar unter: http://phydid.physik.fu-berlin.de/index.php/phydid-b/article/view/658/787.

Dorgerloh, S., & Wolf, K. (2020). *Lehren und Lernen mit Tutorials und Erklärvideos.* Weinheim: Beltz.

Döring, K. (2008). *Handbuch Lehren und Trainieren in der Weiterbildung.* Weinheim/Basel: Belz.

Döring, N. (2019). Evaluationsforschung. In N. Baur, & J. Blasius, *Handbuch Methoden der empirischen Sozialforschung.* Wiesbaden: Springer Fachmedien. 173–189

Dreher, U. H. (2018). Problemlösen lehren lernen–Effekte einer Lehrerfortbildung auf die prozessbezogenen mathematischen Kompetenzen von Schülerinnen und Schülern. *Journal für Mathematik-Didaktik, 39(2),* 227-256.

Erhan, D., Liew, J., & Willson, V. (2014). Effects of interactivity and instructional scaffolding on learning: Self-regulation in online video-based environments. *Computers & Education, 78,* S. 312-320.

Farrell, T. S. (2015). The practices of encouraging TESOL teachers to engage in reflective practice: An appraisal of recent research contributions. *In: Language Teaching Research, 19(6),* 1-25.

Faust, R. W., & Anderson, R. C. (1967). Educational Psychology. *Annual Review of Psychology, 18,* 129-164.

Findeisen, S., Horn, S., & Seifried, J. (2019). „Lernen durch Videos – Empirische Befunde zur Gestaltung von Erklärvideos". *MedienPädagogik: Zeitschrift für Theorie und Praxis der Mediepädagogik.* 16-36.

Fiorelle, L., & Mayer, R. (2018). What works and doesn't work with instructional video. *Computers in Human Behavior.* 89, 465-470.

Fischer, H. E., Borowski, A., Kauertz, A., & Neumann, K. (2010). Fachdidaktische Unterrichtsforschung–Unterrichtsmodelle und die Analyse von Physikunterricht. *Zeitschrift für Didaktik der Naturwissenschaften 16.* 59-75.

Fischer, N. (2018). Professionelle Überzeugungen von Lehrkräften: vom allgemeinen Konstrukt zum speziellen Fall von sprachlich-kultureller Heterogenität in Schule und Unterricht. *Psychologie in Erziehung und Unterricht, 65 (1),* 35-51.

Fishman, B. J., Penuel, W. R., Allen, A.-R., Cheng, B. H., & Sabelli, N. (2013). Design-Based Implementation Research: An Emerging Model for Transforming the Relationship of Research and Practice. *In: B. J. Fishman & W. R. Penuel (Hrsg.).National Society for the Study of Education: Vol 112. Design Based Implementation Research.* Teachers College: Columbia University. 136–156.

Fonseca, B., & Chi, M. (2011). Instruction based on self-explanation. . *In E. Mayer & P. A. Alexander (Eds.), Handbook of research on learning and instruction.* New York u.a.: Routledge.

Franke, M. (1998). Kinder bearbeiten Sachsituationen in Bild-Text-Darstellung. *In: Journal für Mathematik-Didaktik. 19(2-3),* 89 – 122.

Franke-Braun, G., Schmidt-Weigand, F., Stäudel, L., & Wodzinski, R. (2008). Aufgaben mit gestuften Lernhilfen - ein besonderes Aufgabenformat zur kognitiven Aktivierung der Schülerinnen und Schüler und zur Intensivierung der sachbezogenen Kommunikation. *Lernumgebungen auf dem Prüfstand. Zwischenergebnisse aus den Forschungsprojekten,* 27-42.

Fried, L. (1998). Zwischen Wissenschaftsorientierung und Orientierung an der Berufspraxis– Bilanz der Lehrerbildungsforschung. *Empirische Pädagogik, 12(1),* 49-90.

Fuller, F. (1969). Concerns of Teachers: A Developmental Conceptualization. *American Educational Research Journal, 6 (2),* 207–226.

Fuller, F., & Manning, B. (1973). Self-confrontation Reviewed: A Conceptualization for Video Pllayback in Teacher Education. *Review of Educational Research, 43(4),* 469–528.

Gage, N. L. (1978). The Scientific Basis of the Art of Teaching. *Teachers College Press*. New York.

Garet, M. S., Cronen, S., Eaton, M., Kurki, A., Ludwig, M., Jones, W., . . . Silverberg, M. (2008). *The impact of two professional development interventions on early reading instruction and achievement.*

Garet, M. S., Porter, A. C., Desimore, L., Birman, B. F., & Yoon, K. S. (2001). What makes professional development effective? Results form a national sample of teachers. *American Educational Research, H. 4 (2001),* 915-945.

Gerstenmaier, J., & Mandl, H. (2000). *Einleitung: Die Kluft zwischen Wissen und Handeln.* 11-23. In: Mandl, H./Gerstenmaier, J. (Hrsg.): Die Kluft zwischen Wissen und Handeln. Göttingen: Hogrefe, 11–23.

Gessler, M. &.-O. (2011). *Der Mythos „Wirkungskette“ in der Weiterbildung. Empirische Prüfung der Wirkungsannahmen im „Four Levels Evaluation Model“ von Donald Kirkpatrick.* Zeitschrift für Berufs- und Wirtschaftspädagogik, 107(2), 270-279.

Goldman, E., & Barron, L. (1990). Using hypermedia to improve the preparation of elementary teachers. *Journal of Teacher Education, 41(3)*. 21-31.

Goodwin, C. (1994). *Professional Vision.* American Anthropologist, 96(3), 606-633.

Gräsel, C., Fussangel, K., & Parchmann, I. (2006a). Lerngemeinschaften in der Lehrerfortbildung. Kooperationserfahrungen und -überzeugungen von Lehrkräften. *Zeitschrift für Erziehungswissenschaft, 9(4),* 545–561.

Gravemeijer, K., & Cobb, P. (2006). Design research from a learning design perspective. *In J. Van den Akker, K. Gravemeijer, S. McKenney & N. Nieveen (Hrsg.), Educational design research.* London: Routledge. 17-51.

Greve, W.; Wentura, D. (1997). *Wissenschaftliche Beobachtung: Eine Einführung.* Weinheim: PVU/Beltz.

Grimm, J. (1989a). Inhaltsanalyse. *In: J. Bellers, W. Woyke (Hg.), Methoden zur Erforschung der internationalen Beziehungen.* Opladen: Westdeutscher Verlag. 170-180.

Groeben, N., Wahl, D., Schlee, J., & Scheele, B. (1988). *Das Forschungsprogramm Subjektive Theorien: Eine Einführung in die Psychologie des reflexiven Subjekts.* Tübingen: Francke.

Guo, P. J., Juho, K., & Rob, R. (2014). How video production affects student engagement: An empirical study of mood videos. *ACM Learing at Scale.* 41-50.

Guo, P. J., Kim, J., & Rubin, R. (2014). *How video production affects student engagement: an empirical study of MOOC videos.* Learning@Scale. 41–50.

Hachfeld, A., Schroeder, S., Anders, Y., Hahn, A., & Kunter, M. (2012). Multikulturelle Überzeugungen Herkunft oder Überzeugung? Welche Rolle spielen der Migrationshintergrund und multikulturelle Überzeugungen für das Unterrichten von Kindern mit Migrationshintergrund. *Zeitschrift für Pädagogische Psychologie, 26(2),* 101–120.

Halverson, R., & Smith, A. (2009). How new technologies have (and have not) changed teaching and learning in schools. *Journal of Computing in Teacher Education, 26 (2),* 49-54.

Hartsell, T., & Yuen, S.-Y. (2006). Video streaming in online learning. *AACE Review (Formerly AACE Journal), 14(1),* 31-43.

Hartwig, S. J., Schwabe, F., Gebauer, M., & McElvany, N. (2017). Wie beurteilen Lehrkräfte und Lehramtsstudierende Leistungsheterogenität? Ausprägungen und Prädiktoren von Einstellungen und Motivation. *Psychologie in Erziehung und Unterricht, 64(2),* 94–108.

Häsel-Weide, U., & Nührenbörger, M. (2021). Inklusive Praktiken im Mathematikunterricht. Empirische Analysen von Unterrichtsdiskursen in Einführungsphasen. *Zeitschrift für Grundschulforschung, 14(1),* 49-65.

Hatch, T., & Grossman, P. (2009). Learning to Look beyond the Boundaries of Representation: Using Technology to Examine Teaching (Overview for a Digital Exhibition: Learning from the Practice of Teaching). *Journal of Teacher Education, 60(1),* 70–85.

Hattie, J. A. (2009). *Visible Leraning. A synthesis of over 800 meta-analyses relating to achievement.* Oxon: Routledge.

Heid, H. (2015). Bildungsforschung im Kontext gesellschaftlicher Praxis. *Zeitschrift für Pädagogik, 61 (3),* 390–409.

Heidig, S.; Müller , Julia; Reichelt, Maria;. (2015). Emotional design in multimedia learning: Differentiation on relevant design features and their effects on emotions and learning. *Computers in Human Behavior*, 44: 81–95.

Heimann, P. O. (1970). Unterricht: Analyse und Planung (Vol. 1). *ICON Group International.*

Helmke, A. (2015). *Unterrichtsqualität und Lehrerprofessionalität. Diagnose, Evaluation und Verbesserung des Unterrichts; Franz Emanuel Weinert gewidmet (6. aktualis. Aufl). Seelze: Klett/Kallmeyer.*

Hengarter, E., Hirt, U., Wälti, B., & Primarschulteam, L. (2006). *Lernumgebungen für Rechenschwache bis Hochbegabte.* Leipzig: Klett.

Hengartner, E. H. (2006). Lernumgebungen für Rechenschwache bis Hochbegabte. . Leipzig: Klett.

Heran-Dörr, E. (kein Datum). *Entwicklung und Evaluation einer Lehrerfortbildung zur Förderung der physikdidaktischen Kompetenz von Sachunterrichtslehrkräften.* Doctoral dissertation, lmu.

Herzig, B., & Wiethoff, C. (2019). Konzeptionelle, strukturelle und inhaltliche Gestaltungsaspekte des Praxissemesters an der Universität Paderborn. *In C. Caruso & J. Woppowa (Hrsg.), Praxissemester (Religion) in NRW. Bilanz und Perspektiven.* 6–20.

Heymann, H. W. (1991). Innere Differenzierung im Mathematikunterricht. *Mathematik lehren 49,* 63-66.

Hochholdinger, S., & Schaper, N. (2007). Trainingsevaluation und Transfersicherung. *Schuler, H., & Sonntag, K. (Hrsg.): Handbuch der Arbeits- und Organisationspsychologie.* Göttingen. 625-633.

Hofer, B. K. (2000). Dimensionality and disciplinary differences in personal epistemology. *Contemporary Educational Psychology, 25,* 378-405.

Hofer, B. K., & Pintrich, P. R. (1997). The Development of Epistemological Theories. *Review of Educational Research, 67(1),* 88–140.

Höffler, T., & Leutner, D. (2007). Instructional animation versus static pictures: a meta-analysis. *Learning and Instruction*, 17(6), 722–738.

Hole, V. (1973). *Erfolgreicher Mathematikunterricht*. Freiburg: Auer.

Holzäpfel, L., Barzel, B., Hußmann, S., Leuders, T., Prediger, S., & Blomberg, J. (2018). Unterrichtsentwicklung und Professionalisierung im Verbund–Konzepte und Umsetzung im KOSIMA-Projekt und-Netzwerk. *Mathematikfortbildungen professionalisieren*. Wiesbaden: Springer Spektrum. 249-264.

Holzäpfel, L., Lacher, M., Leuders, T., & Rott, B. (2018). *Problemlösen lehren lernen: Wege zum mathematischen Denken*. Klett Kallmeyer.

Honkomp-Wilkens, V. W. (2022). Informelles Lernen auf YouTube: Entwicklung eines Analyseinstruments zur Untersuchung didaktischer und gestalterischer Aspekte von Erklärvideos und Tutorials. *MedienPädagogik: Zeitschrift für Theorie und Praxis der Medienbildung*, 495-528.

Hoogerheide, V., van Wermeskerken, M., & van Gog, T. (2016). Learning from video modeling examples: Content kept equal, adults are more effective models than peers. *Learning and instruction, 44*, 22-30.

Hußmann, S., & Prediger, S. (2007). Mit Unterschieden rechnen. Differenzieren und Individualisieren. *Praxis der Mathematik in der Schule, 49(17), 1-8.*

Hutter, M. (2015). *Untersuchung der Möglichkeiten von Erklärvideos zur Erläuterung komplexer Themen (Doctoral dissertation).*

Jäger, R., & Bodensohn, R. (2007). *Die Situation der Lehrerfortbildung im Fach Mathematik aus Sicht der Lehrkräfte. Ergebnisse einer Befragung von Mathematiklehrern.* Bonn: Deutsche Telekomstiftung.

Jordan, A., Krauss, S., Löwen, K., Blum, W., Neubrand, M., & Brunner, M. (2008). Aufgaben im COACTIV-Projekt: Zeugnisse des kognitiven Aktivierungspotentials im deutschen Mathematikunterricht. *Journal für Mathematik-Didaktik, 29 (2),* 83-107.

Kalyuga, S., & Sweller, J. (2004). Measuring knowledge to optimize cognitive load factors during instruction. *Journal of Educational Psychology*, S. 96(3), 558-568.

Kant, J., Scheiter, K., & Oschatz, K. (2017). How to sequence video modeling examples and inquiry tasks to foster scientific reasoning. *Learning and Instruction*, 52, 46–58.

Kirkpatrick, D. (1979). Techniques for evaluating trainings programs. *Training and Development, 33, 78-92.*

Kirkpatrick, D. L. (1998). *Evaluating Training Programs. The Four Levels of evaluation in Evaluating corporate training.* San Francisc: Models and issues.). Springer: Dordrecht. 95-112.

Klafki, W. H. (1985). Innere Differenzierung des Unterrichts. *In: Klafki, W. (1985): Neue Studien zur Bildungstheorie und Didaktik.* Weinheim und Basel: Beltz, 173-208.

Kleickmann, T., Möller, K., Jonen, A., & Vehmeyer, J. (2006). *Haben Lehrerfortbildungen einen Effekt auf Leistungszuwächse bei Schülerinnen und Schülern?* München.

Kleinschmidt-Schinke, K. (2018). *Die an die Schüler/-innen gerichtete Sprache (SgS). Studien zur Veränderung der Lehrer/-innensprache von der Grundschule bis zur Oberstufe.* Berlin, Boston: de Gruyter.

Knaus, T., & Valentin, K. (2016). Video-Tutorials in der Hochschullehre - Hürden, Widerstände und Potenziale. 151-181.

Knowles, M. S., Holton III, E., Swanson, R., & Herausgegeben von Reinhold, S. J. (2007). *Lebenslanges Lernen. Andragogik und Erwachsenenbildung.* München.

Köller, O., Baumert, J., & Neubrand, J. (2000). Epistemologische Überzeugungen und Fachverständnis im Mathematik- und Physikunterricht. In: Baumert, J., Bos, W. & Lehmann, R. (Hrsg.). *TIMSS/III – Dritte Internationale Mathematik- und Naturwissenschaftsstudie – Ma-thematische und Naturwissenschaftliche Bildung am Ende der Schullaufbahn. Bd.2.* Opladen: Leske + Budrich, 229-269.

Komorek, M., & Prediger, S. (2013). *Der lange Weg zum Unterrichtsdesign: Zur Begründung und Umsetzung fachdidaktischer Forschungs-und Entwicklungsprogramme (Vol. 5).* Waxmann Verlag.

Krämer, A. &. (2017). *Erklärvideos als effektives und effizientes Marketing-Instrument.* St. Gallen: Marketing Rev. 54-61.

Krammer, K., & Schnetzler, C. (2008). Lernen mit Unterrichtsvideos: Konzeption und Ergebnisse eines netzgestützten Weiterbildungsprojekts mit Mathematiklehrpersonen aus Deutschland und der Schweiz. *Beiträge zur Lehrerinnen-und Lehrerbildung, 26(2),* 178-197.

Krammer, K., Ratzka, N., Klieme, E., Lipowsky, F., Pauli, C., & Reusser, K. (2006). Learning with classroom videos: Conception and first results of an online teacher-training program. *Zeitschrift für Didaktik der Mathematik, 38(5),* 422-432.

Kuckartz, U. (2012). *Qualitative Inhaltsanalyse. Methoden, Praxis, Computerunterstützung.* Weinheim: Beltz Juventa.

Kulgemeyer, C. (2020a). Didaktische Kriterien für gute Erklärvideos. In S. Dogerloh, & K. D. Wolf, *Lehren und Lernen mit Tutorials und Erklärvideos.* Weinheim: Beltz. 70–75

Kulgemeyer, C. (2018). Qualitätskriterien zur Gestaltung naturwissenschaftlicher Erklärvideos. Naturwissenschaftliche Bildung als Grundlage für berufliche und gesellschaftliche Teilhabe. Kiel: Gesellschaft für Didaktik der Chemie und Physik, Jahrestagung in Kiel.

Kulgemeyer, C. (2020b). Erklären im Physikunterricht. In E. Kircher, R. Girwidz, & H. E. Fischer, *Physikdidaktik. Grundlagen.* Berlin. Heidelberg: Springer. 403-426

Kulhavy, R., Stock, W., & Caterino, L. (1994). Reference maps as a framework for remembering. In W. S. Kulhavy, *Comprehension of graphics.* Amsterdam: North-Holland. 153−162

Kunter, M., & Pohlmann, B. (2009). Lehrer. . *In E.Wild & J. Möller (Hrsg.) Pädagogische Psychologie, 261–282.* Heidelberg: Springer.

Kunze, I., & Solzbacher, C. (2008). *Individuelle Förderung in der Sekundarstufe I und II.* Baltmannsweiler: Schneider-Verlag Hohengehren.

Lambert, J. (2012). *Digital Storytelling: Capturing Lives, Creating Community.* London: Routledge. 78.

Landert, C. (1999). *Lehrerweiterbildung in der Schweiz. Ergebnisse der Evaluation von ausgewählten Weiterbildungssystemen und Entwicklungslinien für eine wirksame Personalentwicklung in den Schulen.* Chur: Rüegger.

Landis, R., & Koch, G. (1977). The measurement of observer agreement for categorical data. *biometrics*. 159-174.

Lee LeFever, L. (2012). *The Art of Explanation: Making your Ideas, Products, and Services Easier to Understand.* New York: Wiley. 12–14.

Lehner, M. (2020). *Didaktische Reduktion.* utb GmbH.

Lehrerbildung zwischen Theorie und Praxis. Pädagogische Professionalität als Gegenstand empirischer Forschung. (2008). 11-28

Leiss, D. (2007). *"Hilf mir, es selbst zu tun", Lehrerinterventionen beim mathematischen Modellieren.* Franzbecker.

Leiss, D., & Tropper, N. (2014). Umgang mit Heterogenität im Mathematikunterricht. Adaptives Lehrerhandeln beim Modellieren. *Mathematik im Fokus*. Berlin, Heidelberg: Springer Spektrum.

Leonhard, T., Fraefel, U., Jünger, S., Kosinar, J., & Reintjes, C. R. (2016). Zwischen Wissenschats- und Berufspraxis. Berufspraktische Studien als dritter Raum der Professionaliserung von Lehrpersonen. *Zeitschrift für Hochschulentwicklung, 11(1),* 79-98.

Leuders, T., & Prediger, S. (2012). "Differenziert Differenzieren "– Mit Heterogenität in verschiedenen Phasen des Mathematikunterrichts umgehen. *Differenzierung im mathematisch-naturwissenschaftlichen Unterricht–Implikationen für Theorie und Praxis.* 35-66.

Leuders, T., & Prediger, S. (2016). *Flexibel differenzieren und fokussiert fördern im Mathematikunterricht.* Cornelsen Scriptor.

Leutnant, S. (2012). Selbstdifferenzierende Aufgabenformate im kompetenzorientierten Unterricht. *HiBiFo–Haushalt in Bildung & Forschung, 1(3).*

Levie, H., & Lentz, R. (1982). Effects of text illustrations: A review of research. *Educational Communnication and Technoloy Journal, 30,* 195-232.

Levin, J., Anglin, G., & Carney, R. (1987). On empirically validating functions of pictures in prose. In D. M. Willows & H. Houghton (Hrsg.). *The psychology of illustration. Vol I: Basic Research*. New York: Springer. *51-86.*

Linek, S., Gerjets, P., & Scheiter, K. (2006). Speaker/Gender Effect: Impact of the Speaker's Gender on Learning with Narrated Animations. *Proceedings of the Annual Meeting of the Cognitive Science Society.*

Lipowsky, F. &. (2012). Lehrerinnen und Lehrer als Lerner – Wann gelingt der Rollentausch? Merkmale und Wirkungen effektiver Lehrerfortbildungen. Schulpädagogik heute, 5(3), 1-17.

Lipowsky, F. &. (2021). *Fortbildungen für Lehrpersonen wirksam gestalten. Ein praxisorientierter und forschungsgestützter Leitfaden.* Bertelsmann.

Lipowsky, F. (2010). Lernen im Beruf - Empirische Befunde zur Wirksamkeit von Lehrerfortbildung. *Lehrerinnen und Lehrer lernen. Konzepte und Befunde zur Lehrerfortbildung, 1,* 51 - 71.

Lipowsky, F. (2011). Theoretische Perspektiven und empirische Befunde zur Wirksamkeit von Lehrerfort- und -weiterbildung. Münster: Terhart, E./ Bennewitz, H./ Rothland, M. (Hrsg.), Handbuch der Forschung zum Lehrerberuf. 389-417.

Lipowsky, F., & Rzejak, D. (2012). Lehrerinnen und Lehrer als Lerner - Wann gelingt der Rollentausch? Merkmale und Wirkungen wirksamer Lehrerfortbildungen. *Schulpädagogik heute, 3 (5),* 1-17.

Lipowsky, F., Krammer, K., & Kuntze, S. (2006). Mathematikunterricht entwickeln und verbessern–Was leisten videobasierte Lehrerfortbildungen? *Mitteilungen der Gesellschaft für Didaktik der Mathematik, 32(82),* 55-57.

Lui, A. M., & Bonner, S. M. (2016). Preservice and inservice teachers' knowledge, beliefs, and instructional planning in primary school mathematics. Teaching and Teacher Education, 56, 1–13.

Mandl, H., Prenzel, M., & Gräsel, C. (1992). Das Problem des Lerntransfers in der betrieblichen Weiterbildung. *In: Unterrichtswissenschaft, 20, H. 2,* 126-143.

Marzano, R. (2010). Formative Assesssment & Standards-based Grading. *United States of America: Marzano Research Laboratory.*

Mayer, R. E. (2014). *The Cambridge Handbook of Multimedia Learning (2. Aufl.).* New York, NY: Cambridge Univ. Press.

Mayer, R. E. (2017). Using multimedia for e-learning. *Journal of Computer Assisted Learning,* S. 33, H. 5, 403-423.

Mayring, P. (2010). Qualitative inhaltsanalyse. In H*andbuch qualitative Forschung in der Psychologie.* VS Verlag für Sozialwissenschaften, 601-613.

Mayring, P. (2015). Einführung in die qualitative Sozialforschung: eine Anleitung zu qualitativem Denken (6. Auflage). Weinheim: Beltz.

McCrudden, M., & Rapp, D. (2017). How visual displays affect cognitive processing. *Educational Psychology Review, 29(3)*, 623–639.

Merkt, M., & Schwan, S. (2014). How does interactivity in videos affect task performance? *Computers in Human Behavior, 31*, S. 172-181.

Miller, G. A. (1956). The magical number seven, plus or minus two: some limits on our capacity for processing information. *Psychological Review, 63,* 81-97.

Müller, C., Felbrich, A., & Blömeke, S. (2008). Schul- und professionstheoretische Überzeugungen. S. In: Blömeke, G. Kaiser, & R. Lehmann (Hrsg.). *Professionelle Kompetenz angehender Lehrerinnen und Lehrer: Wissen, Überzeugungen und Lerngelegenheiten deutscher Mathematikstudierender und -referendare; erste Ergebnisse zur Wirksamkeit der Lehrerausbildung.* Münster: Waxmann, 277-302.

Mutzeck, W. (1988). *Von der Absicht zum Handeln: Rekonstruktion und Analyse subjektiver Theorien zum Transfer von Fortbildungsinhalten in den Berufsalltag.* Dt. Studien-Verlag.

Mutzeck, W. (2002). *Kooperative Beratung. Grundlagen und Methoden der Beratung und Supervisio im Berufsalltag.* Weinheim: Beltz.

Neubrand, M., Jordan, A., Krauss, S., Blum, W., & Löwen, K. (2011). Aufgaben im COACTIV-Projekt: Einblicke in das Potenzial für kognitive Aktivierung im Mathematikunterricht. *In A. Kunter, J. Baumert, W. Blum, U. Klusmann, S. Krauss & M. Neubrand (Hrsg.), Professionelle Kompetenz von Lehrkräften. Ergebnisse des Forschungsprogramms COACTIV.* Münster: Waxmann, 115-132.

Neuweg, G. (2004). Figuren der Relationierung von Lehrerwissen und Lehrerkönnen. In B. Hackl & G.H. Neuweg (Hrsg.): Zur Professionalisierung pädagogischen Handelns. Beiträge aus der Sektion Lehrerbildung und Lehrerbildungsforschung in der Österreichischen Gesellschaft für Forschung und Entwicklung im Bildungswesen. Münster: LIT. 1–26.

Neuweg, G. H. (2013). Lehrerbildung durch Wissenschaft. Zur Vielschichtigkeit einer zeitgenössischen Einigungsformel. *In Beiträge zur Lehrerbildung (31),* 301–309.

Niegemann, H., Domagk, S. H., Silvia, Hein, A., Hupfer, M., & Zobel, A. (2008). *Kompendium multimediales Lernen.* Berlin/Heidelberg: Springer.

Niggli, A. (2005). *Unterrichtsbesprechungen im Mentoring.* Oberentfelden: Sauerländer.

Noetel, M., Griffith, S., Delaney, O., Sanders, T., Parker, P., Cruz , B., & Lonsdale, C. (2021). Video Improves Learning in Higher Education: A Systematic Review. *Review of Educational Research, 91(2)*, 204-236.

Nölle, K. (2002). Probleme der Form und des Erwerbs unterrichtsrelevanten pädagogischen Wissens. *Zeitschrift für Pädagogik, 48 (1),* 48-67.

OECD. (2009). Creative effective teaching and learning environments: First results from TAILS. *Teaching and learning international study.* Paris: OECD.

Oonk, W., Verloop, N., & Gravemejer, K. (2015). Enriching practical knowledge: Exploring student teachers' competence in integrating theory and practice of mathematics teaching. *Journal for Research in Mathematics Education*, 46(5), 559-598.

Oser, F. (2013). "I Know How to Do It, But I Can't Do It": Modeling Competence Profiles for Future Teachers and Trainers. *In Modeling and Measuring Competencies in Higher Education. Brill Sense.* 45–59.

Oser, F., & Blömeke, S. (2012). Überzeugungen von Lehrpersonen. Einführung in den Thementeil. *Zeitschrift für Pädagogik, 58(4),* 415-421.

Paivio, A. (1971). *Imagery and verbal processes.* Oxford: Holt, Rinehart & Winston.

Pajares, F. (1992). Teachers' beliefs and educational research: cleaning up a messy construct. Review of Educational Research, 62(3), 307–332.

Park, S., & Oliver, J. (2008). Reconceptualization of pedagogical content knowledge (PCK): PCK as a conceptual tool to understand teachers as professionals. *Research in Science Education, 38(3),* 261–284.

Patry, J.-L. (2014). Theoretische Grundlagen des Theorie-Praxis-Problems in der Lehrer/innenbildung. *In K.-H. Arnold, A. Gröschner, T. Hascher (Hrsg.), Schulpraktika in der Lehrerbildung (344).* Münster: Waxmann.

Petko, D. (2003). Diskutieren in virtuellen Lehrveranstaltungen. *Beiträge zur Lehrerbildung, 21 (2),*206–220.

Petko, D., Prasse, D., & Reusser, K. (2014). Online-Plattformen für die Arbeit mit Unterrichtsvideos: Eine Übersicht. *Beträge zur Lehrerinnen- und Lehrerbildung 32 (2).*

Philipp, K. &.-B. (2016). Schlüssel zum Erfolg. Mit Strategieschlüsseln Problemlösestrategien fördern. *Praxis der Mathematik in der Schule, 68(58), 9–14.*

Plass, J., Heidig, S., Hayward, E., Homer, B., & Um, E. (2014). *Learning and Instruction 29:,* S. 128–140. doi:https://doi.org/10.1016/j.learninstruc.2013.02.006.

Pöhler, B., & Prediger, S. (2017). *Verstehensförderung erfordert auch Sprachförderung–Hintergründe und Ansätze einer Unterrichtseinheit zum Prozente verstehen, erklären und berechnen.*

Pólya, G. (2004). *How to solve it a new aspect of mathematical method.* US: Prinston University Press.

Prediger, S. (2015). Theorien und Theoriebildung in didaktischer Forschung und Entwicklung. *Handbuch der Mathematikdidaktik.* Berlin, Heidelberg: Springer Spektrum, 643-662.

Prediger, S. (2019). *Design-Research in der gegenstandsspezifischen Professionalisierungsforschung. Fachdidaktische Forschung zur Lehrerbildung.* Münster: Waxmann.

Prediger, S. L.-W. (2017). Drei-Tetraeder-Modell der gegenstandsbezogenen Professionalisierungsforschung: Fachspezifische Verknüpfung von Design und Forschun. *Jahrbuch der allgemeinen Didaktik,* 159-177.

Prediger, S., & Rösike, K. A. (2019). Fortbildungsdidaktische Qualitätsentwicklung durch gegenstandsbezogene Design-Research-Prozesse–Einblicke am Beispiel-Gegenstand der Potentialförderung. *Nachhaltige Professionalisierung für Lehrerinnen und Lehrer: Ideen, Entwicklungen, Konzept.* 147.

Prediger, S., & Scherres, C. (2012). Niveauangemessenheit von Arbeitsprozessen in selbstdifferenzierenden Lernumgebungen. *Journal für Mathematik-Didaktik, 33(1),* 143-173.

Prediger, S., Barzel, B., Leiders, T., & Hußmann, S. (2011). Systematiseren und Sichern. *mathematik lehren* 164, 2-9.

Prediger, S., Link, M. H., Hußmann, S., Thiele, J., & Ralle, B. (2012). Lehr-Lernprozesse initiieren und erforschen – fachdidaktische Entwicklungsforschung im Dortmunder Modell. *Mathematischer und Naturwissenschaftlicher Unterricht, 65(8),* 452-457.

Prediger, S., Schnell, S., & Rösike, K. A. (2016). Prediger, S., Schnell, S., Rösike, K. A. (2016). Design Research with a focus on content-specific professionalization processes: The case of noticing students' potentials. *In Proceedings of the third ERME topic conference on mathematics teaching, resources and teacher professional development.* 96-105.

Putnam, R., & Borko, H. (2000). What do new views of knowledge and thinking have to say about research on teacher learning? *Educational Researcher, 29 (1),* 4-15.

Rada, H. (2015). *Design digitaler Medien.* Berlin, Boston: Max Niemeyer Verlag.

Rädiker, S. (2012). *Die Evaluation von Weiterbildungsprozessen in der Praxis: Status quo, Herausforderungen, Kompetenzanforderungen.*

Rahm, S., & Lunkenbein, M. (2008). Optionen reflexiven Lernens durch Beobachtungen. *Beiträge zur Lehrerinnen-und Lehrerbildung, 26(2),* 166-177.

Reh, S. (2005). Warum fällt es Lehrerinnen und Lehrern so schwer, mit Heterogenität umzugehen? Historische und empirische Deutungen. *Die deutsche Schule, 97 (1),* 76–86.

Reinmann, G. (2005). Innovation ohne Forschung? Ein Plädoyer für den Design-Based Research-Ansatz in der Lehr-Lernforschung. *Unterrichtswissenschaft, 33(1),* 52-69.

Reinmann, G. (2012). Interdisziplinäre Vermittlungswissenschaft: Versuch einer Entwicklung aus der Perspektive der Didaktik. Forschungsauftakt. In *Erwägen – Wissen – Ethik. Band 23, Nr. 3,* 232-340.

Reinold, M., & Selter, D. (2012). Die KIRA-DVD–Einsatzmöglichkeiten in der Lehreraus-und-fortbildung. *Beiträge zum Mathematikunterricht.* 689.

Reusser, K. (2003). «E-Learning» als Katalysator und Werkzeug didaktischer Innovation. *Beiträge zur Lehrerbildung,(2),* 176–191.

Reusser, K. (2009). Empirisch fundierte Didaktik – didaktisch fundierte Unterrichtsforschung. *In M. Meyer, M. Prenzel, & S. Hellekamps (Hrsg.), Perspektiven der Didaktik.* VS Verlag für Sozialwissenschaften, 219-237.

Reusser, K., & Pauli, C. &. (2011). Berufsbezogene Überzeugungen von Lehrerinnen. In E. Terhart; H. Bennewitz & M. Rothland (Hrsg.). *Handbuch der Forschung zum Lehrerberuf (S. 478-495).* Münster: Waxmann.

Reusser, K., Pauli, C., & Waldis, M. (2010). *Unterrichtsgestaltung und Unterrichtsqualität. Ergebnisse einer internationalen und schweizerischen Videostudie zum Mathematikunterricht.* Waxmann Verlag.

Rey, G. D. (2009). E-Learning: Theorien. *Gestaltungsempfehlungen und Forschung.* Bern: Huber.

Rich, P., & Hannaf, M. (2009). Video Annotation Tools: Technology to scaffold, structure ans transform Teacher Education. *Journal of Teacher Education, 60 (1), 52-67.*

Richardson, V. (1996). The role of attitudes and beliefs in learning to teach. *In: Sikula, J./ Buttery, T./ GuytonE. (Hrsg.): Handbook of Research on Teacher Education.* New York: Macmillan (2. Aufl.), 102-119.

Riegel, U., & Macha, K. (2013). *Videobasierte Kompetenzforschung in den Fachdidaktiken.* Waxmann Verlag.

Robinson, V. M. (2007). *The* leadership of the improvement teaching and learning: Lessons from initiatives with positive outcomes for students. *Australian journal of education* 51(3), 247-262.

Roth, J., & Priemer, B. (2020). Das Lehr-Lern-Labor als Ort der Lehrpersonenbildung – Ergebnisse der Arbeit eines Forschungs- und Entwicklungsverbunds. *In: Priemer B., Roth J. (eds) Lehr-Lern-Labore.* Springer Spektrum, Berlin, Heidelberg.

Salas, E., & Cannon-Bowers, J. A. (2001). The science of training: A decade of progress. *Annual Review of Psychology, H.1 (2001),* 471-499.

Santagata, R. (2014). Video and Teacher Learning. Key Questions, Tools, and Assessments Guiding Research and Practice. *In: Beiträge zur Lehrerinnen - und Lehrerbildung, 32 (2), 2014,* 196-209.

Santagata, R., & Angelici, G. (2010). Studying the impact of the lesson analysis framework on preservice teachers' abilities to refl ect on videos of classroom teaching. *Journal of Teacher Education, 61 (4),* 339–349.

Santagata, R., Zannoni, C., & Stigler, J. (2007). The role of lesson analysis in pre-service teacher education: An empirical investigation of teacher learning from a virtual video videobased field experience. *Journal of Mathematics Teacher Education, 10(2),* 123-140.

Schaarschmidt, N., Albrecht, C., & Börner, C. (2016). Videoeinsatz in der Lehre: Nutzung und Verbreitung in der Hochschule. Hrsg.: W. Pfau, C. Baetge, S. Bedenlier, C. Kramer, & J. Stöter. *Teaching Trends 2016*, 9-49.

Schäferling, H., Scherrmann, A., & Kuntze, S. (2017). Heterogenität im Mathematikunterricht in der Weiterbildung von Lehrpersonen. *In Mit Heterogenität im Mathematikunterricht umgehen lernen*. Wiesbaden: Springer Spektrum, 185-197.

Schellenbach-Zell, J., Rürup, M., Fussangel, K., & Gräsel, C. (2008). Bedingungen erfolgreichen Transfers am Beispiel von Chemie im Kontext. *Chemie im Kontext,* 81-121.

Scherrmann, A., & Schäferling, H. (2016). *Differenzierende Aufgabenformate für heterogene Lerngruppen im Mathematikunterricht der Sekundarstufe I- eine Herausforderung für die Lehrerweiterbildung.* Universitätsbibliothek Dortmund.

Schlag, B. (2006). Lern- und Leistungsmotivation. Wiesbaden: VS Verlag für Sozialwissenschaften.

Schmidt, H. G., van der Molen, H. T., te Winkel, W., & Wijnen, W. H. (2009). Constructivist, problem-based learning does work: A meta-analysis of curricular comparisons involving a single medical school. *Educational Psychologist, 44(4),* 227–249.

Schneider, J., & Cramer, C. (2020). *Relationierung von Theorie und Praxis. Was bedeutet dieses Konzept für die Begleitung von Praktika in der Lehrerinnen-und Lehrerbildung. Verlängerte Praxisphasen in der Lehrer* innenbildung.* 23-38.

Schnell, R., Hill, P. B., & Esser, E. (1999). *Methoden der empirischen Sozialforschung.*

Schnotz, W. (2005). An Integrated Model of Text and Picture Comprehension. Cambridge, New York: Cambridge University Press.

Schnotz, W. (2010). Visuelles Lernen. In *D. H. Rost (Hrsg.). Handwörterbuch Pädagogische Psychologie.* Weinheim: Beltz.

Schoenfeld, A. (1992). Learning to think mathematically: problem solving, metacognition, and sense making in mathematics. In *D. Grouws (Hrsg.), Handbook of research on mathematics teaching and learning.* New York: Macmillan, 334–370.

Schön, D. (1987). *Donald Schön's presentation: "educating the reflective practitioner".*

Schoßau, P., Magdans, U., Lazarides, R., & Borowski, A. (2022). Fortbildungsformate für Lehrkräfte zu Messunsicherheiten im Vergleich.

Schrader, F., & Helmke, A. (2001). Alltägliche Leistungsbeurteilung durch Lehrer. In F. E. Weinert, *Leistungsmessungen in Schulen.* Beltz. 45-58.

Schrittesser, I. (2011). *Professionalität und Professionalisierung. Einige aktuelle Fragen und Ansätze der universitäten LehrerInnenbildung.* Frankfurt, Main: Lang.

Schwan, S., & Riempp, R. (2004). The cognitive benefits of interactive videos: learning to tie nautical knots. 293-305.

Schwartz, D. L., & Martin, T. (2004). Inventing to prepare for future learning: The hidden efficiency of encouraging original student production in statistics instruction. *Cognition and Instruction, 22(2),* 129–184.

Seago, N. (2003). Using Videos as an Object of Inquiry for Mathematics Teaching and Learning. *In J. Brophy (Hrsg.), Using Video in Teacher Education.* Oxford: Elsevier, 259–286.

Seidel, T., & Shavelson, R. J. (2007). Teaching effectiveness research in the past decade: The role of theory and research design in disentangling meta-analysis results. *Review of educational research, 77(4),* 454-499.

Seidel, T., Blomberg, G., & Stürmer, K. (2010). *„Observer "–Validierung eines videobasierten Instruments zur Erfassung der professionellen Wahrnehmung von Unterricht. Projekt OBSERVE. In Kompetenzmodellierung. Zwischenbilanz des DFG-Schwerpunktprogramms und Perspektiven des Forschungsansatzes.* 296-306.

Seidel, T., Delehefte, I., & L., M. (2003). Aufzeichnen von Physikunterricht. *In: Seidel T., Prenzel M. Duit T. & Lehrke M. (Hrsg.), Technischer Bericht zur Videostudioe "Lehr-Lernprozesse im Physikunterricht".* Kiel. 47-76.

Seidel, T., Stürmer, K., Blomberg, G., Kobarg, M., & Schwindt, K. (2011). Teacher learning from analysis of videotaped classroom situations. Does it make a difference whether teachers observe their own teaching or that of others? *Teaching and Teacher Education, 27(2),* 259 – 267.

Sherin, M. (2002). *When Teaching Becomes Learning. Cognition and Instruction, 20 (2),* 119–150.

Sherin, M. G. (2004). New perspectives on the role of video in teacher education. In *J. Brophy (Hrsg.), Using video in teacher education.* Oxford: Elsevier, 1 – 27.

Sherin, M. G. (2007). The development of teachers' professional vision in video clubs. In *R. Goldman, R. Pea, B. Barron & S. J. Derry (Hrsg.), Video research in the learning sciences.* Mahwah: Lawrence Erlbaum, 383 – 395.

Shulman, L. (1986). Those who understand. Knowledge Growth in Teaching.

Siegel, S., & Hensch, I. (2021). Qualitätskriterien für Lehr-/Lernvideos aus interdisziplinärer Perspektive: Ein systematisches Review. In E. Matthes, S. T. Siegel, & T. Heiland, *Lehrvideos –das Bildungsmedium der Zukunft?Erziehungswissenschaftliche und fachdidaktische Perspektiven.* Bad Heilbrunn: Klinkhardt.

Souvignier, E. (2018). Computerbasierte Lernverlaufsdiagnostik. *Lernen und Lernstörungen, 7*, 219–233.

Spiegel, H., & Selter, C. (1997). *Wie Kinder rechnen.* E. Klett Grundschulverlag.

Stadelmann, M. (2006). *Differenz oder Vermittlung in der Lehrerbildung? Das Verhältnis von Theorie und Praxis im Urteil von Praxislehrpersonen der Primar- und Sekundastufe I.* Bern: Haupt.

Star, J., & Strickland, S. (2008). Learning to observe: using video to improve preservice mathematics teachers' ability to notice. *Journal of Mathematics Teacher Education, 11 (2),* 107–125.

Star, J., Lynch, K., & Perova, N. (2011). Using Video to Improve Preservice Mathematics Teachers' Abilities to Attend to Classroom Features: A Replication Study. *M. Sherin, V. Jacobs & R. Philipp (Hrsg.). Mathematics Teacher Noticing. Seeing Through Teachers' Eyes.* New York: Routledge. 117–134.

Statistisches Bundesamt. (2022). *Bevölkerung und Erwerbstätigkeit: Bevölkerung mit Migrationshintergrund - Ergebnisse des Mikrozensus 2021.*

Staub, F. C. (2004). Fachspezifisch-Pädagogisches Coaching: Ein Beispiel zur Entwicklung von Lehrerfortbildung und Unterrichtskompetenz als Kooperation. *Zeitschrift für Erziehungswissenschaft, 7(3)*, 113-141.

Stein, M., & Lane, S. (1996). Instructional Tasks and the Development of Student Capacity to Think and Reason: An Analysis of the Relationship between Teaching and Learning in a Reform Mathematics Project. *Educational Research and Evaluation, 2 (1),* 50-80.

Stiller, K. D. (2007). *Computerised multimedia learning. Modes of text presentation and access to text.* Hamburg: Verlag Dr. Kovač.

Sundermann, B., & Selter, C. (2005). Mit Eigenproduktionen individualisieren. Reinhold Christiani (Hg.). *Jahrgangsübergreifend unterrichten.* Berlin: Cornelsen Scriptor, 125 - 136.

Sweller, J., van Merriënboer, J., & Paas, F. (1998). Cognitive architecture and instructional design. *Educational Psychology Review, 10,* 251-296.

Syring, M. B. (2015). Videos oder Texte in der Lehrerbildung? Effekte unterschiedlicher Medien auf die kognitive Belastung und die motivational-emotionalen Prozesse beim Lernen mit Fällen. *Zeitschrift für Erziehungswissenschaft, 18(4), 667-685.*

Tarone, E. &. (2005). *Second language teacher learning and student second language learning: Shaping the knowledge base.* Second language teacher education: International perspectives, 5-23.

Tenberg, R. (2021). *Didaktische Erklärvideos. Ein Praxis-Handbuch.* Stuttgart: Franz Steiner Verlag.

Tenorth, H. E. (2006). Professionalität im Lehrerberuf. *In: Zeitschrift für Erziehungswissenschaft 9, H. 4,* 580-597.

Terhart, E. (2000). Perspektiven der Lehrerbildung in Deutschland. *Abschlussbericht der von der Kultusministerkonferenz eingesetzten Kommission.* Weinheim, Basel: Beltz.

Terhart, E. (2012). Wie wirkt Lehrerbildung? Forschungsprobleme und Gestaltungsfragen. *Zeitschrift für Bildungsforschung, 2(1),* 3–21.

Timperley, H., A., W., Barrar, H., & Fung, I. (2007). Teacher Professional Learning and Development: Best Evidence Synthesis Iteration Wellington. New Zealand: Ministry of Education.

Timperley, H., Wilson, A., Barrar, H., & Fung, I. (2007). Teacher professional learning and development: Best evidence synthesis iteration. *Ministry of Education.*

Tippelt, R. &.-C. (2010). Stichwort: Evidenzbasierung. Die Zeitschrift für Erwachsenenbildung, 4, 12-13.

Tippelt, R., & Reich-Claassen, J. (2010). Stichwort: Evidenzbasierung. *Die Zeitschrift für Erwachsenenbildung, 4,* 12-13.

Tomlinson, P., & Hunt, D. E. (1971). *Differential effects of rule-example order as a function of learner conceptual level. Canadian Journal of Behavioural Science, 3(3),* 237-245.

Trautmann, M., & Wischer, B. (2011). *Heterogenität in der Schule: eine kritische Einführung.* Wiesbaden: Springer.

Trautwein, U., & Lüdtke, O. (2004). Aspekte von Wissenschaftspropädeutik und Studierfähigkeit. In: Köller, O., Watermann, R., Trautwein, U. & Lüdtke, O. (Hrsg.): Wege zur Hochschulreife in Baden-Württemberg. *TOSCA – Eine Untersuchung an allgemein bildenden und beruflichen Gymnasien.* Opladen: Leske + Budrich, 327-366.

Trepke, S. (2004). Zur Geschichte der Medienpsychologie. *Bente, G.; Vorderer, P.; Mangold, R. (Hrsg.): Lehrbuch der Medienpsychologie.* Göttingen et al.: Hogrefe. 4-26.

Tschannen-Moran, M., & Hoy, A. W. (2001). Teacher efficacy: Capturing an elusive construct. *Teaching and Teacher Education, 1.,* 783-805.

V. Aufschnaiter, C., & v. Aufschnaiter, S. (2001). *Eine neue Aufgabenkultur für den Physikunterricht.* 409-416.

Van der Meij, H., & Van der Meij, J. (2014). A comparison of paper-based and video tutorials for software learning. *Computers & education. 78,*150-159.

Van Driel, J., Verloop, N., & de Vos, W. (1998). eveloping science teachers' pedagogical content knowledge. *Journal of research in Science Teaching, 35(6), 673–695.*

Van Es, E. A. (2002). Learning to notice: Scaffolding new teachers' interpretations of classroom Interactions. *Journal of Technology and Teacher Education, 10(4),* 571-596.

Van Es, E. A., & Sherin, M. G. (2008). Mathematics teachers' "learning to notice" in the context of a video club. *Teaching and Teacher Education, 24,* 244–276.

van Wermeskerken, M., Grimmius, B., & van Gog, T. (2018). Attention to the model's face when learning from video modeling examples in adolescents with and without autism spectrum disorder. *Journal of Computer Assisted Learning, 34(1)*, 32-41.

Villiger, C. (2015). *Lehrer(innen)bildung zwischen Theorie und Praxis: Erörterungen zu einer ungelösten Problematik.* In *C. Villiger & U. Trautwein (Hrsg.), Zwischen Theorie und Praxis: Ansprüche und Möglichkeiten in der Lehrer(innen)bildung.* Münster: Waxmann. 9-18.

Vogelsang, C. (2013). *Validierung eines Instruments zur Erfassung der professionellen Handlungskompetenz von (angehenden) Physiklehrkräften: Zusammenhangsanalysen zwischen Lehrerkompetenz und Lehrperformanz.* Berlin: Logos-Verlag.

Vohle, F., & Reinmann, G. (2012). Förderung professioneller Unterrichtskompetenz mit digitalen Medien: Lehren lernen durch Vidoeannotation. In *R. Schulz-Zander, B. Eickelmann, H. Moser, H. Niestoy & P. Grell (Hrsg.). Jahrbuch Medienpädagogik 9.* Wiesbaden: Springer. 413-429

Von Gehlen, M., Dreher, U., Holzäpfel, L., & Hochbruck, W. (2019). Einblicke in (In-)Kohärenzwahrnehmungen von Akteuren der Lehrerbildung zur Theorie-Praxis-Vernetzung. *Kohärenz in der Lehrerbildung.* Wiesbaden: Springer VS, 281-297.

Voss, T., Kleickmann, T., Kunter, M., & Hachfeld, A. (2011). Überzeugungen von Mathematiklehrkräften. *In M. Kunter, J. Baumert, W. Blum, U. Klusmann, S. Krauss, & M. Neubrand (Hrsg.), Professionelle Kompetenz von Lehrkräften: Ergebnisse des Forschungsprogramms COAIn M. Kunter, J. Baumert, W. Blum, U. Klusmann, S. Krauss, & M. Neubrand (Hrsg.), Professi.* Münster: Waxmann, 236–257.

Wäger, M. (2010). *Grafik und Gestaltung. Das umfassende Handbuch.*

Wagner-Willy, M. (2021). Videografien in Relation zur interaktiven Praxis des Unterrichts: eine Replik zum Beitrag von Matthias Grein und Bernd Tesch. *Jahrbuch Dokumentarische Methode, Heft 4/2021*, 141-151.

Wahl, D. (1979). Methodische Probleme bei der Erfassung handlungsleitender und handlungsrechtfertigender subjektiver psychologischer Theorien von Lehrern. *Zeitschrift für Entwicklungspsychologie und Pädagogische Psychologie, 11,* 208-217.

Wahl, D. (1991). *Handeln unter Druck: Der weite Weg vom Wissen zum Handeln bei Lehrern, Hochschullehrern und Erwachsenenbildern.* Dt. Studien-Verlag.

Wahl, D. (2001). Nachhaltige Wege vom Wissen zum Handeln. *Beiträge zur Lehrerinnen-und Lehrerbildung. 19(2),* 157-174.

Wahl, D. (2005). *Lernumgebungen erfolgreich gestalten. Vom trägen Wissen zum kompetenten Handeln.* Bad Heilbrunn: Klinkhardt.

Wahl, D. (2006). *Lernumgebungen erfolgreich gestalten.* Bad Heilbrunn: Klinkhardt.

Weidenmann, B. (2006). Lernen mit Medien. In *A. Krapp & B. Weidenmann (Hrsg.). Pädagogische Psychologie (5. Auflage).* Weinheim: Psychologie Verlags Union, 423-476.

Weinert, F. E., & Helmke, A. (1996). Der gute Lehrer: Person, Funktion oder Fiktion. In *A. Leschinsky (Hrsg.), Beiheft der Zeitschrift für Pädagogik: Bd. 34. Die Institutionalisierung von Lehren und Lernen.* Weinheim: Beltz, 223–233.

Wember, B. (1976). *Wie informiert das Fernsehen?* München: List.

Wessel, L. (2015). *Fach- und sprachintegrierte Förderung durch Darstellungsvernetzung und Scaffolding. Ein Entwicklungsforschungsprojekt zum Anteilbegriff.* Wiesbaden: Springer.

Wilson, S. M., & Berne, J. (1999). Teacher learning and the acquisition of professional knowledge: An examination of research on contemporary professional development. *Review of Research in Education, 24(1),* 173–209.

Wolcott, L. (1995). The distance teacher as reflective practitioner. *Educational Technology. January/February Issue.* 39-43.

Wolf, K. &. (2016). *Lernen mit Videos? Erklärvideos im Physikunterricht.* Naturwissenschaften im Unterricht Physik, 27(152), 36-41.

Wolf, K. D. (2015). *Bildungspotenziale von Erklärvideos und Tutorials auf YouTube.* merz, 59(1), 30-36.

Wolf, K. D. (2015b). *Produzieren Jugendliche und junge Erwachsene ihr eigenes Bildungsfernsehen?* TeleVIZion 1 (28), 35–39.

Wolf, K. D. (2015b). Video-Tutorials und Erklärvideos als Gegenstand, Methode und Ziel der Medien- und Filmbildung. In*: Hartung, A., Ballhausen, T., Trültzsch-Wijnen, C.; Barberi, A., Kaiser-Müller, K. (Eds.), Filmbildung im Wandel.* New Academic Press, 121 - 131.

Wolf, K. D., & Kratzer, V. (2015). Erklärstrukturen in selbsterstellten Erklärvideos von Kindern. In K. Hugger, Tillmann, A., Iske, S., Fromme, J., Grell, P., & Hug, T., *Jahrbuch Medienpädagogik 12.* Wiesbaden: Springer VS. 29-44

Wollring, B. (2007). *Zur Kennzeichnung von Lernumgebungen für den Mathematikunterricht in der Grundschule. Erscheint in der Schriftenreihe der Arbeitsgruppe „Empirische Bildungsforschung "an der Universität Kassel.*

Wood, T., & Sellers, P. (1996). Assessment of a problem-centered mathematics program: Third grade. *Journal for research in mathematics education,* 337-353.

Woolfolk Hoy, A., Davis, H., & Pape, S. J. (2006). Teacher knowledge and beliefs. In P.A. Alexander & P. H.Winne (Hrsg.). *Handbook of educational psychology.* Mahwah: Lawrence Erlbaum. 2. Aufl., 715–737.

Wulf, C. (. (1972). *Evaluation. Beschreibung und Bewertung von Unterricht, Curricula und Schulversuchen.* München: Piper & Co.

Yadav, A., Phillips, M., Lundeberg, M., Koehler, M., Hilden, K., & Dirkin, K. H. (2011). If a picture is worth a thousand words is video worth a million? Differences in affective and cognitive processing of video and text cases. *Journal of Computing in Higher Education, 23(1),* 15 – 37.

Yoon, K., Duncan, T., Lee, S., Scarloss, B., & Shapley, K. L. (2007). Reviewing the Evidence on How Teacher Professional Development Affects. *Issues & Answers, REL-2007, No.033.*

Zahn, C., Krauskopf, K., Hesse, F., & Pea, R. (2010). Digital video tools in the classroom: Empirical studies on constructivist learning with audio-visual media in the domain of history. *Learning in the disciplines*, 620–627.

Zech, F. (2002). *Grundkurs Mathematikdidaktik. Theoretische und praktische Anleitungen für das Lehren und Lernen von Mathematik (10. Aufl.).* Weinheim, Basel: Beltz.

Zhang, D., Zhou, L., Briggs, R. O., & Nunamaker, J. (2006). Instructional video Empirische in e-learning: Assessing the impact of interactive video on learning effectiveness. *Information & Management 43 (1)*. 15–27.

Zierer, K., & Seel, N. M. (2012). *General Didactics and Industrial Design: eyes like twins. A transatlantic dialogue about similarities and differences, about the past and the future of two sciences of learning and teaching.* Springer Plus.

Zinn, B. (2013). *Überzeugungen zu Wissen und Wissenserwerb von Auszubildenden.* Münster: Waxmann.

16 Internetquellen

Beispiele und Befunde zu instruktionalen Medienformaten und Gestaltungskriterien für Erklärvideoformate:

- *https://de.wikipedia.org/wiki/Lehrvideo* [17.05.2019]
- *https://de.wikipedia.org/wiki/Erkl%C3%A4rvideo#cite_note-2* [17.05.2019]
- *https://de.wikipedia.org/wiki/Kognitive_Theorie_des_multimedialen_Lernens* [11.04.2020]
- *https://www.schulentwicklung.nrw.de/cms/angebote/egs/unterrichtsvideos/index.html*
- *https://www.mathematik.tu-dortmund.de/ieem/cms/de/home.html* [16.09.2019]
- https://www. eteaching. *org/etresources/pdf/erfahrungsbericht_2015_pfeiffer_vergleich_videobasierter_lehrkonzepte. pdf.3. Index* [16.09.2019]
- *https://avidere.de/die-7-arten-von-erklarfilmen/* [09.10.2021]
- *https://www.studienkreis.de/deutsch/filmische-gestaltungsmittel/* [16.09.2019]
- *https://www.fernuni-hagen.de/zli/blog/didaktische-qualitaetskriterien-fuer-lehrvideos/* [22.05.2022]
- *https://www.studienkreis.de/deutsch/filmische-gestaltungsmittel/* [22.09.2022]
- https://www.techsmith.de/blog/lern-und-erklaervideos/ [03.12.2022]
- *https://www.e-teaching.org/didaktik* [11.12.2022]

Befunde zur Wirksamkeit von Lehrkräftefortbildungen:

- Institut für Qualitätsentwicklung im Bildungswesen (2012). Bericht zur Ländervergleichsstudie 2011: *https://www.iqb.hu-berlin.de/laendervergleich/LV2011/Bericht.* [10.03.2020]
- *https://www.spektrum.de/lexikon/psychologie/redundanz/12619* [10.03.2020]
- *https://de.wikipedia.org/wiki/Lerntransfer* [18.08.2020]
- *https://wirtschaftslexikon.gabler.de/definition/lerntransfer-41630 [18.08.2020]*
- *http://www.bildungsmanagement.net/nes/nes.htm* [05.09.2019]
- https://quamath.dzlm.de/projektinfos [20.11.2022]

Forschungsmethoden:

- *https://www.fragebogen.de/aufbau-der-fragen-bei-umfragen.htm* [03.12.2019]
- *https://blogs.uni-paderborn.de/fips/2014/11/26/qualitative-inhaltsanalyse/#:~:text=Grundlegend%20bestehen%20zwei%20M%C3%B6glichkeiten%20der%20Kategorienbildung%3A%20die%20deduktive,Beiden%20gemein%20ist%20eine%20kontrollierte%20und%20regelgeleitete%20Vorgehensweise*[17.08.2020]
- *https://www.youtube.com/watch?v=Nb9yfbZov2s* [01.11.2020]
- *https://quasus.ph-freiburg.de/4-die-drei-analysetechniken-zusammenfassung-explikation-und-strukturierung/* [20.03.2021]

- *https://www.methodenberatung.uzh.ch/de/datenanalyse_spss/unterschiede/zentral/wilkoxon.html*[10.08.2022]
- *https://de.wikipedia.org/wiki/Evaluation* [10.08.2021]
- *https://www.maxqda.de/hilfe-mx20/teamwork/das-problem-der-intercoder-uebereinstimmung-in-der-qualitativen-forschung* [13.03.2022]
- *https://www.bachelorprint.de/methodik/guetekriterien-quantitativer-forschung/reliabilitaet/#:~:text=Eine%20Reliabilität%20von%200.80%20gilt,sind%20die%20Ergebnisse%20nicht%20zuverlässig.* [10.09.2022]

17 Anhang

A Drehbücher zu den Videos (2. Redesign)

A 1 Drehbuch zum Video „Aufgabenbeispiel“

Szenen und Animationen	Kommentare Sprecher	Aussagen Lehrperson/SuS
INTRO  Blaues Feld fliegt von links ein. Pop-up-Text 1 Hellgraues Feld fliegt von rechts ein. Pop-up-Text 2 Simultane Ausblendung aller Elemente.	*Im Rahmen der Differenzierung im Mathematikunterricht sehen Sie Fortbildungsvideos zum Thema „Selbstdifferenzierende Aufgaben“*	
ÜBERSICHT  Video I als Bewegtbild, Video II – IV als Standbilder. Kapitel I wird rot unterstrichen.	*Die Videos zeigen verschiedene Sichtweisen auf die Gestaltung von Mathematikunterricht mit selbstdifferenzierenden Aufgaben.* *Der folgende Teil zeigt eine solche selbstdifferenzierende Aufgabe und ihre Merkmale.*	

VORSTELLUNG LEHRPERSON Halbtotale 		*Mein Name ist Michael Schulke.* *Ich unterrichte an der Realschule die Fächer Mathematik, Religion und Musik und ich werde heute zeigen, wie eine selbstdifferenzierende Aufgabe funktioniert…*
SENSIBILISIERUNG 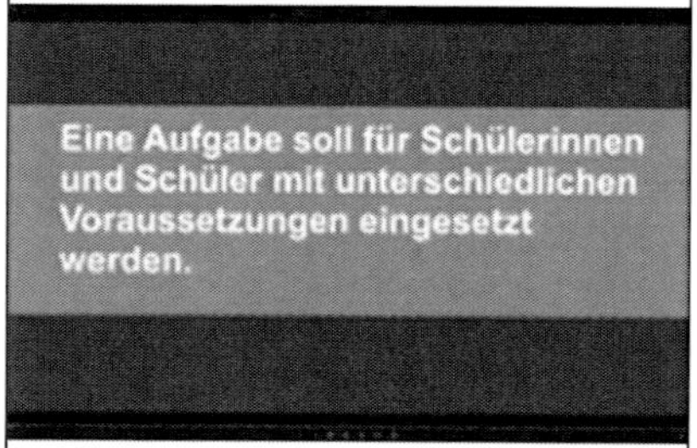 Schnitt Blaues Feld fliegt von rechts ein. Text fliegt von links ein und nach rechts aus. 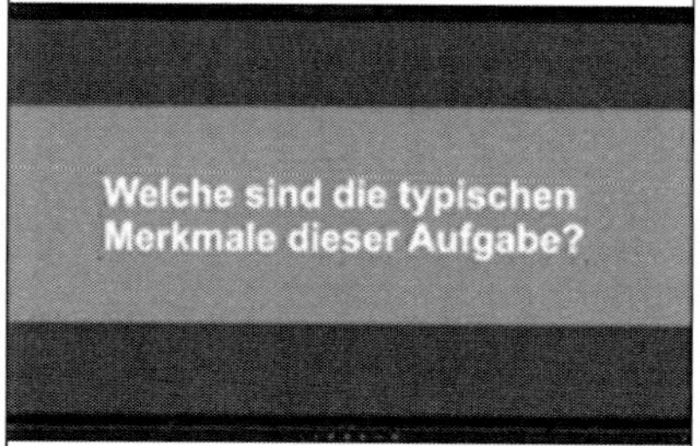 Text fliegt von links ein und nach rechts aus. Blaues Feld wird ausgeblendet.		

PRAXISSZENE 1a: Totale 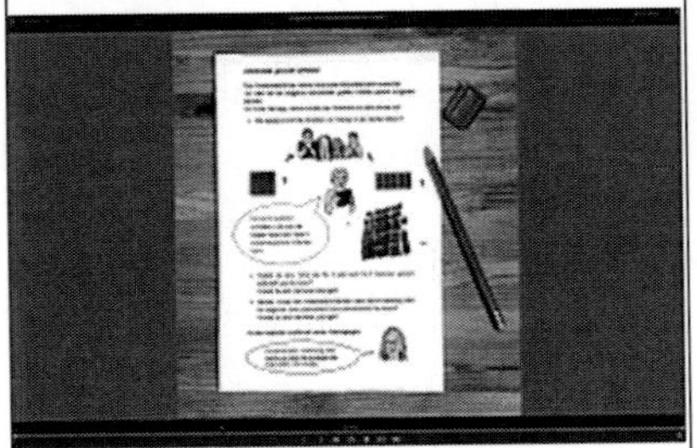 Schnitt Einblendung Arbeitsblatt	*Die Aufgabe wird in der Phase des Erkundens eingesetzt.* *Es geht darum, Zahlen auf ihre Teilbarkeit zu erforschen.* *Lernende können einen, mehrere oder alle Teile der Aufgabe wählen und bearbeiten.*	
PRAXISSZENE 1b: DETAIL 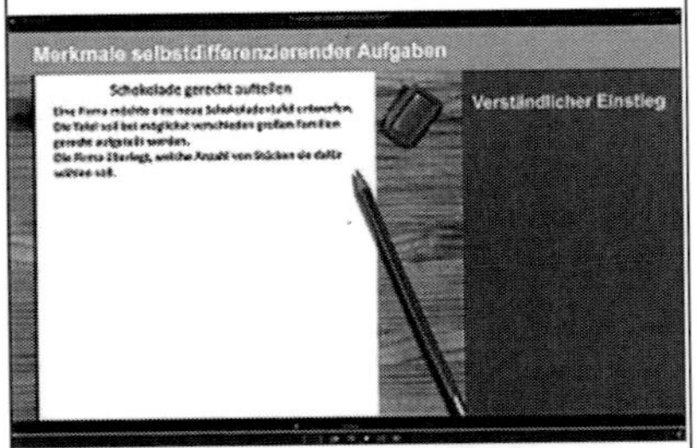 Textpassagen der Aufgabe werden schrittweise aufgedeckt. (Anm.: Begriffe werden jeweils nach Ende eines Kommentars schrittweise im rechten Feld eingeblendet.)	*Werfen wir zunächst einen Blick auf den ersten Teil der Aufgabe.* *Die Ausgangssituation ist einfach formuliert, um für alle Lernenden einen Einstieg zu ermöglichen.*	
PRAXISSZENE 1c: Detail 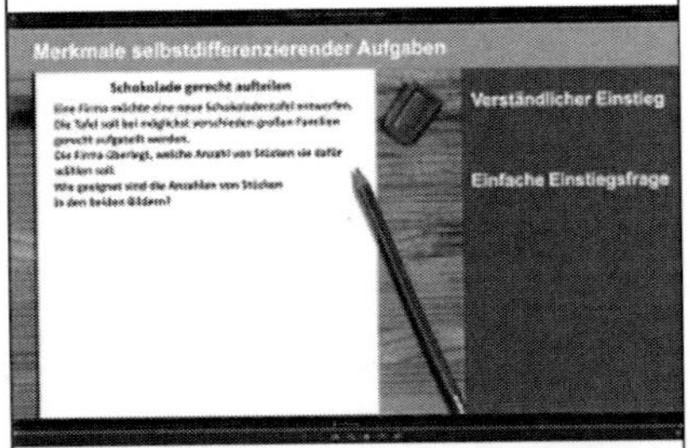	*Die erste Frage ist eng formuliert, indem sie sich konkret auf zwei bestimmte Schokoladengrößen bezieht.*	

PRAXISSZENE 1c: Detail 	*Die Situation wird noch einmal bildlich darge-stellt.*	
PRAXISSZENE 1c: Detail 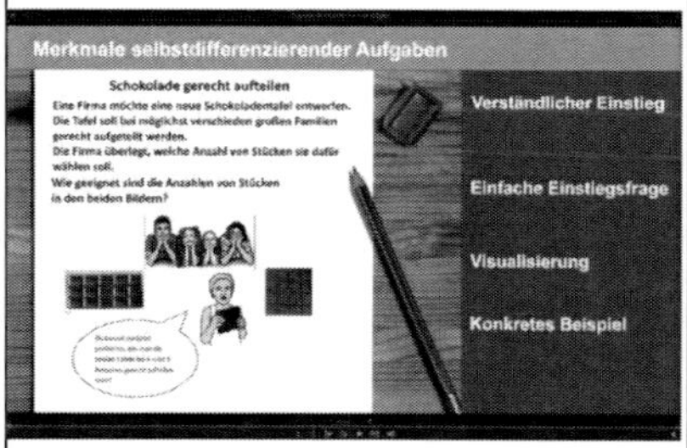 	*Die Comicfigur* in der Mitte *bietet zwei kon-krete Familiengrößen zum Ausprobieren an.*	
PRAXISSZENE 1c: Detail 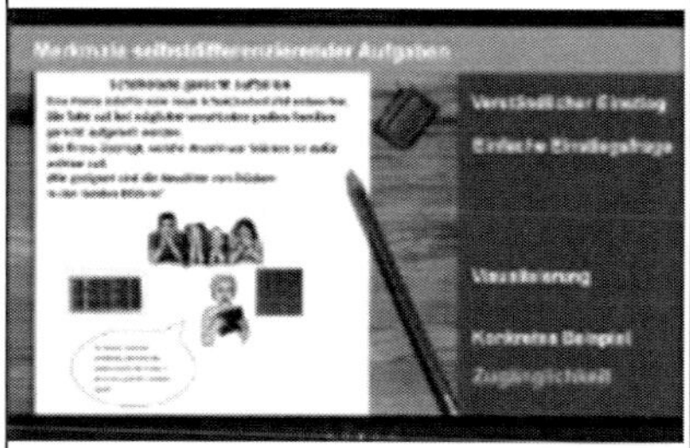	*Mit Hilfe dieser Elemente wird die Aufgabe ver-ständlich und versucht, möglichst vielen Lernen-den einen Zugang zu er-möglichen.*	
PRAXISSZENE 2a: Detail	*Kommen wir zum zweiten Teil der Aufgabe.* *Dieser Teil stellt den Kern der Aufgabe dar und regt alle Schülerinnen und*	

<table>
<tr>
<td>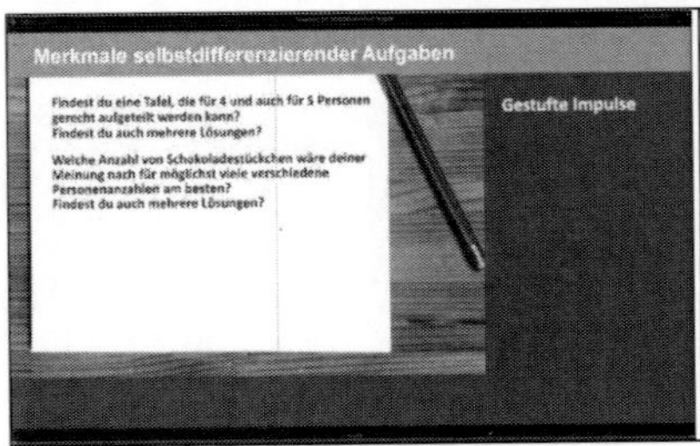
</td>
<td>Schüler zur Erkundung der Teilbarkeit an.</td>
<td></td>
</tr>
<tr>
<td>PRAXISSZENE 2a:
Detail
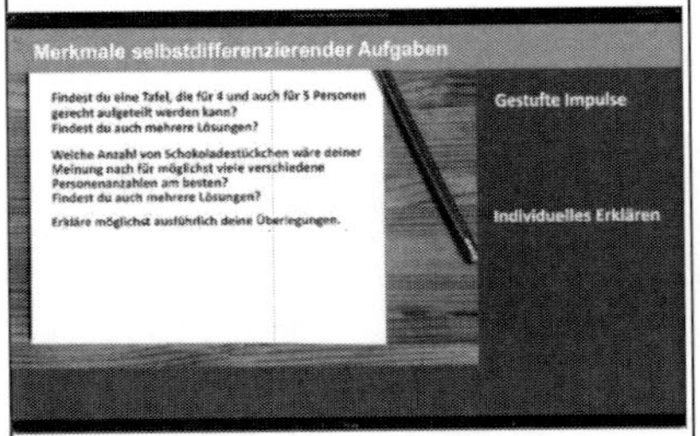
</td>
<td>Schülerinnen und Schüler werden zur ERKLÄRUNG aufgefordert und kognitiv aktiviert.

Die Erklärungen können je nach ihren Fähigkeiten eine unterschiedliche Bearbeitungstiefe haben.</td>
<td></td>
</tr>
<tr>
<td>PRAXISSZENE 2a:
Detail
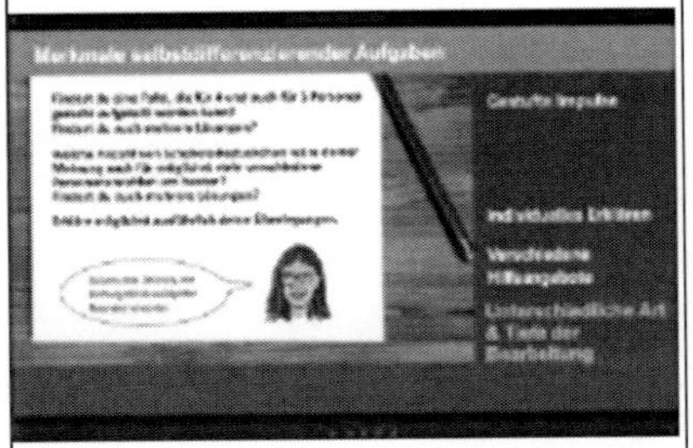</td>
<td>Die COMICFIGUR bietet über die SPRECHBLASE verschiedene Wege der Bearbeitung an, darunter auch handelnde oder bildliche.
Schülerinnen und Schüler können selbst entscheiden, welchen Weg sie zum Lösen der Aufgabe verwenden.

Selbstdifferenzierende Aufgabe sind daher offen für UNTERSCHIEDLICHE BEARBEITUNGSWEISEN und BEARBEITUNGSTIEFEN.</td>
<td></td>
</tr>
<tr>
<td>ZUSAMMENFASSUNG</td>
<td></td>
<td></td>
</tr>
</table>

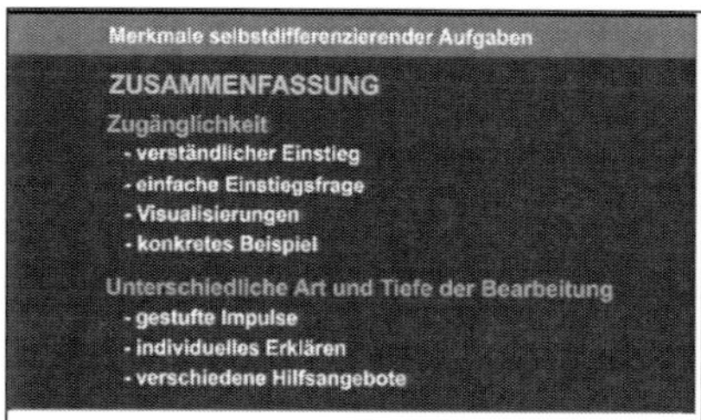 Schnitt Video verkleinert sich und fliegt ins hellgraue Feld nach links. Textelemente erscheinen schrittweise im dunkelgrauen Feld. Simultanes Ausblenden aller Elemente.	*Im Video haben sie Merkmale gesehen, die eine selbstdifferenzierende Aufgabe kennzeichnen.* *Nach diesem Prinzip können Sie Aufgaben in allen Klassenstufen einsetzen.*	

A 2 Drehbuch zum Video „Unterstützende Materialien“

Dauer: 2:33 Min.

Szenen und Animationsarten	Kommentare des Sprechers	Aussagen Lehrperson/ Lernende
INTRO 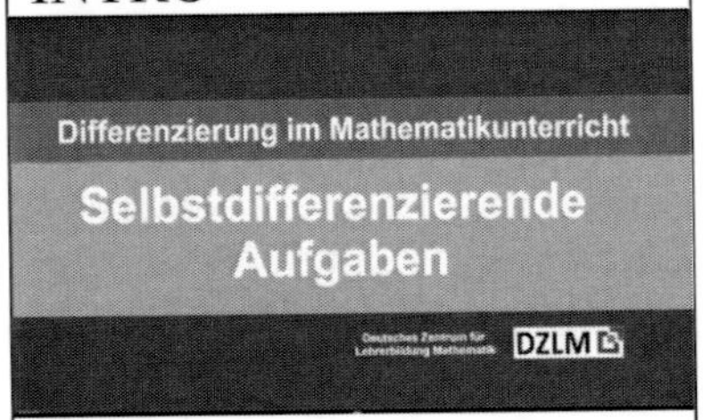 Blaues Feld fliegt von links ein. Pop-up-Text 1 Hellgraues Feld fliegt von rechts ein. Pop-up-Text 2 Simultane Ausblendung aller Elemente.	*Im Rahmen der Differenzierung im Mathematikunterricht sehen Sie Fortbildungsvideos zum Thema „Selbstdifferenzierende Aufgaben“*	
ÜBERSICHT 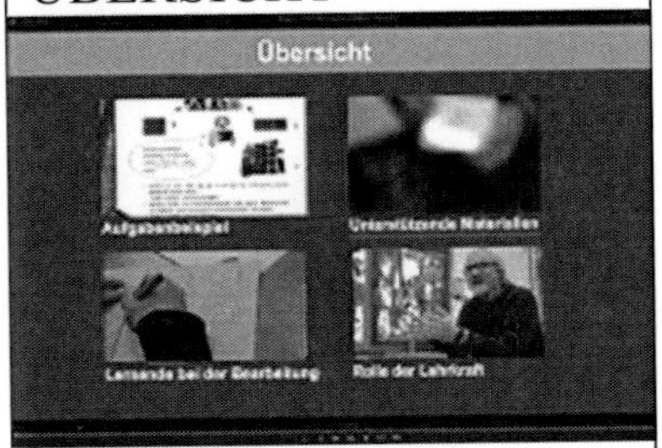 Einblendung ganze Oberfläche Kapitel 2 als Bewegtbild, wird rot unterstrichen.	*Die Videos zeigen verschiedene Sichtweisen auf die Gestaltung von Mathematikunterricht mit selbstdifferenzierenden Aufgaben.* *Der folgende Beitrag zeigt unterstützende Materialien im Zusammenhang mit selbstdifferenzierenden Aufgaben*	

SENSIBILISIERUNG  Blaues Feld fliegt von rechts ein. 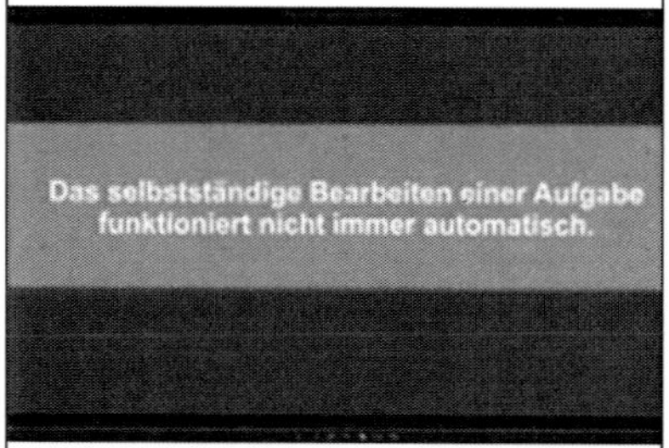 Satz fliegt von links ins Bild. Satz fliegt nach rechts aus Bild. 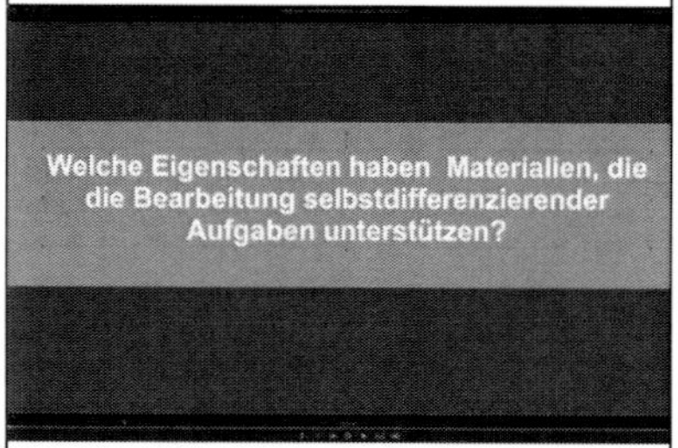 Frage fliegt von links ein. Frage fliegt nach links aus dem Bild. Ausblendung blaues Feld.		
PRAXISSZENE 1 Detail		*Also ich hab am Anfang auch darauf hingewiesen, dass ich Material mitgebracht hab zur Bearbeitung der Aufgabe, das diesmal*

<table>
<tr>
<td>
Einblendung</td>
<td></td>
<td>Schokoladenstückchen darstellen soll. Da sollen die Schüler erstmal verschiedene Anzahlen von Stückchen legen, dass sie es nicht zeichnen brauchen, sondern eventuell erstmal ausprobieren können.</td>
</tr>
<tr>
<td>THEORIE-PRAXIS-VERBINDUNG 1
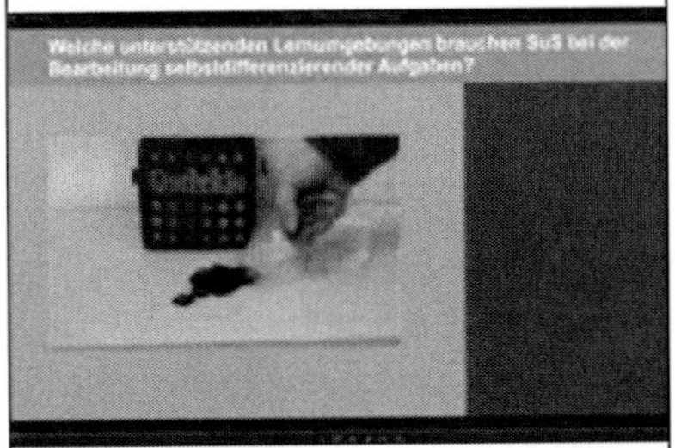
Schnitt, Video

Schnitt, Standbild
Schrittweise Einblendung der Textelemente.
Ausblendung der ganzen Oberfläche.</td>
<td>Konkrete Materialien dienen der Visualisierung und ermuntern zum Ausprobieren.
Damit alle Schülerinnen und Schüler die an sie gestellten Anforderungen erfüllen können, helfen sie beim Verstehen des mathematischen Sachverhalts.</td>
<td></td>
</tr>
</table>

PRAXISSZENE 2 Detail  Einblendung Schnitt		*Vorbereitet hab ich noch den Lösungsplan, den wir das letzte Mal erarbeitet haben – PADEK. Dass sie da einfach nochmal drauf schauen können. Da hatten wir auch besprochen, dass man zuerst einmal die Aufgabe versteht, dann den Ansatz probiert dann den Lösungsweg aufschreibt, dann den Lösungsweg, den Lösungsweg und dann nochmal kontrolliert.*
THEORIE-PRAXIS-VERBINDUNG 2 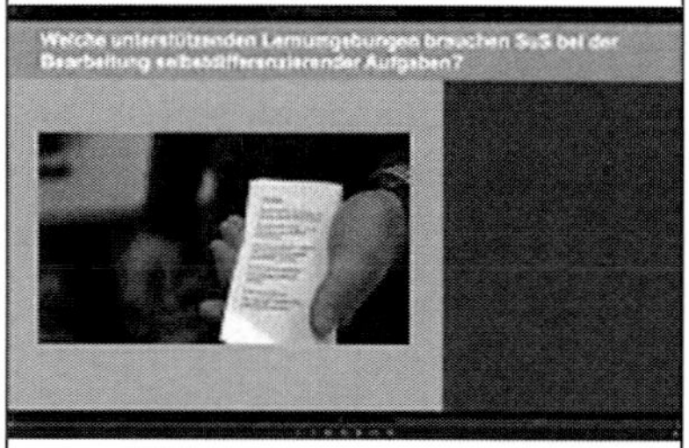 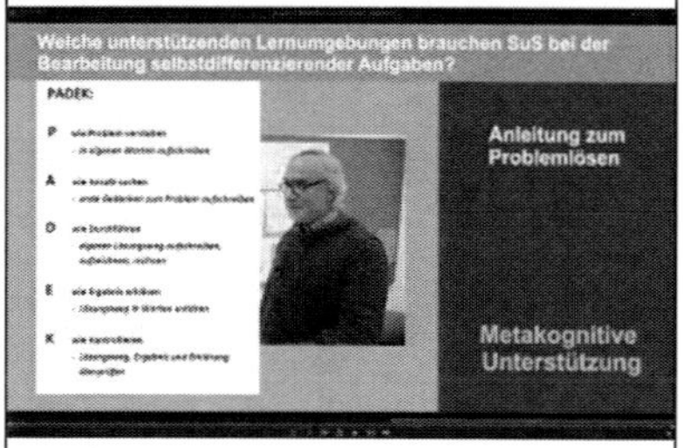 Schnitt	*Für das Erstellen eines Lösungsplans kann bei Bedarf ein vorgegebenes Schema genutzt werden. Diese Form der geleiteten Vorgehensweise dient der metakognitiven Unterstützung.*	

Schrittweise Einblendung der Textelemente. Ausblendung der ganzen Oberfläche.		
PRAXISSZENE 3 Detail  Schnitt Schnitt		*Dann hab ich mir im Vorfeld auch Gedanken über Formulierungshilfen gemacht, wenn es einzelnen Schülern schwerfällt zu formulieren, ähm die einzelnen Dinge, dass sie da einfach `ne kleine Hilfe haben.*
THEORIE-PRAXIS-VERBINDUNG 3 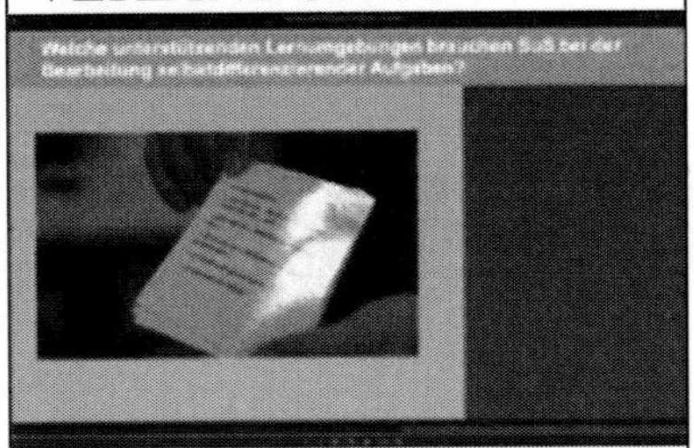 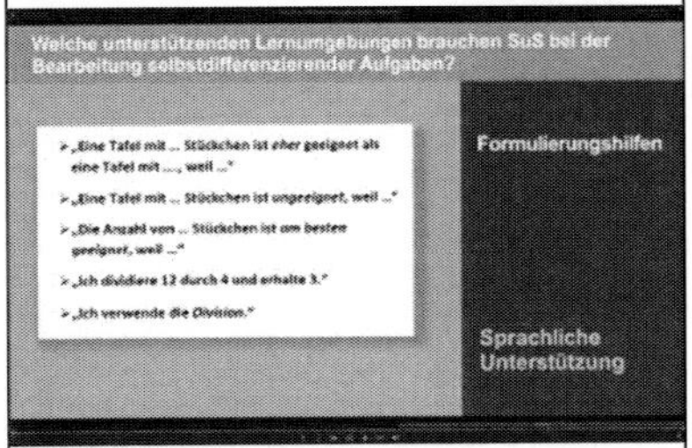 Schrittweise Einblendung der Textelemente. Simultane Ausblendung aller Elemente.	*Anhand der Formulierungshilfen können Lernenden für ihre Erklärungen auf Fachbegriffe zurückgreifen und auch einzelne Satzteile verwenden.* *Damit alle Schülerinnen und Schüler die gestellten Anforderungen erfüllen können, wird ihnen sprachliche Unterstützung angeboten.*	

ZUSAMMENFASSUNG 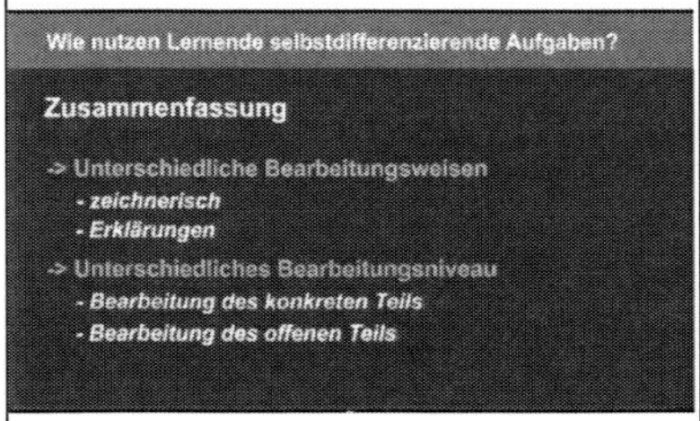 Einblendung Video Video verkleinert sich und fliegt ins hellgraue Feld. Textelemente erscheinen schrittweise im dunkelgrauen Feld. Ausblendung aller Elemente.	*Mit diesen im Video gezeigten Merkmalen von unterstützenden Materialien können die Schülerinnen und Schüler auf ihrem jeweiligen Niveau selbstdifferenzierende Aufgaben bearbeiten.*	

A 3 Drehbuch zum Video „Bearbeitung durch Lernende“

Szenen und Animationen	Kommentare des Sprechers	Aussagen Lehrperson/ Lernende
INTRO  Blaugrünes Streifen fliegt von links ein Blow-up-Text im blauen Feld. Hellgraues Feld fliegt von rechts ein. Blow-up-Text im hellgrauen Feld DZLM-Logo erscheint. Simultanes Ausblenden aller Elemente.		
ÜBERSICHT 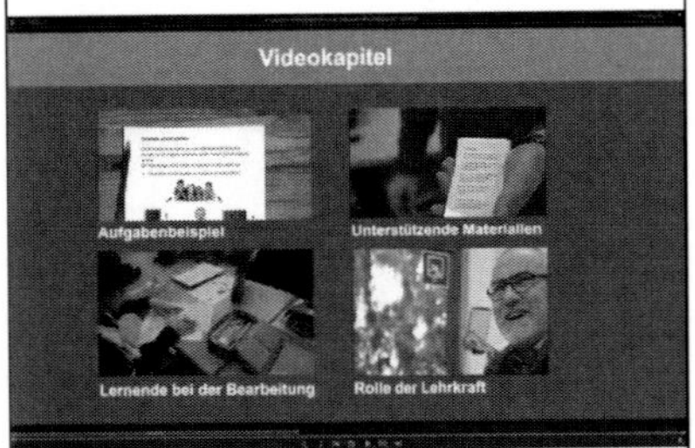 Kapitel III als Bewegtbild wird rot unterstrichen. Simultanes Ausblenden aller Elemente.	*Die Videos zeigen verschiedene Sichtweisen auf die Gestaltung von Mathematikunterricht mit selbstdifferenzierenden Aufgaben* *In diesem Teil geht es um die Sichtweise auf die „Bearbeitung durch Lernende“.*	
SENSIBILISIERUNG		

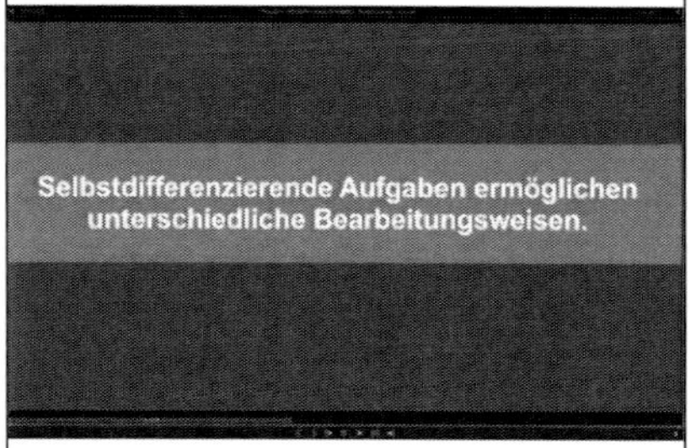 Blaugrünes Feld fliegt von rechts in die Bildfläche. Satz fliegt von links ein, nach rechts aus dem Bild. 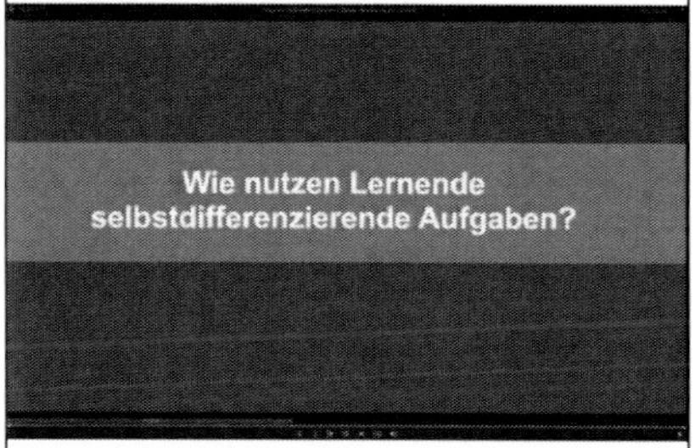 Frage fliegt von links ein, nach rechts aus dem Bild. Blaugrünes Feld fliegt nach rechts aus dem Bild.		
PRAXISSZENE 1 Detail 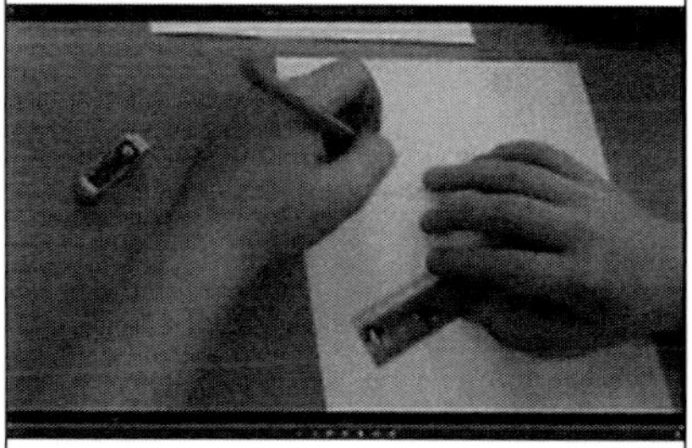 Schnitt	Schülerinnen und Schüler bearbeiten selbstdifferenzierende Aufgaben auf vielfältige Weise.	
THEORIE-PRAXIS-VERBINDUNG 1 Video verkleinert sich im hellgrauen Feld auf der Hintergrundebene. Video blendet sich aus.	Es werden verschiedene Bearbeitungsstrategien erkennbar. Sie reichen von der zeichnerischen Darstellung bis hin zu strukturierten Erklärungen.	

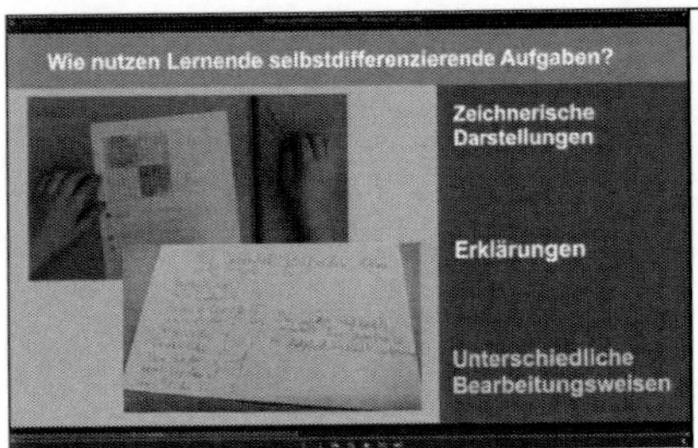 Bild- und Textelemente werden schrittweise eingeblendet. Alle Elemente werden simultan ausgeblendet.	Selbstdifferenzierende Aufgaben ermöglichen so unterschiedliche Bearbeitungsweisen.	
PRAXISSZENE 2 Halbtotale  Schnitt		Ich hab halt zuerst auf der linken Schokoladentafel, da sind's halt 16 Stücke und da hab ich geguckt, wie man's am besten aufteilen kann.
PRAXISSZENE 3 Halbnah  Schnitt		Hier dann auch schön schon die Erweiterung. Die Zahl 18... In verschiedene Teiler aufgeteilt... Noch nicht alle, aber immerhin ein paar. Und dann sogar die 48.
THEORIE-PRAXIS-VERBINDUNG 2	*Hier sieht man, wie sich eine Schülerin mit dem konkreten Beispiel aus dem ersten Aufgabenteil*	

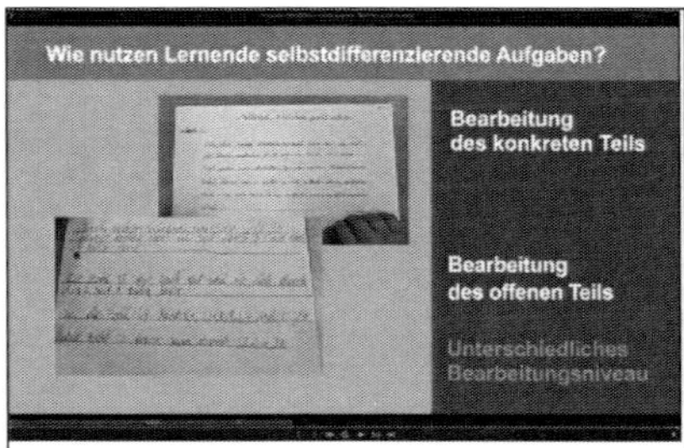 Schnitt Bild 1 fliegt von links ein. Bild 2 fliegt von links ein. Textelemente werden schrittweise zu Bild 1 und 2 eingeblendet. Bild- und Textelemente werden simultan ausgeblendet.	*ausführlich auseinander-gesetzt hat.* *Ein anderer Schüler wurde durch den offenen Teil der Aufgabe zu Ver-allgemeinerungen ange-regt.* Die selbstdifferenzie-rende Aufgabe mit ihren verschiedenen Teilen er-laubt Bearbeitungen auf unterschiedlichen Ni-veaus.	
ZUSAMMENFASSUNG 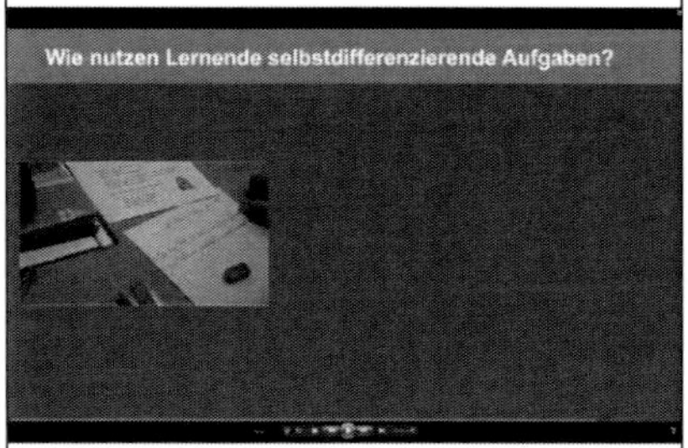 Schnitt Video verkleinert sich und fliegt ins dunkelgraue Theoriefeld. 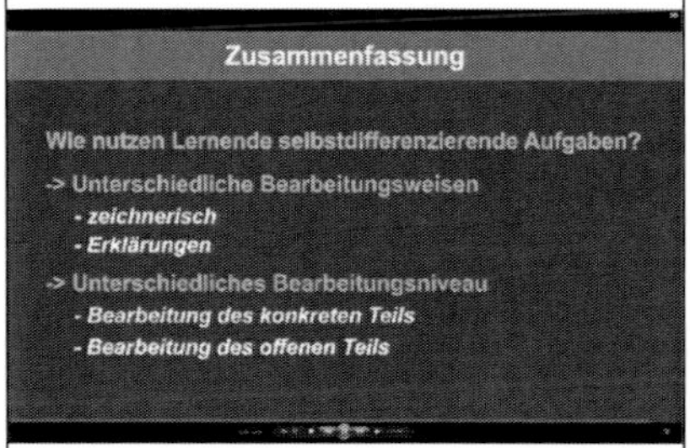	*Wie Sie gesehen haben, können Schülerinnen und Schüler selbstdifferenzie-rende Aufgaben tatsäch-lich auf ganz unterschied-liche Weise und auf*	

Satzteile werden schrittweise eingelendet und mehrere Sekunden lang gezeigt. Simultane Ausblendung aller Elemente.	*unterschiedlichem Niveau bearbeiten.* *Das selbstständige Bearbeiten geschieht natürlich nicht ganz von alleine. In einem späteren Teil betrachten wir die Rolle der Lehrperson im Zusammenhang mit selbstdifferenzierenden Aufgaben.*	

A 4 Drehbuch zum Video „Rolle der Lehrperson“

Dauer: 8:44 Min

Szenen/Animationen	Kommentare des Sprechers	Aussagen Lehrperson/ Lernende
INTRO  Blauer Streifen fliegt von links ein Blow-up-Text im blauen Feld. Hellgraues Feld fliegt von rechts ein. Blow-up-Text im hellgrauen Feld. Simultanes Ausblenden aller Elemente.		
Standbilder der Kapitel I-III erscheinen. Kapitel IV ist ein bewegtes Bild. Kapitel IV wird rot unterstrichen. Simultanes Ausblenden aller Elemente.	*Die Videos zeigen verschiedene Sichtweisen auf die Gestaltung von Mathematikunterricht mit selbstdifferenzierenden Aufgaben* *In diesem Teil geht es um die Sichtweise auf die Rolle der Lehrperson.*	
SENSIBILISIERUNG		

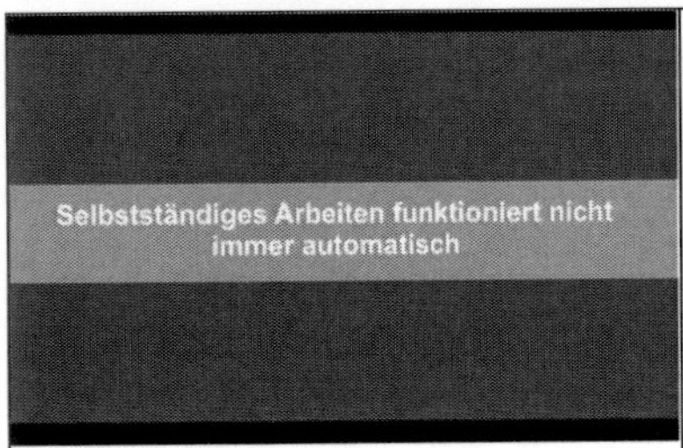 Blaues Feld fliegt von rechts ein Satz fliegt von links ein. Satz fliegt nach rechts aus Bild . ORIENTIERUNG 1 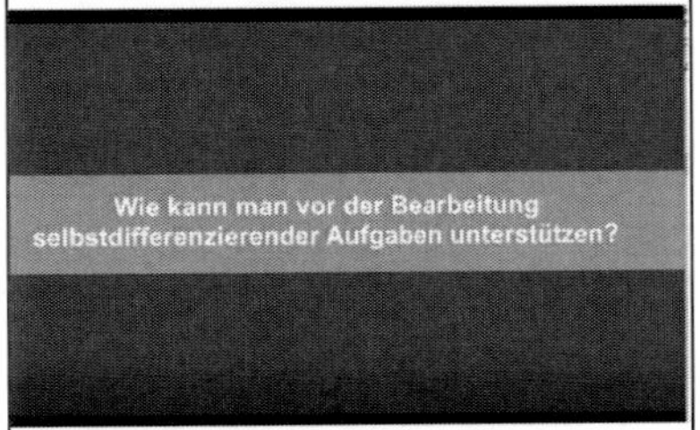 Frage fliegt von links ein. Frage fliegt nach rechts aus Bild. Ausblendung des blauen Feldes.		
PRAXISSZENE 1 Totale, Halbtotale 		*Es geht heute um verschiedene Größen von Schokoladentafeln und ihr sollt euch erstmals selbstständig mit einer Aufgabe zu den Schokoladentafeln beschäftigen. Also bitte erstmal das gesamte Aufgabenblatt durchlesen und dann schauen, um was geht's eigentlich. Dann wichtig ist, dass heute bei der Arbeit absolute Stille ist. Man*

		hört alles und es stört die anderen... Ja? Jeder arbeitet für sich ... ähm ... und ihr arbeitet so weit es geht selbstständig.
KOMMENTAR 1 LEHRPERSON A 		*Also ich hab die Aufgabe mit den Schülern einfach zusammen besprochen. Also ich hab sie wenig lesen lassen. Ich hab viel ... die Aufgabenstellung vorgegeben. Und dann hab ich sie in die Arbeitsphase gegeben. Und das hat gut geklappt. Also da hat schon jeder fast gewusst, was zu tun ist.*
KOMMENTAR 2 LEHRPERSON B  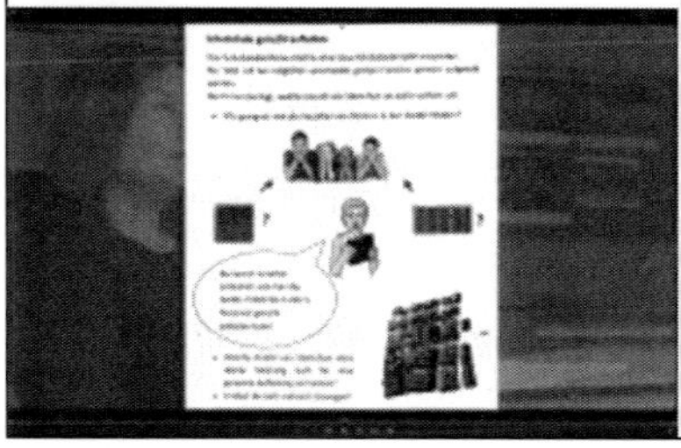		*Also ich hab das Blatt gsehen und wußte, dass sich in meiner Klasse als allererstes thematisiere, was für Familien es gibt, weil sie sonst alle die vierköpfige Familie im Kopf gehabt hätten.*

THEORIE-PRAXIS-VERBINDUNG 1  Schnitt Bildelement fliegt von links ein. Schrittweise Einblendung der Textelemente. Simultane Ausblendung aller Elemente.	*Beim Umgang mit mehrteiligen und offenen Aufgabenteilen wird erwartet, dass Schülerinnen und Schüler selbstständig arbeiten. Dabei kann es aber notwendig sein, sie zu unterstützen. Eine Einführung in die Thematik sowie Hinweise für einen ersten Schritt oder zur Nutzung der Materialien können den Zugang erleichtern. Der Aufgabentext sollte möglicherweise mehrfach gelesen und miteinander besprochen werden.*	
ORIENTIERUNG 2  		
KOMMENTAR 3 LEHRPERSON C		*Also die Lehrperson, die sollte sich, denke ich, bei so einer selbstdifferenzierenden Aufgabe ziemlich zurückhalten.*

PRAXISSZENE 2 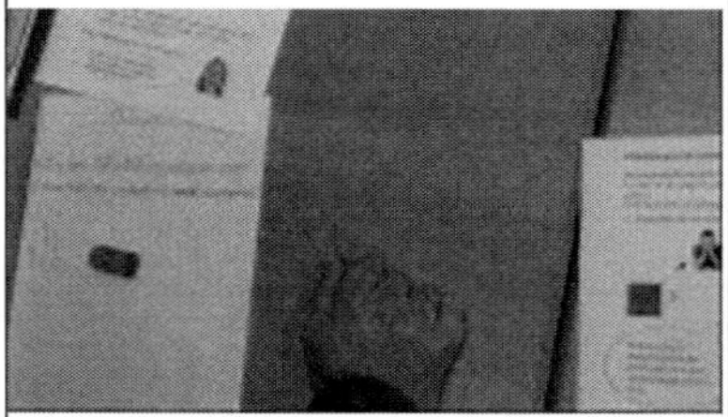		*Super! Und das, das schreibst du mal auf. Das ist ein ganz toller Gedanke!*
KOMMENTAR 4 LEHRPERSON C 		*So das Niederschwelligste ist, wenn ich seh, dass jemand gar nicht an die Aufgabe drangeht.* *Dann versuch ich so ein kleinen Motivationsimpuls zu geben.* *So ‚Du schaffst das schon'… Das wird dir gelingen. So in diesem Stil.*
THEORIE-PRAXIS-VERBINDUNG 2 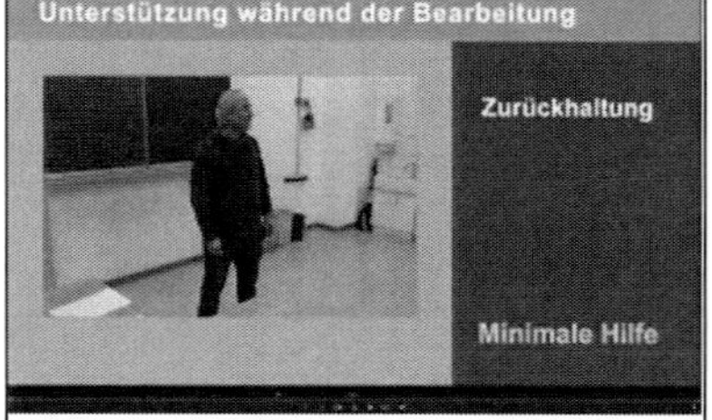	*Damit die Lernenden möglichst eigenverantwortlich und selbstständig lernen, wird den Schülerinnen und Schülern nur genau so viel Unterstützung gegeben, wie sie wirklich benötigen. Die Lehrperson hält sich weitgehend zurück.*	

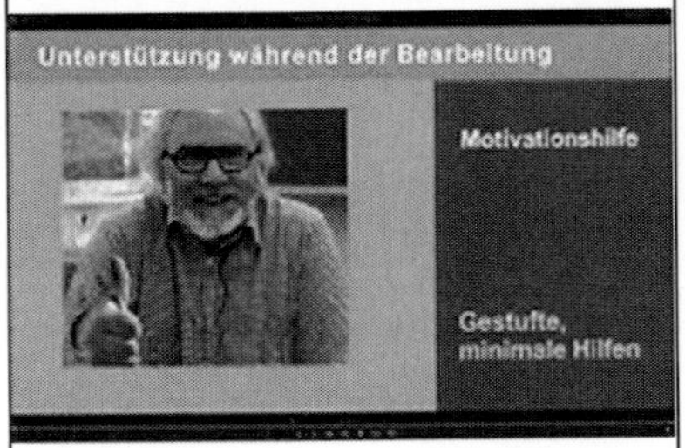 Bild fliegt von links ein. Schrittwieses Einblendung der Textelemente. Ausblendung Bild-, Textelemente.	*Motivationshilfen schaffen ein positives, wertschätzendes Lernklima. Schülerinnen und Schüler werden unterstützt, auch bei Schwierigkeiten weiter zu arbeiten und daran zu glauben, selbst eine Lösung zu finden. Motivationshilfen sind eine Form der minimalen Hilfe auf einer von vier Stufen.*	
PRAXISSZENE 3 		*Wie bist du jetzt auf die 48 gekommen?*
KOMMENTAR 5 LEHRPERSON C 		*Teilweise geb' ich auch Rückmeldung, wenn ich merk – das war jetzt oft vorhin ein paar mal so -, dass Schülerinnen und Schüler nicht ganz sicher sind, ob sie auf dem richtigen Weg sind.*

THEORIE-PRAXIS-VERBINDUNG 3 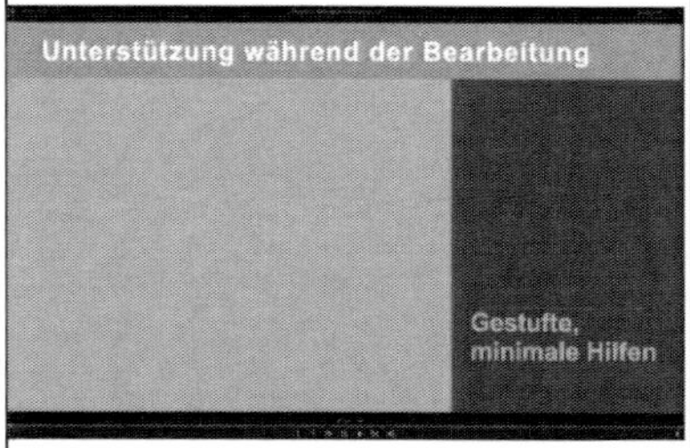 Einblendung Textelemente.  Bild fliegt von links ein. Einblendung Fragezeichen Einblendung weißer Text. Ausblendung aller Elemente.	*Rückmeldungen geben dem Lernenden Auskunft, ob er oder sie sich auf dem richtigen Weg befindet.*	
PRAXISSZENE 4 		*Für Schokoladentafeln hab ich hier noch etwas gröberes Karo. Ist vielleicht besser.*

KOMMENTAR 6 LEHRPERSON C 		*Dann auch die strategische Hilfe, ja, dass sie eben, wenn sie nur `ne Formal aufgeschrieben haben, das auch in Worten noch erklären oder als Bild zeichnen.*
THEORIE-PRAXIS-VERBINDUNG 4 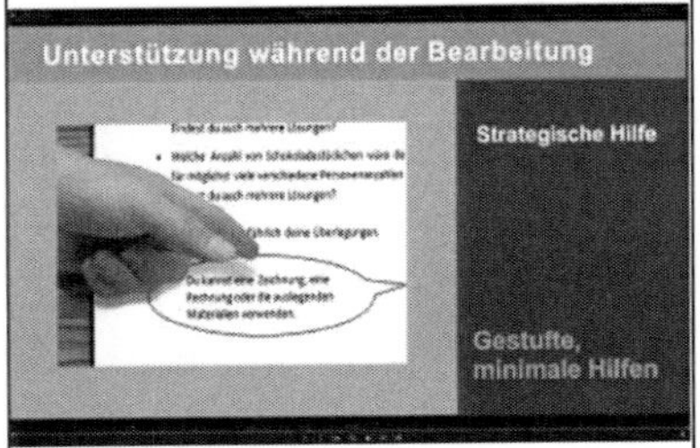 Schnitt Ausblendung aller Elemente.	*Strategische Hilfen geben allgemeine Hinweise für das Finden eines Lösungsweges. Sie nehmen aber noch keine Ergebnisse oder Teillösungen vorweg.*	
KOMMENTAR 7 LEHRPERSON C  Schnitt		*Und als letztes eben auch 'ne inhaltliche Hilfe, wenn ich merke, es geht gar nichts, dass ich dann auch mal hingeh' und einen Teilschritt erarbeite. Und das ist mir eigentlich das Wichtigste, ja, in der Erarbeitungsphase Ihnen auch immer wieder Impulse zu geben und sie immer wieder darauf aufmerksam zu machen,*

		wo sie das noch optimieren können. Also, dass sie mit Bilder arbeiten können, dass sie in Worten und Rechnungen ausdrücken können.
THEORIE-PRAXIS-VERBINDUNG 5 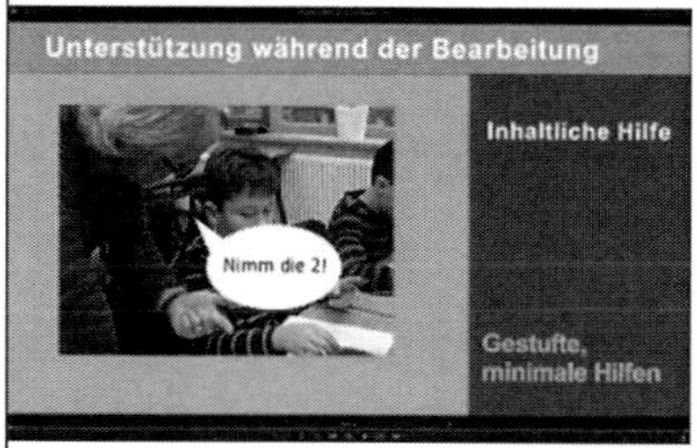 	*Inhaltliche Hilfen sind konkrete Hinweise für einen nächsten Arbeitsschritt auf dem Weg zu einer Lösung. Sie beschleunigen den Lösungsprozess, können aber das selbstständige Arbeiten und das Zutrauen in die eigenen Fähigkeiten mindern. Daher sollte man sie zurückhaltend und wohlüberlegt einsetzen.*	
PRAXISSZENE 5: TOTALE  Schrittweises Einblenden des Textes.	*Selbstdifferenzierende Aufgaben benötigen gewisse selbstregulative, sprachliche oder soziale Fähigkeiten. Zugleich werden diese auch gefördert. Im Film haben Sie Beispiele für Impulse gesehen, die dabei unterstützen. Das Prinzip der minimalen Hilfe besagt, dass die Hilfe so stark wie nötig sein sollte, damit die Schülerinnen und Schüler*	

<table>
<tr>
<td>THEORIE-PRAXIS-VERBINDUNG 6

</td>
<td>weiterarbeiten, aber so schwach wie möglich, um sie selbstständig aufrecht zu erhalten.</td>
<td></td>
</tr>
<tr>
<td>ORIENTIERUNG 3
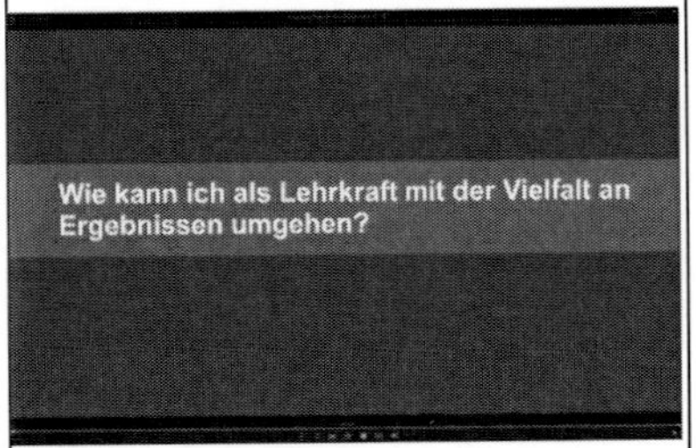

Blaues Feld fliegt von links ein.
Einblendung der Textes.</td>
<td></td>
<td></td>
</tr>
<tr>
<td>PRAXISSZENE 6

Schnitt</td>
<td></td>
<td>Nun kann ich aber noch ,ne zweite Reihe darunterlegen, dann kriegt halt jeder zwei. Also ich kann ganz viele verschiedene Möglichkeiten finden, wie ich das auf 6 Personen aufteilen kann, ... indem ich immer wieder eine Reihe dazu mache.
(LK zeichnet Zahlen und ihre Teiler an)</td>
</tr>
</table>

<table>
<tr>
<td>THEORIE-PRAXIS-VERBINDUNG 7
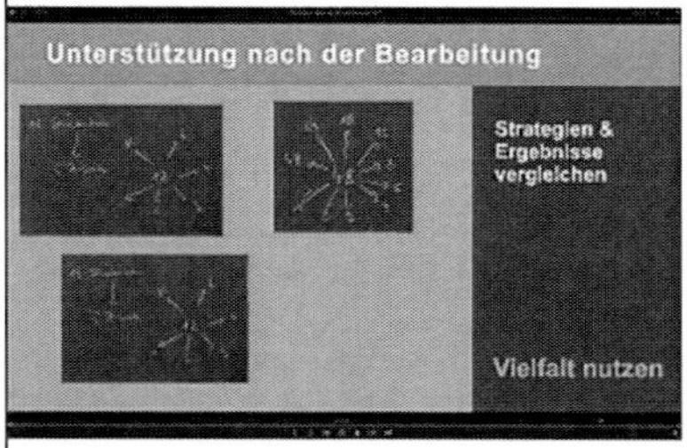
Schnitt
Bilder fliegen von verschiedenen Seiten ein. Schrittweises Einblenden der Textelemente.

Simultane Ausblendung aller Elemente.</td>
<td>Nach der Bearbeitung können verschiedene Strategien und Lösungen gemeinsam gesammelt und verglichen werden.
Die entstandene Vielfalt an Ergebnissen und Lösungswegen kann im Unterricht genutzt werden, z. B. für die Entwicklung mathematischer Begriffe.
In welchem Umfang Lernende die verschiedenen Wege nur kennen, selbst verwenden oder sogar klug auswählen sollen, muss man je nach Gegenstand und Lerngruppe entscheiden.</td>
<td></td>
</tr>
<tr>
<td>PRAXISSZENE 7
</td>
<td></td>
<td>Derjenige oder diejenige hat dann auch schon schön hingeschrieben, wieviel jeder von den 5 Personen kriegt oder jeder von den 4 Personen. Hier dann auch schön die Erweiterung. Die Zahl 18, in verschiedene Teiler aufgeteilt.</td>
</tr>
</table>

THEORIE-PRAXIS-VERBINDUNG 8 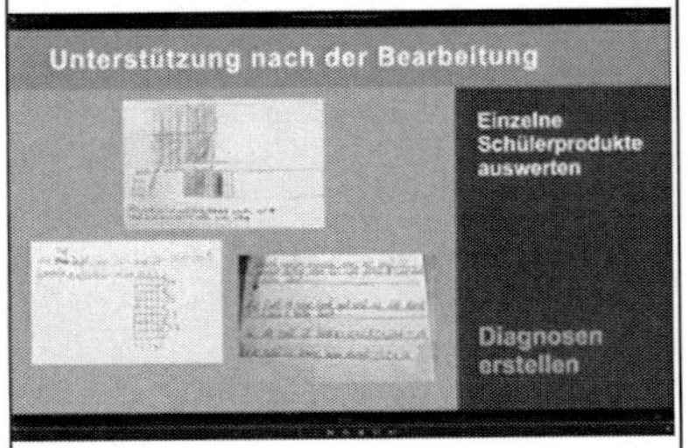 Schnitt Bilder fliegen von oben, unten und links ein. Schrittweises Einblenden der Textelemente. Simultane Ausblendung aller Elemente.	*Viele selbstdifferenzierende Aufgaben regen Lernende zu umfangreicheren Eigenproduktion an als geschlossene Aufgaben. Aus diesen Produkten kann man sich einen Überblick über die individuellen Leistungen der Schülerinnen und Schüler verschaffen.*	
ZUSAMMMENFASSUNG PRAXISSZENE 8  Schnitt Video verkleinert sich und fliegt in das hellgraue Feld.	*In diesem Teil haben Sie gesehen, auf welche Weise Sie als Lehrperson vor, während und nach der Bearbeitung einer selbstdifferenzierenden Aufgabe Unterstützung leisten können.*	

<table>
<tr><td>Schrittweises Einblendung der Oberbegriffe im rechten Feld.</td><td></td><td></td></tr>
<tr><td>ZUSAMMENFASSUNG
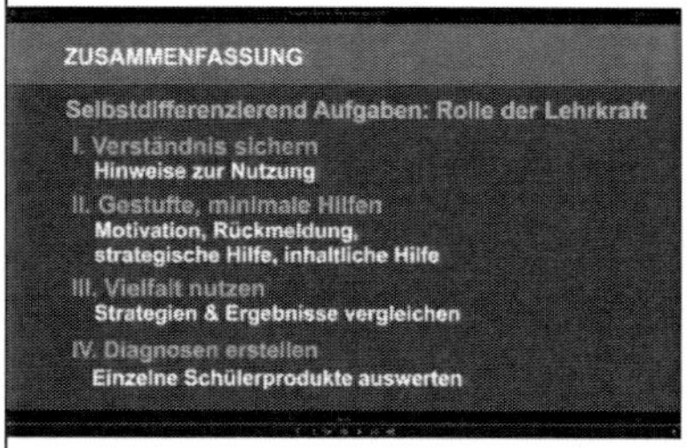
</td><td>Mit bestimmten Maßnahmen überprüft und sichert die Lehrperson vor Beginn der Bearbeitung das Verständnis der Lernenden.
Gestufte, minimale Hilfen unterstützen das selbstständige Arbeiten.
Die vielfältigen Strategien können im weiteren Unterricht genutzt werden.
Abhängig von der Ergiebigkeit der Aufgabe können hierbei individuelle Diagnosen erstellt und individuelle Fördermaßnahmen oder Änderungen in der weiteren Unterrichtsplanung vorgenommen werden.</td><td></td></tr>
</table>

B Fragebögen

B 1 Fragebogen zur Pilotierung (1. Redesign der Videos)

Selbstdifferenzierende Aufgaben – Umfrage zu Videos (07.06.2018)

1. Gestaltung
Wie fanden Sie Gestaltung und Qualität der Videos?
Was hat Sie angesprochen, was gestört?

2. Inhalt
Welche inhaltlichen Aspekte in den Videos waren für Sie bedeutsam?
Was hat zu einer Erweiterung oder Veränderung Ihrer Sichtweise auf Differenzierung beigetragen?

Was passte eher zu Ihrer Praxis, was weniger?
Welchen Aspekt würden Sie in nächster Zeit berücksichtigen/nutzen?

B 2 Fragebogen zur Hauptstudie (2. Redesign der Videos)

Rückmeldung über die Videos zum Thema Differenzierung im Mathematikunterricht

Immer stärker nutzen Lehrerinnen und Lehrer Videos für ihre eigene Fortbildung, der Bedarf an geeigneten Videos zu praxisrelevanten Themen wächst. Wir haben solche **Fortbildungs-videos zum Thema „differenzierender Mathematikunterricht**“ erstellt welche bestehende Praxisliteratur (Leuders & Prediger, 2017, „Flexibel differenzieren“) illustrieren und ergänzen und die wir Ihnen gerne anbieten möchten. Wenn Sie uns zu den Videos Ihre Einschätzungen übermitteln, leisten Sie zudem einen Beitrag zur Weiterentwicklung videobasierter Fortbildungen. Unsere Befragung wird im Rahmen der Fortbildungsentwicklungsforschung des Deutschen Zentrums für Lehrerbildung Mathematik (DZLM) und der Pädagogischen Hochschule Freiburg durchgeführt.
Bitte senden Sie dann die ausgefüllte Umfrage **möglichst innerhalb 2 Wochen** an die folgende Adresse zurück (ist bereits auf dem Rückumschlag notiert): Pädagogische Hochschule Freiburg, Institut für Mathematische Bildung, Kunzenweg 21, 79117 Freiburg.
Die Daten werden vollständig **anonym** erfasst und lassen keinen Rückschluss auf die befragte Person zu. Persönliche Daten wie z.B. Adressdaten sind bei der Umfrage nicht erforderlich.
Sie werden gebeten, insgesamt vier kurze Videos (Dauer jeweils zwischen ca. drei und acht Minuten) anzuschauen und im Anschluss jeweils mehrere Fragen zu beantworten. Abschließend werden ein paar übergreifende Fragen bezogen auf alle Videos gestellt. Es ist technisch leider notwendig, die ganze Befragung in einem Durchgang durchzuführen und nicht zu unterbrechen.
Als Anerkennung für Ihre Teilnahme **erhalten Sie** nach erfolgter Befragung einen Downloadlink zu allen in den Videos gezeigten **Begleitmaterialien**, sowie eine **Bescheinigung** für die Teilnahme an einer Fortbildungsmaßnahme zum differenzierenden Mathematikunterricht.
Gerne stehen wir auch für weitere Fragen zur Verfügung (Mail an frank.foeckler@ph-freiburg.de).

Wir bedanken uns schon im Voraus ganz herzlich für Ihre Unterstützung!

Frank Föckler Timo Leuders Lars Holzäpfel

Projektleiter am Institut für Mathematische Bildung IMBF, Pädagogische Hochschule Freiburg

DZLM
Deutsches Zentrum für Lehrerfortbildung Mathematik

Pädagogische Hochschule Freiburg
Université des Sciences de l'Education · University of Education

Videos zum differenzierenden Mathematikunterricht
Informationen zur Umfrage

Das Ansehen und Einschätzen aller Videos dauert ungefähr 45 Minuten. Sie schauen sich insgesamt vier kurze Videos an. In den Videos werden Merkmale eines **differenzierenden Mathematikunterrichts** im Zusammenhang mit Aufgaben gezeigt:

Video 1: ***Aufgabenbeispiel***

Video 2*:* ***begleitende Materialien***

Video 3*:* ***Lernende*** *bei der Bearbeitung*

Video 4*: Rolle der* **Lehrperson**

Im Anschluss an jedes Video erhalten Sie **Fragen** zur Gestaltung (A-Teil), zu den gezeigten Inhalten (B-Teil) und zur Nutzung der Inhalte (C-Teil). Die Umfrage endet mit abschließenden Fragen zu allen Videos (D-Teil). Um zu sehen, inwiefern die Videoinhalte verständlich und nützlich sind, bitten wir Sie auch, sich zu Beginn und am Ende der Umfrage einzuschätzen.

Aufgrund des Ladevorgangs kann sich das Abspielen manchmal etwas verzögern (bitte haben Sie dann ggfs. etwas Geduld). Alle Videos können angehalten und vor- und zurückbewegt werden.
Schauen Sie das jeweilige Video an und beantworten Sie dann die Fragen auf den folgenden Seiten. Zum Aufrufen der Videos geben Sie folgenden Link in Ihrem Internetbrowser ein:

http://t1p.de/48uz

UMFRAGE

Bitte geben Sie einen Code an (*Dieser Code wird für eine spätere Zuordnung gebraucht und sorgt dafür, dass Sie dennoch anyonym bleiben).*

Tragen Sie bitte

- *an erster Stelle die ersten beiden Buchstabe des Vornamens Ihrer Mutter ein,*
- *an zweiter Stelle die ersten beiden ersten Buchstaben des Vornamens Ihres Vaters.*
- *Tragen Sie in die letzten 2 Stellen das Geburtsjahr Ihrer Mutter ein.*

*z. B. **In**ge -> **I N**; **Ma**nfred -> **M A**; Geburtsjahr: **6 0** -> **I N M A 6 0***

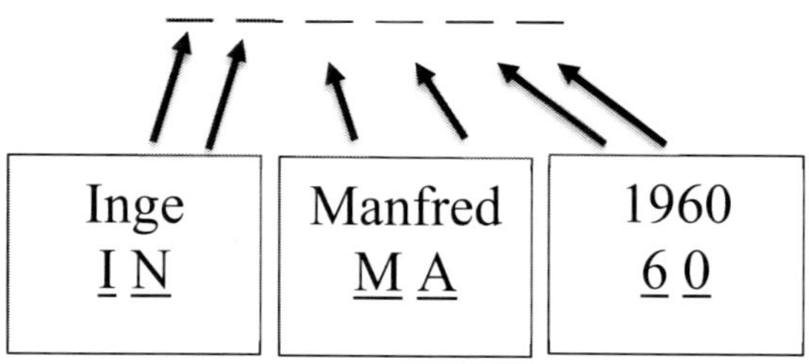

1. Wie viele Jahre haben Sie insgesamt als Lehrperson (Vollzeit oder Teilzeit) gearbeitet? (Nach dem Referendariat)

   Insgesamt ____ Jahre.

2. Bitte geben Sie die Schulart an, in der Sie die meisten Jahre unterrichtet haben:

   ____

3. Falls zutreffend: Außerdem habe ich folgende Funktionen / Tätigkeiten ausgeübt (z. B. Fachleiter/in, Schulleitung, Fortbildner/in ..., keine Detailangaben nötig):

   Tätigkeit / Jahre / Umfang: ______________________
   Tätigkeit / Jahre / Umfang: ______________________
   Tätigkeit / Jahre / Umfang: ______________________

Einschätzungen zur Planung und Durchführung von Unterricht mit differenzierenden Mathematikaufgaben

Schätzen Sie sich bitte vor dem Betrachten der Videos zunächst ein. Alle Ihre Angaben werden wie oben genannt anonym behandelt.

	trifft nicht zu	trifft eher nicht zu	trifft eher zu	trifft zu
„Ich kenne **Kriterien** für geeignete **differenzierende Mathematikaufgaben**."	☐	☐	☐	☐
„Ich kenne Möglichkeiten in der **Rolle als Lehrperson,** Schülerinnen und Schüler differenziert zu fördern."	☐	☐	☐	☐
„Ich kenne **verschiedene Arten von Hilfsmaterialien** für das aufgabenbezogene Differenzieren im Mathematikunterricht."	☐	☐	☐	☐
„Ich kenne verschiedene **Denkweisen** und **Strategien der Schülerinnen und Schüler** zur Bearbeitung von differenzierenden Mathematikaufgaben."	☐	☐	☐	☐

Schauen Sie jetzt bitte VIDEO 1 an:

„Aufgabenbeispiel"

Gehen Sie dazu auf die Videodatei und öffnen Sie diese mit einem Doppelklick.

Video 1 - „Aufgabenbeispiel“

Fragen zur Gestaltung des Videos (Videodesign)

A1 Ich persönlich finde die Gestaltung dieses Videos insgesamt **ansprechend**.

trifft nicht zu	trifft eher nicht zu	trifft eher zu	trifft zu
☐	☐	☐	☐

Auf welche **Stellen** im Video beziehen Sie sich in Ihrem Urteil?

Markieren Sie mit einem Pfeil ggfs. mit Linien oder Kreisen die Stellen, auf die Sie sich bei Ihrer Einschätzung in A1 beziehen. Geben Sie bitte an der linken oder rechten Seite **Gründe an, warum Sie die Gestaltung ansprechend bzw. nicht ansprechend** finden:

Screenshots Video „Aufgabenbeispiel“

Meine Begründung:

Im Rahmen der Differenzierung im Mathematikunterricht sehen Sie Fortbildungsvideos zum Thema „Selbstdifferenzierende Aufgaben“

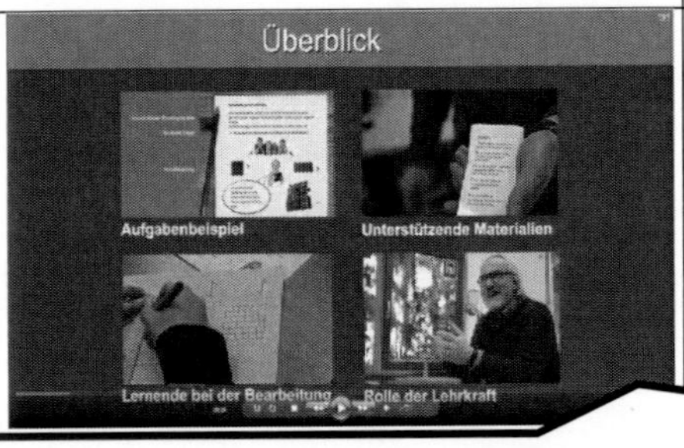

Die Videos zeigen verschiedene Sichtweisen auf die Gestaltung von Mathematikunterricht mit selbstdifferenzierenden Aufgaben. Der folgende Teil zeigt die Merkmale einer selbstdifferenzieren-

Mein Name ist Michael Schulke. Ich unterrichte an der Realschule die Fächer Mathematik, Religion und Musik und ich werde heute zeigen, wie eine selbstdifferenzierende Aufgabe funktioniert...

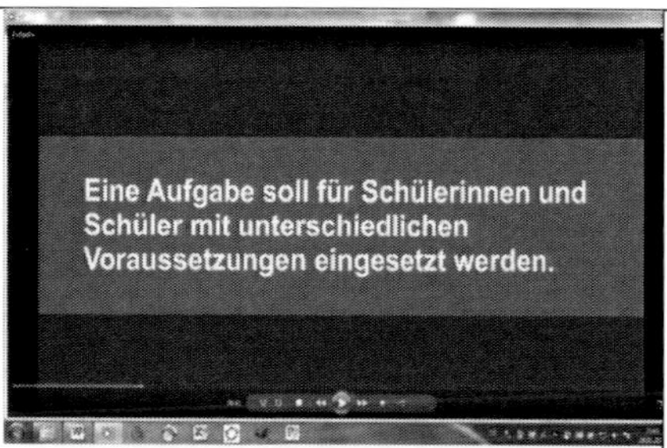

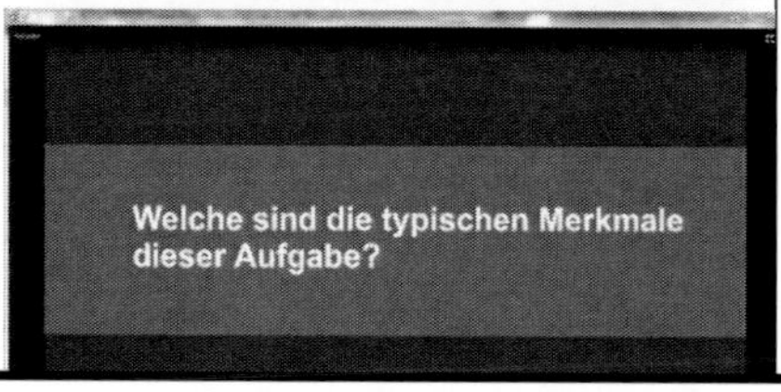

Die Aufgabe wird in der Phase des Erkundens eingesetzt. Es geht darum, Zahlen auf ihre Teilbarkeit zu erforschen. Lernende können einen, mehrere oder alle Teile der Aufgabe wählen und bearbeiten.

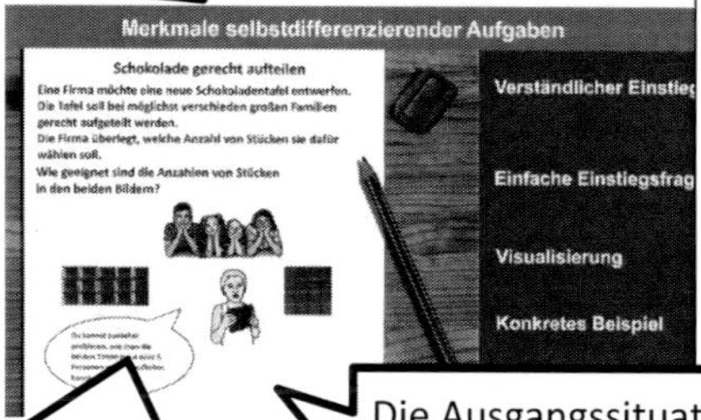

Die Ausgangssituation ist einfach formuliert, um für alle Lernenden einen Einstieg zu ermöglichen. Die erste Frage ist eng formuliert, indem sie sich konkret auf zwei bestimmte Schokoladengrößen bezieht.

Die Situation ist noch einmal bildlich dargestellt.
Die Comicfigur in der Mitte bietet zwei konkrete Familiengrößen zum Ausprobieren an.
Mit Hilfe dieser Elemente wird die Aufgabe verständlich und versucht, möglichst vielen Lernenden einen Zugang zu ermöglichen.

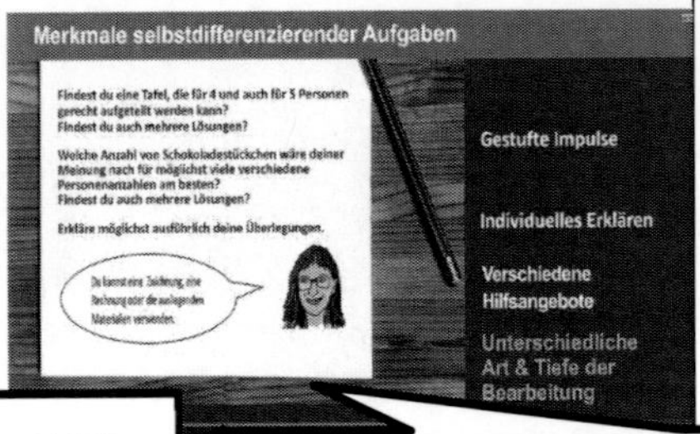

Schülerinnen und Schüler werden zur Erklärung aufgefordert und kognitiv aktiviert. Die Erklärungen können je nach ihren Fähigkeiten eine unterschiedliche Bearbeitungstiefe haben.

Die Comicfigur bietet über die Sprechblase verschiedene Wege der Bearbeitung an, darunter auch handelnde oder bildliche. Schülerinnen und Schüler können selbst entscheiden, welchen Weg sie zum Lösen der Aufgabe verwenden.

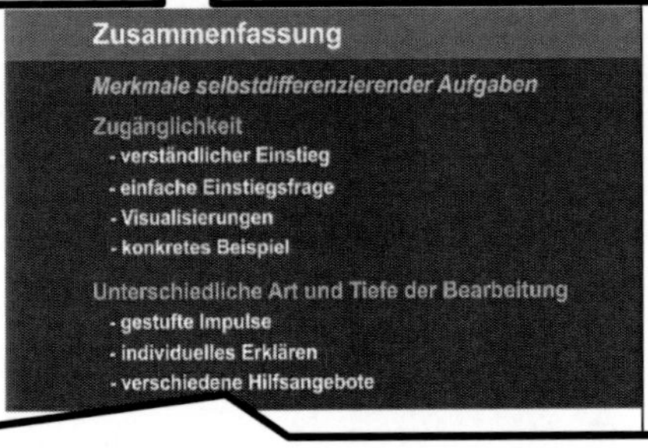

Im Video haben sie Merkmale gesehen, die eine selbstdifferenzierende Aufgabe kennzeichnen. Nach diesem Prinzip können Sie Aufgaben in allen Klassenstufen einsetzen.

Sonstige Gründ… Sie können sich … kunden.

... Video 1 „Aufgabenbeispiel“

... Fragen zur Gestaltung des Videos

A2 Die eingeblendeten **Begriffe** am rechten Bildrand sind für mich **verständlich** formuliert.

trifft nicht zu	trifft eher nicht zu	trifft eher zu	trifft zu
☐	☐	☐	☐

A3 Das Video wirkt auf mich **authentisch**.

trifft nicht zu	trifft eher nicht zu	trifft eher zu	trifft zu
☐	☐	☐	☐

A4 Die **Dauer** des Videos war mir angemessen.

trifft nicht zu	trifft eher nicht zu	trifft eher zu	trifft zu
☐	☐	☐	☐

A5 Die **Geschwindigkeit** des Videos war mir angemessen.

trifft nicht zu	trifft eher nicht zu	trifft eher zu	trifft zu
☐	☐	☐	☐

... Video 1 - „Aufgabenbeispiel“

B. Fragen zu den Inhalten des Videos

B1 Welche inhaltlichen Aspekte des Videos haben Sie sich **besonders gemerkt**? Sie können bis zu drei Aspekte nennen.

B2 **Warum** haben Sie sich diese inhaltlichen Aspekte besonders gemerkt?

Inhaltlicher Aspekt 1:
Mein Grund / Meine Gründe:
Inhaltlicher Aspekt 2:
Mein Grund/ Meine Gründe:
Inhaltlicher Aspekt 3:
Mein Grund/Meine Gründe:

... Video 1 - „Aufgabenbeispiel“

... Fragen zu den Inhalten des Videos

B3 Die im Video gezeigten *Merkmale selbstdifferenzierender Aufgaben* kann ich gut auf **meinen eigenen Unterricht übertragen.**

trifft nicht zu	trifft eher nicht zu	trifft eher zu	trifft zu
☐	☐	☐	☐

Auf welche **Stellen** im Video beziehen Sie sich dabei?

Markieren Sie mit einem Pfeil ggf. mit Linien oder Kreisen die Stellen, auf die Sie sich in Ihrem Gesamturteil bei B3 beziehen und schreiben Sie auf der linken oder rechten Seite **Gründe für Ihr Urteil** auf.

Screenshots Video 1 „Aufgabenbeispiel“

Im Rahmen der Differenzierung im Mathematikunterricht sehen Sie Fortbildungsvideos zum Thema „Selbstdifferenzierende Aufgaben“

Die Videos zeigen verschiedene Sichtweisen auf die Gestaltung von Mathematikunterricht mit selbstdifferenzierenden Aufgaben. Der folgende Teil zeigt eine solche selbstdifferenzierende Aufgabe und ihre Merkmale.

Mein Name ist Michael Schulke. Ich unterrichte an der Realschule die Fächer Mathematik, Religion und Musik und ich werde heute zeigen, wie eine selbstdifferenzierende Aufgabe funktioniert…

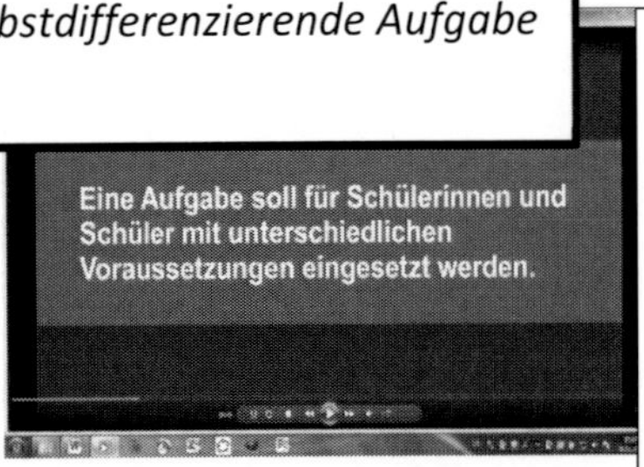

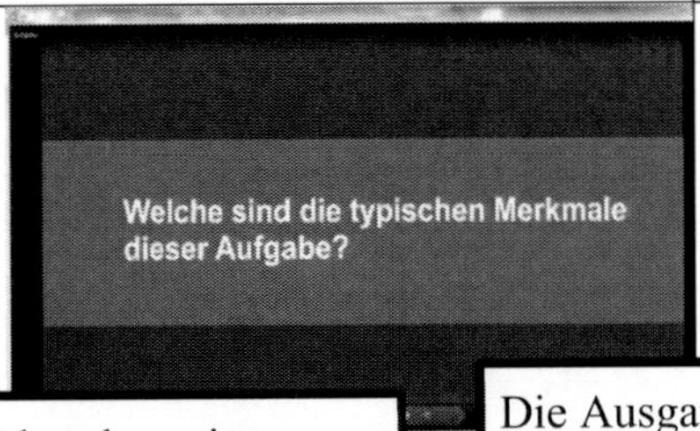

Die Aufgabe wird in der Phase des Erkundens eingesetzt. Es geht darum, Zahlen auf ihre Teilbarkeit zu erforschen. Lernende können einen, mehrere oder alle Teile der Aufgabe wählen und bearbeiten.

Die Ausgangssituation ist einfach formuliert, um für alle Lernenden einen Einstieg zu ermöglichen. Die erste Frage ist eng formuliert, indem sie sich konkret auf zwei bestimmte Schokoladengrößen bezieht.

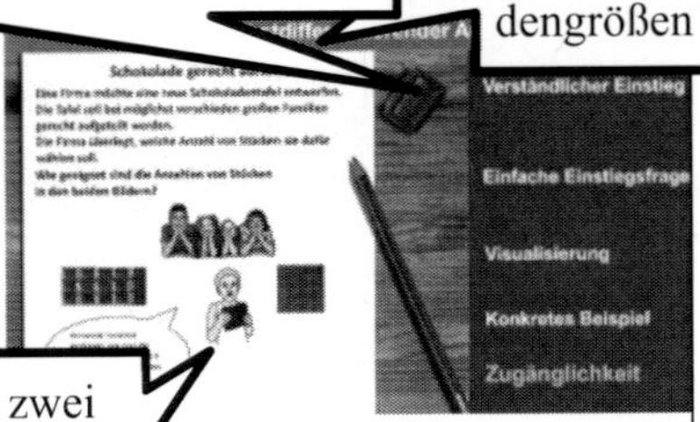

Die Comicfigur in der Mitte bietet zwei konkrete Familiengrößen zum Ausprobieren an.

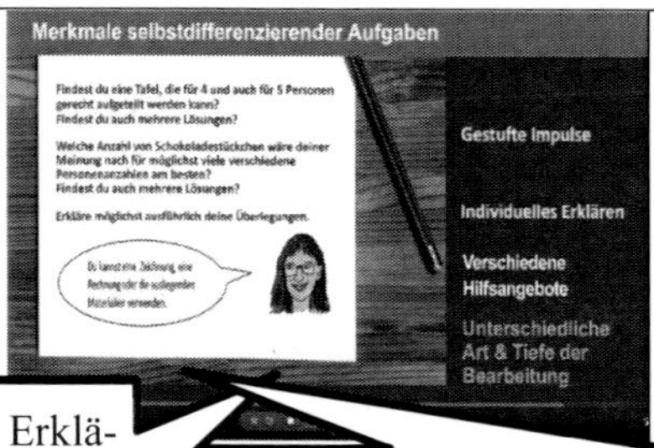

Schülerinnen und Schüler werden zur Erklärung aufgefordert und kognitiv aktiviert. Die Erklärungen können je nach ihren Fähigkeiten eine unterschiedliche Bearbeitungstiefe haben.

Die Comicfigur bietet über die Sprechblase verschiedene Wege der Bearbeitung an, darunter auch handelnde oder bildliche. Schülerinnen und Schüler können selbst entscheiden, welchen Weg sie zum Lösen der Aufgabe verwenden.

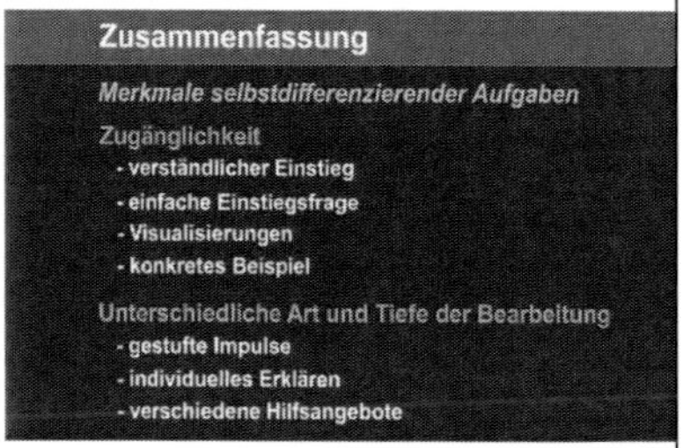

Nennen Sie ggfs. **sonstige Stellen im Video**, an denen sichtbar wird, warum Sie **Merkmale selbstdifferenzierender Aufgaben** gut bzw. weniger gut oder überhaupt nicht auf Ihren eigenen Unterricht **übertragen** können. Dabei können Sie auch **gesprochene Inhalte** berücksichtigen. Sie können auch die Stellen mit den Minuten/Sekunden notieren.

... Video 1 - „Aufgabenbeispiel“

Fragen zur beabsichtigten Nutzung der Inhalte des Videos

C1 Ich beabsichtige, die im Video gezeigten **Merkmale selbstdifferenzieren der Aufgaben** in meinem eigenen Unterricht zu **nutzen**.

trifft nicht zu	trifft eher nicht zu	trifft eher zu	trifft zu
☐	☐	☐	☐

C2 Erläutern Sie, **welche Merkmale** von selbstdifferenzierenden Aufgaben Sie **warum** und **wie** in ihrem eigenen Unterricht nutzen bzw. nicht nutzen würden. Sollte der Platz hier nicht reichen, können Sie gerne auf der Rückseite dieses Blattes schreiben.

Diesen Aspekt würde ich nutzen:

Mein Grund/Meine Gründe, warum ich diesen Aspekt in meinem Unterricht nutzen würde:

Auf diese Weise würde ich diesen Aspekt nutzen:

Diesen Aspekt würde ich nicht nutzen:

Mein Grund/meine Gründe, warum ich diesen Aspekt nicht nutzen würde:

Schauen Sie jetzt bitte VIDEO 2 an:

„Selbstdifferenzierende Aufgaben – Begleitmaterialien“

Öffnen Sie dazu die Videodatei mit einem Doppelklick!

Video 2 - „Begleitende Materialien“

Fragen zur Gestaltung des Videos (Videodesign)

A1 Ich persönlich finde die Gestaltung dieses Videos insgesamt **ansprechend**.

trifft nicht zu	trifft eher nicht zu	trifft eher zu	trifft zu
☐	☐	☐	☐

Auf welche **Stellen** im Video beziehen Sie sich in Ihrem Urteil?

Markieren Sie mit einem Pfeil ggfs. mit Linien oder Kreisen die Stellen, auf die Sie sich bei Ihrer Einschätzung in A1 beziehen. Geben Sie bitte an der linken oder rechten Seite **Gründe an, warum Sie die Gestaltung ansprechend bzw. nicht ansprechend** finden:

Screenshots Video „Begleitende Materialien“

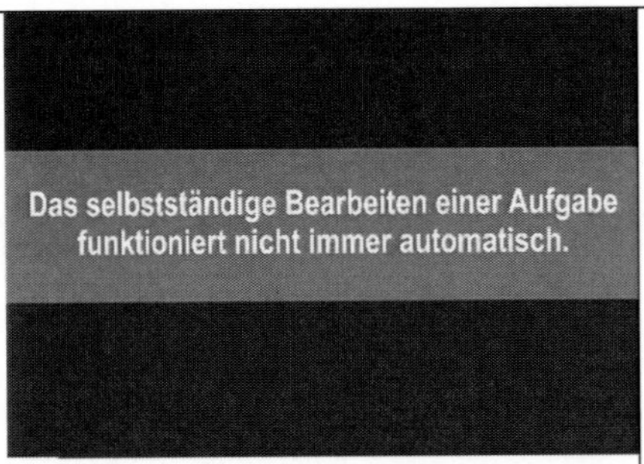

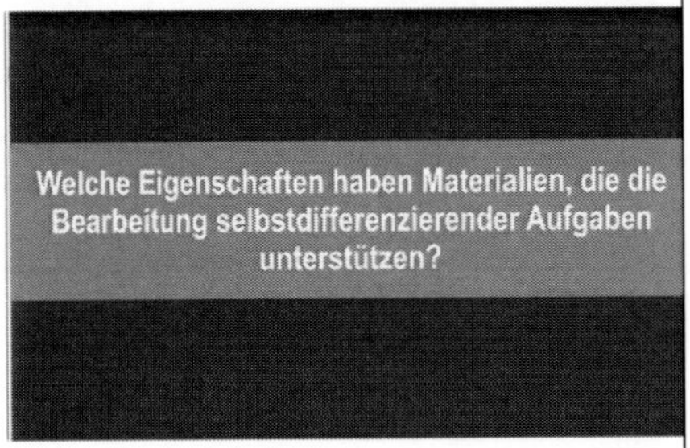

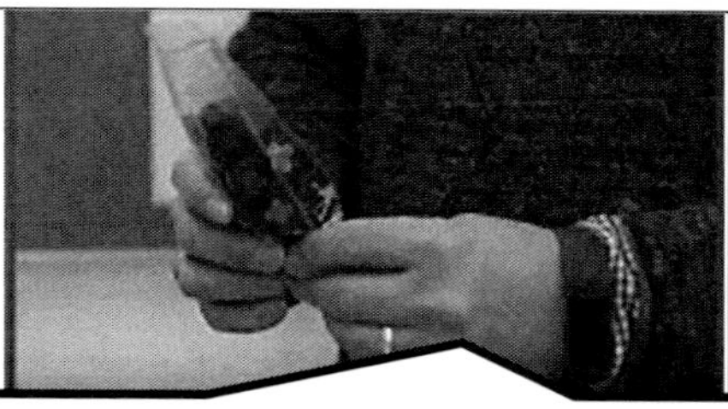

Also ich hab am Anfang auch darauf hingewiesen, dass ich Material mitgebracht hab zur Bearbeitung der Aufgabe, das diesmal Schokoladenstückchen darstellen soll. Da sollen die Schüler erstmal verschiedene Anzahlen von Stückchen legen, dass sie es nicht zeichnen brauchen, sondern eventuell erstmal ausprobieren können.

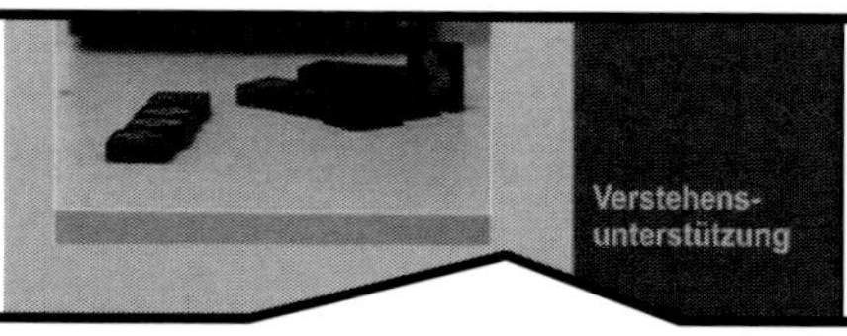

Konkrete Materialien dienen der Visualisierung und ermuntern zum Ausprobieren. Damit alle Schülerinnen und Schüler die an sie gestellten Anforderungen erfüllen können, helfen sie beim Verstehen des mathematischen Sachverhalts.

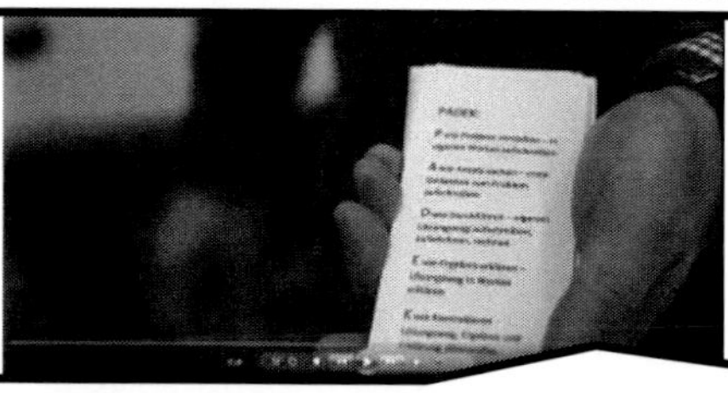

Vorbereitet hab ich noch den Lösungsplan, den wir das letzte Mal erarbeitet haben – PADEK. Dass sie da einfach nochmal drauf schauen können. Da hatten wir auch besprochen, dass man zuerst einmal die Aufgabe versteht, dann den Ansatz probiert dann den Lösungsweg aufschreibt, dann den Lösungsweg, den Lösungsweg und dann nochmal kontrolliert.

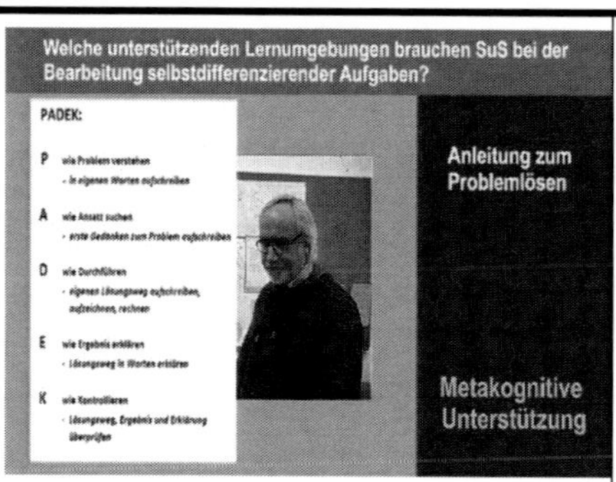

Für das Erstellen eines Lösungsplans kann bei Bedarf ein vorgegebenes Schema genutzt werden. Diese Form der geleiteten Vorgehensweise dient der metakognitiven Unterstützung.

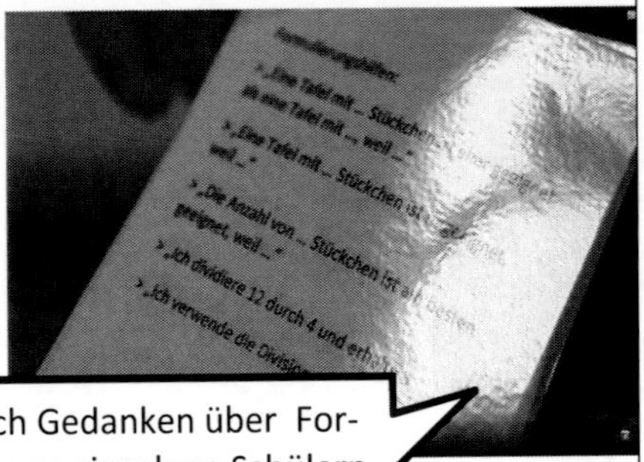

Dann hab ich mir im Vorfeld auch Gedanken über Formulierungshilfen gemacht, wenn es einzelnen Schülern schwerfällt zu formulieren, ähm die einzelnen Dinge, dass sie da einfach `ne kleine Hilfe haben.

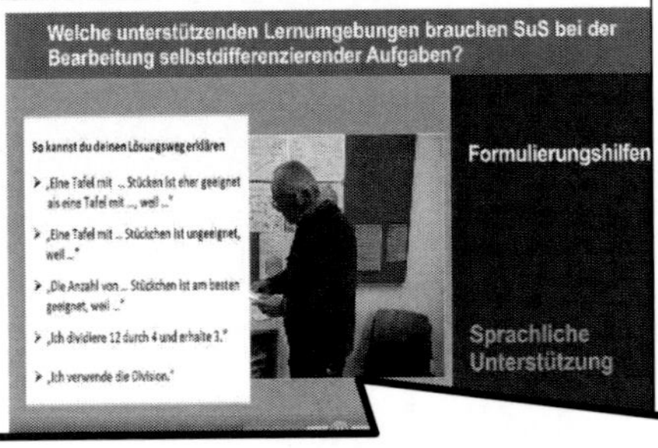

Anhand der Formulierungshilfen können Lernende für ihre Erklärungen auf Fachbegriffe zurückgreifen und auch einzelne Satzteile verwenden. Damit alle Schülerinnen und Schüler die gestellten Anforderungen erfüllen können, wird ihnen sprachliche Unterstützung angeboten.

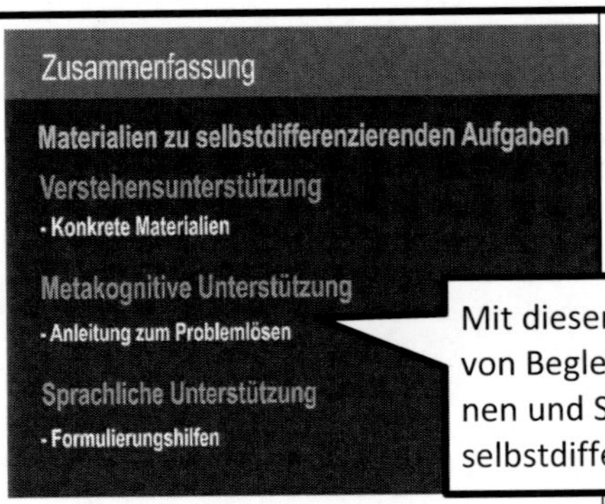

Mit diesen im Video gezeigten Merkmalen von Begleitmaterialien können die Schülerinnen und Schüler auf ihrem jeweiligen Niveau selbstdifferenzierende Aufgaben bearbeiten.

Sonstige Gründe, warum Sie das Video insgesamt ansprechend oder weniger bzw. nicht ansprechend finden.
Sie können sich dabei auch auf gesprochene Inhalte beziehen oder Sie notieren die Stellen mit den Minuten/Sekunden.

Video 2 „Begleitende Materialien“

... Fragen zur Gestaltung des Videos

A2 Die eingeblendeten **Begriffe** am rechten Bildrand sind für mich **verständlich** formuliert.

trifft nicht zu	trifft eher nicht zu	trifft eher zu	trifft zu
☐	☐	☐	☐

A3 Die Unterrichtsszenen wirken auf mich **authentisch**.

trifft nicht zu	trifft eher nicht zu	trifft eher zu	trifft zu
☐	☐	☐	☐

A4 Die **Dauer** des Videos war mir angemessen.

trifft nicht zu	trifft eher nicht zu	trifft eher zu	trifft zu
☐	☐	☐	☐

A5 Die **Geschwindigkeit** des Videos war mir angemessen.

trifft nicht zu	trifft eher nicht zu	trifft eher zu	trifft zu
☐	☐	☐	☐

Video 2 „Begleitende Materialien“

Fragen zu den Inhalten des Videos

B1 Welche inhaltlichen Aspekte des Videos haben Sie sich **besonders gemerkt**? Sie können bis zu drei Aspekte nennen.

B2 **Warum** haben Sie sich diese inhaltlichen Aspekte besonders gemerkt?

Inhaltlicher Aspekt 1:

Mein Grund/Meine Gründe:

Inhaltlicher Aspekt 2:

Mein Grund/Meine Gründe:

Inhaltlicher Aspekt 3:

Mein Grund/Meine Gründe:

Video 2 „Begleitende Materialien“

B. ... Fragen zu den Inhalten des Videos

B3 Die im Video gezeigten *Arten von Begleitmaterialien für selbstdifferenzierende Aufgaben* kann ich gut auf **meinen eigenen Unterricht übertragen.**

trifft nicht zu	**trifft eher nicht zu**	**trifft eher zu**	**trifft zu**
☐	☐	☐	☐

Auf welche **Stellen** im Video beziehen Sie sich dabei?

Markieren Sie mit einem Pfeil ggf. mit Linien oder Kreisen die Stellen, auf die Sie sich in Ihrem Urteil bei B3 beziehen und schreiben Sie auf der linken oder rechten Seite **Gründe für Ihr Urteil** auf.

Screenshots Video „Begleitende Materialien“

	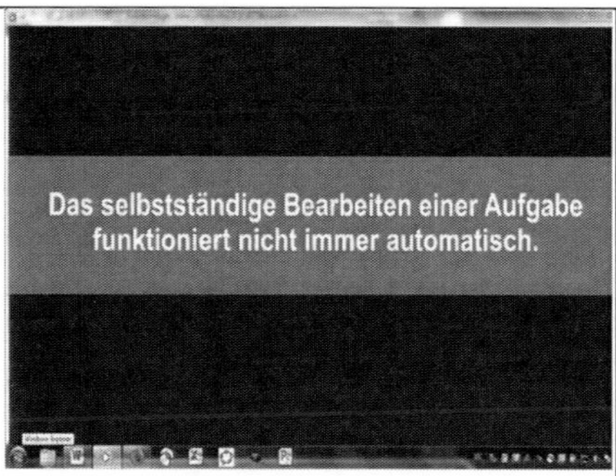	
	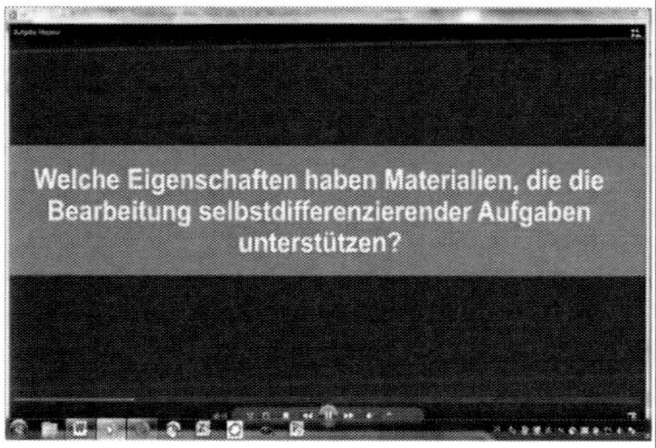	

Also ich hab am Anfang auch darauf hingewiesen, dass ich Material mitgebracht hab zur Bearbeitung der Aufgabe, das diesmal Schokoladenstückchen darstellen soll.
Da sollen die Schüler erstmal verschiedene Anzahlen von Stückchen legen, dass sie es nicht zeichnen brauchen, sondern eventuell erstmal ausprobieren können.

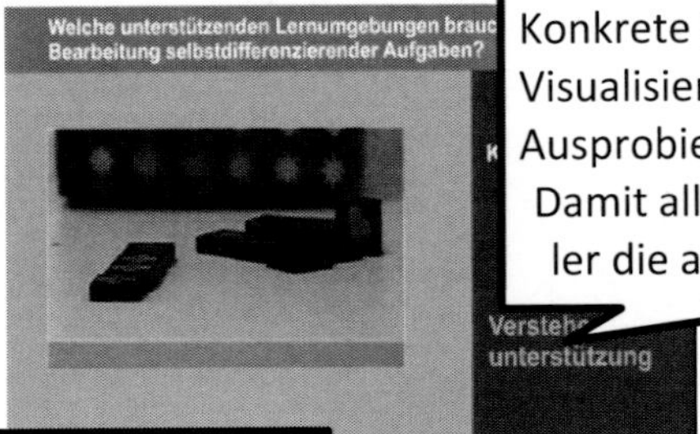

Konkrete Materialien dienen der Visualisierung und ermuntern zum Ausprobieren.
Damit alle Schülerinnen und Schüler die an sie gestellten Anforde-

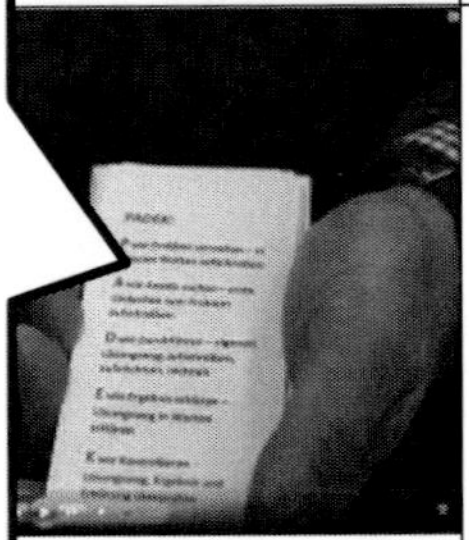

Vorbereitet hab ich noch den Lösungsplan, den wir das letzte Mal erarbeitet haben – PADEK.
Dass sie da einfach nochmal drauf schauen können. Da hatten wir auch besprochen, dass man zuerst einmal die Aufgabe versteht, dann den Ansatz probiert dann den Lösungsweg aufschreibt, dann den Lösungsweg, den Lösungsweg und dann nochmal kontrolliert.

Für das Erstellen eines Lösungsplans kann bei Bedarf ein vorgegebenes Schema genutzt werden. Diese Form der geleiteten Vorgehensweise dient der metakognitiven Unterstützung.

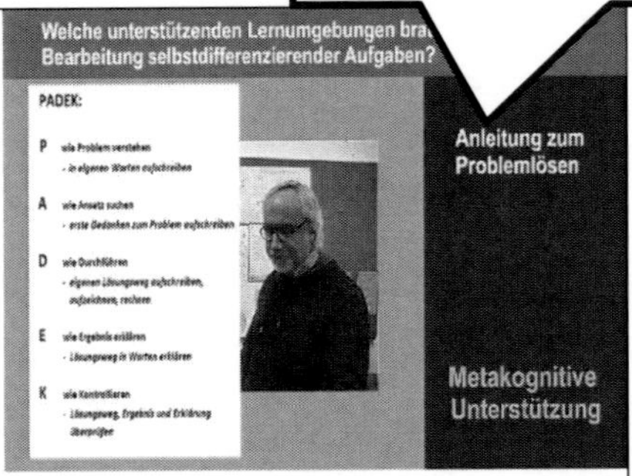

Dann hab ich mir im Vorfeld auch Gedanken über Formulierungshilfen gemacht, wenn es einzelnen Schülern schwerfällt zu formulieren, ähm die einzelnen Dinge, dass sie da einfach `ne kleine Hilfe haben.

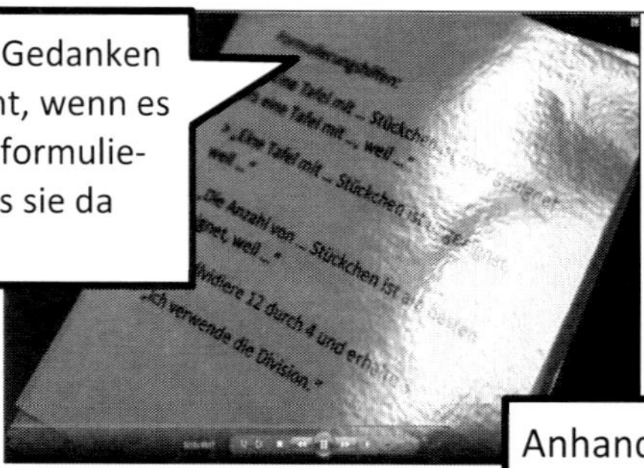

Anhand der Formulierungshilfen können Lernende für ihre Erklärungen auf Fachbegriffe zurückgreifen und auch einzelne Satzteile verwenden.

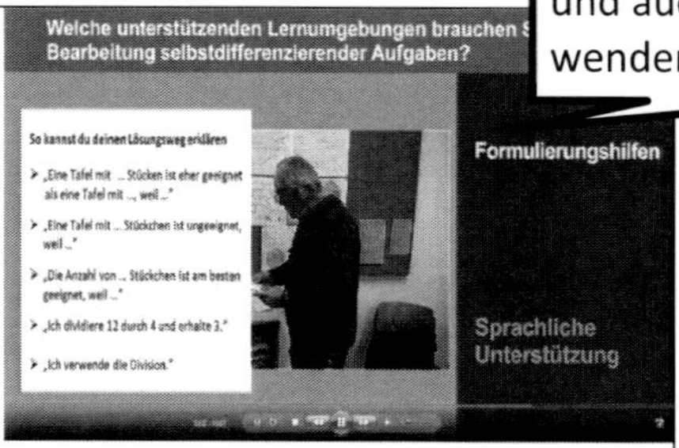

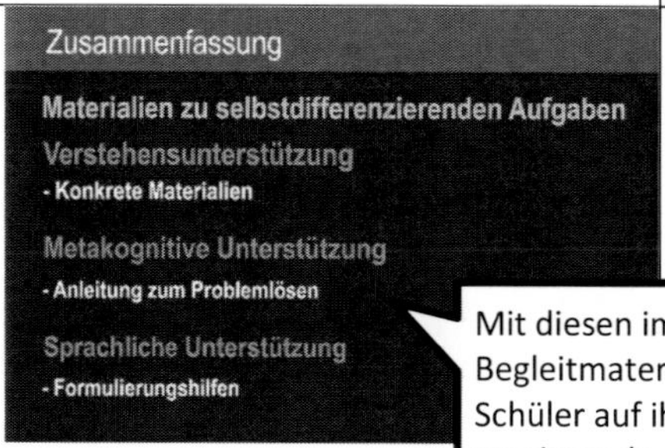

Mit diesen im Video gezeigten Merkmalen von Begleitmaterialien können die Schülerinnen und Schüler auf ihrem jeweiligen Niveau selbstdifferenzierende Aufgaben bearbeiten.

Nennen Sie ggfs. **sonstige Stellen im Video,** an denen sichtbar wird, warum Sie die **inhaltlichen Aspekte über Arten von Begleitmaterialien** gut bzw. weniger gut oder überhaupt nicht auf Ihren eigenen Unterricht **übertragen** können. Dabei können Sie auch **gesprochene Inhalte** berücksichtigen. Sie können auch die Stellen mit den Minuten/Sekunden notieren.

Video 2 „Begleitende Materialien“

Fragen zur beabsichtigten Nutzung der Inhalte des Videos

C1 Ich beabsichtige, die im Video gezeigten **Arten von Begleitmaterialien** *für selbstdifferenzierende Aufgabe* in meinem eigenen Unterricht zu **nutzen**.

trifft nicht zu	trifft eher nicht zu	trifft eher zu	trifft zu
☐	☐	☐	☐

C2 Erläutern Sie, **welche** *Arten von Begleitmaterialien* Sie **warum** und **wie** in ihrem eigenen Unterricht nutzen bzw. nicht nutzen würden. Sollte der Platz hier nicht reichen, können Sie gerne auf der Rückseite dieses Blattes schreiben.

Diesen Aspekt würde ich nutzen:

Mein Grund/Meine Gründe, warum ich diesen Aspekt in meinem Unterricht nutzen würde:

Auf diese Weise würde ich diesen Aspekt nutzen:

Diesen Aspekt würde ich nicht nutzen:

Mein Grund/Meine Gründe, warum ich diesen Aspekt nicht nutzen würde:

Schauen Sie jetzt bitte VIDEO 3 an:

„Lernende bei der Bearbeitung“

Öffnen Sie dazu die Videodatei mit einem Doppelklick!

Video 3 - „Lernende bei der Bearbeitung“

Fragen zur Gestaltung des Videos (Videodesign)

A 1 Die Gestaltung des Videos finde ich persönlich insgesamt **ansprechend**.

trifft nicht zu	trifft eher nicht zu	trifft eher zu	trifft zu
☐	☐	☐	☐

Auf welche **Stellen** im Video beziehen Sie sich in Ihrem Urteil?

Markieren Sie mit einem Pfeil ggfs. mit Linien oder Kreisen die Stellen, auf die Sie sich bei Ihrer Einschätzung in A1 beziehen. Geben Sie bitte an der linken oder rechten Seite **Gründe an, warum Sie die Gestaltung ansprechend bzw. nicht ansprechend** finden:

Screenshots Video „Lernende bei der Bearbeitung“

	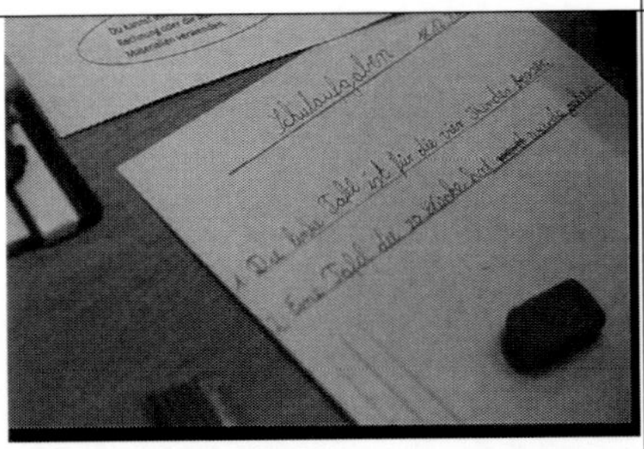	

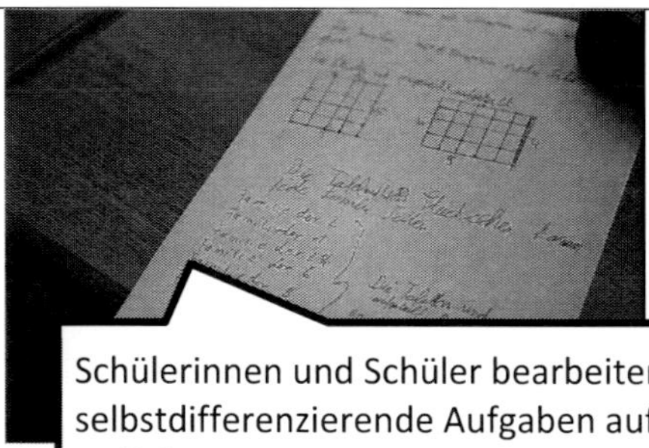

Schülerinnen und Schüler bearbeiten selbstdifferenzierende Aufgaben auf vielfältige Weise.

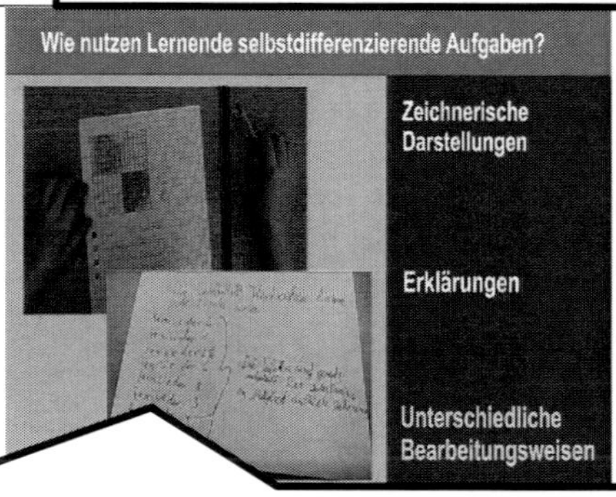

Es werden verschiedene Bearbeitungsstrategien erkennbar. Sie reichen von der zeichnerischen Darstellung bis hin zu strukturierten Erklärungen. Selbstdifferenzierende Aufgaben ermöglichen so unterschiedliche Bearbeitungsweisen.

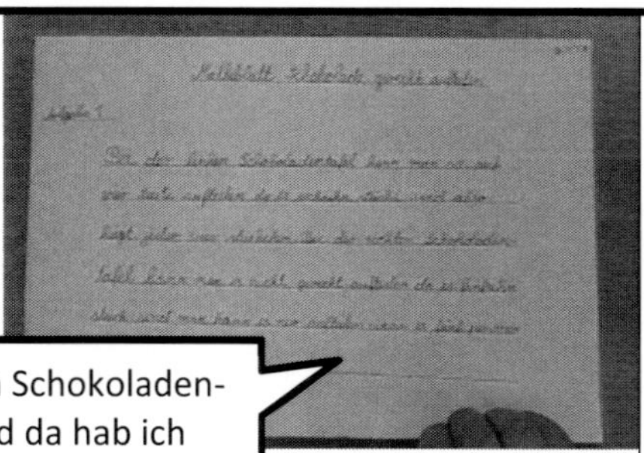

Ich hab halt zuerst auf der linken Schokoladentafel, da sind's halt 16 Stücke und da hab ich geguckt, wie man's am besten aufteilen kann.

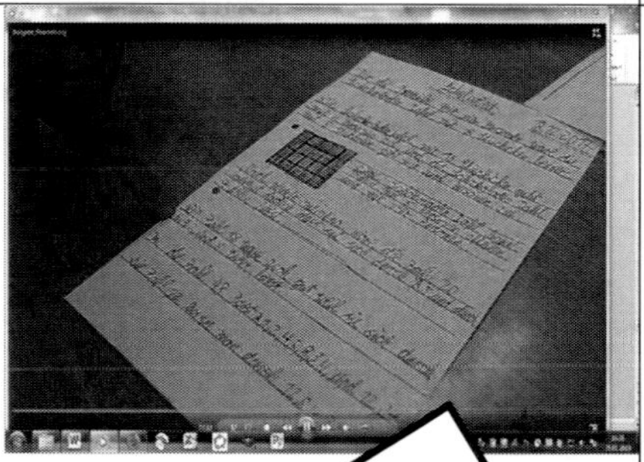

Hier dann auch schön schon die Erweiterung. Die Zahl 18... In verschiedene Teiler aufgeteilt... Noch nicht alle, aber immerhin ein paar. Und dann sogar die 48.

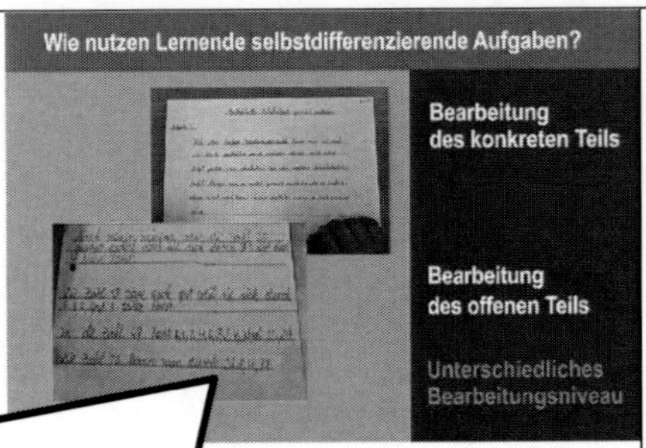

Hier sieht man, wie sich eine Schülerin mit dem konkreten Beispiel aus dem ersten Aufgabenteil ausführlich auseinandergesetzt hat. Ein anderer Schüler wurde durch den offenen Teil der Aufgabe zu Verallgemeinerungen angeregt. Die selbstdifferenzierende Aufgabe mit ihren verschiedenen Teilen erlaubt Bearbeitungen auf unterschiedlichen Niveaus.

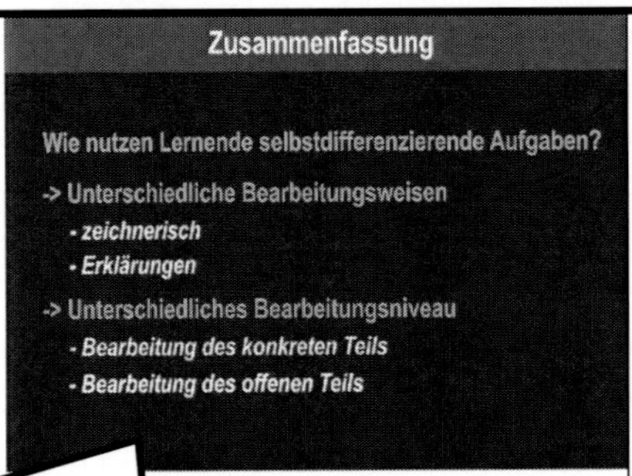

Wie Sie gesehen haben, können Schülerinnen und Schüler selbstdifferenzierende Aufgaben tatsächlich auf ganz unterschiedliche Weise und auf unterschiedlichem Niveau bearbeiten.
Das selbstständige Bearbeiten geschieht natürlich nicht ganz von alleine. In einem späteren Teil betrachten wir die Rolle der Lehrperson im Zusammenhang mit selbstdifferenzierenden Aufgaben.

Sonstige Gründe, warum Sie das Video insgesamt ansprechend oder weniger bzw. nicht ansprechend finden. Sie können sich dabei auch auf gesprochene Inhalte beziehen oder Sie notieren die Stellen mit den Minuten/Sekunden.

Video 3 „Lernende bei der Bearbeitung“

... Fragen zur Gestaltung des Videos

A2 Die eingeblendeten **Begriffe** am rechten Bildrand sind für mich **verständlich** formuliert.

trifft nicht zu	trifft eher nicht zu	trifft eher zu	trifft zu
☐	☐	☐	☐

A3 Die Unterrichtsszenen wirken auf mich **authentisch**.

trifft nicht zu	trifft eher nicht zu	trifft eher zu	trifft zu
☐	☐	☐	☐

A4 Die **Dauer** des Videos war mir angemessen.

trifft nicht zu	trifft eher nicht zu	trifft eher zu	trifft zu
☐	☐	☐	☐

A5 Die **Geschwindigkeit** des Videos war mir angemessen.

trifft nicht zu	trifft eher nicht zu	trifft eher zu	trifft zu
☐	☐	☐	☐

Video 3 „Lernende bei der Bearbeitung“

B. Fragen zu den Inhalten des Videos

B1 Welche inhaltlichen Aspekte des Videos haben Sie sich **besonders ge merkt**? Sie können bis zu drei Aspekte nennen.

B2 **Warum** haben Sie sich diese inhaltlichen Aspekte besonders gemerkt?

Inhaltlicher Aspekt 1:
Mein Grund / Meine Gründe:
Inhaltlicher Aspekt 2:
Mein Grund/ Meine Gründe:
Inhaltlicher Aspekt 3:
Mein Grund/Meine Gründe:

Video 3 „Lernende bei der Bearbeitung"

B. ... <u>Fragen zu den Inhalten des Video</u>

B3 Die im Video gezeigten inhaltlichen Aspekte über *Denkweisen und Strategien der Schülerinnen und Schüler* kann ich gut **auf meinen eigenen Unterricht übertragen.**

trifft nicht zu	trifft eher nicht zu	trifft eher zu	trifft zu
☐	☐	☐	☐

Auf welche **Stellen** im Video beziehen Sie sich dabei?

Markieren Sie mit einem Pfeil ggf. mit Linien oder Kreisen die Stellen, auf die Sie sich in Ihrem Gesamturteil bei B3 beziehen und schreiben Sie auf der linken oder rechten Seite **Gründe für Ihr Urteil** auf.

Screenshots Video „Lernende bei der Bearbeitung"

	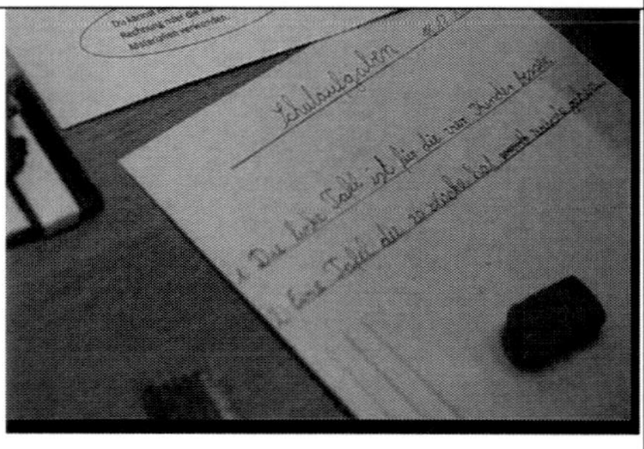	

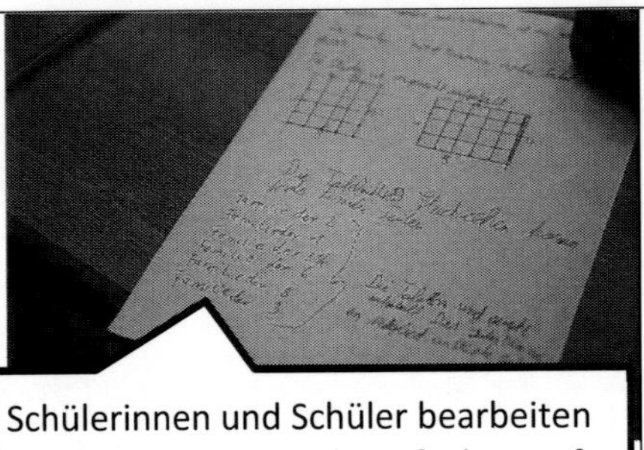

Schülerinnen und Schüler bearbeiten selbstdifferenzierende Aufgaben auf vielfältige Weise.

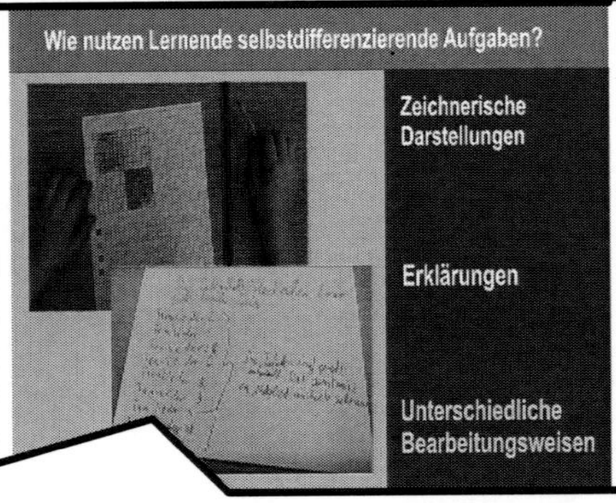

Es werden verschiedene Bearbeitungsstrategien erkennbar. Sie reichen von der zeichnerischen Darstellung bis hin zu strukturierten Erklärungen. Selbstdifferenzierende Aufgaben ermöglichen so unterschiedliche Bearbeitungsweisen.

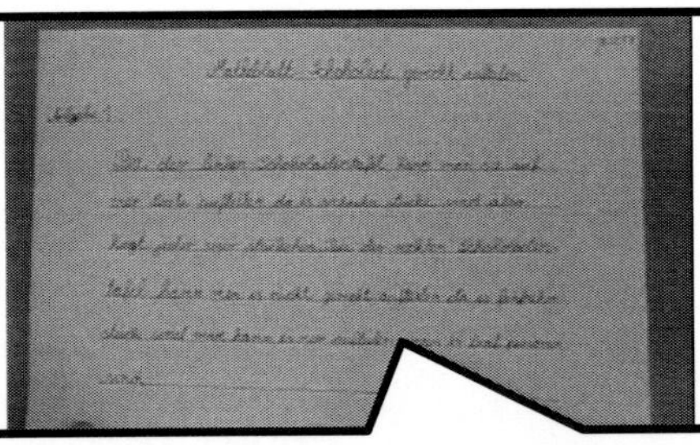

Ich hab halt zuerst auf der linken Schokoladentafel, da sind's halt 16 Stücke und da hab ich geguckt, wie man's am besten aufteilen kann.

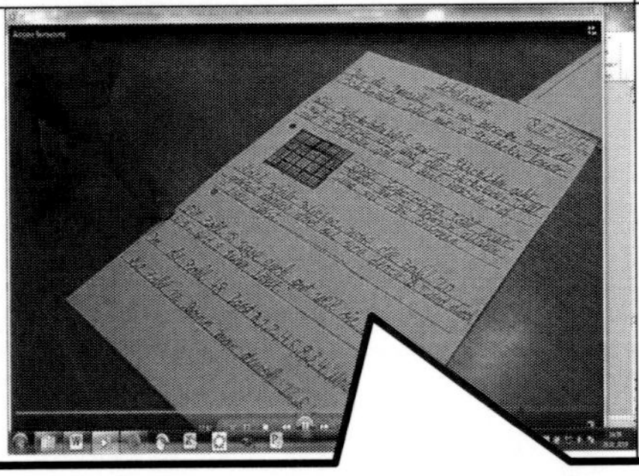

Hier dann auch schön schon die Erweiterung. Die Zahl 18... In verschiedene Teiler aufgeteilt... Noch nicht alle, aber immerhin ein paar. Und dann sogar die 48.

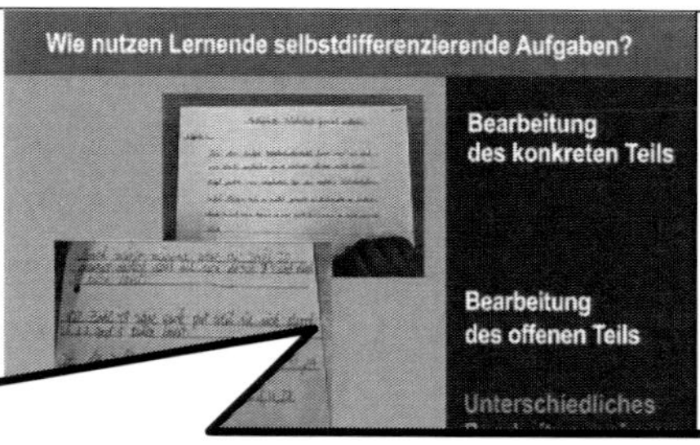

Hier sieht man, wie sich eine Schülerin mit dem konkreten Beispiel aus dem ersten Aufgabenteil ausführlich auseinandergesetzt hat. Ein anderer Schüler wurde durch den offenen Teil der Aufgabe zu Verallgemeinerungen angeregt.
Die selbstdifferenzierende Aufgabe mit ihren verschiedenen Teilen erlaubt Bearbeitungen auf unterschiedlichen Niveaus.

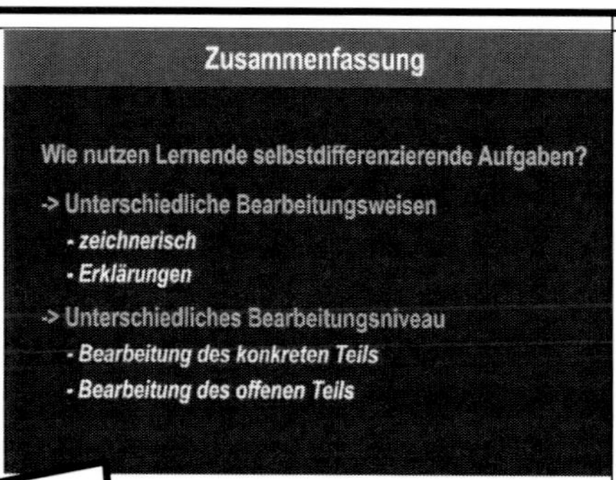

Wie Sie gesehen haben, können Schülerinnen und Schüler selbstdifferenzierende Aufgaben tatsächlich auf ganz unterschiedliche Weise und auf unterschiedlichem Niveau bearbeiten.
Das selbstständige Bearbeiten geschieht natürlich nicht ganz von alleine. In einem späteren Teil betrachten wir die Rolle der Lehrperson im Zusammenhang mit selbstdifferenzierenden Aufgaben.

Nennen Sie ggfs. **sonstige Stellen im Video**, an denen sichtbar wird, warum Sie die inhaltlichen Aspekte über die **Denkweisen und Strategien der Schülerinnen und Schüler** gut oder weniger gut bzw. nicht auf Ihren eigenen Unterricht **übertragen** können. Dabei können Sie auch **gesprochene Inhalte** berücksichtigen. Sie können auch die Stellen mit den Minuten/Sekunden notieren.

Video 3 - „Lernende bei der Bearbeitung“

C. Fragen zur beabsichtigten Nutzung der Inhalte des Videos

C1 Ich beabsichtige, die im Video gezeigten inhaltlichen Aspekte über ***Denkweisen und Strategien der Schülerinnen und Schüler*** in meinem eigenen Unterricht zu **nutzen**.

trifft nicht zu	trifft eher nicht zu	trifft eher zu	trifft zu
☐	☐	☐	☐

C2 Erläutern Sie, **welche** inhaltlichen Aspekte über Denkweisen und Strategien der Schülerinnen und Schüler Sie **warum** und **wie** in ihrem eigenen Unterricht nutzen bzw. nicht nutzen würden. Sollte der Platz hier nicht reichen, können Sie gerne auf der Rückseite dieses Blattes schreiben.

Diesen Aspekt würde ich nutzen:

Mein Grund/Meine Gründe, warum ich diesen Aspekt in meinem Unterricht nutzen würde:

Auf diese Weise würde ich diesen Aspekt nutzen:

Diesen Aspekt würde ich nicht nutzen:

Mein Grund/Meine Gründe, warum ich diesen Aspekt nicht nutzen würde:

Schauen Sie jetzt bitte VIDEO 4 an:

„Rolle der Lehrperson“

Öffnen Sie dazu die Videodatei mit einem Doppelklick!

Video 4 - „Rolle der Lehrperson“

Fragen zur Gestaltung des Videos (Videodesign)

A1 Ich persönlich finde die Gestaltung dieses Videos insgesamt **ansprechend**.

trifft nicht zu	**trifft eher nicht zu**	**trifft eher zu**	**trifft zu**
☐	☐	☐	☐

Auf welche **Stellen** im Video beziehen Sie sich in Ihrem Urteil?

Markieren Sie mit einem Pfeil ggfs. mit Linien oder Kreisen die Stellen, auf die Sie sich bei Ihrer Einschätzung in A1 beziehen. Geben Sie bitte an der linken oder rechten Seite **Gründe an, warum Sie die Gestaltung ansprechend bzw. nicht ansprechend** finden:

Screenshots Video „Rolle der Lehrperson“

Es geht heute um verschiedene Größen von Schokoladentafeln und ihr sollt euch erstmals selbstständig mit einer Aufgabe zu den Schokoladentafeln beschäftigen. Also bitte erstmal das gesamte Aufgabenblatt durchlesen und dann schauen, um was geht's eigentlich.
Dann wichtig ist, dass heute bei der Arbeit absolute Stille ist. Man hört alles und es stört die anderen... Ja?

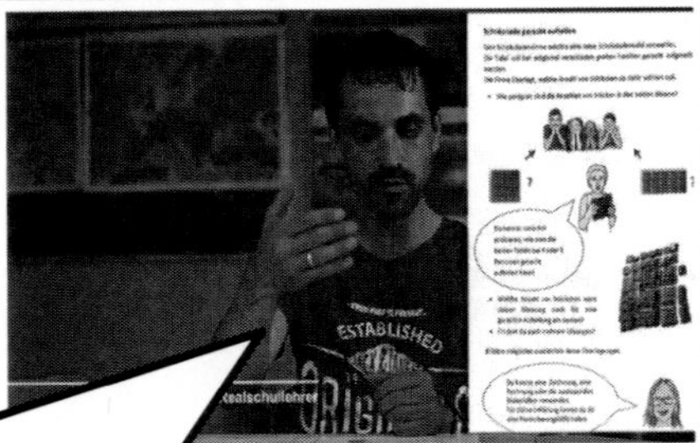

Also ich hab die Aufgabe mit den Schülern einfach zusammen besprochen. Also ich hab sie wenig lesen lassen. Ich hab viel ... die Aufgabenstellung vorgegeben. Und dann hab ich sie in die Arbeitsphase gegeben. Und das hat gut geklappt. Also da hat schon jeder fast gewusst, was zu tun ist.

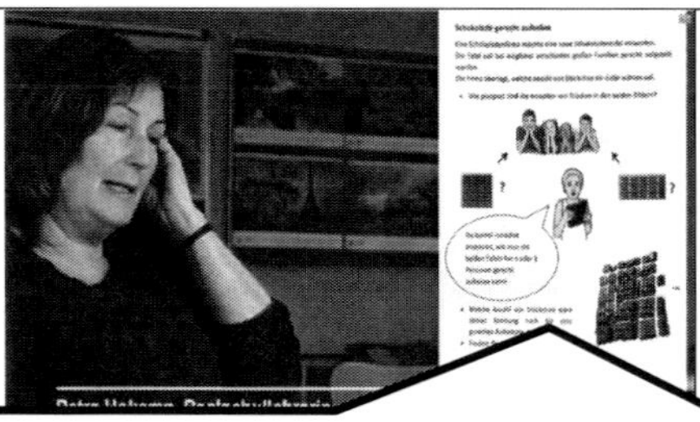

Also ich hab das Blatt gesehen und wusste, dass sich in meiner Klasse als allererstes thematisiere, was für Familien es gibt, weil sie sonst alle die vierköpfige Familie im Kopf gehabt hätten.

Beim Umgang mit mehrteiligen und offenen Aufgabenteilen wird erwartet, dass Schülerinnen und Schüler selbstständig arbeiten. Dabei kann es aber notwendig sein, sie zu unterstützen.
Eine Einführung in die Thematik sowie Hinweise für einen ersten Schritt oder zur Nutzung der Materialien können den Zugang erleichtern. Der Aufgabentext sollte möglicherweise mehrfach gelesen und miteinander besprochen werden.

Also die Lehrperson, die sollte sich, denke ich, bei so einer selbstdifferenzierenden Aufgabe ziemlich zurückhalten.

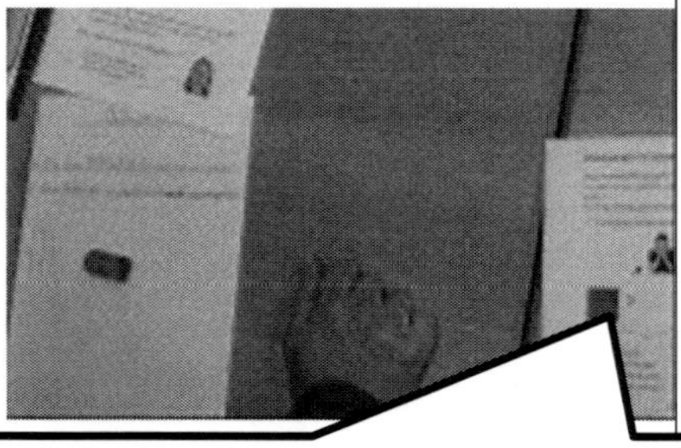

Super! Und das, das schreibst du mal auf. Das ist ein ganz toller Gedanke!

So das Niederschwelligste ist, wenn ich seh, dass jemand gar nicht an die Aufgabe drangeht. Dann versuch ich so einen kleinen Motivationsimpuls zu geben. So ‚Du schaffst das schon'... Das wird dir gelingen. So in diesem Stil.

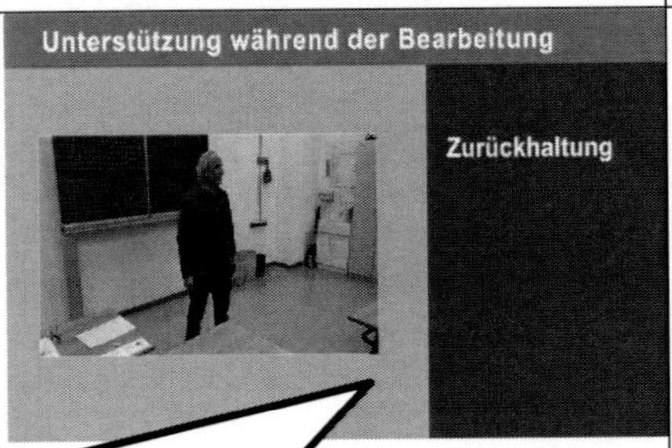

Damit die Lernenden möglichst eigenverantwortlich und selbstständig lernen, wird den Schülerinnen und Schülern nur genau so viel Unterstützung gegeben, wie sie wirklich benötigen. Die Lehrperson hält sich weitgehend zurück.

Motivationshilfen schaffen ein positives, wertschätzendes Lernklima. Schülerinnen und Schüler werden unterstützt, auch bei Schwierigkeiten weiter zu arbeiten und daran zu glauben, selbst eine Lösung zu finden.
Motivationshilfen sind eine Form der minimalen Hilfe auf einer von vier Stufen.

Wie bist du auf die 48 gekommen?

Teilweise geb' ich auch Rückmeldung, wenn ich merk – das war jetzt oft vorhin ein paar mal so -, dass Schülerinnen und Schüler nicht ganz sicher sind, ob sie auf dem richtigen Weg sind.

Rückmeldungen geben der Lernenden Auskunft, ob er oder sie sich auf dem richtigen Weg befindet.

Für Schokoladentafeln hab ich hier noch etwas gröberes Karo. Ist vielleicht besser.

Dann auch die strategische Hilfe, ja, dass sie eben, wenn sie nur `ne Formal aufgeschrieben haben, das auch in Worten noch erklären oder als Bild zeichnen.

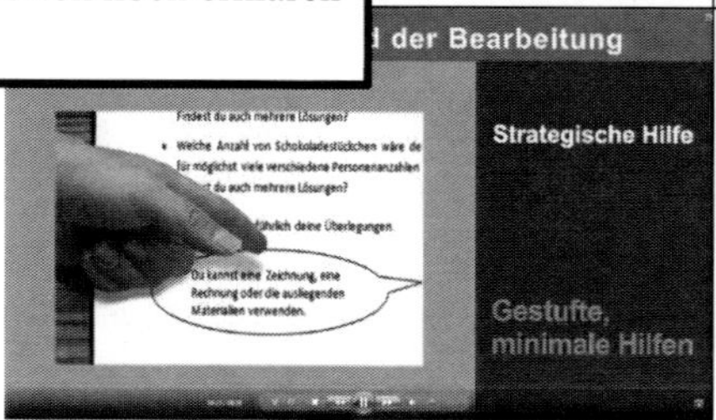

Strategische Hilfen geben allgemeine Hinweise für das Finden eines Lösungsweges. Sie nehmen aber noch keine Ergebnisse oder Teillösungen vorweg.

Und als letztes eben auch 'ne inhaltliche Hilfe, wenn ich merke, es geht gar nichts, dass ich dann auch mal hingeh' und einen Teilschritt erarbeite.
Und das ist mir eigentlich das Wichtigste, ja, in der Erarbeitungsphase Ihnen auch immer wieder Impulse zu geben und sie immer wieder darauf aufmerksam zu machen, wo sie das noch optimieren können. Also, dass sie mit Bilder arbeiten können, dass sie in Worten und Rechnungen ausdrücken können.

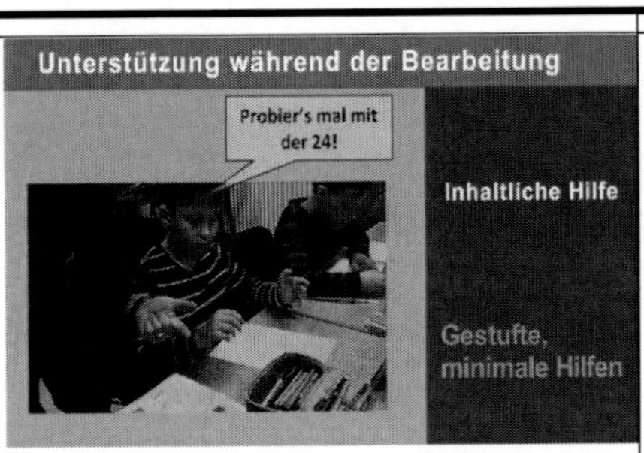

Inhaltliche Hilfen sind konkrete Hinweise für einen nächsten Arbeitsschritt auf dem Weg zu einer Lösung. Sie beschleunigen den Lösungsprozess, können aber das selbstständige Arbeiten und das Zutrauen in die eigenen Fähigkeiten mindern. Daher sollte man sie zurückhaltend und wohlüberlegt einsetzen.

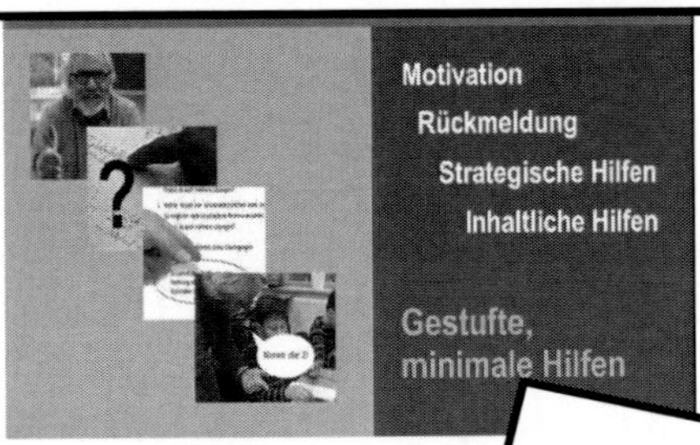

Selbstdifferenzierende Aufgaben benötigen gewisse selbstregulative, sprachliche oder soziale Fähigkeiten. Zugleich werden diese auch gefördert.
Im Film haben Sie Beispiele für Impulse gesehen, die dabei unterstützen. verschiedene gestufte Impulse wahrgenommen. Hierbei besagt das Prinzip der minimalen Hilfe, dass die Impulse so stark wie nötig sein sollten, damit die Schülerinnen und Schüler weiterarbeiten, aber so schwach wie möglich, um die Selbstständigkeit aufrecht zu erhalten.

Nun kann ich aber noch ,ne zweite Reihe darunterlegen, dann kriegt halt jeder zwei. Also ich kann ganz viele verschiedene Möglichkeiten finden, wie ich das auf 6 Personen aufteilen kann, … indem ich immer wieder eine Reihe dazu mache.

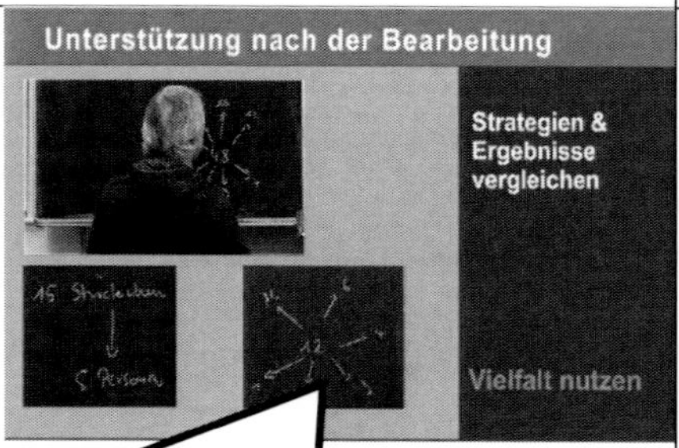

Nach der Bearbeitung können verschiedene Strategien und Lösungen gemeinsam gesammelt und verglichen werden.
Die entstandene Vielfalt an Ergebnissen und Lösungswegen kann im Unterricht genutzt werden, z. B. für die Entwicklung mathematischer Begriffe.
In welchem Umfang Lernende die verschiedenen Wege nur kennen, selbst verwenden oder sogar klug auswählen sollen, muss man je nach Gegenstand und Lerngruppe entscheiden.

Derjenige oder diejenige hat dann auch schon schön hingeschrieben, wieviel jeder von den 5 Personen kriegt oder jeder von den 4 Personen.
Hier dann auch schön die Erweiterung. Die Zahl 18, in verschiedene Teiler aufgeteilt.

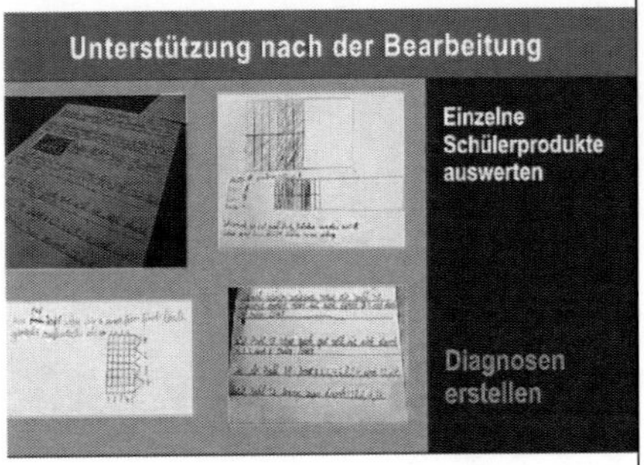

Viele selbstdifferenzierende Aufgaben regen Lernende zu umfangreicheren Eigenproduktion an als geschlossene Aufgaben.
Aus diesen Produkten kann man sich einen Überblick über die individuellen Leistungen der Schülerinnen und Schüler verschaffen.

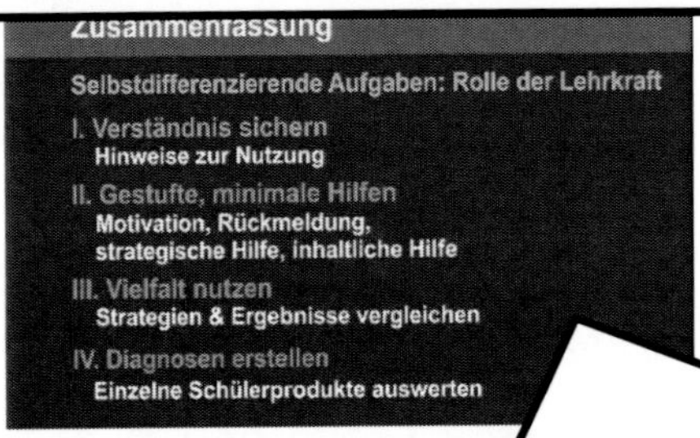

In diesem Teil haben Sie gesehen, auf welche Weise Sie als Lehrperson vor, während und nach der Bearbeitung einer selbstdifferenzierenden Aufgabe Unterstützung leisten können. Mit bestimmten Maßnahmen überprüft und sichert die Lehrperson vor Beginn der Bearbeitung das Verständnis der Lernenden. Gestufte, minimale Hilfen unterstützen das selbstständige Arbeiten. Die vielfältigen Strategien können im weiteren Unterricht genutzt werden. Abhängig von der Ergiebigkeit der Aufgabe können hierbei individuelle Diagnosen erstellt und individuelle Fördermaßnahmen oder Änderungen in der weiteren Unterrichtsplanung vorgenommen werden.

Sonstige Gründe, warum Sie das Video insgesamt ansprechend oder weniger bzw. nicht ansprechend finden .
Sie können sich dabei auch auf gesprochene Inhalte beziehen. Schreiben Sie ggfs. konkret die Stellen bzw. Minuten und Sekunden auf.

Sonstige Gründe, warum Sie das Video insgesamt ansprechend oder weniger bzw. nicht ansprechend finden.
Sie können sich dabei auch auf gesprochene Inhalte beziehen oder Sie notieren die Stellen mit den Minuten/Sekunden.

Video 4 „Rolle der Lehrperson“

... Fragen zur Gestaltung des Videos

A2 Die eingeblendeten **Begriffe** am rechten Bildrand sind für mich **verständ lich** formuliert.

trifft nicht zu	trifft eher nicht zu	trifft eher zu	trifft zu
☐	☐	☐	☐

A3 Die Unterrichtsszenen wirken auf mich **authentisch**.

trifft nicht zu	trifft eher nicht zu	trifft eher zu	trifft zu
☐	☐	☐	☐

A4 Die **Dauer** des Videos war mir angemessen.

trifft nicht zu	trifft eher nicht zu	trifft eher zu	trifft zu
☐	☐	☐	☐

A5 Die **Geschwindigkeit** des Videos war mir angemessen.

trifft nicht zu	trifft eher nicht zu	trifft eher zu	trifft zu
☐	☐	☐	☐

Video 4 - „Rolle der Lehrperson“

Fragen zu den Inhalten des Videos

B1 Welche inhaltlichen Aspekte des Videos haben Sie sich **besonders ge merkt**? Sie können bis zu drei Aspekte nennen.

B2 Warum haben Sie sich diese inhaltlichen Aspekte besonders gemerkt?

Inhaltlicher Aspekt 1:
Mein Grund / Meine Gründe:
Inhaltlicher Aspekt 2:
Mein Grund/ Meine Gründe:
Inhaltlicher Aspekt 3:
Mein Grund/Meine Gründe:

Video 4 - „Rolle der Lehrperson“

... Fragen zu den Inhalten des Videos

B3 Die im Video gezeigten *Möglichkeiten der Unterstützung als Lehrperson* kann ich gut auf **meinen eigenen Unterricht übertragen.**

trifft nicht zu	trifft eher nicht zu	trifft eher zu	trifft zu
☐	☐	☐	☐

Auf welche **Stellen** im Video beziehen Sie sich dabei?

Markieren Sie mit einem Pfeil ggf. mit Linien oder Kreisen die Stellen, auf die Sie sich in Ihrem Gesamturteil bei B3 beziehen und schreiben Sie auf der linken oder rechten Seite **Gründe** für Ihr Urteil auf.

Screenshots Video „Rolle der Lehrperson“

Es geht heute um verschiedene Größen von Schokoladentafeln und ihr sollt euch erstmals selbstständig mit einer Aufgabe zu den Schokoladentafeln beschäftigen. Also bitte erstmal das gesamte Aufgabenblatt durchlesen und dann schauen, um was geht's eigentlich.
Dann wichtig ist, dass heute bei der Arbeit absolute Stille ist. Man hört alles und es stört die anderen... Ja? Jeder arbeitet für sich ... ähm ... und ihr arbeitet so weit es geht selbstständig.

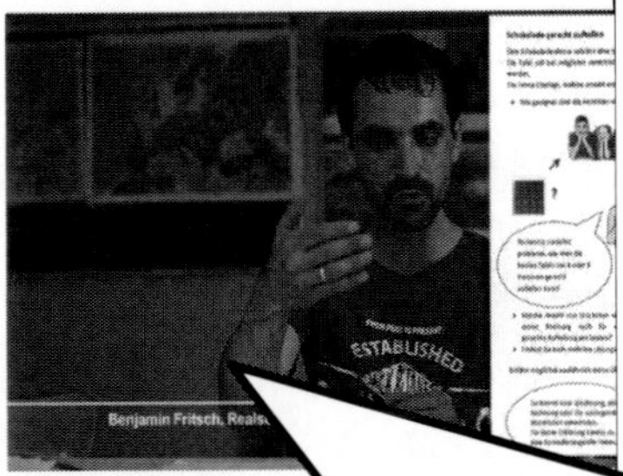

Also ich hab die Aufgabe mit den Schülern einfach zusammen besprochen. Also ich hab sie wenig lesen lassen. Ich hab viel ... die Aufgabenstellung vorgegeben. Und dann hab ich sie in die Arbeitsphase gegeben. Und das hat gut geklappt. Also da hat schon jeder fast gewusst, was zu tun ist.

Also ich hab das Blatt gesehen und wusste, dass sich in meiner Klasse als allererstes thematisiere, was für Familien es gibt, weil sie sonst alle die vierköpfige Familie im Kopf gehabt hätten.

Beim Umgang mit mehrteiligen und offenen Aufgabenteilen wird erwartet, dass Schülerinnen und Schüler selbstständig arbeiten. Dabei kann es aber notwendig sein, sie zu unterstützen.

Eine Einführung in die Thematik sowie Hinweise für einen ersten Schritt oder zur Nutzung der Materialien können den Zugang erleichtern. Der Aufgabentext sollte möglicherweise mehrfach gelesen und miteinander besprochen werden.

Also die Lehrperson, die sollte sich, denke ich, bei so einer selbstdifferenzierenden Aufgabe ziemlich zurückhalten.

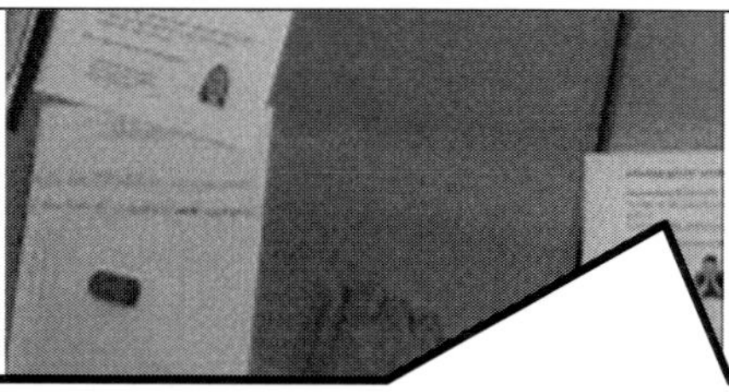

Super! Und das, das schreibst du mal auf. Das ist ein ganz toller Gedanke!

So das Niederschwelligste ist, wenn ich seh, dass jemand gar nicht an die Aufgabe drangeht. Dann versuch ich so ein kleinen Motivationsimpuls zu geben. So ‚Du schaffst das schon'... Das wird dir gelingen. So in diesem Stil.

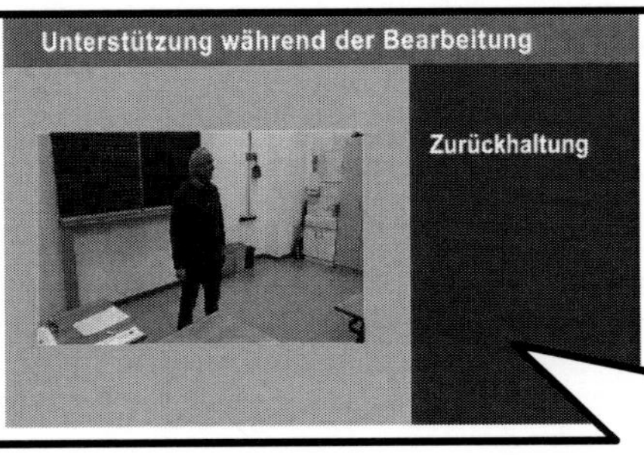

Damit die Lernenden möglichst eigenverantwortlich und selbstständig lernen, wird den Schülerinnen und Schülern nur genau so viel Unterstützung gegeben, wie sie wirklich benötigen. Die Lehrperson hält sich weitgehend zurück.

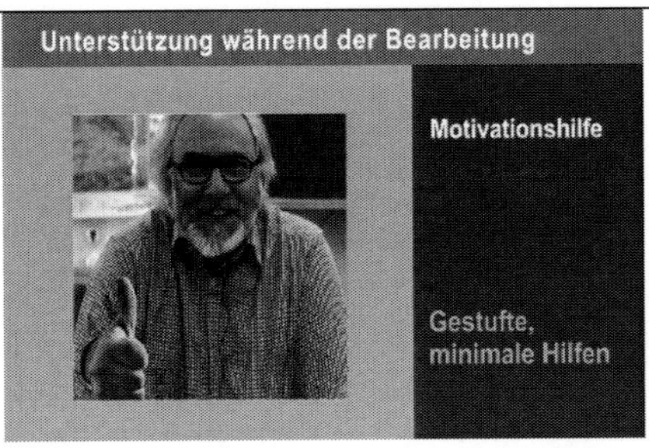

Motivationshilfen schaffen ein positives, wertschätzendes Lernklima. Schülerinnen und Schüler werden unterstützt, auch bei Schwierigkeiten weiter zu arbeiten und daran zu glauben, selbst eine Lösung zu finden.
Motivationshilfen sind eine Form der minimalen Hilfe auf einer von vier Stufen.

Wie bist du auf die 48 gekommen?

Teilweise geb' ich auch Rückmeldung, wenn ich merk – das war jetzt oft vorhin ein paar mal so -, dass Schülerinnen und Schüler nicht ganz sicher sind, ob sie auf dem richtigen Weg sind.

Unterstützung während der Bearbeitung
Rückmeldung
Gestufte, minimale Hilfen
Rückmeldungen geben der Lernenden Auskunft, ob er oder sie sich auf dem richtigen Weg befindet.

Für Schokoladentafeln hab ich hier noch etwas gröberes Karo. Ist vielleicht besser.

Dann auch die strategische Hilfe, ja, dass sie eben, wenn sie nur `ne Formal aufgeschrieben haben, das auch in Worten noch erklären oder als Bild zeichnen.

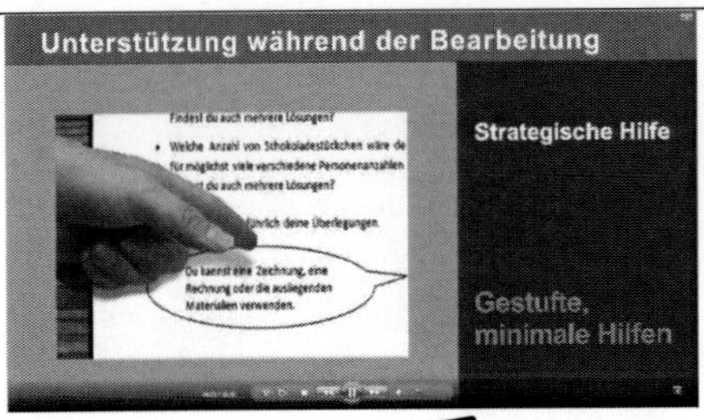

Strategische Hilfen geben allgemeine Hinweise für das Finden eines Lösungsweges. Sie nehmen aber noch keine Ergebnisse oder Teillösungen vorweg.

Und als letztes eben auch 'ne inhaltliche Hilfe, wenn ich merke, es geht gar nichts, dass ich dann auch mal hingeh' und einen Teilschritt erarbeite.
Und das ist mir eigentlich das Wichtigste, ja, in der Erarbeitungsphase Ihnen auch immer wieder Impulse zu geben und sie immer wieder darauf aufmerksam zu machen, wo sie das noch optimieren können. Also, dass sie mit Bilder arbeiten können, dass sie in Worten und Rechnungen ausdrücken können.

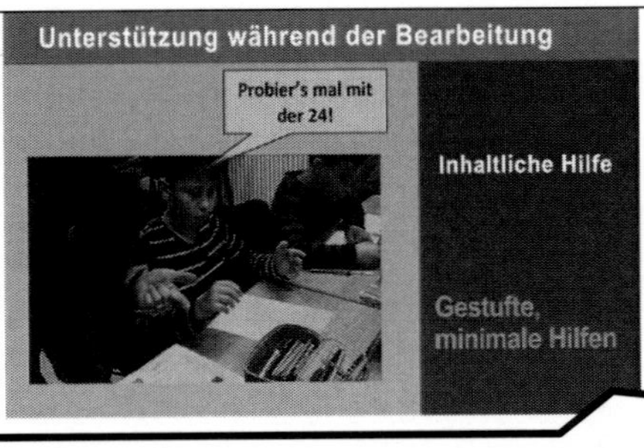

Inhaltliche Hilfen sind konkrete Hinweise für einen nächsten Arbeitsschritt auf dem Weg zu einer Lösung. Sie beschleunigen den Lösungsprozess, können aber das selbstständige Arbeiten und das Zutrauen in die eigenen Fähigkeiten mindern. Daher sollte man sie zurückhaltend und wohlüberlegt einsetzen.

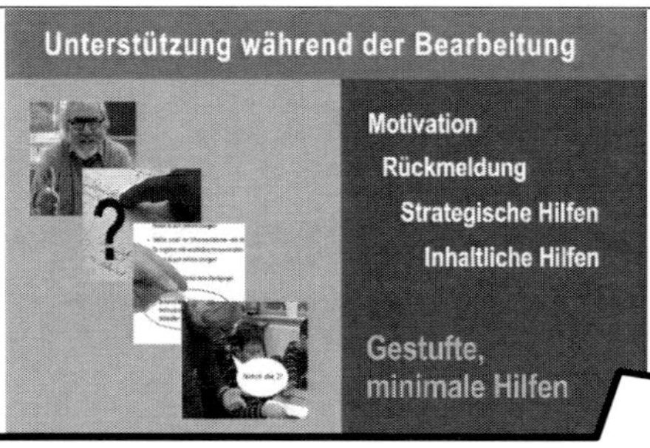

Selbstdifferenzierende Aufgaben benötigen gewisse selbstregulative, sprachliche oder soziale Fähigkeiten. Zugleich werden diese auch gefördert.
Im Film haben Sie Beispiele für Impulse gesehen, die dabei unterstützen. verschiedene gestufte Impulse wahrgenommen. Hierbei besagt das Prinzip der minimalen Hilfe, dass die Impulse so stark wie nötig sein sollten, damit die Schülerinnen und Schüler weiterarbeiten, aber so schwach wie möglich, um die Selbstständigkeit aufrecht zu erhal-

Nun kann ich aber noch ‚ne zweite Reihe darunterlegen, dann kriegt halt jeder zwei. Also ich kann ganz viele verschiedene Möglichkeiten finden, wie ich das auf 6 Personen aufteilen kann, … indem ich immer wieder eine Reihe dazu mache.

Nach der Bearbeitung können verschiedene Strategien und Lösungen gemeinsam gesammelt und verglichen werden. Die entstandene Vielfalt an Ergebnissen und Lösungswegen kann im Unterricht genutzt werden, z. B. für die Entwicklung mathematischer Begriffe.
In welchem Umfang Lernende die verschiedenen Wege nur kennen, selbst verwenden oder sogar klug auswählen sollen, muss man je nach Gegenstand und Lerngruppe entscheiden.

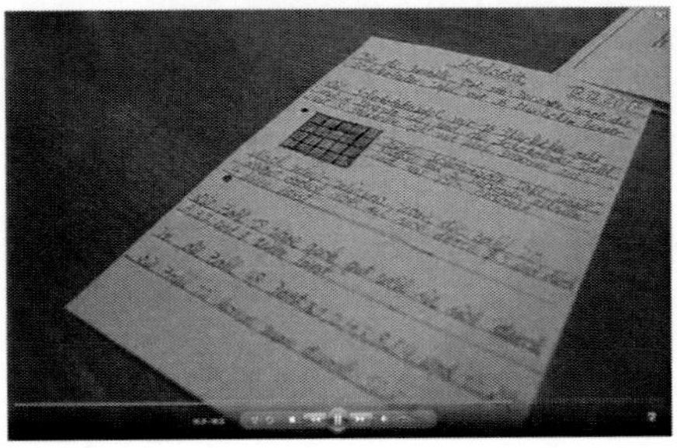

Derjenige oder diejenige hat dann auch schon schön hingeschrieben, wieviel jeder von den 5 Personen kriegt oder jeder von den 4 Personen.
Hier dann auch schön die Erweiterung. Die Zahl 18, in verschiedene Teiler aufgeteilt.

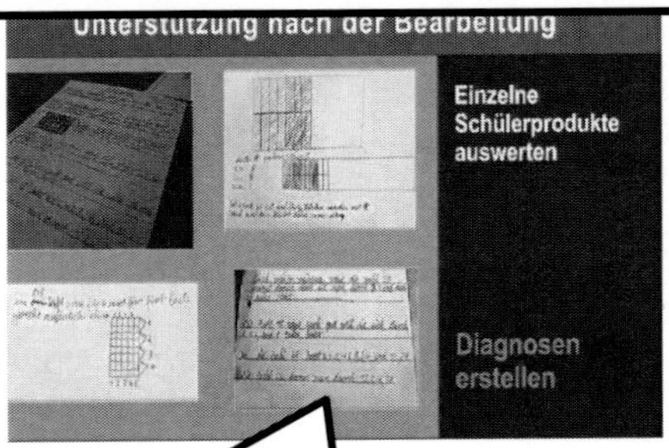

Viele selbstdifferenzierende Aufgaben regen Lernende zu umfangreicherer Eigenproduktion an als geschlossene Aufgaben.
Aus diesen Produkten kann man sich einen Überblick über die individuellen Leistungen der Schülerinnen und Schüler verschaffen.

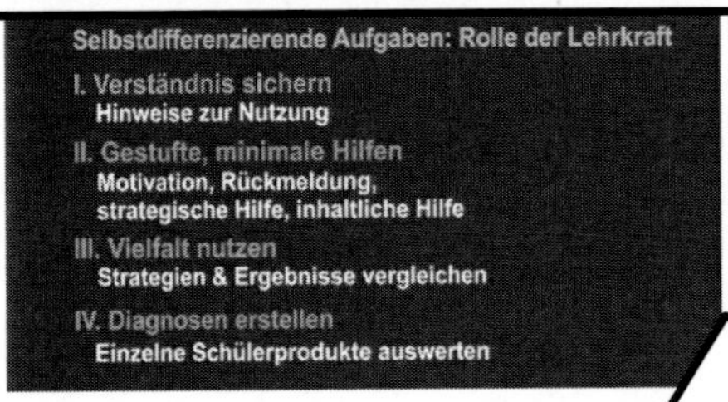

In diesem Teil haben Sie gesehen, auf welche Weise Sie als Lehrperson vor, während und nach der Bearbeitung einer selbstdifferenzierenden Aufgabe Unterstützung leisten können. Mit bestimmten Maßnahmen überprüft und sichert die Lehrperson vor Beginn der Bearbeitung das Verständnis der Lernenden. Gestufte, minimale Hilfen unterstützen das selbstständige Arbeiten. Die vielfältigen Strategien können im weiteren Unterricht genutzt werden. Abhängig von der Ergiebigkeit der Aufgabe können hierbei individuelle Diagnosen erstellt und individuelle Fördermaßnahmen oder Änderungen in der weiteren Unterrichtsplanung vorgenommen werden

Sonstige Gründe, warum Sie das Video insgesamt ansprechend oder weniger bzw. nicht ansprechend finden .
Sie können sich dabei auch auf gesprochene Inhalte beziehen. Schreiben Sie ggfs. konkret die Stellen bzw. Minuten und Sekunden auf.

Nennen Sie **sonstige Stellen im Video**, an denen sichtbar wird, warum sie die inhaltlichen Aspekte über **Unterstützungsmöglichkeiten der Lehrperson** gut/weniger gut bzw. nicht auf Ihre eigene Unterricht **übertragen** können. Dabei können Sie auch **gesprochene Inhalte** berücksichtigen. Sie können auch die Stellen mit den Minuten/Sekunden notieren.

Video 4 - „Rolle der Lehrperson“

C. Fragen zur beabsichtigten Nutzung der Inhalte des Video

C1 Ich beabsichtige, die im Video gezeigten **Arten der Unterstützung als Lehrperson** in meinem eigenen Unterricht zu **nutzen**.

trifft nicht zu	trifft eher nicht zu	trifft eher zu	trifft zu
☐	☐	☐	☐

C2 Erläutern Sie, **welche** in dem Video gezeigten **Arten von Unterstützung** Sie als Lehrperson **warum** und **wie** in ihrem eigenen Unterricht nutzen bzw. nicht nutzen würden. Sollte der Platz hier nicht reichen, können Sie gerne auf der Rückseite dieses Blattes schreiben.

Diesen Aspekt würde ich nutzen:

Mein Grund/Meine Gründe, warum ich diesen Aspekt in meinem Unterricht nutzen würde:

Auf diese Weise würde ich diesen Aspekt nutzen:

Diesen Aspekt würde ich nicht nutzen:

Mein Grund/Meine Gründe, warum ich diesen Aspekt nicht nutzen würde:

D. Abschließende Fragen

D1 Schätzen Sie sich bitte nun erneut ein, nachdem Sie alle Videos gesehen haben:

	trifft nicht zu	trifft eher nicht zu	trifft eher zu	trifft zu
„Ich kenne **Kriterien** für geeignete **differenzierende Mathematikaufgaben**."	☐	☐	☐	☐
„Ich kenne Möglichkeiten in der **Rolle als Lehrperson,** Schülerinnen und Schüler differenziert zu fördern."	☐	☐	☐	☐
„Ich kenne **verschiedene Arten von Hilfsmaterialien** für das aufgabenbezogene Differenzieren im Mathematikunterricht."	☐	☐	☐	☐
„Ich kenne verschiedene **Denkweisen** und **Strategien der Schülerinnen und Schüler** zur Bearbeitung von differenzierenden Mathematikaufgaben."	☐	☐	☐	☐

D2 In den Videos wurde **Theorie und Praxis sinnvoll miteinander verknüpft**.

trifft nicht zu	**trifft eher nicht zu**	**trifft eher zu**	**trifft zu**
☐	☐	☐	☐

Nennen Sie hier Gründe für Ihr Urteil in D2:

D3 Welche **Empfehlungen für die Weiterentwicklung *videobasierter Fortbildungen*** würden Sie uns geben?

D4 Ich beabsichtige innerhalb den nächsten 3 bis 4 Unterrichtswochen (Ferienwochen ausgenommen) **eine selbstdifferenzierende Aufgabe in meinem Unterricht einzusetzen.**

Bitte ankreuzen:

Ja _____ Nein: ____

Nenne Sie einen Grund/mehrere Gründe für Ihr Urteil in D4:

Falls Sie uns Ihren **Erfahrungsbericht über die Nutzung** einer selbstdifferenzierenden Aufgabe in Ihrem eigenen Unterricht schicken_*(mitgelieferter 2. Umschlag und Bogen),* erhalten Sie einen Zugangscode zu etlichen weiteren **Materialien für das Differenzieren**.

Folgende Adresse für den Erfahrungsbericht befindet sich bereits auf dem frankierten Rückumschlag:

Pädagogische Hochschule Freiburg

Institut für Mathematische Bildung

Kunzenweg 21

79117 Freiburg

Vielen Dank für Ihre Teilnahme an der

Umfrage!

C Daten

C 1 Daten Vorstudie

Gestaltung

Wie fanden Sie Gestaltung und Qualität der Videos?
Was hat Sie angesprochen, was gestört?

Elemente des instruktionalenMediendesigns	Video 1: Aufgabenbeispiel	Video 2: Unterstützende Materialien	Video 3: Lernende bei der Bearbeitung
Animation		• Bewegte Bilder fesseln mich mehr als bei Video 1	• Offene Rechenaufgabe/versch. Visualisierungen/versch. Vorgehensweisen/versch. Verarbeitungshilfen gut -> in bewegte Bilder packen (keine Doppelung) oder nur „entwickelnde Präsentation" (Khan Academy)
Koppelung multimedialer Elemente	• Oft zu viele visuelle Informationen auf den ersten Blick (dann passiert mit dem Bild beim Kommentieren nichts) -> Kopplung gesprochener Text – Bild könnte verbessert werden • Gut nachvollziehbare Inhalte an plausiblen Bsp. (aufgrund der nicht so optimalen Bild-Text-Kopplung habe ich Mühe, mich zu konzentrieren) • Vorlesen nicht nötig (wurde beim Ansehen ohnehin schon gelesen)	• Hilfsmittel nochmal eingeblendet -> wichtig, um überhaupt „lesen" zu können	
Einblendedauer	• AB zu früh eingeblendet • Einblenden der Stichwörter am Rand war hilfreich	•	

Filmisch-visuelle Elemente	Video 1	Video 2	Video 3
Layout	• Zu wenig Abwechslung in den visuellen Sequenzen • langweiliges Design • Schrift an Tafel nicht gut lesbar • Die Einblendungen links des ABs sind nach 2 Min. vergessen • zu schlicht, wenn LK angesprochen werden sollen • Gestaltung (z. B. Schrift an der T. am Anfang) war nicht passend für die Zielgruppe, eher „kindgerecht" I • AB liebevoll/ansprechend		
Kameraführung	• Bild wackelt bei Vorstellung der LK	• M schlecht sichtbar/unscharf I • Bildausschnitte nicht optimal: Schnitt statt Zoom • Kameraführung oft unruhig-> Stativ benutzen III • Zoom (eher nicht so professionell)/ Etwas konfus /wildes Zoomen/Fokussierung IIII	• Zoom nicht optimal /macht schwindelig/Unscharf/wackelig IIII • Z. t. unscharfe Bilder, Text nicht lesbar I • Viel mehr Bildschnitte (siehe prof. Produktionen) -> ist auch hoher Aufwand • Bildausschnitt oft nicht hilfreich
Geschwindigkeit	• Tempo etwas zu langsam • AB wird gefühlt ewig eingeblendet	• Tempo/zu langsam I • Der theoretische Teil war zu langsam/zu langatmig I • M zu schnell gezeigt	• Tempo zu gering
Tonqualität/ Stimme	• Ton Sprecher gut I • Blechstimme am Start/Scheppernd I • Kinderton verwaschen/rauschend/Lautsprecher scheppern bei der 2./3. Kinderstimme I • Ton SuS weniger gut • Sprache zu monoton/zu langsam • Unterschiedliche Lautstärken der Sprecher • Tonschnitt hörbar • Langweilige Stimme	• übersteuert	• Bei SuS-Kommentaren nicht gut I • Gedämpft/SuS zu leise I • Erklärer ist wieder viel lauter

Hintergrundmusik	• Musik nervt II	• Hintergrundmusik altbacken	• Musik im Vorspann packt mich nicht/nervt I
Funktion	• Mir war bis zum Abbruch nicht klar, warum ich selbstdiff A/Merkmale/U-Bsp. einsetzen sollte	• Link im Video mit Materialien	• Der Nutzen des Mediums V. bleibt noch unklar; die Inform. könnten genauso schriftlich übermittelt werden
Rolle der Lehrperson im Video	• Wieso brauche ich in einem „Lehrvideo" die persönliche Meinung eines Einzelnen? • + Persönliche Ansprache/Auftreten		

Fortbildungs-didaktische Elemente	Video 1	Video 2	Video 3
Inhaltliche Strukturierung	• Aussagen haben mich angesprochen • Klare Struktur mit Verweisen auf versch. Videos (nicht nur einzelne Videos, sondern eigene Seite, Struktur möglich) • zu theoretisch • mir fehlt eine allg. Übersicht: „Eine selbstdiff A ist dann selbstdiff, wenn Problem, Kontext, Auftrag, Material. Hier ein Bsp. ...") • zu oberflächlich für LK • Ich fände es auch gut, wenn Bsp. für die SEK II dabei wären (Für die Sek I, speziell Kl. 5 und 6 gibt es rel. viel) • Theoret. Hintergrund zunächst für Praxis eher unwichtig		• sieht so aus, als ob die SuS das M. kaum nutzen • Video zeigt z. größten Teil nur Endergebnisse: es sollte um „Durchführung/Bearbeitung" der A. gehen • Erst pos. Lösungen, dann Probleme -> sonst Video aus • Wie lange war die Einheit geplant? • Zur Umsetzung hat man noch nichts gesehen • Infogehalt zu gering • unstrukturiert
Verständlichkeit	• Lange Einleitung, bis es zur Sache geht • am Anfang langsam erklärt • Langatmig, Konzentration -> schnelles Abschweifen (bei der Erläuterung der Aufgabe) • gut: SuS lesen vor • Erklärung der A sehr gut • Gut nachvollziehbare Inhalte an plausiblen Bsp. (aufgrund der nicht so optimalen Bild-Text-Kopplung habe ich Mühe, mich zu konzentrieren)	• Wh des M. nicht notwendig, wäre in 1-2 Sätzen auch vermittelt • bewegte Bilder so kommentieren, das eine WH. unnötig ist. • <u>Warum</u> welche M? Für welche SuS-Gruppe • Eines der M erschließt sich mir nicht völlig: „Folierte Rechtecke"	• Langatmig: nachgelagerte Wh wäre ausreichend/sehr langatmige Besprechung der Lös., Zusammenfass. am Ende zu langatmig I • Warum erklären die SuS die Ideen nicht selbst? • Zähe Erklärungen der SuS-Lösungen • „Bei einer 5-köpfigen Familie" -> ist keine Lösung
Zielgruppen-orientierung (19-)	• zu gleichförmig, reißt mich nicht mit II	• nicht ansprechend, langweilig, wiederholend, reißt mich nicht mit II • wirkt altbacken	• nicht ansprechend, langweilig

	• zu gleichförmig	
Authentizität		• Die Aufnahmen wirken m. E. wenig alltagsnah (Die SuS verhalten sich so, als würden sie gefilmt): Wie war der Ablauf im Alltag? Wie arbeiten die SuS?

Relevanz und *subjektiver Kompetenzzuwachs*

Welche inhaltlichen Aspekte in den Videos waren für Sie bedeutsam?
Was hat zu einer Erweiterung oder Veränderung Ihrer Sichtweise auf Differenzierung beigetragen?

	Video 1 „Aufgabenbeispiel"	Video 2 „Unterstützende Materialien"	Video 3 „Lernende bei der Bearbeitung"
Gestal-tungs-be-zogene Elemente	**Aufgabenmerkmale allgemein** • Der Teil, in dem das Aufgabenblatt vorgestellt wird • Aussagen haben mich angesprochen • Offene, problemhaltige Aufgabe (passen gut/Praxis)/offene A-stellung I • Die Aufgabe an sich scheint durchaus geeignet/ist gut zum Erkunden I • Notwendigkeit, viele Teiler zu haben (Lösung) • Für alle Leistungsstufen einsetzbar **Verständlicher Einstieg** • Alltagsbezug der A I **Comicfigur** • Muss das immer so sein: Comicfigur und Sprechblase? • „parallele Struktur (Darstellung): dies ist bedeutsam, aber auch schon ausreichend! **Gestufte Impulse** • Starke Führung innerhalb der A. (3 Arbeitsaufträge) • Sehr enge Aufgabenstellung zu Beginn – gute Erweiterung/Öffnung zum Schluss der Aufgabe • Geschlossener Anfang -> offene Fragestellung	**Formulierungshilfen** • möchte ich angehen (Sprachsensibler U.) **Kommentar Lehrperson** • Unstrukturierte Aussagen der LK	**Verschiedene Bearbeitungsweisen** • Offene Rechenaufgabe/ versch. Visualisierungen/ versch. Vorgehensweisen/versch. Verarbeitungs-hilfen gut • sehr unterschiedliche Lösungen

Kompetenzzuwachs	**Aufgabenmerkmale allgemein** • bisher noch nichts – die Aspekte der Differenzierung waren bekannt und offensichtlich • Keine Erweiterung I	**Merkmale Begleitmaterialien allgemein** • schon bekannt („mathewerkstatt“) II • Nichts II • Anregung dafür, welches M. auch ich einsetzen könnte/würde **Formulierungshilfen** • Erweiterung: nicht nur über enaktive M unterstützen, sondern auch durch Formulierungshilfen/ Wortspeicher **PADEK** • PADEK (= neuer Begriff) I	• Breite des Spektrums/des Könnens war bekannt • Nichts
Unterrichtsorganisation	• LK: persönlich Impuls und TA <u>bevor</u> Aufgabe an die SuS geht	**Begleitmaterialien allgemein** • Anregungen für unterstützendes M sind hilfreich, aber: die Fülle des M wirkt abschreckend. Braucht man das alles, um sinnvoll zu differenzieren? -> Verunsicherung • wenig M oder als Downloads zur Verfügung stellen I • zu viel M. I **PADEK** • Viel Vorarbeit notwendig: PADEK, Satzanfänge, ...) • Wiedermal: Drucken, Kopieren, Laminieren -> erste Bsp. mit einfachem **Formulierungshilfen** • Fachwörter müssen vorher geklärt sein **Sprachliche Unterstützung + konkrete Materialien** • Unterstützung ja, aber nur eine handlungsorientierte/sprachliche Variante	• Habe 30 SuS und nicht 5 • Da es an einem Bsp. vorgestellt wird, kann ich es derzeit schwerlich auf meine Klassenstufe „übertragen“ • Kurz: Mehr SuS-Aktivität Arbeit an Einzeltischen wohl sinnvoll (Blick auf die Praxis)
Aussagen über Lernende			• SuS müssen schon selbstständig arbeiten können“ -> Und wenn nicht? • S. musste motiviert werden
Epistemologische Aussagen		**Begleitmaterialien allgemein** • M ist nicht zu „verallgemeinern“ (konkrete Bsp. nicht notwendig/zielführend)	

- Für Gym nur bedingt passend
- Wortspeicher finde ich ungünstig als Hilfe

Nützlichkeit/Übertragbarkeit

Was passte eher zu Ihrer Praxis, was weniger?
Welchen Aspekt würden Sie in nächster Zeit berücksichtigen/nutzen?

	Video 1 „Aufgabenbeispiel“	Video 2 „Unterstützende Materialien“	Video 3 „Lernende bei der Bearbeitung“
Aussagen über das Unterrichten	**Verständlicher Einstieg** • Einstieg eher an die Alltagssituation anpassen – soweit möglich • Mehrere Einstiegsbsp. nach Themen sortiert -> jede LK sollte ein Thema finden, mit dem er den Einstieg gleich verwenden kann	• **PADEK** (= neuer Begriff) I • **Formulierungshilfen** und **Wortspeicher** möchte ich angehen (Sprachsensibler U.)	
Aussagen über Lernende	• Meine SuS wollen selten selbst entdecken! („Geben Sie uns doch einfach die Formel!“)	• Hilfekarten werden bei mir selten genutzt!	• Habe 30 SuS und nicht 5
Kontext-bezogene Aussagen			• Da es an einem Bsp. vorgestellt wird, kann ich es derzeit schwerlich auf meine Klassenstufe „übertragen“

C 2 Daten Hauptstudie

C 2.1 Personenbezogene Daten

Nr.	Schulart	Funktion	Dienstjahre	Weitere Angaben
LK1	RS	Beratungslehrerin	7	
LK2	RS	Fachschaftsleitung (7 Jahre)	7,5	Hat zum Thema eine Fortbildung besucht
LK3	RS		6	Thema bekannt
LK4	HS	Schulleitung (18 Jahre)	21	
LK5	RS	Fachschaftsleitung (5 Jahre)	9	
LK6	Gym	Fortbildner	2	
LK7	RS		30	
LK8	RS	Fortbildner (12 Jahre)	30	
LK9	k. A.		k. A.	Hat Fortbildung zum Thema besucht
LK10	GMS		4	Hat Fortbildung zum Thema „besucht
LK11	RS	Fortbildner SMV-Arbeit (3 Jahre)	9	Hat Fortbildung zum Thema besucht
Lk12	GMS	Stundenplaner, Fachschaftsleitung	15	
LK13	RS	Fachschaftsleitung (ca. 8 Jahre)	25	
Lk14	GMS		4	
LK15	HS	Fachschaftsleitung Technik Seminar Offenburg (5 J.)	25	Hat Fortbildung zum Thema besucht
LK16	GMS		7	
LK17	RS	Fachschaftsleitung 15 Jahre	24	
LK18	RS	Fachschaftsleitung Mathe 8	17	
LK19	RS		23	
LK20	GMS		8	

C 2.2 Quantitative Daten

C 2.2.1 „Akzeptanz der Gesamtgestaltung“

"Ich persönlich finde die Gestaltung dieses Videos insgesamt ansprechend."

Nr	V1	V2	V3	V4
L1	3	4	3	4
L2	4	3	4	4
L3	4	4	4	4
L4	3	3	4	3
L5	3	4	4	4
L6	4	4	4	4
L7	3	4	4	3
L8	4	Keine Angabe	4	4
L9	3	3	3	3
L10	2	3	2	1
L11	3	3	3	3
L12	Keine Angabe	3	4	4
L13	3	Keine Angabe	3	3
L14	2	2	Keine Angabe	Keine Angabe
L15	3	3	2	2
L16	4	3	3	3
L17	3	3	2	2
L18	3	3	3	3
L19	3	3	3	3
L20	3	4	Keine Angabe	3

C 2.2.2 „Akzeptanz gestaltungsbezogener Videoelemente“

Verständlichkeit der Videos

"Die eingeblendeten Begriffe am rechten Bildrand sind für mich verständlich formuliert."

Nr	V1	V2	V3	V4
L1	4	4	3	4
L2	4	4	4	4
L3	4	4	4	4
L4	4	4	4	4
L5	4	4	4	4
L6	4	4	4	4
L7	3	4	4	4
L8	4	Keine Angabe	4	4
L9	4	4	4	4
L10	4	4	4	3
L11	3	4	4	4
L12	4	4	4	4
L13	4	3	3	3
L14	3	3	3	3
L15	4	4	3	2
L16	4	4	4	4
L17	3	3	3	3
L18	3	3	4	4
L19	4	3	4	3
L20	4	4	2	4

Authentizität

"Das Video wirkt auf mich authentisch"

Nr	V1	V2	V3	V4
L1	3	4	3	3
L2	3	4	3	4
L3	4	4	4	4
L4	3	4	4	4
L5	1	3	4	3
L6	3	4	4	4
L7	4	4	4	2
L8	3	Keine Angabe	4	4
L9	3	2	2	3
L10	3	4	3	3
L11	3	2	2	2
L12	2	4	4	4
L13	4	3	3	2
L14	1	1	3	3
L15	3	2	2	1
L16	4	4	4	4
L17	2	3	3	3
L18	4	3	4	3
L19	2	4	2	4
L20	2	2	3	4

Dauer

"Die Dauer des Videos war mir angemessen."

Nr	V1	V2	V3	V4
L1	3	4	3	3
L2	4	4	4	4
L3	4	4	4	4
L4	4	4	4	3
L5	4	4	4	4
L6	4	4	4	2
L7	4	4	4	3
L8	4	Keine Angabe	4	4
L9	3	3	3	1
L10	4	2	2	1
L11	4	4	4	4
L12	4	4	4	4
L13	4	3	3	3
L14	3	3	3	3
L15	3	3	2	1
L16	4	4	4	3
L17	3	3	3	3
L18	3	3	4	3
L19	3	4	4	3
L20	4	4	4	4

Geschwindigkeit

"Die Geschwindigkeit des Videos war mir angemessen."

Nr	V1	V2	V3	V4
L1	4	4	3	3
L2	4	4	4	4
L3	4	4	4	4
L4	4	4	4	4
L5	4	3	3	4
L6	3	3	4	4
L7	4	4	4	3
L8	4	Keine Angabe	3	4
L9	3	3	3	2
L10	4	2	2	1
L11	3	4	4	4
L12	4	4	4	4
L13	4	2	2	3
L14	2	3	3	3
L15	3	3	3	2
L16	4	4	4	4
L17	3	3	3	3
L18	2	3	4	3
L19	2	3	3	3
L20	3	4	4	3

C 2.2.3 „Übertragbarkeit"

„Die im Video gezeigten Merkmale kann ich gut auf meinen eigenen Unterricht übertragen."

Nr	V1	V2	V3	V4
L1	4	4	4	4
L2	4	4	3	4
L3	4	4	3	4
L4	3	3	4	3
L5	2	3	2	4
L6	4	3	4	3
L7	3	3	4	3
L8	4	4	3	4
L9	2	1	3	2
L10	3	4	2	3
L11	3	3	3	3
L12	2	2	2	3
L13	3	2	2	3
L14	2	3	2	3
L15	3	3	4	2
L16	4	3	3	4
L17	3	3	3	3
L18	3	3	3	4
L19	4	3	3	3
L20	4	4	3	4

C 2.2.4 „Nützlichkeit“

"Ich beabsichtige, die im Video gezeigten Merkmale in meinem eigenen Unterricht zu nutzen."

Nr	V1	V2	V3	V4
L1	3	4	4	4
L2	3	3	3	3
L3	4	4	3	4
L4	4	3	4	3
L5	3	4	3	3
L6	3	2	4	4
L7	3	3	Keine Angabe	3
L8	2	4	4	4
L9	3	3	Keine Angabe	3
L10	3	3	3	3
L11	4	4	3	4
L12	3	2	3	3
L13	3	2	2	Keine Angabe
L14	3	3	2	3
L15	3	3	2	2
L16	3	4	4	4
L17	3	3	3	3
L18	3	3	3	3
L19	4	3	3	Keine Angabe
L20	4	4	4	4

C 2.2.5 Relevanz

T = theoriebezogenes Element (weiße Zeilen), P = praxisbezogenes Element (graue Zeilen), + relevant, - explizit nicht relevant, +/- balanced

	Relevanz: Inhalte V1 - Aufgabenbeispiel	LK 1	LK2	LK3	LK4	LK5	LK6	LK7	LK8	LK9	LK10	LK11	LK12	LK13	LK14	LK15	LK16	LK17	LK18	LK19	LK20
T	Zusammenfassung/Merkmale allgemein			+	+		+		+												+
T	**Zugänglichkeit**		+												+		+				
T	Verständlicher Einstieg	+				+				+							+	+	+	+	
P	Beispiel für verständlichen Einstieg															+					
T	Einfache Einstiegsfrage															+					
P	Beispiel für Einstiegsfrage																				
T	Visualisierungen		+			+					+		+	+	+	+					
P	Beispiel für Visualisierung																				
T	Konkretes Beispiel						+				+										
P	Beispiel für konkretes Beispiel																				
T	**Unterschiedliche Art + Tiefe der Bearbeitung**				+																
T	Gestufte Impulse					+					+		+								
P	Beispiel für gestuften Impulsen							+													
T	Individuelles Erklären																				
P	Beispiel für individuelles Erklären																				
T	Verschiedene Hilfsangebote																				
P	Beispiel für verschiedene Hilfsangebote															+		+	+	+	
P	*Beispielaufgabe*		+				+					+		+							+

	Relevanz Inhalte V2 - Begleitmaterialien	LK 1	LK2	LK3	LK4	LK5	LK6	LK7	LK8	LK9	LK10	LK11	LK12	LK13	LK14	LK15	LK16	LK17	LK18	LK19	LK20
T	Zusammenfassung/Merkmale allgemein																				
T	Verstehensunterstützung: Konkrete Materialien			+			+		+		+		+		+	+	+	+	+	+	
T	Metakogn. Unterstützung: Anleitung Problemlösen	+	+	+	+		+/-	+	+		+			+/-				+			
T	Sprachliche Unterstützung: Formulierungshilfen		+	+	+	+			+		+	+			+	+		+		+	
P	*Bsp. für konkrete Materialien (6)*		+				+					+	+		+	+					
P	*Bsp. für Anleitung*																				
P	*Bsp. für Formulierungshilfen*						+														

	Relevanz Inhalte V3 – Lernende bei der Bearbeitung	LK 1	LK2	LK3	LK4	LK5	LK6	LK7	LK8	LK9	LK10	LK11	LK12	LK13	LK14	LK15	LK16	LK17	LK18	LK19	LK20
T	**Zusammenfassung/Merkmale allgemein**										+						+				
T	Zeichnerische Darstellungen										+				+					+	
P	Beispiele für zeichnerische Darstellungen																				
T	Erklärungen																				
P	Beispiele für Erklärungen												+				+				
T	**Unterschiedliche Bearbeitungsweisen**	+				+	+		+			+		+		+			+	+	+
T	Bearbeitung des konkreten Aufgabenteils										+										
P	Beispiele für Bearbeitung des konkreten Teils		+	+	+		+						+				+				
T	Bearbeitung des offenen Aufgabenteils									+	+									+	
P	Beispiele für die Bearbeitung des offenen Teils		+	+	+		+						+				+				
T	**Unterschiedliches Bearbeitungsniveau**					+	+														

	Relevanz Inhalte Video 4 – Rolle Lehrkraft	LK 1	LK2	LK3	LK4	LK5	LK6	LK7	LK8	LK9	LK10	LK11	LK12	LK13	LK14	LK15	LK16	LK17	LK18	LK19	LK20
T	Hinweise zur Nutzung											+		+			+			+	+
P	Bsp. Hinweise zur Nutzung: Herr Schulke											+				+					
P	Bsp. Hinweise z. Nutzung LK2: zus. besprechen															-				+	
P	Bsp. Hinweise z. Nutzung LK3: Familiengr. themat.															+					
T	Gestufte, minimale Hilfen allgemein	+	+	+			+	+	+	+	+				+	+/-		+			+
T	Zurückhaltung												+			+	+				
T	Motivationshilfe				+											+		+			
T	Rückmeldung																				
T	Strategische Hilfe					+												+	+		
T	Inhaltliche Hilfe					+															
T	Unterstützung n. Bearbeitung: Vielfalt nuten					+					+			+	+						
T	Unterstützung n. Bearb.: Diagnosen erstellen						-	+													
P	Bsp. für Motivationshilfe																				
P	Bsp. für strategische Hilfe																				
P	Bsp. Rückmeldung																				
P	Bsp. inhaltliche Hilfe																				
P	Bsp. Vielfalt nutzen (Herr Schulke)		+																		
P	Bsp. Diagnose erstellen (Herr Schulke)																				

C 2.6 „Theorie-Praxis-Verbindung“

"In den Videos wurde Theorie und Praxis sinnvoll miteinander verknüpft."

Nr	V1 – V4
L1	4
L2	4
L3	4
L4	3
L5	4
L6	3
L7	4
L8	3
L9	3
L10	2
L11	4
L12	3
L13	3
L14	3
L15	2
L16	4
L17	4
L18	4
L19	4
L20	3

C 2.2.6 „Subjektiver Kompetenzzuwachs“

Subjektiver Kompetenzzuwachs

Aufgabenmerkmale: „Ich kenne Kriterien für geeignete differenzierende Mathematikaufgaben.“

Hilfsmaterialien: „Ich kenne verschiedene Arten von Hilfsmaterialien für das aufgabenbezogene Differenzieren im Mathematikunterricht.“

Denkweisen: „Ich kenne verschiedene Denkweisen und Strategien der Schülerinnen und Schüler zur Bearbeitung von differenzierenden Mathematikaufgaben.“

Lehrerrolle: „Ich kenne Möglichkeiten in der Rolle als Lehrperson, Schülerinnen und Schüler differenziert zu fördern.“

1= trifft nicht zu 2= trifft eher nicht zu 3= trifft eher zu 4= trifft zu

Nr	before viewing video	after viewing video	Begleitmaterialien_vorher	Begleitmaterialien_nachher	Denkweisen_vorher	Denkweisen_nachher	Lehrerrolle_vorher	Lehrerrolle_nachher
L1	3	4	2	4	3	3	4	4
L2	3	3	3	3	3	3	3	3
L3	3	3	3	4	2	4	3	4
L4	2	3	2	3	2	3	2	3
L5	2	4	3	4	2	4	2	4
L6	4	4	3	4	3	4	4	4
L7	3	4	4	4	2	4	3	4
L8	4	3	4	3	4	3	3	3
L9	3	3	3	3	2	2	4	4
L10	3	3	3	3	3	3	3	3
L11	3	4	3	4	2	3	4	3
L12	3	3	3	2	2	2	3	4
L13	3	3	3	3	3	2	3	3
L14	3	3	4	4	3	3	4	4
L15	3	3	3	4	2	2	3	3
L16	4	4	3	4	3	4	4	4
L17	3	4	3	4	3	4	3	4
L18	2	4	2	3	2	4	3	4
L19	2	3	3	3	2	2	2	3
L20	3	4	3	3	3	4	4	3

C 2.3 Qualitative Daten

1 = trifft nicht zu

2 = trifft eher nicht zu

3 = trifft eher zu

4 = trifft zu

V1 = Video „Aufgabenbeispiel“

V2 = Video „Unterstützende Materialien“

V 3 = Video „Lernende bei der Bearbeitung“

V4 = Video „Rolle der Lehrperson“

L1 = Lehrperson Nr. 1

C 2.3.1 Relevanz - Praxis

Relevanz - Praxis Gestaltungsbezogene Aussagen - positiv	**V1_LK05_Einfacher Einstieg:** für alle ansprechend gestaltet: Alltagssituation. **V1_LK06_Bsp. Aufgabe:** Die Aufgabe an sich mit der Schokolade: wie die Merkmale in der Aufgabe **V1_LK07_Bsp. Aufgabe**: SuS werden animiert, möglichst unterschiedliche Größen auf Teilbarkeit zu prüfen. **V1_LK11_Bsp. Visualisierung:** Dass man mit verschiedenen Familiengrößen möglichst geschickt kombinieren muss: Die beiden Schokoladentafeln waren anschaulich! Dazu der Hinweis: „4 oder 5 Personen". **V1_LK12_Bsp. Visualisierung:** Anschaulich: schöne Bilder. **V1_LK13_Bsp. Aufgabe:** durch Visualisierung der Schokoladentafeln Aufgabenstellung klar. **V1_Lk15_Bsp. Aufgabe**: Arbeitsblatt sehr ansprechend und klar gegliedert. **V1_LK18_Bsp. Visualisierung**: Comicfigur: mehrere Darstellungen möglich: Bezug zum Leben. **V2_LK06_Bsp. konkretes Material:** Legeplättchen: sehr anschaulich zur Symbolisierung von Schokoladestückchen **V2_LK10_Bsp. Anleitung zum Problemlösen:** leicht zu merken **V2_LK12_Bsp. Konkrete Materialien:** anschaulich **V2_Lk14_Bsp. Konkretes Material**: kurz eingeblendeten Beispiele. **V2_LK14_Bsp. Sprachliche Hilfen**: kurz eingeblendetes Beispiel. **V2_LK14_Bsp. Formulierungshilfen**: kurz eingeblendetes Beispiel. **V3_LK2_Bsp. Unterschiedliches Bearbeitungsniveau:** spannende und interessante Erklärungen der Schüler **V3_LK3_Bsp. Unterschiedliche Bearbeitungsweise**: Es ist interessant, wie die SuS die gleiche Aufgabe lösen. **V3_LK4_Bsp. Unterschiedliche Bearbeitungsweise**: Sehr anschaulich. **V3_LK6_Bsp. Unterschiedliche Bearbeitungsweisen:** Schöne Schülerlösungen.

	V3_Lk14_Bsp. Zeichnerische Bearbeitung: Schülerbeispiel visuell im Kopf. **V3_Lk17_Bsp. Verschiedene Bearbeitungsweisen**: Art der Vorgehens- und Denkweise wird sichtbar. **V3_Lk18_Bsp. Verschiedene Bearbeitungsweisen:** verschiedene Herangehensweisen von Mädchen und Jungen. **V3_Lk19_Bsp. Konkrete Materialien:** damit alle SuS mit der Aufgabenstellung vertraut sind **V4_LK02_Bsp. für „Vielfalt nutzen":** Notation der Teiler an der Tafel: anschauliche Darstellung von Aufteilen. **V4_LK06_Bsp. Gestufte Hilfen**: gute Beispiele. **V4_LK14_Bsp. Gestufte, minimale Hilfen:** Schöne Beispiele. **V4_LK14_Bsp. Strategien und Ergebnisse vergleichen:** Gut ausgewählte Ansätze de SuS.
Relevanz – Praxis Gestaltungsbezogene Aussagen - negativ	**V1_LK08_Bsp.Aufgabe**: Gestaltung: Schrift und Zeichnungen etwas überdimensioniert. **V1_Lk10_Bsp. Gestufte Impulse**: 3 von 4 „fehlerhaften" Fragen, die ich überarbeitet habe. **V1_Lk17_Visualisierung**: 2 Tafeln Schokolade: die quadratische ist vielen SuS nicht bekannt. **V3_Lk15_Bsp. Unterschiedliche Bearbeitungsweisen:** habe wenig verschiedene Herangehensweisen gesehen: zu allgemein
Relevanz – Praxis Subj. Aussagen über das Unterrichten - positiv	**V1_LK06_Bsp. Aufgabe:** Einsatz im Unterricht, würde ich genauso machen. **V2_LK02_Bsp. konkrete Materialien**: Möglichkeiten der mehrfachen Verwendung. **V2_LK08_Sprachliche Unterstützung:** Hilfestellungen bei sprachl. Unterstützung vordenken – Mögl. Schwierigkeiten antizipieren, Scaffolding beim „Begründen-Lernen". **V2_Lk11_Bsp. Konkrete Materialien**: Legeplättchen: Mathe erfahrbar, Schokoladetafeln schnell verändern können **V3_LK13_Bsp. Unterschiedliche Bearbeitungsweisen:** dass man Beispiele gesehen hat.
Relevanz – Praxis Subj. Aussagen über das Unterrichten - negativ	**V1_LK08_Bsp Visualisierung**: Bedeutung der Comicfigur: Welche Rolle spielt sie generell?
Relevanz – Praxis Subj., epistemologische Aussagen - positiv	**V4_LK04_Motivation (Hinweis Herr S.)**: positives Lernklima: ganz wichtig. **V4_LK11_Bsp. Sicherung des Verständnisses**: Weil sonst nicht alle wissen, was sie machen sollen. **V4_Lk13_Bsp. Sicherung des Verständnisses (Hinweise Sprecher):** notwendig, SuS zu unterstützen
Relevanz – Praxis Subj. Aussagen über Lernende - negativ	**V2_LK06_Bsp. Formulierungshilfen:** Ich habe mich gefragt, ob SuS dazu „erzogen" werden müssen, so etwas in Anspruch zu nehmen

Relevanz – Praxis Selbstbezogene Aussagen - positiv	**V2_LK06_Bsp. Anleitung zum Problemlösen**: Verwende ich hoffentlich zukünftig wieder häufiger. **V3_LK8_Bsp. Unterschiedliche Bearbeitungsweisen:** Verblüfft mich auch in meinem eigenen Unterricht
Relevanz – Praxis Subj. Kompetenzzuwachs - positiv	**V2_LK02_Bsp. Anleitung zum Problemlösen**: Kannte ich noch nicht. **V2_LK04_Bsp. Anleitung zum Problemlösen:** weil er neu ist (*Anmerkung: Plan zum Problemlösen*).
Relevanz – Praxis Subj. Kompetenzzuwachs - negativ	**V2_LK06_Bsp. Anleitung zum Problemlösen**: kenne ich! **V2_Lk13_Bsp. Anleitung zum Problemlösen**: PADEK: kannte ich schon.

C 2.3.2 Relevanz - Theorie

Relevanz - Theorie Gestaltungsbezogene Aussagen - positiv	**V1_LK02_Zugänglichkeit:** wegen der eingeblendeten Struktur rechts. **V1_LK09_Zugänglichkeit**: lebensweltlicher Einstieg, Praxisbezug. **V1_LK12_Gestufte Impulse:** Verschiedene Stufen der Bearbeitung. **V1_Lk14_Visualisierung:** konkretisiert die Aufgabe, veranschaulicht die Grundfrage.**V1_Lk14_konkretes Beispiel:** klarer Auftrag auch für schwächerer SuS. **V1_LK14_Zugänglichkeit:** farblich abgehoben. **V1_LK15_Einfache Einstiegsfrage:** Glied. „Einstieg" – „Einstiegsfrage", „Visualisierung": wurde sehr stimmig z. Aufgabe eingeblendet. **V1_Lk17_Gestufte Impulse**: viele Möglichkeiten, die SuS müssen nicht alle finden. **V2_LK04_Formulierungshilfen:** weil es Sinn macht. **V2_LK05_Formulierungshilfen:** Gute Hilfe für die Schüler. **V2_LK06_ Unterstützende Begleitmaterialien allgemein:** wahrscheinlich, weil es nochmals zusammengefasst wurde **V2_LK09_Formulierungshilfen**: Mit Vorgaben möglich. **V2_LK17_Konkrete Materialien**: Jeder kann ausprobieren. **V3_LK01_Unterschiedliche Bearbeitungsweisen:** Bieten gute Grundlage für die Weiterarbeit. **V3_LK05_Unterschiedliche Bearbeitungsweisen**: Wie die Aufgabe bearbeitet wird, entscheidet der Schüler, er entscheidet sich für eine Strategie, die am besten zu seinen Strukturen und Kompetenzen passt. **V3_Lk19_Formulierungshilfen:** um an eine Lösung zu gelangen. **V3_LK10_Unterschiedliche Bearbeitungsweisen:** zeichnerische Form: handelnde/nichtsprachliche Form der Bearbeitung **V3_LK10_Bearbeitung des konkreten Teils:** SuS dürfen hier handlungsfähig sein. **V3_LK11_Unterschiedliche Bearbeitungsweisen:** Hefteinträge werden dargestellt. **V3_LK12_Unterschiedliche Bearbeitungsweisen:** SuS schreiben ihre eigenen Lösungswege auf: viele Beispiele gesehen **V3_LK16_Unterschiedliche Bearbeitungsweisen**: Art der Darstellung (Beispiel – Begriffe) **V3_LK17_Zusammenfassung**: Alle Möglichkeiten werden sichtbar. **V3_LK19_ Verschiedene Bearbeitungsweisen:** Unterschiedliche Lösungsansätze: zeichnerisch, rechnerisch oder durch Logik hergeleitet. **V4_LK01_Minimale Hilfe:** weil man oft „unüberlegt" Hilfe anbietet. **V4_LK05_Vielfalt nutzen**: berücksichtigt jedes Kind: Wertschätzung. **V4_LK05_Vielfalt nutzen**: berücksichtigt jedes Kind: Horizonterweiterung. **V4_Lk05_Inhaltliche Hilfen**: Inhaltliche Hilfen. **V4_LK05_Strategische Hilfen**: Strategische Hilfen. **V4_LK06_Gestufte Hilfen**: gut erklärt. **V4_LK06_Gestufte Hilfen**: anschaulich dargestellt. **V4_LK07_Gestufte Hilfen:** relevant **V4_LK07_Diagnosen erstellen:** Umgang mit den Schülerergebnissen sind in Erinnerung gerufen **V4_LK08_Gestufte Hilfen:** Es ist leichter, einen Lösungsweg zu verraten. **V4_LK10_Gestufte Hilfen**: kognitiv anregend **V4_LK13_Strategien und Ergebnisse vergleichen**: Vielfalt zulassen **V4_LK15_Sicherung des Verständnisses:** Klärung von Begriffen **V4_LK16_Zurückhaltung**: SuS sollen im Lernprozess nicht gestört bzw. gelenkt werden, sie sollen ihren eigenen Weg nachgehen

Relevanz - Theorie\ Gestaltungsbezogene Aussagen - negativ	**V1_LK18_Visualisierung**: Bilder kritisch sehen. Manche Bilder schränken Phantasie ein. **V3_LK02_Erklärung (Hinweise Herr S.):** Ziel? Alle Teiler finden?
Relevanz – Theorie Subj. Aussagen über das Unterrichten - positiv	**V1_LK02_ Selbstdifferenzierende Aufgaben allgemein:** Persönliches Interesse an grafischer Darstellung. **V2_LK02_Formulierungshilfen**: Überlegung d. mehrfachen Verwend./Alternativen zu laminierten Karten für 1 Stunde. Evtl. Plakat? **V2_LK15_Konkretes Material**: Hätte ich auch gemacht. **V2_LK20_ Unterstützende Begleitmaterialien allgemein:** Manche Aufgaben müssen vollumfänglich durchdacht werden. Aufgrund der Umsetzbarkeit in allen Klassenstufen lohnt es sich. **V3_LK06_Unterschiedliches Bearbeitungsniveaus:** Schnelle Möglichkeit den Leistungsstand eines Schülers festzustellen. **V4_LK04_Motivation**: damit die SuS nicht die Lust verlieren. **V4_LK10_gestufte Hilfen:** Dem SuS das geben, was er/sie braucht (Motivation, Interesse, ...) **V4_LK12_Zurückhaltung**: möglichst wenig Hilfen geben **V4_LK13_Sicherung des Verständnisses**: Unterstützung beim Verstehen: wichtig für den weiteren Verlauf **V4_LK19_Sicherung des Verständnisses**: Aufgabe gut einführen/lesen lassen
Relevanz – Theorie Subj. Aussagen über das Unterrichten - negativ	**V3_LK20_Verschiedene Bearbeitungsweisen**: möglich. Auch mit Modellen umsetzbar. Das fehlt mir vor allem in de Sekundarstufe I häufig **V4_LK02_gestufte Hilfen:** vergisst man im Alltag häufig, landet schnell bei inhaltlichen Hilfen.
Relevanz – Theorie Subj. Aussagen über Lernende - positiv	**V1_LK19_Hilfsangebote**: Jeder SuS arbeitet anders. **V1_LK19_Gestufte Hilfen**: Jeder SuS arbeitet anders. **V1_LK19_Verständlicher Einstieg:** damit SuS die Aufgabenverstehen und lösen können. **V2_Lk11_Formulierungshifen:** Sprachlich oft Hemmungen: Idee, das Ganze in Worte zu packen.
Relevanz – Theorie Subj. Aussagen über Lernende - negativ	**V1_LK05_Visualisierung**: Kinder finden es immer schwerer, die Texte zu „übersetzen“: Bilder helfen ihnen dabei**V2_LK09_gestufte Impulse:** offenen Fragestellung (wurde sogar bearbeitet = Wunder!).
Relevanz – Theorie Subj., epistemologische Aussagen - positiv	**V1_LK03_ Selbstdifferenzierende Aufgaben allgemein:** Selbstdifferenzierend: notwendig im Unterricht. **V1_LK03_ Selbstdifferenzierende Aufgaben allgemein:** Selbstdifferenzierend: erleichtert den Umgang mit Heterogenität. **V1_LK05_Gestufte Impulse**: Nimmt alle Kinder mit, soweit sie gehen können. **V1_LK10_Verschiedene Hilfsangebote:** Bildliche Darstellung: erprobtes Mittel in der Mathematikdidaktik (E-I-S). **V1_Lk16_Verständlicher Einstieg**. Alltagsbezug: Motivationssteigerung = bedeutender Aspekt. **V1_Lk16_Zugänglichkeit**: Ziel ist es, allen Lerntypen gerecht zu werden, demnach sollten alle Lernkanäle aktiviert werden. **V2_LK03_Unterstützende Begleitmaterialien allgemein:** notwendig für SuS. **V2_ LK08_Metakognitive Unterstützung:** wird oft vergessen. **V2_LK08_ Unterstützende Begleitmaterialien allgemein**: Material-Stufung: logischer Aufbau der Verstehensorientierung **V2_LK10_Sprachliche Unterstützung:** Absolut notwendig, besonders bei Migrationshintergrund. **V2_Lk15_Formulierungshilfen**: Sehr wichtig zur Unterstützung unserer SuS. **V2_LK18_Konkrete Materialien:** Lernen mit etwas, was man anfassen kann. **V3_LK10_Bearbeitung des offenen Teils:** Fördert das Nachdenken.

	V4_LK10_Allgemein: Selbstständigkeit fördern: Lernen ist die eigenständige Auseinandersetzung mit der Welt **V4_LK10_strategische Hilfe:** fördert Aha-Erlebnisse, Verständnis **V4_LK16_Verständlicher Einstieg**: klare und verständliche Aufgabe ist Voraussetzung, um in das Arbeiten zu kommen **V4_LK17_Gestufte Hilfen**: Jeder SuS braucht individuelle Hilfestellungen. **V4_LK18_Strategische Hilfen (Hinweise Sprecher)**: Eigenständiges Lernen, verdienter Erfolg. **V4_LK20_Sicherung des Verständnisses:** SuS können so mitgenommen werden.
Relevanz – Theorie Selbstbezogene Aussagen - positiv	**V1_LK20_Selbstdifferenzierende Aufgaben allgemein:** für alle Klassenstufen wichtig: mag ich, sollte ich öfters einsetzen. **V2_LK10_Konkrete Materialien:** Entspricht meiner Erfahrung. **V2_Lk16_konkrete Materialien**: Für mich persönlich ganz wichtiger Ansatz um in das Arbeiten zu kommen (Handlungsorientierung). **V4_LK03_Gestufte Hilfen**: weil ich das für mich selbst noch nie bewusst differenziert habe. **V4_LK20_Minimale, gestufte Hilfen:** Praktiziere ich oft in der Schule: Ich mag es, wenn SuS etwas selbst geschafft haben. **V4_LK20_Strategien und Ergebnisse vergleichen:** Diese Phase sehe ich als sehr wichtig und am schwierigsten steuerbar an.
Relevanz – Theorie Selbstbezogene Aussagen - negativ	**V4_LK19_Zurückhaltung:** ist nicht meine Stärke!
Relevanz – Theorie Subj. Kompetenzzuwachs - positiv	**V1_LK01_Verständlicher Einstieg**: Bewusstsein geschaffen, dass es gelingen kann, alle SuS mit der gleichen Situation abzuholen. **V1_LK04_ Selbstdifferenzierende Aufgaben allgemein:** war mit bisher nicht bekannt **V1_LK10_Einfacher Einstieg**: Konnte ich mit meinem Vorwissen verknüpfen, wurde eingeblendet. **V2_LK01_Anleitung zum Problemlösen:** War mir bisher unbekannt. **V2_LK04_Unterschiedliche Art und Tiefe de Bearbeitung:** war mit bisher nicht so bewusst.
Relevanz - Theorie\Subj. Kompetenzzuwachs - negativ	**V1_LK15_Hilfsangebote**: Negative Erinnerung: habe ich gemerkt, aber keine Info dazu bekommen. **V4_LK06_Diagnosen erstellen:** bin nicht schlauer als vorher, wenig Inhalt

C 2.3.3 Übertragbarkeit – Praxis

Übertragbarkeit – Praxis Gestaltungsbezogene Aussagen - positiv	**V1_LK02_Bsp. Aufgabe**: klarer Aufbau des Arbeitsblattes **V1_LK03_Bsp. Aufgabe:** konkretes Beispiel **V1_LK05_Bsp. Aufgabe**: die gesamte Aufgabe kann so übernommen werden **V1_LK06_Bsp. Aufgabe:** Aufgabenstellung ist allgemein genug und simpel, passt zu den Merkmalen, um sie auf beliebige Schultypen zu übertragen **V1_LK08_Konkretes Beispiel (Hinweise Sprecher):** keine Zeit zum Selbstüberlegen; die Comicfigur als Scaffolding-Element! **V1_LK16_Bsp. Visualisierung:** Lebenswelt der SuS **V2_LK03_Bsp. „Konkrete Materialien":** Material-Idee ist gut **V2_LK03_Bsp. Anleitung zum Problemlösen**: Vorlage für Lösungsweg für Schüler nutzbar **V2_LK03_Bsp. Formulierungshilfen**: konkrete Formulierungshilfen (nicht nur für schwächere SuS) **V2_LK04_ Anleitung zum Problemlösen (Hinweise Herr S.):** „PADEK" **V2_LK05_Bsp. Formulierungshilfen:** Beispiel **V2_LK06_Bsp. Konkrete Materialien:** wenn man so etwas hat, ist es immer gut. **V2_LK07_Bsp. Anleitung zum Problemlösen:** einsetzbar, wenn das als solches bekannt ist **V2_LK07_Bsp. Anleitung zum Problemlösen (Hinweise Sprecher):** Strategieerwerb, für schwächere SuS einen Plan genau für die Aufgabenstellung herausgeben **V2_LK10_Bsp. Konkrete Materialien:** Bsp. Konkrete Materialien **V2_LK10_Bsp. Anleitung zum Problemlösen**: Bsp. Anleitung zum Problemlösen **V2_Lk14_Bsp. Formulierungshilfen**: gut formuliert **V2_Lk15_Bsp. Konkretes Material**: sehr ansprechend, sehr gut übertragbar **V2_LK16_Bsp. Anleitung zum Problemlösen**: Bsp. Anleitung zum Problemlösen **V2_LK20_Bsp. Konkrete Materialien:** Bsp. Konkrete Materialien **V3_LK02_Bsp. Erklärungen:** realitätsnahe Darstellung **V3_LK08_Bsp. Bearbeitung des konkreten Teils:** vielfältige Zugänge **V3_LK10_Bsp. Bearbeitung des konkreten Teils:** + **V3_LK10_Bsp. Bearbeitung des offenen Teils:** + **V3_LK12_Bsp. Zeichnerische Darstellungen**: gute Lösungen der SuS **V4_LK02_Bsp. „Sicherung des Verständnisses" (Hinweise Lehrperson 3):** Passung an Gruppe **V4_LK02_Bsp. Motivationshilfe:** Lob **V4_LK03_Bsp. Sicherung des Verständnisses (Herr S.):** „Anleitung" verwendbar. **V4_LK03_Bsp. Sicherung des Verständnisses (Hinweise Lehrperson 3):** Hinweis bei verschiedenen sozialen Umfeldern **V4_LK03_Bsp. Sicherung des Verständnisses (Hinweise Sprecher):** sachliche Erklärung. **V4_LK04_Bsp. Motivationshilfe:** „Das ist ein ganz toller Gedanke!" **V4_LK04_Bsp. Strategische Hilfen:** gröberes Karopapier **V4_LK07_Bsp. Zurückhaltung (Hinweise Herr S.):** Tipp **V4_LK09_Bsp. Zurückhaltung (Hinweise Herr S.):** ja **V4_LK09_Bsp. Vielfalt nutzen**: gut **V4_LK10_Bsp Strategische Hilfe**: + **V4_LK12_Bsp. Sicherung des Verständnisses (Herr S.):** klare Ansage

	V4_Lk13_Bsp. Sicherung des Verständnisses (Hinweise Lehrperson 3): thematisieren, was für Familien es gibt **V4_LK15_Bsp. Sicherung des Verständnisses (Herr S.):** Begriffe klären **V4_LK17_Bsp. Sicherung des Verständnisses (Hinweise Lehrperson 2):** gute Hilfe **V4_LK17_Motivationshilfe (Hinweise Herr S.):** gut **V4_LK18_Bsp. Motivationshilfe:** lob **V4_LK20_Bsp. Sicherung des Verständnisses (Herr S.):** übertagbar **V1_Lk20_Bsp. Aufgabe**: nimmt mehrere Zugänge auf.
Übertragbarkeit – Praxis Gestaltungsbezogene Aussagen - negativ	**V1_LK01_Bsp. Aufgabe**: sprachlich sehr textlastig für schwache Schüler **V1_LK14_Bsp. Aufgabe**: Formulierung für meine SuS zu schwierig. **V1_LK14_Konkretes Beispiel (Hinweise Sprecher)**: wichtig, da die 4er-Familie oben verwirrt. SuS, die ungenau lesen, denken: auf 4 Personen aufteilen **V2_LK06_Bsp. Anleitung zum Problemlösen:** nicht im Video ersichtlich, ob SuS PADEK selbstständig nutzen **V2_LK12_Bsp. Anleitung zum Problemlösen**: zu allgemein, SuS verstehen den Text nicht **V2_LK15_Bsp. Anleitung zum Problemlösen**: Ist der Begriff „PADEK" in diesem Video erfunden oder in Fachdidaktik bekannt? **V2_LK15_Bsp. Anleitung zum Problemlösen:** sehr textlastig **V3_LK05_Bsp. Unterschiedliche Bearbeitungsweisen**: Ich kann nur hoffen, dass meine SuS auch solche Ergebnisse bringen, aber verwenden kann ich diese Schülerlösungen nicht **V4_LK01_Diagnosen erstellen:** Ideen hierzu bzw. an einem Beispiel aufzeigen wäre gut. **V4_Lk05_Bsp. Sicherung des Verständnisses (Hinweise Lehrperson 2):** passt in meinen Augen nicht ins Video. **V4_LK07_Bsp. Motivationshilfe**: wenig authentisch, Loben ist gut, aber nicht überschwänglich **V4_LK11_Bsp. Vielfalt nutzen**: möglichst alle SuS einbinden, finde ich sinnvoll. Ich glaube aber, dass man ein geschlossenes Ende, ein zuverlässiges Ergebnis braucht **V4_LK15_Bsp. Sicherung des Verständnisses (Hinweise Lehrperson 3):** Klärung von Begriffen: sehr gut, wird aber im Video nicht weiter thematisiert **V4_LK15_Bsp. Motivationshilfe (Hinweise Herr S.):** ist doch selbstverständlich. Was ist das? Einsatz didaktischer Fragestellungen?
Übertragbarkeit – Praxis Subj. Aussagen über das Unterrichten - positiv	**V1_LK14_Bsp. Aufgabe**: Beispielfamilien zeigen. **V2_LK02_Bsp. konkrete Materialien:** schnelle Bereitstellung **V2_LK02_Bsp. konkrete Materialien:** Platzaufwand in Ordnung **V2_LK06_Bsp. Konkrete Materialien (Hinweise Herr S.):** nichts geht kaputt, leicht zu bedienen **V2_LK07_Bsp. Anleitung zum Problemlösen**: Vermehrter Einsatz im Unterricht **V4_LK01_Bsp. Hinweise zur Verständnissicherung:** Interessant, da man die Realsituation oft zu wenig thematisiert. **V4_LK02_Bsp. „Sicherung des Verständnisses" (Hinweise Lehrperson 2):** Blick behalten für Verständnisprobleme außermathematischer Art. **V4_LK09_Bsp. Sicherung des Verständnisses (Hinweise Lehrperson 3):** kleines Portionieren: Fremdwörter klären! **V4_LK11_Bsp. Sicherung des Verständnisses (Hinweise Lehrperson 2):** Die Aufgabe zusammen besprechen: Das muss ich tun! **V4_LK11_Bsp. Sicherung des Verständnisses (Hinweise Lehrperson 3):** Familiengrößen thematisieren: Das muss ich tun!

	V4_Lk13_Bsp. Sicherung des Verständnisses (Hinweise Lehrperson 2): zusammen besprechen, wenig lesen **V4_LK14_Bsp. Sicherung des Verständnisses (Hinweise Lehrperson 3):** würde ich auch so machen, sogar aufstellen lassen **V4_LK14_Zurückhaltung (Hinweis Herr S.):** sollte die Regel sein **V4_LK14_Motivationshilfe (Hinweis Herr S.):** sollte die Regel sein **V4_LK18_Bsp. Sicherung des Verständnisses (Herr S.):** Stille ist wichtig
Übertragbarkeit – Praxis Subj. Aussagen über das Unterrichten - negativ	**V2_LK14_Bsp. Anleitung zum Problemlösen**: unattraktiv: Abkürzungen für meine SuS nicht zu merken, würde ich nicht verwenden **V3_LK12_Bsp. Erklärungen:** Thematisch oft schwierig einzubauen. **V4_LK09_Bsp. Sicherung des Verständnisses** (**Herr S.**): Selber lesen – nein! **V4_LK18_Bsp. Motivationshilfe (Hinweise Herr S.):** Motivationsimpuls, funktioniert nicht immer
Übertragbarkeit – Praxis Subj., epistem. Aussagen - positiv	**V2_LK01_Anleitung zum Problemlösen**: Tolle Idee. Macht bewusst, dass die Unterstützung auf verschiedenen Ebenen stattfinden muss **V2_LK01_Sprachliche Unterstützung**: Immer häufiger notwendig, macht bewusst, dass die Unterstützung auf verschiedenen Ebenen stattfinden muss **V2_LK08_Bsp. Konkrete Materialien**: zum Aufbau von Grundvorstellungen **V2_Lk14_Bsp. Konkretes Material:** haptisches Material für enaktiven Zugang unerlässlich **V1_Lk20_Bsp. Aufgabe**: selbstdifferenzierende Aufgaben sind wichtiger Baustein des Mathematikunterrichts.
Übertragbarkeit – Praxis Selbstbezogene Aussagen - positiv	**V2_LK05_Bsp. Schülerdokumente**: Beispiele regen mich an, es selbst auszuprobieren
Übertragbarkeit – Praxis Selbstbezogene Aussagen - negativ	**V2_LK06_ Bsp. Anleitung zum Problemlösen:** Bin kein Freund von solchen Formulierungen, eher für gute SuS, eher zur Diagnose durch die Lehrperson hilfreich
Übertragbarkeit – Praxis Subj. Aussagen über Lernende - negativ	**V3_LK11_Bsp. Bearbeitung des konkreten Teils**: Ich erlebe unsere SuS nicht als so sorgfältig und ehrgeizig. Ausführlich auseinandersetzen wird sich kaum jemand. Leider. **V3_LK12_Bsp. Erklärungen:** SuS schreiben sehr lange! **V3_Lk14_Bsp. Erklärungen**: Meine SuS sind sprachlich nicht in der Lage, so zu schreiben **V4_LK09_Bsp. Sicherung des Verständnisses (Hinweise des Sprechers):** Selbstständig arbeiten: Noch sehr schwer. **V4_LK11_Zurückhaltung (Hinweise Herr S.)**: Das versuche ich, weil meine SuS immer mehr das selbstständige Denken verlernen. Selbstständiges Arbeiten ist ein langer Weg **V4_Lk14_Bsp. Sicherung des Verständnisses:** meine SuS würden sprachliche Hilfen zum Textvertändnis benötigen
Übertragbarkeit – Praxis Subjektiver Kompetenzzuwachs - negativ	**V2_LK01_Konkrete Materialien**: Nutze ich schon **V4_LK15_Bsp. Sicherung des Verständnisses (Hinweise Lehrperson 2):** hilft mir nicht weiter

C 2.3.4 Übertragbarkeit - Theorie

Übertragbarkeit - Theorie\Gestaltungsbezogene Aussagen - positiv	**V1_LK02_Konkretes Beispiel (Hinweise Sprecher):** Lebensweltbezug **V1_LK02_Konkretes Beispiel (Hinweise Sprecher):** Lösungsmöglichkeit klar erkennbar **V1_LK02_Verschiedene Hilfsangebote (Hinweise Sprecher):** unterschiedliche Darstellungsmöglichkeiten, Schülerinteressen **V1_LK03_Zusammenfassung:** Stichpunkte, die wichtig sind **V1_LK03_Zusammenfassung:** Zusammenfassung **V1_LK06_Einfache Einstiegsfrage (Hinweise Sprecher):** Umsetzung im Unterricht top **V1_LK06_Zusammenfassung:** gut **V1_LK06_Allgemein:** die Reihenfolge Definition -> Beispiel -> Wiederholung finde ich geschickt **V1_LK07_Konkrete Beispiel (Hinweise Sprecher):** Konkrete Beispiel (Hinweise Sprecher) **V1_LK07_Individuelles Erklären (Hinweise Sprecher):** Individuelles Erklären (Hinweise Sprecher) **V1_LK10_Zugänglichkeit:** übertragbar **V1_LK10_Gestufte Impulse:** Stück für Stück in die Tiefe gehen **V1_LK12_Einstiegsimpuls:** Viele unterschiedlichen Voraussetzungen **V1_Lk13_Gestufte Impulse (Hinweise Sprecher):** Lernende können einen, mehrere oder alle Teile der Aufgabe wählen und bearbeiten **V1_LK13_Verschiedene Hilfsangebote (Hinweise Sprecher):** „handelnde und bildliche Wege“ **V1_LK15_Zugänglichkeit:** ansprechende Gestaltung: Die Gliederung könnte ich für die Tafel/Pinnwand übernehmen **V1_LK16_Verständlicher Einstieg:** Lebenswelt der SuS **V1_LK16_Visualisierung:** Lebenswelt der SuS **V1_LK16_Verschiedene Hilfsangebote:** Lebenswelt der SuS **V1_LK17_Verschiedene Hilfsangebote (Hinweise Sprecher):** "Eigene Entscheidung" ist gut **V1_LK18_Einfache Einstiegsfrage (Hinweise Sprecher):** „Enge Formulierung“ ist gut! **V2_LK03_Allgemein:** gut einsetzbar **V2_LK03_Zusammenfassung:** Zusammenfassung der wichtigsten Inhalte **V2_LK04_Konkrete Materialien (Hinweise Sprecher):** Konkrete Materialien **V2_LK04_Formulierungshilfen (Hinweise Sprecher):** Formulierungshilfen **V2_LK05_Konkrete Materialien (Hinweise Sprecher):** Legeplättchen **V2_LK08_Zusammenfassung:** gute Hilfestellung für Lehrpersonen **V2_Lk10_Zusammenfassung:** hilfreich **V2_LK11_Anleitung zum Problemlösen:** nur, wenn meine SuS das selbst formuliert haben. Aber tolle Idee, um Rezepte für alle möglichen Aufgaben aufzuschreiben **V2_LK14_Formulierungshilfen:** gut geeignet: lenkt den Fokus auf die mathematische Problemstellung **V2_Lk14_Zusammenfassung:** übersichtlich **V2_LK15_Formulierungshilfen:** sehr gute Unterstützung, sehr gut übertragbar **V2_LK16_Formulierungshilfen:** Formulierungshilfen

	V2_Lk17_Konkrete Materialien: praktischer Bezug, gut für den eigenen Unterricht **V2_Lk18_Formulierungshilfen:** gute Idee **V2_LK20_Anleitung zum Problemlösen**: Anleitung zum Problemlösen **V3_LK04_Unterschiedliche Bearbeitungsniveaus (Hinweise Sprecher):** „unterschiedlichen Niveaus" **V3_LK06_Unterschiedliche Bearbeitungsweisen:** einfach übertragbar **V3_LK06_Unterschiedliche Bearbeitungsniveaus:** klar formuliert **V3_LK08_Unterschiedliche Bearbeitungsweisen:** vielfältige Zugänge **V3_LK08_Unterschiedliche Bearbeitungsniveaus:** Bearbeitungstiefe **V3_LK10_Unterschiedliche Bearbeitungsweisen:** + **V3_LK10_Zusammenfassung**: +, sinnvoll **V3_Lk16_ Unterschiedliche Bearbeitungsweisen**: Unterschiedliche Bearbeitungsweisen **V3_LK16_Unterschiedliche Bearbeitungsniveaus:** Unterschiedliche Bearbeitungsniveaus **V3_LK17_Zeichnerische Darstellungen:** besser verständlich als zu viel Text **V3_Lk17_Allgemein:** Man bekommt außer der eigenen Denkweise auch andere Vorstellungen mit **V4_LK02_Inhaltliche Hilfen:** Vermeidung **V4_LK03_Zurückhaltung (Hinweise Sprecher):** sachliche Erklärung **V4_LK03_Rückmeldung (Hinweise Sprecher):** sachliche Erklärung **V4_LK03_Zurückhaltung (Hinweise Sprecher):** sachliche Erklärung **V4_LK03_Strategische Hilfe (Hinweise Sprecher):** sachliche Erklärung **V4_LK03_Inhaltliche Hilfe (Hinweise Sprecher):** sachliche Erklärung **V4_LK03_Gestufte Hilfe (Hinweise Sprecher):** sachliche Erklärung **V4_LK03_Vielfalt nutzen (Hinweise Sprecher):** sachliche Erklärung **V4_LK03_Diagnosen erstellen (Hinweise Sprecher):** sachliche Erklärung **V4_LK03_Zusammenfassung:** Zusammenfassung **V4_LK04_Sicherung des Verständnisses (Hinweise des Sprechers):** „... ersten Schritt zur <u>Nutzung der Materialien</u>" **V4_LK08_Sicherung des Verständnisses**: gestufte Hilfen **V4_LK08_Gestufte, minimale Hilfen (Hinweise Sprecher)**: übertragbar **V4_LK08_Rückmeldungen (Hinweise Sprecher)**: übertragbar **V4_LK10_Zurückhaltung**: Zurückhaltung **V4_LK10_Motivationshilfe**: Motivationshilfe **V4_LK10_Zusammenfassung**: sinnvoll **V4_LK11_Gestufte Hilfen (Hinweise Sprecher):** „<u>Selbstdifferenzierende Aufgaben benötigen selbstregulative, sprachliche oder soziale Fähigkeiten</u>": Eben: Und da haben alle Stadtschulen massive Probleme **V4_LK14_Rückmeldung:** wichtig **V4_Lk15_Zurückhaltung:** gut **V4_LK15_Motivationshilfe (Hinweise Sprecher):** positives, wertschätzendes Klima gut! **V4_Lk16_Sicherung des Verständnisses**: Sicherung des Verständnisses **V4_Lk16_Motivatonshilfe**: Motivationshilfe **V4_Lk16_Rückmeldung**: Rückmeldung

	V4_Lk16_Strategien und Ergebnisse vergleichen: übertragbar **V4_Lk17_Rückmeldung**: wichtig **V4_LK17_Gestufte, minimale Hilfen**: gut übertragbar **V4_LK18_Hinweise zur Nutzung (Hinweise Sprecher):** „Hinweise für eine ersten Schritt" **V4_LK18_Zurückhaltung:** Zurückhaltung **V4_LK20_Zurückhaltung:** Zurückhaltung **V4_Lk20_Motivatonshilfe**: Motivationshilfe **V4_Lk20_Strategische Hilfe**: Strategische Hilfe
Übertragbarkeit - Theorie\Gestaltungsbezogene Aussagen - negativ	**V1_LK01_Verschiedene Hilfsangebote**: Welche Materialien sind gegeben? **V1_LK08_Verständlicher Einstieg (Hinweise Sprecher):** Hier mehr Forschung zulassen **V1_LK10_Individuelles Erklären**: nicht übertragbar: habe ich im Video nicht verstanden **V1_LK12_Allgemein:** Manche Themen sind schwer umzusetzen. Teilbarkeit ist immer Vorzeigethema!! **V1_LK15_Überblick**: Die Erklärung fehlt, dass sich alle Videos auf die gleiche Aufgabe beziehen **V1_Lk17_Einfache Einstiegsfrage (Hinweise Sprecher):** vielleicht zu eng formuliert **V1_LK19_Verschiedene Hilfsangebote (Hinweise Sprecher):** Gibt es für alle Inhalte im Matheunterricht handelnde Hilfen? **V3_LK01_Allgemein:** Die Frage nach der Dauer dieser Phase [*Anm.: Phase der Bearbeitung durch Lernende*] stellt sich **V3_LK01_ Allgemein:** Ebenso stellt sich die Frage, wie man die unterschiedlichen Ergebnisse am besten zusammenfasst **V3_LK14_Allgemein**: es fehlt die erste Ebene des enaktiven Zugangs, welche verbal kommuniziert wird. Auf dieser Ebene befinden sich meine SuS und benötigen konkrete Aufträge, um weitere Schritte zu können. **V3_LK15_Unterschiedliche Bearbeitungsweisen**: Es wird nur gezeichnet **V4_LK10_Gestufte Hilfen**: in Ordnung. Hilfe vielleicht besser unter Bezug auf Beispielaufgabe.
Übertragbarkeit - Theorie\Subj. Aussagen über das Unterrichten - positiv	**V1_LK02_Allgemein:** relativ geringer Materialaufwand **V1_LK04_Individuelles Erklären (Hinweis Sprecher)**: so verstehen die Schüler etwas besser **V2_LK02_Anleitung zum Problemlösen**: langfristig einsetzbar **V2_LK02_Sprachliche Unterstützung**: Alternative zu Lückentexten etc. **V2_Lk17_Formulierungshilfen**: Hilfen für SuS, die nicht aufgepasst haben oder den Faden verloren haben **V3_LK03_Allgemein:** Insgesamt finde ich gut, dass jeder Schüler individuell arbeiten kann und das würde ich auch mehr in meinen Unterricht einbauen wollen. **V4_LK11_Motivationshilfe:** Unser tägliches Brot.
Übertragbarkeit - Theorie\Subj. Aussagen über das Unterrichten - negativ	**V1_LK05_Allgemein**: Meist fehlt die Zeit, um außerhalb des Buches Aufgaben zu finden. Die Idee an sich finde ich wertvoll und nachahmenswert **V1_LK12_Allgemein**: Ich brauche viele Arbeitsblätter. Was ist mit Buchaufgaben? **V2_LK12_Konkrete Materialien:** Bei vielen Themen kein geeignetes Material vorhanden

Übertragbarkeit - Theorie\Subj., epistem. Aussagen - positiv	**V1_LK04_Verschiedene Hilfsangebote**: Unterschiedliche Wege wichtig **V1_Lk16_Unterschiedliche Art und Tiefe der Bearbeitung:** um alle Lernenden zu erreichen: Erfolgserlebnis **V4_LK14_Gestufte minimale Hilfen:** SuS sollen sich auf richtigem Niveau als wirksam empfinden und zu Lösungen beitragen können
Übertragbarkeit - Theorie\Subj., epistem. Aussagen - negativ	**V4_LK08_Zurückhaltung**: Viele Eltern lassen bei den HA kein eigenes Denken zu oder wollen gleich kurze Lösungswege finden
Übertragbarkeit - Theorie\Selbstbezogene Aussagen - positiv	**V1_LK04_ Einstiegsimpuls**: "unterschiedliche Voraussetzungen" wichtig für mich **V3_LK20_Unterschiedliche Bearbeitungsweisen:** Dies sollte ich viel öfters einsetzen **V4_LK09_Gestufte Hilfen**: Setze ich auch ein.
Übertragbarkeit - Theorie\Selbstbezogene Aussagen - negativ	**V1_LK05_Allgemein**: für weitere Themen fehlt mir noch die Kreativität **V4_Lk20_Strategien und Ergebnisse vergleichen:** Diese Phase sehe ich als sehr wichtig und am schwierigsten steuerbar an.
Übertragbarkeit - Theorie\Subj. Aussagen über Lernende - positiv	**V1_LK08_Konkretes Beispiel (Hinweise Sprecher):** Meine Erfahrung: Die Kinder haben oft wundervolle eigene Ideen
Übertragbarkeit - Theorie\Subj. Aussagen über Lernende - negativ	**V1_LK09_Verschiedene Hilfsangebote:** SuS verlieren den Überblick **V1_LK11_Visualisierung:** Meine SuS sind schwach im Lesen von Texten **V2_LK09_Allgemein:** SuS zerstören Material! **V2_LK12_Sprachliche Hilfen:** SuS wollen nicht alles aufschreiben **V3_LK13_Unterschiedliche Bearbeitungsweisen**: „vielfältige Weise": meine SuS sind noch nicht gewohnt, so zu arbeiten **V3_Lk13_Allgemein**: Es ist gut, wenn ich etwas über die Denkweisen erfahre, aber meine SuS hatten noch Schwierigkeiten, das aufzuschreiben
Übertragbarkeit - Theorie\Subj. Kompetenzzuwachs - negativ	**V4_LK11_Gestufte Hilden:** Das macht man ja immer – auch bei geschlossenen Aufgaben

C 2.3.5 Nützlichkeit – Praxis

Nützlichkeit – Praxis Gestaltungsbezogene Aussagen - positiv	**V1_LK07_Bsp Aufgabe:** SuS werden zu Kreativität angeregt. **V1_LK07_Bsp Aufgabe:** SuS werden zu eigenem Handeln angeregt. **V1_LK10_Bsp. Aufgabe**: Verständliches Beispiel. **V1_LK10_Bsp. Aufgabe**: Passende Darstellung. **V1_LK15_Bsp. Aufgabe**: Bietet Raum für viele Schülerlösungen. **V1_Lk17_Bsp. Visualisierung:** Praktischer Bezug zu Schokoladetafeln, gutes Vorstellungsvermögen. **V1_Lk19_Bsp. Aufgabe:** Hilfekarten **V2_LK04_Bsp. Problemlöseplan**: macht Sinn als Hilfe für die Schüler. **V2_LK07_Bsp. Anleitung zum Problemlösen**: Bsp. Anleitung zum Problemlösen **V2_LK09_Bsp. Anleitung zum Problemlösen:** Bsp. Anleitung zum Problemlösen **V2_LK19_Bsp. Konkrete Materialien:** zum besseren Verständnis für leistungsschwache SuS. **V3_LK02_Bsp. Erklärungen:** Grundvorstellung erkennbar. **V4_LK08_Inhaltliche Hilfen (Hinweise Herr S.):** Inhaltliche Hilfen (Hinweise Herr S.)
Nützlichkeit – Praxis Gestaltungsbezogene Aussagen - negativ	**V1_LK08_Bsp. Aufgabe**: Die Aufgabenstellung, ohne die Hilfe der Comicfigur. **V4_LK08_Bsp. Vielfalt nutzen:** Hier: Welche weiteren Möglichkeiten gibt es, um Ergebnisse zusammenfassen zu können? **V4_LK08_Diagnosen erstellen (Hinweise Herr S.)**: Anhalten der kognitiven Aktivität bei Leistungsstärkeren, Ausblick auf stärkere SuS am Arbeitsmaterial eines Mitschülers
Nützlichkeit – Praxis Subj., epistem. Aussagen - positiv	**V2_LK02_Bsp. Anleitung zum Problemlösen**: Auseinandersetzung mit dem Lösungsprozess, bewusste Wahrnehmung **V2_LK14_Bsp. konkretes Material**: Enaktive Ebene bietet guten Zugang zur Problematik. Ist diese Ebene verstanden, lässt ich gut ikonisch oder symbolisch weiterarbeiten. **V2_Lk16_Bsp. Anleitung zum Problemlösen**: Schrittweises Vorgehen beim Bearbeiten von Problemlöseaufgaben, SuS sollen lernen, ihr Vorgehen zu verbalisieren (oft großes Problem).

C 2.3.6 Nützlichkeit - Theorie

Nützlichkeit - Theorie\Gestaltungsbezogene Aussagen - positiv	**V1_LK03_Gestufte Impulse:** weil es verschiedene Lösungswege gibt. **V1_LK04_Einfache Formulierungen:** Das macht viel Sinn. **V1_LK04_Individuelles Erklären:** Erklärungen einfordern macht viel Sinn. **V1_LK05_Visualisierung:** hilft, Texte zu übersetzen. **V1_LK06_Konkretes Beispiel:** Um schwachen SuS einen Ansatz zu geben. **V1_LK13_Verschiedene Hilfsangebote**: Wege der Bearbeitung frei wählbar. **V1_LK18_Unterschiedliche Art und Tiefe der Bearbeitung:** Darstellungsmöglichkeiten: verschiedene Lerntypen, individuelles Erklären. **V1_Lk20_Einfacher Einstieg:** Aktivierung aller SuS: Lebensweltbezug. **V2_LK04_Formulierungshilfen**: Macht Sinn als Hilfe für die Schüler. **V2_LK02_Verständlicher Einstieg:** Schülermotivation, Begeisterung wecken. **V2_LK03_Anleitung zum Problemlösen:** würde vielen SuS helfen. **V2_LK03_Formulierungshilfen:** würde vielen SuS helfen. **V2_LK06_Konkrete Materialien:** Visualisierungshilfen. **V2_LK10_Anleitung zum Problemlösen**: für alle SuS hilfreich. **V2_LK15_Konkretes Material**: Schülergerecht! **V2_LK15_Bsp. Anleitung zum Problemlösen**: Schülerhilfe **V2_Lk17_Konkretes Material**: selbst ausprobieren **V3_LK06_Unterschiedliche Bearbeitungsniveaus**: effizient (schnell und klar) **V3_LK08_Unterschiedliche Bearbeitungsweisen:** um zu zeigen, wie unterschiedlich jeder an einen Sachverhalt herangehen kann. **V3_Lk10_Unterschiedliche Bearbeitungsweisen_zeichnerisch:** Nonverbale Lösungsmöglichkeit. **V3_LK13_Unterschiedliche Bearbeitungsweisen:** Vielfalt zulassen. **V3_LK14_Zeichnerische Darstellung:** ikonischer Zugang. **V3_LK19_Unterschiedliche Bearbeitungsweisen:** Unterschiedliche Bearbeitungsweisen. **V4_LK04_Motivationshilfe:** Motivationshilfen geben. **V4_LK08_Strategische Hilfen (Hinweise Sprecher):** Strategische Hilfen (Hinweise Sprecher) **V4_LK08_Diagnosen erstellen (Hinweise Sprecher): „**Offene Aufgaben regen zu umfangreicheren Eigenproduktionen an als geschlossene Aufgaben.**“:** Stimmt. **V4_LK08_Zusammenfasung (Hinweise Sprecher):** Stimmt. **V4_LK11_Vielfalt nutzen**: Strategien vergleichen, verschiedene Herangehensweisen würdigen **V4_LK14_Gestufte, minimale Hilfen:** gut nutzbar. **V4_LK16_Strategien sammeln und Vergleichen**: Unterstützung nach der Bearbeitung. **V4_LK18_Rolle der Lehrperson allgemein:** Stille einfordern: Lernklima. **V4_LK18_Zurückhaltung:** Lernklima. **V4_LK19_Strategien sammeln und Vergleichen:** Unterschiedliche Strategien und Denkweisen kennenlernen.

Nützlichkeit – Theorie Gestaltungsbezogene Aussagen - negativ	**V3_Lk17_Unterschiedliche Bearbeitungsweisen:** Zeigen: Diskussionsgrundlage (pro/contra). **V4_Lk15_Vielfalt nutzen**: Kein Transfer: Wie nutzt der Lehrer das in Zukunft? **V4_Lk17_Gestufte, minimale Hilfen.** Sind die Hilfen gut?
Nützlichkeit – Theorie Subj. Aussagen über das Unterrichten - positiv	**V1_LK03_Selbstdiffernzierende Aufgaben allgemein**: Aktivierung der Schüler: alle Schüler sind gefordert. **V1_LK12_Gestufte Impulse**: Gestufte Aufgaben, möglichst anschaulich. **V1_Lk16_Verständlicher Einstieg:** Um alle SuS zu aktivieren und ihre Aufmerksamkeit zu bekommen. **V2_LK12_Konkretes Material**: Anschauungsmaterial suchen. **V2_LK18_Konkretes Material:** Legen statt zeichnen: einfacher. **V3_LK04_Lernende bei der Bearbeitung selbstdifferenzierender Aufgaben allgemein:** SuS keine Vorgaben machen, wie sie eine solche Aufgabe lösen können. **V3_LK12_Unterschiedliche Bearbeitungsweisen:** Einfach mal ausprobieren lassen: Unterschiedliche Lösungen der SuS. **V3_LK20_Unterschiedliche Bearbeitungsweisen:** Mehr unterschiedliche Zugänge/Material anbieten. **V4_LK02_Strategische Hilfen:** um inhaltliche Hilfen zu vermeiden. **V4_LK06_gestufte Hilfen**: Lässt sich gut auf offene Aufgaben allgemein übertragen **V4_LK11_Sicherung des Verständnisses**: Aufgabenstellung gemeinsam/alleine lesen lassen. Gemeinsamer Beginn, Verbindlichkeit **V4_LK13_Sicherung des Verständnisses**: Unterstützung bei der Erklärung der Aufgabenstellung.
Nützlichkeit – Theorie Subj. Aussagen über das Unterrichten - negativ	**V2_LK05_Allgemein:** Zu jeder selbstdifferenzierenden Aufgabe Halbsätze zu schreiben und zu laminieren, ist mir zu viel. Ich würde einfach die Tafel nehmen.
Nützlichkeit – Theorie Subj., epistem. Aussagen - positiv	**V1_LK01_ Unterschiedliche Art und Tiefe der Bearbeitung**: Jeder SuS kann so Erfolgserlebnisse erreichen. **V1_LK01_Unterschiedliche Art und Tiefe der Bearbeitung**: Tieferes Verständnis, kein reines Automatisieren. **V1_LK03_Selbstdiffernzierende Aufgaben allgemein**: Abdeckung der Individualität. **V1_LK10_Gestufte Impulse:** Über gestufte Impulse in die Tiefe kommen: Anknüpfen an Vorerfahrungen und diese Erweitern vom Konkreten zum Allgemeinen **V1_LK10_Einfacher Einstieg**: Lebensweltbezug der SuS zum Fach Mathematik **V1_LK10_Gestufte Impulse**: Tiefere Fragen führen zum Nachdenken über Zusammenhänge und können später helfen, Probleme zu lösen **V1_LK09_Individuelles Erklären:** Begründen ist Teil der Fragestellung: SuS müssen kommunizieren lernen, „wichtiger" Teil in der Mathematikdidaktik **V1_LK11_Visualisierung:** Es braucht erstmal kein Textverständnis: motivieren. **V1_Lk16_Unterschiedliche Art und Tiefe der Bearbeitung:** Um SuS individuell auf dem Leistungsstand abholen zu können **V2_LK05_Formulierungshilfen:** erleichtert den Kindern das Arbeiten.

	V2_LK08_ Konkrete Materialien: Schwache SuS brauchen zur Verstehensorientierung immer die Veranschaulichung. **V2_LK10_Konkrete Materialien**: erleichtert das Ausprobieren. **V2_LK10_Sprachliche Unterstützung**: ermöglicht das Sprechen über… **V2_LK10_Anleitung zum Problemlösen**: gemeinsamer Bezugspunkt zwischen L und SuS. **V2_LK13_Konkrete Materialien**: regen das Probieren an. **V3_LK01_Unterschiedliche Bearbeitungsweisen:** ermöglichen. Jeder Schüler kann produktiv am Unterricht teilnehmen: Selbstwirksamkeit. **V3_LK05_Unterschiedliche Bearbeitungsweisen:** fördert die Kreativität **V3_LK05_Unterschiedliche Bearbeitungsweisen:** öffnet den Horizont der SuS, wenn sie die Bearbeitungen der anderen sehen und nachvollziehen. **V3_Lk10_Unterschiedliche Bearbeitungsweisen_zeichnerisch**: fördert das Nachdenken **V3_LK11_Unterschiedliche Bearbeitungsweisen_zeichnerisch**: Motivierend für alle, die nicht schreiben wollen. **V3_Lk16_Unterschiedliche Bearbeitungsweisen:** Jeder SuS kann sich seinen eigenen Weg suchen. **V4_LK01_Gestufte, minimale Hilfen:** Bewusstsein schaffen für die einzelnen Hilfestufen: Schülern gerecht werden. **V4_LK05_Strategische Hilfe**: Der Arbeitsbeginn fällt den Kindern ggfs. leichter. **V4_LK09_Gestufte, minimale Hilfen**: SuS sollen das Gefühl behalten, es selbst geschafft zu haben! **V4_LK10_Motivationshilfe**: SuS sollen die Welt als interessant erfahren. **V4_LK10_Gestufte, minimale Hilfe**: minimale Hilfe: eigenes Tun/Denken fördern. **V4_LK10_Strategische Hilfe**: Aufgaben/Strategien besprechen: Aha-Erlebnisse fördern. **V4_LK14_Strategische Hilfe**: Spricht SuS individuell auf ihrem Lernkanal an bzw. Erreicht unterschiedliche Lerntypen. **V4_LK19_Inhaltliche Hilfen:** Damit die SuS zu einer Lösung kommen und nicht demotiviert sind.
Nützlichkeit – Theorie Subj., epistem. Aussagen - negativ	**V1_LK09_Gestufte Impulse:** Unterschiedliche Schwierigkeiten sind herausfordernd. **V1_LK14_Einfacher Einstieg**: Inputs an Gemeinschaftsschulen sollten prinzipiell einen einfachen Einstieg für alle Niveaustufen anbieten. **V2_LK01_Anleitung zum Problemlösen:** Schüler wissen oft nicht, wie sie bei einer Aufgabe anfangen sollen („Berg“).
Nützlichkeit – Theorie Selbstbezogene Aussagen - positiv	**V2_LK20_Unterstützende Begleitmaterialien allg.:** mich mit mehr Material beschäftigen + es zur Verfügung stellen: Finde es sinnvoll. **V4_LK03_Gestufte, minimale Hilfen:** Weil ich es wichtig finde, nicht zu viel zu helfen. **V4_LK08_Gestufte, minimale Hilfen:** weil ich das immer so mache.

C 2.3.7 Intendierte Nutzungsweise – Theorie

Intendierte Nutzungsweise - Theorie\Bezugsfeld	**V1_Lk20_Einfacher Einstieg:** Lebensweltbezug **V3_LK13_Unterschiedliche Bearbeitungsweisen:** bei Problemlöseaufgaben **V4_LK03_Gestufte, minimale Hilfen**: Je nach Situation die passende Hilfe einsetzen **V4_LK06_Gestufte, minimale Hilfen**: In meinen Fortbildungen, in Beispielen
Intendierte Nutzungsweise - Theorie\Unterrichtsphase	**V1_LK05_Visualisierung:** Bei Einstiegen und Sicherungen
Intendierte Nutzungsweise - Theorie\Präsentationsform	**V1_LK16_Verständlicher Einstieg:** Medienvielfalt: Bild/Film zeigen **V2_LK03_Anleitung zum Problemlösen:** folierte Karte **V2_LK03_Formulierungshilfen:** folierte Karte **V2_LK09_Formulierungshilfen: mit Vorgaben möglich:** Erklären mittels Skizze, durch Stichpunkte **V4_LK08_Gestufte, minimale Hilfen**: zur Veranschaulichung, **V4_LK16_Strategien sammeln und Vergleichen:** Ergebnisse für alle SuS sichtbar machen
Intendierte Nutzungsweise - Theorie\Handlungsorientierte Erarbeitung	**V1_LK16_Verständlicher Einstieg:** Medienvielfalt: handlungsorientierter Impuls geben **V2_LK01_Anleitung zum Problemlösen:** gemeinsames Ordnen der einzelnen PADEK-Phasen, an einer Aufgabe gemeinsam durchgehen, jedem Schüler ein eigenes Exemplar **V2_LK06_Konkrete Materialien:** haptisches Ausprobieren **V2_LK13_Konkretes Material**: um nach einer Problemstellung auf Lösungen zu kommen **V2_Lk20_Untterstützende Begleitmaterialien allgemein:** Materialkoffer immer zur Verfügung haben

Intendierte Nutzungsweise - Theorie\Kommunikative Erarbeitung	**V1_LK01_Unterschiedliche Art und Tiefe der Bearbeitung:** Hilfsangebote **V1_LK03_Selbstdifferenzierende Aufgaben allgemein:** weniger Lösungen vorgeben, offene Aufgaben stellen **V1_LK18_Unterschiedliche Art und Tiefe der Bearbeitung:** offenes Unterrichtsgespräch **V2_Lk05_Formulierungshilfen:** gemeinsame Satzanfänge festhalten **V2_LK08_Konkrete Materialien:** kurz zeigen, was man mit Plättchen legen kann, wenn SuS nicht mit dem Medium umgehen können **V3_LK01_Unterschiedliche Bearbeitungsweisen**: In der Aufgabenstellung bereits dazu auffordern, verschiedene Herangehensweisen zu nutzen. **V3_LK06_Unterschiedliche Bearbeitungsniveaus:** abfragen, wer was bearbeitet hat **V3_LK08_Unterschiedliche Bearbeitungsweisen:** Anschauen – Stoppen – nachdenken wie der Schüler denkt **V3_Lk16_Unterschiedliche Bearbeitungsweisen:** verschiedene Bearbeitungsweisen gemeinsam im Vorfeld besprechen **V3_LK19_Unterschiedliche Bearbeitungsweisen:** Rechenwege beschreiben lassen anh. Zeichnungen bzw. eigenen Erklärungen im Heft oder Plakat **V4_LK08_Gestufte, minimale Hilfen**: vorher überlegen, dann schauen, dann besprechen

C 2.3.8 Intendierte Nutzungsweise - Praxis

Intendierte Nutzungsweise - Praxis Unterrichtsphase	**V1_LK03_ Bsp. Aufgabe**: Bei Einstiegsaufgaben, wie im BeispielV1_LK08_Bsp._Aufgabe: Wiederholung und Übung. Wie präsent ist das „gerechte Aufteilen"? Die Hilfestellungen gebe ich dosiert an die Lernendengruppe. **V2_LK06_Bsp. Problemlöseplan**: metakognitive Unterstützung würde ich individualisieren.
Intendierte Nutzungsweise - Praxis Präsentationsform	**V1_Lk17_Bsp. Visualisierung:** mehrere Schokoladetafeln mitbringen **V2_LK05_Bsp. Problemlöseplan:** nicht auf Kärtchen, sondern als Plakat: nachhaltiger und präsenter **V2_LK09_Bsp. Anleitung zum Problemlösen**: Wandprojektion (Ablauf zur Bewältigung der Aufgabe) **V2_LK11_Bsp. Anleitung zum Problemlösen**: würde ich ins Zimmer hängen **V2_LK16_Bsp. Anleitung zum Problemlösen:** Hilfskarte, regelmäßiger Einsatz **V2_LK19_Bsp. Konkrete Materialien:** Plättchen, Hilfekarten auslegen **V4_LK08_Bsp. Vielfalt nutzen**: möglichst alle Zugangsweisen zusammentragen, evtl. clustern **V4_LK14_Bsp. Vielfalt nutzen**: Ergebnisse durch SuS vorstellen lassen und aushängen, dann an Tafel schreiben
Intendierte Nutzungsweise - Praxis Handlungsorientierte Erarbeitung	**V1_LK14_Bsp. Einfacher Einstieg:** SuS stellen 3 Familien dar, stellen sich dazu auf. Dazu hätte ich 1 Tafel Rittersport und 1 Milkatafel. **V1_Lk14_Visualisierung**: sowohl enaktiv mit Tafeln als auch mit „Papiertafeln" zum selber schneiden. **V1_LK15_Bsp. Einfache Einstiegsfrage:** praktisches Arbeiten mit echter Schokolade oder Plättchen **V2_LK14_Bsp. konkretes Material:** sowohl enaktiv mit Tafeln als auch mit „Papiertafeln" zum selber schneiden. **V2_LK14_Bsp. konkretes Material:** in unterschiedlich großen SuS-Teams („Familien") starten und Holzplättchen aufteilen **V4_LK14_Bsp. Strategische Hilfe**: Legematerial, Karopapier, Gitterpapier, Formulierungshilfen
Intendierte Nutzungsweise - Praxis\Kommunik. Erarbeitung	**V2_LK02_Bsp. Anleitung zum Problemlösen:** Vorstellung und Einsatz

C 2.3.9 Begründung der intendierten Nutzungsweise - Praxis

Begründung der intendierten Nutzungsweise - Praxis\Subj. Aussagen über Lernende - negativ	**V2_LK13_Bsp. Anleitung zum Problemlösen**: fällt meinen SuS schwer
Begründung der intendierten Nutzungsweise - Praxis\ Subj. Aussagen über das Unterrichten - negativ	**V2_LK19_Bsp. Anleitung zum Problemlösen**: müsste man vorher schon eingeübt haben

C 2.3.10 Begründung der intendierten Nutzungsweise - Theorie

Begründung der intendierten Nutzungsweise – Theorie Subj., epistemologische Aussagen - negativ	**V1_LK17_gestufte Impulse:** Zu viele Möglichkeiten sind vielleicht für schwache SuS eine Überforderung
Begründung der intendierten Nutzungsweise - Theorie Gestaltungsbezogene Aussagen - negativ	**V1_LK01_Gestufte Impulse**: zu textlastig **V1_LK01_gestufte Impulse**: verwirrend, da mehrere Fragen direkt untereinander **V1_LK06_Visualisierung:** Comicbild in Oberstufe nicht nötig, wenn sie zur Situation passen, die Grafiken **V1_LK06_Visualisierung:** Comicbild: Copyrightprobleme vorprogrammiert **V4_LK06_Diagnosen erstellen**: zu wenig Inhalt **V4_LK08_Vielfalt nutzen**: Das Zusammentragen der Arbeitsergebnisse wurde zu wenig im Video beleuchtet **V4_LK19_Diagnosen erstellen:** nicht nutzbar
Begründung der intendierten Nutzungsweise – Theorie Subj. Aussagen über Lernende - positiv	**V2_LK18_Formulierungshilfen**: unterschiedliche sprachliche Fähigkeiten
Begründung der intendierten Nutzungsweise – Theorie Subj. Aussagen über Lernende - negativ	**V1_LK11_Individuelles Erklären**: SuS würden mit dem Nachbar quatschen, was sie ohnehin gerne tun. **V1_LK13_Individuelles Erklären:** meine SuS wären dabei noch überfordert **V3_LK18_ Unterschiedliche Bearbeitungsweisen:** teilweise unterschiedliche Geschwindigkeiten beim Bearbeiten: viel Zeit notwendig
Begründung der intendierten Nutzungsweise – Theorie Subj. Aussagen über das Unterrichten - negativ	**V2_LK02_Formulierungshilfen:** laminierten Einzelkarten: Umweltschutz **V4_LK18_Motivationshilfe:** Störung der Stille
Begründung der intendierten Nutzungsweise - Theorie\Bezugsfeld - positiv	**V2_LK02_Formulierungshilfen:** themenbezogen für diese Erarbeitung

C 2.3.11 Theorie-Praxis-Verbindung

Theorie-Praxis-Verbindung\Aussagen zur theoretischen Perspektive - positiv	**LK17**_Theoretische Vorgaben mit Erklärungen
Theorie-Praxis-Verbindung\Aussagen zur theoretischen Perspektive - negativ	**LK04**_Die Theorie wurde kaum angesprochen **LK06_Diagnosen erstellen:** Es fehlen Inhalte - sowohl theoretisch als auch praktisch
Theorie-Praxis-Verbindung\Aussagen zur praktischen Perspektive - positiv	**LK01**_Zu den einzelnen Teilen wurden praktische Umsetzungsmöglichkeiten gezeigt. **LK09**_Produkte wurden vorgestellt **LK11**_Aufgabenbeispiele **LK13**_Konkrete Beispiele für Hilfen **LK17**_Gute praktische Beispiele **LK19**_Ansprechende Beispielaufgabe
Theorie-Praxis-Verbindung\Aussagen zur praktischen Perspektive - negativ	**LK06_Diagnosen erstellen:** Es fehlen Inhalte - sowohl theoretisch als auch praktisch **LK20**_Ich hätte mich über weitere Aufgabenbeispiele und deren Bearbeitung in unterschiedlichen Klassenstufen gefreut
Theorie-Praxis-Verbindung\Aussagen zur Erklärweise - positiv	**LK02**_Klar, verständlich formuliert und veranschaulicht **LK03**_Es gibt immer konkrete Beispiele aus dem Unterricht, danach folgt die Erklärung und Visualisierung der Begriffe **LK05**_Die Theorie am rechten Rand wird mit Beispielen aus der Praxis untermalt **LK06**_Sind optimale Abstimmung zwischen Beispielen und Theorie **LK08**_Sehr linearer Aufbau und das ist schon schwierig genug bei der Komplexität von Unterricht **LK16**_Schülerbeispiele werden direkt der theoretischen Grundlage gegenübergestellt in Form von Videosequenzen oder Schülerergebnissen: roter Faden: 1. Praxiserklärung, 2. Gegenüberstellung der Begrifflichkeiten, 3. Zusammenfassungen **LK18**_Erst Videos und Beispiele, dann mit Pfeilen und Schlagwörtern
Theorie-Praxis-Verbindung\Aussagen zur Erklärweise - negativ	**LK15**_Ich fand die Aufgabe und das Material sehr gut, didaktisch gut aufbereitet. Aber in der Bearbeitungsphase ist es nicht genug aufgegriffen worden und die Lehrperson hat es nicht angeboten.
Theorie-Praxis-Verbindung\Aussagen zur Authentizität - positiv	**LK02**_Die Schülerbeispiele sind realistisch (auch wenn es keinerlei Unterrichtsstörungen/Nebentätigkeiten im Video gibt). **LK02**_Theorie gut in die Praxis umgesetzt, was Materialaufwand, Vorbereitung etc. angeht -> motivierend zur Integration in den Alltag. **LK08**_ Sehr authentische Wirkung
Theorie-Praxis-Verbindung\Aussagen zum Visualisierungsdesign - positiv	**LK11**_anschaulich **LK13**_Visualisierung von Schülerergebnissen
Theorie-Praxis-Verbindung\Aussagen zur Funktion des Medienformats - positiv	**LK07**_Eigentlich sind alle Aspekte bekannt. Die Videos dienen dazu, sich diese wieder in Erinnerung zu rufen
Theorie-Praxis-Verbindung\Aussagen zur Funktion des Medienformats - negativ	**LK10**_Worin liegt der Vorteil dieser Videos im Vergleich zu einem kurzen Erklärvideo (2 Min.) oder einem Text?

C 2.3.12 Empfehlungen für videobasierte Fortbildungen

Pädagogische Hochschule Freiburg
Université des Sciences de l'Education · University of Education

Empfehlungen für videobasierte Fortbildungen\Aussagen über didaktische Gestaltungselemente - negativ	**LK01**_Wirkt in den Zusammenfassungen und zu Beginn der Videos oft „lehrmeisterhaft". **LK06**_Inhalte zu Diagnostik **LK10**_Videosequenzen auf das beschränken, was wirklich vorgemacht werden muss **LK10**_interaktiv: z. B. Aufgabentypen vorstellen (PPP oder per Video): LuL sollen selbst eine erstellen und ausprobieren **LK10**_Bessere Zusammenfassungen. **LK10**_Einstieg/Schluss immer gleich. **LK11**_Stadtschulen berücksichtigen: Es gibt SuS, die eine engere Aufgabenstellung brauchen. Was mache ich mit Störern? **LK11**_Wie können differenzierte Klassenarbeiten erstellt werden? **Lk17**_Mehr Kommunikation zwischen Lehrperson und SuS zeigen.
Empfehlungen für videobasierte Fortbildungen\Aussagen über lernpsychologische Gestaltungselemente - positiv	**LK02**_Zeitdauer beibehalten.
Empfehlungen für videobasierte Fortbildungen\Aussagen über lernpsychologische Gestaltungselemente - negativ	**LK03**_Den Einstieg ins Video abkürzen, also nicht immer 30s lang.
Empfehlungen für videobasierte Fortbildungen\Aussagen über filmisch-vis. Gestaltungselemente - negativ	**LK01**_Grafische Darstellungen überarbeiten. **LK05**_Geübteren Sprecher einsetzen, ich konnte nicht gut folgen. **LK06**_modernere Aufbereitung **LK09**_Modernerer Schnitt: Impulse von YouTube holen! **LK12**_Andere Sprechstimme. **LK18**_auf Ton achten bei Interviews und Videos.
Empfehlungen für videobasierte Fortbildungen\Aussagen über film- u. verarbeit. Gestaltungselemente - negativ	**LK06**_Smartphontauglichkeit
Empfehlungen für videobasierte Fortbildungen\Sonstiges	**LK04**_Weiter so! **LK08**_Mehr Videos dieser Art, die ich in Fortbildungen einsetzten kann. **LK20**_Weiter so! Gerade jetzt.